한국
현대선의
지성사
탐구

김광식

건국대 사학과를 졸업하고 동 대학원을 졸업하였다.(문학박사)
독립기념관의 책임연구원과 부천대 초빙교수를 거쳐 현재 동국대 연구교수,
대각사상연구원 연구부장, 백담사 만해마을 연구실장, 조계종 불교사연구위원으로
있으면서 근현대불교를 중점적으로 연구하고 있다.
지은 책으로『고려무인정권과 불교계』,『한국근대불교사연구』,『한국근대불교의
현실인식』,『근현대불교의 재조명』,『새불교운동의 전개』,『한국현대불교사연구』,
『용성』,『그리운 스승 한암스님』,『만해 한용운평전』,『아! 청담』,『동산대종사와
불교정화운동』,『우리가 살아온 한국불교백년』,『민족불교의 이상과 현실』,『춘성』
등이 있다.

한국 현대선의 지성사 탐구

글쓴이・김광식 / 펴낸이・김인현 / 펴낸곳・도피안사
2010년 1월 20일 1판 1쇄 인쇄 / 2010년 2월 10일 1쇄 발행
인쇄・금강인쇄(주)
등록・2000년 8월 19일(제19-52호)
주소・경기도 안성시 죽산면 용설리 1178-1 / 전화・031-676-8700
서울 사무소・서울시 송파구 잠실동 312-23 201호| 전화・02-419-8704
팩스・02-336-8701 / E-mail・dopiansa@nate.com

ⓒ2010 김광식

ISBN 978-89-90223-52-4 04220
        89-90223-00-8 (세트)

한국
현대선의
지성사
탐구

김광식 지음

DOPIANSA
到彼岸社

머리말

    한국불교의 정체성을 논할 경우에는 다양한 개념, 관점이 활용된다. 그중 간과할 수 없는 것이 선(禪)이다. 그리하여 선은 선사, 선원, 선종, 수좌, 수좌회, 수좌대회, 선원 청규, 방함록, 법어 등 다양한 역사적 산물이 나오게 한 근원이었다. 나아가서 선은 한국불교 사상과 문화의 중심에 굳건히 자리 잡고 있다. 그리고 선은 불교 수행에서도 가장 중요한 수행방법으로 최근까지 확고하게 실천되고 있다. 안거, 결제 및 해제, 간화선, 위빠사나, 명상 등이 이를 예증한다.

    요컨대 선은 한국불교에서 최우선적으로 검토, 인식되어야 할 주제이다. 그래서 조계종을 비롯한 다수의 종단에서도 선을 매우 중요한 가치, 수행, 역사로 바라보고 있음은 분명하다. 그럼에도 불구하고 한국선의 정체성에 대한 검토, 분석은 미진하였다. 이에 대한 학문적 접근 작업이 일체 없었던 것은 아니나, 선의 중요성에 비해 그에 걸맞은 학문적 성과가 뒤따르지 않았던 것이다.

    한국선이라 할 경우, 불교가 발생한 인도불교에서의 선, 그리고 중국불교에서의 선과의 차별성은 무엇으로 보아야 하는가의 문제가 간단치 않다. 물론 인도, 중국, 한국 등의 불교에는 공통적, 보편적인 선의 사상이 흐르고 있을 것이다. 그러나 불교가 이 땅에 들어온 지 1,700여 년이나 되었고, 선이 전래되어 한국불교의 토양으로 수용되어 승려와 신도들이 신행한 지도 무려 1천 년이 넘었다. 그렇다면 그 천 년간 한국불교사, 한국문화사를 관통하였던 조류는 무엇이었으며, 한국 선사상과 문화는 어떤 성격을 갖고 있었나에 대해서는 가늠하기 어려운 실정이다.

필자는 평소 한국불교사를 연구하면서 이러한 문제에 대해 큰 관심을 갖고 있었다. 그러나 그에 걸맞은 학문적 노력을 하지 못하여 스스로 자괴심을 느끼고 있었다. 그런데 최근 필자가 집중적으로 공부를 하고 있는 근현대 분야 불교의 다양한 현상에 접하면서, 한국선에 대한 탐구에 관심을 재삼 갖게 되었다. 그래서 필자는 우선 근현대불교에서 나타난 선과 관련된 다양한 현상들을 자료, 증언 등을 통해서 정리하는 것이 급선무임을 깨닫게 되었다.

본 저술은 필자가 지난 수년간 이 같은 고뇌, 작업, 집필의 산물이다. 본 저술에 수록된 글들은 대부분 이미 개별적인 논문으로 학술지, 잡지에 게재된 것도 있고 학술 세미나에서 공개적으로 발표한 것도 있다. 이제 그런 것들을 모아서 이렇게 한 권으로 강호제현의 임들에게 상재를 하게 되었다. 필자의 작업, 글쓰기, 자료수집 등에서 과도하거나, 오류가 있으면 날카로운 지적을 해 주길 기대한다. 그러나 본서는 한국선의 정체성을 찾기 위한 필자의 첫 번째 발걸음이다. 해서 여기에서 필자가 한국선 정체성의 모든 것을 담당할 수 없음은 자명하다.

본 고찰에 수록된 글에서 필자가 찾으려 했던 것은 한국 선의 지성이다. 과거의 수좌들은 종단과 현실을 등지고 선원 및 토굴 등지에서 자기만의 성불을 위한 은둔적 행보를 가지 않았다. 그들은 자기가 처한 사찰, 종단, 불교계, 나아가서는 사회 및 중생의 문제에 대해서도 일정한 관심을 피력하였다. 그러면서 깨침을 향한 고투를 하였고, 자신의 공부를 중생 및 사회의 문제와도 연결시키려 하였다. 이런 고뇌와 행보를 필자는 지성사라 이름하였다. 이런 근현대 선의 지성사의 편린을 찾으려는 필자의 학문적 성과는 한국불교사, 근현대불교사, 한국 선사상사 등에서 언젠가는 객관적 평가가 뒤따를 것으로 예상된다. 필자는 선의 지성사 탐구 작업을 지속할 예정임을 개진하며, 이 분야에 대한 연구가 중요함을 다음과 같이 강조하거니와 관심있는 임들의 동참, 분발을 기대하는 바이다.

첫째, 선의 주역은 선사이다. 그래서 필자는 추후 선사의 재발굴, 재해석을 비롯하여 선사 연구를 하려고 한다. 선도 인간의 산물이기에 선사 연구가 가장 중요한 과제임을 제언한다.

둘째, 한국 선사상사에 대한 정리가 요망된다. 지금껏 이에 대해서는 필자의 공부가 부족하여 단언할 수는 없지만 명쾌하게 정리된 글이 없는 것으로 알고 있다. 선사상 분야 학자들의 동참을 요청한다.

셋째, 선문화 전통에 대한 정리도 중요함을 지적한다. 한국불교문화, 사찰문화 등에서 찾을 수 있는 내용을 찾고, 그에 대한 적절한 자리매김을 해야 한다.

넷째, 선수행 전통을 찾고, 그를 재정비해야 한다. 최근에는 지나칠 정도로 선을 과대평가, 신비화하는 경향이 있거니와 이에 대해서는 보다 냉정한 정리가 요청된다. 불교 전통, 한국 선의 역사에 나타난 수행문화를 찾아내야 할 것이다.

이 같은 지적은 필자의 생각이거니와 부족하거나, 문제가 있는 내용은 선을 아끼고, 선의 사상과 문화에 정통한 학자들이 보완해주길 기대한다.

마지막으로 필자가 현대 한국 선에 대한 다양한 작업을 하기까지 여러 도움을 주신 임들이 전국에 계시거니와, 그분들에게 이 자리를 빌려 거듭 감사의 말씀을 드리는 바이다. 그분들의 후의에 보답하기 위해 필자는 한눈팔지 않고 꾸준한 연구로, 새로운 성과물을 상재하겠다는 다짐을 하면서 이만 붓을 놓는다.

2010년 1월
김광식

차례

2부 · 수좌의 불교개혁

3부 · 수좌의 지성사

1부

선원의 지향

방함록에 나타난 근현대 선원

1. 개괄

한국불교 및 조계종단의 역사, 사상, 수행의 측면에서 선원은 간과할 수 없는 대상이다. 즉, 선원은 선의 역사와 사상을 말해주는 직접적인 대상일 뿐만 아니라, 참선수행하는 승려인 수좌들의 고뇌와 사상의 근거처이기 때문이다. 특히 조계종단은 간화선을 종단의 정체성으로 내세우고 있기에 선원 및 선원 수좌는 종단의 상징과 같이 인식되고 있다. 지금도 동안거, 하안거 철에는 전국의 수십 개 처의 선원에서 2천 명 이상의 승려가 수행에 참여하여 깨침의 길로 가기 위한 노력을 하고 있다. 이러한 참선수행에는 재가 불자들도 예외일 수 없다. 재가 불자들도 선원, 시민선방에서 자기 본래면목을 찾기 위한 참선수행을 하고 있다. 그러므로 한국불교 조계종단에서 선원, 안거수행, 수좌들의 수행정신을 제외하고는 역사와 정체성을 말할 수 없다.

그런데 이렇게 중요한 역사와 가치를 갖고 있는 선원이건만, 그에 대한 적절한 자료수집 및 연구는 미약하였다. 이러한 문제가 노출된 것은 우선 관련 자료의 부족이라는 측면을 지적할 수 있다. 선원에서 수행하였던 승려들을 운수납자로 칭하였던 저간의 사정에서 보이듯 수좌들은 자신들의 기록을 적극적으로 남기지 않았다. 그리고 남겨져 있는 일부 자료들도 파란만장한 근현대불교의 전개과정에서 대부분 유실되었다. 그러나 민족사에서 1996년에 발간한 『근현대불교자료전집』과[1] 정광호의 편저인 『한국불교최근백년사편년』(1999)에[2] 선원 관련 자료가 수록되어 근현대 선을 이해할 수 있는 실마리를 제공해 주었다.

다음으로 문제시된 것은 불교학, 역사학 분야에서 근현대 선원을 학문적 연구의 대상으로 삼지 않았던 현실을 지적할 수 있다. 이는 근현대불교에 대한 연구의 척박성, 한국불교의 현실을 백안시 하는 연구 풍토의 경향에서 비롯된 것이다. 학문의 정체성은 다양한 관점에서 말할 수 있지만, 필자는 한국불교의 현실을 설명하려는 현재성의 관점이 최우선적으로 고려되어야 한다고 본다. 이럴 경우 선원, 수좌에 대한 연구의 배제는 한국불교, 조계종단의 역사와 현실을 유의할 경우 결코 수긍할 수 없다고 생각한다. 이 분야에 대한 연구는 지금껏 선학원을 주제로 한 정광호, 김광식의 개별 논문이 있어[3] 그

---

1) 여기에 수록된 자료는 일제하 총독부에서 당시 각처의 선원을 조사하여 1928년에 간행한 『朝鮮僧侶修禪提要』와 전국 선원의 중앙기관인 선학원의 일기, 선우공제회 창립 개요 문건 등이다.

2) 이 책에는 '선방'이라는 항목이 있어 각종 자료에서 추출한 선원 내용과 각처의 고승들에게 탐문한 내용이 수록되어 있다. 그런데 이 책은 삼보학회에서 1960년대 후반에 가리방으로 펴낸 『한국불교최근백년사』(미발간, 민족사에서 영인·보급시에는 『한국근세불교백년사』로 변경)의 원고를 저본으로 한 자료집이다. 정광호는 삼보학회의 간사를 역임하면서 백년사 작업의 실무를 담당하였기에 이 책을 펴낼 수 있었다. 이에 대한 전후사정은 졸고, 「삼보학회의 『한국불교최근백년사』 편찬 시말」(『근현대불교의 재조명』, 민족사, 2000)을 참고할 수 있다.

3) 정광호, 「한국 전통선맥의 계승운동」, 『근대한일불교 관계사연구』, 인하대출판

명맥을 유지하였다. 선원 청규에 대해서는 선우도량을 이끌던 도법이 수련결사의 발제문으로 발표한[4] 고찰, 조계종 교육원의 불학연구소가 『승가교육』 5집(2004)에 기획한 주제(한국선원과 청규)에 참여한 김광식, 혜원의 논고를[5] 참고할 수 있는 정도이다.

이러한 현실에서 조계종 교육원의 불학연구소가 2000년에 펴낸 『선원총람』은 한국불교에서의 선원의 위상과 역사를 웅변적으로 보여주는 저작물이다. 『선원총람』은 조계종이 종단의 정체성을 구현하고 종단의 역사를 정립하기 위한 고뇌의 과정에서 나온 것이다. 이에 그 이전에 나온 『강원총람』과 짝하여 근현대불교의 지평을 확대시킬 수 있는 여건 조성을 가능케 하였을 뿐만 아니라 종단의 역사와 위상을 정립할 수 있는 토대도 구축하였다. 『선원총람』은 1,600여 쪽에 달하는 자료집으로 선원 개관, 총림선원, 비구선원, 비구니선원, 국외 및 국제선원, 구산선문, 옛 선원, 역대 선사, 법어, 자료 등으로 대별하여 그 관련 자료를 수집, 분류, 분석하였다. 그리하여 선원, 선사, 수좌, 수행에 대한 종합적인 연구를 가능케 하였다. 『선원총람』 간행 이후에 나온 연구들은 『선원총람』의 일정한 영향을 받았던 것이다.

한편 『선원총람』의 간행이 불교계에 준 메시지는 『선원총람』에 제시된 개별 선원, 선사, 수좌 등에 대한 구체적인 자료수집, 발굴,

---

부, 1994.

김광식, 「일제하 선학원의 운영과 성격」, 『한국근대불교사연구』 민족사, 1996.

김광식, 「조선불교선종 종헌과 수좌의 현실인식」, 『한국근대불교의 현실인식』, 민족사, 1998.

4) 1992년 선우도량 제4회 수련결사 당시 발제 고찰인 「오늘의 시대 상황에서 승단의 청규」가 『선우도량』 3호(1992)에 수록되었다.

5) 김광식의 「근대 한국선원의 청규 개요와 성격」과 혜원의 「현대 한국선원 청규의 모습과 나아갈 방향」이다.

분석, 연구의 필요성을 환기시킨 것이라 하겠다. 이런 배경에서 조계종 교육원의 불학연구소는 개항기, 일제강점기, 해방 이후기의 선원의 1차 기록인 방함록을 수집하여 본 자료집을 간행하게 되었다. 이번에 공개되는 방함록은 교육원 불학연구소가 이전에 펴낸『선원총람』의 자료수집 과정에서 입수, 정리, 분석한 자료를 재정리한 성과물로 한국 근현대불교의 선원 및 수좌 연구를 활성화시킬 수 있는 귀중한 자료집이다. 본 방함록에 포함된 선원은 해인사 퇴설선원, 수덕사 능인선원 및 견성암선원, 범어사 금어선원, 직지사 천불선원, 도리사 태조선원이다. 그리고 위의 선원 방함록의 대상 기간은 1899년부터 1967년까지이며, 방함록에 등재된 수좌 및 외호대중은 9,695명에 달한다. 이러한 자료집의 개요를 일별하면, 근대불교 연구의 공백지대로 남아 있었던 선원 및 수좌 연구를 가능케 할 보배라 아니할 수 없다.

　이에 본 고찰에서는 근현대 선원의 역사를 살펴보고, 그 후에 본 자료집의 내용과 의의를 살펴보고자 한다.

2. 근현대 선원의 추이

　본 자료집의 대상인 방함록의 생산처가 선원이었고, 그 선원에서 수행하였던 수좌 및 외호대중이 방함록에 등재되어 현재까지 기록으로 전하고 있다. 이에 방함록의 내용은 결과적으로는 선원의 역사이기에 방함록을 구체적으로 분석하기 이전에 근현대 선원의 역사를 간략히 요약하고자 한다.

　한국불교사에서의 고중세기 선원의 역사에 대한 연구는 희박한 형편인데, 이는 우선 그 시대 관련 자료가 거의 없음과 연구 시각의 다양성 부족에서 비롯되었다. 기존 연구에서는 선찰, 선사, 선사상이라는 관점을 갖고 연구하였기에 필자가 고려하는 선원의 공동체 생활, 수좌, 청규, 수행 등과는 일정한 거리가 있다는 것이다. 한편 근대불교의 징검다리 역할을 하였던 조선 후기의 선원 및 수좌에 대해서도 연구의 사각지대로 남아 있음은 매우 안타까운 현실이다. 이 분야 연구가 촉발되어 개항기, 근대불교 선원의 이해에 단서를 제공하기를 기대한다.

근대불교 선원의 현황은 현재까지 관련 연구 및 1차 자료에 의하여 그 전모를 그려내는 데에도 어려움이 있다. 우선 1876년 개항 이후의 선원에 대한 내용은 거의 파악되지 않고 있다. 다만 1913년에는 당시 선원이 72개소에 달한다는 기록을[6] 찾을 수 있다. 이처럼 1920년대보다 많은 수의 선원이 있었음은 근대선의 개척자인 송경허가 해인사, 범어사, 송광사 등지에서 수선결사 및 선원 개설을 주도한 것과 밀접히 연결되어 있었다고 보인다. 그리고 송경허의 일정한 영향을 받은 것에서 기인하였지만 1900~1910년간에 범어사의 9회의 임시 선사(禪社), 선방(禪房)이 개최되어 결과적으로는 범어사가 선찰대본산이라는 것을 표방한 저간의 사정도 참고할 수 있다. 또한 1911년 서울에 올라와 참선을 통한 불교대중화 활동을 한 백용성의 상경 이전의 행적을 보면 지리산, 덕유산, 보개산 등의 사찰에서 선회를 개설하였다는 기록을 찾을 수 있다. 이처럼 1910년 이전 각처에서 자생적인 선회가 빈번하였음에서 선원의 존재 가능성을 확인할 수 있지만 그 세부적인 내용이나 관련 통계는 알 수 없다.

---

6) 『해동불보』 4호, 87~90쪽. 그런데 각 본사별로 선원(선학당)의 숫자만 제시하고, 그 선원의 명칭은 전하지 않는다.

그런데 1913년 무렵 전국 선원의 조사를 하였던 종단(조선불교선교양종 30본산주지회의소)에서는 각처의 염불당을 '선당(禪堂)'으로 변경하기로 정하면서, 각처의 선원이 지켜야 될 '선림규칙'(10개조)을 정하고, 그것을 실천에 옮기자고 하였음은 유의할 내용이다. 이처럼 1910년대 중반까지는 선을 부흥시키려는 종단의 노력에 의거하여, 선원의 토대는 어느 정도는 견실하였다고 보인다.

그러나 1920년대 초반에 접어들면서 선원은 점차 퇴진의 길로 접어든 것이 아닌가 한다. 1921년 12월 송만공, 오성월, 백용성, 한용운 등이 중심이 되어 서울에 선학원을 건립하였는데, 그 이면에는 선원의 퇴진, 수좌의 배척 등의 흐름이 있었음을 말해준다. 이에 수좌들 스스로가 선우공제회를 조직하여 자주적으로 수좌 보호, 자립의 활로 모색을 통한 선풍 진작에 나섰던 것이다. 당시 19처의 사찰 선원이 선우공제회 지부조직에 가입하였다. 이때 공제회 회원 즉 수좌는 통상회원 203인, 특별회원 162인을 합하여 365인에 달하였다.

그러나 선학원, 선우공제회는 1924년 중반부터는 퇴진의 길로 가고, 1926년 5월에는 역사의 무대에서 내려오게 되었다. 이는 선원의 부진을 말하는 단적인 예증이다. 선학원의 재건은 1931년 초반에 가서야 가능하였다. 이에 재건 선학원을 무대로 전국의 수좌들은 재집결하면서 선풍 진작을 도모하였으니, 수좌들이 선학원에서 전국수좌대회를 개최한 것도 그즈음이었다. 선원, 수좌들의 선풍 진작 노력은 1934년 12월 기존 선학원을 재단법인 선리참구원(禪理參究院)으로 전환시킨 것에서 더욱 구체화되었다. 이는 개별 선원 및 수좌·신도의 후원하에 선학원을 견실한 재정의 기반위에 올려놓으려는 고민의 산물이다. 나아가서 수좌들은 선학원에 전국 선원의 통일기관인 종무원을 설립시키고, 기존 교단과는 무관한 독자적인 노선의 극치인 조선불교선종(朝鮮佛教禪宗)을 등장시켰던 것이다. 종정에 송만암, 방한암, 신혜월까지 선출하였음은 수좌들의 선종, 선풍 노력이 어느 정도였는가를 짐작할 수 있는 대목이다. 바로 이 당시인 1935년『禪苑』지에는 22처의 선원에서 368명의 수좌가 수행하였다고 전한다. 그러나 재단법인체로 조직을 전환한 이후에는 점차 선원이 증가하고, 그에 따라 수행하는 수좌도 증가하였다. 1940년의 경우 27처의 선원에서 458명의 수좌가 수행을 하였다고 전한다.[7] 그러나 선학원 기록에서는 1940년에도 46처 선원에서 하안거에 540명이, 동안거에서는 482명이 수행하였다고 한다. 그리고 1941년 기록에서 58처 선원에서 하안거 505명, 동안거 340명이라고 한다. 1942년 기록에서는 선원 68처에서 하안거 대중 505명, 동안거 대중 340명으로 전한다.[8]

　　그러나 당시 일제가 자행한 태평양전쟁으로 인한 식민통치책에 불교도 고초를 겪으면서 선원의 존립은 점차 퇴색하였을 것이다.[9] 그럼에도 불구하고 우리는 여기에서 27처, 46처, 68처 등의 선원, 540명의 정진대중에 대해서는 여러 생각을 가질 수 있다. 즉 당시 선원이 정상적으로 운영되었는가, 재정적인 기반은 어떠하였는가, 혹은 540명을 명실이 상부한 수좌로 볼 수 있는가 하는 것이다. 당시에는 대처승과 사찰의 종무소에서 선원 및 수좌에 대한 배척이 상

---

7) 『불교시보』 54호(1940.1), 「선원소식」. 정광호는 『한국불교최근백년사편년』 261
　　～272쪽의 전국선원일람표에서 1941년 하안거는 540명, 동안거는 482명이라는
　　통계를 제시하였다. 이는 1960년대 중반 선학원에서 소장하였던 『법인관리 지방
　　선원 방함록철 및 全鮮선원 방함록철』에 의거하여 작성한 것이기에 신뢰할 수
　　있다.
8) 이상의 기록은 위의 정광호 자료 참조함.
9) 정광호는 위의 기록에서 1943년 하안거 수행자는 193명, 동안거는 73명이라는
　　통계를 제시하였다.

당하였다는 기왕의 회고와 함께 위의 통계를 어떻게 받아들일까의 문제이다. 또한 당시에는 대처승, 재가자들도 선원에서 함께 수행하였는데, 이 점도 참고해야 하는 것이다. 이상이 일제하 선원 및 수좌에 대한 기초적인 역사의 내용이다.

한편 8·15해방 이후 선원은 어떠한 변화를 가졌는가? 선원 및 수좌는 증가하였는가, 혹은 수행 풍토는 향상되었는가에 대한 의문을 가질 수 있다. 그러나 현재 필자는 해방공간에서의 전체 선원 및 수좌에 대한 정보를 갖고 있지 않다. 다만 당시 선리참구원(선학원)에서의 동향, 수좌들이 요구한 해인사 가야총림에 대한 기초적인 내용만을 파악하였을 뿐이다. 해방공간의 불교의 화두는 식민지불교의 극복 및 불교발전이었다. 그러나 그 해결을 위한 방안에서는 보수와 진보로 나뉘어 대립하였다. 기득권적인 대처승 계열의 종단 집행부 및 다수 승려들은 현실을 인정하는 선에서 온건적인 노선을 취하였다. 그에 반해 수좌, 일부 승려,[10] 재가신도, 재야단체 등에서는 기존 체제를 개혁하려는 진보노선을 경주하였다. 이런 전제하에 보수, 진보를 가늠하는 뚜렷한 잣대는 대처승을 인정할 것인가와 사찰의 경제기반인 토지에 대한 개혁을 수용할 것인가의 여부였다. 이럴 때 선학원 계열 승려들은 진보적인 노선에 가담하였다. 이는 대처승 배제, 수좌중심의 교단 재편 그리고 그를 통한 불교발전을 취하였기 때문이다.[11] 당시 진보계열은 불교혁신총연맹을[12] 결성하였는데, 그 거점이 선학원이었다.[13] 그즈음의 선학원은 전국 선원 20여 개소와

10) 진보적인 노선에 참여한 대상자는 108개의 사암 주지 및 승려 445명이었다는 기록이 있다. 경봉스님 일지, 『삼소굴일지』, 1947년 4월 8일 내용.
11) 그러나 수좌의 토지개혁에 대한 입장은 분명치 않았다.
12) 총연맹에 가담한 단체는 선리참구원, 불교청년당, 혁명불교도동맹, 불교여성총동맹, 조선불교혁신회, 선우부인회, 재남이북승려회 등 7개 단체였다.

연결되어 있었다.[14] 이에 당시 수좌들은 종단 내의 조직에[15] 수좌대
표 인정, 모범총림 건설, 중앙선원 확장, 지방 선원 자치제 등을 건
의하였다.

바로 이 같은 배경에서 등장한 것이 해인사의 가야총림이었다.
1946년 11월경에 출범한 가야총림은 수좌들의 건의가 종단에서 수
용한 산물로 나타났다.[16] 가야총림(조실, 이효봉)에서 실제로 운영
된 것은 선원이었는데, 수행연한은 3년이었고 당시 그곳에서 수행한
수좌는 50명 정도였다. 그러나 전반적으로 가야총림을 제외한 여타
사찰의 선원의 운영 현황은 관련 자료 부족, 연구 미약 등으로 실제
사정은 파악할 수 없다. 전체적으로는 부진한 상황이 아니었을까 생
각된다. 이 사정은 바로 그즈음(1947년 가을)에 등장한 봉암사결사
가[17] 부처님 법대로만 한번 살아보자는 슬로건을 표방한 것이 이를
상징적으로 말하는 것이라 본다. 봉암사에는 이성철, 이청담을 비롯
한 수좌 30여 명이 종단과 무관하게 독자적인 불교정화 및 수행에
임하였다.[18] 송광사 삼일선원(1946년 7월 15일)에서도 이효봉을 중
심으로 동구불출, 오후불식, 장좌불와, 묵언이라는 규칙을 걸고 '삼
년 정혜결사'가 시작되었다.[19] 또한 수좌인 이대의가 1952년 봄 무

---

13) 졸고, 「불교혁신총연맹의 결성과 이념」, 『한국근대불교의 현실인식』, 민족사,
   1998. 통도사 선승인 김경봉이 총연맹의 의장으로 피선되었다.
14) 이 선원은 재단법인체인 선학원의 관리를 받았던 대상으로 이해된다.
15) 당시는 중앙교무회라 칭하였는데, 지금의 종회였다.
16) 『불교』지 1947년 4월호, 「가야총림 규약」.
17) 졸고, 「봉암사결사의 전개와 성격」, 『한국 현대불교사 연구』, 불교시대사, 2006.
18) 종단과 무관하게 독자적인 불교정화를 추진한 사례는 송만암이 전라도 일대에
   서 구체적으로 실시한 고불총림의 경우도 고려해야 한다. 졸고, 「고불총림과
   불교정화」, 『불교사연구』(중앙승가대 불교사학연구소, 2004), 4·5합집.
19) 앞의 정광호 저서, 257쪽.

렵 당시 교정(종정)인 송만암에게 수좌 전용 사찰을 할애해 달라는 요지의 건의서를 제출한[20] 것도 바로 그 사정과 유관하다. 특히 6·25전쟁을 겪으면서 사찰이 많은 피해를 보고, 안정적인 수행 환경 자체가 불가능하였기에 선원의 존립 자체가 난관이었다. 이에 6·25 기간에는 직접적으로 전쟁의 피해를 덜 입은 범어사, 선암사(부산), 미래사 등 극히 일부 사찰에서만 선원이 개설되었다.

전쟁이 종료된 이후 선원은 더욱더 피폐해져 갔다고 볼 수 있다. 그것은 정화불사라는 큰 소용돌이와 6·25 직전부터 시작된 농지개혁으로 사찰토지가 농민들에게 귀속되면서 사찰경제의 토대가 무너졌기 때문이다. 특히 1954년 5월, 이승만 대통령의 정화유시로 시작된 이른바 정화불사의 구도는 불교계를 더욱더 혼란케 하였다.[21] 그 당시 각처에서 수행에 임하였던 수좌 대부분은 서울에서의 정화운동에 동참하였다. 이는 선학원을 거점으로 정화불사를 추진한 교단 정화추진준비위원회(위원장 정금오)와 전국수좌대회준비위원회(소집 책임자 이대의)가 연합하여 그해 8월 17일에 각 지방 선원에 보낸 소집 통고문에서 비롯되었다.[22] 때문에 선원의 개설이니, 수행이라는 말 자체가 성립할 수 없는 분위기였다. 그 이후에도 정화운동에 참여해야 한다는 정서에 의해 수좌들은 선원보다는 선학원 및 조계사에 상주하는 경향이 지속되었다. 이런 정황은 정화운동이 실질적으로 일단락된 1962년 4월 통합종단이 등장할 때까지 지속되었다

---

20) 『대의대종사전집』(대승회, 1978), 88~89쪽.

21) 정화운동에 대한 전모는 필자의 고찰, 「정화운동의 전개과정과 성격」(『새불교운동의 전개』, 도피안사, 2002)을 참고할 것.

22) 『대의대종사전집』, 318~319쪽, 「취지문」. 이 수좌대회(8.23) 취지는 이효봉, 하동산, 김적음의 동의에 의해 선원에 보내졌다. 그러나 실제 대회는 8월 24~25일에 열렸다.

고 보인다. 그리고 이 기간의 선원에 대한 기초적인 자료 및 조사에 대한 기록을 찾지 못하여 당시 사정은 가늠하기 어려운 형편이다.

이같이 정화운동 기간과 1960년대 초반의 선원에 대한 개요는 파악치 못하였다. 그런데 통합종단 등장 이후 조계종단에서는 종단 3대 지표를 설정하고 정화이념의 계승을 위해 부단히 노력하였다. 이에 종단에서는 도제양성의 차원에서 승려교육을 강력히 추진하였으나 그 성과는 만족할 만한 수준까지는 이르지 못하였다. 이때 종단에서 추진한 것은 총림의 개설이었다. 마침내 1967년 가을 해인사에 해인총림이 등장하였다. 바로 그 즈음에 선원의 수좌들이 중심이 되어 선풍 진작, 정화이념을 내세우며 나타난 단체가 있었거니와 그것이 바로 선림회(禪林會)였다. 1967년 4월, 동화사에서 창립총회를 가진 선림회는 출범 직후 해인총림의 조속한 개설을 적극 주장하였다. 그 후에는 송광사의 조계총림, 용주사의 중앙선원의 설립을 추동하였던 것이다. 그때 선림회에서는 선풍 진작을 내세우면서 부대사업으로 선원 방함록 발간을 추진하였다. 그리하여 선림회는 1967년 동안거 수행부터, 수행에 참여한 대중의 명단을 취합하여 전국적인 방함록을 발간, 배포하였던 것이다. 바로 그 방함록에 전국 선원에서 수행에 임하였던 수좌 및 외호대중의 명단이 수록되었다. 1969년의 경우 안거 수행에 임한 선원은 39개 처, 정진 대중은 600여 명에 달한다.[23] 1970년대 초반에 선원이 새롭게 16개 처에서 개설되어, 전국적으로 42~45개 처에 달하기도 하였다.[24] 그러나 문제는

---

23) 『조계종사, 근현대편』, 241쪽.

24) 그러나 당시 교무부장인 송월주는 선원은 31개소, 안거 수행에 임한 승려를 608명이라는 통계를 제시하면서도 실질적인 정진에 임한 승려는 300명 내외라고 하였다. 『대한불교』 1970.12.13, 「한국불교 회고와 반성, 僧團」.

선원 및 수좌에 대한 개요, 내용을 파악함에 있어 통계에서는 그 질적인 문제까지 파악할 수 없는 것이다. 이에 대한 제반 분석은 추후 다양한 각도에서 접근해야 될 것이다.[25]

이상 본 고찰의 주 대상인 방함록을 이해하기 위한 배경으로써 근현대 선원의 추이를 조망하였다. 본고에서 방함록의 포함 대상 시기를 1967년 하안거까지 제한하였기에 그 당시까지의 선원 추이에 관련된 내용을 소개하였다. 1967년 동안거 때부터는 수좌들의 모임인 선림회에서 각 선원의 정진 대중 및 외호대중의 명단을 입수하여, 그것을 전국적인 차원의 방함록을 편집, 인쇄, 배포하였다. 추후에는 선림회와 전국선원수좌회에서 발간한 방함록을 입수, 분석하면 선원 및 수좌에 대한 다양한 정보를 얻을 수 있을 것이다.

3. 방함록의 분석

방함록은 일반적으로 한국불교 선원에서 안거수행을 한 기록을 말한다. 그러나 현재는 신라, 고려, 조선시대의 선찰 및 선원(선방)에서 수행한 기록은 찾을 수 없었다. 그리고 필자가 알기에는 선원의 기록으로서의 방함록이 중국불교, 일본불교에 있다는 기록이나 관련 정보는 보지 못하였다. 이를 보면 방함록은 한국불교에만 있는 고유의 전통이 아닌가 한다. 그리고 개항 이전 조선시대의 불교에서도 방함록을 찾을 수 없는 것은 단순히 기록의 유실에서만 찾을 수 있을 것인가의 문제도 더욱 추구할 대상이다. 즉 어떤 연유로 1899

---

25) 이에 대해서는 『대한불교』 1970.2.1 사설, 「운수납자, 그 가풍의 회귀를 갈망한다」와 1972.2.6 「해이된 선풍을 일으키자」를 참조할 것.

년 이후에 와서 방함록이 보편화되었는가이다. 이를테면 선 부흥을 기하면서, 자기정체성을 추구하는 수좌들의 역사의식의 발로는 아닌가 하는 것이다. 이에 대해서는 더욱 심중한 검토가 요망된다. 그리고 방함록은 방함의 기록인데, 여기에서 방함의 뜻이 무엇인가도 정설이 없다. 방함(芳啣)은 납자, 수행자라는 의미로 이해되고 있지만 그 어원에 대해서도 생각할 문제이다.

근현대 선원의 방함록은 선수행의 산물로서 보편화되었지만, 그간 불교계 내외의 격변으로 인하여 자료로 공개되지는 않았다. 다행히 불학연구소가 수년전 『선원총람』의 발간을 준비하는 자료수집 과정에서 해당 선원 및 사찰의 협조를 얻어, 소장하고 있는 방함록을 복사하여 이번 자료집 출간의 동기를 마련하였다. 때문에 각처의 사찰 및 선원, 혹은 개인 소장자가 방함록 및 선수행 기록을 소장하고 있을 가능성이 있다. 때문에 본 자료집 발간 이후에도 추가의 자료수집에 나서야 할 것이다.

한편 각 사찰, 선원에 개별적으로 소장되었던 방함록은 선학원, 선림회에 그 내용을 통보하여 전국 단위의 방함록이 작성되기도 하였다. 예컨대 일제하 선학원에서는 전국 각처의 선원에서 수행한 결과를[26] 통보받아, 그것을 저본으로 하여 방함록철로 보관하였다. 1935년 초반 재단법인체로 전환된 선학원은 전국 선원의 통일기관으로 기능하고자 하였기에[27] 각 선원에서의 수행 기록을 종합하기 시작하였다. 이에 선학원에서는 그것을 취합하여 기관지인 『선원』에 요약하여 기고하고, 별도의 방함록철을 만들어 보관하였다. 그 작업시에는 『法人管理(재단법인으로서 선리참구원) 地方禪院 芳啣錄綴』과

---

26) 그러나 그것이 방함록인지는 단언치 못한다.

27) 명분은 선원 소식을 알리고, 친목도모라 하였다.

『全禪禪院芳啣錄綴』로 나누었다. 이렇게 제작된 방함록철은 선학원에 소장하였다. 그런데 현재 선학원에는 일제하의 방함록이 일부 소장 되었다는 전문은 들었지만 필자는 이를 열람할 기회는 갖지 못하였 다. 1960년대 후반 삼보학회에서 근대불교 100년사 작업을 했던 정 광호는 그 방함록철을 보고, 그에 근거하여 방함록 일람표를 만들었 던 것이다. 그러나 그 일람표는 선원별로 조실, 입승, 원주, 화주, 대 중 숫자를 기재하면서 하안거, 동안거별로 전체 대중숫자만을 제시 하였다. 그러나 선학원의 그 일람표는 1943년에서 중단되었기에 1944년 및 해방 이후에도 중앙 차원의 통합 방함록이 작성되었는지 는 알 수 없다.

이런 배경에서 1967년 4월 전국 수좌들의 모임인 선림회가 등장 하면서, 선림회의 사업으로 전국 선원의 안거 수행기록인 방함록을 작성, 배포하였던 것이다. 그런데 선림회가 1970년대 중반부터 모임 자체가 유야무야되면서, 방함록은 조계종단 총무원의 교무부에서 제 작하였다. 그 후 94년 종단개혁 과정에서 수좌들의 모임인 전국선원 수좌회가 결성되면서 1996년 하안거부터는 수좌회 본부(해인총림, 선원)에서 발간하였다.[28] 1998년에는 기존 방함록을 휴간하고, 대신 정진 납승의 동정 소식지로 「전국선원 정진대중명단」을 발간하다 가,[29] 현재에는 다시 예전의 이름인 방함록으로 발간되고 있다. 이 처럼 방함록은 한국 근현대 선원의 역사 자료의 중심이었음을 알 수 있다. 이에 『선원총람』에도 1979년 동안거부터 1999년 하안거까지 의 선림회 및 수좌회에서 발간한 『방함록』과 『정진대중명단』에 근 거하면서도, 지면관계라는 이유로 주요 소임자와 총대중수만을 기재

---

28) 수좌회 문건, 95-7호, 1995.5.15.
29) 수좌회 문건, 42-4호, 1998년 음력 5월 10일 시행.

하였다.[30)]

　금번, 조계종 불학연구소에서 발간한 본 자료집에 포함된 방함록은 해인사 퇴설선원, 수덕사 능인선원 및 견성암 선원, 범어사 금어선원, 직지사 천불선원, 도리사 태조선원의 방함록이다. 근현대불교에는 수십 곳의 선원이 있었던 역사를 고려하면 일부에 불과할 수 있지만 선원 역사의 중심체인 방함록이 최초로 영인, 보급된다는 사실 자체만으로도 큰 의미가 있다. 지금부터는 본 자료집에 포함된 개별 방함록의 개요, 내용, 특기사항을 살펴보고자 한다.

　우선 해인사 퇴설선원은 1899년 동안거부터 1967년 하안거 자료까지를 포함시켰다. 포함된 자료에 나온 대중 수는 2,292명이며 방함록의 쪽수만 해도 298쪽에 달한다.[31)] 해인사 퇴설선원은 송경허가 해인사에서 정혜결사를 추진한 1899년부터의 자료가 포함되었기에 그 역사적 가치는 실로 중요하다. 현재 해인사는 해인총림이 설립되어 한국불교를 대표하는 사찰로서 그 위상은 지대하다. 이에 해인사 선원에서 수행한 수많은 수좌들의 면면은 한국불교를 이끌어 온 주역들이었다고 해도 과언이 아니다.

　해인선원의 연혁은 「해인사 수선사 芳啣引」과 「합천군 가야산 해인사 수선사 창건기」에 자세히 나온다. 1899년 가을 송경허는 해인사 퇴설당에서 정혜결사를 결성하고, 도솔천에서 성불하기를 갈망하

---

30) 그러나 해인총림과 덕숭총림은 1979년 이전의 방함록을 확보하였다 하여, 1979년 이전의 것도 요약하여 실었다. 그런데『선원총람』에는 1979년부터 1982년까지의 방함록에 나온 총 대중 숫자는 게재치 않고, 여타의 경우는 대중 수, 혹은 큰방 내, 큰방 외, 외호, 총 대중으로 구분하여 그 숫자를 게재하였다. 이는 실제 안거수행에 동참한 수좌와 그렇지 않은 대상자를 구분하기 위한 의도에서 나온 것으로 보인다.

31) 해인사 방함록은 1974년 하안거 대상까지 입수하였지만 선림회 등장 이후는 별도로 작업할 예정이기에 제외하였다.

는 「禊社文」을 짓는다.32) 이때부터 본격적인 수행의 중심에 선 퇴설선원에서는 김제산, 백용성, 백초월 등 기라성 같은 수좌들의 수행처가 되었다. 1920년대 초반 잠시 문을 닫았던 선원은 1924년 방사를 수선하여 전수선원(專修禪院)이라는 이름으로 재개원되었다. 8·15 해방 이후에는 종단이 주관한 총림개설 차원에서 가야총림이 1946년 11월에 출범하였다. 가야총림은 이효봉을 조실로 추대하고 50명 정도의 수좌가 수행에 전념하였으나 6·25로 인하여 중단되고, 대중들은 각처로 흩어져야 했다. 그 후 해인사 선원은 부실 상태로 전락되었으나 1965년 총림의 필요성을 인식하여 퇴설당과 조사전 수리를 하였으며, 1967년 7월 당시 종회에서 해인사에 총림을 설치한다는 결의에 의거 선원은 재개원되었다. 이 당시부터는 선원의 주체는 이성철이었지만, 그 밖에도 청담, 고암, 자운, 혜암, 인곡, 지월 등 기라성 같은 현대 선지식들이 수행에 임하였다. 그러나 해인총림 체제에서 선원은 단순한 일개 선원의 기능과 위상에 머무르지는 않았다. 조계종단의 도제양성, 선풍 진작이라는 목적에서 개원되었기에 해인선원은 조계종을 대표한다는 사명을 부여받았다. 한편 해인선원의 가풍은 108참회와 용맹정진으로 요약된다. 새벽의 참선을 마친 오전 5시경 선원 대중이 108참회하는 것이 전통으로 자리잡았다. 그리고 용맹정진은 하안거 때에는 7월 1~8일, 동안거 때에는 납월 1~8일까지 시행한다. 이 기간은 장좌불와하면서, 24시간 내내 전혀 자지 않고 수행에 임한다. 그밖에도 보름마다 총림대중이 모여 포살법회를 하는 것도 여타 선원에서 찾을 수 없는 독특한 가풍이다.

---

32) 김경집, 「경허의 정혜결사와 그 사상적 의의」, 『한국불교학』 21, 1996.

다음으로 검토할 대상은 수덕사 선원이다. 수덕사 능인선원은 1910년 동안거부터 1967년까지의 자료가 포함되어 있다. 방함록의 이 기간에 수행한 대중은 1,685명이고 원문은 165쪽에 달한다. 그리고 수덕사 산내에 있는 비구니 선원인 견성암은 1927년 동안거부터 1949년 동안거까지의 방함록을 수록하였는데, 그 원문은 176쪽에 달한다. 수덕사는 현재 덕숭총림으로 칭하는 사찰이다. 수덕사가 덕숭총림으로 칭한 것은 1983년도였다. 그러나 구한말 일제하에서부터 수덕사는 경허, 만공의 선풍의 근거처로 유명하였다. 1880년대 수덕사, 천장암, 개심사, 부석사 등지의 호서지역은 경허 선풍의 중심처였다. 때문에 이 당시에는 선원이라는 명칭을 띠지는 않았지만 경허 선풍의 중심 무대로서 수덕사는 그 시절 선의 중심 사찰이었다. 경허 선풍은 그의 제자인 송만공에 의해 확대 재생산되었다. 만공이 1905년 수덕사 내에 띠집〔茅屋〕을 짓고 금선대라 이름을 붙여 수행에 임하자, 각처의 수좌들이 모여들게 되어 불가피하게 개당설법한 것이 선원을 여는 동기로 작용하였거니와 이것이 수덕사 능인선원의 배경이다. 수덕사에는 예나 지금이나 다양한 암자에서 선원이 열렸지만, 그 중심은 정혜사 능인선원이다. 능인선원에 대한 기록은 만공이 1937년에 지은 「덕숭산 정혜사 능인선회 방함록서」가 참조된다. 능인선원은 1932년 7월, 만공을 비롯한 수좌들의 헌신으로 새롭게 준공되었다.33) 이처럼 능인선원은 송만공을 제외하고서는 그 역사와 전통을 거론할 수 없을 정도이다. 현재 정혜사 능인선원에는 만공이 무궁화꽃 붓필로 쓴 덕숭청규가 있다고 전한다. 능인선원에는 만공을 비롯하여 박고봉, 황용음, 정금오, 이춘성, 마벽초, 최

---

33) 『매일신보』 1932.6.2, 「수덕사에 능인선원 건축」. 만공은 자기 사재 전부를 기증하고 당시 돈 5천 원을 희사하여 능인선원을 건축하였다.

혜암, 박추담, 김원담 등의 선지식이 치열한 수행을 하였다.

한편 수덕사 내의 비구니 선원인 견성암은 한국 비구니계 선원을 대표한 역사적 위상을 갖고 있다. 견성암은 선원으로 창건되었는데, 비구니 법희가 1913년경에 창건의 단초를 마련한 것으로 보인다. 그러나 이 당시에는 토굴 형태에 지나지 않았으나, 1928년에 창건 공덕주 비구니 도흡의 원력과 여타 승려들의 동참으로 초가집의 형태로 창건되었다. 이를 말해주는 것이 만공이 1928년에 쓴 「견성암 방함록서」이다. 이런 역사를 갖고 있는 견성암의 방함록은 1927년 동안거부터 1949년 동안거까지의 수행 대중을 기록하고 있는 것이다. 이 기간에 참선에 임한 대중은 외호대중을 포함하여 1,537명에 달한다. 그러다가 1940년경에는 기와집으로 전환되고, 지금의 모습은 1965년에 마벽초의 주도에 의해 석조 2층 건물로 전환되었다. 견성암 선원은 비구니계의 거물인 법희 및 김일엽을 비롯하여 응민, 대영, 수옥, 만성, 본공 등이 수행하였다. 견성암 선원의 선원장은 비구니가 담당하였으나, 조실은 만공 및 혜암 등과 같이 수덕사의 선지식을 초빙하여 선풍 진작에 임하였다.

범어사 금어선원의 방함록은 1909년 하안거부터 1957년 동안거까지이다. 이 기간에 금어선원의 대중은 2,307명에 달하고, 그 원문은 302쪽에 이른다. 범어사는 1910년대에 이미 선찰대본산이라는 별칭을 들을 정도로 근대불교의 선 중심 사찰이었다. 본 자료집에는 범어사 금어선원의 방함록만 포함되었지만 근대불교기의 범어사 선원은 여러 곳에 달하였다. 이런 범어사 선원의 현황을 전하는 기록은 1911년에 작성된 「범어사선원 연기록 청규록」이다.[34] 이 자료에

---

34) 이 자료는 아세아문화사에서 간행한 『범어사지』에 영인, 수록되어 있다.

의하면 범어사 금강암에 금강선사(1899), 안양암에 안양선사(1900), 내원암에 내원선사(1901), 계명암에 계명선사(1902), 원효암에 원효선사(1906), 원응료에 원응선사(1909), 대성암에 대성선사(1909), 금어암에 금어선사(1910) 등이 개설되었던 것이다. 비록 이 선사(禪社)가 임시선회의 형태에서 시작하였으며, 부침이 잦았지만 1910년 이전에 이 같은 선풍이 일어났다는 것은 주목할 내용이다.

범어사 선풍은 무엇보다도 범어사 출신 승려인 오성월의 헌신과 선 정신에 의해서 추동되었다. 다음으로는 송경허의 선풍을 진작시키려는 열의를 지적하지 않을 수 없다. 경허는 계명암의 선회에 참가하여 「범어사 계명암 수선사 방함록 청규」, 「범어사 계명암 창설 선사기」를 작성하였다. 이런 배경하의 본 자료집에 수록된 내원선원을 이해하기 위한 전제로서 범어사 선풍의 역사를 요약하였다.

때문에 내원선원의 가풍도 범어사 선풍의 구도에서 이해되어야할 것이다. 이와 관련해서 주목할 자료는 송경허가 작성한 계명암 선사 청규와 1910년에 작성한 내원선원 청규이다. 이 청규를 주의 깊게 보면 범어사는 선풍 진작 및 선찰 대본산이라는 자부심이 대단하였다고 보인다. 그리고 당시 범어사에서는 순수 참선만을 고집하지 않고, 일정한 교학 및 경학에 대한 탐구도 함께 하였다. 그리고 나아가서는 참선수행의 목적이 견성성불, 불조혜명 계승과 함께 국은에 보답하고 인민을 이롭게 함이라고 내세움을 보면 여타 선원과는 적지 않은 이질성이 보인다 하겠다. 추측건대 이런 체질에서 범어사가 일제하의 경우 사회운동, 독립운동의 기반이 된 것과 무관할 수는 없는 것이라 하겠다.

직지사 천불선원의 방함록은 1940년 하안거부터 1967년 하안거까지이다.[35] 이 기간 내에서 수행한 대중은 937명에 달하며, 그 분량은 84쪽이다. 직지사는 지금은 조계종 8교구 본사이지만, 과거에는 해인사의 말사였기에 해인사 영향을 많이 받았다. 근대기 직지사에 선원이 등장한 것은 1910년이었다. 당시 직지사 염불회를 수선사로 전환시키고 5명 내외의 수좌들이 참선수행을 시작하였다. 즉 천불암 염불회가 자연스럽게 천불선원으로 바뀐 것이다. 1913년, 해인사에서 수행에 전념하며 수좌들을 지도하였던 김제산이 직지사로 옮겨와 천불선원의 조실에 오르게 되었다. 이때부터 직지사 선원은 본격적인 궤도에 올랐다고 보인다. 김제산이 1930년에 입적한 이후에는 조금포, 윤서호, 윤퇴운, 이탄옹, 정혼해, 김대우, 정운봉, 윤고암 등이 천불선원을 이끌었다. 직지사에서 수행을 한 수좌를 살펴보면 김남전, 김경봉, 하동산, 이청담, 박고봉, 박금봉 등이었다. 그런데 천불선원은 1950년대 중반 온돌 과열로 인한 화재로 전소되었다. 그 후 오녹원이 주지로 부임하여 중창불사를 하면서 천불선원도 1971년 11월에는 재기하였다. 천불선원의 가풍은 연구가 심화되지 않아 그 가풍을 가늠하기 어렵다. 추후 김제산, 이탄옹 등의 연구를 통하여 이를 밝혀야 할 것이다.

도리사 태조선원의 방함록은 1930년 동안거부터 1967년 하안거까지의 수행기록이다.[36] 이 기간에 참여한 대중은 937명이며, 그 자료의 원본은 144쪽에 이른다. 도리사는 현재 직지사의 말사이다. 그러나 예전 도리사는 직지사 못지않는 선찰이었다. 예컨대 도리사는 파계사, 은해사 은부암, 도성암(비슬산)과 함께 영남의 4대 선찰로 불렸다는 저간의 사정이 그것이다. 도리사에 선원이 들어선 것은 1930년이었다. 당시 도리사 주지를 역임한 이석우가 선원을 창설하

---

35) 그러나 1972년 동안거까지의 자료는 수집하였다.
36) 그런데 입수 자료는 1969년 동안거까지이다.

자 수좌 20명이 수행에 들어갔다고 한다. 도리사 태조선원을 이끈 수좌로는 정운봉, 김남화, 김월호, 김영광, 박석두 등인데 일제하의 경우 이곳에는 20명 내의 수좌가 수행에 임하였다. 일제 말기인 1944년에는 해인총림 조실을 역임한 이성철이 이곳에서 하안거를 지냈다. 그런데 6·25전쟁, 정화불사 와중에서 이 선원의 변모는 구체적으로 전하지 않는다. 이에 대한 세심한 검토가 요청된다. 1975년에 재개원한다는 신문 보도가 있었는데, 이후의 변화의 내용도 정리해야 할 것이다. 도리사 선원의 가풍은 이렇다고 표방할 내용을 아직은 찾을 수 없다. 다만 다년간 조실을 역임한 정운봉에 대한 연구를 심화하면 나올 듯하다. 정운봉은 경허의 제자인 혜월의 법을 이었는데, 그의 제자로는 향곡과 진제를 거론할 수 있다.

지금껏 본 자료집에 수록된 방함록의 개요와 대상 선원의 내용을 요약하여 보았다. 이제부터는 추후 본 방함록을 갖고 더욱 연구할 측면을 제시하고자 한다. 이 점은 방함록이 갖고 있는 특성이라고 볼 수 있다.

첫째, 본 방함록의 대상 선원 중에서 범어사, 직지사, 도리사, 수덕사의 선원은 1930년대 중반부터 1950년대 초반까지는 모두 선학원(선리참구원)이 관리하는 선원이었다. 이 점은 이 선원이 선학원과 밀접한 연관을 갖는 것이다. 이렇게 선학원의 법인관리 선원과 일반선원과는 일정한 차별성이 있는바, 그 내용을 규명해야 할 것이다. 1935년 12월 5일, 선학원은 재단법인으로 전환하면서 그 명칭도 조선불교 선리참구원으로 바뀌었다. 이때부터 개별 선원이 재단법인과의 특수한 관계를 갖게 되었다. 그런데 현재로서는 선학원과 개별 선원 간의 연관을 명쾌하게 설명하기는 어렵다. 이는 그 전후사정을 말해주는 자료가 없기 때문이다. 추후 이 분야에 대한 연구가 요청된다.

둘째, 본 방함록에는 선원의 직책이 구체적으로 나오고 있어 선원 연구에 일익을 준다. 수좌, 외호대중은 안거를 시작하기 직전에 용상방이라 불리는 소임을 결정한다. 이러한 결정은 대개 자율적으로 정하는 것이 관행이었다. 그런데 각 선원별의 소임은 그 선원의 가풍, 선원이 속한 사찰의 역사와 전통에 따라 차별성이 있다. 지금껏 용상방, 소임에 대한 학계의 관심은 미약하였지만, 본 방함록을 세밀히 분석하면 선원별 공통성, 차별성 등 다양한 흐름을 찾아낼 수 있을 것이다. 특히 1928년 총독부에서 발간한 『조선승려수선제요』에도 각 선원별 직책이 나오는바, 이를 방함록에 나오는 것과 비교한다면 흥미로운 연구 주제가 될 것으로 믿는다.

셋째, 방함록에 수록된 대중이 9,965명에 달하는데, 그중 실제 안거 수행을 한 수좌가 대부분일 것으로 이해된다. 이렇게 수많은 수좌의 숫자, 통계는 본 자료집 이외에는 찾을 수 없다. 즉 방함록에는 수좌들의 법명, 법호, 나이, 출신 사찰, 소임 등이 자세히 제시되어 있다. 이는 수좌 연구를 수행함에 있어 절대로 필요한 기초자료의 역할을 제공한다. 지금껏 한국불교, 특히 근현대불교 연구는 그 연구의 양과 질도 문제시 되었지만 선지식, 고승, 명망이 있는 선승 중심으로 연구가 이루어졌다. 즉 연구의 편향성이 있었던 것이다. 그런데 본 방함록은 그러한 연구 편향성을 극복할 수 있는 토대를 제공한 것이다. 다시 말하자면 수좌연구를 진일보시킬 수 있는 자료라 이해된다.

넷째, 방함록에는 정진 수좌뿐만 아니라 외호대중들도 함께 수록되었다. 선원에서 수행은 단순히 수좌들만의 공부가 아니었다. 수행을 가능케 하는 외호대중은 절대적으로 필요한 것이다. 외호대중이 없을 경우에는 선원의 존립이 근본적으로 흔들리게 된다. 이에 외호 대중은 외호로써 수행을 하는 것과 다름이 아니다. 이에 외호대중들 도 당연히 방함록에 기록으로써 남기는 것이 전통이었다. 다만 최근 선원수좌회에서 제기한 외호도 안하면서 방함록에 이름을 올렸던 저간의 사정은 전통의 계승, 수행의 지속성이라는 차원에서 조율되 어야 할 것으로 생각한다. 이러한 정황은 곧 선원 수행은 선원공동 체의 성격을 말하는 것이다. 추후 연구자들이 사찰공동체, 수행공동 체에 대한 관심을 기울일 수 있는 연구의 자료를 제공한 의미를 본 방함록은 갖는 것이다.

다섯째, 본 방함록의 서문에서 수좌의 역사의식을 찾을 수 있다. 수좌들은 방함록을 남기는 것을 수행한 내용이 '영구유전(永久流轉)', '절물유실 영구유전(切勿遺失 永久流轉)', '시후인야(示后人也)' 하는 것으로 표기하였다. 이는 자신들의 수행기록을 적극적인 역사 의 기록으로 남기고 후대 수행자들의 '감계(鑑戒)' 자료로 인식될 것으로 고려하였다는 것으로 이해할 수 있는 대목이다. 지금껏 수 좌들은 역사 및 자료와 무관하다는 기존 인식은 재고되어야 한다고 본다.

4. 결어

지금껏 방함록에 나타난 근현대 선원의 역사, 방함록 개요 등을 중심으로 요약하였다. 이제부터는 맺는말로써 본 논문의 의의를 요 약, 제시하고자 한다.

첫째, 본 논문은 조계종단의 정체성을 재정립함에 있어 중요한 역사적 자료를 제공하였기에 종단사적인 면에서 의의를 갖는다. 과거, 조계종단은 종단의 역사 및 정체성을 정비, 확립하지 못하여 여러 어려움을 겪었다. 다행히 종단 구성원들이 그 문제점을 인식하고, 이를 극복하기 위한 다양한 노력을 기울여 왔다. 그러나 거시적으로 보면, 아직도 종단의 역사 및 정체성을 재정비하기 위하여 할 일이 적지 않다고 보인다. 이런 차제에 본 논문은 정체성 재정비 작업에 활용될 수 있다고 하겠다. 특히 간화선을 생명처럼 여기는 종단의 노선을 고려할 경우 앞서 간 선지식, 선배들의 고뇌와 땀이 밴 방함록은 온고이지신의 정신으로 재인식되어야 한다.

둘째, 기존 한국불교의 선 분야 연구의 물줄기를 획기적으로 바꿀 수 있는 자료집의 의미를 갖는다. 기존 선연구에서는 주로 선풍, 선사상, 선사, 선수행, 중국선의 계승문제 등이 주된 연구의 관점이었다. 그러나 본 방함록은 기존 연구를 보강하면서도, 선 분야를 다각도로 접근할 수 있는 관점을 제공할 수 있다. 선원 공동체, 명망 선사에서 다수 수좌로 연구 방향의 전환, 선원 간의 비교 등은 그 단적인 예증이다.

셋째, 근현대불교 연구 활성화에도 기여할 수 있다. 그간 근현대불교는 소수 연구자들의 영역에 머물러 왔다. 그리고 그 결과도 불교계 및 종단에 영향을 미치지도 못한 것이 사실이다. 추후에는 불교계 구성원, 종단과 연계하여 다방면에서 연구 활성화를 기해야 할 것이다. 이럴 경우 본 자료집에 나온 내용을 다각도로 분석하면, 자연적으로 종단 및 사찰들과 유기적인 관련을 맺을 수 있는 것이다. 그리고 방함록의 풍성한 내용은 기존 연구에서 나온 주제의 단절성, 미시적인 접근을 극복케 할 수 있다.

넷째, 본 논문은 조계종(불학연구소)에서 지속적인 자료수집에 임해야 한다는 역사적 사명감을 더욱 불어 넣어 주었다. 조계종단사, 근현대불교사의 부진은 1차적으로 관련 자료 부족에서도 찾아진다. 이에 조계종단 및 사찰은 자신들의 역사 자료를 찾는 일에 나서지 않으면 안 된다. 그간 불학연구소는『강원총람』,『선원총람』,『조계종사』,『간화선』등 종단의 역사와 정체성을 해명하는 기초작업을 많이 하였다. 이제부터는 이전 작업에서 수집한 자료정리, 지속적인 자료수집과 함께 종단 정체성을 밝힐 수 있는 연구에 나서야 한다. 연구가 미진한 곳, 반드시 연구되어야 할 것을 선정하여 연구를 수행해야 한다. 그 연후에는『한국불교 선원사』(가칭),『한국불교 강원사』(가칭) 등과 같은 개별연구도 추진해야 한다. 물론 이런 작업을 추진하기 위해서는 세부적인 자료수집, 증언 청취 등이 장기 계획에 의거 수반되어야 한다. 문제는 이를 담당하겠다는 의지, 사명감, 인적 콘텐츠, 재정능력 등이 조화되어야 한다.

근대 선원 청규의 개요와 성격

1. 서언

한국 근대불교는 조선 후기의 암울한 상황을 극복하고 불교 발전 및 중흥을 기하기 위한 다각적인 노력을 기울였다. 그러나 일본 불교의 침투와 식민지불교의 전개로 인해 그 문제는 간단한 것은 아니었다. 일제는 한국불교의 대중화 노력을 체제 내로 유도, 흡수하면서 일정 부문에서는 지원하였다. 요컨대 식민통치 차원에서 관리하고 있었기에 불교 대중화는 식민통치의 우호자로 비추어질 수도 있었다. 이에 불교계 각 분야에서 전개된 불교 대중화 및 혁신의 성과에 대한 평가는 매우 미묘한 것이었다. 그런데 불교의 대중화 및 혁신은 일정 부문에 있어서는 이전의 불교를 비판, 극복하면서 새로운 불교의 길을 모색하였기에 부수적으로는 전통의 파괴 및 변질이 두드러지게 나타나기도 하였다.

이처럼 전통의 파괴 및 변질은 근대불교의 또 하나의 특성으로 정리할 수 있다. 이에 본 고찰의 주제인 선원의 청규도 기본적으로는 전통의 파괴 및 변질이라는 구도에서 바라볼 수 있을 것이다. 그러나 전통의 파괴와 변질을 거시적으로 보면 불교의 자기 존립 및 활성화를 기하려는 목적에서 나온 것이기에 불교의 근대적 변용이라고 볼 수 있다.[1] 이에 우리는 일제의 불교정책이 구현되는 기본 흐름에서 그리고 도회지 불교, 대중불교의 목소리가 강조되는 현실에서의 선원 청규에 대한 평가는 간단치 않음을 파악할 수 있다. 한편 당시 선원의 수좌들은 식민지불교의 폐해로부터 한국 전통의 불교를 수호하려는 의식을 갖고 있었다. 지금껏 우리는 그 구체상인 선학원의 창립, 선리참구원으로의 변신을 통해 선원 및 수좌의 현실인식을 가늠하였다.[2] 그러나 선원과 청규를 통한 접근은 부재하였다.

이 같은 배경에서 우리는 근대불교가 걸어왔던 그 길의 내용과 성격을 어떻게 이해할 것인가에 대한 과제에 직면한다. 나아가서 그 길을 어떻게 평가해줄 것인가에 대한 문제도 간단치 않다. 이러한 문제를 해결하기 위해서는 우선 그 관련 자료 및 내용을 정리하고 분석하는 것부터 시작해야 할 것이다. 본 고찰의 대상 주제인 선원은 한국불교에서 선을 강조하는 현실에 비추어 볼 때, 이에 대한 다각적인 접근과 분석이 절대 필요하다. 그럼에도 불구하고 조계종단 차원에서 자료집을 발간한 것[3] 이외에 개별 학자들이 수행한 것에 대한 연구는[4] 매우 부진하였다.

---

1) 그러나 그 변용의 저변에는 문화적인 후퇴, 퇴보, 낙후의 요소가 있었음을 구별해 내는 문제가 자리 잡고 있음을 유의해야 할 것이다.
2) 필자는 「일제하 선학원의 운영과 성격」(『한국근대불교사연구』, 1996), 「조선불교선종종헌과 수좌의 현실인식」(『한국근대불교의 현실인식』, 1998)의 고찰에서 선학원의 창립, 변동, 성격을 조명하였다.
3) 조계종 교육원에서 2000년에 펴낸, 『선원총람』은 근현대 시기 선원의 현황을 종합, 정리한 자료집이다.
4) 김호성은 「결사의 근대적 전개양상」(『보조사상』 8, 1995)에서 경허, 한암의 결

이에 본 고찰은 근대불교의 선원에 대한 연구를 심화하기 위한 목적에서 우선 선원의 청규를 주목하여 그 개요 및 성격을 정리하고자 한다. 청규는 선원 운영의 요체이자 선원의 성격을 극명하게 대변해주는 대상임은 두말할 나위가 없다. 주지하는 바와 같이 청규는 중국의 선불교에서 유래되었지만, 한국불교계의 선원에서도 자생적인 청규로써 운영의 실체로 삼고 있었다. 그런데 조선시대 이후의 청규는 조선불교의 위축, 자료의 빈곤 등의 요인으로 그 실상에 접근하는 것 자체가 어려운 형편이다. 이에 근대불교의 청규를 살피는 것은 단순히 일제하의 선원의 양상을 이해하는 차원에 머무는 것이 아니다. 조선시대의 전통불교와 현대불교의 징검다리를 구축하는 차원에서도 그 중요성이 인정된다.

때문에 본 고찰에서는 근대불교의 청규의 전모를 소개하고, 그 성격을 추출하고자 한다. 그리고 선원의 청규라고 명명하지는 않았지만 그 실질적인 내용에 있어서 청규에 준하는 것이면 광의적으로 포함하여 살피고자 한다. 그리하여 필자는 본 고찰이 선원과 청규의 실상을 연구하는 지평을 넓히는 데에 일조를 기하면 다행이라는 바람을 갖고 있다. 선학제현의 질정을 바라는 바이다.

사의 개요와 성격을 중점적으로 정리하여 이 분야 연구를 개척하였다. 그리고 여타 연구는 대부분 경허를 소재로 하였다. 그리고 선우도량에서는 1992년의 수련 결사를 '청규'로 하여 토론회를 하고, 그 성과물을 『선우도량』 3호에 게재하였다.

2. 선원 청규의 개요 및 내용

(1) 송경허 결사의 청규

송경허는 근대 선불교의 중흥조로 평가받고 있는 인물이다. 그는 깨달음을 성취한 이후 전국 각처를 순행하면서 자신의 보임을 기하였지만 한편으로는 선방의 개원을 통한 선 부흥에 힘을 기울였다. 그는 1899년부터 1903년까지의 5년간 영남과 호남지방에서 선풍 진작에 나서고 있었다. 특히 해인사와 범어사에서 결사의 형태를 띠고 선의 재건을 추동하였다. 즉 경허의 선풍 재건은 선원의 명칭이 수선사(修禪社)로, 결사운동의 외형을 갖고 있었으며, 그 정신은 지눌의 정혜결사운동의 계승이었고, 사상은 정혜(定慧)가 중심이지만 부수적으로 미륵신앙이 나타나고 있음은 선학의 연구에서 이미 제기된 바 있다.[5] 본 고찰과 직접 관련된 대상인 청규도 바로 위의 해인사와 범어사에서 전개된 결사에서 나타나고 있다.

송경허가 관여한 결사의 청규는 1899년에 전개된 해인사 수선사의 「결동수정혜동생도솔동성불과계사문(結同修定慧同生兜率同成佛果稧社文)」에 결부되어 있다. 이 계사문은 대한 광무 3년 11월 1일, 결사 맹주 비구 성우(경허)의 서술이다. 청규는 이 정혜 계사의 규례(規例)로 전하고 있으며, 위의 계사문에 첨부되어 있다. 그 규례는 30

---

5) 경허 결사에 대한 연구는 다음의 고찰이 참고된다.
 고익진, 「경허당 성우의 도솔이생론과 그 시대적 의의」, 『한국미륵사상연구』, 1987.
 김영태, 「조선조 불교의 목우자 사상」, 『보조사상』 3, 1989.
 성타, 「경허시대의 선과 결사」, 『한국종교사상의 재조명』, 1993.
 김경집, 「경허의 정혜결사와 그 사상적 의의」, 『한국불교학』 21, 1996.

개 조항으로 구성되어 있다. 규례의 내용은 정혜결사를 추진함에 있어서의 자세, 마음가짐, 원칙, 유의사항 등에 대하여 자세히 배열되어 있는바, 각 조항의 배열에 있어서의 특별한 원칙은 나타나지 않는다. 그러나 그 전체적인 개요를 파악하기 위해서는 그 조항의 내용을 제시해야 한다. 이에 그 조항의 전모를 제시한다.[6]

1. 마땅히 無常이 신속하고 생사의 일이 중대함을 생각하여 定慧를 부지런히 닦아야 할 것이니, 만약 정혜를 부지런히 닦지 않고 佛果를 구하고자 함은 뒷걸음질치면서 북쪽으로 수레를 모는 것과 같다. 간절히 저 헛된 有爲法에 집착해서 평생을 그르치지 말지니라.

2. 정혜를 부지런히 닦고 공부길이 잘 決擇되었으면 힘을 허비하지 말고 응당 善知識을 찾아야 한다.

3. 예로부터 부처를 이루고 보살행을 이루려면 반드시 行業을 한 후에 판단할 수 있으니 정혜를 닦고 행하여, 도솔천 내원궁에 상생하는 원력을 세워 佛果를 이루어야 한다.

4. 이미 결사에 참여한 사람은 정혜 닦는 것에 힘을 쓸지언정, 도솔천에 상생하기만을 원하면 안 된다. 원만 있고 행이 없으면 그 원은 허사가 된다.

5. 능히 참으로 정혜를 닦는 이는 정혜를 위해 도솔천에 나기를 원치 않더라도 또한 결사에 들기를 허락할 것이며, 진실로 정혜를 닦는 이는 극락에 왕생하기를 원하더라도 결사에 참여시킨다.

6. 이 결사의 뜻은 함께 결사한 사람끼리 탁마함에 있으니 반드시 한

---

6) 원 규례에는 일련 번호가 나오지 않지만 서술의 편의상 번호를 부여하였다. 그리고 일부 조항은 축약하여 정리한 것도 있고, 일부 조항은 그 요지만 정리한 것도 있다. 이는 그 조항의 내용이 한문으로 되어 있어 그를 그대로 제시하면 난해하고, 번역하여 제시하면 그 양이 너무 많기 때문이다. 이 규례의 번역은 명정의 『경허집』(극락선원, 1990)에 게재된 대본을 크게 참조하였다.

곳에 모여 공부해야 한다.

7. 만일 분명히 결사를 택하여 정혜에 진실로 수행하는 사람은 한 곳에 모이지 않더라도 무방하다.

8. 추진하는 道가 미숙하고 성숙함을 말할 것 없이, 그때의 형편이 어려우면 반드시 한곳에 모이지 않아도 가능하다.

9. 결사에 참여하는 사람의 주소, 성명, 발원 내용 등을 기록해야 한다.

10. 이 결사 맺은 것을 처음에는 다른 곳에 선포하지 않았지만 이제 해인사의 수선사에 결사의 장소를 정하였으니 그 주소 성명 등의 참가자들의 인적사항을 보내어 기록하고, 그것을 계원들에게 돌려야 한다. 이런 일로 참가자들을 오고가게 번거롭게 해서는 안된다.

11. 결사 참가자들은 용맹심으로 수행하되, 도의 힘을 먼저 성취한 사람은 아직 미치지 못한 사람들을 제도해야 한다. 그러나 타인에 의지하고 방일하는 참가자나 속이는 마음으로 참가한 사람들은 결사에 참가시키지 않는 것이 좋다.

12. 마음과 행동이 흉악하고, 중죄자, 나쁜 병이 있는 사람들을 결사에 받아들이면 안 된다. 이들은 교화를 손상하고 수행하는 대중들을 방해할 가능성이 많다.

13. 만일 견해가 다르고 행동이 다른 사람은 결사에 참여시키지 말아야 한다.

14. 발원하고 함께 맹서하는 것은 작은 일이 아니다. 결사한 사람 중에서 삼악도에 떨어지거나 마구니와 외도에 들어가면 먼저 도력을 이룬 사람이 그 사람을 붙들어 맹서의 뜻을 어기지 말도록 해야 한다. 결사에 뜻을 둔 사람은 서로 화합하고 보호해야 한다.

15. 도솔천에 상생하여 미륵여래를 친견하겠다는 원력이 있다면 그것은 항상 간절하여 자연스레 생각하고 잊어지지 않는 것이니 이

것이 진실한 염불이다. 예불하고 공양함에 있어서도 요컨대 정성스러운 마음에 힘을 쓰지 형식적으로 분주케 할 필요가 없다.

16. 결사한 사람들이 그때그때 각각 여러 곳에 모이되 많거나 적거나 그곳에서 공부를 하고 서로 모여서 할 일이지 혼자서 산속에 들어가서 하지 말아야 한다. 또한 결사한 사람들끼리는 서로 도와주어야 한다. 만일 구제하지 못한다면 결사 맹서한 뜻에 어긋나며 여러 사람들의 비난을 살 것이다. 그러하니 한곳에 모여 공부를 하는 것이 좋다. 이 조항을 자세히 말하는 것은 크게 관계되는 일이 있으니 반드시 준수할 것이며 만일 혼자서 살 마음이 있는 사람은 이 결사에 받아들이지 않는 것이 좋다.

17. 병들어 사망하는 사람이 있으면 稧員은 성의껏 간호하고 그를 위해 무상법, 정혜의 이치, 도솔천에 상생하는 원을 설해 주어 그로 하여금 정신과 도력이 어둡지 않게 하여 도솔천에 상생하는 원력을 어둡지 않게 해야 한다.

18. 사망하는 곳에 결사 도반이 있으면 미륵여래와 삼보에게 공양을 올리고 명복을 빌되 정성껏 하면 된다.

19. 사망 사유와 날짜를 적어 결사소에 보내면 결사소에서는 모든 계원에게 통보한다. 이 소식을 들은 계원들은 천리 밖에 있더라도 그 모임의 수에 관계없이 맹서의 서약을 생각하여 亡人을 위해 검소한 공양을 베풀고 미륵여래와 삼보에게 공양을 올린다. 회합 대중은 동참 예배·축원으로 죽은 사람으로 하여금 도솔천 내원궁에 상생케 할 것이며, 망령을 위해 시식을 하고, 대소상에도 이것은 따라야 한다.

20. 이 조항은 결사 추진에서 의문나는 내용을 문답으로 처리하여 서술하고 있다. 그 주요 내용은 도솔천에 상생의 발원, 미타정토 왕생 발원과 정혜결사와의 상관관계이다. 그러면서도 참으로 정혜

를 닦는 사람이면 도솔과 정토에 구애받지 않는다는 회통성을 피력하고 소신과 방편을 이용하여서 중생들을 이익되게 하려는 의도가 드러나고 있다.

21. 세상에 있을 적에 적은 선업을 지었더라도 동참 계원에게 회향하여 함께 불과를 이루어야 한다.

22. 성불한 사람이 동참 계원에게 회향하는 방법은 "이 동참 계원이 함께 성불하기를 원하는 것은 실로 일체 중생을 제도하기 위함에서 나온 것이다. 그래서 옛사람이 이르기를 '스스로 얽매임에서 풀려나지 못하고는 남의 결박을 풀어줄 수 없다'고 하였으니 이 법을 떠나서 별다르게 중생에 회향하는 일은 있을 수 없다"는 요지를 참고해야 한다.

23. 이 결사문으로 타인에게 권하고 교화할 수 있는 사람은 각기 1통씩을 갖고 널리 인도하여 입사케 해야 한다.

24. 대저 사람의 목숨은 무상하여 오늘에는 비록 보존되나 내일을 보장하기 어려우니 이 결사를 창설하는 사람들도 어찌 오랫동안 세상에 머물 수 있겠는가? 바라건대 후인들은 이를 명심하여 이 정혜결사의 의의를 잊지 말고 오랫동안 전하여 널리 미혹한 중생들을 제도하도록 해야 한다.

25. 만일 입사하고자 하는 사람은 이 규례와 결사문을 자세히 보고, 먼저 입사한 사람은 이를 자세히 가르쳐 깨닫게 하여 진정한 신심을 내게 하여 바른 도업을 닦게 할 것이며 업력의 바람 기운을 따라 갈팡질팡하지 않게 해야 한다.

26. 이 규례와 결사문은 여름과 겨울에 같이 공부할 적에 혹은 늘 같이 모여 공부할 적에 글 잘하고 종지를 아는 사람에게 그 모임 대중을 위하여 자세히 알려주도록 해야 한다. 처음 발심한 사람과 글을 모르는 계원 도반들이 그를 잊고서 혼미케 되면 안 된다.

27. 이 규례와 결사문 가운데 부적절한 내용이 있어도 이것이 동참한 계원을 위한 것인즉 계원 이외의 사람이 보고 맞지 않는다 하여 시비를 일으키는 일이 없도록 해야 한다.

28. 이 규례는 다만 계원에 관계된 일이다. 그 나머지 여러 行은 경전에 갖추어 있어서 필요없이 인용하여 번거롭게 하지 않았다.

29. 이 규례 밖에 다시 자세한 실행세목을 정하였으나 처음 결사하는데 불편함이 있을까 하여 여기서는 제시하지 않고 뒷날에 선풍이 크게 일 때를 기다려 다시 제정하기로 하였다. 그러나 마음대로 제정하지 말고 반드시 宗主와 사리를 잘 아는 계원과 의논하여 정한 뒤에 계책을 써서 반포 시행한다.

30. 위와 같은 규례를 각기 준수할 것이며 절대로 방임하지 말고 自利利他를 상실하면 안 된다.

지금껏 경허의 30종에 달하는 수선결사 규례를 살펴보았다. 위의 내용에서 나오듯 이 규례는 일반적인 선원의 청규는 아니다. 경허가 해인사에서 추진한 수선사 결사의 운영, 내용, 문제점 해결을 위한 세부적인 내용이 나온다. 그 대강을 내용별로 정리하면 다음과 같다. 규례 1, 2, 3항에서는 정혜결사를 추진하는 시급성, 중대성, 실천성이 나온다. 규례 4, 5항에서는 결사의 핵심인 정혜와 도솔천과의 상관관계를 정리하고 있다. 이는 일반적인 선 중심의 결사에서 벗어나 미륵사상의 결합이라는 면을 해설하는 것이다. 다음으로 6, 7, 8, 9, 10, 11항에서는 결사를 추진하는 세부 방법이 나오고 있다. 12, 13, 14항에서는 결사의 참가자에 대한 원칙을 정하고 있다. 15, 16, 17, 18, 19항에서는 결사를 추진하는 마음자세, 추진의 방법, 결사 참가자의 사망시의 처리 지침 등이 자세히 나오고 있다. 20항에서는 여타 청규에서 보기 드문 내용이 나오는 바, 그것은 결사의 사상적 중첩성을 문답으로 설명하고 있다. 21, 22항에서는 결사를 통하여 깨달음〔佛果〕을 성취한 후의 회향 방법을 다루고 있다. 23, 24, 25항에서는 결사의 홍보 및 계승을 위한 원칙이 제시되었다. 26, 27, 28, 29, 30항에서는 규례를 준수해야 하는 타당성, 보완 원칙, 실행 세목 등이 나오고 있다. 특이한 것은 일반 선원의 청규가 아니기에 결사 참가자의 소임이 나타나지 않는다. 다만 선지식, 종주라는 결사의 지도자만 등장하고 있다.

이 결사의 규례에 나타난 사상적 특성은 추후 별도의 고찰로 살펴야 할 정도의 다양한 내용이 포함되어 있다. 지금껏 선학의 연구에서도 결사의 개방성 및 융통성 즉 승려와 재가자를 가리지 않은 것과 그 결사 장소도 제한하지 않은 면이 지적되었다. 그리고 정혜 중심의 결사이지만 그 내용에는 미륵사상과 정토사상이 개재된 회통성이 제기되면서[7] 이는 당시 시대 상황과 그 시대의 민중들의 근기에 다가서려는 구원성도 함께 개진되었다.[8] 나아가서 이 결사는 지눌의 정혜결사를 계승한 근대적인 변용의 형태로 볼 수도 있다는 연구가 제기되었다.[9]

다음 송경허의 결사 청규는 1902년 10월 범어사에서 추진한 「범어사계명암수선사방함청규(梵魚寺鷄鳴庵修禪社芳啣淸規)」이다. 이 청규는 범어사 계명암에서 수선결사가 추진될 당시 송경허가 대중을 거느리는 요체로 내세운 것이다. 이제 그 전문을 제시하겠다.

---

7) 앞의 김경집 논고 참조.
8) 앞의 고익진의 견해.
9) 앞의 김호성의 견해.

1. 법을 설하는 宗師와 悅衆 禪和는 그 소임이 가볍지 않으니 마땅히 식견이 높고 널리 거울이 될 만한 인물을 가려서 소임을 맡겨야 한다.

2. 대개 선방은 사방의 납자들이 몸을 깃들이고 도를 연마하는 곳이니 그 선방을 주관하는 사람을 잘 가리지 않을 수 없으므로 마땅히 서로 정할 때 자세히 검토하여 택할 것이요, 어리석거나 용렬한 사람에게 함부로 맡기지 말고, 어리석거나 용렬한 자가 그 책임을 맡으려 해서도 안 된다.

3. 결제한 뒤에는 방부를 받지 말고 방부를 들인 뒤에는 중간에 나가면 안 된다.

4. 성질이 사납거나 난잡한 자와 중병에 걸린 자는 방부를 받으면 안 된다. 법화를 손상시키거나 대중을 괴롭힐까 두려워서이다.

5. 총림에서 도를 행함에 사무를 분담하고 일을 맡아 보는 사람이 있어야 하나, 그 소임을 맡은 선화는 마땅히 남다르게 자기 소임에 충실해서 게으르지 말고 대중이 편하도록 해야 한다.

6. 진정한 參學者는 시끄럽거나 고요함에 틈이 없어야 하고, 그 틈이 없기에 마침내 생사 열반에 구애가 없다. 禪床에서 내려온 뒤에도 떠들지 말라. 참구하는 일에 방해가 된다.

7. 방부 들인 뒤에 대중을 어지럽게 하고, 불화를 일으키는 자는 세 번을 알아듣도록 타일러라. 그래도 듣지 않을 때에는 대중공사를 붙여서 내쫓아야 한다.

8. 대중이 함께 작업할 때에 빠지거나 처지지 말고 항상 서로 힘을 합쳐서 도와주어야 한다.

9. 음주와 음행은 부처님께서 깊이 경계하였으니 마땅히 엄단하여 쫓아낼 일이며, 또 6일이 아니면 의복을 세탁하지 말아야 한다.

10. 祖室, 悅衆, 禪伯, 知殿, 知客, 園頭, 看病, 飯頭, 淨人, 書記, 煎茶, 菜頭,

柴頭, 別座, 都監, 院主, 化主

이 청규는 일반적인 청규의 모습을 띠고 있다. 여기에서는 수선
결사의 이념이나 사상이 두드러지게 나타나지 않고, 그 결사 추진의
세부적인 유의사항이 주로 나온다. 1, 2항에서는 결사 책임자 및 용
상방 소임의 선정시의 당부 사항이 나온다. 3, 4, 5항에서는 결사 진
행상의 처리 원칙을 제시하였다. 6, 7, 8, 9항에서는 결사 수행상의
원칙이 나온다. 10항에서는 용상방의 소임을 구분하였다. 이러한 청
규의 분석으로 우리는 이 청규가 송경허가 해인사에서 추구한 결사
와는 그 성격이 판이함을 알 수 있다. 이 청규는 일반적인 선원의
청규의 외피를 갖고 있다고 보아도 무방할 것이다. 다만 이 청규에
서는 결사를 끌고 가는 선원의 수뇌부에 대한 중요성과 결사 추진의
엄격성을 엿볼 수 있다.

(2) 1914년 선림(禪林) 규칙

한국은 1910년 일제에게 국권을 강탈당하였다. 이에 불교계도
일본의 식민지불교로 전락되었다. 그리하여 불교는 사찰령과 사법으
로 대변되는 조선총독부의 압제아래 놓여 있었다. 그 결과 불교계
전체의 운영도 자연 식민지불교체제 하에서만 가능하였다. 그러면
그 당시 본 고찰과 유관한 선원의 문제는 어떠한 정황에 처해 있었
는가. 이에 대한 구체적인 내용은 찾을 수 없다. 다만 그 편린으로
1914년 1월에 개최된 조선불교선교양종 30본산주지회의소 제3회
총회의 내용을 주목할 수 있다.[10] 이 회의록에는 1913년 현재 전국
선원이 72개소에 달하고 있음을 전하고 있다. 그리고 당시 조선의

불교는 선교(禪敎)의 명의(名義)가 매우 깊으므로 건봉사를 제외한[11] 전국 사찰의 염불당은 '선당(禪堂)' 명의로 일체 변경하기로 결의하였다는 내용이 전한다. 동시에 당시 본산 주지들이 전국의 선학당(禪學堂)의 '규칙'을 다음과 같이 변경하기로 결의하였다. 그런데 당시 주지들이 어떤 연고로 그 결정을 내렸는가에 대해서는 알 수 없다. 우선 그 전모를 소개한다.

1. 본 규칙은 조선 전도 각 본말사 禪林에서 일체 준수하기로 한다.
2. 선림의 목적은 佛祖의 心法을 實參하여 見性成佛에 도달하게 하는 것이다.
3. 위의 목적을 도달하기 위해 아래 항에 구비한 禪者를 掛塔케 한다.
   1) 正信心을 발하기 위하여 품행이 단정한 자
   2) 具戒를 受한 증서가 有한 자
   3) 불교전문 사집과 이상의 수학증서가 有한 자
   4) 當寺에서 三夏 이상의 안거 증서가 有한 자
4. 선림에서 掛塔하고자 할 시에는 15일 이전에 그 이력서를 첨부하여 당사 주지에게 원서를 제출케 한다.
5. 우 원서를 제출할 시에는 當 선림에 管한 조실 및 감원의 경유를 득하여 연서계출케 한다.
6. 어느 선림을 막론하고 夏冬結制 후에 괘탑과 또는 안거 중에 轉鉢은 할 수 없다.
7. 참선하는 시간은 낮에는 상오 하오, 밤에는 初夜 後夜에 分限이 有한대 每度에 三点鍾 이상으로 정하여 勤修匪懈케 한다.

---

10) 『해동불보』 4호, 87~90쪽.
11) 건봉사를 제외한 것은 건봉사는 만일염불로 유명한 전통에 의해 조치된 것으로 보인다.

8. 禪侶중에 병고가 생길 시에는 자선적 간호원을 택정하여 侍湯 및 供料에 酬應케 한다.
9. 안거 중에 惱亂이 매우 심하여 堂林의 管衆者가 懇篤히 解諭하여도 究竟不悛者는 상당한 징계를 본사 주지가 집행케 한다.
10. 선림 유지 비용에 대하여는 당사 사무소의 예산 범위 외에 남용의 폐가 없도록 한다.

이상과 같은 10개 조항의 선림규칙이 제정되었다는 자체가 우리로서는 납득하기가 어렵다. 즉, 당시 불교계에서 선림규칙을 통일하여 정한 사정을 전혀 알 수 없기 때문이다. 각 사찰의 청규가 부실하였는지, 아니면 존재하지도 않았는지를 단언할 수 없다. 이 규칙을 정하기 이전에 전국의 염불당을 선방으로 전환시킨다는 것도 역시 그러하다. 그러나 이 규칙에는 일반적인 의미의 청규라고 볼 수있는 내용이 다수 포함되어 있다. 이를테면 청규의 근간을 제시한 것으로 볼 수 있다. 이 규칙을 저본으로 하여 각 사찰 고유의 운영의 특성을 가미하였을 것이다. 위의 내용에서 선방의 목적, 선방에 방부를 들일 수 있는 수좌의 자격, 선방의 운영 내용 등은 우리가 유의할 대목이다. 일반적으로 식민지불교 체제로 들어간 이후 강원이 위축되었을 뿐만 아니라, 지방학림으로 전환되었던 현실을 비교하면 선원은 현상 유지 이상의 조처가 내려진 것 자체가 흥미로운 것이다.

(3) 방한암의 건봉사 만일선원(萬日禪院) 규례

방한암이 건봉사에서 선원의 종주로 추대된 1921년 겨울 무렵의 청규로 볼 수 있는 규례 9조가 전한다. 건봉사는 원래 염불 특히 만일간의 염불을 행하는 사찰로 유명하다. 당시 건봉사의 주지, 감무 등은 대중들과 협의하여 마침 금강산 내장사에서 수행을 하고 있던 방한암을 초청하여 염불만일결사의 현장인 만일원에 선원을 설립, 초대 법주로 내세운 것이다.[12] 즉 건봉사의 염불만일결사의 전통을 이어서 새롭게 등장한 선원(만일선원) 결사시의 청규인 것이다. 당시 건봉사의 염불결사는 고성염불(高聲念佛)이고, 자성이 미타인 줄도 모르듯 법도가 쇠폐한 지경이었기에 유심삼매로 나아가려는 정혜쌍수적인 염불을 지향한 청규인 것이다.

이러한 배경하에 나온 「선원규례병인(禪院規例并引)」의 전모를 제시한다.[13] 방한암은 이 규례를 지으면서 도를 배우는 학인과 대중이 공동으로 거처해야 된다는 원칙을 세우고, 대중의 공동생활에는 규칙이 있어야 된다는 당위를 개진하였다.

1. 옛 총림의 청규를 따라서 首座 두 사람을 두되, 덕이 고매하고 계행이 청정한 자로서 대중의 모범이 된 자를 가려서 맡겨야 한다. 만일 두 사람을 뽑지 못할 때에는 한 사람을 두어도 된다. 만일 적임자가 없을 경우 悅衆만을 둘 뿐이지, 굳이 인원수를 채우려 해서는 안 된다.
2. 悅衆은 사리가 명백하고 상벌이 공정한 자로서 대중의 마음에 기쁨을 주는 사람을 가려서 맡겨야 한다. 만일 이와 같은 사람이 없으면 나이가 많고 공부가 원숙한 사람으로서 대중의 뜻을 잘 따르

---

12) 이에 대한 전모는 김호성의 앞의 고찰, 152~159쪽 참조.
13) 이 자료는 국묵담 소장 필사본이었는데, 김호성이 이 자료를 활용하여 위의 논문에 활용하였다. 이 자료는 『대중불교』 1993년 12월호와 1994년 3월호에 소개되었는데 필자는 『한암일발록』(민족사)에 번역된 자료를 이용하였다.

는 사람을 가려서 맡겨야 한다.

3. 院主는 인과를 알고 사리에 밝아 신심과 원력이 견고하고 욕심에 물들지 않는 사람을 가려서 맡겨야 한다. 만일 이와 같은 사람이 없으면 마땅히 신심이 깊고 참을성이 있는 사람으로서 항상 대중의 의논을 따르고 사사로이 자신을 위하지 않는 사람을 가려서 맡겨야 한다.

4. 知殿과 書記와 看病과 供司와 別座 등의 여러 소임은 할 만한 사람을 골라서 맡겨 각기 그 소임에 맞게 하고, 또한 스스로가 부드럽고 화기로우며 진실하고 부지런히 하여 맡은 바의 일을 잘 다스려 대중에게 거만히 대하거나 가벼이 여기는 일이 없도록 해야 한다.

5. 대중 가운데 괴팍하거나 다투고 싸우거나 걱정을 끼치고 어지럽히는 자가 있으면 열중은 마땅히 자비심으로써 두세 차례 가르쳐서 그 습관을 고치도록 하되 만일 끝까지 잘못을 고치지 않고 여전히 사나운 자는 마땅히 그를 검거하여 대중에게 고하고 선원에서 쫓아내야 한다.

6. 상당설법은 의당 초하루, 보름으로 정하되 수시로 가르침을 전해야 할 것이니, 학인의 부지런함과 게으름에 달려 있는 것이니 준칙에 얽매이지 말아야 한다.

7. 이미 큰마음을 내어 이 선원에 참가하여 들어온 사람은 마땅히 생각하기를 無常은 불처럼 여기고, 정진은 머리에 붙은 불을 끄듯이 하여 이 大事를 깨치도록 해야 할 것이다. 만일 이처럼 決烈한 마음이 없이 아만심과 게으름으로 부질없이 날을 보내면 끝에 가서는 악업에 이끌린 바를 면할 수 없을 것이다. 이와 같은 사람은 자신을 묻어 버릴 뿐 아니라 또한 타인이 도를 행하는 데도 피해가 될 것이다. 이는 스스로를 속이고 남을 속이며 구차히 의식에 안주하는 사람일 뿐이니 절대로 함께 참선하지 못하게 해야 한다.

8. 普請(衆役)시에는 마땅히 일제히 나아가 한마음으로 함께 노력하여 지체한다거나 빠져서 대중의 마음을 동요시키는 일이 없도록 해야 한다.

9. 위의 규례 이외에도 다시 자상히 정해야 할 조목들이 있으나 본 선원의 초창기를 맞아 불편함이 있을 것 같기에 잠시 법화가 융성할 때 다시 일에 따라서 규칙을 정하되 반드시 宗主가 마음대로 스스로 제정할 수 없으며 대중과 더불어 협의하여 공명정대할 것이며 부질없이 스스로 마음대로 집행하여 대중과 불화되는 일이 없도록 해야 한다.

이상과 같은 규례의 전모를 살펴보았다. 이 규례에서는 우선 1, 2, 3, 4항에서 소임의 세부적인 대상자의 적격 내용을 구체적으로 적시한 것이 눈에 들어온다. 그러면서도 옛 총림의 청규를 따라서 했다는 단서도 우리의 시선을 끈다. 5항에서는 일반적인 청규에서 선원 유지를 위한 대책이 나오고, 6항에서는 상당설법의 파격성을 제시한 것은 역설적으로 수행의 철저성을 제시한다. 7, 8항에 나오는 아만심과 게으름의 배척, 그리고 협동의 중요성의 제시는 대중들 간의 화합을 강조한 것이다. 9항에서는 종주의 독단성을 배제하고 대중들의 화합을 강조하였다.

이러한 분석에서 느낄 수 있는 것은 이 규례가 여타 청규보다 대중의 화합을 매우 중요시 하였다는 것이다. 그리고 소임 선정에[14] 대한 섬세성도 여타 청규와는 차별성을 나타낸다. 이는 이 선원의 주실이었던 방한암의 성격을 단적으로 드러낸 것으로 보인다.

---

[14] 이 규례에 첨부된 그 세부 소임은 다음과 같다. 籌室, 第一座, 第二座, 悅衆, 秉法, 獻食, 知殿, 掃地, 知客, 書記, 院主, 茶監, 別座, 侍者, 供司, 米監, 磨糊, 淨桶, 鍾頭, 看病, 火毫.

(4) 백용성의 만일참선결사회 규칙

3 · 1운동 당시 민족대표로 활동한 백용성은 1911년의 상경 이
전에 깨달음을 경험한 선사였다. 도회지로 온 그는 참선의 대중화를
위해 진력하였으니, 1912년 조선임제종 중앙포교당 개교사, 1915년
임제파 강구소 개설 등에서 구체적인 내용을 찾을 수 있다. 그는 일
제에 피체된 옥중 수감생활에서는 역경을 통한 불교의 대중화를 추
진하겠다는 결심을 하고 출옥 후에는 정열적으로 그것을 추진하였
다. 삼장역회의 조직을 통한 그의 역경은 당시 불교계에서 후원과
협조도 거의 없는 현실에서 일구어 낸 성과였다.[15]

한편 그는 역경사업을 전개하면서도 점차 선의 부흥, 활성화를
위한 사업을 구체화시켰다. 1924년 백양사 운문암에서 수행을 주도
하던 그는 상경하여 보다 본격적인 한국 전통선의 활성화를 위한 발
걸음을 내디뎠거니와 그것이 바로 만일참선결사회였다. 이 결사회는
1925년 겨울부터 망월사에서 본격화되었지만 그 실제 준비는 1925
년 봄부터 시작되었다. 백용성이 이 결사회를 추진한 것은 일본불교
침투와 수좌들의 나약한 수행정신에서 나온 계율 파괴, 전통선의 몰
락을 우려한 것에서 나왔다. 이에 그는 결사회의 근간을 선과 율의
균형적인 자립으로 정하고, 자신의 근거처인 서울 종로구 봉익동 2
번지의 대각교당을 임시 사무소로 정하고 그 결사회의 취지를 『불
교』지 14호(1925.8)에 게재하였다. 그것은 결사회의 선전문, 지원
서, 개칙이었다.

이 같은 배경에서 나온 그 결사는 「정수별전선종활구참선만일결

---

15) 한보광, 「백용성스님의 역경활동과 그 의의」, 『대각사상』 5, 2002.

사회(精修別傳禪宗活口參禪萬日結社會)」이고, 그 관련 청규는 『불교』 지 15호(1925.9)에 게재한 '규칙(規則)'과 '입회선중주의사항(入會禪衆注意事項)'으로 나온다. 그런데 이 규칙은 여타 청규와는 그 형태에서 이질성이 나오는바, 이는 일반 조직체의 강령과 유사한 것이다. 이는 일반적인 선방의 형태와는 차별성을 갖고 출발하는 즉 공개적인 운영방침의 홍보와 그것을 통한 수좌의 동참 유도라는 것에서 나온 것으로 이해할 수 있다. 이제 그 규칙 전모를 소개한다.

제1조 本社의 명칭은 精修別傳禪宗活口參禪萬日結社會라 하여 위치를 경기도 양주군 도봉산 망월사에 정함
제2조 본사의 主旨는 活口의 참선으로 見性成佛하여 廣度衆生함을 목적함
제3조 본사의 결사는 萬日로 정하되 차를 10기로 分하여 1기를 3개년으로 제정함
제4조 본사의 主旨를 충실히 하기 위하여
　　　1) 매월 초1일에는 宗乘을 擧揚함
　　　2) 半月마다 대소승 律을 設함
　　　3) 매월 20일에는 看話正路를 개시함
　　　4) 午後不食을 단행함
　　　5) 평시에는 默言을 단행함
　　　단 이상 4, 5항은 외호법반원에게는 차한에 부재함
　　　6) 외호법반원 이외의 禪衆은 期內에 洞口不出을 단행함
　　　단 父母師長의 중병 또는 사망시에 한하여 宗主和尙의 허락이 有할 시에는 此限에 부재함
　　　7) 선중은 社中 일체의 일에 간섭을 할 수 없음

단 종주화상의 허락이 유할 시에는 此限에 부재함

제5조 본사에 참방하는 禪師의 자격은 左와 如함

1) 범망경 사분율을 특히 준수하려고 결심한 자

2) 범행이 청정한 자로 정진에 근로하는 자

3) 승적, 호적과 의발을 갖추어 휴대한 자

4) 만 20세 이상으로 55세까지 기력이 건강한 자

단, 기력이 특히 탁월한 자에게는 차한에 부재함

제6조 종주화상은 불조의 정법을 거양하며 사내의 일체 事를 지휘하고 수좌화상은 종주화상을 보좌하여 사중일체사무를 총리하며 종주화상이 출타할 시는 차를 대리함

제7조 본사의 목적을 達키 위하여 내호법반과 외호법반을 置하고 左와 如히 임원을 배정하여 그 임무를 분장함

內護法班: 종주화상의 지휘를 乘하여 禪室내의 一切 事를 掌理함

1) 入繩 1인 禪衆을 統管함

2) 維那 1인 내외호법원의 件過와 寺中 일체 집무를 査察함

3) 侍佛 1인 법요를 집행함

4) 秉法 1인 불공 및 시식을 담임함

5) 獻食 1인 매일 헌식을 담임함

6) 司察 1인 5일간씩 윤번하여 묵언 규칙을 준수함

7) 時警 1인 매시에 고성으로 時를 報하여 선중의 道心을 견고케 함을 담임함

8) 侍者 1인 종주화상실에서 시봉함

9) 看病 1인 禪衆 중에서 병이 발생할 시는 차를 간호함

10) 知客 1인 來客의 접대와 객실 규칙을 엄수하여 開起寢과 入放 禪規를 大房과 同樣으로 준행함

11) 淨桶 2인 매 3, 8일에 대중 목욕수를 준비함

12) 淨頭 2인 매 3, 6일에 대중의 세탁수를 준비함

13) 剃頭 2인 매월 초3일에 대중을 剃髮함

14) 磨糊 1인 대중 소용의 糊造를 담임함

15) 鍾頭 1인 법회시에 일반 준비를 담임함

16) 奉茶 1인 매일 1회의 대중 飮茶를 담임함

外護法班

1) 院主 1인 社務에 일체사를 掌理함

2) 別座 1인 원주를 보좌하여 社務에 종사함

3) 米監 1인 대중을 詳察하여 供米 지급을 담임함

4) 書記 1인 사중 일체 文簿를 장리함

5) 園頭 1인 菜田의 耕鍾 배양과 山菜의 채취를 담임함

6) 菜供 1인 饌需 요리를 담임함

7) 供司 1인 식료 요리를 담임함

8) 負木 2인 柴木 공급을 담임함

제8조 결제중에 계율 또는 규칙을 범하는 자가 유할 시에는 종주화
상이 此를 輕重에 의하여 처벌함

단 종주화상의 命規를 불종할 시는 대중이 협의하여 산문외로
축출함

제9조 此 規則 중 미비한 점이 有할 時에는 종주화상이 임시로 규정하
여 발표함

이상과 같은 규칙의 대강은 명칭, 목적, 실천방법, 참가자 자격,
종주의 역할, 조직 등에 대한 구체적인 내용이라고 볼 수 있다. 이
규칙에서 드러난 성격은 여타 청규보다 그 조직 즉 내외호법반의 역
할에 대한 구체성과 종주화상에 대한 역할과 위상에 대한 객관적인
담보이다. 또한 결사회의 목적, 추진 방법도 구체성을 띠고 있다. 이

결사회의 청규에서 가장 두드러진 특성은 참가자의 자격을 세부적으로 명시한 점이다. 이는 결사의 특성상 단순한 수행이 아니라 식민지불교와 피폐된 계율불교를 극복하려 한 점이 나타난다는 면에서 중요성을 갖는 것이다. 따라서 이러한 용성의 청규는 시대정신의 반영과 그 극복이 잘 드러나고 있다. 한편 이 규칙의 외형에서는 기존의 청규보다는 근대적인 조직체의 회칙의 영향을 받은 것으로 보인다. 이는 그를 추진하던 백용성이 도회지에 나와 다양한 사회 현상을 접한 산물에서 나온 것이라 보겠다.

그리고 규칙에 첨부된 '입회선중주의사항(入會禪衆注意事項)'에는 결사 운용의 세부적인 내용이 더욱 자세하게 전한다. 18개항의 그 요지를 순서대로 제시하면 다음과 같다. 선중은 수행을 급무로 여기고 일체의 공의(公儀)와 사중(社中) 일에 간섭치 않음, 민적에 처자가 있는 자가 처자 및 편지의 왕래로 선중의 수행을 방해할 수 없음, 결사 희망자는 호적과 승적을 첨부하여 음력 8월 이전에 제출, 입방 승낙자는 10월 10일 이전에 망월사로 와야 함, 의발과 좌구들을 갖고 입방, 결제중 범행의 문란·나태한 정진·규칙 위반자는 함께 수행을 못함, 사재 3석 이상을 소유한 자로 선량(禪糧)을 납입하는 자는 입방을 허락, 살생·투도·망어·기어·양설·악구·탐진치·음주식육이 무방반야(無妨般若)라 하는 자 등은 함께 수행치 못함, 율(律)을 비방하는 자는 동거치 못함, 설법시에는 문법결택(問法決擇)을 불허함(下堂 후 방장실에서는 가능), 좌선시 무고(無故)히 불참하는 자와 규칙을 문란케 하는 자는 동거치 못함, 병자 이외에는 불공과 예불에는 필히 참석함, 대중과 화합치 못하는 자는 동거치 못함, 정해진 날 이외에는 목욕·세탁·체발을 못함, 죽시(粥時)에는 2종식이고 반시(飯時)에는 3종식을 초과하지 못함, 선원에서는 장시 묵언하되 설법일(매월 4회)에는 약간의 대화는 가능(緊要시에는 出外通情하되 15분 이내로), 속인이라도 오신채와 주육을 도량 내에 가져오지 못함, 단월의 의복 공양은 상세히 조사하여 분급(分給)한다 등이다.

이러한 주의사항을 파악하면 당시 백용성이 이 결사회를 추진하기 위해 다각적인 검토와 준비를 하였음을 파악할 수 있다. 그리고 결사의 정상화를 위해 계율 중심, 수행환경 보호, 규칙 중심의 수행을 철저하게 지키려 했음을 느낄 수 있다. 이렇듯 백용성이 추진한 망월사에서의 만일참선결사회는 1925년 50여 명의[16] 참가자들과 함께 시작되었다. 당시 백용성은 그 정상적인 추진을 위해 새로운 계판(戒版), 인장, 불상을 조성하기도 했다. 이 결사회에 참여한 대상자는 젊은 수좌들이었다. 그런데 한철을 지낸 후 불거진 문제가 망월사가 소재한 도봉산의 산림이 보안림에 편입되어 그 산의 나무를 연료로 사용하는 것에 대한 제재였다. 그로 인해 결과적으로는 결사회의 도량을 통도사 내원암으로 이전케 되었다. 그때는 1926년 4월 경이었다. 통도사 내원암으로 이전된 결사회는 당시 통도사 주지인 송설우의 일정한 도움을 받아 지속되었으나[17] 점차 결사의 분위기는 출발 당시와는 매우 다른 것임을 부정할 수는 없을 것이다.

(5) 백학명의 내장선원 규칙

백학명은 일제하 식민지불교에서 주로 내장사를 근거로 수행한

---

16) 당초의 개칙에는 선중은 30명으로 정했다.

17) 1928년까지는 내원암에 선원이 있었으나 언제까지 존속되었는가는 단언키 어렵다.

선사이다. 그는 선수행을 기하면서 노동을 겸한 이른바 반농반선(半農半禪)의 상징 인물로[18] 지칭되었다. 그가 이를 실천한 것은 1920년대였는바, 그의 반농반선이 어떠한 불교사상에서 나온 것인가에 대한 전모를 분명히 전해주는 자료는 흔치 않다. 다만 1929년 그의 입적 후 공개된 그의 유고, 즉『불교』지 71호에 게재된「獨살림 法侶의게 勸함」에는 그 편린이 나온다. 이를 요약하면 승려의 수행과 도덕성 강조, 계정혜 삼학의 강조, 유처생자자(有妻生子者)의 사부중의 소속을 분명히 할 것, 주지와 승려의 임무를 분명히 할 것이었음을 보면 그는 보수적인 불교의 재건을 의도했던 것으로 보인다.

그러면서 그는 평소 선원의 '규제(規制)'부터 경정(更正)하는 것이 급무임을 지적하면서 동시에 납자들의 나태성을 개탄하면서 수좌들이 '선농(禪農)'을 겸행해야 된다는 소신을 갖고 있었다.[19] 이에 그는 그 자신부터 그를 실천하겠다는 의식에서 내장선원의 규칙을 개정했다. 그 전모를 소개하면 다음과 같다.[20]

1. 禪院의 목표는 半農半禪으로 변경함
2. 禪會의 주의는 自禪自修하며 自力自食하기로 함
3. 회원은 新發意나 新出家를 모집함(단, 구참납자도 勤性이 有한 이는 選入함)
4. 叢林의 正規를 依하야 의식을 圓融으로 함
5. 日用은 오전 학문, 오후 노동, 야간 좌선 三段으로 完定함
6. 동안거는 坐禪 위주, 하안거는 學問과 勞動 위주로 함(단, 안거증은

---

18) 그에 반해 선농불교의 상징인물은 백용성인데, 이에 대해서는 김광식, 「백용성의 선농불교」(『근현대불교의 재조명』, 2000) 논고를 참조.
19) 안주봉, 「추모백학명선사」, 『불교』 62호(1929.8).
20) 강유문, 「內藏禪院 一瞻」, 『불교』 46·7합호(1928.5), 83쪽.

3년 후 수여함)

7. 梵音은 時勢에 적합한 청아한 梵唄를 학습하며 또 찬불, 自讚, 回心, 還鄉曲 등을 신작하여 唱하기로 함

8. 破戒, 邪行, 懶習, 기타 廢習은 일체 엄금함

이상과 같은 백학명이 내장선원에서 추진한 규칙 8개조는[21] 완전히 혁신적인 청규라 하겠다. 전체적인 성격은 그 자신이 추구한 반농반선을 이루기 위한 혁신적인 내용이 주조를 이룬다. 1항에서는 선원의 목표가 반농반선으로 변경되어야 한다는 당위를 제시했고, 2항에서는 선원의 운영이 자선자수(自禪自修), 자력자식(自力自食)임을 천명하였다. 이는 기존의 선지식에 의존한 수행 그리고 단월 및 사찰에 의존하여 생활하는 관행을 타파하는 것임을 말하는 것이다. 때문에 3항에서는 이러한 혁명적인 선원에 동참자는 신발의(新發意), 신출가(新出家)의 대상자에서 찾고 있었던 것이다. 그러면서도 구참납자들도 참가할 수 있는 조치는 가능케 했고, 일반적인 생활은 총림의 정규〔淸規〕에 기초를 두고, 의식(衣食)은 원융적으로 하겠다는 부연도 했다. 5항에서는 더욱더 파격적인 선원 운영의 실상을 알려준다. 학문, 노동, 좌선으로 대별된 수행의 틀이 제시되었다. 노동, 좌선과 함께 학문을 추가로 배정한 것은 추측건대 경학을 고려한 것으로 보인다. 6항에서는 동안거와 하안거의 수행 차별성을 제시했고, 7항에서는 수행에 범음을 활용했음을 파악할 수 있는 내용이 나온다. 다만 여기에서 나온 범음을 활용한 취지, 내용 등에 대한 전모는 추후의 연구가 필요한 분야이다. 8항에서는 백학명이 단호히 배

---

21) 실제는 9항까지 있었지만 이 규칙을 소개한 필자 강유문이 생략하였다. 구체적으로는 본래의 4항이 생략(누락?)되었다.

척한 대상인 파계, 사행(邪行), 나태한 습관은 용납될 수 없음을 개진했다.

이처럼 백학명의 내장선원 규칙은 그가 추구한 반농반선을 추구키 위해 선원을 혁명적으로 개혁하려는 의지가 반영되었다고 하겠다. 이에 이를 소개한 강유문도 그 성격을 "이상적 신선원(新禪院)"으로 표현했다. 강유문은 그것을 초현실적인 이상으로 표현하면서, 그 결과와 실적은 아직 못 보았으나 처음의 시도이기에 주목을 끈다고 평했다.

이러한 내장선원이 언제부터 시작되었는지 알 수 없지만 늦어도 1927년부터는 시작되어 백학명이 입적한 1929년 초까지는 진행되었을 것이다. 그러나 그의 입적 후에도 지속되었는지는 전혀 알 수 없다.

(6) 1928년 전국 선원의 청규절목(淸規節目)

1928년의 전국 선원의 청규를 알려주는 기록은 조선총독부가 1928년 9월에 발행한 『조선승려수선제요(朝鮮僧侶修禪提要)』이다. 이 저술은 총독부 종교과 사무촉탁이었던 渡邊彰에 의하여 1927년부터 시행한 자료수집에 의해 당시 불교의 선에 관련된 제반 제도 및 실상을 정리하여 일반에게 알리기 위해 나왔다. 이에 그 내용은 선의 '행해(行解)', '실행(實行)' 즉 수선작법(修禪作法)의 내용이 전하고 있다. 구체적으로 보면 결제 안거, 행해구족(行解具足), 선방의 사무분장 및 그 내용, 청규절목 등을 요약했다.

이 저술에는 당시 전국의 선원을 75개소로 전제하면서, 각 선원별 승직 명칭과 그 직무 등을 소개했다. 동시에 각 선원의 청규 절목을 내용별로 대별하여 제시하고 있다. 그런데 이 내용 중에서 본 고찰과 유관한 청규는 각 선방별로 그 전체의 개요를 소개하지 않고, 내용별로 정리하고 그에 연관된 선원별 특수한 내용을 부수적으로 설명하는 방식으로 되어 있다. 때문에 각 선원의 청규의 전모를 파악하기에는 난점이 있다.

이러한 현황에서 각 선원의 승직 명칭과 그 업무를 소개하기에는 산만성이 노출될 우려가 있다. 이에 필자는 그 승직 명칭 및 업무 분장에 대한 비교는 후일의 연구를 기대하고 청규절목(淸規節目)만을 소개한다.

1. 하안거는 4월 15일부터 개시한다.
2. 동안거는 10월 15일부터 개시한다.
3. 결제 개시후의 기간에는 入參할 수 없다.[22]
4. 해제(하안거 7월 14일, 하안거 1월 14일) 전에는 임의로 이거할 수 없다.[23]
5. 오후에는 雜食을 허용치 않는다.[24]
6. 대소변 외에는 출입을 금한다.[25]
7. 臥病 외에는 他房을 出來치 못한다.
8. 他處에 모여, 떠들면서 대화할 수 없다.
9. 잠시라도 자리[坐具]를 옮길 수 없다.
10. 만약, 병이 있으면 치료 후 다시 入參할 수 있다.

---

22) 정혜사는 안거기간 중에도 진실한 납자이면 입참할 수 있는 것이 관례이다.
23) 도리사(普通禪院)에서는 긴급의 사고에는 임시 이거를 허용했다.
24) 봉은사에서는 각 개인의 자유로 방임하고 있었다.
25) 봉은사에서는 장시간 좌선의 수면, 식체 등으로 폐해가 있을 시에는 도량 내의 산보를 허용했다.

11. 白衣者[재가자]는 坐參치 못한다.[26]

12. 6일이 아니면 內衣를 세탁할 수 없다.

13. 禪床에서는 다리[脚]를 펼 수 없다.

14. 문 밖에 나가서도 高聲과 戲笑를 할 수 없다.[27]

15. 앉는 자리[座次]는 서로 바꾸지 못한다.

16. 방에 들어와서는 합장과 절[曲躬]을 해야 한다.[28]

17. 放禪 전에는 타인의 출입을 금한다.

18. 禪堂에 있는 자는 寺中의 公儀에 참여치 못한다.[29]

이상과 같은 청규절목 18조항을 살펴보았다. 이 18항은 전체적으로 보아 선원 운영에 관한 최소한의 기본적인 준칙인 것이다. 때문에 여기에서는 선원이 지향하는 사상과 이념이 전혀 나오지 않고 있다. 요컨대 형식적인 운영의 대강과 절차 중심의 성격인 것이다. 다시 말하자면 위의 18개항은 당시 전국 선원의 공통적인 운영의 규칙이다.

그밖에 위의 18개항 청규절목[30] 이외에 각 선원별 특수관례(特殊慣例)가 위의 『조선승려수선제요』에 전하고 있다. 이 관례가 청규

---

26) 유점사는 우바새, 우바이 중에서 篤信者는 백의를 입고 입참을 허용하고 있다.

27) 도리사에서는 좌선 시간의 출입 금지를 규정했다.

28) 신계사에서는 '佛前往復'하여 필히 합장과 절을 하는 것으로 실행한다.

29) 봉은사는 선원에 관계된 사건에 대해서는 의견을 진술할 수 있도록 했다. 그리고 봉은사 본말사의 소임자들은 낮에는 사찰의 사무를 보다가, 아침과 저녁에는 선방에 들어갈 수 있도록 조치했다. 건봉사에서는 건봉사의 승적이 있는 경우는 공의에 참가할 수 있는 특례를 정했다.

30) 당시 모든 선원의 청규가 모두 18항목인 것으로 『조선승려수선제요』에 나오는 바, 그 원인은 단언키 어렵다. 언제 그것을 통일하여 작성한 것인지, 아니면 자료수집을 한 당시 필자가 각 청규의 공통성을 묶은 것이 18항목인지는 알 수 없다는 것이다.

에 포함된 것인지 아니면 청규와는 전연 별도의 특수 관례인지는 판단하기 어렵다. 이는 곧 당시 특정의 선원의 청규의 일부분도 구체적으로 파악할 수 없는 형편에서 나온 것이다. 이점은 후일 더욱 추구할 내용이다. 여기에서는 각 사찰의 선원별의 그 특수관례를 정리하여 제시하겠다.

- **법주사**
  - 결제 안거 입당 연령은 20~40세,
    단 신체건강한 자는 40세 이상도 허용
  - 입당 자격은 중등과 이상 수업자
  - 입당 희망자는 은사, 법사에게 의발을 선수받음
  - 청규 위반자는 회주 직권으로 출당 퇴거를 명한다
  - 하·동안거를 원만 성취자에게 안거증을 수여
- **정혜사** : 승적, 도첩, 의발, 호적등본을 갖고 입당해야 함
- **증심사** : 하안거만을 실행함
- **화엄사** :
    竹篦聲을 듣고 참가하는 자는 동거치 못함
  - 三更(12시) 종, 이전에 취침을 해야 함
  - 계를 범하는 자는 참선치 못함
  - 좌선하는 자는 절대 독서치 못함
  - 爭鬪者는 벌 三拜나, 과오를 개선치 못하면 축출시킴
- **천은사** :
    호적상 처자가 있는 자로 처자가 왕래하고, 또는 서신 왕래가 빈번하여 禪家의 道心을 문란케 하는 자는 입참치 못함. 단 발심납자는 무방함
  - 좌선시 사고로 결석을 하거나, 규칙을 문란케 하여 대중을 선동하

는 자는 3회 주의를 주고, 만약 그에 복종치 않으면 동거치 못함

■ 파계사 : 入禪 시간은 오전 8시부터 11시, 오후 2시부터 5시까지임

■ 해인사 :

   • 하안거 入放禪 시간

   주간 : 오전 8시부터 오전 10시, 오후 1시부터 오후 4시

   야간 : 오후 8시부터 오후 9시, 오전 3시부터 오전 5시

   • 동안거 入放禪 시간

   주간 : 하안거와 동일

   야간 : 오후 6시부터 오후 9시, 오전 3시부터 오전 6시

   • 매월 3, 8일에는 소제, 手入,[31] 목욕을 일동 시행

■ 대원사 :

   선당 시간

   오전 3시부터 오전 5시

   오전 8시부터 오전 10시

   오후 2시부터 오후 4시

   오후 7시부터 오후 9시

■ 영원사 : 8일이 아니면 목욕을 할 수 없음

■ 통도사[32] :

   통도사는 아래 사항을 청규절목으로 활용하고 있음[33]

   • 활구참선으로써 견성성불을 主旨로 하고 廣度衆生을 목적으로 함

---

31) 이에 대해 필자는 알 수 없다.

32) 이 대상 선원은 백용성이 망월사에서 추진하다 통도사 내원암으로 이전한 만일참선결사회로 볼 수가 있다. 요컨대 목적, 추진 방법의 내용이 거의 같다. 그러나 후술한 내원암의 내용도 백용성이 주도한 결사회의 이전 장소이고 그 규칙도 거의 같다. 그렇다면 통도사 선방은 백용성이 관여했거나 아니면 만일참선결사회의 것을 그대로 활용한 것으로 볼 수 있다.

33) 이에 대한 상황도 납득이 안 된다.

- 매월 초1일, 15일에는 宗乘을 擧揚함
- 외호반원 이외의 禪衆이 洞口에 나갈 때는 부모사장의 중병과 사망의 경우와 기타 중요한 사건이 있을 경우에 한하여 종주화상의 승낙을 받음
- 선당 입참자격
  범행이 청정한 자로 정진을 근로케 할 자
  승적, 호적, 의발을 갖추어 휴대한 자
  만 20세부터 50세까지로 기력이 건강한 자, 기력이 탁월한 자는 이 제한을 받지 않음
- 선당의 결제, 해제의 기간은 2기로 나눔
  결제 : 1기, 4.15~7.14   2기, 10.15~익년 1.14
  해제 : 1기, 7.15~10.14   2기, 1.15~4.14
- 禪衆의 참가는 종주화상, 감원, 입승의 합의에 의해 허용함
- 결제기간의 계율, 규칙을 위반했을 경우는 그 경중에 의거 처벌함
- 위의 규칙이 不備하면 임시 규정을 사용함

■ 내원암 : 일반적인 청규의 1~6항, 8항만이 실행되고, 다음의 내용이 실행됨34)

- 사미승과 승적·호적이 없는 자는 동거치 못함
- 결제중 梵行이 불결한 자, 정진중 나태하여 규칙을 어긴 자와 常規를 잃어버린 자는 동거치 못함
- 살생, 偸盗, 邪淫, 妄語, 綺語, 兩舌, 惡口하는 자, 그리고 飮酒肉食이 무방하다고 이야기하는 자와는 동거치 못함
- 설법시간에는 問法決擇을 불허함. 단 의심이 있으면 下堂 후에

---

34) 이 원인도 납득하기에는 어려움. 어떤 이유로 여타 사찰과는 달리 18개 조항의 청규가 완전 실행되지 않았는가 하는 점이다.

방장실에 들어와 決疑함이 가능함

· 좌선시에 무고히 불참하는 자와 규칙을 문란케 하여 대중을 선동케 하는 자에게 세 번 타일러도 따르지 않으면 동거치 못함

· 病者 이외에는 불공시와 예불시에 필히 참석함

· 師尊과 老宿에게 불경하며 惡意로써 능욕하여 대중과 화합치 못하면 동거치 못함

· 定日 이외에는 목욕, 세탁, 체발을 불허함. 단 목욕은 3, 8일 세탁은 3, 6일 체발은 초3일, 16일에는 가함

· 좌선시, 취침의 시에는 자리를 떠나지 못함

· 큰방, 지대방, 방 전후의 정원·횡각에서는 장시간 묵언을 해야 하고 기타 장소에서 고성잡담과 눕는 것을 금함, 단 매월 15일, 30일 설법시에는 약간의 말은 허용함

■ 표충사 : 일반적인 청규절목을 시행하고, 표충사 부흥사업에 의거한 보통선원을 만들기 위해서, 朝暮의 불전 예배 후 20분간 參究하는 것을 관례로 함

■ 석남사 : 본사인 통도사의 규칙을 준용하여 시행하고 자체의 특정 사항은 없음

■ 범어사

· 修禪 대중의 佛祖의 心印法을 參悟하는 것을 목적으로 함

· 禪子의 연령은 20~50세, 사교과 및 중학 정도 이상의 학식을 갖춘 자로서 발심한 사람으로 정함. 단 구참납자와 특별 발심자는 승속이 함께 이 제한을 받지 않음

· 禪子의 방부를 받을 시에는 법주 및 열중이 그 자격을 상세히 조사함. 단 초참 납자는 1~3개월 간 十方堂의 作務에 종사시켜 발심의 정도를 보고 參榜을 허락함

· 선자는 법주 및 열중의 敎導를 준수하고 성실히 참구해야 함

· 선원의 경비는 선원 소속의 資産으로 充用하고, 선자 중 有産者
는 각자 비용을 부담함

· 선원에는 매일 다음과 같은 시간을 할애함

把定 – 매일 10시간

放行 – 매일 7시간

勞動 – 매일 1시간

睡眠 – 매일 6시간

· 매월 15일, 그믐에는 법주의 상당설법이 있음

· 매월 3, 8일에는 목욕을 하고 3, 6일에는 세탁을 함

· 매일 禪衆 내에서 順次로 視察 1인을 정해 선중의 수면을 制御함

· 두 차례(하, 동안거)의 안거를 성취한 자에게 본사의 안거증서
를 수여함

· 선자 중 원규를 준수하는 행동이 불량하여 선원의 체면을 汚損
할 경우는 3차례 說諭하고, 悔改치 않으면 퇴방시킴

■ 선암사(동래군) : 일반적인 청규 절목과 특수관례는 본사인 범어사
의 실행을 동일하게 규칙으로 적용함

■ 신계사 : 잦은 결석과 기타 불법 행위로써 淸衆을 불안케 하는 자
는 임시 결의에 의해 처벌함(이는 청규 말미에 첨부되어 있음)

■ 월정사 :

입선, 방선 시간

· 하안거 : 오전 3시부터 오전 5시

오전 8시부터 오전 11시

오후 2시부터 오후 5시

오후 7시부터 오후 9시

· 동안거 : 오전 3시부터 오전 6시

오전 9시부터 오전 11시

오후 2시부터 오후 4시

오후 6시부터 오후 9시

■ 석왕사 : 대중 乘角者가 2, 3회의 誨諭를 聽從치 않을 시에는 선원
에 퇴거시킴(특례)

이상으로 각 선원의 특수관례를 살펴보았다. 어느 사찰의 경우는 특수관례가 아니고 일반적인 청규로 사용하는 것도 확인했는데, 이 내용은 보통의 청규에 당연히 포함되는 사항으로 보아도 좋을 것이다. 그런데 왜 이렇게 특수관례로 구분, 처리되어야 하는가에 대한 의문이 있다. 그리고 청규에 포함된 것과 특수관례에 포함된 것과의 차별성이 나타나지 않는다. 이 점은 후일의 연구과제로 남겨 두고자 한다. 혹시 일제의 종합적인 관리 체제에서 나오는가 하는 추측도 해 본다. 그럼에도 불구하고 필자는 위의 청규절목 18항과 특수관례를 통하여 일제하 선원의 청규의 대강을 이해할 수 있는 디딤돌을 만날 수 있었다. 지금의 청규보다는 상당히 구체적이며 나아가서는 선원 운영의 철저성을 엿볼 수 있었다.

(7) 봉암사결사의 규약

봉암사결사는 1947년 가을부터 1950년 3월경까지 봉암사에서 진행된 근본주의적인 결사였다.[35] 이성철, 이청담, 김자운 등에 의해 주도된 이 결사는 식민지불교의 극복과 불교의 근본을 추구하려는 성격을 갖고 있었다. '부처님 법대로 살아보자'는 결사의 내면이

---

35) 봉암사결사에 대한 전모는 김광식, 「봉암사결사의 전개와 성격」, 『한국 현대불교사 연구』(불교시대사, 2006)의 고찰을 참고할 것.

바로 그것을 대변하는 것이다. 이 결사는 당시 중앙 차원의 교단 개혁이 미진하고, 수좌들의 수행 풍토가 파탄에 직면하는 현실에 즈음하여 이성철, 이청담이 8·15해방 이전부터 대승사에서 약속하고, 일부 실행에 옮겼던 공동 수행을 현실화시킨 산물이었다. 이 결사는 비록 봉암사가 소재한 지방에 빨치산의 출몰로 야기된 수행 환경의 위축으로 중단되었지만 현대불교사에서 차지하는 위상은 적지 않았다.

봉암사결사의 지향이 결과적으로는 참다운 수행, 식민지불교 극복의 방향성 제공, 당시 구현된 개혁의 실상이 계승되었던 점 등은 그 위상을 고양시킨 촉매제가 되었다. 더욱이 이 결사에 동참한 수좌들 중에서 조계종단의 종정, 총무원장이 다수 배출되었기에 이 결사의 위상은 더욱더 회자되었다. 이 결사에 활용된 청규는 「공주규약(共住規約)」이었다. 이 규약은 해인사의 백련암에 보관되어 왔는데, 이성철의 시자였던 여원택에 의해 널리 알려졌다. 규약에는 이 규약을 작성한 인물이 누구인가는 기술되지 않았지만 제반 정황을 종합할 경우, 그 대상자는 이성철로 보아야 한다. 이제 그 규약의 전모를 소개한다.

1. 森嚴한 佛戒와 崇高한 祖訓을 勤修力行하여 究竟大果의 圓滿速成을 期함
2. 如何한 思想과 制度를 莫論하고 佛祖 敎則 以外의 各自 私見은 絶對 排除함
3. 日常 需供은 自主自治의 標幟下에 運水 搬柴 種田 托鉢 등 如何한 苦役도 不辭함
4. 作人의 稅租와 檀徒의 特託에 依한 生計는 此를 斷然 淸算함
5. 壇信의 佛前 獻供은 齋來의 現品과 至誠의 拜禮에 止함

6. 大小 二便 普請 及 就寢 時를 除하고는 恒常 五條 直裰을 着用함

7. 出院 遊方의 際는 戴笠 振錫하고 必히 團體를 要함

8. 袈裟는 麻綿에 限하고 此를 壞色함

9. 鉢盂는 瓦鉢 以外의 使用을 禁함

10. 日 一次 楞嚴大呪를 課誦함

11. 每日 二時間 以上의 勞務에 就함

12. 黑月 白月 布薩大戒를 講誦함

13. 佛前 進供은 過午를 不得하며 朝食은 粥으로 定함

14. 座次는 戒臘에 依함

15. 堂內는 座必面壁하야 互相 雜談을 嚴禁함

16. 定刻 以外는 睡臥를 不許함

17. 諸般 物資 所當은 各自 辦備함

18. 餘外의 各則은 淸規 及 大小 律制에 準함

　右記 條章의 實踐躬行을 拒否하는 者는 連單共住를 不得함

　이와 같이 그 규약 18개항을 살펴보았다. 이제는 규약에 남긴 내용을 대별하여 정리하겠다. 우선 이 규약의 실천을 거부하는 대상자와는 봉암사에 함께 머무르지 못함을 단연 선언한 점으로, 이는 결사의 철저성을 말해주는 것이다. 내용상에 나온 성격은 다음과 같다.

　첫째, 부처님 계법, 숭고한 조사의 가르침, 불조의 교칙을 따르겠다는 것은 이 결사의 사상을 말한다(1, 2항). 이는 근본불교의 지향을 선언한 것으로 일제의 식민지불교를 거치면서 피폐된 불교의 근본을 되찾겠다는 자기 성찰을 의미한다. 둘째, 자급자족의 원칙, 고역(苦役) 불사, 소작인의 세조 및 신도의 특별 보시 거부는 이 결사의 추진 방향을 대변한다(3, 4, 5항). 이는 결사를 수좌들 자신의 힘으로 전개하겠다는 의사 표시이다. 달리 말하자면 결사의 자주성을

의미한다. 셋째, 오조가사 및 보조장삼의 항상 착용, 삿갓과 석장 사용, 괴색가사의 원칙, 목발우 불사용은 불법에 의거한 수행자의 품위를 고려한 것이다(6, 7, 8, 9항). 불조 교법에서 정한 범위 내에서 수행에 필요한 의상과 물품을 사용하겠다는 의지이다. 넷째, 능엄주 암송, 규칙적인 노동, 정규적인 포살, 공양의 재조정 등은 결사를 전개하는 일상적인 수행생활의 기본자세를 정한 것이다(10, 11, 12, 13항). 요컨대 일상생활에서부터 결사를 추진하겠다는 의식의 재정비를 말한다. 다섯째, 계납 및 선방의 질서 강조, 수행 자세 정비 등은 승풍과 선풍의 회복을 염두에 둔 것이다(14, 15, 16, 17, 18항). 승풍과 선풍의 타락은 식민지불교에서 만연되었음은 상식화된 견해인데 여기에서 그 문제점의 개선을 위한 최소한의 원칙이 제시되었다.

봉암사결사는 불교계 현실을 극복하려는 수좌들의 현실인식, 수좌들의 자생성, 중앙교단과의 차별성, 청정한 수행성, 간화선 중심의 수행, 결사의 개방성 등이 두드러진 결사였다. 때문에 봉암사 공주규약은 봉암사결사를 유지시킨 요체였다. 그러면서도 이 규약은 일반적인 선원의 청규와 율을 근간으로 보완하겠다는 운영 방침을 개진했기에 청규의 현대적인 변용이라 하겠다. 그 변용은 해방공간 불교의 재생을 기도한 수좌들의 정신이 가미된 형태였으며, 결사를 주도한 이성철의 사상이 개입되었다.

(8) 해인총림의 규약

해인총림은 1967년 7월 조계종단 제16회 종회 결의로 해인사에 설치된 종합수도도량이었다.[36] 해인사에 총림을 세워야 한다는 논란은 1962년 4월 통합종단 등장 이후에 본격화되었다. 이는 10여 년간의 정화운동 이후 흐트러진 조계종단 수행정신을 회복하려는 차원에서 제기된 것이다. 1962년 12월에 제정된 교육법에 총림 조항이 포함된 것은 바로 그 출발의 의미를 담고 있었다. 이에 1964년 7월, 종회에서 지방총림을 해인사에 둘 것을 결의하고 방장까지 선출했으나 정식 출범은 이루어지지 못했다. 해인총림은 1967년 7월의 종회에서 총림법의 제정, 등장으로 구체화되었다. 즉 그해 9월 이성철이 방장으로 취임하면서 해인총림은 가시화된 것이다.

그러나 해인총림은 초창기부터 예산, 수행환경, 수행논리 등의 내적인 어려움에 처했다. 요컨대 해인총림의 토착화가 난관에 처했던 것이다. 이에 총림을 이끌던 방장 이성철은 선원을 중심으로 치열한 수행을 견지함으로써 총림의 기반을 구축하려고 노력했으니, 그 실례가 바로 선원의 결사였다. 그 결사는 「결사규약(結社規約)」으로 전하고 있는데, 지금껏 이에 대한 내용과 성격은 불교계에서 주목을 받지 못했다.[37] 그 전모를 보면 다음과 같다.

1. 勇猛精進으로 廓徹大悟하에 究竟解脫을 成就함을 目的으로 한다.
2. 入社者는 求道心이 徹底하고 僧行이 嚴正한 三夏以上의 比丘中에서 選定한다.
3. 祖師殿 入仕者는 十年 堆雪堂 入社者는 三年間 洞口不出한다.
4. 室內 室外를 莫論하고 恒常 默言하며 筆談도 않는다.
5. 一切 文字의 閱讀을 않는다.

---

36) 해인총림에 대한 전모와 역사성은 김광식, 「해인총림의 어제와 오늘 ; 그 역사와 위상의 조망」, 『한국 현대불교사 연구』(불교시대사, 2006) 참조.
37) 필자는 위의 「해인총림의 어제와 오늘」의 논문 집필 준비를 위해 관련 자료를 찾다가, 본 규약을 보관하고 있던 이성철의 상좌인 천제스님을 만나 자료를 협조받았다.

6. 社內에 僧侶를 莫論하고 外人 出入을 禁하며 書信 來往도 않는다.

7. 就寢 時間은 短縮하되 各各 自量하에 定한다.

8. 一切 儀式과 運力의 參與는 自意에 맡긴다.

9. 衣服 其他 日用 必需品은 一切 供給한다.

10. 健康 問題上 特別한 營養 供給을 한다.

11. 發病時 普通 症勢에는 賣藥加療하고 重急에는 醫師를 招致하며 不得已한 重急患에는 入院케 한다.

12. 一次 破約 出社한 者는 再入社치 못한다.

　이와 같은 해인결사의 규약 12개 조항을 살펴보았다. 그 원본의 글씨체를 확인해 보면 이성철의 글씨가 분명하며, 당시 이성철이 그 규약을 작성할 시에 그것을 지켜본 진천제의 증언을 고려하면 이 결사의 주도자는 당시 총림의 방장인 이성철이다. 이 결사 내용을 세밀히 분석하면 그 결사를 추진하는 강력한 의지가 파악된다(1, 2항). 특히 결사 기간을 10년·3년으로 정한 것, 동구불출(洞口不出), 필담·서신왕래·외인출입·독서 등을 일체 금하고 묵언을 정한 것(3, 4, 5, 6항)에서는 결사의 엄격성과 치열한 수행정신을 강조했다. 그러나 결사 대중의 건강과 음식에 철저를 기하면서, 필수품은 완벽하게 지원하고, 참가 수좌의 재량도 인정한 것(7, 8, 9, 10, 11항)에서는 수좌의 자율 및 탄력적인 성격도 갖고 있었다.

　결사 참가자는 이성철, 김일타, 적명 등 10여 명에 불과했으며, 아쉽게도 결사가 당초 정한 대로 이행되지 못하고 중도하차한 것은 애석한 것이었다. 이 결사가 중단된 요인, 이 규약 중에서 해인사 선원의 전통으로 정착된 내용은 무엇이었는가에 대한 검토는 별도의 연구가 필요하다.

3. 결어

맺는말은 이제껏 살펴본 근대기 선원 청규에 나타난 제반 성격을 대별하여 제시하는 것으로 대하고자 한다. 그러나 그 성격의 제시는 추후 이 분야 연구시에 활용할 수 있는 하나의 관점으로만 제한하고자 한다. 왜냐하면 본 고찰에서는 근대기 청규를 소개, 정리한 것에 머물렀기 때문이다. 청규에 대한 연구는 선원 자체의 연구, 선원을 주도했던 선지식 및 조실에 대한 불교사상, 해당 선원의 가풍 등을 종합하는 차원에서 더욱 탐구, 해석되어야 할 것이다.

첫째, 근대기 청규에는 그 선원을 대표하고, 주도하는 승려의 불교사상이 뚜렷이 나타나고 있다. 이는 경허, 한암, 용성, 학명, 성철 등은 단순한 선원의 책임자 및 주도자에 머물지 않고, 자신들이 추구하는 당시 불교의 혁신의 입장에서 청규를 제정했음을 파악할 수 있었다. 여기에서 우리는 선원의 청규는 그 선원을 이끌던 선지식의 주관성에 의해 나타났음도 아울러 파악할 수 있는 것이다.

둘째, 개항 이후부터 해방공간에 이르기까지의 청규의 변모를 유의하면 시간의 경과함에 따라 청규는 점차 축약, 왜소해지고 있음을 간파할 수 있다. 경허의 수선결사의 경우에는 별도로 하여도 전반적으로 볼 경우 청규의 내용이 간략해지고 있었다. 이에 대한 설명은 간명할 수는 없겠지만, 추측건대 청규의 중요성이 그만큼 줄어드는 것을 반영한 것이 아닌가 한다.

셋째, 청규에는 수행을 하는 선원의 수좌들의 제반 생활에 대한 규칙이 상세하게 개진되어 있음이 주목된다. 이는 본 고찰에서 정리, 분석하지는 않았지만 현재 선원의 청규와 비교해 보면 그 내용이 더욱 차별적으로 파악된다.

넷째, 현전하는 청규에는 불교개혁, 혁신의 의미가 나타나고 있다. 이는 개혁적이기에, 당시 불교의 현장에 큰 파장을 일으켰기에 더욱더 그 해당 청규가 전해 오는 것인지도 모른다.

다섯째, 근대 청규의 외형에는 특별한 원칙은 나타나지 않고 있다. 다시 말하자면 청규의 내용을 배열하는 원칙, 순서 등은 찾기가 어렵다는 것이다. 다만 청규의 내용을 주제, 특성 별로 추출하면 그 대강의 틀은 검증되겠지만 현재로는 그 외형에서는 특이성은 나타나지 않았다.

여섯째, 1928년 전국 선원의 청규절목의 분석에서 시사받을 수 있는 것이지만 근대기 청규는 지속적인 자료수집을 통하여 재발굴, 재검토되어야 한다. 현재 선방에서는 청규에 대한 관심이 미약하지만 근대기에는 선원의 지향과 운영을 청규에 담고 그것을 지키려는 의식이 분명했다.

일곱째, 유의할 점은 청규가 어떻게 집행, 관철되었는가에 대한 검토도 필히 수반해야 한다는 점이다. 요컨대 해당 선원의 청규가 어느 정도의 기간을 지속했는가 혹은 청규의 모든 내용이 지켜졌는가에 대한 설명도 필요하다. 즉 청규의 사상성과 역사성은 함께 분석되어야 한다.

여덟째, 근대선원의 청규에서는 당시 시대의 상황과 정신이 엿보인다. 때문에 근대 선원의 청규를 통하여 우리는 당시 수좌들의 고뇌, 지향을 찾아낼 수 있다. 동시에 근대불교의 변화상도 그려낼 수 있다고 본다.

지금껏 근대기 선원의 청규에 대한 전모를 소개하면서, 그 청규 분석에 나타난 제반 성격을 제시해 보았다. 이는 필자가 찾아낸 대상 청규만을 했기에 이를 갖고 일반화하기에는 어려움이 뒤따른다.

추후 그 대상 자료를 발굴하고, 보편적인 청규의 이해를 위한 연구가 심화되어야 할 것이다. 동시에 근대기 청규를 역사적으로 살피기 위해서는 조선 후기, 현대불교사 현장에서의 청규와 비교 검토가 필히 수반되어야 한다고 본다.

범어사의 사격과 선찰대본산

1. 서언

범어사는 대한불교조계종 제14교구 본사 사찰이지만 통도사, 해인사와 함께 경남지방 불교를 대표하는 사찰이면서, 나아가서는 한국불교에서도 일정한 위치를 갖고 있다. 그러므로 범어사가 한국불교 및 경남지방의 불교 역사에서 차지하는 위상은 결코 미약한 것은 아니다. 그러나 최근의 범어사의 여러 정황을 유의깊게 살펴보건대, 범어사는 과거의 전통을 계승했다고 보기에는 어려운 측면이 제기되고 있다. 즉 근대불교에서의 범어사는 당시 한국불교를 대표하는 사격, 활동을 갖고 있었지만 최초의 범어사는 전통의 계승이라는 면에서는 미진했다.

한편 근래의 범어사에서는 선을 주제로 한 다양한 법회가 개최되어, 부산지역 불교계뿐만 아니라 전 불교계에 일정한 영향을 주고 있다. 이러한 범어사의 변신, 전통계승 노력은 우선 범어사 승려들이 갖고 있는 범어사 전통에 대한 자부심에서 비롯된 것이라 보인다. 범어사 전통은 다양한 관점에서 추구될 수 있지만 본 고찰에서는 사격(寺格)이라는 관점을 갖고 근대불교에서의 범어사의 위상, 특성을 정리하고자 한다. 사격이라 함은 해당 사찰이 갖고 있는 사상성, 경제력, 영향력, 수행 및 포교, 역사적 전통이 어우러진 사찰의 위상과 품격을 종합하는 개념으로 볼 수 있다.[1]

그런데 근대불교에서의 범어사 활동, 그리고 현대 범어사의 승려 및 사부대중들의 인식에는 범어사는 선찰대본산이라는 관행적인 표현이 굳건하게 자리 잡고 있다. 때문에 근대기 범어사의 사격을 검토함에서는 바로 이 같은 선찰대본산(禪刹大本山)이라는 역사적인 사격이 나오게 된 배경, 전후사정 등을 살피는 것은 필수 불가결한 것이다. 요컨대 근대 범어사의 사격과 선찰대본산과의 상호관계를 조명하려는 것이 본 고찰의 주된 초점이다. 나아가서는 범어사의 그 전통이 근대불교계에 미친 영향, 범어사 활동과의 상호관계 등을 아울러 살피고자 한다. 필자는 근현대불교를 연구하면서 범어사의 역할, 위상이 여타 사찰과는 차별적인 측면이 강함을 인식했지만 이를 정리, 고찰하지는 못했다. 본 고찰은 필자가 갖고 있던 숙제를 해결하는 측면도 있겠지만, 범어사의 전통을 새롭게 하려는 범어사 사부대중들의 고뇌 및 지향에 참고가 되길 바라는 마음 간절하다.

2. 범어사 사격과 선찰대본산의 인식

근대기 범어사의 사격을 검토함에 있어서, 일제의 침략으로 국권을 강탈당했던 일제하의 시기로 그 범위를 한정하겠다. 일제하 불교

---

1) 필자는 사격과 관련하여 금산사의 사례를 정리한 바가 있다. 졸고, 「일제하 금산사의 사격」, 『근현대불교의 재조명』(민족사, 2000).

의 운영에 대한 규정은 한국을 강탈한 일본이 한국의 식민통치를 전담케 한 조선총독부가 1911년 6월 3일 제정, 반포한 사찰령에 나와 있다. 본 고찰 초점의 하나인 사격은 1911년 7월 8일에 발표한 사찰령의 시행규칙에 포함되어 있다. 당시 총독부는 전국의 사찰을 30개 본산(본사)으로 나누어 운영케 했는데 그 30개 본사가 당시 각 지역 불교를 대표하는 사찰로 공인받았다. 즉 전국의 주요 사찰을 30개의 본사로 정하고, 그 본사가 그 인근 지역의 중소 사찰을 관리하는 형식의 본말사제도를 구현했던 것이다. 즉 범어사는 1911년부터 부산지역을 대표하는 본사로서의 사격을 갖게 되었다. 이 같은 범어사의 사격은 비록 행정적, 타율적인 계기에서 비롯된 것이었지만 그 제도가 일제가 패망하는 그날까지 지속되었기에 일제하 불교에서의 관행으로 고착화되었다.

그런데 범어사의 이 시기 사격은 사찰령이라는 식민통치의 구도에서 나왔지만 당시 범어사 관련 기록을 살펴보면, 범어사는 불교계 내에서 일정한 사격을 유지했다. 이러한 측면은 범어사의 자생적인 활동에서 비롯되었기에 우리의 관심을 촉발케 할 수 있다. 후술하겠지만 이런 요인이 범어사 사부대중의 범어사 역사인식의 근원에 자리 잡고 있었기에 범어사의 근대 역사를 고찰함에는 반드시 고찰할 핵심주제였다. 그러나 근대불교, 혹은 근대기 범어사의 역사를 정리, 고찰하려는 관련 학계의 연구가 황무지와 같은 상황이었기에 그 주제에 대한 어떠한 접근도 부재했다.

그러면 이제부터 일제하 범어사 사격과 연관된 선찰대본산과의 연계를 살펴본다. 선찰대본산이라고 범어사의 일주문에 부착된 현판은 1913년에 게시된 것으로 전해지고 있다. 이는 1913년 이전에 선찰대본산을 내세울 수 있는 여건이 마련되었음을 말하는 것이다. 이와 관련하여 『범어사지』에[2] 수록된 「범어사선원 연기록 청규록(梵魚寺禪院 緣起錄 淸規錄)」이라는 문건을 주목할 수 있다. 이 문건에 포함된 「범어사선원연기록」은 1911년 음력 1월 25일에 작성된 것으로 범어사 선원 전체에 대한 연기 및 개별 선원이 창설된 전후 사정이 각 선원별로 구분되어 서술되어 있다. 이 내용에는 범어사 선원의 전체 개요 및 일제 식민지불교의 체제로 전환되었던 초창기 범어사의 동향을 자세히 전하고 있기에 사료적 가치가 매우 높다. 이제 그 자료에 수록된 순서대로 각 선원이 등장된 과정을 요약, 정리하고 그 연후에 1910년 전후 범어사 선원 전체에 대한 성격을 추출하고, 이를 선찰대본산의 등장과 연계하여 고찰하고자 한다.

(1) 범어사 금강암, 금강선사(金剛禪社, 1899)

이 선원은 근대기 범어사 최초의 선원으로, 1899년 음력 10월 1일에 처음으로 등장한 임시선회의 개설에서 비롯된다. 1899년 7월 그믐, 수옹(睡翁)선사가 통도사 백운암 선원에서 범어사로 온 것이 계기가 되었다. 그는 범어사에 와서 오성월과 대화를 가졌는데, 불법의 영향력이 매우 미약하고, 사람들의 근성이 약하여 이익만을 쫓아 도가 쇠퇴하면서, 마침내는 불법이 영원히 쇠퇴할 지경에 처했음을 개탄했다. 이에 그는 오성월에게 그 상황을 타개하는 것이 자신들의 본본이라고 강조한바, 이를 들은 오성월은 크게 각성하고 수옹선사를 예우하였다. 그러나 그 뜻에 동참하는 수좌가 없었고, 그 뜻을 펼 공간도 부재하였다. 그러나 오성월은 금강암에 머무르고 있는

---

2) 아세아문화사가 1989년에 한국사지총서 시리즈로 기획, 간행했다.

월송대사를 찾아갔다. 월송과 오성월은 이전부터 친근하게 지내는 사이였는바, 오성월의 이야기를 전해 들은 월송은 흔쾌히 찬동하였다. 이에 오성월은 수옹선사와 함께 금강암으로 나아가 임시 선사(禪社)를 개설하고 선우(禪友)를 불러들여 3개월(九旬)간의 동안거를 났다. 이때 그곳에서 수행한 대상자들은 수옹, 성월, 월송, 유운 4화상과 수좌인 휴진, 법능, 봉성 등 총 7인이었다. 이런 사정을 전해들은 범어사 사중에서는 범어사 총섭인 담해가 '유지제사(有志諸士)'와 함께 그 뜻에 찬동하여 그것을 공사(公事)에 붙였던 것이다. 이에 범어사에서는 사중 쌀 40두를 선량(禪糧)으로 내놓았으니 이것이 임시선회의 첫 번째였다.

(2) 범어사 안양암, 안양선사(安養禪社, 1900)

안양암에서의 선사는 1900년 음력 10월에 개설되었다. 이 선원 개설은 1900년 정월 15일, 즉 그해 동안거 해제를 마치고 나서 수옹선사와 오성월이 함께 통도사 백운암으로 간 이후, 이전 선원인 금강선사의 피폐함에 대한 논란에서 촉발되었다. 그런데 마침 이해 10월 초 천원(天圓), 중원(重遠), 덕수(德守)라는 세 선사가 해인사 판전 선실에서 오게 되었다. 그 세 선사들은 오성월에게 범어사의 금강암에 선사(禪社)가 세워지고, 수좌들을 수용하여 수행한 사실을 들었다면서, 그 정황을 놓고 대화하였다. 그때 의룡(義龍)화상은 배움에 뜻이 깊은 사람으로, 안양암에 머무르고 있었는데 금강선사(金剛禪社)의 퇴진에 대해 이야기를 전해 듣고, 즉시 그 세 선사를 맞이하여 범어사에 머물도록 하고 위로했다. 그리고 안양암에서 동안거를 나도록 함과 동시에 범어사 사중에 회의를 붙였다. 당시 총섭인 월영(月影)화상이 그 전후사정, 선사 개설에 대한 것을 가상히 여겨 그 장래를 의논하여 범어사 공사(公事)를 거치도록 했거니와 그 결과는 절의 다수 중견승려들의 찬동이었다. 이에 범어사의 쌀 30두를 선량으로 내놓았는데 이것이 임시선회의 두 번째 이야기이다.

이에 안양암에서도 석 달 간의 안거수행을 했는데, 발기자는 의룡이고, 참가자는 해인사에서 온 3인의 수좌를 포함해 4인이었다.[3]

(3) 범어사 내원암, 내원선사(內院禪社, 1901)

내원암에서의 선사(禪社)는 1901년 음력 4월 10일에 개설되었다. 1901년 음력 정월 15일, 동안거 해제가 되어 수좌들이 해산되자, 안양암의 선사도 금강암과 같은 형상이 되어 결사는 어려운 지경이었다. 이에 1901년 4월 초, 오성월 선백이 해인사에서 두 수좌를 만나, 함께 범어사의 내원암으로 돌아왔다. 마침 하안거가 시작될 즈음이라 원주인 혼해(混海)강백이 성의껏 협조하여 방과 쌀 20두를 제공하여 선수행에 도움을 주었다. 이때부터 선수행을 지속하여 그해 하안거, 동안거를 나서 그 이듬해인 1902년 음력 정월 보름까지 두 철간의 덥고, 추운 것을 이겨낼 수 있었으니, 이것이 임시 선회의 세 번째 일이다. 이 선회의 동참자는 3인이고,[4] 발기인은 혼해였다.

(4) 범어사 계명암, 계명선사(鷄鳴禪社, 1902)

계명선사는 1902년 음력 4월 1일에 개설된 선사인데, 안거기한

---

3) 그 추가 1명은 의룡으로 보인다.
4) 3인은 해인사에서 온 수좌와 성월로 보인다.

은 영구, 참가 수좌는 17인, 지원된 사중 지원쌀은 70석, 발기인은 오성월로서 범어사 선사로는 시작된 이래 큰 규모의 선사였다.

1902년 정월 15일, 동안거 해제 후 오성월이 다른 곳으로 가려 하니 범어사의 계명암주가 부재중이었기에 원주인 혼해강백이 오성월을 잡고 절에 머물도록 했다. 이에 혼해는 오성월을 계명암주로 사중에 추천하여, 여기에서부터 계명암의 선사가 시작되었다. 당시 범어사 총섭의 제안을 산중의 중견 대중들의 공의로 허락했기에 오성월이 그해 정월 20일에 계명암을 돌아보았다. 오성월이 그 운영에 대한 문제를 고민할 때에 홀연히 표충사에서 등봉(藤峰)선백이 와서는 오성월의 도를 보고 함께 담론을 했다. 당시 등봉은 자신이 온 것은 오성월이 선회의 일로써 노고를 꺼리지 않고, 수행과 대중교화라는 두 가지 이익을 상제(相濟)한다는 것을 들은 것에서 비롯되었다고 답변했다. 이에 오성월은 흔연히 영접을 하면서 선사를 세우는 일을 갖고 함께 의논을 하였다.

그때가 1902년 4월 초순인데, 마침 대선지식인 경허가 청암사에서 수좌 6인과 함께 내방했다. 이에 오성월은 등봉, 경허와 함께 선사를 세우는 일을 상의했다. 우선 오성월은 계명암의 조(租) 27석을 내어서 선량으로 충당케 하면서 하안거 결제에 들어가게 했다. 그 당시 참가 대중은 16인이었는데, 즉시 범어사 사중에 그 정황을 통보하니 총섭인 사암(寫庵)은 그를 듣고 놀라서, 산중회의를 하여 그 일을 의논케 했다. 그 결과 그 충당 비용을 공적인 차원에서 부담케 하는데 산중 중견대중이 찬성했다. 그리하여 그해에 선사가 세워지면서 그 선량은 증대되었다. 우선 각 방, 각 암자에서 지원한 것이 76두였다. 나아가서 그 선회를 영구히 운용하는 방책을 강구할 때에, 오성월은 수좌 대중이 흩어질 것을 걱정하여 신속히 그 일을 조직하여 그 계획을 사중에 제출했다. 마침내 산중의 모든 의견이 단결하여 그 의안을 논의했지만 결과는 수포로 돌아갔다.

　그러던 중 담해가 총섭과 함께 신심을 내어서 그 주선에 나서게 되고, 담해·성월·화월 등 여러 선지식이 선사 세우기를 발원하고 힘을 합한 결과 단월의 시주금 20금,5) 각 방 각 암의 자원액으로 헌납한 것이 38두락이었다. 그리고 각 방의 헌납 백미가 19두, 또 산문의 계조직에서 동참한 것이 400금, 국청사에서6) 들어온 백미 7두 등을 모두 선사에 납부했다. 당시에 동래의 신도인 이보현화, 초량에 거주하는 김지명화는 불법에 대한 신심이 투철했는데 그 소식을 듣고 큰 발원력을 내어서 모금한 돈 2,000금과 자신들의 소득금에서 가져온 금액인 2,000금을 합한 4,000금으로 답(畓) 42두지(斗地)를 구입하여 선사에 기부했다. 또한 범어사 토굴에 거주하는 보살인 김각심화도 2두답을 헌납했다. 이에 그 모연한 것을 모두 합하니 백미 64두, 총액이 4,400량이었다. 이 모연금에서 4,000량으로 답토(畓土)를 매수하고, 400량은 선사의 비용으로 충당케 했다. 그리하여 새롭게 매수한 것이 42두이고, 이미 수납한7) 것이 40두, 원래부터 계명암에 있던 것이 42두 등이었는데 이것을 합계하니 124두지였다. 이것이 선사에 들어오게 되어, 선회를 유지케 되었으며 1902년 겨울 안거시부터 계명암에서 다시 결제에 들어가게 되었다.8)

---

5) 이것은 兩으로 볼 수 있지만 신중을 요한다.
6) 이 절은 범어사 말사로 범어사 인근에 있다.
7) 범어사 내 암자에서 제공한 것으로 보인다.
8) 이상의 내용은 범어사에서 소장하고 있는 현판문인 「범어사계명암창설선사기」에도 찾아볼 수 있다. 이 선사기는 경허가 1903년 봄, 금강암에서 작성한 것이다. 『선원총람』, 430~431쪽 참조. 이는 『경허집』에도 수록되어 있는데 명정이 역주한 『경허집』(극락선원, 1990), 116~119쪽 참조.

이상이 계명암에 개설된 선사의 내력이다. 그러므로 위의 설명에서 나온 바와 같이 계명선사는 범어사 선원 중에서 가장 견고한 첫 번째 선실로서의 전통을 갖고 있었다.

(5) 범어사 내원암, 내원선사(內院禪社, 1905)

내원선사는 1905년 음력 3월 20일에 개설되었는데, 안거기한은 영구로, 수행한 수좌는 19인, 선량은 220석, 발기인은 담해·성월·포응이었다.

1905년 동안거 해제를 한 정월 15일, 계명암에서 4년간의 선회를 마치게 되었다. 그러나 계명암 선회를 찾아오는 수좌가 증가하게 되자, 계명암은 협소하여 수좌를 수용할 수 없는 지경에 처했다. 찾아왔지만 돌아가는 수좌도 있게 되자 담해·성월·회현 등이 계명암의 선실이 협소하고, 선량이 부족한 것을 고민할 때에 포응(抱應) 화상이 서울의 화계사에서 범어사로 내려오게 되었다. 이에 여러 선객들이 그를 환영하면서, 계명암 선회의 문제를 상의했다. 그 결과 포응으로 하여금 해인사 선회가 확장되는 일을 총섭인 춘곡(春谷)에게 요청케 하여 범어사가 하나의 선원을 별도로 만들어 기존 선회의 누추함을 면하도록 추진했다. 마침내 포응이 그 뜻을 받아 들여, 그 문제를 총섭과 상의하고, 범어사의 공사(公事)에 부쳤더니 산중이 모두 좋다고 따르게 되었다.

그러나 범어사 내 내원암에 선실을 만드는 주임자가 부재하였다. 계명암주인 오성월선사를 천거한 경우도 있어, 즉시 초빙하여 그 임무의 주무자로 하고, 철월(徹月)화상으로 그를 보좌케 하였다. 그리고 계명암의 선답(禪沓) 42두토(斗土)를 나누어 내원암으로 이전시키고, 아울러 내원암의 방답(房畓)인 370두의 전체를 이전케 하여 선량으로 충당케 하니 수좌 19인이 여기에서 하안거 결제를 하게 되었으니 이것이 범어사로서는 제2의 견고한 선실이 등장한 배경이 되었다.

(6) 범어사 원효암, 원효선사(元曉禪社, 1906)

원효선사는 1906년 음력 6월 20일에 개설되었으며,[9] 안거기한은 영구, 참가 수좌는 23인, 연 세입조는 140석, 발기인은 회현이었다.

1906년에 접어들면서, 납자가 범어사로 운집케 되어 하안거를 결제하는데 내방한 선사(禪士)[10]가 37인에 달했다. 이에 내원암에서 하안거에 들어갔으나, 이 해의 4월은 윤달이었기에, 결제 후에도 10인의 추가자가 또 찾아왔지만 공간이 협소하여 능히 그들과 함께 거주하기 어려운 형편이었다. 비록 산림, 즉 안거가 진행 중이었지만, 부득이 그들을 받을 수밖에 없었다. 이에 원효암에 거주하는 회현선사가 그 사세의 어려움을 파악하고, 범어사 사중에 청원을 했으니, 그는 범어사 내에 한 처소를 허락받아 선실을 지었던 것이다.

이에, 총섭인 구담(九潭), 학암(鶴庵)과 상의 후, 공의로써 원효암과 방답(房畓) 326두지로 응접케 하였거니와 사중이 회현선사를 즉시 원주로 정했다. 그러자 추가로 온 10명과 본래 거주인 13인을 합하여 23인이 함께 머물렀다. 이것이 범어사 제3의 견고한 선실의 배경이다.

---

9) 이로부터 3년간 지속되었다.
10) 이들은 수좌인지 아니면 재가자도 포함된 것인지는 알 수 없다.

(7) 범어사 원응료, 원응선사(圓應禪社, 1909)

원응선사는 1909년 음력 1월 20일에 개설되었는데, 안거기한은 영구, 선량은 75석, 발기인은 이담해와 오성월이었다.

1909년 정월 2일에 산중회의를 열어 불교를 천양하는 일을 논의했다. 그 회의에서는 생존경쟁시대를 맞이하여 각 종교, 다양한 사회가 군웅 쟁패하고 있지만, 불법은 천상천하의 무상대도이건만 수백 년간 산중에 있었던 전통에서 벗어나지 못하고 있다고 진단했다. 이런 시기에 승려들은 정신을 집중하고, 불교계의 폐풍을 정비하고, 불교를 개량 일신한 연후에야 대중들에게 나아갈 수 있다고 인식했다. 이에 당분간은 선, 교, 정토로 구분하여 각기 전문적으로 학습하여 그 기본 취지를 익혀서 인민의 모범이 되면 그것이 바로 포교라고 보았다.

이런 배경에서 산중회의에서는 안심료, 원응료, 승당 등 세 곳에 선실을 두도록 했는데, 이는 선실 확장의 의미이다. 그리고 청풍당, 금당, 청련암, 대성암 등 4처에는 강당을 두도록 정했다. 해행당, 함홍당, 극락전으로는 염불당으로 쓰도록 정했다. 이런 기본 원칙하에 각 방재(房財)로 선실, 강당, 염불당의 비용에 충당하게 했다.

1909년 1월 20일에는 섭리(攝理)인 김경산(金擎山)과 학암(鶴庵)은 속도선실(速圖禪室)에[11] 대한 의견을 갖고 논의했으며, 그것을 청단공사(靑旦公事) 내의 선안(禪案)으로 결의케 하고, 사중의 여러 중견승려들과 함께 논의하여 안심료, 원응료, 승당 등의 삼방(三房)을 결합하여 하나의 구(區)로 묶은 연후에 내원암의 원주인 오성월

---

11) 필자는 이 선실에 대한 내용을 파악치 못했다.

을 초빙하여 그 사업의 주임으로 정했다. 담해선사는 오성월 후임으로 내원암 주지로 근무케 했다.

이런 일이 있은 연후, 하안거 결제가 다가오자 원응료 방답(房畓) 145두지(斗地)를 선사에 납입케 했다. 이로써 수좌 대중 20인이 하안거 결제를 할 수 있도록 했다. 이것이 범어사 선원 제4처의 견고한 배경이다.

(8) 범어사 대성암, 대성선사(大聖禪社, 1909)

대성선사는 1909년 10월 1일에 설립되었는데 안거기한은 영구, 참여 수좌는 16인, 선량은 150석, 발기인은 등암이었다.

1909년 10월 1일, 대성암에 머무르던 등암(藤庵)은 대성암의 원주인 김용곡과 상의하기를 지금 범어사에 선실이 4개 처나 있지만 각 선실에서 수좌를 받아들임이 오히려 부족하다는 것을 개탄하며, 그 사정을 사중에 청원하여 대성암에서도 선실을 세우게 했다. 이에 총섭인 오성월은 즉시 이 일을 공의케 했더니 산중에서 인가했으며, 그 연후에 방답 361두지로 선량에 충당케 했다. 그리고는 선백을 받아들여 동안거 결제를 대성암에서 들어가도록 했으니 당시 모인 대중이 16인이었으니 이것이 범어사 제5의 견고한 선실의 배경이다.

(9) 범어사 금어암, 금어선사(金魚禪社, 1910)

금어선사는 1910년 음력 4월 10일에 개설되었으며, 안거기간은 영구, 참여대중은 16인, 선량은 150석, 발기인은 오성월이었다.

1910년 정월 2일, 청단공사(靑旦公事)에서 결의하기를 사중 사무소를 그 사무의 편리를 위해 원응료로 옮기고, 원래의 원응료 선사(禪社)는 금당으로 이전했다. 그리고 각 선원답을 참작 분배하여 금당에[12] 납속케 하였다. 이에 원응답이 145두지에 달했으며, 금당답이 81두지였다. 아울러 내원암 조 20석, 대성암 조 10석, 원효암 조 10석을 금당암의 선량에 충당케 했다. 그리고 금당 학당은 침계루로 이전했다.

지금까지 1899~1910년 간 범어사에 개설된 임시선회(臨時禪會), 선사(禪社)의 개요를 살펴보았다. 이제는 임시선회 3건, 선사 6건의 개요에 나타난 성격을 추출하고자 한다.

첫째, 범어사의 선회, 선사 개설 및 운영 등 모든 분야에서 오성월의 주도, 헌신이 나타나고 있다. 요컨대 범어사 선 관련 사업에는 오성월에 의해서 진행되었던 것이다.[13] 둘째, 범어사의 선 사업에는 외래 선사, 수좌들의 일정한 개입이 있었는데, 범어사에서는 그들을

---

12) 이는 금어암을 지칭한 것으로 보인다.

13) 오성월은 근대 범어사를 대표할 수 있는 승려이다. 이에 그의 업적은 『불교진흥회월보』 7호(1915.9) 「휘보」, 「오성월선사의 사업」에 상세히 전한다. 여기에서 그의 업적(1세 주지시)으로 제시된 것은 선원(금어, 내원, 원효)의 설립, 선학자로 선종 종지를 참학케 함, 선종중앙교당 설립, 선종경북교당과 선종 동래교당을 설립, 명정학교 수선, 금강계단 설립, 전문강당 설립, 부산 및 초량에 포교출장소 운영, 도로 및 어산교 수축, 산막 정비 및 산림 배양, 병자 구휼 등이다.

오성월은 경남 울산군 온산면 출생으로, 그의 본적은 경남 동래군 북면이다. 법명은 一全, 법호가 惺月이다. 1885년 9월 30일, 범어사에서 이보암을 은사로 출가 득도했으며, 1886년 용문사(예천)에서 한혼해를 스승으로 모시고 능엄경, 1887년부터 백련사(군위)에서 한혼해에게 사교과, 대교과, 수의과를 수료했다. 1899년 범어사에서 수선안거를 했으며, 1906년 범어사 전계화상에 취임, 1908년 범어사 섭리, 1911년 11월 17일 범어사 주지, 1914년 9월 29일 범어사 주지에 재임 등의 이력을 갖고 있다. 그는 1897년 사월 초파일 통도사에서 박만하에게 비구계를 수지했으며, 1913년 1월 22일 범어사에서 대선사 법계를 품수받았다.

적극적으로 수용했던 면이 나오고 있다. 즉 개방성이 두드러졌다. 셋째, 선 사업에는 범어사 사중의 적극적인 후원이 제기된다. 선회, 선사의 개설에 따른 제반문제를 사중에서는 공사(公事), 공의(公議), 산중회의를 통하여 논의, 해결하면서 큰 지원을 했다. 넷째 범어사 의 선 사업은 점차 외부로 알려졌는데 그에 비례하여 범어사의 위상 이 증대되는 것을 파악했다.

범어사 선회, 선사의 성격은 당시 안거 수행의 내용에서도 찾을 수 있다. 그러나 현재로서는 그 수행의 내용 전모를 알 수는 없다. 다만 현전하고 있는 범어사의 선원 청규에서 그 단면을 가늠할 수 있을 뿐이다. 청규는 해당 선원 수행의 요체를 말해주는 것이기 때 문이다. 범어사 선원 청규는 현재 2건이 전한다. 우선 『경허집』에 수 록된 「범어사계명암수선사방함록청규(梵魚寺鷄鳴庵修禪社芳啣錄清規)」 가 있다. 그러므로 이 청규는 경허가 작성한 것이다. 당시 그는 계명 암에 머무르면서 오성월의 제안을 받아들여 수행에 동참한 인연으 로 청규를 지은 것이다. 그 내용은 다음과 같다.14)

1. 법을 설하는 宗師와 悅衆 禪和는 그 소임이 가볍지 않으니 마땅히 식견이 높고 널리 거울이 될 만한 인물을 가려서 소임을 맡겨야 한다.

2. 대개 선방〔禪社〕은 사방의 衲子들이 몸을 깃들이고 道를 연마하는 곳이니 그 선방을 주관하는 사람을 잘 가리지 않을 수 없으므로 마땅히 서로 정할 때 자세히 검토하여 택할 것이요. 어리석거나 용렬한 사람에게 함부로 맡기지 말고, 어리석거나 용렬한 자가 그

---

14) 원문은 한문이나 번역하여 제시한다. 그리고 연 번호도 필자가 편의상 부여했 다.

책임을 맡으려 해서도 안 된다.

3. 결제한 뒤에는 방부를 받지 말고 방부를 들인 뒤에는 중간에 나가면 안 된다.

4. 성질이 사납거나 난잡한 자와 중병에 걸린 자는 방부를 받으면 안 된다. 法化를 손상시키거나 대중을 괴롭힐까 두려워서이다.

5. 叢林에서 도를 행함에 사무를 분담하고 일을 맡아 보는 사람이 있어야 하나, 그 소임을 맡은 禪和는 마땅히 남다르게 자기 소임에 충실해서 게으르지 말고 대중이 편하도록 해야 한다.

6. 진정한 參學者는 시끄럽거나 고요함에 틈이 없어야 하고, 그 틈이 없기에 마침내 생사열반에 구애가 없다. 禪床에서 내려온 뒤에도 떠들지 말라. 參究하는 일에 방해가 된다.

7. 방부 들인 뒤에 대중을 어지럽게 하고, 불화를 일으키는 자는 세 번을 알아듣도록 타일러라. 그래도 듣지 않을 때에는 대중공사를 붙여서 내쫓아야 한다.

8. 대중이 함께 작업[普請]할 때에 빠지거나 처지지 말고 항상 서로 힘을 합쳐서 도와주어야 한다.

9. 음주와 음행은 부처님께서 깊이 경계했으니 마땅히 엄단하여 쫓아 낼 일이며, 또 6일이 아니면 의복을 세탁하지 말아야 한다.

10. 祖室, 悅衆, 禪伯, 知殿, 知客, 園頭, 看病, 飯頭, 淨人, 書記, 煎茶, 菜頭, 柴頭, 別座, 都監, 院主, 化主

이상과 같은 청규에서 범어사 선원의 특성을 찾기는 간단치 않기에 그 흐름을 조심스럽게 찾아보아야 한다. 우선 1, 2항에서는 수행 선방의 책임자, 주관자 등 선방을 이끌 주요 소임자 선정시의 주의사항을 제시했다. 3, 4, 5항에서는 수행 안거시의 최소한의 원칙, 수행대중의 외호 등을 제시했다. 6, 7, 8, 9항에서는 수행의 자세, 불성실한 수행자의 퇴출, 수행자의 도덕성 및 계율을 강조했다. 그리고 10항에서는 수행자들의 업무 분담인 용상방을 제시했다. 여기에서는 선방 운영을 책임지는 상층부 소임자에 대한 중요성, 그리고 수행에 동참한 납자들의 철저한 수행정신 및 계율정신, 아울러 선원 수행을 외호하는 원칙이 두드러지게 나왔다.

범어사 청규의 또 다른 대상은 1910년 음력 2월경에[15] 작성된 「범어사 내원선원 청규」이다. 먼저 그 전모를 살펴보자.[16]

1. 叢林 目的이 指心見性ᄒ야 長養聖胎하여 續佛慧命ᄒ며 以報國恩ᄒ고 普濟人民事

2. 演法宗師와 悅衆禪和 其任이 不輕하니 當擇其高識遠鑑者하여 以充其任事

3. 祖室과 院主를 選定할 同時에는 全刹 禪員이 公薦이고 悅衆과 其餘任 薦은 該院에서 選定事

4. 受榜同時에 祖室과 悅衆과 院主 三員이 協議 受房하되 別般 注意하여 단 發心衲子로 受ᄒ 事

5. 結制 後에 不得受房하고 又 不得 入房后에 中退事

6. 做課 時間表에 對하여 坐參이 八時오 學問이 八時로 定ᄒ 事

7. 參學 禪衆은 但 見己過하고 不見他過事

8. 眞正 禪學者은 動靜에 無間이고 請益을 無怠ᄒ며 又不得下 禪床後에 戱笑喧亂ᄒ야 以廢 參究事

9. 禪院行道가 不可不 有領辨事務規例 則其爲所任 諸禪和은 當號己所任ᄒ

---

15) 『범어사지』 260쪽에는 "융희 4년 음 2월 21일, 內院庵 謄書"라 했다.

16) 이 자료는 「범어사 선원 청규록」이라는 제목으로 『범어사지』에 수록되어 있다. 필자는 『승가교육』 5집(2004, 조계종 교육원)의 특집 논단에 「근대 한국 선원의 청규 개요와 성격」을 기고했다. 그런데 당시 그 글을 준비했을 적에는 범어사의 내원선원 청규를 파악하지 못하여, 그 글에서는 내원선원 청규를 누락했다. 원문에는 연 번호가 없지만 필자가 편의적으로 부여하였다.

야 勿墮緩ᄒ야 以安淸衆事

10. 當普請時에 不得闕目이고 又不得落後 而當竝力相濟事

11. 或 有違亂 淸衆不和者어든 三次曉喩 而不從이면 打犧椎逐出事

12. 非要事어든 不得 入他房院事

13. 解制後 出入홀 同時에는 彼此 禪衆空位를 預知ᄒ야 發程日에 本 禪院
    의 捺章件을 受佩 往返事

14. 特別事가 有홀 同時에는 全刹 禪員이 團心 協議ᄒ여 一遵無違事

15. 未盡 條件은 從後 提出事

禪社 責任者 左開

　　祖堂　　禪法을 主掌ᄒ야 聰察 監督홈

　　入繩　　撮衆義務를 實施 掌理홈

　　院主　　本院 大小事를 聰察 保管홈

　　都監　　院主의 指揮를 承ᄒ야 大小事를 視務홈

　　書記　　本院 往復通信과 諸般 文簿를 掌理홈

　　別座　　都監의 지휘를 承ᄒ야 임시 諸般事를 隨從 勤務홈

　　이상과 같은 내원선원 청규에서 유의할 것을 대별하여 제시하겠
다. 우선 1항에서는 선원에서의 수행 목적을 분명히 개진했는데, 불
조의 혜명을 지속하여 국은(國恩)에 보답하고 인민을 널리 이롭게
한다는 중생교화라 했다. 2, 3항에서는 조실, 열중, 원주의 소임을
설명하고 그 선정에 대한 원칙을 제시했다. 4, 5항에서는 선원에 수
행하는 납자들의 방부를 받는 원칙을 정했다. 6, 7항에서는 수행의
내용 및 시간을 정했다. 8~15항에서는 선원에 입방하여 수행하는
수좌들이 지켜야 할 준칙, 자세를 세부적으로 정했다. 그리고 말미
에는 선원의 주요 소임자들의 임무를 더욱 분명히 제시했다. 이러한

청규 내용에서 관심을 끄는 것은 선원에서의 수행 목적이 불조혜명의 지속뿐만 아니라 국은, 즉 나라의 은혜에 보답하고 중생들을 널리 이롭게 한다는 내용이다. 요즈음 불교계에서는 찾아보기 어려운 내용인데, 여기에서 호국불교, 민족불교의 성격의 일단을 볼 수 있다. 다음으로는 수행의 시간 분배에서 좌참 즉 참선[좌선]이 8시간, 학문 즉 경학도 8시간으로 제시되었다. 현재 대부분의 선원에서는 안거기간 중에 간경, 토론 등의 교학적 공부는 거의 없다. 그러나 이 시기 범어사 선원에서는 선교일치, 혹은 선교균형의 수행이 안거 기간에 있었음은 주목할 내용이다.

이처럼 1910년경, 범어사는 선회(禪會), 선사(禪社)를 통한 선을 재흥시키는 사찰로 사찰의 정체성을 정비하여 갔다. 이는 곧 선종 사찰로서의 명성이 범어사를 설명하는 수식어로 고착화됨을 말하는 것이다. 즉 범어사는 선찰이라는 등식이 고정되어 감을 의미한다. 이 정황은 「범어사선원연기록」을 서술, 정리한 승려인 양보월(梁寶月)이 그 당시 범어사의 정황을 설명한 문장에서 찾을[17] 수 있다. 양보월은 범어사 승려라는 단서는 없지만 여러 정황을 보면 그는 범어사 승려임이 분명하다고 하겠다. 그는 선, 선학을 다음과 같이 인식했다.

惟此 禪學은 吾宗門中의 諸法之血脈也며 骨髓也며 性命也며 機關也라 從次로 可以成佛故로 吾佛世尊이 統徹萬法호사 畢竟 三處에 付心于摩訶迦葉호사 指示上機捷徑 蹊路호심也 以此爾라[18]

---

17) 이 문장은 보월이 선원의 개요를 정리한 이후 총괄적인 개요로써 작성한 것이다. 『범어사지』, 252~254쪽 참조.
18) 『범어사지』, 253쪽.

이와 같이 선학(禪學)은 문중, 제법(諸法)의 혈맥(血脈), 골수(骨髓), 성명(性命), 기관(機關)이라고 자신있게 인식했던 것이다. 이런 자부심에서 그는 범어사가 그 선학을 확대 재생산하는 중심이라고 표현했다.

梵魚之諸大禪講宗法이 齊奪冲勵之氣ㅎ야 說機運邊에 取用先發自振之術ㅎ야 於是에 創五箇處 禪室 于寺之院庵ㅎ고 亦建校興學ㅎ여 勸講念천ㅎ야 使衰頹萎敗之法化로 煩然一新케 ㅎ니 啄出諸山之石ㅎ니 猗歟盛哉라 由是로 四方聞者 無不欽慕仰其風ㅎ야 轉而效之ㅎ니 豈不 偉哉리오

범어사가 5개 처에 선실을 세우고, 아울러 학교를 세움은 부진한 불교의 영향력을 일신케 했던 사업이라고 보았던 것이다. 그 결과 그 소식을 전해 들은 사람들이 그 흐름을 흠모, 추앙하여 선풍이 각처로 전했다고 한다.

이렇게 범어사가 선의 중심 사찰로 자리 잡으면서, 범어사의 정체성은 선의 중심사찰, 선풍 진작 사찰 등으로 전 불교계에 인식되어 갔다고 볼 수 있다. 그리하여 1911년 음력 1월 25일에 범어사는 전 불교계에 범어사가 '선종수찰(禪宗首刹)'임을 알리는 공문을 발송하였다.

梵魚寺禪宗首刹

國內 四山에 上古 倂設한 禪室이 敎育하나 금일에 실시가 尙小하고 東來 梵魚寺는 現今에 禪林이 旺盛하여 開堂說會를 寺庵이 爭先하니 襃賞 激勵의 方便을 寔用하와 禪宗首刹로 命名하와 板額也 簒辛也를 幷玆成送하고 諸山叢林에 怖告하오니 斂垂亮後에 影響相應하와 興旺吾敎케 하심

을 敬要

世尊降誕二千九百三十八年 辛亥陰一月二十五日

梁寶月 撰[19]

　　즉 이 공문을 통하여 범어사가 선종수찰임을 통고했다. 범어사는
선림(禪林)이 왕성하여 선을 주제로 한 개당설회를 범어사 내의 사
암이 경쟁적으로 열었다는 배경에서, 선종의 으뜸 사찰로 명명하겠
다는 의지, 예고를 전국 주요 사찰에 통고했던 것이다. 이때는 1911
년 4월경으로 보인다.[20]

　　그런데 이 공문에서 함께 보낸 판액, 전액의 내용이 '선종수찰'
인지, 아니면 '선찰대본산'인지는 가늠하기 어렵다. 이와 관련하여
일제의 사찰령 구도에 의해서 1911~1912년경, 각 본사가 사법을 제
정하여 총독부에 인가를 받은 것을 주목할 수 있다. 흥미로운 것은
당시 대부분의 본사는 일제가 정한 종명인 조선불교선교양종(朝鮮
佛敎禪敎兩宗)을 그대로 인정하면서 해당 본사의 사찰명을 쓰게 되
었다. 예컨대 「선교양종 대본산 월정사」의 경우가 바로 그러하다.
다만 삼보사찰인 통도사, 해인사, 송광사는 선교양종 불찰대본산 통
도사, 선교양종 법찰대본산 해인사, 선교양종 승찰대본산 송광사로

---

19) 이 자료는 정광호, 『한국불교최근백년사편년』(인하대출판부, 1999), 248쪽에
　　수록되어 있다. 그런데 정광호는 이 자료의 출처를 「범어사선원창설연기록」이
　　라고 제시하였다. 그러나 『범어사지』에 수록된 그 연기록에서는 이 자료를 찾
　　을 수 없었다. 추측건대 정광호는 1965년 겨울 삼보학회의 『한국불교최근백년
　　사』 편찬 목적으로 지방 사찰로 자료수집을 했던 일환으로 범어사를 탐방하여
　　그 자료를 입수한 것으로 보인다.
20) 『매일신보』 1911년 5월 7일자 보도, 「불교성황」에는 범어사가 일반 승려를 모
　　집하여 참선을 특별히 권장하고 있다고 전한다. 이처럼 1911년 전반기에는 범
　　어사의 선회 활동이 일반 사회에까지 널리 알려졌을 것이다.

기재하였다. 그러나 범어사는 일제 식민지불교 정책의 구도에서 나온 선교양종이라는 종명을 사용치 않고, 「선찰대본산(禪刹大本山) 범어사(梵魚寺)」라는 종지를 내세우게 되었다.[21] 즉 범어사는 1912년 10월 15일에 선찰대본산이라는 종지를 갖고 일제의 승인을 받아냈다.[22]

이런 사정을 종합할 경우, 필자는 범어사가 1911년 4월경, 전국 사찰에 공문을 보낼 때에는 '선종수찰'이라는 요지로 공문을 보내고, 그에 관련된 판액, 전액 글자를 보냈다고 이해한다. 그러나 당시 일제의 사찰령 구도에서 각 본산은 제1세 주지 취임의 인가와 함께 해당 본산의 사법을 정하여 총독부 인가를 받아야만 되었다. 범어사는 이런 추세에 불가피하게 동참할 수밖에 없을 것이다. 그런데 범어사보다도 먼저 사법을 인가받은 해인사(1912.7.2)와 통도사(1912. 9.30)가 법찰대본산, 불찰대본산이라는 종지를 내세웠다.[23] 이에 범어사는 사법 인가 이전에 스스로 내세운 선종수찰을 변용하여 선찰대본산이라는 종지를 활용했다고 보인다. 지금껏 범어사가 1913년경, 선찰대본산으로 확정받았다고 범어사 관련 책자에서는 지적하였다.[24] 이에 대해 필자는 1912년 10월 15일자로 '선찰대본산'이 행정

---

21) 다만 봉은사도 선종갑찰 대본산 봉은사라고 종지를 내세웠다. 『조선불교통사』 上中, 648쪽.

22) 『조선불교통사』 상중, 647~648쪽. 범어사 제1대 주지인 오성월은 1911년 11월 17일에 주지 취직 인가를 받았다. 『조선불교월보』 2호, 「관보초록」 「각본사주지취직인가」.

23) 송광사는 1913년 2월 12일에 사법이 인가되었다.

24) 채상식이 『범어사』(대원사, 1994), 24쪽에서 그런한 표현을 사용하였다. 그리고 조계종의 『선원총람』, 433쪽에서도 「범어사 특징개요」라는 소주제에서 "1910년 범어사 한국불교의 선종수사찰로 인정을 받게 되었으며 1913년 다시 선찰대본산으로 확정되어 많은 참선학인과 도인을 배출함"이라고 하였다.

적으로 공인을 받게 되자, 당시 범어사 주지인 오성월이 당시 유명한 서예가인 김선근에게 '금정산 범어사'와 '선찰대본산'이라는 글씨를 받아 그를 판각하여 일주문에 부착한[25] 시점을 1913년으로 보고자 한다.

한편 근대선의 중흥조로 일컫는 경허는 범어사 계명암에 머무르면서 1902년 10월 결제 날, 범어사 계명암 수선사 청규를 지었다.[26] 경허는 1903년 봄에는 계명암 창설선사기(創設禪社記), 금강암창설기, 서룡화상 행장을 작성하는 등 범어사 선풍과 유관한 행적을 보였다. 그는 1903년 가을 범어사를 떠나 해인사를 거쳐 서산의 천장암에 머물다 1904년 북방으로 떠났지만,[27] 그가 떠나기 전에 기획한 것으로 보이는 『선문촬요(禪門撮要)』라는 선어록을 범어사에서 간행할 수 있었다. 즉 그가 기획한 편제에 의거 범어사 승려들은 이 책의 교정과 각판을 하여, 1908년에 범어사 판 『선문촬요』가 목판본으로 간행되었다. 그 수록대상은 『전심법요』, 『관심론』, 『최상승

---

25) 『불교신문』 1981.3.22, 「성월대선사, 불교의 사회 참여 내세운 선각」. 이 글의 기고자인 범어사 출신 승려, 시조시인이었던 김어수는 당시 오성월이 기존 군막사찰이라는 이미지를 벗기 위해 선찰대본산이라는 명칭을 고안했다고 주장한다. 이에 오성월은 중앙회의에 나아가 해인사, 통도사가 법보대본산, 불찰대본산 등을 내세울 때, 이를 주장했다는 것이다. 그러나 반대가 많았지만, 오성월은 완강한 투지로 이를 물리치고 선찰대본산이라는 이름을 얻었다고 한다. 즉 김어수는 오성월의 지대한 공로에서 가능했다고 주장한다.

26) 그런데 경허 연구자들은 간혹 경허는 1898년에 이미 범어사의 초청으로 월면(만공), 침운과 함께 범어사로 가서 승려들의 선풍을 지도했다고 한다. 그런데 이런 내용이 범어사에서 정리한 「범어사선원 연기록」에 수록되지 않은 연유는 알 수 없다. 추측건대 그것은 정식의 선방 개원을 통한 지도가 아니었음에서 비롯되었던 것 같다. 일지, 『삼수갑산으로 떠난 부처, 새로운 경허읽기』(민족사, 2001), 연보 참조. 그러나 일지는 그 연보 내용을 본문에서 서술치 않았는바, 어떤 근거로 그런 서술을 했는지 의아스럽다.

27) 그는 봉선사, 월정사, 석왕사를 거쳐 최북방으로 갔다.

론』, 『몽산법어』, 『수심결』, 『선문보장록』, 『선교석』 등 한국 선에 영향을 미친 문헌들이었다. 그런데 그『선문촬요』 하권에는 "융희 2년 7월 일 경상남도 동래부 금정산 범어사 개간(開刊)"이라는 간기와 함께 범어사 선풍에 관련 있는 승려로 나온 등암, 회현, 한암, 성월 등의 법명이 '산중동원질(山中同願秩)'에 나온다. 이런 제방 정황을 보면 범어사에서『선문촬요』라는 선적을 간행할 수 있었던 것은 경허라는 선지식의 주석에서 나온 것이지만, 그 이면에는 위에서 살핀 범어사 선풍의 기반에서 가능했던 것으로 보는 것도 결코 지나친 것은 아닐 것이다.

이렇듯이 범어사는 1899년부터 10여 년간 선회, 선사 개설을 통한 선수행, 선학의 중심 사찰로 성장하였다. 그리하여 1911~1913년 범어사는 전 불교계에서 참선 수행도량의 으뜸이라는 인식을 강렬하게 했음을 알 수 있다.[28] 그러한 위상이 공문발송, 사법에 선찰대본산의 종지 구현, 일주문에 선찰대본산 현판 부착 등을 가능케 하였다. 범어사의 이러한 선찰대본산으로 집약되는 그 위상은 곧 범어사 근대 역사의 중심임은 두말할 나위가 없는 것이다.

범어사가 1910년대 초기 왕성하게 표출된 선회의 기반에서 선찰대본산이라는 사격을 공고히 한 것은 1910년대 불교계 전반의 상황을 고려할 경우 특이한 행보라 하겠다. 주지하는 바와 같이 한국은 일제에게 1910년 8월에 국권을 상실하였다. 이러한 국권상실은 불교계에도 그 영향을 미쳤다. 이에 전국 사찰은 일제의 사찰령에 구속되면서 일체의 모든 운영이 일제 식민통치에 구속되었다. 그런데 대부분의 사찰들은 그 같은 사찰령 구도에 함몰되면서 불교 본연의

---

28) 『해동불보』 4호, 87쪽 「雜貨館」에서는 '梵魚寺會本末寺間'의 선원을 5개소라고 전한다.

길을 가지 못하였다. 특히 불교의 자주권을 지키지 않고 일본불교에 의존하면서 종단 건설을 지향한 원종 계열의 승려들은 일제의 사찰 정책에 대부분 동조하였다. 그런데 범어사는 그러한 대부분의 사찰 노선과는 이질적인 행보하에, 자주적인 임제종 노선을 지키려고 일 정한 저항을 했으며, 사찰 본래의 정체성을 구현하기 위한 행보를 단행한 것은 여타 사찰에서는 찾아보기 어려운 사례라 하겠다. 이에 범어사의 그 지향과 정신은 1920년대까지도 지속되었다고 볼 수 있 다. 이 점과 연계하여 1923년 8월, 김남전(金南泉)이 서술한 「범어 사사적비명(梵魚寺事蹟碑銘)」에 나오는 아래의 문장은 우리의 시선 을 끈다.

그러다가 13년 전에는 도로 주지라 하여 성월선사, 등암, 담해, 회현, 학암, 경산 등 여러 스님들이 절 일에 힘쓰면서 禪法을 높이고 숭상했으므로, 衲子들이 구름처럼 모여 금정산의 온 구역은 드디어 禪刹의 本山이 되었다. 그리하여 도를 닦고 설법하는 일이 끊이는 날 이 없었다. (중략)

지금의 주지 담해 禪伯이 대중과 뜻을 같이 하여 절의 사적비를 세우려고 내게 글을 청하기에 이제 그 銘을 쓰는 것이다. (중략)

고려시대와 조선시대를 지내면서 몇 번이나 그 흥폐를 보았도다. 龍蛇의 재앙(임진왜란)을 만나, 절의 운수가 크게 막히었다. 그때로 부터 10년이 지나서 절을 중창하는 이 처음 있었다. 절을 세우고 암 자를 일으키자 때를 따라서 그 뒤를 이어받았다. 도량이 맑고 깨끗하 기에 그 소문이 세상에 퍼지었으니, 납자들이 구름처럼 몰려와 드디 어 禪刹의 本山이 되었도다.

눈밝은 큰스님네의 그 자취가 끊이지 않고, 개당하여 두루 설법

하나니, 또 『만년을 누리어라.29)

  즉 범어사의 역사에 선찰대본산은 굳건히 자리 잡았다는 것이다.
이제 그 선찰대본산은 범어사 승려, 신도 등 사부대중이 공인하는
역사적 개념으로 확고하였다. 그리하여 1910~1920년대 범어사는
수행하는 수좌들이 운집하는 도량으로, 선종 및 선학의 중심사찰이
되었던 것으로 보고자 한다.

3. 선찰대본산의 영향과 계승

  범어사가 1910년경부터 선학, 선종의 중심사찰로 그 위상을 수
립하여 갔음은 앞서 살펴보았다. 지금부터는 범어사가 갖고 있었던
그 특성, 위상이 당시 불교계에 끼친 영향을 중심으로 관련 내용을
제시하고자 한다.

  범어사가 1912~13년경 선찰대본산의 이름을 갖게 되었을 때,
당시 불교계에서는 항일불교의 성격을 지닌 임제종운동이 일어날
때였다. 1910년 8월 29일, 한국은 일제의 침략에 국권을 강탈당하였
다. 당시 불교계에서는 1908년 3월, 자생적인 종단인 원종을 인가받
으려고 갖은 노력을 다했으나 나라가 망할 때까지도 이를 성사시키
지 못하였다. 이에 원종의 책임자인 이회광은 1910년 10월 일본에
가서 일본의 한 종파인 조동종과 협약을 맺고 돌아왔는데 그것을 일

---

29) 이 문장은 『범어사지』에 탁본된 형태로 수록되어 있다. 필자는 김남전의 제자
    였던 석주스님이 주관, 의뢰하여 간행한 『남전선사문집』(1978, 인물연구소)에
    수록된 그 원문, 번역본을 참고하였다.

반적으로 조동종맹약이라고 한다. 그 내용은 일본 조동종은 원종의 공인을 받도록 노력하고 대신 원종은 조동종의 한국 포교를 돕는다는 것이었다. 그러나 이 같은 표면적인 내용은 단순하지만, 그 이면에서는 한국불교의 자주권, 포교권 등을 포기했다는 강력한 비판을 받았다. 그리하여 1910년 12월경, 그 맹약 소식이 전 불교계에 알려지고 그에 반발한 전라도, 경상도 일대의 승려들이 광주의 증심사, 송광사에서 반대운동을 강력하게 전개하였다. 한용운, 박한영, 진진웅, 김경운, 김종래 등이 주도한 이 운동은 그 맹약으로 한국불교가 일본의 일개 종파인 조동종에 예속된다고 보면서 그에 대응적인 한국불교의 독자성을 찾아야 한다는 노선을 정하였다. 그 대응적인 노선이 바로 한국불교는 선종 중에서도 임제종의 맥을 이었다는 주장으로 구현되었거니와 여기에서 임제종운동(臨濟宗運動)이 등장케 되었다. 그들은 임제종의 정신을 구현하기 위해 1911년 봄, 송광사에 임제종종무원을 설립하고, 독자적인 사법 제정, 포교 및 선전기관으로서의 포교당 설립 등을 추진하였다.[30)

임제종의 관장은 선암사의 김경운이 내정되었으나 그는 연로하여 실무를 볼 수 없어 서무부장이었던 한용운이 관장대리로서 그 운동을 진두지휘하였다. 그 운동의 초기에는 범어사는 운동에 참여하지 않았다. 그러나 운동을 이끄는 지휘부가 운동을 대중화하기 위한 차원에서 전라도 중심에서 경상도까지 그 범위를 확장하기에 이르러서는 자연 범어사, 통도사, 해인사를 포섭치 않을 수 없었을 것이다. 그 관련 내용을 보면 다음과 같다. 우선 당시 보도기사인 『매일신보』에서,

---

30) 이상의 내용은 졸고, 「1910년대 불교계의 조동종맹약과 임제종운동」, 『한국근대불교사연구』(민족사, 1996)를 요약한 것임.

호남 승려 김학산 장기림 한용운 제씨 등이 임제종을 확장하기
위호야 영남 通度 梵魚 등 諸刹에 前往호야 통도사 해인사 송광사로 三
本山을 정호고 범어사 임시종무원을 정호고 사법과 승규를 총독부에
신청호랴 혼다더라[31]

그 정황을 찾아볼 수 있다. 이와 연계된 내용은 그 관련 자료 및 정
보를 제공하고 있는 이능화의 『조선불교통사』에서도 나온다.

이와 같이 행하고 1년여가 되어 임자년(1912) 5월 5일에 이르러
하동 쌍계사에서 제2차 총회를 또 열었는데 이 절은 제1차 총회 때
에 정한 臨濟宗 출장소였다. 이때에 각 설 대표로 총회에 온 승려가
백여 명이었는데 임제종지를 널리 펼치기로 의결하고 다섯 명(한용
운, 김학산, 장기림, 김종래, 임만성)을 뽑아서 범어사로 보내 범어사
가 임제종에 들어오도록 권유하였다. 범어사는 처음에 조직 총회(즉
송광사에서 열린 대회)에 초청되지 않았다는 이유로 사양하고 그 요
청을 따르려 하지 않았다. 이때에 임제종 임시 종무원을 해당 사찰인
범어사로 옮겨 설치하기로 약속한 후에야 그 요청을 따랐다. 이 약정
은 한용운, 김종래, 임만성 세 승려가 주도했고 다수가 그를 쫓아 이
루어졌던 것이다. 이때부터 梵魚 一方은 臨濟宗 宗旨로 寺是를 이루게
되었고 동래, 초량, 대구와 서울 등 네 곳에 포교당을 설립하여 임제
종을 그 칭호로 드러내었다.[32]

즉 범어사는 임제종운동 초기에는 참가하지 않았으나, 운동을 주

31)『매일신보』 1911.10.3, 「조선불교 임제종확장」.
32)『조선불교통사』 하, 935~940쪽.

도한 핵심승려의 적극적인 노력의 결과 임제종종무원을 범어사로 옮기는[33] 조건으로 참가했다. 그런데 여기에서 왜 운동 핵심자들이 범어사를 포섭하려 한 것일까? 그것은 외견상 운동을 전라도 지역에서 경상도 지역으로 확대하려는 의도를 고려할 수 있다. 그러나 그보다는 당시 '선종수찰'임을 내세웠고 수좌들이 구름처럼 몰려드는 선의 중심사찰로 위상이 증대된 범어사를 운동의 주체로 흡수하는 것은 상당한 의미를 가질 수 있다는 측면에 무게를 주어야 할 것이다. 즉 운동의 이념인 정통선맥을 계승, 구현한다는 명분에서 범어사로 본부의 이전은 전 불교계 차원에서 적지 않은 파급을 얻을 수 있을 것이다. 그리하여 범어사는 기존 선종수찰의 위상에 항일불교, 정통선맥 수호라는 의미를 가졌던 임제종의 본부 사찰로서의 위상이 더해졌다. 이러한 변동은 곧 범어사가 당시 불교계의 가장 대표적인 사찰로서의 사격이 올라갔음을 말하는 것이 아닌가 한다. 한편 임제종운동의 주도자들이 범어사로 그 본부를 이전한 것은 위와 같이 범어사가 선 중심 사찰에서 운동을 추진하려는 것과 함께 범어사가 갖고 있는 경제적 기반과도 무관할 수 없는 것이다. 조선 후기 이래 범어사는 다양한 계(契)의 활동을 통해 견고한 재정 기반을 갖고 있었다. 즉 범어사의 견고한 재정 기반에서 다양한 선회도 가능했던 것이다. 요컨대 범어사의 경제적 능력의 기반에서 임제종운동을 전개하려는 운동 중심부의 의도도 읽을 수 있다고 본다.

임제종운동은 그 본부인 종무원을 범어사로 이전하면서, 운동이 더욱 활발하게 전개되었다. 이를 단적으로 말하는 것이 중앙차원으로 확대된 포교당 개설이다. 서울 인사동에 개설된 임제종중앙포교

---

33) 현재 범어사로 종무원을 이전한 정확한 시점은 파악하기 힘들다.

당은 이제까지의 지방 차원의 운동에서 벗어나 중앙불교계로 운동이 전환되었음을 말하는 것이다. 이 포교당은 개설 이후 그에 동참한 사찰과 공동으로 설립한 것으로 나오고 있지만[34] 실제는 범어사의 주도적인 기획, 자금투입 등으로 추진이 가능한 것이었다. 그 관련 내용을 보면 다음과 같다.

教堂運動

경상남도 부산부 범어사에셔는 포교당 일소를 경성에 又爲 건축코자 ㅎ야 該寺 추일담 씨가 其 사무 幹旋人으로 上來ㅎ얏다더니 寺洞 등지에 48간의 가옥 一座를 2200圜에 매수ㅎ얏다더라[35]

中東弓繼

경상남도 부산부 범어사에셔 경성에 포교당을 건축흠은 전호에 己報흔바언니와 기 매입흔 가옥은 즉 寺洞 前日 仙陀館이라 其 기지의 底陷흠과 협소흠을 嫌疑ㅎ야 更히 典洞 중동학교를 인계ㅎ야 亥학교내 가옥 一座을 포교당으로 사용ㅎ고 매수흔 가옥 즉 선타관은 사무소로만 사용홀 계획중이라더라[36]

이렇게 범어사가 서울 인사동에 포교당을 세우기 위해 노력한 것은 상당한 의미를 갖게 되었다. 우선 그 포교당의 개설은 범어사 단독으로 추진하였지만 범어사가 갖는 위상, 즉 임제종운동 본부 사찰이었기에 실제적으로 항일적인 흐름이 서울의 중심부로 들어온다

---

34) 『조선불교월보』 19호, 「포교구현상일람표」에서는 범어사, 통도사, 백양사, 구암사, 화엄사, 대흥사, 천은사, 관음사, 용흥사 등이 설립에 참여했다고 전한다.

35) 『조선불교월보』 2호, 64쪽.

36) 『조선불교월보』 3호, 64쪽.

는 뜻을 갖는 것이다. 이제 그 포교당 개설 준비는 1912년 초반부터 정상적으로 진행되어 1912년 5월에는 개교 예정으로 되어 있었다.[37] 당시 범어사는 매수한 가옥을 헐고, 그 자리에 1,250환의 예산으로 건물을 신축하고 그것을 포교당으로 사용할 목적이었다. 마침내 1912년 5월 26일에 포교당이 개설되었다.

경상남도 부산부 범어사 주최로 경성 사동 28동 6호에 포교당 건축홈은 전보에 累揭훈바어니와 工役이 就畢홈으로 門牌는 朝鮮臨濟宗 中央布教堂이라 흐고 5월 26일(음 사월 십일)에 개교식을 거행흐얏다는대 其 式順은 如左흐더라[38]

포교당은 지금의 서울 인사동에 개설되었는데, 문패는 조선임제종 중앙포교당이었다. 개교식에서의 취지 설명은 한용운, 설교는 백용성이 담당하였다. 개교식에는 1,300여 명의 관객이 참가했으며, 그날 불교에 입교한 숫자가 800여 명에 달할 정도로 성황리에 진행되었다.[39]

한편 범어사 주지인 오성월은 이 같은 중앙포교당의 개설에 힘입으면서 1912년 6월 17일 30본사주지회의에 참가하였다. 그는 그 회의에서 임제종지로 사법을 30본사가 균일하게 반영하여 추진하자는 의견을 제출했으나 성사시키지는 못하였다. 당시 다수 주지들은 총독부의 눈치, 원종 측과의 갈등 등을 우려하여 선교양종이라는 기형적인 종명을 수용하는, 즉 현실에 안주하는 타협적인 노선을 택했

---

37) 『조선불교월보』 4호, 74쪽의 「교당신축」, 「개교예정」.
38) 『조선불교월보』 6호, 69쪽 「개교식장」.
39) 『매일신보』 1912.5.28, 「포교당의 성황」.

다.40) 범어사 주지이면서 임제종중앙포교당 책임자인41) 오성월은 당시 원종의 대표였으며, 친일적인 노선을 가던 이회광과 일정한 대립 노선을 경주했지만 끝내 자신의 소신을 관철시키지는 못하였다. 더욱이 1912년 6월 21일, 일제는 임제종 간부인 한용운을 불러 임제종 간판을 즉시 철거하도록 명령하였다.42) 이에 임제종 측에서는 그를 거부할 수 없어 '즉시' 문패를 철거하였다. 그러나 임제종 측은 임제종이라는 간판을 떼었지만 조선선종중앙포교당으로 명칭 변경을 하여, 지속적인 활동을 하였다.43)

당시 일제는 그 포교당 개설, 운영의 실무를 맡은 한용운을 일제의 동의를 얻지 않고 임제종중앙포교당의 기부금을 모집했다고 하여 경성지방법원 검사국, 경찰서 등으로 불러 그 전후사정을 취조하였다.44) 이는 일제가 임제종포교당의 활동을 억압하려는 사전 조치로 이해된다. 그러나 한용운은 조선불교회, 불교동맹회를 조직하여 독자적으로 일제의 외압을 벗어나려는 활동을 지속했으나, 일제는 이 활동도 제지했던 것이다.45) 한편 일제는 1912년 6월 26일자로 경남장관에게 공문, 「사찰의 종지 칭호를 妄說치 못ㅎ게 홀 건」이라는 내용의 공문을 보냈다.46) 이는 범어사가 공문 서류에 임제종이라는 표현을 쓰는 것을 차단하려는 의도였다. 이 조치는 나아가서 범어사의 일제 불교정책에 대한 도전을 좌시하지 않겠다는 의도로서,

---

40) 『조선불교월보』 6호, 「잡보」, 「회의원 전말」.
41) 어느 기록에는 당주로도 나오고, 다른 기록에는 주무로도 나온다.
42) 『조선불교월보』 6호, 「잡보」, 「문패철거」.
43) 『조선불교월보』 17호, 「잡화포」 「교당확장」.
44) 『매일신보』 1912.6.4, 「검수국으로 압송」.
45) 『매일신보』 1914.8.15, 「불교회의 歸寂」 ; 1914.8.22, 「불교회의 재연」.
46) 『조선불교통사』 하, 945~946쪽.

범어사의 기세를 제지하려는 의도에서 나온 것이다. 또한 오성월은 범어사 사법의 인가 신청에서도 임제종을 종지로 내세웠으나, 성사 시키지는 못하였다.[47]

지금껏 범어사의 선찰대본산의 영향과 그 계승이라는 점을 주목하면서, 당시 임제종운동에서의 범어사의 관련 내용을 조망하였다. 필자는 이전 임제종운동을 연구하면서 어떤 연유로 임제종운동 주동자들이 기존 운동의 본부인 송광사에서 범어사로 그 본부를 이전시켰는가에 대해서 적절한 설명을 하지 못하였다. 그런데 범어사의 사격, 선찰대본산이라는 자부심, 선의 중심사찰로 등장하고 있었던 저간의 사정을 파악한 본 고찰을 통하여 그 배경을 파악하게 되었다. 다시 말하자면 한국불교의 전통이 선종 중에서도 임제종맥이 역사적 흐름이고, 그것을 이념의 정통성으로 내세우며 일제불교에 대항했던 임제종운동에서 선의 중심 사찰로 성장하고 있었던 범어사를 배제하고 운동을 추진하기는 어려웠을 것이 그 흐름의 기본이라 하겠다. 범어사로 운동 본부를 이전한 근본 원인은 범어사의 위상을 활용하는 운동의 전략도 일정하게 작용했을 것이다. 요컨대 항일불교, 종지 수호운동인 임제종운동의 중후반기 활동에는 범어사가 중심 역할을 했다.

다음으로 선찰대본산으로서의 범어사 역할을 검토할 것은 일제하 불교의 전통수호, 항일불교의 거점이었던 선학원의 창설, 운영에 나타난 내용이다. 서울 종로구 안국동 40번지에 소재하고 있는 선학원은 현재는 조계종단 산하 재단법인체의 본부 사찰(선원)이다. 현재의 선학원은 조계종단 소속 재단법인체로서 전국 500여 개 선원

---

47) 『조선불교통사』 하, 947쪽.

을 관리하는 법인의 성격을 띤 사찰이지만, 근현대 한국불교 및 조계종의 역사에서는 이념의 중심체 역할을 다했다. 특히 수좌들의 항일불교, 전통불교 수호, 불교정화운동 등에서 선학원은 공간적, 사상적 측면에서 핵심적 위치에 있었다.[48] 선학원은 1921년 11월 30일에 창설되었으나, 본격적인 활동은 1922년 3월 선학원 내에 전국 수좌들의 조직체인 선우공제회가 조직되면서 본격화되었다. 이때부터 1950년대 불교정화운동이 추진될 때까지 선학원은 한국불교, 조계종단 역사에서 배제할 수 없는 위상을 갖게 되었다.

그런데 바로 이러한 선학원이 범어사의 지원, 주관 등에 의하여 활동했다는 것은 지금껏 불교계에서는 크게 언급된 바가 없었다. 선학원과 범어사의 관계는 추후 다각적인 측면에서 정리되어야 하겠지만 본 고찰에서는 그 운영의 단초가 되었던 측면을 우선 제시하겠다. 우선 선학원의 창립의 주역에 범어사 인물이 개재되었음부터 살펴보자. 선학원은 범어사의 인사동 포교사인 김남전과 석왕사 경성포교당 포교사 강도봉이 한국 전통의 선 부흥을 기하자는 합의로 시작되어 오성월, 송만공, 백용성, 김석두의 협의로 구체화되었다. 김남전, 오성월, 김석두 등 범어사 승려가 선학원 발기 움직임에 깊게 관여되었던 것이다. 범어사 승려인 김남전은 발기 자금의 일부[49]를 제공했을 뿐만 아니라 오성월은 서울 인사동 포교당을 처분하여 건립 자금으로 지원하였다. 더욱이 인사동 포교당을 철거하면서 나온 재목을 선학원 건축에 그대로 활용하기도 하였다. 건립 후에는 가옥

---

48) 필자는 선학원에 대한 설립, 운영, 성격 등에 대한 고찰을 발표했다.
   김광식, 「일제하 선학원의 운영과 성격」, 『한국근대불교사연구』, 민족사, 1996.
   김광식, 「조선불교선종 종헌과 수좌의 현실인식」, 『한국근대불교의 현실인식』, 민족사, 1998.
49) 김남전은 당시 금액 2천 원을 지원하였다.

및 대지 명의를 김남전, 강도봉, 김석두 3인 명의로 했다가 세금 문제로 인하여 범어사 명의를 차용하여 등기했다. 또한 선학원 창건 상량문에는 건축을 주도한 대중 명단이 있는데 오성월, 김석두, 김남전, 백용성 등 범어사와 연고가 있는 인명이 전하고 있다.

선학원내 수좌 조직체인 선우공제회는 1922년 3월 30일부터 4월 1일의 창립총회에서 비롯되었다. 그 창립을 주도한 승려 35명에 오성월, 김남전, 기석호가 포함되었음은 물론이었다. 선우공제회를 발기한 대표자 명단이 그 관련 기록에 "발기인 오성월, 이설운, 백학명, 이설운 외 79명"으로 나오는데, 여기에서도 오성월은 선학원 및 선우공제회의 초창기를 대표한 인물이었음이 분명하게 나온다.

그런데 한국 전통불교의 수호를 자임하고 일본불교의 영향을 차단하려는 목적에서 출발한 선학원 및 선우공제회는 1924년경에 접어들면서 경제적 어려움을 이겨내지 못하고 침체상태로 전락되었다. 그리하여 공제회 본부가 직지사로 이전되기도 했으나 1926년 5월에 가서는 서울의 선학원은 범어사 포교소의 명칭으로 전환케 되었다.50) 이렇게 선학원이 침체, 중단되었을 즈음 이를 관리하고 있었던 주체는 범어사였다. 범어사가 그 연고, 정신, 포교의지 등을 갖고 있으면서 선학원을 관리했기에 오늘의 선학원이 존재하고 있는 것이다. 만약 범어사가 그런 의식이 없었다면 선학원의 역사, 전통불교 수호, 불교정화운동이 온전했다고 보기는 어려운 것이다.

선학원이 다시 제 모습을 찾은 것은 1930년 1월이었다. 이때에 가서 선학원을 중흥시킨 김적음에 의해서 재건되었는데, 그것을 가능하도록 중간에서 다리를 놓은 인물이 범어사 출신 불교청년, 학승

---

50) 『동아일보』 1926.5.6.

인 김상호였다.[51] 재건된 선학원은 견실한 재정적인 기반을 갖고 선 부흥을 활성화하기 위해 재단법인체로 전환하기 위한 검토를 했다. 이에 1933년 3월 전조선수좌대회에서 그 전환을 결정했는데, 당시 발기인에는 김남전이 포함되어 있었다. 그리하여 1934년 12월 5일 에는 재단법인으로 인가를 받아서 새로운 출발을 했다. 바로 그 재 단법인을 만들 때에 여러 승려들이 재산을 출연했다. 당시 그 재산 출연을 한 인물에는 범어사 출신 승려인 오성월, 김석두, 김경산, 오 리산, 김남전 등이 포함되어 있다. 재산 출연자 총 17명 중 5명이 범어사 승려였다. 기부금액으로 보면 전체 82,970원 중 범어사 승려 가 낸 액수가 56,260원에 달한다. 특히 오리산은 47,329원을 출연하 여 개인으로는 최다이고, 전체 액수의 절반을 기부했다.[52]

이런 배경에서 재단법인 선리참구원의 상무이사에 오성월, 김남 전이 선정되었다. 그리고 전국 선원의 대표선원으로서의 중앙선원 (선학원)에 자리하고 있는 중앙종무원장에 오성월이 취임하여 활 동했다. 중앙종무원은 전국 선원의 통일기관 즉 현재적인 관점으로 는 선원계열 총무원의 성격을 띠는 조직체였다. 그 책임자가 오성 월이라 함은 오성월이 당시 전국 선원의 책임자 역할도 수행했다는 것이다.

지난 삼월의 전선수좌대회에서 선종의 자립과 전선 선원의 통일 기관으로 중앙에 종무원을 설치키로 결의하여 동 사무소를 경성부 안국동 중앙선원에 두고 원장 오성월(吳惺月) 화상이 취임하야 우로 세 분의 종정을 모시고 아래로 삼 이사를 거느리며 선종의 자립과

---

51) 『선원』 1호, 「선학원일기 抄要」.
52) 『선원』 4호, 44~45쪽.

선원수 증가와 각 선원의 내용 충실을 도모한바 불과 반년에 선원 수가 십여 개소이고 전문으로 공부하는 수좌 수효가 삼백 명을 초과 하게 되엿습니다. 창립 당시 사무실 건축비로 희사금을 재경신도 여 러분이 연출한바 불과 일일에 천여 원을 초과하야 수년 내에 사무실 건축을 보일 길한 길조를 보이다.[53)

1930년대 중반, 전국 선원의 통일, 행정기관인 선학원의 종무원 원장이 범어사 승려, 오성월이었다는 것이다. 이는 1935년 3월 7~8 일, 선학원 법당에서 열린 전국수좌대회에서[54) 종무원 집행부를 교 체한 산물이다.[55) 오성월이 책임을 맡았던 종무원에서는 전국 각 선 원의 연락과 통제, 선리참구 방안 강구, 선방 증설, 수좌대우 개선, 지방에서 설법 포교 활동 등 선종의 독립 발전에 유의했다. 오성월 은 1941년 3월에 가서 선리참구원의 이사장으로 추대되었다는 기록 을[56) 보면 그와 선학원과의 관련은 지속적이었으며, 그의 선풍 진작 및 수좌 외호 정신은 일정한 평가를 할 수 있다고 본다. 그러나 오 성월과 선학원의 긴밀성은 단순히 개인적인 유대라고만 볼 수는 없 는 것이다. 즉 범어사와 선학원의 깊은 연고가[57) 일제 말기까지 지

53) 『선원』 4호, 29~30쪽.

54) 『동아일보』 1935.3.13, 「불교수좌대회」.

55) 오성월은 재단법인 출범 때에는 이사였으나, 전임 종무원장인 정운봉의 후임으 로 종무원장에 선출되었다.

56) 『불교시보』 69호(1941.4.15), 「휘보」, 「재단법인 선리참구원의 이사회 及 평의 원회」. 그 당시 임원진 개편 결과 이사장 오성월, 부이사장 김경봉, 상무이사 원보산, 이사 변봉암・정금오, 보훔이사 하정광・박대야, 감사 김일옹・김시암 등이다.

57) 『불교시보』 54호(1940.1) 「선원소식」에는 범어사선원(수좌 16명), 내원선원 (수좌 12명), 금정암 선원(수좌 11명)이 선리참구원이 관리하는 선원이라고 나온다.

속됨을 말하는 것이다.

지금껏 항일불교, 전통불교 수호, 선풍 진작 등의 의미를 갖고 있었던 선학원의 창설, 운영 등에 나타난 범어사와의 연관성을 살펴보았다. 이제 선학원의 창건, 선우공제회 설립에 범어사 출신 승려가 그 핵심 역할을 했음을 분명하게 파악했다. 그리고 선학원의 재건, 재단법인체로의 전환에도 범어사 승려들의 적극적인 개입, 후원도 알 수 있었다. 나아가서 재편된 선학원의 실질적인 운영, 전국 선원의 운영 및 수행을 관장하는 종무원장이 바로 범어사를 대표하는 오성월이었음을 찾아냈다. 그러므로 우리는 선학원의 역사에서 차지하는 범어사의 역할과 성격을 결코 배제할 수 없다는 사실을 확인한 것이다. 나아가서 선학원과 범어사의 위와 같은 관계는 임제종운동에서 살핀 바와 같이 선찰대본산이라는 위상, 자부심을 갖고 있었던 범어사의 사격과 무관할 수 없는 것이다. 그리고 선학원이 범어사와 깊은 연계하에 전개되었음에서는 범어사의 교세 확장 및 선을 부흥했다는 자부심도 찾을 수 있다. 요컨대 선학원 운영에 범어사의 적극 개입은 곧 범어사가 전국적으로 추진한 적극적인 포교[58] 및 경제적 후원을 말하는 것이며, 선학원에 범어사 출신 승려들의 적극 개입은 범어사 일대에서 선풍을 진작했다는 역사적 자부심이 구현된 것이라는 점이다. 지금까지 살펴본 바와 같이 일제하 선학원의 역사에는 범어사의 선찰대본산이라는 사격이 깊숙이 자리 잡고 있었음을 확인할 수 있었다.

---

58) 범어사가 전개한 포교 활동은 별도로 고찰할 필요성이 제기된다.

4. 결 어

이상으로 근대불교 범어사 사격과 선찰대본산과의 상호성을 시간적인 순서에 의거 그 내용을 대별하여 살펴보았다. 이제 맺는말은 그 의미를 집중 요약하는 것으로 대하고자 한다.

첫째, 일제하 범어사의 사격은 사찰령 구도하의 본말사제도가 정한 본사라는 행정적인 위상 이외에도 선찰대본산이라는 별도의 위상이 있음을 파악했다. 이러한 이원적인 사격, 위상의 조화가 근대 범어사의 사격이었다. 그리하여 이 이원적인 사격을 얼마나 계승했는가의 문제를 현대 범어사는 냉철하게 인식해야 할 것이다.

둘째, 선찰대본산이라는 사격은 1899~1911년경 범어사의 임시선회(臨時禪會), 선사(禪社)의 개최 및 운영에서 나타난 자부심에서 그 기반이 이루어졌다. 그리고 그 당시에 전국 각처에서 범어사의 변화된 상황을 인정하고, 범어사로 몰려들었던 수좌들의 분위기가 범어사로 하여금 선 부흥, 선종 재건의 중심 도량으로 만들었다.

셋째, 범어사는 일제가 정한 행정적 구도에 안주하지 않고, 범어사가 갖고 있는 선종수찰이라는 자부심을 유지, 재생산하기 위한 노력을 했다. 즉 선종수찰이라는 공문을 발송했으며, 사법에 선찰대본산이라는 종지를 구현했다.

넷째, 항일불교, 전통불교 수호의 종지를 가졌던 임제종운동의 중심에도 범어사가 있었음이 밝혀졌다. 지금껏 임제종운동은 송광사, 전라도 중심의 이해에 머무른 감이 적지 않았으나 운동의 중후반에 가서는 범어사가 그 핵심 역할을 했다고 보인다. 선찰대본산인 범어사가 한국불교의 전통, 선맥 계승을 명분으로 내세운 운동의 주역으로 참여함은 당연한 것이었다. 이러한 조건이 범어사 출신 승려가 독립운동, 불교개혁에도 참여할 수 있는 여건으로 작용했다.

다섯째, 범어사는 일제하 수좌들의 항일불교, 전통의 선과 계율을 수호하는 근거처였던 선학원 창설, 운영에도 깊이 관여했다. 선학원의 운영 전체를 범어사가 담당했다고 볼 수는 없지만 발기, 창설, 운영, 재단법인 전환 등에 범어사 승려의 개입, 주관은 분명했다. 이는 선찰대본산이라는 자부심, 임제종운동시의 민족불교 지향정신의 계승 등을 비추어 보면 이해할 수 있는 대목이다.

지금껏 일제하 범어사의 활동을 범어사의 사격과 연관하여 그 관련을 정리하였다. 추후에는 범어사 사격을 높이고, 선찰대본산을 가능케 한 주역인 오성월선사에 대한 집중적인 조명이 필요하다. 오성월 없는 범어사의 근대역사는 있을 수 없다. 조속한 시일 내에, 관련 자료가 유실되기 전에 오성월에 대한 연구의 시급성을 강조한다. 다음으로는 필자가 분석하지 못한 범어사의 선사상적인 전통을 추출해야 할 것이다. 또한 선회 개설을 가능케 한 범어사의 근대 시기 경제력에 대한 정리도 필수불가결한 연구 주제이다.

나아가서는 이와 관련하여 8·15해방 이후부터 현대까지의 범어사의 활동을 정리, 고찰해야 한다. 특히 정화운동 당시에 범어사 출신 승려들의 행적, 지향을 범어사의 역사 및 전통에 비추어서 조명해야 할 것으로 보인다. 미진한 점은 필자의 후속 연구로 보충할 것인바, 선학제현의 질정을 바란다.

선학원의 설립과 전개

1. 서언

1921년 11월 30일에 설립되어 현재까지 존립하고 있는 선학원 (禪學院)은 한국 근현대불교사에서 있어서 독특한 역사와 위상을 갖고 있다. 그것은 한국 전통불교의 수호, 수좌들의 항일의식의 근거처, 불교정화운동 등을 말한다. 때문에 근현대불교를 이해할 경우에는 이 같은 선학원의 역사를 배제할 수는 없다. 그러나 지금껏 선학원의 역사와 선학원이 갖고 있는 성격 및 위상에 대해서는 학문적으로 큰 주목을 받지 못하였다. 다만 선학원의 역사에 관심 있는 몇몇 관련 학자들에 의해서 그 개요 및 운영을 정리한 논고가[1] 있을 뿐

---

1) 정광호, 「선학원 반세기」, 『대한불교』 1972년 5~9월(11회).
  정광호, 「한국 전통선맥의 계승운동」, 『근대한일불교관계사연구』, 1994, 인하대 출판부.
  김광식, 「일제하 선학원의 운영과 성격」, 『한국독립운동사연구』 8, 1994.〔이 논문은 필자의 저서 『한국근대불교사연구』(민족사, 1996)에 재수록됨〕
  김광식, 「조선불교선종 종헌과 수좌의 현실인식」, 『건대사학』 9, 1997.〔이 논문은 필자의 저서 『한국근대불교의 현실인식』(민족사, 1998)에 재수록됨〕
  김순석, 「일제하 선학원의 선맥계승운동과 성격」, 『한국근현대사연구』 20, 2002.

이었다. 이러한 현상은 우선 근현대불교에 대한 관련 학계의 무관심에서 비롯된 것이다. 그러나 그 저변에 자리 잡고 있는 선학원, 조계종단의 역사의식의 빈곤, 성찰의식의 빈약 등을 지적하지 않을 수 없다. 이처럼 불교학계, 불교계에서 선학원을 학문과 성찰이라는 관점에서 접근하지 않았음은 결과적으로 선학원을 근현대불교사 인식의 외곽지대로 방치하는 결과를 낳았다. 더욱 이해할 수 없는 것은 현 조계종단의 재건의 추동인 불교정화의 태동, 추진의 근거처가 바로 선학원이었다는 점을 고려하면 이 같은 몰역사적인 행태는 납득하기 어려운 것이다. 추후에는 선학원과 조계종단이 선학원의 역사를 바로 이해하고, 나아가서는 선학원의 역사와 위상이 객관적으로 인식되고, 평가되길 기대한다. 최근 조계종단에서 간화선에 대한 다양한 분석이 시도되고 있어 사상적인 면에서는 일정한 성과가 가시화되고 있다. 그러나 간화선의 역사적 전개라는 면에서는 조사 및 선사들의 고뇌 그리고 그들의 수행 이력을 제외한 그 분석은 적지 않은 한계가 노정될 것이다. 이렇듯이 현대 한국 선의 현상과 역사를 살필 경우에는 선학원과 일정한 연계를 가졌던 수좌들의 흔적을 정리하지 않고서는 객관적인 이해에 도달하기는 쉽지 않을 것이다.

이에 본 고찰에서는 선학원의 설립과 전개라는 주제를 갖고 선학원의 설립 배경, 설립 과정 및 의의, 좌절 및 재건 등에 관한 내용을 정리하고자 한다.[2] 그리고 선학원의 역사가 갖고 있는 역사적 의의도 추출하고자 한다. 선학원이 갖고 있는 의의는 다양한 각도에서 접근할 수 있지만 필자는 이 글에서 한국불교의 정체성의 관점에서

---

2) 필자는 수년전에 선학원 관련 논문 2편을 발표하였다. 이에 본 고찰에서는 구체적인 내용, 자료 등은 과감한 생략을 하고 전체적인 흐름을 요약하는 방법을 취하겠다.

그 의의를 시론적으로 제안하고자 한다. 이는 근현대불교의 정체성을 설명하려는 하나의 관점, 잣대이다. 또한 이는 한국불교사 전체 구도를 유의하면서 근현대불교의 중심이었던 선학원을 재검토하려는 시도이기도 하다. 요컨대 필자는 본 고찰을 통하여 선학원의 역사의 이해에 새로운 돌다리를 놓고자 하는바, 미진한 점은 선학제현의 질정을 받아 보완하고자 한다.

2. 선학원의 설립 배경

서울 종로구 안국동 40번지에 위치한 선학원은 1921년 8월 10일에 공사를 시작하여 그해 11월 30일에 준공되었다. 그리고 전국의 선원에서 수행을 하였던 수좌들의 조직체인 선우공제회가 선학원에서 결성된 것은 1922년 3월 30일~4월 1일이었다. 이같이 1920년대 초기에 선학원이 설립된 전후사정을 그 시대의 불교사적인 배경을 통하여 보다 구조적으로 살펴볼 수 있다. 즉 선학원 설립에 대한 거시적인 이해는 선학원 설립 이전의 불교사 동향에서 찾을 수 있는 것이다. 지금부터는 이 시각에 의해 선학원 설립 배경을 대별하여 제시한다.

첫째, 일제의 사찰령 구도의 저항정신을 거론할 수 있다. 주지하는 바와 같이 일제의 사찰령은 1911년 일제가 한국불교를 행정적으로 장악하면서, 불교를 식민지 체제에서 관리하기 위해 제정한 법이었다. 사찰령, 사찰령 시행세칙으로 요약되었던 사찰령 체제에 의해 한국불교는 인사권, 재산권 등 운영의 일체가 일제에 의해 통치, 관리되었다. 사찰령 구도에서 사찰의 이전, 폐쇄, 재산변동 등은 일제의 승인을 받아야만 되었다. 더욱이 사찰령 체제에서는 본말사 제도 라는 기존 한국불교에 없던 제도가 접목되면서 자연 본산 중심의 운영이 자리를 잡게 되었다. 그리고 본사의 주지의 권한이 막강해지는 결과를 낳았다. 이렇게 본사 주지의 권한이 이전보다 막강해지고 본사 주지를 일제 총독부가 임면함에 의거 자연 본사 주지는 일제에 의존, 기생하는 풍조가 생겼다. 따라서 사찰의 운영, 본사내의 제반 사찰행정, 사찰의 사업 등은 본사 주지의 판단에 의거 좌우되었다. 이러한 제반 현상은 결과적으로 본사와 본사 주지의 권한을 팽창시 켰다. 이처럼 1910년대 일제 사찰령 체제는 불교계 내의 불평등 구조를 야기하였다. 그런데 선학원은 사찰령 체제에서 정한 본말사 구도, 본사 주지의 범위, 일제가 정한 사찰 창설의 구도에서 벗어나면서 설립되었다. 그러므로 선학원의 설립 정신에는 사찰령 구도에 대한 저항정신을 거론치 않을 수 없는 것이다. 이는 1910년대 일제 식민지 불교정책에 대한 저항정신으로도 말할 수 있다.

둘째, 한국불교 전통수호 정신을 지적할 수 있다. 위에서 지적한 사찰령 체제에 의해 10여 년이 지나면서 불교계가 사찰령 의존, 일본불교의 영향을 받게 되면서 점차 한국불교가 갖고 있었던 전통의 파괴가 등장하였다. 그 대표적인 것이 계율정신의 희박, 산중공의 제도의 퇴진 등이었다. 계율정신의 희박은 일본불교에서 영향받은 승려의 결혼 허용, 술과 끽연의 탐닉 등을 말한다. 산중공의 제도는 본말사 주지들의 권한 강화에 따른 당연한 현상이었다. 이렇듯 한국불교의 전통을 지켜야 하겠다는 자생적인 움직임으로서 선학원이 등장한 것이다.

셋째, 한국의 전통 선수행의 정신을 회복하자는 강렬한 의식이 개입되었다. 이는 선학원이라는 건물의 준공뿐만 아니라 선우공제회의 창립정신에서의 의의를 지적한 것이다. 전통 한국 선수행에 있어서는 치열한 깨달음 성취, 청정수행, 계율수호를 통한 전통이 흐르고 있었다. 그러나 개항 직후 경허, 용성, 성월 등 각처 선지식들에 의해서 부흥되어 가던 선수행이 문명화, 신식교육, 일본불교, 도회지 포교, 개신교 포교 등의 영향으로 주춤거리는 현상이 노정되기 시작하였다. 이에 수좌들 스스로가 상부상조하며, 서로 탁마하면서 올곧은 선수행을 추동한 중심체의 기반이 바로 선학원이었다.

넷째, 1919년 3·1운동에 나타난 민족의 자각정신에게서 영향을 받았던 측면을 배제할 수 없다. 3·1운동은 민족의 자유, 자존, 평등을 위한 거족적인 독립운동이었다. 이 운동에 불교계의 승려, 학인, 신도들도 참여하였음은 물론이었다. 특히 한용운, 백용성은 민족대표 33인으로서 그 운동의 일선에서 활약하였다. 3·1운동 이후 각계 각층에서는 3·1운동에 큰 영향을 받고 자기가 처한 공간에서 자주, 자존을 지키려는 노력을 치열하게 전개하였다. 이러한 3·1운동으로 불교계에서도 자각, 자주의 흐름이 거세게 일어난 것은 사실이었다. 그리하여 불교계의 현실을 직시하고, 내부의 모순을 고치려고 노력하였다. 일면으로는 일제의 문화정책이라는 구도에서 선학원 설립을 바라볼 수도 있는 것이지만, 그보다는 불교계 구성원들의 자각을 우선적으로 지적해야 한다고 본다. 일제의 정책이 전환되었다 하여도 구성원들의 자각, 의식의 전환 및 원력이 없었으면 선학원은 등장하지 못하였을 것이다.

이상으로 선학원 설립에 나타난 배경을 대별하여 제시하였다. 이러한 요인은 주로 1911년 사찰령 체제의 모순에 대한 자각, 그리고 이를 개선하려는 노력이 어우러져 나온 것이다. 그러나 선학원 설립 과정에 나타난 직접적인 요인도 별도로 정리해야 하겠지만 그 요인도 위에서 제기한 배경과 무관할 수는 없는 것이다.

3. 선학원의 설립과 선우공제회의 조직

선학원은 1920년경 수덕사의 선승 송만공, 범어사 포교당(서울, 사동) 포교사 김남전, 석왕사 포교당(서울, 사간동) 포교사 강도봉 등이 일제의 사찰령에 구속받지 않는 공간을 만들려는 구두 합의에서 비롯되었다. 이들은 1921년 5월 15일 서울의 사간동 석왕사 포교당에서 선학원 건립 자금을 모으기 위한 보살계 계단을 개최하였다. 이날 회의를 주관한 송만공의 발언은 선학원 태동에 직접적인 정보를 준다. 그것을 우선 살펴보겠다.

여러분이 아시다시피 지금 조선불교는 완전히 식민지 총독 관할 밑에 들어가 있지 않습니까? 그래서 우리는 지금 총독의 허가 없이는, 사찰의 이전·폐합으로부터 절간에 있는 온갖 재산, 기물에 이르기까지 조금도 손을 댈 수가 없게 돼 있는 것입니다. (중략)
이런 판국이라 지금 조선 중들은 자꾸만 일본 중처럼 변질이 돼 가고 있단 말입니다. 진실로 불조 정맥을 계승해 보려는 납자들이 점점 줄어들고 있다 그런 말이죠. 우리 사찰령과는 관계가 없는, 순전히 조선사람끼리만 운영을 하는 선방을 하나 따로 만들어 보자, 이런 생각을 가지고 오늘 회의를 부치게 된 거올시다.[3]

---

3) 수덕사 혜공편, 『만공어록』, 1969, 50쪽 참조. 정광호, 「한국 전통선맥의 계승운동」『근대한일불교관계사연구』(인하대출판부, 1994), 191쪽에서 재인용.

이러한 송만공의 발언이 선학원을 태동케 하였다. 그 발언의 의미는 조선총독의 통치 범위를 벗어난, 즉 사찰령 체제와는 무관한 조선 승려들이 독자적으로 움직이는 선방으로서의 사찰을 만들어 보자는 취지였다.

이 석왕사포교당 모임에 참석한 당시 그들은 개인 자금을 내놓기로 하였으며, 범어사 오성월은 인사동에 있었던 범어사 포교당을 처분하여 그것을 건립자금으로 지원하겠다는 의사를 피력하였다. 이러한 내용은 「선학원창설연기록」에서[4] 적출되고 있다. 이에 건립 자금에 동참한 대상자인 김남전(2천 원), 강도봉(1,500원), 김석두 (2천 원), 재가신도인 조판서(6천 원) 등이었다. 그밖에 경성 신도들도 건립에 자원하여 15,500원을 회사하였던 것이다.

이렇게 승려, 신도들이 제공한 지원금은 당시 돈으로 2만7천 원이 선학원의 건립 공사에 투입되었다. 그리고 그 공사의 감독은 김석두, 공사 인부의 동원은 강도봉이 담당하였다. 범어사 포교당은 처분되어, 그 재목은 선학원 건축에 활용되었다. 이런 배경하에 선학원은 1921년 8월 10일에 공사를 시작하여 그해 11월 30일에 준공하였다. 준공 후 명의는 김남전, 강도봉, 김석두 3인의 명의로 하였다가 세금 관계로 범어사 명의를 차용하였다. 준공 직후 선학원의 재정은 안성에 있는 토지 소작료 20석 40두 정도만이 납입되었던 형편이었다.

한편 선학원이 1921년 10월 4일에 올린 상량문에는 선학원을 건립한 이유가 전하며, 그 말미에는 선학원 건립에 동참한 대중의 명단이 전한다. 우선 건립의 이유로 여타 종교에 비해서 불교의 미약

---

4) 이 자료는 『한국근세불교백년사』 제2권에 수록되어 있다.

한 포교에 책임의식을 거론하였다. 즉 불교의 교리, 종지의 선전이 지난하지만 각종의 교(敎)는 날로 번성, 천양하여 결과적으로 옳고 그름에 대한 혼란이 생기는 것에 대한 강한 개탄을 하였던 것이다. 상량문에 나온 대중명단을 제시하면 백용성, 오성월, 강도봉, 김석두, 한설제, 김남전, 이경열, 박보선, 백준엽, 박돈법 등이다. 이들의 출신과 성향을 분석해 보면 불교의 천양의식이 투철하고, 일제의 사찰정책에 비판적이며, 항일불교 활동에 연관되었음을 찾을 수 있다.

이렇게 선학원은 1921년 12월에 준공이 완료되어 서울 중심부 (서울, 안국동)에 자리를 잡게 되었다. 창설 이후 선학원에서는 본격적인 활동에 들어갈 채비를 하였으니 그 주체는 전국 수좌들이었다. 그 수좌들의 조직체가 가동되었으니 바로 선우공제회였다. 그리하여 1922년 3월 30일~4월 1일, 선학원에서는 선학원의 창립 정신에 동의한 각처의 수좌들이 모여 회의를 갖고 자신들이 나아갈 방향을 수립하였다. 당시 그 창립총회에 참여한 수좌는 송만공, 오성월, 백학명, 이설운, 임석두, 이고경, 박고봉, 기석호, 김남전 등 35명이었다. 이들은 회의를 갖고 아래와 같은 선우공제회 취지서를 발표하였다.

去聖이 彌遠에 大法이 沈淪하매 敎徒가 曉星과 如한 中에 學者는 實노 麟角과 如하여 如來의 慧命이 殘縷를 保存키 難하도다. 多少의 學者가 有하다 할지라도 眞正한 發心衲子가 少할 뿐 아니라 眞贋이 相雜하야 禪侶를 等視하는 故로 禪侶 到處에 窘迫이 常隨하야 一衣一鉢의 雲水 生涯를 支持키 難함은 實노 今日의 現狀이라. 그러나 人을 怨치 말고 己를 責하야 猛然反省할지어다. 元來로 生受를 人에게 依함은 自立自活의 道가 아닌즉 學者의 全生命을 人에게 托하여 他人의 鼻息을 矣함은 大道活

命의 本意에 反할지라. 吾輩禪侶는 警醒鬪勵하야 命을 覿하여 道를 修하고 따라서 自立의 活路를 開拓하야 禪界를 勃興할 大道를 闡明하야 衆生을 苦海에 구하고 迷倫을 彼岸에 度할지니 滿天下의 禪侶는 自立自愛할지어다.

　발기인 오성월 이설운 백학명 외 79명

　이처럼 수좌들은 철저한 수행을 하기 위해, 선풍을 진작하기 위해, 자신들이 처한 상황을 타개하기 위해 자립자애할 것을 강조하였다. 그리고 나아가서는 중생을 구제하겠다는 원력을 피력하였다. 이는 국권상실, 일본불교 침투, 식민지 불교정책에서 빚어진 불교의 현실을 자주, 자립의 정신으로 극복하겠다는 도전이 아닐 수 없다.

　이러한 취지서를 발표한 수좌들은 창립총회에서 선우공제회 운영의 대강을 정하였다. 우선 선원의 기관 조직체로서 선우공제회 본부는 중앙인 선학원에 두고, 중앙조직은 서무부, 수도부, 재정부를 두었다. 그리고 지방의 지부는 선원이 있는 19처 사찰에 두기로 하였으며, 공제회의 제반 사항을 의결하는 의사부를 설치하기도 하였다. 다음으로는 임원 선거를 하여 집행부를 조직하였으며 공제회의 운영 방침도 정하였다. 즉 공제회의 경비는 수좌들의 의연금과 희사금으로 충당하고 각 지부 선량(禪糧) 중의 2할과 매년 예산액의 잉여금을 저축하여 공제회의 기본재산으로 설정하여 각 선원을 진흥하기로 정하였던 것이다. 그리고 공제회의 운영 방침, 공제회 규칙, 세칙을 정하기 위한 기초위원을 선정하고 지부 설립을 위한 지방위원을 파견하는 것도 결정하였다.

　그리하여 선학원, 선우공제회는 창립정신 및 선 진작의 구현을 위한 본격적인 활동에 들어갔다. 1924년경에는 통상회원 203인, 특별회원 162인 합계 365인의 회원이 소속된 수좌 중심 단체로 성장하였다. 그런데 선우공제회는 설립 초창기부터 재정적인 어려움에 봉착하였다. 그 회의록을 보면 재정 확립에 대한 문제가 지속하여 제기되었음에서 이를 파악할 수 있다. 그런데 현재로서는 자료의 미비로 인해 재정문제를 세부적으로 파악하기는 힘들다. 1924년의 결산을 보면 수입이 563원, 지출이 300원이라는 것에서는 재정의 미약을 분명히 알 수 있지만, 불영사, 해인사, 정혜사, 표훈사 등의 수좌들이 상당액의 토지를 헌납하였다는 기록, 김남전이 사재 1만 원을 기부하였다는 기록들도 있어 현재로서는 그 세세한 사정을 가늠키 어렵다. 일단은 재정적인 난관에 처하였음만을 알 수 있다.

이런 재정적인 난관에서 비롯된 것인지는 단언할 수 없어도 1924년 4월에는 선우공제회의 본부를 직지사로 이전하였다. 그리고 선학원 운영의 중심인물인 김남전이 1924년에 직지사에 있다가 통도사에 가서 주석하였다 함도 1924년 중반에는 선우공제회가 운영상으로 상당한 어려움에 처하여 있음을 단적으로 말해주는 것이다. 마침내 1926년 5월 1일에는 중앙의 선학원이 범어사 포교소로 전환되었다.[5] 이러한 선학원의 중도 퇴진은 곧 선우공제회 활동의 정지의 다름이 아니다.

4. 선학원의 재건, 선리참구원으로 전환

선학원은 1926년 5월에 범어사포교당으로 명칭을 변경했지만 그 건물은 존속하였다. 그 후 1931년 1월 21일 김적음에 의하여 인수,

---

5) 『동아일보』 1926.5.6.

재건되었다. 김적음은 본래 침술과 한의에 능통하여 서울 수송동에서 약방을 경영한 인물이었는데 늦깎이로 발심하여 직지사의 선승인 김제산에게서 출가한 승려였다.[6] 이에 그는 적지 않은 재원을 갖고 있었는데, 그 재원을 활용하여 선학원 재건의 주역이 되었던 것이다. 재건된 선학원에서는 송만공, 이탄옹, 한용운, 유엽, 김남전, 도진호, 백용성 등이 나서서 일반 대중들에게 참선, 교학 등을 가르치면서 불교대중화에 주력하였다. 그리고 일반 대중들을 상대로 한 남녀선우회, 부인선우회를 조직하였고, 선의 대중화를 위해 『선원(禪苑)』을 발간하였다. 그리고 1931년 3월에는 선학원에서 전선수좌대회(全鮮首座大會)를 개최하면서 예전의 명성을 되찾기 위한 활동에 들어갔다. 그리고 이런 활동을 기반으로 교단인 종회에 중앙선원 설치를 위한 건의안을 제출하였다.

이처럼 재건한 선학원은 이전 역사를 계승하면서 점차 재정확립과 불교대중화를 통한 기반 확립에 나섰다. 재정확립을 위해 범어사에 교섭을 하여 매년 200원의 지원을 받기로 하였으며, 선학원의 부대 사업체인 제약부도[7] 운영하였다. 이에 선학원에서 수행하는 수좌가 20여 명에 달하고, 선의 대중화를 기하기 위한 포교부도 조직하였음은 선학원의 재건이 어느 정도의 궤도에 올라갔음을 알려주는 것이다. 한편 전국 선원의 중심체로서의 위상은 기관지인 『선원』을 통하여 구현되기도 했다.

그러나 선학원의 견실한 운영은 1920년대 중반의 경험에서도 나온 것이지만 튼튼한 재정 확립이 관건이었다. 이에 선학원에서 연고

---

6) 『불교시보』 4호(1935.11.1) 3쪽, 「如來의 사명을 다하야 世上에 模範을 보이는 숨은 人物들, 立志傳中의 인물 金寂音和尙」.

7) 이는 김적음이 한의사였던 전력을 활용한 사업체로 보인다.

를 맺고 있었던 수좌들은 재정 확립의 문제를 고민하였던 것이다. 이 문제는 1933년 3월의 전조선수좌대회에서 논의되었다.

소화 8년 계유년 3월 20일 수좌대회를 열고 선우공제회를 조선불교 선리참구원으로 개칭 재단법인을 하기 위하여 발기인 송만공 김남전 김현경 황용음 기석호 윤서호 변유심 이탄옹 김적음
正租 170석 정혜사선원, 정조 100석 대승사선원, 정조 30석 직지사선원, 정조 200석 범어사선원, 정조 130석 선학원[8]

즉 송만공, 이탄옹, 김적음을 비롯한 9명의 수좌들은 수좌대회에서 선우공제회를 재단법인 선리참구원(禪理參究院)으로 전환시키기 위한 발기를 하였고, 정혜사선원을 비롯한 5곳 선원은 재원을 기부하였다. 이러한 문제의식은 당시 선학원을 운영하였던 실무진에서도 고민한 과제였다. 당시 『선원』지에 기고된 아래의 내용을 보면 그 대강을 알 수 있다.

수좌들이 마음놋코 평안이 잘 공부를 하여 도를 깨치고 정각을 일우어 우로는 시방 여러 부처님과 조사의 혜명을 잇고 아래로는 악착한 이 고해에 헤매는 중생을 제도할 인격과 덕을 갖추신 삼계 대도사가 되게 할냐면 무엇보담도 수좌들이 먹고 입고 안저 정진할 보호기관을 맨드는 것이 우리 불자들의 급선무입니다.[9]

수좌들이 안심하고 수행할 수 있는 기관을 만들어 주는 것이 불

---

8) 『삼소굴일지, 경봉대선사일지』, 극락선원, 1992, 297쪽.
9) 『선원』 4호(1935.10), 「우리 각 기관의 활동상황」.

자의 급선무로 인식하였던 것이다. 이에 선학원은 수좌 및 신도들이 재산을 출연하여 법적으로 그 재산을 보호받게 하고, 그로부터 나온 재원으로 수좌들의 수행을 후원할 조직체를 결성하였으니 그것이 바로 재단법인 선리참구원으로의 전환이었다. 재단법인으로의 전환은 일제가 종교단체의 포교 규칙을 1920년 4월에 기존의 허가주의에서 계출주의(届出主義)로 개정하면서 그 후속조처로 종교단체의 법인격을 공익법인으로서 재산을 보호, 유지할 수 있도록 하였기에 가능하였다. 이러한 배경에서 선학원은 1934년 12월 5일부로 재단법인 선리참구원으로 전환되었다.[10] 당시 재단으로 등록된 재산은 17명의 승려 및 신도들이 제공한 전답과 건물 등의 액수인 82,970원이었다. 그리하여 선학원에서 선리참구원으로의 전환은 창립 초기역사에서의 교훈을 얻고, 나아가서는 수좌보호를 통한 전통불교를 지키려는 원력에서 나온 것이었다. 이러한 인식은 아래의 글에서도 찾을 수 있다.

우리 조선불교선리참구원을 두고 말하면 전일 선우공제회 및 기타 승려 신도들이 토지와 돈과 수좌들이 먹고 입고 공부하는 참선방을 맨드는 목적하에 토지와 현금을 기부한 것을 모은 후 총독부의 허가를 맡아 조선불교선리참구원이라는 법률상 사람을 맨드는 것입니다. (중략)

적은 일까지 총독부의 허가를 맛게 됨으로 가장 기부된 토지가 완전하고 영원히 수좌보호에 쓰게 될 것입니다.[11]

이렇듯이 선학원은 선리참구원으로 전환되자 그 즉시 이사회를

10) 『불교시보』 1호(1935.10), 휘보, 「재단법인 조선불교선리참구원 인가」.
11) 앞의 「우리 각 기관의 활동상황」.

열고 조직의 책임자를 선정하였다. 이 사정은 아래에서 찾을 수 있다.

경성부 안국동 선학원 김적음 선사는 邇間 수년간 활동하야 당원을 재단법인 선리참구원으로써 당국에 신청한바 소화 9년 십이월 오일에 인가되야 즉시 이사회를 열고 역원을 배정하엿다는데 씨명은 下와 如하다.

이사장 송만공   부이사장 방한암
상무이사 오성월 김남전 김적음12)

선리참구원의 초대 이사장은 수덕사의 송만공, 부이사장은 상원사의 방한암이 추대되었다. 이들은 당시 선지식으로 명망을 떨치던 인물로서 근대 선의 개척자인 송경허의 제자들이었다. 상무이사인 오성월과 김남전은 범어사 출신인데, 특히 오성월은 범어사를 선찰대본산으로 이끈 주역으로서 당시 경상도 지역 불교를 대표한 승려였다. 김남전과 김적음은 선학원의 창건, 재건을 이끈 당사자로서 이사에 선임된 것이다.

한편 선학원에서 선리참구원으로 전환은 일면, 총독부의 현실 정치를 인정한 면이 인정된다. 그러나 이는 수좌보호, 전통 수호, 수행을 통한 중생교화를 이루기 위한 차선의 대책이었다. 일제, 총독부를 배척해야 할 대상이라 하여 일제 식민통치 전체를 부정한다면 식민지 한국에서의 존립은 불가능한 것이다. 때문에 필자는 일제의 실정법의 테두리에 들어간 선리참구원으로의 전환을 비판한다는 것은 불교에 대한 편향성이고 삶의 존재를 부인하는 근본주의적, 편협한 시각이라고 보지 않을 수 없다. 한편 당시 수좌들은 일제의 제도권

---

12) 『불교시보』 1호(1935.10), 「휘보」, 「재단법인 선리참구원 인가」.

의 테두리에 들어갔지만 앞으로 살필 조선불교선종(朝鮮佛教禪宗)을 내세움은 선학원의 설립 정신이 결코 퇴색되지 않다는 것을 적나라하게 보여준다.

지금부터 필자가 제시하는 조선불교선종은 학계에서 큰 주목을 받지 못하였을 뿐만 아니라 그 존재 자체도 알지 못하는 경우가 대부분이었다. 필자는 수년전에 그 관련 자료를 발굴하고, 그것을 저본으로 하여 논문까지 발표하였다.[13] 그러나 선학원, 조계종단 그리고 불교학자, 승려들도 그에 대한 적극적인 관심을 표한 경우도 거의 없었고, 일부 학자는 그 선종은 인정하면서도 선종이 발표하였다는 종헌은 부인하였다.[14] 그러나 필자가 보기에 선리참구원으로 전환시킨 수좌들이 조선불교선종을 내세운 것은 분명하다고 본다. 다만 그 선종의 종헌으로 전하고 있는 것은 일부 조항의 내용이 후대, 정화운동이 격화되던 당시에 손질되었을 가능성은 고려할 수 있지만,[15] 수좌들이 1935년에 선종을 내세운 것은 분명하다고 본다. 우

---

13) 위의 졸고, 「조선불교선종 종헌과 수좌의 현실인식」.

14) 김순석은 필자의 이 자료의 성격에 대해 1935년에 제정된 종헌이라고 보기 어렵다는 의견을 개진하였다. 그는 이 조선불교선종의 종헌 5조에 있는 단기 4288년, 불기 2982년을 근거로 그 주장을 하였다. 그는 그 연대를 1955년으로 보았다. 그리고 80조의 한국 내에 있는 사찰은 총히 본종에 속한다, 81조의 본종은 사찰 및 포교소를 창설할 수 있다는 표현 등에서 자신의 입론을 강화하였다. 즉 그는 식민지시대의 선학원이 교단의 형태를 갖고 있었던 교무원보다 미약한 현실에서 그런 자신감을 표출하기는 어렵다는 것, 그리고 사찰령과 그 시행세칙에서는 사찰 창립에 관한 규정이 없다는 점을 강조하면서 그는 1955년 이후에 작성된 위작이라고 하였다. 이상은 김순석, 『일제시대 조선총독부의 불교정책과 불교계의 대응』(경인문화사, 2003), 143~144쪽의 각주 41의 내용 참조.

15) 이 선서문과 종헌의 저본은 가리방(등사)인데, 그 원본은 동국대 불교학자료실에 보관되어 있다. 필자는 그 가리방본의 원본(인쇄본)은 아직 찾지 못하였다. 일제하에서도 대회를 개최하거나, 중요한 의결을 할 경우에는 활자 인쇄를 하

선 수좌들이 조선불교선종을 내세울 때 발표한 종헌 선서문 전체를
제시한다.16)

선서문

大聖께서 示滅하신 지 때가 오래며 邪魔는 强力하고 正法은 微弱하
와 悲運에 헤매는 少福少智한 저의 正統修道僧徒들은 敎團의 傳統을 붓
잡으며 末世正을 살리기 위하여 惶恐하옵게도 本師 釋迦牟尼 世尊님과
아울러 十方에 常主하시는 三寶님 前에 삼가 誓願을 올리오니 구벼 愛
恤히 여기사 바다 匡明하옵소서

생각하옵건 朝鮮에 佛敎가 輸入된 邇來 일천육백년 이래 悠久한 歷
史를 가졌습니다. 일찍이 三國을 統一하고 千餘年의 文治로 찬란한 新羅
文化는 드디어 建全無比한 民族魂을 이루었던 것이다. 其後 오랜동안 權
域 三千里 福祉社會를 建設한 業績은 實로 釋迦世尊의 大慈悲 法力이 아니
면 不可能한 일인 것입니다. 國師三의 高僧大德이 繼繼傳承하야 大小國難
때마다 그를 퇴치하며 救國安民의 先鋒이 되매 四海에 佛日이 빛나드니
國運이 불행하든 李朝 오백년간의 排佛壓政하에서도 우리들은 그 傳統
을 死守하였으며 亦是나 救國安民에는 그 선봉이 되고 있었음니다. 그
러나 近者에 新文明 暴風에 쓰러져 가는 다수 僧徒들이 肉食飮酒하며 私
淫娶妻를 恣行하면서 "중도 사람이다"라는 口號를 앞세우고 莫行莫食하
며 破戒 雜行으로 大乘佛敎 修道相이며 傳道行인양으로 宣傳함으로서 우
리 敎團의 嚴肅 淸淨하든 傳統은 드디어 무너지기 始作하였음니다. 그
리하여 還俗한 徒輩들이 僧侶인양 自處하매 神聖不可侵의 修道場인 寺院

는 경우가 많았던 것을 고려하면, 이 선서문과 종헌도 활자본의 자료로 전하였
을 가능성이 높다. 그러나 현재 그 원본은 보지 못하였기에 필자의 주장을 전
적으로 주장하는 데에는 약간의 약점은 있다. 한편으로는 선종의 선서문과 종
헌의 1차 자료가 활자본이라는 것도 가정에 불과할 수도 있다.

16) 『근현대불교자료전집』 권 65의 「조선불교선종종헌」.

은 家庭化 料亭化 함으로 말미암아 寺刹 淨財는 날로 還俗者들의 生活에
만 낭비되고 各處의 修道 機關은 廢止되여 가고 있습니다. 이에 우리
正統 僧徒들은 奮然히 蹶起하여 京城내에 禪學院을 創建하고 敎團의 傳統
을 死守하며 그 腐敗의 淨化를 謀議하는 根據處로 삼으며 이를 財團法人
으로 만들었습니다. 그리고 傳統死守와 敎團復興을 꾀하는 이 憲章을
制定 公布하옵고 滿天下의 四部大衆과 이에 다같이 同心 合力하여 末世正
法을 復興하며 苦海 衆生을 濟度함으로서 크게 佛恩 갚고저 하는바 임
니다. 우러러 뵈온건대 十方 三寶께옵서는 틈없이 護念하시오며 끝까
지 거두어 주시옵서

檀紀 四二六七年 十二月 三十日

佛紀 二九六七年 一月 五日

全國首座大會

朝鮮正統修道僧 一同

선종종헌 공포에 관한 절차

一. 四二六七年 十二月 三十日 조선불교선종 종헌 제정 통과

二. 四二六七年 十二月 三十日 종정 재가

三. 四二六八年 一月 五日 선종 종헌 공포 시행

조선불교선종 대표 종정 송만공 인

副書

종무원장 정운봉 인

총무부장 김적음 인

교무부장 하동산 인

재무부장 김남전 인

선종	壇	副書	初代		
조선불교	종정	종무원장	정운봉	인
수석종정	만공 대선사	총무부장	김적음	인
	수월 대선사	교무부장	하동산	인
	혜월 대선사	재무부장	김남전	인
	한암 대선사			

이러한 조선불교선종 종헌의 선서문에는[17] 위에서 필자가 개진한 선학원이 재단법인 선리참구원으로 전환된 사정의 이유가 논리적으로 전한다.

우선 일제강점기 불교의 정황이 신문명의 폭풍에 쓰러져 승려들이 육식음주하여, 사음취처를 자행한다고 지적함에서 일본불교 영향, 전통 계율의 파괴라는 사실이 확인된다. 그리하여 막행막식, 파계잡행이 횡행하였다는 것이다. 이는 청정한 불교전통이 무너짐을 의미하는 것이다. 나아가서는 수도장인 사원이 가정화, 요정화되었으며 사찰 정재는 환속한 승려들의 생활비로 소비되면서 급기야는 수도기관이 폐지되는 지경으로 전락되었던 것이다.

이에 당시 선리참구원으로 전환시킨 수좌들이 경성에 선학원을 만들어 교단의 전통을 사수하며, 그 부패의 정화를 모의하는 근거처로 삼기 위한 움직임을 본격화하였다는 것이다. 이러한 현실인식하에서 조선불교선종의 종헌을 제정 공포하였음을 널리 알렸는바, 이는 정법을 구현하고 중생을 구제하려는 원력에서 나왔음을 알 수 있었다.

---

17) 이 선서문에 구체적인 일자와 그 임원의 법명 및 도장이 찍혔다는 '印'이라는 표기까지 있음에서 필자는 종헌이 제정, 반포되었다고 본다.

이와 같이 조선불교선종을 만들고 그 근거로서의 종헌을[18] 제정
한 수좌들은 자신들이 조선불교의 정통수도승이라는 자부심을 갖고
1934년 12월 30일에 종헌을 제정 통과시키고, 그날에 종정으로부터
재가를 받았던 것이다. 추측건대 송만공은 종헌이 제정, 통과될 때
선학원에 있으면서 이를 지켜보고 종정에 추대되었으며, 그 직후에
는 종정으로서 종헌을 인가하였던 것으로 볼 수 있다. 이러한 배경
에서 1935년 1월 5일에는 그 종헌이 공포, 시행되었다. 이렇듯이 조
선불교선종 및 종헌을 출범시킨 선학원 수좌들은 곧이어 수좌대회
를 열어 이를 널리 알리고, 그 전제에서 조선불교선종의 집행부도
선임하였다. 즉 1935년 3월 7~8일 선리참구원 강당에서 수좌대회
를 개최하였다.

조선불교 수좌대회(首座大會)는 七, 八 양일 간에 긍하야 시내 안
국동 사십번지에 잇는 조선불교선리참구원(朝鮮佛敎禪理參究院) 대법
당에서 열리엇는데 의장 기석호씨 사회로 조선불교선종 종무원 원규
(宗務院 院規)를 비롯하야 六종의 규약을 통과한 후 아래와 같이 임원
선거를 하엿다고 한다.
종정 신혜월・송만공・방한암, 원장 오성월, 부원장 설석우, 이사
김적음・정운택・이올연, 선의원 기석호・하용택・황용음 외 十二人[19]

이렇게 수좌대회를 통하여 조선불교선종 종무원 원규를 비롯하
여 6종의 규약을 통과시켰던 것이다. 1934년 12월에 선종의 종정을

---

18) 선서문, 18장, 부칙으로 구성된 세부 종헌은 위의『근현대불교자료전집』권65,
   500~514쪽에 수록되어 있다.
19)『동아일보』1935.3.13,「불교수좌대회」.

비롯한 간부진을 선출하였는데 이처럼 수좌대회에서 재선임한 것은 그 신뢰성을 담보받기 위함에서 나온 것으로 보인다. 한편 여기에서는 분명히 조선불교선종의 실체가 있었음을 거듭 확인할 수 있다. 조선불교선종이 있었기에, 그 전제하의 종무원의 원규와 6종의 규약을 통과시키는 행정절차를 이행한 것이다. 우리는 위의 보도기사에서 조선불교선종과 그 종헌의 실체를 재확인할 수 있는바, 그것은 종무원(종헌 8장), 전국수좌대표자대회(종헌 7장)에 참가하는 의원인 선의원을 12명으로 선출한 것에서 알 수 있다.

요컨대 1935년부터는 선리참구원에서 선종을 표방하고, 전국 선원의 통일기관으로서의 종무원이 운영되었던 것이다. 이로써 선종이 확립되고 선원이 증가되는 등 외형적인 발전이 가시화되었다고 볼 수 있다. 이 내용은 아래의 글에서 확인된다.

> 지난 삼월의 전선수좌대회에서 선종의 자립과 전선 선원의 통일기관으로 중앙에 종무원을 설치키로 결의되어 동 사무소를 경성부 안국동 중앙선원에 두고 원장 오성월 화상이 취임하여 우로 세 분의 종정을 모시고 아래로 삼 리사를 거느리여 선종의 확립과 선원 수 증가와 각 선원의 내용 충실을 도모한 바 불과 반년에 선원 수가 십여 개소이고 전문으로 공부하는 수좌 수효가 삼백 명을 초과하게 되엿습니다. (중략)
>
> 아직은 창설기임으로 완전한 활동에 들지 못 하엿으나 현재 주로 하는 사업은 지방 각 선원의 연락과 통제, 본 기관지를 통하여 선리를 참구하는 건전한 신앙의 확립, 법의 포양 각 본산을 권면하야 선방 증설 및 수좌대우 개선, 행방 포교사를 각 지방에 보내여 설법포교를 하는 등 선종의 독립발전을 적극적으로 확장하고 잇습니다.[20]

즉 선종의 자립, 전국 선원의 통일을 기하기 위한 노력을 하였다. 구체적으로는 선원간의 연락과 통제, 선리 참구, 선방 증설 권유, 수좌대우 개선, 설법 포교를 통한 선종의 독립발전이었다.

이렇게 선학원에서 재단법인 선리참구원으로 전환시킨 후, 교단의 전통을 사수하고 부패 정화를 기하기 위해 수좌들은 조선불교선종을 내세웠던 것이다. 이러한 변화는 기부재산의 증가, 선리참구원이 직접 경영하는 선원이 5개로 증대, 수행하는 비구승의 증가 등을 야기하였다. 이러한 변화, 성장하에 선리참구원에서는 증대된 위상을 갖고 1939년에도 수좌대회를 개최하였는데[21] 이때에는 조선불교선종 정기선회(定期禪會)로 명칭을 바꾸었다. 이는 1935년에 조선불교선종으로 종명을 내세운 산물이었다. 그 대회에서 결의한 것의 하나는 초참납자들을 지도하기 위하여 금강산 마하연선원을 인수, 초참지도선원으로 운영하자는 건의이다. 다음으로는 청정사찰 할애로, 모범총림 건설 차원에서 지리산, 가야산, 오대산, 금강산, 묘향산 등 5대산을 구체적으로 지적하고 그 교섭위원으로 김경산, 김구하, 송종헌을 교섭위원으로 정하였음은 당시 수좌 및 선리참구원의 수행정신과 전통교단 수호의 정신이 간단치 않았음을 말해주는 것이다. 그리고 수행납자의 질병 구호의 대책을 강구하고, 지방 선원에서 수행하는 납자들과 유기적인 관계를 시도하였다. 그 결과 납자들의 상호 친목을 도모하면서 수행 기록인 방함록을 중앙에서 수합, 정리하여 배포하기도 하였다.[22] 그 당시 각처(27개) 선원에서 458명의 수

20) 『선원』 4호, 29~30쪽, 「중앙종무원」.
21) 정광호, 「한국전통선맥의 계승운동」의 논문, 203쪽의 각주 참조. 필자는 정광호가 제시한 선학원 소장 '조선불교선종정기대회 회의록'은 보지 못하였다.
22) 『불교시보』 54호(1940.1.1), 「선원소식」.

좌들이 수행을 하였다는 것은 선리참구원의 성장에서 가능한 것이 아닌가 한다.

이런 배경과 자신감에서 선리참구원은 1941년 2월 26일부터 10일간 유교법회(遺敎法會)를 개최하였다.[23] 이 법회는 한국불교의 청정승풍을 진작하고 전통계맥을 정비하려는 목적에서 추진되었다.

去 이월 이십육일부터 십일간 府內 안국정 禪學院에서는 雲水衲僧 高德禪師의 遺敎法會를 열고 박한영 송만공 채서응 김상월 하동산 제 선사의 범망경 유교경 조계종지에 대한 설법이 잇섯다고 한다.[24]

일본과의 합방이란 것이 이루어진 뒤로 한국의 청정한 승풍은 자꾸 시들어만 가고 있지마는, 그래도 이 가운데 애써 한국적 전통을 유지하고 있는 고승들이 있으니 이들을 다시 한자리에 모아 보자.[25]

박한영, 송만공, 채서응, 김상월, 하동산 등이 한국불교의 청정 승풍을 진작시키기 위하여 범망경, 유교경, 조계종지에 대한 설법을 하였다. 그리고 행사 후에는 수좌대회가 개최되었고 범행단(梵行壇)이 조직되어 선학(禪學)과 계율의 종지를 선양하는 노력을 기울였다. 이 법회는 고승법회, 고승수양법회라고 칭하기도 하였으나[26] 당

---

23) 그런데 기록에 따라서는 그 개최일자를 3월 4~12일로 제시한 경우도 있으며, 법회 명칭도 고승수양법회, 고승법회라고 칭하였다. 『매일신보』 1941.3.5, 「불문 신체제 발족 고승수양법회」.

24) 『불교시보』 69호(1941.4.15), 「선학원의 유교법회」.

25) 이 자료는 1970년대 초 조계종 총무원에 소장된, 『유교법회회의록』에서 정광호가 적출한 것임. 필자는 이 자료를 보지는 못하였다.

26) 『경북불교』 46호(1941.5.1), 「고승대덕을 초치, 불교최고수양법회」. 이 기록에는 2월 4~6일에는 범망경 설법, 7~9일에는 유교경, 10~12일에는 慈悲懺의 공

시 총본산을 추진하는 교단 측의 이의가 있어 유교법회라고 대회 명칭을 전환하였다는 증언도 전한다.

선학원의 전통 선맥을 계승하려는 노력은 1942년 한국 근대선의 중흥조로 일컫는 경허선사의 문집인『경허집』발간으로 지속되었다. "우리 공로자의 표창은 우리 손으로"라는 표어를 내걸고 선학원에서 주관한 그 발간은 선학원 관련 수좌, 승려들의 주도로 진행되었던 것이다. 이렇게 선학원에서 유교법회의 개최,『경허집』발간을 주관한 것은 재단법인으로 전환된 이후 다양한 방면에서 성장한 위상에서 가능한 것이었다고 볼 수 있다.

한편 이렇게 선학원이 변신, 성장했을 그 당시는 일제의 군국주의 침략의 기세가 강화되면서 더욱더 한국의 식민통치가 강화되던 시절이었다. 이러한 일제의 통치는 불교계 전반에도 미쳤기에 선학원이라 하여 그 구도에서 자유스러울 수는 없었다. 즉 선학원도 일제의 식민통치에 일정한 협조를 하지 않을 수 없었다. 그 결과 선학원에서 창씨개명을 주선해 주고, 선학원 간부도 북지황군의 위문을 하였으며, 각 선원에서 모금한 돈을 황군 위문금으로 전달하였다.[27]

그런데 1941년 4월에는 총본산건설운동의[28] 성과물로서 조선불교조계종이 새롭게 등장하였다. 기존 조선불교선교양종의 문제점을 강력히 지적한 한국불교의 청원을 수용하여 일제는 조선불교조계종으로 그 종명을 전환시키고, 총본산 태고사가 한국불교를 총괄하는

개, 13일에는 황군무운장구 및 전몰장사의 위령대법회 거행 등이 진행되었다고 한다. 증명법사는 송만공, 방한암, 장석상이 초청되었으나 방한암은 下山치 않았다.

27)『매일신보』1941.9.3,「전선 사암, 선원의 赤誠」.

28) 총본산 건설운동에 대한 전모와 성격은 졸고,「일제하 불교계의 총본산 건설운동과 조계종」,『한국근대불교사연구』(1996, 민족사)의 논고를 참고할 것.

사찰로 나서게 되었다. 이러한 전환 구도는 조선불교조계종의 설립, 총본사 태고사의 창건, 태고사에 종무원 및 종회의 등장, 종정에 방한암과 종무총장에 이종욱 선임 등을 말해주는 것이다.[29] 이런 교단 체제는 1920년대 이래의 숙원인 불교계 통일운동, 종단건설운동의 일단락을 의미하지만 일면으로는 일제의 식민지체제에 더욱 긴박되었던 측면을 암시한다. 요컨대 1941년 4월 이후부터는 일제의 통치체제의 구도에 더욱 견인되었던 불교계의 내용이 속출하였던 것이다. 이런 구도에서 선리참구원은 어떤 노선을 갔던가. 이에 대해서는 그 관련 자료 부족, 증언의 부재 등으로 인해 그 전후사정, 성격을 단언키는 어렵다. 이에 대해 필자는 아래의 보도기사를 제시하는 것으로 그 답을 대신하고자 한다. 우선 그 내용을 보자.

조선의 종교 통제문제는 다년간의 현안으로서 총독부 사회교육과에서는 이미 착착 실시하야 오는 중인데 우선 조선인 관계의 불교를 일원적으로 통제하야 불교의 내선제휴를 강화한 다음 국제본의 투철을 중심으로 하는 황민화의 힘찬 심전개발운동을 일으킬 터이며 (중략)

여기서 가장 문제되는 것은 조선인 측의 불교엿다. 전선 각처에 잇는 사찰 총수 실로 이천수백에 그 교도는 삼십만 명이나 된다. 그러나 몇해 전만 해도 이가튼 사찰과 각 종파를 일원적으로 통제 지도할 기관이 업섯다. 즉 중앙불교무원과 중앙선리참구원의 두 가지가 중앙에 잇서 가지고 제각기 지도적 역할을 해 왓든 것이다. 중앙교무원은 전선불교관계의 연락과 부내 혜화전문의 경영을 마터 보았고

---

29) 졸고, 「조선불교조계종의 성립과 역사적 의의」, 『새불교운동의 전개』, 도피안사, 2002.

중앙선리참구원에서는 '선(禪)'을 하는 사람과의 연락 연구기관으로 각기 존재했지만 두 기관이 다가치 전 사찰에 대하야 관계를 가지고 잇섯다. 그래서 총독부에서는 작년 4월 사찰령의 개정과 동시에 조선 불교도의 총의에 따라 '선'과 '교'를 일원적으로 통제하고 태고사를 맨들고 전선 31본산의 총본산으로 하야 전선불교의 중앙지도기관으로 햇다. 그러나 여전히 중앙교무원과 선리참구원은 존재하야 만흔 폐해가 잇섯슴으로 금년 3월에 총독부에서는 이 두 가지 단체를 통제하고자 결심하고 그 제일 착수로 금년 삼월에는 중앙교무원을 조계학원으로 개칭하는 동시에 총본산 태고사의 통제하에 두게 되엿다. 이와 동시에 혜화전문학교를 경영하는 재단의 역원도 태고사의 간부로 하야금 겸임케 하야 실질적 통제를 완성식힌 것이다. 여기사 남은 문제는 존립할 아모런 가치가 업는 중앙선리참구원을 어떠케 하는 것이냐 하는 것이다. 통제가 완성되여 가는 현재 과정에 잇서서 이것은 당연히 발전적 해소를 해야 할 것이다. 더구나 이 선리참구원이라는 것은 법령상 사찰도 아니요 포교상 아모런 존재 이유를 가지지 못하는 것이다. 솔직히 말하면 정당한 불교를 하는데 암(癌)으로서의 존재밧게 안 되는 것이다. 그래서 총독부에서는 지금 그 내용과 구성 인원 등 자세한 상황을 조사하는 중이다. 조사가 끝나는 대로 이것도 그 통제될 단계에 이른 것만으로 명확한 일이다. 여기서 조선의 종교 통제 문제는 불교의 일원적 통제로부터 시작하야 기독교 등에도 미치게 될 터이다.[30]

1942년 후반경, 일제의 불교계 통제의 단면을 알 수 있는 보도기사이다. 이 『매일신보』는 일제의 기관지였던 사정을 고려하면 여기

---

30) 『매일신보』 1942.8.6, 「佛敎서도 內鮮一體로 宗敎報國에 新機軸」.

에서 나온 저간의 사정은 대략 동의할 내용이라 하겠다. 이 내용에서 주의할 것은 우선 선리참구원이 당시 선원의 지도, 통제를 하면서 선을 연구하는 기관으로 인식되었다는 것은 분명하다. 필자가 위에서 제시한 조선불교선종의 성격, 역할에 대해서는 필자 스스로도 미진한 것을 자인하지만 일단은 전국 선원의 중앙기관인 것은 확인된 셈이다. 그리고 일제 당국도 느낀 것이지만 선리참구원은 불교통제상에 있어서 골치아픈, 껄끄러운 존재였기에 암적인 대상으로 표현하였던 것이다. 이에 일제는 선리참구원에 대한 자세한 조사를 하여 통제, 장악을 시도하였던 것을 알 수 있다. 다만 이 기사에서는 그 추이에 대한 정보를 알 수 없는바, 현재 필자도 그에 대한 추가의 정보는 갖고 있지 않다. 다만 선리참구원에 관여하였던 통도사의 선승인 김경봉의 1944년의 일기에 선리참구원의 이사회, 감사회가 나온 것을 보면 일제의 선리참구원 통제는 실효를 보지 못한 것이 아닌가 한다.

(1944년) 2월 25일 금요일 맑음
侍者 金汶鈺이와 함께 경성 불교중앙 선리참구원 이사회에 참석하기 위하여 물금교당에서 자다.
(1944년) 3월 1일 수요일 맑음
중앙선리참구원 감사회의를 하다. 창경원엘 김문옥이와 다녀오다.
(1944년) 3월 3일 금요일 맑음
평의원회를 열어 理事長으로 代하여 議件을 집행하다.[31]
이렇게 김경봉이 선리참구원의 이사회, 감사회, 평의회에 참가하

---

31) 『삼소굴일지』(극락선원, 1992), 226쪽. 김경봉은 1945년 10월에 선학원 이사장으로 당선되었다. 1945년 10월 13일 일지 참조, 237쪽.

였음은 일제가 패망하는 그날까지 선리참구원이 존립하였음을 말해주는 단서이다. 곧 선리참구원은 일제의 외압에 좌절하지 않고 8·15 해방까지 활동하였던 것이다.

5. 한국불교의 정체성 인식과 선학원

지금껏 선학원의 설립, 폐쇄 및 재건, 선리참구원으로 전환, 조선불교선종의 표출 등을 살펴보았다. 본장에서는 선학원의 개요에 유의하면서 선학원을 어떻게 인식할 것인가의 문제를 제시하고자 한다. 이는 추후 정치한 분석을 통해 다시 논의되어야 하겠지만 여기에서는 시론적으로 가능성을 제시하는 선에서 머무르겠다. 요컨대 선학원의 성격을 관행적으로 이해된 것은 간략히 제시하고, 이번에 새롭게 필자가 제기하는 한국불교 정체성과 연관한 내용을 강조하여 그것을 서술하고자 한다.

필자는 근현대불교를 공부하면서 각처에서 승려, 신도, 불교기자, 관련 학자 등 불교계 구성원들을 다양하게 만났다. 이런 만남 과정에서 공통적으로 이야기 하였던 것은 선학원이 한국 근현대불교사에서 최우선시 되었다는 점이다. 구체적으로는 일제하의 경우에서는 수좌들이 서울에 가면 으레 머무는 절이었다는 것과 선학원은 항일불교의 중심처였다는 것이다. 해방 이후는 정화운동의 태동, 전개처였다는 것이다. 이런 전제는 불교인들의 상식화된 견해로 정착되었다고 하여도 무방할 것이다. 이 견해 중 전자의 내용, 즉 선학원은 항일불교의 근거처였으며, 수좌들이 머물던 사찰이었다는 것은 필자가 살핀 선학원의 변천을 보면 쉽게 동의할 수 있다. 그런데 선학원의 성격을 심화하기 위해서는 더욱 다양한 관점에서 연구가 되어야할 것이다. 예컨대 선학원에 동참한 수좌의 분석, 선학원에 있었던 선우공제회의 내용 및 실체, 선학원의 재산 및 기반, 조선불교선종의 성격, 선학원과 기존 교단과의 연관, 당시 선방에서 수행의 내용 등이 그러하다.

그럼에도 불구하고 본고에서 살핀 제반 내용과 정황을 갖고서도 선학원에 대한 대강의 성격은 드러났다고 볼 수 있다. 즉 선학원은 한국불교 전통을 수호, 일본불교에 저항, 선종의 수호, 사찰령 체제에 저항, 불교정화의 근거처, 수좌의 중심처 등이 바로 그러하다.

한편 이런 기존의 인식을 참고로 하고 필자가 새롭게 주장하는 인식의 대안은 한국불교의 정체성 인식에 참고할 수 있는 대상이 바로 선학원이라는 것이다. 한국불교의 정체성이라 함은 한국불교가 갖는 특성, 성격을 의미한다. 한국불교에도 인도, 중국, 일본 등 각처의 불교가 갖고 있는 동질성으로서의 보편성이 내재한다. 그러나 여타 나라의 불교와는 다른 특성으로서의 개별성이 있을 것이다. 이 개별성, 특성을 한국불교의 정체성으로 지적할 수 있다. 지금껏 한국불교 정체성 검토에서는 원융사상, 회통, 통불교, 종합불교 등의 개념으로서 이를 한국불교의 특성으로 칭하여 왔다.[32]

그런데 한국불교 정체성 검토, 한국불교의 특성을 논할 경우에 대부분 그 근거자료로 이용되고 있는 것은 최남선의 『조선불교』라는 저작이다. 물론 최남선이 그 저술에서 한국불교의 역사적 전개 및 특성을 통불교로 자리매김하였으며, 이후 학자들이 최남선의 이론을 수용하여 결과적으로는 통불교론이 한국불교 특성의 지배담론

---

[32] 심재룡, 「한국불교는 회통불교인가」, 『불교평론』 3, 2000.
　이봉춘, 「회통불교는 허구의 맹종인가」, 『불교평론』 5, 2000.

으로 자리 잡게 되었기에 이를 수긍할 수 있다. 그리고 외국의 불교학자들이 한국불교의 특성을 검토할 때에도 늘상 최남선의 저술, 논리에 의거하였기에 최남선의 검토는 당연시되었다.

그러나 우리가 간과한 것은 최남선의 불교관, 그의 민족의식과 국학의식, 혹은 그가 당시 그 저술을 어떠한 연유로 집필하였는가에 대한 그 저변의 내용이었다. 최남선의 통불교론은 일본불교의 영향이었으며, 그 이론은 민족주의적 관점에서 서술되었다는 정도였다. 실제 최남선의 그 저술은 1930년 6월 말 7월초, 불과 15일 사이에 쓴 것이다. 최남선은 일제하 불교청년운동의 대표적인 단체인 조선불교청년회가 1930년 7월 21~23일 미국 하와이에서 개최된 범태평양불교청년회의에 제출할 문건, 한국불교를 요약하여 소개할 저술 집필에 응한 것이다. 당시 대표로 참석한 도진호가 대회에 참석하여 활용할 한국불교를 요약, 소개할 리플릿의 원고였다. 최남선이 집필한 『조선불교 – 동방문화사상에 있는 그 지위』는 불교청년 중 영어에 능통한 최봉수가 번역하여 대회에는 영역된 리플릿이 배포되었던 것이다.[33]

필자의 주장을 간단하게 요약하면, 지금껏 한국불교의 정체성 인식의 주된 검토 대상이었던 최남선의 통불교론을 더욱 세밀하게 살펴보아야 한다는 것이다. 그리고 최남선의 통불교 이외에서도 한국불교의 정체성을 인식할 수 있는 대상을 발굴해야 한다는 것이다. 이에 필자는 그 새로운 대안의 주제를 본 고찰에서 살핀 선학원을 포함시키자는 제안을 하는 것이다. 물론 최남선의 통불교론과 선학

---

33) 필자는 이에 대한 정황을 정리하여 그것을 「최남선의 『조선불교』와 범태평양불교청년회의」라는 제목으로 졸저인 『새불교운동의 전개』(도피안사, 2002)에 수록하였다.

원이 바로 등치될 성격은 아니다. 전자는 한국불교의 성격을 말하는 개념이고, 후자는 한국불교 성격을 말해줄 수 있는 대상의 하나이다. 필자도 본 고찰에서 필자가 생각하고 있는 입론과 내용을 세세히 검토할 여유는 없지만 문제를 환기하는 것에 머무르고자 한다.

한편 최남선의 그 논리는 한국불교사 전체를 아우르는 구도에서 나온 것이고 인도, 중국, 일본불교와의 비교 고찰을 통한 논지를 전개한 글이기에 선학원과의 차별성은 분명하다. 그러나 일면 최남선은 당시 불교사를 정통으로 공부한 학자도 아니었고, 우연히 급히 작성한 글이 한국불교의 정체성을 설명하는 논리로 고착화된 것은 납득하기 어려운 것이다. 필자가 선학원을 그 대안의 하나로 제시하는 것은 한국불교의 정체성은 한국불교가 아닌 나라의 불교와의 차별성을 갖는 것이라는 점이다. 인도, 중국, 일본의 불교에서도 찾을 수 있는 공통성을 한국불교의 정체성이라고 말할 수는 없는 것이다. 그러나 정체성, 특성이 불교가 갖고 있는 보편적인 이념을 완전 배제하는 것은 아니라는 점을 유의해야 한다.

필자는 선학원의 출범 배경, 선학원이 지향한 불교적 가치 및 한국불교의 전통 수호 노력 등이 선학원이 창립된 1921년부터 현재까지 80년이 넘는 세월을 존속하였다면 한국불교에서 존립의 가치를 갖는 다고 생각한다. 더욱 선학원에는 근현대 한국불교를 움직인 승려, 선지식, 고승 등이 대부분 관여하였던 사찰이었으며 현재에도 500여 선원을 총괄하는 법인체이다. 특히 일본불교라는 타자와의 차별성을 자각하고, 그 차별적인 전통을 지키려고 노력하였으며, 선원 및 수좌를 기반으로 하였으며, 선종을 독립시키고 발전시키려는 행적은 한국불교가 갖고 있는 특성으로 바라볼 수 있는 조건을 갖추고 있다고 본다. 특히 한국불교의 특성은 한 시기, 일시적으로 나타난 것이 아닌, 치열한 내적인 변용, 전환을 거치면서 생명력을 가졌던 지속성의 활동이었다는 점에서 선학원의 사례는 필자의 시선을 끈다.

그리고 한국불교의 정체성, 특성을 발표하였던 구미 불교학자들이 한국불교의 민족주의적 시각을 비판하는 것에[34] 대해서도 첨언을 하고자 한다. 서구학자들은 근현대 한국불교에 나타난 현상의 대부분을 민족주의적 시각, 관점에서 나온 것으로 인식한다.[35] 그리고 나아가서는 그 정황을 불교의 보편성에서 미흡한 것으로 간주하는 경향이 농후하다.[36] 이런 논리를 전개하는 구미 학자는 최남선의 통불교론을 민족주의 불교적 관점의 사례로 지적하였다.

그러나 그렇게 인식하는 다수의 학자들은 제국주의 국가의 성향을 가졌던 국가의 출신임을 부정하지 못한다. 자신들은 나라의 침략, 국권상실을 경험하지 못한 당사자인 것이다. 물론 학문은 주관성을 배제하고 객관성을 유지하는 것이며, 국경이 없는 대상이지만 한국불교가 처한 식민지 상황을 이해하지 못하고 그 당시 산물과 역사를 보편성 부재, 민족주의 시각에 고착되었다는 단정은 납득하기 어려

---

34) 이에 대해서는 보다 구체적인 분석과 반론이 있어야 하겠지만 2004년 10월 23~24일, 금강대학교 불교문화연구소에서 개최한 '동아시아속의 한국불교'라는 주제의 국제학술회의는 그 단적인 예증이다. 그 대회에는 서양학자와 국내 학자 간에 한국불교의 성격과 특질을 놓고 일대 격돌하는 정황을 노정하였다. 세부적인 내용은 학술대회 자료집과 『금강』 238호(2548.11)의 학술대회 지상중계 참조. 당시 불교계에서도 이 대회에서 발표된 구미학자의 이론을 대서특필하였다.

35) 그 대표적인 고찰로 필자는 존요르게센, 「한국불교의 역사쓰기」(『불교연구』, 한국불교연구원 14, 1997)를 거론한다. 이는 오리엔탈리즘에 입각한 한국불교의 자의적 해석이다.

36) 『불교신문』 2075호, 3쪽, 「금강대 국제불교학술세미나, '한국불교의 정체성' 싸고 동·서양 불교학자 견해차」.

운 것이다. 불교의 보편성을 확대하고, 불교의 근본정신에 입각한 포교, 불교대중화도 중요하지만 나라의 국권을 회복하고, 나라를 강점한 외세를 물리치며, 한국불교의 고유한 특성을 지키는 것도 매우 중요한 것이다. 한국이 처한 국가적 난관에 불교계, 승려들이 동참하는 것이 문제가 있다는 것은 납득하기 어렵다. 그렇다면 한용운과 백용성은 불교적 기준에서 문제있는 이단아인가. 이들은 민족운동에 참여하였지만 동시에 불교의 대중화에 헌신한 인물이었다. 그 반대로 철저한 수행을 하면서 계율을 지키며 깨달음을 얻기 위해 깊은 산속에서 두문불출한 승려들을 불교적 가치 구현에 전념하였다고 하여서 우리가 그 승려들만을 반드시 높게 평가해야만 하는가. 불교의 생명력은 그 시대, 현실, 처한 공간, 중생(민중), 공동체가 필요로 하는 과업 및 문제를 해결할 수 있는 가르침이었는가에서 찾아야 한다. 이런 흐름에서도 얼마든지 불교의 기본정신, 보편성을 찾을 수 있다. 보편성의 관철, 보편성과 특수성의 균형, 민족주의 시각 구현이라는 시각을 갖고 한국불교의 특성을 찾아볼 수 있다. 요컨대 그 관점을 갖고 한국불교사를 인식할 경우, 그것이 한국불교가 갖고 있는 현실이면서 나아가서는 한국불교의 특성이 될 수 있는 것이다.

필자는 외국 학자들이 한국불교의 특성을 찾을 때의 기준과 유의점이 무엇인가에 대한 강한 의문점이 있다. 더욱 기이한 것은 한국불교의 특성을 외국 학자들에게 분석해 달라고 요청하는 한국불교의 자기모순의 논리이다. 한국불교의 모습을 외부의 시각에서, 제3자의 입장에서 바로 볼 때에 그 성격, 특성이 보다 더 드러날 수는 있다. 그리고 지금껏 국내 불교학자들의 한국불교 특성을 점검하려는 연구가 부진한 것에서 기인하였다는 것은 이해된다. 그러나 그 연구의 주체와 중심은 한국불교임을 간과해서는 안 될 것이다. 과거

한국불교를 살핌에 있어 부정적인 연구자세로 지적된 지나친 호교론, 자의적 해석, 과도한 민족주의적 해석은 지양되어야 하지만 한국불교의 특성을 점검하는 기본, 원칙마저 잊어서는 안 된다고 본다.

다만 지금껏 한국불교의 특성을 호국불교라는 이름으로 간단히 인식하였지만 이후에는 한국불교사의 각 시대의 흐름과 내용을 정리하여 그에 걸맞은 의미를 부여한 후에 한국불교 전체의 특성을 찾아야 한다. 한국불교 정체성 찾기의 일환으로 필자는 선학원의 역사를 그 탐구의 무대에 올려놓기를 제안한다. 작년도 금강대의 학술세미나에서 「'한국'불교 전통의 출현」을 발표한 로버트 버스웰(미국)은 그 주제 말미에서 한국 민족의 불교전통이 궁극적으로 부상하기 시작한 것은 20세기 초반이었음을 주장하였다. 버스웰이 지적한 20세기 초반은 곧 일제강점기를 지칭한다. 그 일제강점기의 불교계 동향에서 선학원의 움직임은 그 활동, 지향, 성격, 일본불교와의 차별성 부각, 존속 기간 등을 종합할 경우 우선적인 검토의 대상이 될 것이다.

6. 결어

지금까지 선학원의 역사, 지향, 한계, 의의 등을 대별하여 살펴보았다. 맺는말은 필자가 선학원을 연구하면서 미진한 점, 추후 연구할 방향 등을 정리하여 제시하는 것으로 대하겠다.

첫째, 선학원 관련 자료수집이 절대 요청된다는 것이다. 필자는 근현대불교를 연구하면서 가장 중요한 연구 주제로 선학원을 인식하고 최초의 논문으로 선학원 논문을 집필하였다. 그 이후에도 10여

년을 근현대불교에서의 선학원의 동향을 관심있게 주목하였지만 자료가 절대 부족하여 지속적인 선학원 연구를 수행하지 못하였다. 선학원에서는 선학원 자료를 집대성하여 선학원 연구 향상을 기할 수 있도록 주의를 기울여야 할 것으로 기대한다. 예컨대 관련 문서, 증언, 방함록, 사진 등 다양한 관점에서 시도하면 적지 않은 자료가 나올 것이다.

둘째, 필자도 시도하지 못하였지만 선학원의 주역, 수좌 등 인간 연구가 미진한 것을 극복해야 한다. 필자가 정리한 것은 이를테면 제도, 변천, 재단법인, 건물, 재산 등에 경도된 내용이었다. 선학원을 움직인 주역들의 고민, 한계, 노력, 좌절 등을 그려내야 한다. 인간이 빠진 역사는 껍데기의 역사이다. 인간의 문제가 가미될 때 선학원의 역사는 생생하게 살아날 것이다.

셋째, 선학원의 예하 조직체인 전국의 선원에 대한 역사를 찾고, 그 선원의 자료도 함께 수집되어야 한다. 어찌보면 전국 각처에 산재한 선학원의 하부 조직인 선원의 제반 정황은 선학원 역사로 자리 매김을 해야 한다. 요컨대 선학원과 선원과의 유기적인 관계를 정리해야 할 것이다.

넷째, 근현대불교사에서의 선학원 위상을 정립해야 한다. 선학원 없는 한국 근현대불교는 있을 수 없다. 이러한 위상 찾기는 역사 복원, 의미 부여를 통해서도 가능하지만 현재 선학원 구성원들의 역사 인식, 정체성 정비 차원에서 시작되어야 한다.

다섯째, 선학원 역사를 통하여 현재 선학원, 소속 선원의 정체성 정비를 시급히 서둘러야 한다. 역사의 정체성은 역사에서 찾아지기도 하지만 현장, 현실에서 만들어 가는 측면도 있다. 이는 역사에서 교훈을 찾아, 이를 계승하려는 의지가 있을 때 선학원은 다시 살아

날 것이라는 점을 말하는 것이다. 이 글에서 필자는 선학원 역사에서 한국불교의 특성을 찾을 것을 제안한다. 이 점도 선학원의 정체성 찾기와 유관함은 물론이다.

2부

수좌의 불교개혁

조선불교선종과 수좌대회

1. 서언

일제하 한국불교의 거시적인 흐름을 유의하여 살필 경우 선학원의 존재를 제외할 수 없다. 이렇게 선학원을 근대 한국불교의 중심에 설정하는 것은 식민지불교에 대한 저항성, 근대 선풍의 중심처, 수좌들의 중심 기관, 전국 선원의 중앙 기관 등 다양한 측면에서 기인한다. 때문에 선학원의 이와 같은 성격을 비롯한 성립과 전개, 변천 등은 관련 연구자들의 연구에 의해 그 대강은 드러났다고 하겠다.[1] 그러나 선학원의 정체성 및 역사성에 대한 검토는 이제 초보

---

1) 정광호, 「선학원 반세기」, 『대한불교』 1972.5～9월(11회).
정광호, 「한국 전통선맥의 계승운동」, 『근대한일불교관계사 연구』, 인하대출판부, 1994.
김광식, 「일제하 선학원의 운영과 성격」, 『한국근대불교사연구』, 민족사, 1996.
김광식, 「조선불교선종 종헌과 수좌의 현실인식」, 『한국근대불교의 현실인식』, 민족사, 1998.
김순석, 「일제하 선학원의 선맥 계승운동과 성격」, 『한국근현대사연구』, 2002.
김광식, 「선학원의 설립과 전개」, 『선문화연구』 창간호, 2006.
김순석, 「중일전쟁 이후 선학원의 성격 변화」, 『선문화연구』 창간호, 2006.

단계라고 할 정도로 연구할 대상이 적지 않다.

이러한 배경에서 필자는 선학원의 설립, 전개과정, 성격에 관한 논문을 지상에 발표하였다. 그런데 당시에는 그 관련 자료가 부족하여 필자의 주장이 선명치 못한 경우도 있었다. 그 대표적인 실례가 1935년 초반 선학원을 기반으로 등장하였다는 조선불교선종의 실체이다. 1934년 12월, 선학원이 재단법인 조선불교 선리참구원으로 전환한 직후 한국불교의 정통승려라는 인식을 가졌던 일단의 승려들이 조선불교선종(朝鮮佛敎禪宗)을 표방한 것은 관련 기록을 종합하여 이해하면 분명한 역사적 사실이었다. 이에 조선불교선종의 종정이 추대되고, 전국 선원의 중앙기관인 종무원이 성립되면서 종무원의 간부진도 선출되었다. 요컨대 선학원은 당시 선원, 수좌의 중앙기관의 위상을 부여받고 본격적인 활동에 들어갔던 것이다.

그러나 그 조선불교선종의 성립 과정에 대한 기록이 부재하여 필자는 이를 세부적으로 정리하지 못하였다. 요컨대 선종을 등장시킨 수좌대회가 열렸다는 보도기사가 있었지만, 그 수좌대회를 객관적으로 입증시킬 문건, 회의록이 부재하였다. 이에 필자는 그 관련 기록을 찾기 위해 다양한 검토, 탐구를 하였지만 소기의 목적을 달성치 못하였다. 그러던 중 최근 필자는 당시 수좌대회의 전모를 알려주는 「조선불교선종수좌대회록(朝鮮佛敎禪宗首座大會錄)」2)을 입수하였다. 이 대회록에는 당시의 회의 진행의 상황, 회의에서 결정된 선서문, 종규, 규칙 등을 자세히 전하고 있다.

김경집, 「근대 선학원 운동의 사적 의의」, 『불교학연구』 15, 2006.

오경후, 「선학원 운동의 정신사적 기초」, 『선문화연구』 창간호, 2006.

2) 수좌대회록은 58쪽의 활판 인쇄물로, 1935년 4월 13일 김적음의 저작 겸 발행자로, 선종 중앙종무원(경성부 안국동 40번지)을 발행소로 하여 출간되었다.

이 같은 전제와 배경에서 본 고찰에서는 조선불교선종을 등장시킨 1935년 3월 7~8일, 선학원에서 개최된 수좌대회의 전모를 소개하고자 한다. 이로써 우리는 1935년 이후 선학원의 활동 및 역사, 성격에 대한 새로운 관점을 갖기에 이르렀다. 이 대회가 갖는 역사성, 필자가 이전 고찰에서 주장한 선종의 종헌과의 상관성 등은 별고로 다루고자 한다.

2. 수좌대회의 개최 배경

1921년 12월 창건된 선학원에서는, 수좌들의 자생적인 조직인 선우공제회가 등장하면서 자립자애를 통한 선풍 진작을 전개하였다. 그러나 경제적 기반의 미약, 조직상의 한계 등이 노정되면서 1925년경에는 침체의 길로 나갔다. 그러다가 1930년 초반 수좌인 김적음의 헌신적인 노력에 의해 재건되었다. 재건된 선학원에서 김적음은 1931년 3월 14일 수좌대회 소집문을 발송하고, 3월 23일 선학원에서 수좌대회를 개최하였다. 이 대회에서 몇 명의 수좌가 모였는지는 알 수 없지만 수좌들의 의견을 집약한 건의안을 당시 불교 기관인 교무원 종회에 제출하였다. 그 건의 내용은 선학원에 중앙선원을 설립하자는 것이었는데, 교단에서는 그 기획은 찬동하였으나 예산 부족을 이유로 부결하였다.[3] 두 번째의 수좌대회는 1933년 3월 20일, 선학원에서 열렸다. 당시 송만공을 비롯한 9인의 수좌들은 모임을 갖고 선우공제회를 재단법인 선리참구원으로 전환하기 위한 발기인

---

3) 그 구체적인 건의는 보조비 100원의 지원이었다.

대회를 가졌다.[4] 이렇게 수좌들이 선학원을 재단법인으로 전환시키려는 노력, 중앙선원을 설립하려는 것은 선풍의 진작, 수좌의 보호 및 우대를 기하려는 의도와 무관한 것은 아니었다.

이 같은 수좌들의 노력에 의거 1934년 12월 5일부로 선학원은 재단법인 선리참구원으로 전환되었던 것이다. 총독부로부터 인가를 받은 수좌들은 즉시 이사회를 열고 이사진을 구성하였으니 이사장에 송만공, 부이사장에 방한암, 상무이사에 오성월, 김남전, 김적음 등이었다.[5] 그런데 인가를 받은 즉시 이사진을 구성한 날짜는 확인할 수 없다. 그런데 1935년 3월 12일에는 다음의 보도기사에 나오듯이 조선불교선종의 수좌대회를 열고, 각종 규약을 통과시켰다는 내용을 접할 수 있다. 우선 그 보도기사의 전모를 제시하겠다.

전조선 선종 수좌대회 열고 六種의 規約 通過

조선에 불교(佛敎)가 드러온 이후 처음이라고 하야도 과언이 안인 전선의 선원(禪院)에서 수도(修道)하는 선승(禪僧)들의 수좌대회(首座大會)가 지난 七, 八 량일간에 긍하야 시내 안국동(安國洞) 四0번지에 잇는 조선불교선리참구원(朝鮮佛敎禪理參究院) 대법당(大法堂)에서 열리엇섯다. 이 모임의 중요한 의의는 차츰 쇠퇴의 도정에 잇는 조선불교선종(朝鮮佛敎禪宗)의 부흥운동과 다못 단결운동의 처거름으로서 수도승(修道僧)의 선량(禪糧)과 선의(禪衣)의 긔초를 흔들리지 안토록 하기 위하야 조직된 재단법인 조선불교선리참구원의 확장과 선종종규(禪宗宗規)의 제정, 기타 각종 규약을 제정키 위함이다고 한

---

4) 발기인 대회는 기록에 나오지만, 수좌대회의 전모는 관련 기록이 부재하여 알 수 없다.

5) 『불교시보』 1호(1935.8.3), 「휘보」, 「재단법인 인가」.

다. 당일은 전선 수도원으로부터 속속 상경 회집한 三百여 회중을 비롯하야 다수의 방청객으로 장내는 실로 립추의 여지가 업는 대성황을 이루엇섯다는바 정각이 되자 송만공(宋滿空) 씨의 사회로 의사가 진행되니 의장(議長)으로서 긔석호(寄昔湖) 씨가 피선되어 의안 작성위원(作成委員)이 제출한 모든 의안을 추조토의(追條討議)한 후 모든 금후의 진행 방침을 결정하고 조선불교선종 종무원 원규(宗務院院規)를 비롯하야 六종의 규약을 통과한 후 아래와 가티 임원(任員)을 선거하고 성황리에 무사 폐회하얏다고 한다.

宗正 申慧月 宋滿空 方漢岩 院長 吳寂月 副院長 薛石友 理事 金寂音 鄭重峰 李兀然 禪議員 寄昔湖 河龍峰 黃龍吟 외 十二人[6]

이렇게 1935년 3월 7~8일, 선학원에서 수좌대회를 열었는데 그 목적은 조선불교선종의 부흥과 수좌들의 수행의 기초를 굳건히 하는 것이었다. 대회에서는 300여 대중이[7] 모였다고 하는데 선리참구원 확장을 기하면서 선종 종규, 종무원 원규 등 6종의 규약을 통과시키고 종정, 종무원장, 선의원 등을 선출하였다. 그런데 이 수좌대회의 전모를 알려주는 회의록이 부재하여 그간 그 구체적인 내용, 진행상황 등은 전혀 알 수 없었다. 특히 선종 종규가 가장 핵심적인 대상이었지만 종규의 내용을 전혀 알 수 없었기에 조선불교선종의 성격 및 실체에는 접근하지 못하였다. 그리고 이와 같은 대회가 언제부터 준비되었으며, 누구에 의해 발의되었는가에 대한 대회 이전의 상황도 알 수 없었다. 그리고 선리참구원의 인가와 수좌대회와의

---

6) 『매일신보』 1935.3.12, 「조선불교선종 부흥책 대회」. 이 내용은 『동아일보』 1935.3.13, 「불교수좌대회」에도 나오지만 『매일신보』의 보도 기사가 자세하다.
7) 그 대중은 수좌, 신도, 기타 참관자를 포괄하여 말한 것으로 보인다.

상관관계도 역시 그러하다. 달리 말하자면 1934년 12월 5일부터 1935년 3월 7일까지의 기간에 선학원에서 어떤 일이 있었는가에 대한 궁금증이 적지 않았다.

그러나 위와 같은 의문을 적지 않게 해소시킬 수 있는 관련 자료인 수좌대회록을 필자가 입수하였기에 이 자료에 근거하여 당시 상황을 재구성하겠다. 우선 수좌대회의 발단은 어디에서 있었는가? 이에 대해서 대회록에는 다음과 같이 전한다.

佛紀 二九六一年(昭和九年) 12월 23일 上午 十時에 제5회 이사회를 법인 사무소 내에서 개최하고 法人 定款 施行細則 基礎委員 及 首座大會 準備委員會를 겸임으로 추천하야 법인 시행세칙을 기초케 하는 동시에 禪宗 復興의 機運濃熟에 鑑하야 수좌대회를 開하고 선종의 근본적 독립 발전과 宗規 기타 諸規制를 企圖 제정케 하자고 超急 결의되야[8]

즉 1934년 12월 23일의 제5회 이사회에서 법인정관 시행세칙 위원과 수좌대회 준비위원회를 겸임으로 할 대상자를 추천하였다는 것이다. 그런데 이렇게 시행세칙 위원과 수좌대회 준비위원회를 겸임으로 선출한 것은 법인(선리참구원)의 기초를 정비하고, 동시에 법인이 등장하면서 가시화된 선종 부흥의 기운을 이용하여 수좌대회를 열고, 이를 계기로 선종의 독자적인 발전을 도모하려는 의도에서 나온 것이다. 그리하여 그러한 의도를 제도적인 차원에서 구체화하는 선종의 규칙인 종규 등의 규칙을 제정하려는 차원까지 이르렀다고 보인다.

그러나 당초에는 법인 시행세칙과 선원의 법규를 제정하는 시행

---

8) 대회록, 13쪽.

세칙 기초위원회만을 구성하려고 하였으나, 그 위원회에서 수좌대회의 발기까지 하였던 것이다. 이 내용은 수좌대회의 준비위원으로 개회사를 하였던 송만공의 발언에서 찾을 수 있다.

작년에 재단법인 조선불교 중앙선리참구원을 완성하고 재단의 확장과 시행세칙 급 선원 법규를 제정하기 위하야 首座界의 중심 인물 十人을 초청하야 시행세칙 기초위원회를 조직하엿는 것임니다. 然中 該會 위원 諸氏가 모다 爲法忘軀하는 殉敎的 정신에 불타는 스님들인만큼 一步 전진하야 全鮮首座大會를 소집하고 선종의 근본적 자립 발전책을 의결하자는 발의로 준비위원회를 該會 席上에서 更히 조직하고 금번 수좌대회를 急作케 되어 만반 준비가 불완하게 되엿슴니다만은[9]

즉 시행세칙 기초위원회를 조직하였는데 즉 기석호(奇昔湖), 정운봉(鄭雲峰), 황용음(黃龍吟), 박대야(朴大冶), 박고봉(朴古峯), 김적음(金寂音), 하용봉(河龍峯), 김일옹(金一翁), 이탄옹(李炭翁), 김익곤(金翊坤) 등 10인의 수좌가 시행세칙, 선원 법규만을 제정하려는 차원에서 벗어나 수좌대회의 개최를 통하여 선종의 근본적 자립 발전책을 강구하자는 발의를 하였다는 것이다. 이에 수좌 10인이 수좌대회 준비위원회를 시행세칙 기초위원회의 그 자리에서 조직하였다. 이에 자연적으로 시행세칙 기초위원회가 수좌대회 준비위원회를 겸임하였던 것이다. 이런 사정에서 대회록에서는 제5회 이사회(1934.12.23)에서 시행세칙 위원회와 수좌대회 준비위원회를 겸임으로 추천하였다고 기록, 보고하였던 것이다.[10]

---

9) 대회록, 6쪽.

10) 이는 수좌대회에서 행한 준비위원회의 보고로, 김적음이 보고한 발언을 요약한

그러면, 이러한 결정을 한 시행세칙 위원회, 수좌대회의 발기를 한 날짜는 언제인가. 대회록에는 1935년 3월 24일, 선학원에서 기초위원회를 개최하고 시행세칙을 기초한 것으로 나온다.[11] 그러나 이 기록은 신뢰할 수 없다. 수좌대회가 3월 7~8일이었는데 어떻게 대회 이후에 열릴 수 있는가? 이는 오류이거나 인쇄상 실수로 보인다. 그렇다면 수좌대회를 발의한 일자를 언제로 보아야 하는가? 필자는 이에 대해 1935년 1월 14일과 2월 24일 중 하나를 선택해야 한다고 본다.[12] 즉 필자는 2월 24일로 보고자 한다. 1월 24일은 동안거 수행 기간이기에 수좌 10명을 초청하기에는 무리가 따를 것으로 보이기에, 안거 수행을 마친 2월 24일이 자연스럽게 택일이 되는 것이다. 2월 24일에서야 수좌대회를 발기하고, 그 이후 수좌대회 준비위원회를 갖고, 그 연후에야 대회를 개최하였다고 볼 수 있다. 이런 배경에서 송만공의 발언에서 대회를 '급작하게' 되었다는 것도 이해가 되는 것이다.

요컨대, 법인 정관 시행세칙 기초위원회가 1935년 2월 24일에 개최되었다. 그러나 이 회의에서 수좌대회 개최를 통한 선종의 자립이라는 보다 근원적인 문제를 제기하면서 결과적으로 수좌대회 준비위원회가 조직되었다.[13] 그리하여 1935년 3월 3일 오후 1시, 중앙선원(선학원)에서 제1회 수좌대회 준비위원회가 개최되었다. 여기

것이다.

11) 대회록, 13쪽.

12) 인쇄상 실수라 하여도 연월일의 전체가 틀리기는 희소하다. 수좌대회 제1회 준비위원회가 3월 3일이기에 자연 月에서 오류가 나왔을 것으로 보고자 한다.

13) 그러하기에 대회록에서도 시행세칙을 기초하였다는 것만 기록, 보고되었다. 즉 여기에서 선원의 법규도 검토할 예정이었으나 수좌대회가 발기되자 선원 법규는 검토조차 하지 않았다고 보는 것이 순리일 것이다.

에서는 준비위원장 선거와 대회 준비에 대한 사무를 분장하였다.[14]
그 결과는 다음과 같다.

　　위원장 : 기석호
　　서기 : 김준극
　　대회순서작성위원 : 이올연 하용봉[15]
　　종규, 종정회 규칙, 종무원 규칙
　　선회 규칙, 선의원 규칙 기초위원 : 하용봉 기석호 이올연
　　회원 심사위원 : 황용음 이춘성
　　대회 장리위원 : 현원오 송우전 노석준 김종협

　이와 같이 역할 분담을 한 준비위원들은 3월 4일 오전 11시, 중앙선원에서 제2회 준비위원회를 개최하였다. 이에 각 준비위원들이 초안으로 마련한 대회 순서, 종규, 기타 규약 등을 보고하고, 그에 대해 토의하였다.

　이렇게 대회에 제출하여 결정할 제반 안건이 마련되었고, 대회 진행상의 문제는 준비위원회에서 철저히 준비되었을 것이다. 그리고 그 즈음에 대회에 참가할 전국 선원의 수좌들에게도 통보가 되었을 것이다. 그런데 현재로서는 각 선원에서 참가하는 수좌들의 선정, 대표성, 기준에 대한 것은 알 수 없다. 또한 통보한 방법도 전하지 않는다.

---

14) 대회록, 13~14쪽.
15) 이올연은 이청담이고, 하용봉은 하동산이다.

3. 수좌대회의 개최 및 경과

수좌대회는 1935년 3월 7일 오전 10시, 중앙선원 법당에서 개최되었다. 우선 대회 준비위원을 대표하여 송만공이 등단하여 개회사를 하였다. 송만공은 적자가 얼자로 바뀌면서, 정법이 질식되는 차제에 선종 수좌대회를 개최함은 의의가 깊다고 발언하였다. 이어서 그는 신라, 고려시대와 같이 동양문화의 중심이었던 조선불교가 위미부진한 상태로 전락된 근본 원인은 불법의 진수인 선법이 극히 침체됨에서 기인하였다고 진단하고, 진실한 의미에서 불교의 부흥을 의도하려면 형해만 남은 선종을 흥성케 해야 한다고 소신을 피력하였다. 이에 노덕 스님 몇 사람이 수년간 노심초사 노력한 결과 재단법인으로서 조선불교 선리참구원을 완성하였기에 재단 확충과 시행세칙 및 선원 법규를 제정하기 위해 수좌계 중심인물을 초청하여 그 기초위원회를 조직하였으나, 그 위원회의 위원들이 전선수좌대회를 소집하여 선종의 근본적 자립 발전책을 토의, 의결하자는 발의를 수용한 결과로 대회가 열린 경과를 개진하였다. 그리고 대회에 참석한 수좌들에게 성실, 진실의 마음으로 허심탄회하게 대회에 임하여 종규를 비롯한 기타 법규를 충분히 토의하여 대회의 목적을 달성케 해달라고 부탁하였던 것이다.

송만공의 개회사가 끝나자, 서기인 김만혜가 참가한 회원을 점고하였다. 그러면 당시에 참석한 수좌 명단을 제시하겠다.

宋滿空(수덕사) 黃龍吟(수덕사) 鞠是一(수덕사) 宋雨電(수덕사) 吳性月(범어사) 金擎山(범어사) 金寂音(범어사) 金一翁(범어사) 奇昔湖(범어사) 金萬慧(범어사) 趙萬乎(범어사) 金一光(범어사) 文鏡潭(범어사) 薛石友(장

안사) 朴可喜(장안사) 李愚鳳(장안사) 崔奇出(장안사) 申寶海(장안사) 河龍峰(해인사) 李仙坡(호국사) 金鏡峰(통도사) 金道洪(통도사) 鄭流水(통도사) 鄭雲峰(도리사) 朴大冶(용화사) 李春城(오세암) 洪華峯(직지사) 丁普性(직지사) 閔江月(월정사) 盧碩俊(월정사) 崔喜宗(월정사) 金玄牛(월정사) 崔慧庵(마하연) 李東元(마하연) 金 輪(마하연) 李兀然(옥천사) 崔圓虛(표훈사) 辛能人(표훈사) 李雛鳳(표훈사) 李圓惺(봉국사) 崔豊下(화엄사) 朴普安(화엄사) 宋吉煥(봉은사) 玄祥白(용주사) 趙樂遠(금산사) 申順權(법주사) 金悳山(법주사) 金宗協(파계사) 金悳潤(파계사) 具寒松(파계사) 洪映眞(유점사) 李白牛(유점사) 韓鍾秀(팔성암) 李東谷(태고사) 白寅榮(망월사) 金靑眼(대승사) 金是庵(대승사) 鄭道煥(대승사) 金正璘(약사암) 鄭大訶(천은사) 李石牛(심광사) 全雪山(석왕사) 鄭時鏡(석왕사) 禹鐵牛(석왕사) 金弘經(석왕사) 金鍾遠(개운사) 南性觀(동학사) 嚴碧波(안양암) 洪圓牛(봉선사) 洪祥根(청룡사, 尼) 薛妙禎(장안사, 尼) 鄭國典(유점사, 尼) 金荷葉(표훈사, 尼) 朴了然(원통사, 尼) 李慈雲(수덕사, 尼)

대회에 참가한 대상자는 수좌 69명, 비구니 수좌 6명 등 총 75명이었다.16) 그 다음에는 전형위원을 선거하여 임시집행부를 정하였다. 이는 정운봉의 동의와 박대야의 재청으로 가결된 것인데 박대야, 정운봉, 기석호가 전형위원이 되어 임시 집행부를 다음과 같이 정하였다.

의장 : 기석호
서기 : 김만혜
사찰 : 노석준, 김도홍

---

16) 그런데, 참가자가 어떤 기준과 대표성을 갖고 대회에 참석했는지는 알 수 없다.

임시 집행부 선거를 마친 다음에는 의장인 기석호가 대회의 선서문을 봉독하였다. 이 선서문은 당시 수좌들의 의식, 현실인식, 대회의 성격 등을 가늠하는 중요한 잣대이기에 그 전문을 제시한다.

宣誓文

「우러러 告하옵나이다.」

「本師 釋迦世尊 밋 十方 三寶慈尊이시여」

世尊께옵서 靈山會上에서 拈花하시오니 迦葉존자-微笑하심으로 붙어 以心傳心하신 祖祖相承의 正法이 일로붙어 비롯하와 冊三祖師로 乃至 歷代傳燈이 서로서로 繼承하와 今日의 法會를 일우웠나이다. 窃念하오니 世尊이 아니시면 拈花가 拈花 아니시며 迦葉이 아니시면 微笑가 微笑아니심니다. 拈花와 微笑가 아니면 正法이 아니외다. 正法이 없는 世上은 末世라 일넛나이다. 世尊이시여 邪魔는 날이 熾盛하며 正法은 時時로 破壞하는 이-末世를 當하와 弟子 等이 어찌 悲憤의 血淚를 뿌리지 아니 하오며 어찌 勇猛의 本志를 反省치 아니 하오리까 오직 願하옵나이다. 大慈大悲의 三寶께옵서는 慈鑑을 曲照하시와 弟子 等의 微微한 精誠을 살피시옵소서. 世尊의 弘願을 效則하와 稽首發願하오니 聖力의 加被를 나리시와 拈花와 微笑의 正法眼藏이 天下叢林에 다시 떨치게 하시오며 如來의 慧日이 四海禪天에 거듭 빗나게 하시옵소서. 世尊이시여 獅子는 뭇 짐생에 王이외다. 그를 當適할 者-무엇이리까. 그러나 제 털 속에서 생긴 벌네가 비록 적으나 사자의 온몸을 다 먹어도 제 어찌 하지 못하나이다. 天下無適의 大力도 用處가 없나이다. 그와 같이 이제 如來 正法이 그 목숨이 실끝 같은 今日의 危機를 當한 것도 그 누에 허물이겠습니까. 업디려 비나이다. 正法을 獅子라면 弟子 等이 벌네가 아니리까. 이제 天下 正法이 今日의 危機에 陷한 것이 오로지 弟子 等이 如來의 軌則을 奉行치 아니한 不肖의 罪狀은 뼈를 뿌시고 골수를

내여 밧쳐 올니여도 오히려 다 하지 못할 줄 깊이 늣기와 이제 懺悔
大會를 못삽고 弟子 等이 前愆을 懺悔하오며 後過를 다시 짓지 아니코
저 깊이 맹세하오며 發願하오니 이로붙어 本誓願을 등지며 三寶를 欺
瞞하야 上으로 四重大恩을 저바리며 下으로 三途極苦를 더하는 者 잇삽
거든 金剛鐵 槌椎로 이 몸을 부시여 微塵을 作할지라도 敢히 엇지 원망
을 품싸오리까. 차라리 身命을 바리와도 맛침내 正法에 退轉치 아니하
겠사오니 오직 원하옵나이다.

「大慈大悲의 本師 釋迦牟尼佛과 밋 十方 三寶慈尊께옵서는 慈鑑證明
하시옵소서」

갓이 업는 衆生을 맹세코 濟度하기를 願하옵나이다. 다함이 업는
煩惱를 맹세코 除斷하기를 願하옵나이다. 한량이 업는 法門을 맹세코
배우기를 願하옵나이다. 우가 업는 佛道를 맹세코 成就하기를 원하옵
나이다. 이 因緣功德으로 널니 法界衆生과 더부러 한가지 아욕다라삼
약삼보리를 일우워지이다.

昭和 十年 三月 七日

朝鮮佛敎禪宗首座大會 告白

이 선서문에서는 정법과 전등이 계승되어야 함에도 불구하고, 사
마(邪魔)가 극성하고 정법이 파괴되는 말세를 당하여 참회와 반성을
하겠다는 수좌들의 현실인식이 우선 개진되어 있다. 수좌들은 정법
이 위기에 처한 현실에 처하여 정법과 여래의 궤칙을 받들어 그 위
기를 타개하겠다는 원력을 세웠다. 나아가서는 참회하는 정신으로
삼보를 기만하는 삿된 무리들을 제거하겠다는 굳은 서원을 다짐하
였다. 이에 수좌들은 정법을 받들지 못하였던 자신들의 허물을 자인
하면서 신명을 바쳐 정법에서 물러서지 않겠다는 맹서를 하였다. 추
후에는 중생제도, 번뇌 단절, 불법의 수행, 불도의 성취를 하겠다는

다짐을 하였다.

선서문을 봉독한 직후에는 축사가 있었고, 축전 및 축문의 낭독이 있었다.17) 다음에는 준비위원회의 김적음이 등장하여 선리참구원이 등장하였던 과정,18) 수좌대회 경과,19) 지방 선원 상황을20) 내용별로 자세히 보고하였다.

다음에는 의안 사정위원의 선거가 있었다. 이는 정운봉이 대회 준비위원회에서 기초한 토의안을 심사, 제정하여 대회에서 통과시키자는 의견을 제출한 것에 대해 현상백, 이우봉의 동의 및 재청으로 가결된 결과이다. 이에 의안 사정위원을 선출하였거니와 이올연, 정

---

17) 우봉운, 정시경, 최풍하, 최원허, 송일제의 축사가 있었으며, 내장선원의 축전이 있었고, 외금강 여여선원 및 통도사 백련선원의 축문이 있었다.

18) 그 내용을 요약, 정리하면 다음과 같다.
 · 선학원 창립 : 1921년 송만공, 김남전, 백용성, 오성월, 강도봉의 발기로 창립
 · 선우공제회 창립 : 1922년 3월, 선원을 부흥시키기 위해 송만공, 김남전, 백용성, 오성월, 강도봉, 한용운 등의 발기로 창립. 1923년, 공제회를 사단법인으로 만들려고 추진하다가 중단, 이후 4~5년간 근근히 가람만 수호.
 · 수좌대회 : 1928년 12월 3일, 김적음 선학원 인계하여 禪界 중흥 노력(시점은 재고, 필자주). 1929년 1월 20일, 전선수좌대회 개최하려다 좌절(새로운 사실, 필자주).
 · 중앙교무원에 건의 : 1929년 2월, 중앙교무원에 선원 경영을 확장하자는 건의안 제출, 미승인(시점은 재고, 필자 주).
 · 재단법인 발기 : 1933년 3월 20일 선우공제회를 조선불교 중앙선리참구원으로 개칭하고 재단법인으로 전환키 위해 임시 발기회 조직(참가위원 : 송만공, 김남전, 김현경, 黃龍鈕, 기석호, 윤서호, 변유심).
 · 재단법인 인가 : 1934년 12월 5일, 총독부로터 재단법인 성립 인가됨, 그 신입 재산 총액은 약 9만 원이고, 실제 禪糧은 正租 600여 석(정혜사 선원 170석, 직지사 선원 30석, 범어사 선원 200석, 대승사 선원 100석, 선학원 130석).

19) 그 내용은 전술한 내용에 있는 것이다. 그것은 법인 정관 시행세칙 기초위원 및 수좌대회 준비위원 추천, 시행세칙 기초위원회, 제1회 준비회(수좌대회), 제2회 준비회 등이다.

20) 지방 선원 45개소, 수좌는 200여 명이다.

운봉, 박대야, 하용봉, 김적음이 선출되었다. 그 직후에는 오후 2시에 회의를 속개하기로 하고 의장인 기석호가 휴회를 선언하니 오후 1시였다.

속개된 오후 회의에서는 김적음이 준비위원회에서 기초한 종규(宗規), 여러 규약을 축조 토의하여 통과시키자는 동의를 내었다. 이에 대해 황용음의 재청으로 가결되고, 그 낭독위원으로 하용봉이 선출되었다. 낭독위원 하용봉은 준비위원회에서 연구하여 준비한 선종종규(禪宗宗規) 종정회(宗正會) 법칙, 종무원(宗務院) 회칙, 선의원회(禪議員會) 법칙, 선회(禪會) 법칙, 선원(禪院) 규칙을 낭독하였고, 이를 수좌들이 토의하여 통과시켰다. 그리고 승려 법규, 포교 법규, 신도 법규만은 중요한 실제 법안이기에 선의원회에 위임하여 제정하기로 하였다. 이러한 결정을 하였더니 오후 5시가 되어 휴회를 하고, 오후 7시에 속회하였다.

속회된 회의에서는 낭독위원 하용봉이 선리참구원 정관 수정 및 시행세칙안을 낭독하여 통과시켰다. 그러나 이 안건은 일제 당국의 주무관청 인가를 받아야 함을 결의하고, 오후 8시 반에 의장 기석호가 휴회를 선언하여 수좌대회 제1일의 회의는 종료되었다.

3월 8일 오전 10시, 수좌대회 제2일의 회의가 속회되었다. 참석 회원을 점명하니, 3월 7일의 회의에 참석한 수좌 중 1인의 결석도 없이 전원 출석하였다. 이에 바로 의안 토의에 들어갔다. 우선 김경봉이 전형위원 6인을 구두로 호선하여 재단기성회 조직위원을 선거하자는 동의를 내었더니, 현원오의 재청으로 가결되었다. 그 결과로 정운봉, 김적음, 이올연, 오성월, 김경산, 이백우, 이춘성이 선출되었다. 이렇게 조직위원을 선출하였더니 시간이 오전 11시 30분이 되어 휴회를 하였다.

오후 1시 30분에 속회된 회의에서는 이올연이 경성은 조선문화의 중심지인만큼 중앙선원의 내용을 충실히 하기 위한 청규를 특정하여 더욱 엄숙한 수행풍토를 조성하자는 의견을 제출하였다. 이 같은 이올연의 의견은 만장일치로 통과되었으며, 중앙선원의 청규를 정하였다.21) 그리고 김경봉은 의제는 중앙간부회에 위임 제정하자는 의견을 내었는데, 이 안도 만장일치로 가결되었다. 그 후 김시암은 의식은 선의원회에 위임하여 제정하자는 의견을 내었는데, 이 안에 대해 박대야가 재청하여 역시 가결되었다. 이어서 김적음이 기관지 창간에 대한 의견을 제출하였다. 즉 조사선(祖師禪)을 선포하고 수좌를 훈도함에는 기관지를 발행하는 것이 긴급하다는 의견에 대해 이올연의 재청으로 가결되었는데, 그 재원 및 발간 시기는 중앙에 일임하되 가급적이면 조속히 발간하도록 하였다.

이상과 같이 종규, 규칙과 아울러 다양한 의견에 대한 토의, 가결을 한 이후 임원 선거에 들어갔다. 그것은 선종의 종규를 통과시킨 것에 대한 후속 조치인 것이었다. 이에 대해서는 황용음이 전형위원 7인을 구두로 호선하고, 그 위원들이 전 임원을 선거하여 통과시키자는 의견을 내었다. 이에 대해 참가 수좌들은 만장일치로 가결을 하여 김적음, 황용음, 정운봉, 이올연, 박대야, 하용봉, 이백우가

---

21) 그 청규는 다음과 같다.
제1조 본원 衲子는 무상출입을 엄금하고 매월 3, 8일에 목욕하며 교외에 산보함을 득함. 단 개인산보는 불허함.
제2조 본 선원은 閑人 출입을 엄금함.
제3조 본 선원 坐禪衲子는 7인으로 함.
제4조 본 선원은 賓客의 숙식은 別處로 함.
제5조 본 선원은 음주, 식육, 흡연, 가요 등 일체 雜亂을 금지함.
제6조 본 선원은 佛殿 作法시에 남녀좌석을 구별하고 混雜함을 不得함.
제7조 본 선원은 坐禪 及 供養 應供시에 法服을 일제히 被着함.
제8조 본 선원은 做工上 필요없는 喧嘩와 戱談을 不得함.

전형위원으로 선출되었다. 이 7인의 전형위원이 전 임원을 선출하였으니 그 결과는 다음과 같았다.

종정 : 신혜월 송만공 방한암
원장 : 오성월
부원장 : 설석우
서무부 이사 : 이올연
재무부 이사 : 정운봉
교화부 이사 : 김적음
보결이사 : 박대야 윤서호
심사위원 : 김일옹 이백우
보결 심사위원 : 현원오
선의원 : 기석호 하용봉 황용음 이석우 김경봉 이춘성 김홍경 최원허 유종묵 김덕산 김대우 최송파 이선파 김시암 전설산
순회포교사 : 기석호 하용봉 이운봉

이상과 같은 선종의 임원을 선출한 후에는 기타사항을 결정하였다. 그것은 우선 김적음이 제안한 것으로, 비구니와 부인은 여선실(女禪室)이 별도로 설치된 선원에 한하여 방부를 허용하기로 하자는 긴급동의가 있었다. 이는 만장일치로 가결되었다. 다음은 김덕산의 의견 제출이 있었다. 그것은 구참 노덕을 경시하는 경향이 있어 수십 년을 수선(修禪)한 노덕 스님들을 특별대우 하기는커녕 방부까지 불허하는 일이 발생하고 있으니 별도로 양로선원(養老禪院)을 창설하여 법랍이 10년 이상이면서 속납이 60세 이상의 노덕 스님을 별거하게 하자는 안이었다. 이 안에 대해 김홍경의 동의, 이올연의 재

청으로 가결되었다.[22] 마지막으로 이올연은 예전의 영산회상과 같은 대총림 건설을 이상으로 하는 모범선원 신설에 노력하자는 제안을 하였는데 이 안도 만장일치로 가결되었다. 이러한 모든 토의를 마치고, 3월 8일 오후 4시에 의장인 기석호가 폐회를 선언하여 역사적인 수좌대회는 종료되었다.

4. 수좌대회에서 결정된 각종 규칙[23]

(1) 조선불교선종 종규

조선불교선종 종규(宗規)는 수좌대회에서 결정된 내용 중 가장 중요한 의미를 담고 있다. 즉 이 종규에는 당시 수좌들의 현실의식, 수좌들의 활동의 근거, 수좌 조직체에 대한 근간이 나오기 때문이다. 이 종규(29조)는 선종의 개요, 수좌의 현실인식, 선학원 및 선리참구원의 역사에서 중요한 대상이기에 그 전문을 제시한다.[24]

제1장 宗名

---

22) 단, 양로선원이 설치될 때까지는 각 선원에서 반드시 방부를 받아 입선, 방선 시간에도 자유롭게 하여 특별 대우할 것을 정하였다.

23) 대회에서는 「재단법인 조선불교 선리참구원 기부행위 定款(26조)」과 「재단법인 조선불교 중앙선리참구원 기부행위 정관 시행세칙(30조)」도 제정, 통과되었다. 이 두 개의 정관과 시행세칙은 대회록 48~59쪽에 전한다. 그런데 이를 살펴보면 기부행위 정관이라기보다는 선리참구원의 정관과 그 시행세칙의 내용이 드러난다. 필자는 이에 대한 분석과 성격(선종, 종무원의 관계 등)은 별고에서 다루고자 한다.

24) 일부분에서는 현대어로 수정하여 제시한다.

제1조 本宗은 禪宗이라 칭함

제2장 宗旨

제2조 本宗은 佛祖正傳의 心法을 宗旨로 함

제3장 本尊

제3조 本宗은 釋迦牟尼佛을 本尊으로 하고 太古(普愚)國師를 宗祖로
함 但 各 寺院에 奉安하는 本尊佛은 從來의 慣例에 依함

제4장 儀式

제4조 本宗의 儀式은 佛祖의 示訓과 宗旨에 依함

제5장 禪院

제5조 本宗은 宗旨를 闡揚하며 上報下化의 任務를 達하기 爲하여 禪
院을 設置함

제6조 本宗 禪院은 所定 法規에 依함

제7조 本宗의 각 禪院은 改宗함을 不得함

제6장 僧侶 및 信徒

제8조 本宗의 僧尼 及 信徒되는 要件은 寺法의 定한 바에 依함

제9조 本宗의 僧侶 及 信徒는 法規에 定한 바 資格에 應하여 分限에
相當한 職務나 其他의 法務에 就함을 得함

제10조 本宗의 僧尼 及 信徒는 損財弘法의 義務를 負함

제7장 禪會

제11조 本宗은 宗門의 萬機를 公決하기 爲하여 禪會를 設함

제12조 禪會의 組織은 所定 法規에 依함

제13조 禪會는 宗正이 每年 三月中 又는 必要로 認할 時 此를 召集함

제14조 禪會員은 五分之三 以上으로부터 宗正會에 대해 禪會를 召集
함을 要求함을 得함

제8장 宗務院

제15조 本宗은 宗務와 諸般 事業을 統理하기 爲하여 全鮮禪院의 單一

機關으로 中央宗務院을 設置함

제16조 宗務院의 組織은 所定 法規에 依함

제9장 宗正

제17조 本宗은 正法을 宣揚 宗門 重要 事項을 裁正하며 宗務를 統管하기 爲하여 宗正을 推戴함

제18조 宗正은 本宗 僧侶로서 宗眼이 明徹하며 行解와 德望이 有하고 法臘 二十歲 以上 年令 五十歲 以上된 大禪師로 함

제19조 宗正은 人數와 任期를 定치 아니하고 宗務院 任員(理事 及 院長 副院長) 及 此와 同數의 禪會 銓衡員으로부터 此를 銓選하여 禪會의 協贊을 要함

제20조 宗正은 法規에 依하여 宗正會를 組織함

제21조 宗正會는 禪會로부터 本宗에 危害를 及할 만한 議案을 議決할 處가 있다고 認할 時는 本宗을 代表하여 禪會를 停會 又는 解散케 함을 得함

제10장 禪議員會

제22조 本宗은 諸般 法規를 制定하며 禪會의 特別 權限에 屬하지 않는 宗門의 一切 事項을 議決하기 爲하여 禪議員會를 置함

제23조 諸般 法規는 宗正會에서 頒布하되 但 重要한 法規는 禪會의 協贊을 經함

제24조 前條의 重要로 認하는 法規는 別로 定한 바에 依함

제25조 禪議員會는 所定의 法規에 依함

제11장 財政

제26조 各 禪院의 所有인 一切 財産을 朝鮮佛教禪宗 所有財産이라 함

제12장 補則

제27조 本 宗規는 宗正會 及 禪議員會의 提案에 依하여 禪會에 通過를 經하여 此를 改正함을 得함

제28조 設立에 際하는 宗正 及 禪議員과 宗務院 任員은 朝鮮佛教禪宗
　　　　首座大會에서 此를 銓衡함
제29조 本 宗規는 頒布일로부터 此를 施行함

　이렇게 종규는 제12장, 29조로 구성되어 있다. 그 근간은 제1장
은 종명, 제2장은 종지, 제3장은 본존, 제4장은 의식, 제5장은 선원,
제6장은 승려 및 신도, 제7장은 선회(禪會), 제8장은 종무원, 제9장
은 종정, 제10장은 선의원회(禪議員會), 제11장은 재정, 제12장은 보
칙이었다. 이에 그 주요 내용을 제시한다. 종명은 '선종(禪宗)'이라
칭하였으며, 종지는 불조정전(佛祖正傳)의 심법을 내세웠다. 본존은
석가모니불로 하면서[25] 태고국사를 종조로 하였다. 의식에서는 불조
의 시훈(示訓)과 종래의 관례에 의한다고 하였다. 선원에서는 종지
를 천양하며 '상보하화(上報下化)'의[26] 임무를 달성하기 위해 설치
한다 하였다. 승려 및 신도는 사법(寺法)이 정한 바에 의하며, 법규
에서 정한 자격에 따라 분한에 상당한 직무를 맡는다고 하였다.[27]
선회(禪會)는 종문(宗門)의 만기(萬機)를 공결하기 위하여 설치한다
고 하였는데, 일종의 대의기구로 보인다. 종무원은 종무와 사무를
통리하기 위하여 전 조선 선원의 단일기관의 성격을 갖는다고 하였
다. 그리고 정법을 선양, 종문의 중요 사항을 재정하며 종무를 총관
하기 위해 종정(宗正)을 둔다고 하였다. 종정은 종안이 명철하고 행

---

25) 그러나 각 사원에 있는 본존불은 관례에 따른다고 하였다.

26) 이는 상구보리, 하화중생의 의미를 담고 있는 별칭이다. 근대불교에서 상구보
　　리, 하화중생이라는 개념이 이렇게 명료하게 등장한 것은 중요한 단서이다.

27) 여기에 나온 사법은 각 본산별 사법을 의미하는 것으로 보인다. 대회에서는 승
　　려법은 중요하여 별도로 취급한다고 하였다. 요컨대 대처승 문제가 포함되어
　　있는 것이다.

해와 덕망이 있는 대선사를[28] 추대한다고 하였다. 또한 종정은 인수 (人數)와 임기를 정하지 않고, 종무원 임원과[29] 선회 전형원들이 추대한다고 하였다. 선의원회는 종문내의 제반 법규를 제정하며, 선회의 특별권한에 속하지 않는 종문의 일체 사무를 의결하기 위하여 설치한다고 하였다. 재정에서는 각 선원의 소유인 일체 재산을 선종 소유재산이라고 규정하였다.[30] 보칙에서는 종규의 개정,[31] 그리고 설립(출범)에 즈음하여 종정, 선의원, 종무원 임원은 수좌대회에서 전형한다는 내용과 본 종규는 반포일로부터 시행한다는 내용이 담겨 있다.

(2) 종정회 규칙

종정회 규칙은 총 9조로 구성되어 있다. 이 규칙은 종규 17조, 20조의 근거에 의하여 성립된 것이다. 종정회 규칙은 선종의 대표자로 피선된 종정회의 종무 활동의 근거, 지원 등을 담고 있다. 우선 종정회에서는 문서를 취급하는 비서 1인을 두도록 하였는데(2조), 그것은 종무원의 서무부 이사로 한다고 하였다(3조). 종정회는 매년 3월의 정기회와 선계(禪界)의 중요한 문제가 있어 종무원의 요구가 있거나 혹은 임시 선회 소집의 요구가 있을 시에 개최하는 임시회로 대별하였다(4조). 각 선원의 조실은 종정회에서 추천하도록 하였다

---

28) 법랍은 20세 이상, 속납은 50세 이상으로 하였다.

29) 이사, 원장, 부원장을 말한다.

30) 재정, 재산은 기존 종단 및 사찰령과 대응되는 부분이었다. 이에 수좌들도 이를 고려하여 "단 법인에 편입된 재산을 云謂함"이라는 단서로 표현하였다.

31) 이는 종정회, 선의원회의 제안에 의하여 선회의 통과를 경유하여 개정할 수 있다는 것이다.

(5조).32) 그리고 종정회는 종정 과반수 이상의 출석이 아니면 의사의 결정을 얻지 못하게 하였다(6조). 종정회의 개회는 종정 과반수 이상의 연사로 소집하고, 선회 및 선의원회의 소집과 법규의 반포 등은 종정 전원의 연서로서 행한다고 정하였다. 마지막으로 부칙(8, 9조)에서는 종정회의 개정과 시행에 대해 정하였다.33)

(3) 선의원회 규칙

선의원회 규칙은 5장, 12조로 구성되어 있다. 구체적으로 보면 1장은 조직, 2장은 선의원의 선거와 임기, 제3장은 회의, 제4장은 직무, 제5장은 보칙이다. 이 규칙은 종규 22조, 25조에 의거하여 나온 것인데, 선의원회는 종무원 내에 두도록 하였다(2조). 선의원의 수는 15인 이상으로 정하되, 조선불교선교양종 재적 승려 중 종안(宗眼)이 명철한 자나 행해(行解)가 구족하고 덕망이 있는 자 중에서 선거하되34) 법랍 10세 이상, 연령 35세 이상자로 한다고 하였다(3조). 선의원의 임기는 3년으로 하되, 재임도 가능하게 하였다(4조). 선의원회는 매년 3월의 정기회, 또는 필요가 인정될 시는 임시회를 열 수 있다(5조). 그러나 선의원의 과반수 이상이 출석하지 아니하면 개회가 인정될 수 없다(6조). 선의원회의 소집은 집회기일 20일 전에 각 선의원에게 통지하되 종정회에서 발송하도록 정하였다(7조). 이러한 선의원회의 직무는 선종에 관한 제반 법규와 선회의 특

---

32) 단, 추천인 중에서 지명 請狀이 있는 선원에 대해서는 그 청에 응한다고 하였다.

33) 개정은 선의원회의 발의로 선회의 협찬을 거쳐 하도록 하였다. 그리고 이 규약은 반포일로부터 시행한다고 정하였다.

34) 7인은 종정회에서 선거하고, 8인은 선회에서 무기명 투표로 선거한다고 정하였다.

별권한에 속하지 않는 일체의 사항을 제정, 의결하는 것이었다(8조). 그러나 그 세부 내용을 보면, 종규 24조에 의거한 중요 법안(종규, 종정회 규칙, 종무원 원칙, 선원 법규, 선의원회 규칙, 선회법규, 승니 및 신도법규)은 선회의 협찬을 얻어 종정회로부터 반포하도록 하였다(9조). 위에서 제시한 중요 법안이 아닌 법규는 선의원회에서 제정하여 종정회에서 반포하도록 정하였다(10조). 따라서 선의원회의 주요 직무는 법규 제정이라고 볼 수 있다.[35]

(4) 선회 법

선회법은 종규 11조, 12조에 의거하여 조직되었는데 11장, 37조로 구성되어 있다. 선회는 선종의 광의적인 대의원회로 보이는데 선회의 소집은 종정회에서 집회의 기일을 정하여 1개월 전에 발표하도록 하였으며(2조), 선회의 개회는 종정회에서 선언하게 정하였다(3조). 선회가 열렸을 시에는 임시의장 1인, 부의장 1인을 두되 선회 회원 중에서 무기명투표로 선거한다고 하였다(4조).[36] 의장은 선회의 의사 진행을, 부의장은 의장을 보좌하고 의장이 유고시에 의장 직무를 대리한다(5, 6조). 선회에서는 서기 및 사찰을 두되,[37] 의장의 명령을 받아 종사하도록 하였다(7, 8조). 선회원의 수는 선종 승려의 1/10로 하였다(9조).[38] 선회원은 각 선원에서 그 선원에 안

---

35) 규칙에서는 이를 각 법규의 제정 및 제안, 각 법규의 해석, 법규 운용상에서 일어난 일체 분쟁의 裁決, 예결산의 決議 등이다.

36) 단 투표가 동점일 때에는 추첨으로 결정한다.

37) 그 약간인은 의장이 정하게 하였다.

38) 단, 5인 이상의 人數는 1/10로 간주하였다. 그런데 필자는 이 내용의 뜻을 정확하게 파악하지 못하였다.

거하는 수좌 중 자격이 있는 대상에서39) 선거하여 원주로부터 중앙
에 계출(屆出)한 자로 정하였다.

그리고 선회원을 선출하는 선거구는 전국 각 선원을 대상을 거
의 망라하였으며,40) 임기는 3년으로, 각 선원의 조실 및 선의원은
선회에 대해 선회원과 동등한 권한을 갖고 있다고 정하였다.41) 선회
의 권한(14조)은 중요법규의 협찬, 중요 의안의 의결로 정하였다.42)
그리고 선회는 중요 의안을 심의하기 위하여 분과위원회(16~19조)
를 설치할 수 있도록 하였다.43) 선회는 중앙종무원의 사무를 심사할
수 있는 권한이 있어, 2인의 심사위원(21, 22조)을44) 둘 수 있게 하
였다. 심사위원은 무기명 투표로 선회에서 선거를 하되, 그 대상자
는 선종의 승려 중에서 뽑는다고 하였다.45)

---

39) 그 자격은 연령이 25세 이상, 3夏 이상의 안거자, 중등과 이상의 학력이었다.
 그러나 종문에 督特한 발심이 유한 자는 이 기준(3항)에 해당하지 않는다고 하
 였다.

40) 그 선원은 다음과 같다. 중앙선원, 망월사선원, 승가사선원, 경성 간동의 불교포
 교당, 복천선원(법주사), 정혜사 선원, 수덕사선원, 견성암선원, 백양사선원, 내
 장사선원, 월명암선원(내소사), 삼일암선원(송광사), 선암사선원, 해인사선원,
 백련암선원, 퇴설당선원, 삼선암선원(해인사), 범어사선원, 금어선원(범어사),
 내원선원(범어사), 사자암선원(동래), 마하선원(동래), 내원선원(통도사), 보
 광전선원(통도사), 칠불선원(하동), 票殿선원(쌍계사), 표충사선원, 금당선원
 (동화사), 은부암선원(은해사), 성전암선원(파계사), 대승사선원, 도리사선원,
 천불선원(직지사), 서전선원(직지사), 상원사선원(월정사), 불영사선원, 유점
 사선원, 미륵암선원(신계사), 법기암선원(신계사), 보운암선원(신계사), 여여
 선원(신계사), 마하연선원, 장안사선원, 표훈사선원, 내원선원(석왕사), 보현사
 선원, 양화사(평북, 태천) 선원 등 47개 처이다.

41) 단, 수좌로서 개인으로 출석을 요청할 경우에는 발원권만 부여하였다.

42) 선회원은 선회에 대해 일체 의안의 제출권과 의결권을 갖는다.

43) 그 위원은 선회원인데, 그 정원은 안건에 의해 임시로 정하고, 위원장은 위원
 중에서 선거로 정하고, 위원장은 심의 결과를 선회에 보고하도록 하였다.

44) 임기는 3년이다.

선회의 운영 절차, 진행 등이 자세히 제시되었다. 우선 선회의 일체 의안은 선회 개최 10일 전에 중앙종무원에 제출하도록 하였으며, 회의 일정은 의장이 정하여 선회에서 동의를 받게 하였다. 제출 의안은 제안자의 축조설명을 1독회로, 위원회에서 심의하여 위원장이 선회에 보고하는 것을 2독회로, 본회에서 토의 의결하는 것을 3독회로 하였다. 위원회에서 부결된 의안은 위원장이 그 이유를 설명하고, 부결된 의안의 보류, 폐기에 대한 위원장의 의견을 본회에서 개진하게 하였다. 본회에서의 의결은 다수결에 의하여 결정하도록 하였다. 본회의 휴회, 폐회, 정회, 해산 등(31~33조)에 관해서도 그 내용을 정하였다. 다음 선회원 중에서 근무를 태만히 할 경우에는 본회의 의결에 의해서 징계(34, 35조)를 하도록 하였다.[46]

(5) 종무원 원칙

종무원은 종규 15조, 16조의 근거에 의해 조직할 수 있게 하였다. 종무원의 전모를 담고 있는 원칙은 6장, 16조로 구성되어 있다. 직제(2~6조)에서는 종무원 내의 종무별 구분을 하였다. 즉 종무원을 대표하며 제반 사무를 통괄하는 원장 및 원장을 보좌하는 부원장으로 각 1인을 두게 하였으며, 그 내부조직으로는 서무부, 재무부, 교화부를 두어 종무를 통리하게 하였다. 이 각 부에는 이사 1인과 약간명의 부원을 두게 정하였다. 직무(7~9조)에서는 서무부, 교화

---

45) 심사위원이 결원이 될 경우를 대비하여 보결 심사위원도 선출하도록 하였는데, 이 경우에는 전임자의 잔여 임기만 근무토록 하였다.

46) 그 사유는 정당한 이유없이 회장에 출석하지 않는 자, 회장의 질서를 문란케 하여 의사를 방해하는 자, 본회 회법을 준수하지 않는 자 등이었다. 그리고 징계의 내용은 참회, 발언권 정지, 퇴장 명령이다.

부, 재무부의 직무를 자세히 제시하였다.47)

---

47) 각 부서별 세부 업무 분장은 다음과 같다.
　　서무부 : 일반 외교문에 관한 건
　　　　　　원내 부원의 임면, 기타 인사에 관한 건
　　　　　　종정, 선의원, 원장, 이사, 선회원의 선거 사무에 관한 건
　　　　　　선회 소집에 관한 건
　　　　　　승니 및 사찰, 선원에 관한 건
　　　　　　院議 개최에 관한 건
　　　　　　승적에 관한 건
　　　　　　의제에 관한 건
　　　　　　선의원회에 관한 건
　　　　　　문서 왕복에 관한 건
　　　　　　기밀에 관한 건
　　　　　　인장 보관에 관한 건
　　　　　　院報에 관한 건
　　　　　　사회 사업에 관한 건
　　교화부 : 포교 및 교육에 관한 건
　　　　　　일체 의식에 관한 건
　　　　　　포교사의 양성 및 기타 임면에 관한 건
　　　　　　신도에 관한 건
　　　　　　도제양성에 관한 건
　　　　　　고시 및 법계에 관한 건
　　　　　　선전에 관한 건
　　　　　　징계 및 포상에 관한 건
　　　　　　편집에 관한 건
　　　　　　학회 및 도서관에 관한 건
　　　　　　고적 및 보물에 관한 건
　　　　　　위의 각호에 속한 통계의 조제 및 문서보관에 관한 건
　　재무부 : 院費 및 각 선원의 예산, 결산 및 지출에 관한 건
　　　　　　회계 장부 및 재산, 물품 등의 보관에 관한 건
　　　　　　재단에 관한 건
　　　　　　선원 및 승니 재산에 관한 건
　　　　　　산림 및 토지에 관한 건
　　　　　　營繕에 관한 건
　　　　　　신도의 의무금 및 特志 捐金에 관한 건
　　　　　　소작에 관한 건
　　　　　　이상의 각호에 속한 통계의 조제 및 문서 보관에 관한 건

직원 선거 및 임기(10, 11조)에서는 원장, 부원장, 이사의 선거와 임기를 제시하였다. 우선 원장, 부원장, 이사는 선회에서 무기명 투표로 선출하되, 그 대상자는 참선 수좌에서 선정하게 하였다. 원장 및 이사의 임기는 3년으로 하되 재임도 가능하게 하였다.[48] 종무원의 사무를 통리하기 위하여 원장, 각 이사는 '원의(院議)'를 조직하고 종무원 내부의 중요한 일을[49] 처리하게 정하였다(12, 13조). 보칙(14~16조)에서는 종무원의 성격, 종무원칙의 개정 및 시행의 문제를 규정하였다. 종무원은 "조선불교선교양종 재적 승려로서 조선불교선종 종규의 정신을 천양함에 족한(足) 줄로 인증(認證)하는 회합은 차(此)를 부조(扶助)함"이라고 하였다. 이 단서는 선종과 기존 종단인 선교양종과의 공존을 의미하는 단서로 볼 수 있는 대목이다. 단순히 보면, 선종 정신을 천양하는 회합은 종무원에서 지원하겠다는 뜻으로 볼 수 있다. 그리고 종무원칙은 선의원회의 제안으로서 선회의 협찬을 경유하지 않으면 개정하기 못하며, 반포일로부터 시행됨을 개진하였다.

(6) 선원 규칙

선원 규칙은 종규 5, 6조에 의거하여 나왔다. 선종 차원에서 선원 규칙을 만든 것은 선종이 선원을 기반으로 자생한 것과 선원에서 정체성을 찾으려 한 것을 엿볼 수 있다. 선원 규칙은 8장 24조로 구

---

48) 이사의 결원을 대비하기 위해 보결 이사 2명을 선정하되, 그 임기는 전임자의 잔여로 하였다. 선정방법은 이사와 동일케 하였다.

49) 그 내용은 직원 및 선의원회에 제출할 일체의 의안, 직원의 진퇴, 임시로 발생한 일체 사항 등이었다.

성되어 있다. 선원의 목적(2조)에서는 교외별전의 정법안장을 오득코자 하는 참선납자를 교양함에 있다고 전제하였다.[50]

각 선원의 임원(3조)으로는 조실 1인, 입승 1인, 원주 1인, 전좌 1인, 서기 1인을 두게 하였다. 그리고 기타의 임원은 수기증감(隨機增減)하되 종래의 용상방 규례에 따르게 하였다. 이상과 같은 임원의 직무(4~10조)에 대해서는 상세히 제시하였다. 우선 조실은 종지를 선양하여서 일반 납자를 훈도하며 선원 내 일체 사무를 지휘 감독하는 것으로 정하였다.[51] 입승은 조실을 보좌하여 선원 질서를 유지하며 상벌을 명백하게 하여 중심(衆心)을 열가(悅可)하게 한다고 하였다. 원주는 조실의 지휘를 받아 선원 일체의 외무를 장리하고, 그 상황을 원회(院會)에 보고하게 하였다. 전좌는 원주를 보좌하며, 원주의 지휘를 받아 선원의 외부 일에 종사하고, 원주의 유고시는 그 직무를 대리하는 것으로 하였다. 서기는 선원의 일체 문서를 담당하는 것이다. 이와 같은 임원은 해당 선원의 원회에서 선거하여 중앙에 보고하게 하였다. 선원의 방부, 즉 괘탑(掛塔)에 대해서는 승적이 있는 자 중에서 한하되, 정원 이외에는 불허케 하였다.[52] 이러한 직무 외에도 선원에 들어온 납자의 지도에 관한 내용과 원칙을 제시하였다. 즉 초발심납자는 1~3개월 간 외호 및 분수작법(焚修作法)에 종사케 하여 그 발심의 진위를 확인한 후, 선실에서 좌선하는 것을 허락하였다. 일반 납자도 조실의 지도를 받아 성실히 공안을 참구해야 함을 강조하였다. 납자 중 처분권이 있는 유산자는 의식

50) 단, 신도로서 안거 수행에 참예코자 하는 경우는 당해 선원 대중의 결의에 의하여 허락을 받도록 하였다.

51) 단, 조실이 부재한 선원에서는 입승이 그를 대신하였다.

52) 단, 부득이한 사정으로 초과할 경우에는 결제 후 1주일 내에 초과 인원 수와 그 상세 사항을 중앙에 보고하도록 하였다.

등을 자비로 한다고 정하였다.53) 모든 선원은 1년 2회,54) 그 경과를 중앙에 보고하되 입승과 원주 2인의 연서로 보고하게 하였다.

선원의 수행인 안거(11~18조)에 관해서도 세부적인 방침을 정하였다. 우선 안거 기간은 관행에 의거하여 정하고,55) 납자는 안거 중 괘탑(掛塔)과 행각(行脚)함을 인정하지 않았다. 수선(修禪)의 기준으로 파정(把定)은 매일 10시간, 시행(施行)은56) 6시간, 노동은 2시간, 수면은 6시간으로 정하였다. 그리고 매월 보름과 그믐에는 조실의 정기적인 상당 설법을 듣도록 정하고, 위생일도 정하였다.57) 원내 보청(普請)은 방행 시간으로 하였으며, 납자는 제복[승려복] 이외에는 입지 못하게 하였다. 안거를 성취한 자는 당해 선원에서 안거증을 수여받는다고 정하였다.58)

선원의 사무를 판결하기 위한 '원회(院會)'(19, 20조)를 두었다. 이는 당해 선원 괘탑 대중으로 조직하되, 중요 사항이 있을 경우에는 조실, 입승이 이를 수시로 소집하고, 그 원장이 되어 의사를 진행, 판결하도록 하였다. 그리고 납자로 선규를 준수하지 않고 행동이 문란한 대상자는 징계할(21, 22조) 수 있게 하였다. 이에 그 납

---

53) 그런데 왜 이런 내용이 등장하였을까 하는 의아심이 든다. 선원의 경제적인 궁핍에서 나온 것으로 볼 수도 있다. 재가 신도가 선원에서 참선할 경우에는 이처럼 자비를 부담하게 하였다.

54) 그 보고의 제1기는 음 정월 20일 이내, 제2기는 음력 7월 20일 이내로 하였다.

55) 하안거 : 4월 15일부터 7월 14일까지(음력)
동안거 : 10월 15일부터 정월 14일까지(음력)

56) 이 施行은 휴식, 방선 등을 지칭한 것으로 보인다.

57) 목욕일 : 매월 3, 8일
세탁일 : 매월 3, 6일
삭발일 : 매월 14, 29일

58) 단, 안거증 용지는 중앙에서 배부하되, 당해 선원 조실 및 당사 주지의 인증을 받아야 한다고 하였다.

자는 3차의 설유(說諭)를 하여도 회개하지 않으면 출원(黜院)케 하고, 그 상세한 이유를 중앙 및 각 선원에 보고하도록 정하였다. 출원 조치를 당한 수좌는 회원증을 체탈하고, 선원 괘탑은 인정할 수 없게 하였다.[59] 선원 원칙에 미비한 내용이 있으면 종래 선원 관례에 따르게 하였다.

5. 조선불교선종과 수좌대회의 성격

지금껏, 1935년 3월 7~8일 선학원에서 개최된 수좌대회의 배경, 경과, 결정된 내용 등을 정리하여 보았다. 본장에서는 수좌대회와 수좌대회를 통하여 등장한 조선불교선종의 성격을 가늠하고자 한다. 이와 관련해서는 우선 대회가 끝난 6개월 후 선리참구원 및 조선불교선종 종무원의 기관지인 『선원』지에 기고된 선종 중앙종무원을 소개하는 글을 제시한다.

지난 삼월의 전선수좌대회에서 선종의 자립과 전선 선원의 통일 기관으로 중앙에 종무원을 설치키로 결의되어 동 사무소를 경성부 안국동 중앙선원에 두고 원장 오성월(吳惺月)화상이 취임하야 우으로 세 분의 종정을 모시고 아래로 삼리사를 거느리여 선종의 확립과 선원 수 증가와 각 선원의 내용 충실을 도모한바 불과 반년에 선원 수가 십여 개소이고 전문으로 공부하는 수좌 수효가 삼백 명을 초과하게 되었습니다. 창립 당시 사무실 건축비로 희사금을 재경 신도 여러

---

59) 단, 出院을 처분한 선원의 참회 승인장이 있을 경우에는 괘탑을 얻을 수 있게 하였다.

분이 연출한바 불과 일일에 천여 원을 초과하야 수년내에 사무실 건축을 보일 길한 전조를 보이다. 아직은 창설기임으로 완전한 활동에 들지 못하였으나 현재 주로 하는 사업은 지방 각 선원의 연락과 통제 본 기관지를 통하여 선리를 참구하는 건전한 신앙의 확립, 법의 포양, 각 본산을 권면하여 선방 증설 및 수좌 대우 개선, 행방 포교사를 각 지방에 보내어 설법과 포교를 하는 등 선종의 독립 발전을 적극적으로 확장하고 있습니다. 직원은 오성월화상, 부원장에 설석우화상, 서무리사에 이올연화상, 재무리사 정운봉화상, 교화부 리사에 김적음화상[60]

이상과 같은 종무원의 활동 내용을 보면, 수좌대회를 통하여 출범한 선종과 종무원은 정상 가동되었음을 알 수 있다. 종정 및 종무원의 임원이 근무하고, 종무원에서는 선원과의 연락, 선 포교, 선원 증설 및 수좌 대우 개선 등을 통한 선종의 독립 발전을 추진하였다. 그러면 이렇게 등장한 선종, 종무원을 어떻게 바라보아야 하는가? 이에 대해 필자는 다음과 같이 그 성격을 대별하여 이해하고자 한다.

첫째, 1935년경 선학원 수좌들의 식민지하 불교의 현실을 극복하려는 치열한 현실의식을 찾을 수 있다. 당시 수좌들은 식민지불교 현실에 대한 강한 불만과 비판의식에 머물지 않고 이를 극복할 대안을 제시하려고 노력하였다. 수좌들의 그 현실인식은 수좌대회 선서문에 단적으로 나오는데, 즉 당시 불교계는 사마(邪魔)가 극성하고 정법이 계승·구현되지 못하는 말세로 이해하였다. 그러면서 수좌들은 그 현상이 나온 것을 스스로 참회하고, 추후에는 그런 현상이

---

60) 『선원』 4호(1935.10), 29~30쪽, 「우리 각 기관의 활동 상황」.

나오지 않게 노력하겠다는 굳은 서원을 하면서 정법수호에 매진할 것을 맹세하였던 것이다.

둘째, 수좌대회 및 선종에서 수좌중심의 불교관을 분명하게 보여주었다. 이는 당연한 이해이겠지만 수좌들이 검토하여 제정한 종규에는 그 성격이 명쾌하게 드러난다. 종정은 대선사여야 한다는 것, 종무원 운영의 근간으로 설정한 선의원회의 의원을 종안(宗眼)이 투철한 대상자로 설정한 것, 선종의 대의기관으로 설정한 선회의 회원을 선원에서 안거중인 수좌로 제한한 것 등은 그 실례이다. 이러한 구도에서 교, 교학에 대한 고려나 배려는 찾을 수 없다.

셋째, 수좌대회의 개최 및 진행에서 공의(共議) 정신을 찾을 수 있다. 수좌대회 개최 배경으로 등장한 선리참구원 정관 시행 세칙위원회를 해당 분야 전문가를 초빙하여 자문을 받으려고 하였고, 그 자문위원이 전체 수좌대회를 통하여 검증을 받음과 동시에 차제에 선종의 자립까지 시도하려고 의견을 내고 이를 수용한 점, 수좌대회의 원만한 진행 등에서 공의 정신을 찾을 수 있다. 산중에서 수행만 하는 수좌들이었지만 서구적인 민주주의 제도와 흡사한 진행, 의사결정 방식은 공의 정신의 다름이 아니었다고 보인다.

넷째, 수좌 및 선종의 정체성 구현 차원에서 선원의 중요성이 강조되었다. 선원은 불교의 정법을 수좌들에게 교양시키는 곳으로 정의하였다. 그리고 선원 내의 소임자의 임무 원칙을 수립한 것, 납자지도에 대한 철저한 강조, 안거 수행의 기준 등을 구체적으로 제시하였는바 이는 선원을 선종의 정신적인 기반으로 삼으려는 인식에서 나온 것으로 볼 수 있는 대목이다. 나아가서는 선종 종무원과 전국 각처 선원과의 유대성을 가지려는 측면도 나온다. 요컨대 선종의 기반, 사상의 배태로서 선원을 유의하였음을 엿볼 수 있다.

다섯째, 수좌대회, 선종에서는 기존 교단(종단) 및 불교계의 행태, 정황에 대해서는 강렬한 비판을 하면서도 공존하려는 의식이 드러난다. 즉 사찰령 체제, 식민지불교 체제를 완전 부정하지는 않았다는 것이다. 예컨대 선의원의 대상자를 '선교양종 승려'에서 찾을 수 있다고 하였으며, 종무원을 설명하면서 '선교양종 재적 승려'로서 운운한 것, 승려 및 신도의 요건은 '사법'에서 정한 바에 따른다는 종규의 내용, 선원의 일체 재산을 선종의 소유재산으로 한다고 정하면서도 그 범위를 법인에 편입된 재산만으로 제한한 것 등은 당시 현실을[61] 완전 부정하지 않았던 인식에서 나온 것이다.

여섯째, 수좌 및 선종의 정체성을 철저히 강조하려는 의식이 뚜렷이 나오고 있다. 수좌대회 개최 및 선종의 출범을 주도한 당시 수좌들은 불교정법을 구현하는 주체는 수좌임을 자임하였다. 요컨대 수좌, 선, 한국불교의 전통을 동일하게 인식하려는 정체성 확립의 결과로 조선불교선종 종무원이 출범하였던 것이다. 그런데 선종의 핵심으로 설정한 선원을 설명하는 대목에서 그 목적이 '상보하화(上普下化)'라고 천명함은 의미 깊은 단서라 하겠다. 일반적으로 상구보리, 하화중생이라는 대승불교의 이념 및 실천 강령이 여기에서 분명하게 드러났던 것이었으니 이러한 표방을 수좌들의 이념적 확립으로 보려는 것이 필자의 판단이다. 그러므로 이러한 수좌들의 이념적 자기 정비를 통해 나타난 수좌의 수행 및 중생의 제도를 민족불교의 구도에서 볼 수 있는 단서로 보고자 한다.

---

61) 여기에서 말하는 현실은 조심스럽게 접근할 필요가 있다.

6. 결어

맺는말에서는 앞서 살핀 본 고찰의 내용을 주요 대목별로 정리하고, 추후 유의하여 살필 초점을 제시하는 것으로 대하고자 한다.

첫째, 1935년 3월의 수좌대회는 1934년 12월 선학원이 재단법인 선리참구원으로 전환된 직후 수좌들의 현실인식을 극명하게 보여준 대회였다. 주지하는 바와 같이 선학원은 1921년에 창건되고, 수좌들의 조직체인 선우공제회는 1922년에 창립하였지만 그 이후 10여 년간은 고뇌, 좌절의 연속이었다. 그러한 과정을 거쳐 1935년경에 와서는 자기 정체성을 정비하고, 물적 토대를 구축하면서 수좌들이 나가야 할 노선, 방향을 구체화하였다는 지표로서 분명한 역사적 성과를 담보하였다고 볼 수 있는 증거인 것이다.

둘째, 수좌대회를 통하여 수좌, 선원, 선리참구원이 일체가 되어 조선불교선종을 설립하고, 선원 및 수좌들의 조직체인 종무원을 출범시킨 것에서 기존 교단과의 차별성을 분명하게 보여 주었다. 이로써 수좌들은 불교의 정법을 수호, 계승하면서 한국불교의 전통을 구현하려는 행보를 가게 되었다. 이는 식민지불교에 대한 저항의 성격을 담보하는 것이다.

셋째, 이 같은 전제하에서 종규, 종정 회칙, 종무원 회칙, 선의원회 법칙, 선회 법칙, 선원 규칙 등을 마련한 것은 종단 조직화에 있어서도 기념비적인 성과를 마련한 것이었다. 1929년 승려대회에서 나온 종헌체제에서도 종단의 조직화를 구현하였지만 다방면에서 미흡한 상황이었다. 그런데 수좌대회에서 나온 여러 규약 특히 선원 부문은 이전의 한계를 극복한 대안이었다. 이에 수좌들이 제정하여 실천에 옮긴 조직화의 경험, 대안은 근대불교에서의 일정한 평가를 받을 만한 것이었다.

넷째, 수좌대회에서 결정한 여러 방안이 대회 이후 어떻게 전개되었는지를 살핌으로써 식민지불교 후반의 역사를 새롭게 볼 수 있는 하나의 안목을 갖게 되었다. 현재 그 관련 자료가 대부분 산실되었던 정황으로 인해 전개과정, 성격, 의의를 말하기는 어렵지만 추후 이에 대한 제반 상황을 정리해야 할 과제를 갖게 되었다.

다섯째, 수좌대회에서 결정한 사항, 수좌들이 추구한 행보가 1941년 4월 조선불교조계종 창종에 미친 영향과 상호관계에 대한 검토를 기해야 한다. 조계종 창종 직후의 간부진에는 수좌들도 일부 참여하였는바 이에 대한 해석을 어떻게 할 것인가의 문제를 우리에게 던져주고 있는 것이다.

지금껏 1935년 3월의 수좌대회와 선종, 종무원, 선리참구원 등에 관련된 제반 문제를 조망하여 보았다. 추후에는 근대불교선상에서의 선학원, 선종, 수좌대회가 갖고 있는 성격, 사상적인 의의, 해방 이후 정화운동과의 상관성 등에 대한 다각도의 접근이 필요하다고 본다.

조선불교선종의 선회에 나타난 수좌의 동향

1. 서언

일제하 불교의 동향을 검토함에 있어 선방에서 수행하는 수좌 (首座)의 동향은 주목할 내용이다. 이는 수좌들이 불교의 수행을 대변하는 상징성을 가졌을 뿐만 아니라, 그들의 수행은 일제 불교정책에 저항성을 띠면서, 전통불교 수호의 성격을 가졌기 때문이다. 이런 수좌들은 공동활동의 공간을 만들고, 이를 기반으로 자생적인 조직체를 만들고, 이를 거점으로 자신들의 정체성을 정비하려고 부단히 노력하였다.

즉 1920년대의 수좌들은 자신들의 중앙 거점인 선학원을 설립하고, 나아가서는 자생적으로 수좌들의 자위적 수행 조직체인 선우공제회까지 만들었다. 선학원과 선우공제회를 만들었던 수좌들은 1930년대에 접어들어서는 일시적으로 침체되었던 선학원의 재건과 대중화를 성취하였다. 그러한 구체적 성과가 1934년 12월의 재단법인 조선불교 선리참구원(朝鮮佛敎 禪理參究院)의 설립이었다. 선리참구원을 출범시킨 수좌들은 거기에서 한발 더 나아가 1935년 3월

7~8일, 선학원에서 조선불교선종 수좌대회를 개최하였다. 대회에 참가한 수좌들은 제방의 선원, 선리참구원이라는 기반에서 새로운 종단과 전국선원의 단일기관인 조선불교선종과 중앙종무원을 창립 하였다. 당시 그들은 선종의 종규를 비롯한 6종의 규약을 제정하여 독자성을 구체화하였다. 이렇게 선리참구원, 조선불교선종, 종무원 및 종규 등을 만들어 낸 수좌들은 일제가 패망하는 그날까지 자신들 의 정체성을 지키면서 불법 수호, 민족불교 수호를 위한 가시밭길을 걸어갔다.[1]

이 같은 행보는 기존 종단과의 차별성을 분명히 보여 주면서, 불 교의 정법을 수호하고, 한국불교의 전통을 계승하려는 불교정화의 성격을 갖고 있었다. 그래서 이러한 선학원의 설립과 지향에 대하여 적지 않은 연구가 축적되었고, 그 행보와 이념에 대해서도 긍정적, 역사적인 평가가 뒤따랐다. 그러나 선학원의 설립 배경과 1935년 이

---

1) 지금까지 연구된 성과는 다음과 같다.
  정광호, 「선학원 반세기」, 『대한불교』 1972년 5~9월(11회).
  정광호, 「한국 전통선맥의 계승운동」, 『근대한일불교관계사 연구』, 인하대출판부, 1994.
  김광식, 「일제하 선학원의 운영과 성격」, 『한국독립운동사연구』 8, 1994.
  김광식, 「조선불교선종 종헌과 수좌의 현실인식」, 『한국근대불교의 현실인식』, 민족사, 1998.
  김순석, 「일제하 선학원의 선맥 계승운동과 성격」, 『한국근현대사연구』 20, 2002.
  김광식, 「선학원의 설립과 전개」, 『선문화연구』 창간호, 2006.
  김순석, 「중일전쟁 이후 선학원의 성격 변화」, 『선문화연구』 창간호, 2006.
  김경집, 「근대 선학원 운동의 사적 의의」, 『불교학연구』 15, 2006.
  오경후, 「선학원 운동의 정신사적 기초」, 『선문화연구』 창간호, 2006.
  김광식, 「조선불교 선종과 수좌대회」, 『불교근대화의 전개와 성격』, 조계종출판 사, 2006.
  법 진, 「선학원 중앙선원 방함록과 선종부흥」, 『선리연구원 총서 1, 選佛場』, 선 리연구원, 2007.
  김광식, 「유교법회의 전개과정과 그 성격」, 『불교평론』 35, 2008.

후의 행보에 대해서는 이견이 제기되면서[2] 선학원의 정체성과 개별 활동에 대한 후속 연구가 요청되기도 하였다.

본 고찰은 이 같은 배경에서 1935년 3월, 선학원에서 개최된 조선불교선종 수좌대회 이후의 선학원[3] 및 수좌의 동향을 살펴보려는 글이다. 이 수좌대회에 대해서는 『동아일보』와 『매일신보』의 보도 기사와[4] 『선원』지에 수록된 내용에[5] 의거, 대회가 열렸다는 것은 파악되었지만 대회의 배경, 진행, 내용 등에 대해서는 알 수가 없었다. 필자는 수년 전, 수좌대회가 종료된 직후 대회 주최 측이 대회의 전모를 정리하여 펴낸 「조선불교선종수좌대회회록(朝鮮佛教禪宗首座大會會錄)」을 입수하였다. 그 후 필자는 그 회록을 불교계에 공개하고,[6] 수좌대회에 관련된 여러 내용을 분석한 논문인 「조선불교선종과 수좌대회」를 발표하였다.[7] 이후 그 회록은 현재의 재단법인 선학원 산하 연구기관인 한국불교선리연구원의 선리연구원 총서 1집인 『선불장(選佛場)』에 수록되었다.[8] 이 같이 대회 회록이 공개, 영인,

---

2) 앞의 논문 중 김순석의 견해가 그 예증이다. 김순석은 선학원의 설립에서는 일제의 문화정책을, 선리참구원 설립 이후에는 일제의 불교정책에 협조를 그 성격으로 거론하였다.

3) 선학원이라 함은 선리참구원, 중앙선원을 통칭한 것이다.

4) 『동아일보』의 1935년 3월 13일자 보도기사, 「불교수좌대회」와 『매일신보』 1935년 3월 12일의 기사인 「조선불교선종 부흥책 대회」이다.

5) 1935년 10월에 발간된 『禪苑』 4호의 「우리 각 기관의 활동 상황」이다.

6) 『법보신문』 2006.9.12, 「김광식박사, 최초 수좌대회 회의록 공개」.

7) 본 논문은 조계종 교육원 불학연구소가 주관하였던 제1회 불교사 연구위원회의 워크숍에서 발표하였다. 필자는 발표 후 논문을 수정, 보완하여 『불교 근대화의 전개와 성격』(조계종출판사, 2006)에 수록하였다.

8) 2007년 11월에 발간되었는데, 그 책에는 선학원에 보관되었던 방함록도 공개, 영인되어 수록되었다. 선리연구원에서 수록한 회록은 필자가 공개한 사본을 이용한 것이다. 필자는 선리연구원의 오경후 선임연구원의 협조 요청(게재 영인)을 동의하였다.

보급되면서 수좌대회 이후의 선학원과 수좌의 동향에 대한 연구 필요성이 더욱 요청되었다.

필자가 대회회록을 공개한 이후 선학원에 보관되었던 1934년부터 1967년까지의 선학원 방함록(芳啣錄)도 선리연구원이 공개, 영인하면서 그에 대한 개요와 성격을 정리한 글이[9] 나왔다. 이런 제반 연구 환경의 변화로 인해 필자는 수좌대회 이후의 선학원과 수좌의 동향을 연구할 필요성을 절감하였다.

한편 필자는 2008년 봄에는 조계종 총무원이 주관한 유교법회(遺敎法會)를 소재로 한 연찬회에[10] 참가하여 1941년 3월 선학원에서 열흘간 개최된 유교법회의 전개과정을 분석한 논문을[11] 발표하였다. 그런데 당시 그 글에서는 유교법회와 선학원과의 상호 관계에 대해서는 뚜렷한 설명을 하지 못하였다. 그에 대한 관련 자료를 보지 못한 것이 주된 이유였다. 요컨대 필자는 유교법회의 개최 전후, 선리참구원 및 선종 종무원에서는 유교법회를 어떻게 인식하였는가에 대한 궁금증을 갖게 되었다. 달리 말하면 유교법회는 조선불교선종, 조선불교선종 종무원의 공식적인 활동이었는가, 혹은 별개의 법회였는가이다. 그러나 그에 연관된 자료를 보지 못한 연유로 어떤 설명도 할 수 없었다.

본 고찰은 이런 전제하에서 1935년 3월, 수좌대회의 개최 이후부터 1941년 유교법회 개최 전후에 이르기까지의 선학원, 수좌, 조선불교 선종의 동향을 살펴보려는 글이다. 구체적으로는 「朝鮮佛敎禪

---

9) 앞의 법진의 논문, 「선학원 중앙선원 방함록과 선종부흥」을 말한다.
10) 4월 22일, 조계종 총무원이 주최한 「조계종 중흥의 당간 41년 유교법회」이다.
11) 필자 논문은 앞에서 소개된 「유교법회의 전개과정과 그 성격」이다. 필자는 세미나 종료 후, 글의 내용을 보완하여 『불교평론』 35호(2008.6)에 수록하였다.

宗 第一回 定期禪會 會錄」과 「朝鮮佛教禪宗 第二回 定期禪會 總會會錄」에 나타난 선학원과 수좌들의 동향을 정리하고, 당시 수좌들의 현실인식을 분석하고자 한다. 조선불교 선종의 선회(禪會)가 개최되었다는 사실은 1970년대 초에 선학원의 개요를 작성한 정광호의 글과[12] 선회에 참가한 당사자였던 통도사 선승 경봉의 일기(1941.3.16)에[13] 적출된 바가 있다. 그 회록을 열람하고 선학원에 대한 최초의 글을 썼던 정광호는 1960년대 후반 선학원에 소장중인 회록을 보았다고 서술하였다.[14] 그러나 다사다난 하였던 선학원의 내부 사정으로 선학원에 보관되었던 그 회록은 행방불명이 되었다.

선학원, 조선불교선종, 수좌에 대한 연구를 진일보하기 위해서는 선회의 회록을 입수하는 것이 긴요하다고 파악한 필자는 그 회록을 찾고, 구하기 위해 다각적인 노력을 기울였지만 수년 전까지는 일체의 정보를 얻을 수 없었다. 그러다가 최근 필자는 1회와 2회의 「회록」을 수집할 수 있었다.[15] 이에 그 회록을 분석, 정리한 글이 본 고찰이다. 필자는 회록의 분석을 통하여 1930년대 후반, 1940년대 초

---

12) 정광호, 『근대한일불교관계사연구』(인하대출판부, 1994), 202∼204쪽.

13) 그 일기에는 "오전 10시 조선불교중앙선회 제2회 정기총회를 마치고 내가 의장으로 추선되어서 회의진행을 하다. 오후 9시에 마치다."라고 나온다. 『삼소굴일지』(극락선원, 1992), 167쪽.

14) 정광호, 『근대한일불교관계사연구』(인하대출판부, 1994), 203쪽의 각주 44) 내용 참조. 정광호가 열람한 것은 1939년도의 선회 즉 제1회 회의록이었다.

15) 1회, 2회 회록은 필자가 개별적으로 확보한 것이다. 1회 회록은 자료 상태가 정상적이지만, 2회 회록은 1, 2쪽이 파손되었다. 1회 회록은 1939년 4월 23일에 8쪽으로 발행되었는데, 활판으로 인쇄되었다. 저작 겸 발행자는 최응산, 발행소는 조선불교선종 중앙종무원과 재단법인 조선불교 중앙선리참구원으로 나온다. 한편 2회 회록은 1941년 6월 30일에 발행되었는데, 28쪽의 가리방(등사)으로 발행되었다. 저작 겸 발행자는 오성월, 발행소는 조선불교선종 중앙종무원과 재단법인 조선불교 중앙선리참구원으로 나온다.

반 선학원의 동향의 일단을 파악할 수 있는 단서를 얻게 되었다. 그리고 이 분석을 통해 수좌대회 이후의 조선불교선종의 흐름과 선회에 나타난 수좌들의 현실인식을 파악할 수 있다. 이러한 내용을 통해 1945년 해방 직전 선학원과 수좌의 동향을 전망할 수 있는 관점을 가질 수 있는 것이다. 일제 말기의 선학원 및 수좌에 대한 제반 내용의 정리는 필자의 후속 연구로 남겨둔다. 필자는 이에 대한 정리를 지속적인 자료수집과 연구로 해결하고자 기획하고 있다. 선학 제현의 질정을 바란다.

2. 조선불교선종 제1회 정기선회(定期禪會)

조선불교선종 제1회 정기선회(이하 1회 선회라 약칭함)는 1939년 3월 23일, 서울 안국동 40번지에 자리한 중앙선원의 법당에서 개최되었다. 조선불교선종의 선회는 선종 종규 제7장에서 규정한 선종의 공식기구로 광의의 대의원회이다. 종규에서는 종문(宗門)의 만기(萬機)를 공결(公決)하기 위하여 설치하며, 선회의 조직은 별도의 소정 법규에 의하며, 선회는 종정이 매년 3월중 또는 필요할 경우 소집하며, 5분의 3 이상의 선회원이 종정회에 대하여 선회를 소집할 것을 요구할 수 있다고 정하였다.16) 이상과 같은 종규에 의거 선회법(禪會法)은 11장, 37조로 구성되어 있는데, 선회의 개요와 운영에 대하여 자세히 설명되어 있다.17) 1935년의 수좌대회가 개최된 후부

---

16) 졸고, 「조선불교 선종과 수좌대회」, 181쪽.

17) 위의 졸고, 186~188쪽 참조. 수좌대회록 30~37쪽에 수록되어 있다. 그 내용은 1장 조직, 2장 소집 및 개회, 3장 의장 서기 및 사찰, 4장 선회원 선거 및 임기,

터 4년 후에 선회가 개최된 배경, 준비 과정에 대해서는 전하는 자료가 없어 단언하기 어렵다.[18] 여기에서는 회록에 나온대로 회의 진행 및 내용을 소개하고자 한다.

3월 23일 오전 10시 정각, 선리참구원의 서무이사인 기석호의 주관으로 삼귀의례를 거행함으로써 선회는 개회되었다. 그 직후에는 참가대중이 동방요배를 하였으며, 선종종무원 직원인 최응산의 선창으로 참가대중은 황국신민의 서사를 함께 낭송하였다. 개회사도 기석호가 하였는데, 그는 선회의 장래 발전에 대한 의미심장한 개회사를 하였다. 다음으로는 최응산이 나와서 참가 회원을 점명하였다.[19] 출석한 인원은 51명이었고, 결석한 인원은 7명이었다. 회의록에 나온 그 대상자들을 제시하면 다음과 같다.[20]

■ 법인 참가 선원

중앙선원 : 金寂音(대표) 康道峰 宋秉璣 崔豊下 韓千手 李一夫 金愚錫

범어사 선원 : 李東疆(대표)

범어사 금정선원 : 尹金牛(대표)

대승사 선원 : 趙慧明(대표) 鄭道煥

수덕사 선원 : 黃龍吟(대표) 鄭道益

정혜사 선원 : 鄭金烏(대표) 金靈雲 金大圓 洪無爲

울산 학성선원 : 缺

5장 선회의 권한, 6장 위원회, 7장 심사위원, 8장 회의, 9장 휴회 폐회 정회 해산, 10장 징계, 11장 보칙 등이다.

18) 1938년 후반 무렵, 선리참구원 내부에서 선회의 소집을 검토하였을 것으로 보인다. 그러나 왜? 1939년 3월에 가서야 모임을 가졌는지에 대해서는 별도의 자료에 의거 설명을 해야 한다.

19) 1회 회록, 2쪽.

20) 1회 회록, 2~4쪽.

동래 金山禪院 : 缺

직지사 선원 : 缺

제주도 제주선원 : 缺

옥천 大成庵 선원 : 缺

예산 實相庵 선원 : 缺

금강산 法起庵 선원 : 缺

■ 법인 불참가 선원

유점사 경성포교소 : 趙普月(대표)

법주사 경성포교소 : 崔元宗(대표)

경성 아현, 法性院 : 洪華峰(대표)

범어사 경성포교소21) : 表檜庵(대표) 邊峰庵 朴流水

망월사 선원 : 洪圓午(대표) 金相根 李慧華

봉선사 선원 : 洪龍巖(대표)

양주 圓通寺 선원 : 盧碩俊(대표) 金龍淵

고양 승가사 선원 : 金海○

해인사 : 金鳳鳴

통도사 백련선원 : 玄一愚(대표), 朴成學

백양사 운문암 선원 : 朴昌洙(대표) 金知常

은해사 선원 : 金圓空(대표)

보경사 선원 : 金唯心(대표)

청주 용화사 선원 : 金悳山(대표)

장안사 : 洪瑾昕

---

21) 이 포교소는 백용성이 창건, 주석하였던 대각사이다. 용성은 1937년에 해인사
에 전 재산을 제공하였으나 타협이 되지 않아 범어사와 교섭을 하여 재산을 제
공하여 상호간에 협력관계를 맺었다.

표훈사 : 兪能一

마하연 : 李愚鳳(대표) 李兀然[22] 李法三 金法蓮

유점사 : 金圓鏡

월정사 : 金精修

귀주사 : 李奎鳳

평북 태천 양화사 선원 : 崔仁昊(대표)

영변 보현사 上院禪院 : 崔慧菴

평북 정선군 정암사 : 許東一

이렇게 출석자, 결석자를 파악하였다. 그런데 선회에는 선원에서 참가한 대상자 이외에도 선종 중앙종무원의 간부진도 참가하였다. 일부 불참한 경우도 있는데, 그 전모를 제시하면 다음과 같다.[23]

원장	吳惺月(缺)
부원장	薛石友(缺)
서무부 이사	奇昔湖
교화부 이사	金一翁
재무부 이사	姜正一[24]
부원	崔應山
감사	金是庵 盧碩俊

즉 원장과 부원장은 불참하였고,[25] 여타 간부진은 대부분 참가하

---

22) 이청담이다. 당시 그의 법명은 순호이고, 올연은 만공에게 받은 법호이다.

23) 1회 회록, 4쪽.

24) 강석주이다. 정일은 그의 법명이다.

25) 불참 사유는 알 수 없다.

였다. 그래서 선회는 57명이 참가하였다. 참가 대상을 점검하고, 이어서 불참한 부산 동래의 금산선원의 기인벽(奇仁壁)이 보낸 축전과 송광사 삼일암 선원에서 보내온 축문을 최응산이 낭독하였다.

이상과 같이 모임의 기본적인 성립 조건을 확인한 후, 선회는 본격적으로 진행되었다. 우선 임시 집행부인 의장과 부의장을 구두로 호선하여 선출하자는 김일옹의 의견이 있어, 채택되었다. 그 결과 의장에 이우봉, 부의장에 기석호가 만장일치로 선출되었다.[26] 이에 이우봉이 의장의 자격으로 등단하여 서기(書記)와 사찰(司察)을 지정하였다.[27] 그 후, 전 회록 즉 1935년 3월 7~8일에 열린 조선불교 선종 수좌대회록을 최응산이 낭독하였다. 이에 대해서 참가한 대중들은 이견 없이 수용하였다. 이어서 최응산이 서무부, 재무부, 교화부의 경과보고를 하였다.[28] 그리고 이전 수좌대회에서 수정한 법인 정관을 속히 인가 수속에 착수하는 것이 좋겠다는 김적음의 의견이 가결되었다.[29] 이어서, 신앙보국에 대한 문제를 토론, 결의하였다. 이는 당시 선회에 참석한 수좌들의 현실인식을 가늠함에 있어 큰 시사를 제공하기에 회록에 나온 내용을 그대로 제시한다.

信仰報國에 대해서 精進方面으로써는 祈禱(護國英靈을 爲하야)와 物質 方面으로써는 皇軍慰問金 等을 收合하야 戰地로 送付함이 可하다는 李東疆氏 意見에 奇昔湖氏 同議와 黃龍吟氏 再請으로 滿場一致로 가결되

---

26) 1회 회록, 4쪽.
27) 서기에는 최응산과 이동강이 사찰에는 노석준과 정도환이 피선되었다.
28) 그런데 보고서는 회록에서의 첨부를 생략한다고 회록에 기재되어 있다.
29) 현일우의 동의, 최원종의 재청이 있었다. 그런데 1935년 3월 8일 회의에서 하용봉(동산)이 선리참구원 정관 수정을 낭독하여 통과시키면서, 일제 당국의 인가를 받아야 함을 결의하였다. 졸고, 「조선불교 선종과 수좌대회」, 176쪽.

어 即席에서 收金한바 如左하다.30)

이렇게 참석 대중들은 신앙보국(信仰報國)을 기함에 정진으로 호국영령에 대한 기도를, 물질방면으로는 황군위문금을 모아 전쟁일선으로 송부하는 것을 결정하고 즉시 수금을31) 하였다.

다음으로는 총본산에 대한 건의의 건을 토의하였다. 당시는 총본산 건설운동32)이 본격화되어 총본산인 각황사가 이전하여 건축되었고, 각황사를 한국불교를 대표하는 사찰로 인식하는 차원에서 사찰의 이름을 태고사로 전환하는 수속이 진행중이었다. 총본산은 곧 교단을 의미하는 것이었다. 그런데 선회에서는 총본산에 건의할 내용을 작성할 위원 5인을 구두로 호선하여 기타사항 논의시에 보고케 하자는 이올연의 제안이 나와, 통과되었다.33) 이에 그 위원 5인을34) 호선하고, 정오 12시에 휴회가 선언되었다.

선회는 참가 대중들이 공양을 마친 후인 오후 1시에 속회되었다. 오후에 제일 우선하여 논의한 것은 선원 청규 실행에 관한 건이었다. 선원 청규라 함은 수좌대회에서 정한 선원 규칙을 말하는 것으로 여겨진다.35) 이 건은 각 처에서 청규를 더욱 힘써 실행키로 정하

---

30) 1회 회록, 5쪽.
31) 그 내역은 다음과 같다.
    선리참구원 10원, 선회에 참가한 대중 7원 60전, 중앙선원 5원, 수덕사 선원 2원 50전, 정혜사 선원 2원 50전, 대승사 선원 2원, 도리사 선원 1원 등 합계 32원 60전이다.
32) 졸고, 「일제하 불교계의 총본산건설운동과 조계종」, 『한국민족운동사연구』 10, 1994.
33) 강정일의 동의, 김적음의 재청이 있었다.
34) 김적음, 이올연, 기석호, 박창수, 현일우 등이다.
35) 졸고, 「조선불교 선종과 수좌대회」, 190~192쪽. 그러나 각 선원의 독자적인 청

고, 금강산의 마하연 선원을 모범선원으로 지정하여, 초학자 지도까지 편의를 제공하자는 김적음의 의견이 가결되었다.[36] 그리고 노덕선원(老德禪院)에 대해서는 이전 수좌대회의 결의를[37] 이행하자는 황용음의 의견이 가결되었다.[38] 그 후 마하연을 모범선원으로 지정하여 초학자를 지도하자는 결의에 대한 세부적인 논의를 하여, 그에 대한 내용이 선회에서 만장일치로 가결되었다. 회록에 나오는 내용을 제시하면 다음과 같다.[39]

初參衲子 指導機關 設置

初學者 指導 禪院을 模範禪院에 附設하야 一個年 以上의 修鍊을 修了한 者가 아니면 諸方 禪院에 掛塔을 不許케 하자는 李兀然씨 動議에 滿場一致로 可決되다.

初參衲子 指導機關 規則 及 入參者 資格

初學者 指導 禪院 淸規를 制定하야 資格을 審査한 後에 入院을 許케 하자는 李東疆氏 意見에 滿場一致로 可決되니 左와 如하다.

◆ 資格審査 規程 ◆
- 入參者는 年齡 十八歲 以上으로 滿五十歲까지
- 沙彌戒 及 具足戒를 受持한 者
- 四集科 卒業 以上 又는 尋常小學校 卒業 定度 以上의 學力이 有한 者

규를 의미할 수도 있어, 필자의 단정적인 판단은 유보한다.
36) 김일웅의 동의가 있었다.
37) 수좌대회에서는 구참노덕을 경시하는 경향을 타파하기 위해, 별도의 양로선원을 창설하여 법랍이 10년 이상이면서 속납이 60세 이상의 노덕스님을 별도로 안거케 하자고 정하였다. 졸고, 「조선불교 선종과 수좌대회」, 179쪽.
38) 이 건에 대해 김일웅의 동의와 이동강의 재청이 있었다.
39) 1회 회록, 5~6쪽.

(但 特別 發心者는 此限에 不在함)

- 品行이 方正하고 身體가 健全한 者
- 僧籍이 有한 者
- 獨身生活하는 者

　이상과 같은 결의 내용에서 다양한 정보를 얻을 수 있다. 우선, 모범선원으로 마하연이 지정되면, 마하연에 부설 선원으로 초학자를 지도하는 선원을 두기로 정하였다. 그리고 초학자 선원에서 1년간의 수행을 하지 않으면 제방 선원에서 방부를 받아주지 않기로 정하였다. 또한 초학자 지도 선원의 청규를 별도로 정하고, 그 선원에 들어올 대상자의 자격을 심사하기로 하였다. 이 같은 전제하에서 입방자의 자격 규정을 정하였다. 그는 18~50세, 사미계와 구족계를 수지하고, 사집과 혹은 심상소학교 졸업 이상의 자격으로,[40] 품행이 방정하고 신체가 건강하며, 승적이 있는 독신생활자였다.[41]

　초참 납자 지도 및 선원의 기본 운영 방침의 대강을 정한 이후에는 선종 중앙종무원의 임원과 선의원을 선출하였다. 이는 전형위원 5인을 구두로 호선하여 전 임원을 선정하자는 이동강의 의견이 가결된[42] 결과이다. 전형위원(이올연, 황용음, 기석호, 김일옹, 정금오)이 선정한 임원의 내용은 다음과 같다.[43]

선종 중앙종무원 임원

---

40) 그러나 특별 발심자는 예외로 하였다.
41) 이는 대처승을 배제하는 것으로 이해된다.
42) 현일우의 재청이 있었다.
43) 1회 회록, 6쪽.

원장	吳惺月
부원장	髙石友
서무부 이사	奇昔湖
재무부 이사	姜正一
교화부 이사	金一翁
보결이사	朴中山 崔應山
심사위원	金是庵 盧碩俊
보결심사위원	丁道益

선의원

중앙선원	康道峰 金寂音
경성 동숭동 대원암	崔元宗
경성 아현 법성원	洪華峰
평북 태천 양화사선원	崔仁昊
마하연 선원	李愚鳳
수덕사 선원	黃龍吟
정혜사 선원	鄭金烏 金靈雲 馬鏡禪
범어사 선원	李東疆
동래 금정암 선원	尹金牛
통도사 선원	朴成學
도리사 선원	河淨光
대승사 선원	朴初雲

이렇게 선종 중앙종무원의 임원과 선의원을 선출하였다.[44] 그 후

---

[44] 중앙종무원 임원과 이사는 선회에서 선출하도록 규정되어 있다. 그러나 선의원
은 7인은 종정회에서 8인은 선회에서 선출하도록 규정되어 있었지만 당시에는

에는 기타사항에 대한 논의를 하였다. 우선적으로 오전의 선회에서 기타사항 논의시 보고하도록 하였던 총본산에 대한 건의의 건을 다루었다. 총본산에 건의할 내용을 조율한 전형위원을 대표하여 현일우가 그 내용을 보고하였다.

模範叢林 建設에 對한 建議의 件

. 智異山

. 伽倻山

. 五臺山

. 金剛山

. 妙香山

右 案件을 受納하야 中央幹部와 左記 諸氏에게 委託하야 具體案을 作成하야 隨時 交涉하도록 하자는 崔元宗氏 意見에 滿場一致로 可決되다.

交涉委員 金擎山 金九河 宋宗憲[45]

선회에서 이처럼 모범총림 건설을 하겠다는 기획하에 5개의 명산을 구체적으로 정하여 기존 종단(朝鮮佛敎 禪敎兩宗)인 총본산에 교섭을 하겠다는 방침은 적지 않은 의미를 갖는 것이다. 이는 재단법인 선리참구원, 선종, 선종 종무원이 정상적으로 운용되고 있다는 일정한 자신감이 구현된 것으로 보인다. 그리고 나아가서는 선종, 수좌가 기존 종단과는 독자성을 갖고 있음을 표방하면서, 기존 종단이 점하고 있는 물적, 사상적 권리를 당당하게 인수하려는 의도가 아닌가 한다. 이는 그 교섭위원으로 선종, 선리참구원의 참여자는

종정회가 운용되지 않아, 선회에서 15명 전부를 선출한 것으로 보인다.
45) 1회 회록, 7쪽.

아니지만, 종단 측 인사로 종단 핵심세력과 지근거리에 있었던 인물을 내세운 것이다. 즉 선리참구원의 고문이었던 김경산(범어사), 김구하(통도사), 송종헌(백양사)을[46] 내세운 것에서도 그 의도를 가늠할 수 있는 것이다.

선회의 막바지에 가서는 수좌 상호간의 친목과 수좌의 구호비에 대한 문제를 집중 논의하였다. 선회원(수좌)이 사망할 경우에는 당해 선원에서 즉시 중앙종무원에 부고하고, 중앙종무원에서는 각 지방 선원에 그 영가의 49재일을 통고하여 일제히 천도법요를 거행하기로 정하였다.[47] 그리고 친목도모와 선원 소식을 민첩하게 알릴 수 있는 방안으로 방함록을 중앙종무원에서 취합하도록 정하였고, 안거 수행이 종료되는 해제 전에 종무원에서는 각 선원 소식을 지방 선원에 보도해주기로 하였다.

禪院의 消息을 前보다 앞으로 더욱 敏活케 하며 又는 會員의 親睦을 圖謀하기 爲하야 地方 各 禪院의 芳啣錄을 中央宗務院에 登錄 報告하며 宗務院에서는 各 禪院의 消息을 解制 前으로 卽時 地方에 報道케 하자는 崔應山氏 意見에 李兀然氏 動議와 崔仁昊氏 再請으로 滿場一致로 可決되다.[48]

즉, 각 지방 선원의 수행의 산물인 방함록을 중앙종무원에 등록, 보고하는 것을 원칙으로 정하였다. 방함록을 중앙종무원에 등록, 보

---

46) 김구하와 송종헌은 선리참구원의 고문 및 찬성위원으로 1934년 12월 23일에 선임되었다.
47) 이는 하정광의 의견이었는데 만장일치로 가결되었다.
48) 1회 회록, 7쪽.

고한 것은 선원 역사상 최초로서 중앙종무원의 위상을 고양케 할 수 있는 대목이다. 그밖에도 1939년도부터는 선원에서 수좌 구료비를 예산 편성에 반영케 하여, 수행 납자의 질병, 구료를 철저히 할 것도 정하였다.[49]

이상과 같은 내용을 모두 마치니, 오후 5시 30분이었다. 임시의 장인 이우봉이 폐회를 선언하면서 조선불교선종 제1회 선회는[50] 종료되었다.

3. 조선불교선종 선회 제2회 정기총회

조선불교선종 선회 제2회 정기총회는 1941년 3월 16일, 중앙선원에서 개최되었다. 제2회 정기총회가 개최된 것은 1941년 3월 4일부터 13일까지 선학원에서 개최된 유교법회[51]에서 비롯되었다고 볼 수 있다. 전통선의 수호, 계율 수호를 내걸고 개최된 유교법회에는 각처에 올라온 수좌, 율사, 강백 등 40여 명이 참가하였다. 유교법회 참가 대중이 모두 선회원(수좌)은 아니었지만 다수가 선회원이었기에 유교법회의 개최를 계기로 선회가 열린 것으로 보인다.

---

49) 이는 이올연의 의견이었는데 만장일치로 가결되었다.

50) 당초 선회가 개최될 시에는 제1회라는 의식은 없었다. 그러나 선회 시에 참가한 대중들이 이전 1935년 3월의 수좌대회는 준비회에 불과하다는 인식에 의거하여 선회 종료 후에 제1회 정기선회라고 정했다. 이는 1회 회록 8쪽의 「備考」를 참고한 것이다. 그 비고는 다음과 같다. 昭和 10년 3월에 개최한 朝鮮佛敎禪宗 首座大會는 準備會에 不過하였음으로 今般 會議를 爲始하야 朝鮮佛敎禪宗 定期 禪會로 變更하자는 當時 禪會員의 輿論을 遵하야 本 會錄은 首題와 如히 第一回 定期 禪會錄으로 發行케 되였압기 此旨를 添申함.

51) 졸고, 「유교법회의 전개과정과 그 성격」, 『불교평론』 35, 2008 참고.

210

제2회 선회는 1941년 3월 16일 오전 10시에 개회되었다. 통도사 선승 김경봉이 의장이 되어 회의를 진행하였다. 제2회 선회의 전모를 보여주는 제2회 회록이 있어, 그에 의거하여 진행 순서대로 회의의 진행, 토의 내용 등을 소개하고자 한다. 회록에는 출석원 38명, 결석원이 1명이라고 전한다. 그러면 여기에서 그 대상자들을 우선 제시한다.[52]

■ 법인참가 선원 대표 측

건봉사 : 朴石頭

직지사 : 洪華峰

통도사 : 曹鯉煥 李應祚

석왕사 : 金靈雲

대승사 : 金靑眼

유점사 : 朴重玄

월정사 : 朴琪宗 鄭金烏

범어사 : 尹金牛 道平先正 金魚波 河東山 宋秉璣

해인사 : 尹香堂

백양사 : 鞠聲祐

직지사 : 河淨光

유점사 : 元寶山

통영 용화사 : 趙聖峯

법주사 : 右江○月

---

52) 2회 회록, 3~5쪽. 필자가 활용한 2회 회록의 1, 2쪽이 없어 2쪽에 수록된(중앙 선원, 봉익정 선원 등) 대상이 누락되었다.

■ 지방 선원 대표 측

통도사 선원 : 朴大治

양산 내원선원 : 金田靖錫[53]

동래 금정사 선원 : 奇忍壁

직지사 선원 : 李淳浩[54] 金石下 鄭景燦

백양사 선원 : 李藤運

정혜사 선원 : 白雲耕

■ 중앙종무원 간부 측

원 장	吳州惺月
부원장	薛石友(결석)
서무부 이사 겸 서기	應村諭成[55]
교화부 이사	金一翁
감 사	盧碩俊 金道庵

여기에서 제시된 명단은 34명이다. 이중 결석자 설석우를 제외하면 5명이 누락되었는데 이는 필자가 수집한 자료(2회 회록)의 1~2쪽이 파손되었기 때문이다.

선회는 임시 집행부를 선거하는 것으로부터 시작되었다. 하동산이 의장과 부의장을 구두로 호선하자는 의견을 제출하고, 이것이 만장일치로 수용되었다. 그 결과 의장에 김경봉,[56] 부의장에 박대야

---

53) 통도사 선승 김경봉이다.

54) 이청담이다.

55) 이 사람은 전임 서무부 이사였던 기석호가 입적하자, 그 후임으로 임용되었다. 제1회 선회 당시 보궐이사였던 최응산으로 보인다.

56) 2회 회록에는 金田靖錫(창씨명?)으로 나오지만 김경봉으로 표기하였다.

(朴大冶)57)가 선출되었고, 서기와 사찰은 의장이 지정하였다.58)

선회의 첫 순서로 전 회록 낭독이 있었다. 서기가 1939년 3월 23일부터 1941년 3월 17일까지의 회록을59) 낭독하였다. 그러자 참가 대중들의 질문이 있었는데, 그는 정관 수정 여부, 기본재산 정리, 총본산에 건의안 제출, 납자들의 선원 규칙 준수 등이었다. 그에 대해서 총본산은 아직 인가되지 않아60) 건의안을 제출하지 못하였고, 선원 규칙을 준수하지 않는 납자는 선원 규칙 21조에 의거하여 지방 선원에서는 중앙으로 보고하고, 중앙에서는 접수 즉시 일반 지방의 선원에 통지하여 방부를 들이지 못하게 하자는 오성월의 의견이 만장일치로 가결되었다. 그리고 선회에 참가한 대중들부터 선원 규칙(청규)을 철저히, 통일적으로 실행하고, 지방 선원이 청규를 이행치 않을 경우는 중앙종무원이 엄중히 감독하기로 결의하였다.61) 그 후, 서기가 각 부 경과보고를 하였는데, 이의가 없어 통과되었다.

그 다음으로는 신앙보국에 대한 결의를 하였다. 이 결의는 박대야(朴大冶)가 건의한 것이 일치 가결된 것이다. 이 내용은 수좌들의 현실인식 판단에 있어 중요하기에 그 관련 회록을 제시한다.

朴大冶師 理로나 事로나 國家新體制에 同事하야 佛祖家風을 더욱 發揚하며 特히 勤勞奉公의 精神을 普及키 위하야 結制翌日(陰 四, 十月의

---

57) 참가자 명단에는 朴大冶로 나오지만 보통 大冶스님으로 칭하기에 대야가 맞는 법명이다.

58) 서기에는 東平月舟, 사찰에는 노석준과 法○一雄이 선정되었다. 2회 회록에는 서기 2명, 사찰 2명을 의장이 정하였다고 나오나 서기 1명만 기록되었다.

59) 1회 회록만 낭독하는 것이 원칙인데, 1회 선회 이후의 경과보고까지 포함한 것이 아닌가 한다.

60) 총본산은 1941년 4월 23일에 정식 출범되었다.

61) 이상은 2회 회록, 6쪽 참조.

十六日) 半山林 翌日(陰 五, 十月의 三十日) 解制前日(陰 正, 七月 十三日)
三個日을 奉公日로 정하야 各 禪院에서 一齊히 勤勞作業키로 하자 意見
에 一致 可決하다.62)

이렇듯, 선회에 참가한 대중은 국가 신체제에 부응하여 불조가풍
을 진작하기 위한 근로봉공의 작업을 간단하게 결정하였다. 비록 3
일에 불과하였지만 이 결정은 여러 측면에서 음미할 대목이 적지 않
은 것이다.

그 후 선회에서는 기본재산 정리의 건과 지방 선원 등급의 조정
문제를 결정하였다. 우선 기본재산 정리의 건은 지방 선원에서 재단
법인 선리참구원으로 기부하기로 하였으나 아직 미해결 상태로 되
었던 것을 정리하는 문제였다. 이순호와 김적음이 그 내용을 자세히
설명해줄 것을 요청하였다. 이에 서무부 이사인 최응산과 중앙종무
원 원장인 오성월이 그에 대한 답변을 하였다. 즉 그는 범어사가 기
부한 토지와 건물, 직지사 천불선원의 기부 토지가 당시까지도 법인
으로 이전되지 않았음을 설명하고, 각 본산 찬조금도63) 미수된 것도
있다고 부연하였다. 오성월은 그 문제를 해결하기 위해 현지 출장까
지 하였음을 보고하면서, 조속히 해결하겠다는 의지를 피력하였
다.64)

선원 등급 재조정은 이올연이 제안한 것인데, 그것은 재산정도로
써 갑 을 양 구분으로 등급을 정하자고 주장하였다. 즉 납자 5인으

---

62) 2회 회록, 6~7쪽.
63) 이 내용에 대해 필자는 단언할 수 없다.
64) 범어사는 범어사 평의원회에서 결정하여 이전하겠다는 범어사 주지의 답신이
    있었음을 소개하였다. 직지사와는 계약을 체결하였으나 모호한 점이 있어 법인
    의 담당자가 출장을 가서 완전한 결과를 보겠다는 계획의 피력이었다.

로 안거할 수 있는 선원은 갑종으로, 그러하지 못한 선원은 을종으로 정하자는 제안이었는데 일치 가결되었다. 이 결정에 의거 나온 선원의 등급은 다음과 같다.[65]

甲種 禪院

定慧禪院　桃李禪院　大乘禪院

直指禪院　金井禪院　梵魚禪院

鳳翼禪院[66]　華果禪院[67]　（界八個所）

乙種 禪院

心侊禪院　鶴城禪院　晉州禪院

濟州禪院　○訶禪院[68]　法起庵禪院

金泉庵禪院[69]

　　그런데 회록에는 어떤 이유로 위의 갑종사원 8개소와 을종사원 7개소만을 대상으로 하였는지 전하지 않는다. 추정하건대 법인에 참가한 선원만을 대상으로 한 것으로 보인다.

　　다음으로는 선원 규칙의 수정에 대한 논의를 하였다. 논의에 들어가자 당초에는 선원 규칙 제5조(선원 임원)만 수정할 예정이었는

---

65) 2회 회록, 8쪽.

66) 봉익선원은 백용성이 창건, 주석한 대각사이다.

67) 화과선원은 백용성이 선농불교를 시행하던 경남 화과원을 말한다. 당시 그곳에는 수좌들이 수행을 하던 선방이 있었다.

68) 가리방 글씨의 상태가 모호하여 단정적으로 판독할 수 없다. 수좌대회 회록 33쪽에 나오는 경남 동래의 摩訶禪院으로 보인다. 지금도 부산에는 마하사가 있다.

69) 이 선원은 부산 동래에 소재한 사찰인데, 1940년 3월 19일에 선리참구원에 편입되었다.

데 이순호가 선회 규정의 다수(1, 6, 7, 10조)를 수정할 필요성이 있다고 주장하였다. 이순호는 그 수정을 담당할 수정위원 5인을 호선하여, 그들로 하여금 수정할 내용을 보고케 하자는 의견을 냈다. 그러자 대중들은 일치 가결하였다. 이에 수정위원 5인(淳浩, 魚波, 寂音, 東山, 一翁)은 작업을 하여 이순호가 대표로서 수정안을 보고하였더니, 참가 대중은 보고한 원안대로 채택하였다. 그러면 여기에서 선회에 보고하여 채택된 수정안의 내용을 제시한다.

가. 禪會法 제10조의 原則하에 "但 각 선원 원주는 禪會의 正會員으로 출석할 권리와 의무가 有함"을 첨가함

나. 선원 규칙 제1조 말미의 "此를 組織함"을 "此를 組織하되 甲乙兩宗으로 구분함

一. 甲種 5인 이상의 普通會員을 安居할 수 있는 선원

二. 乙種 甲種에 不及하는 禪院"으로 수정함

다. 선원 규칙 제5조 "선원의 임원은 該 禪院 院會에서 선거하야 중앙에 보고함"을 "甲種 선원의 院主는 중앙종무원에서 任免하고 기타 임원 及 乙種 선원의 임원은 該 선원 院會에서 선거하고 중앙에 보고하야 承認을 得함"으로 수정함

라. 선원 규칙 제6조 "선원의 掛塔은 僧籍이 有한 者에 限하되 정원 이외는 不許함"을 "선원의 掛塔은 左記 자격이 具備한 者로 하되 정원 이외는 不許함

· 僧籍이 有한 者

· 年齡이 二十歲 以上 者

· 比丘인 者』로 修正함

마. 선원 규칙 제7조 중 『初發心 衲子는 一個月 乃至 三個月 以內"를

"初發心 衲子는 三個月 以上"으로 "發心의 眞僞"를 "發心의 眞實"로 修正함[70]

　그러면 이러한 결정, 변화에 대한 설명을 하겠다. 선회법 제10조는 선회원의 선거를 규정하고 있다. 즉 각 선거구별 선원에 안거하는 수좌 중에서 일정한 자격 요건이 있는 대상자를 선거하여 원주가 중앙에 보고하도록 정하였다. 이런 기존 내용에서 원주는 당연직 정회원의 권리와 의무가 있음을 규정함으로써 원주의 위상을 강화한 조치이다. 다음으로 선원 규칙의 제1조에 선원의 등급을 부기한 것이다. 이는 2회 정기선회의 초반에서 선원을 재산 정도에 의거 갑종, 을종으로 구분하도록 정한 것을 규칙에 반영시킨 것이다. 선원 규칙 제5조의 수정은 선원 임원의 선거에 대한 것을 보완한 것이다. 즉 갑종 선원의 원주는 해당 선원에서 선거하는 것에서 벗어나 중앙종무원에서 임면하도록 정하였는데, 이는 추정하건대 갑종 선원과 중앙종무원과의 업무의 긴밀성을 강조한 결과로 보인다. 선원 6조는 괘탑, 즉 방부를 들일 수 있는 자격의 내용을 추가한 것이다. 그것은 비구승을 강조한 것이거니와 이는 대처승의 배제, 계율의 수호라는 측면이 중요시된 것을 반영한다. 선원 7조는 초발심 납자는 일정기간(1~3개월)을 내외호 및 분수작법(焚修作法)에 종사케 하여 그 발심의 진실을 확인한 연후 선실에서 좌선하도록 기존 규칙을 수정하였다. 그러나 수정에서는 일정기간을 3개월로 고정하고, 발심의 진위를 발심의 진실로 보다 객관적인 검증을 하도록 변경하였다.
　이렇게 선회법, 선원 규칙을 수정, 보완한 참가대중은 이번에는

---

70) 2회 회록, 9쪽.

임원 선거를 하였다. 임원선거는 전형위원 10명을 구두로 선정하고, 그들로 하여금 전형 보고케 하자는 김일옹의 의견이 만장일치로 채택되었다. 이에 10명의 전형위원이[71] 다음과 같이 결정하였다고 보고하였더니, 대중들이 만장일치로 가결하였다. 임원 선거의 결과를 제시하면 다음과 같다.

■ 중앙종무원 임원

원 장	吳州惺月
부원장	金田靖錫
서무부 이사	東平月舟
재무부 이사	元田天一
교화부 이사	東山金烏[72]
補欠 이사	河淨光 朴大冶
감 사	金一翁 應村諗成
補欠 감사	金是庵

■ 선의원

圓伊三藏	金靈雲	康道峯
鄭道煥	金東秀	崔元宗
朴初雲	尹金牛	李東疆
表檜巖	盧碩俊	朴本空

---

71) 그들은 김적음, 이순호, 하정광, 하동산, 김일옹, 정금오, 원보산, 강석주, 도평, 묵담 등이다. 도평은 회록에 道平先正으로 나오지만 필자는 그에 대한 기본 정보가 없다.

72) 오주성월은 오성월, 김전정석은 김경봉, 동평월주는 변봉암(변월주), 원전천일은 원보산, 동산금오는 정금오(?) 등으로 추정된다.

鞠默潭   姜正一   金寂音[73]

이렇게 중앙종무원의 임원과 선의원을 선출하였다. 한편 회의가 막바지에 다달을 무렵, 이순호는 선리참구원, 조선불교선종, 선종 종무원을 위해 헌신한 집행부에 대한 공로 표창을 제안하였다.

本 禪會가 第二會의 定期總會를 맞게 된 今日에 있어 前日을 回顧하면 感慨無量한 말씀은 이로다 말할 수 없습니다. 十年 前을 回顧하면 無主空舍이엿던 本院을 今日 이와 같이 構成케 한 것은 院長 吳州惺月師 以外 各 幹部의 努力도 있겟지오마는 더욱 金寂音師의 十年 星霜의 惡戰 苦鬪한 業績이라고 아니할 수 없습니다. 寂音師의 功績을 區區히 더 말하지 아니 하여도 그 事業 自體가 雄辯으로 證明하고 있습니다.
그러나 今般 遺憾이나마 寂音師가 一時나마 本 禪院을 辭退한다는데 있어서 우리 會員으로서는 功勞를 表彰한다는 것 보담 哀惜의 情을 表치 아니할 수 없습니다. 그리고 老景을 不顧하시고 努力하여 주시는 理事長과 十數 星霜을 한가지로 書務에 노력하여 주시는 書記 雄村師의게도 亦是 表彰을 아니할 수 없습니다.[74]

이러한 이순호(청담)의 제안에 참가 대중은 박수로써 호응하며, 만장일치로 가결하였다. 그 즉시 표창 계획위원 7인을[75] 선정하고, 위촉된 계획위원은 계획안을 보고하니 가결되었다. 그 결과로 이사장 및 김적음은 선회에서 표창하되 기념품으로 염주 일괘(一掛)를

---

73) 2회 회록 10~11쪽.
74) 2회 회록, 11쪽,
75) 그는 일웅, 순호, 도봉, 원종, 석주, 정광, 어파 등이었다.

증정하기로 정하였다. 그리고 서기인 응촌도 중앙간부회에서 표창하되 기념품으로 염주 일괘(一掛)를 증정하기로 정하였다.[76] 그 후, 의장인 김경봉은 표창식은 폐회 후 오후 8시경, 따로 거행하자고 제안하여, 대중들의 동의로 가결되었다.

표창에 대한 제반 결의를 한 이후에는 기타사항을 논의하였다. 이순호는 중앙선원은 선리참구원이 직접 경영하는 사업을 일반에게 분명히 인식하도록 관계 내용을 설명할 것을 요구하였다. 그리고 중앙간부는 1년에 1회 이상 정례로 지방 선원을 순행 감독하도록 하자는 건의를 하였다. 이 같은 발언에 김적음은 중앙선원 직접 경영의 내용을 설명하였고, 지방 선원 감독의 건은 대중들로부터 만장일치의 가결을 받았다. 그 직후 종무원 서기인 응촌은 방함록은 규칙적으로 각 선원에서 결제 후 1주일 이내로 중앙에 보고할 것을 제안하였다. 그러자 대중은 이것도 일치 가결하였다. 박대야는 『禪苑』 잡지를 부활하여 연 2회로 발간하되, 경비는 500원 이내에서 충당할 것을 정하였다.[77] 이런 논의를 한 직후 방청석에서 선우부인회 진로에 대한 질문을 하였더니,[78] 별도의 간담회에서 토의하도록 정하였다.

선회의 마지막 논의는 선회원인 송병기의 불법 행동에[79] 대한

---

76) 만일 퇴직할 시에는 퇴직금으로 100원을 감사의 표시로 주기로 하였다.

77) 그 예산 조달은 반액은 지방 선원의 분담금으로 충당하고, 그 나머지는 特志의 찬조금으로 충당하기로 정하였다. 그리고 사장 1인을 두어 편집 사무를 담당케 하였다.

78) 지금껏 운영에 관여하였던 김적음은 자신이 경영하는 약방을 폐지할 뜻을 전하면서, 부인선우회 문제는 중앙간부와 상의하여 처리하라는 의견을 개진하였다.

79) 그는 법인의 체면을 汚損케 하였고, 법인의 존망까지 이르는 문제를 야기하였다고 한다. 구체적으로 諸位 老德을 능욕하고, 법인 사무용 탁자와 의자를 파괴하고, 선학원을 포교소로 만들고 자신이 포교사가 되려고 운동까지 하였으며, 법

징계 문제였다. 논의 결과, 선원 규칙 21조에 의거 6개월 간 회원 자격을 정지시키고 참회의 진위를 기다려서 후속 처분을 하자는 이순호의 제안을 가결시켰다.

이렇게 제2회 선회 정기총회를 모두 마쳤더니. 시간이 저녁 7시 30분이었다. 의장인 김경봉이 폐회를 선언하였다.

4. 제2회 선회에 보고된 선리참구원 경과보고

여기에서는 제2회 선회에 보고된 경과보고,[80] 즉 1935년 4월부터 1941년 2월까지의 서무부와 재무부의 경과보고를 요약, 정리하겠다. 이는 1930년대 후반의 선리참구원 내부의 움직임을 정확하게 알 수 있어, 자료적 가치가 높다. 이 내용을 통하여 선리참구원의 변동, 활동 등을 파악할 수 있다.

우선 서무부의 경과보고를 살핀다. 서무부 경과보고는 인사, 출장, 사업상황, 지방 선원 편입, 시국, 회원증 발부, 회원 입적 등으로 대별되어 있다. 이 기간의 인사 내용은 1940년 12월 23일부로 상임 이사였던 기석호가 입적한 연고로 그를 대신하여, 보결 이사로 최응산이 취임한 것만 전한다.

다음 출장에 대해서는 1939년, 1940년, 1941년으로 나뉘어 설명하고 있다. 이 내용을 연도별로 대별하여 요약하고자 한다.

인의 존망 문제까지 이르게 한 것이다. 2회 회록, 13쪽.
80) 제2회 회록, 14~27쪽.

| 1939년 |

· 김적음(선의원) : 9.14~17(대전)

　　　　　　　　심광사 편입 문제

· 김적음 : 10.21~11.5(대전, 김천, 동래)

　　　　　　　　심광사의 기부 토지 및 건물 이전, 직지사 천불선
　　　　　　　　원 정리, 금정사 부동산 이전

| 1940년 |

· 최응산(부원) : 5.16~30(興復庵, 함남 함주군 동천면)

　　　　　　　　흥부암 박보문행 기부 토지 이전

· 최응산 : 10.9~11.13일(동래, 범어사)

　　　　　　　　법인의 동래토지 소작분쟁 정리, 소작료 수확
　　　　　　　　범어사 기부 토지 및 건물 이전

| 1941년 |

· 강정일(재무이사)[81] : 1.5~11(진주)

　　　　　　　　진주선원 창설, 부동산 편입

· 최응산(부원) : 1.12~16(함흥, 함주)

　　　　　　　　흥부암의 신도,[82] 기부 토지 이전 및 박보문행 부동
　　　　　　　　산 등 계약체결

　　이런 출장 내용을 볼 때에 선리참구원은 재산 증식, 조직 확대를 위해 부단히 활동하였음을 알 수 있다. 이제는 사업 보고에 나온 활동을 살펴보고자 한다. 사업은 선리 수행 및 연구에 대한 내용들이

---

81) 강석주이다.

82) 자료에는 大山道率行으로 나온다.

다. 우선 법인 관리 선원의 안거 대중이 1939년, 1940년의 통계로 제시되어 있다.

선원 명칭	1939년		1940년	
	하안거	동안거	하안거	동안거
중앙선원	16	20	15	17
선종총림	-	15	11	10
범어사 금어선원	12	12	15	13
직지사 선원	16	24	17	22
도리사 선원	17	16	12	18
대승사 선원	11	-	-	6
정혜사	13	10	23	23
금정사 선원	8	11	10	9
학성선원	3	7	10	10
심광사	12	12	14	14

이 같은 법인에 참가한 선원의 안거 수행의 대중을 통계로 제시된 것은 선리참구원 및 당시 선원 연구에 귀한 내용이다. 그리고 법인에 참가하지 않았지만 각 처의 선원의 안거 대중의 통계도 역시 제시되어 있다.

선원 명칭	1939년		1940년	
	하안거	동안거	하안거	동안거
복천암	8	-	-	-
장안사	20	17	12	14
통도사 백련암	24	27	27	15
원통암	14	14	-	-
삼일암	13	12	13	24
향산선원[83]	13	10	24	16
내원사	16	32	27	36
은해사	20	14	17	13

망월사	16	16	15	8
내장사	10	9	9	16
오대산 선원[84]	50	44	56	55
대승사	8	-	-	-
수덕사	15	9	10	9
불영사	9	11	9	9
마하연	32	25	43	23
해인사	16	16	24	18
화과원	9	9	9	11
칠불암	9	9	17	16
양화사	9	9	7	7
운문암	17	21	13	10
백양사 관음암	11	10	21	10
벽송사	-	-	7	6
청암사	25	-	25	-
석왕사	16	23	16	15
월정사(제주)	3	5	5	5
견성암	20	30	30	40

이렇게 선리참구원이 법인에 참가하지 않는 일반 선원의 안거자 수를 제시한 것은 선리참구원의 안정적인 운영과 수좌계를 대표한 다는 자신감에서 나온 것으로 보인다. 이제는 지방의 선원이 선리참 구원으로 편입된 정황을 소개한다.

- · 대전 심광사 선원 : 1939년 10월 9일부
- · 서울 봉익정 선원 : 1939년 11월 2일부
- · 부산 동래 금천암 : 1940년 3월 19일부
- · 진주 진주선원 : 1941년 1월 23일부

---

83) 소속 사찰, 소재지에 대해 필자는 알지 못한다.
84) 월정사 산내암자인 상원사의 선원이다.

지방 선원, 사찰이 선리참구원으로 편입되고 있음은 선리참구원의 위상이 증대되고 있음을 단적으로 보여준다. 위의 편입 대상에서 심광사, 금천암, 진주선원은 부동산과 건물의 등기까지 완료되었다. 그러나 봉익정 선원은 명의만 등록되었지, 1941년 2월 말까지도 등기 등록이 완료되지 않았다. 봉익정 선원은 백용성이 창건하여 주석하였던 대각사였다. 이곳은 그가 추진한 대각교 운동의 중앙본부였다. 대각사가 선리참구원으로 편입된 내용은 여러 측면에서 고려할 내용이 적지 않다.[85] 다만 여기에서는 백용성이 입적하였던 1940년 2월 24일(음력) 이전의 대각사는 조선불교선종 총림이라고 표방되었으며,[86] 선리참구원에 합류하였다는 내용만을 지적한다.

이제는 선리참구원의 시국문제를 살펴본다. 회록에는 그에 대한 간략한 결과만 전하고 있다. 이를 제시하면 다음과 같다.

· 국위 무운장구 기원 법요 및 황군 영령위령 법요
     1939년도, 24회 중 6회 참가
     1940년도, 28회 중 8회 참가
· 개선부대 환영 周知[87]
     1939년도 5회

---

85) 『불교시보』 42호(1939.1), 근하신년란에는 "경성부 봉익동 2 조선불교선종총림"이라는 광고가 나온다. 그리고 1939년 4월 18일에 발간된 『지장보살본원경』의 판권 발행처가 경성부 봉익동 1번지 조선불교선종 총림 삼장역회라고 기재되었다. 이는 본 고찰의 이용 자료인 제2회 선회 회록에 나온 시점(1939.11.2)보다 더 이른 시점임을 말하는 것이다. 한편 백용성은 1936~37년에는 해인사와 교섭을 하다 여의치 않아 범어사에 그와 연고가 있는 전 재산을 기부하여 일부는 이행 단계까지 갔다. 김광식, 『용성』(민족사, 1999), 230~236쪽.

86) 위의 내용 참조,

87) 이는 부대가 귀환하는 환영행사를 알렸음을 의미하는 것으로 보인다.

· 국방헌금, 황군 위문금품

　　　1939년도 72원 60전

　　　1940년도 30원

　　이러한 시국행사의 협조는 선리참구원 스스로 제시하였다는 점
에서 자료적인 신뢰가 높다. 이 자료에 의하면 전체 행사의 3분의 1
정도만 참가하였기에 수동적인 참여로 볼 수 있다. 헌금액의 미약성
에서는 마지못해 내는 정도로 보인다.

　　다음으로는 보통회원 즉 선회원증 교부 내용을 제시하였다. 회록
에는 1939년도(27명), 1940년도(7명), 1941년도(1명)의 교부자가
교부번호 157번부터 191번까지 35명의 인명이 전한다. 그런데 회록
에는 당시까지 선회원은 188명이라고 한 것을 보면 3명은 입적한
것으로 보인다. 실제 2회 회록에 선회원으로 입적한 수좌 1인이[88]
제시되었다. 현황조사 말미에는 보통 선회원의 학력을 조사한 내역
이 나온다. 이를 제시하면 다음과 같다.

　　소학 : 19명

　　중학 : 6명

　　전문 : 1명

　　강원[89] 초등과 : 56명

　　강원 중등과 : 34명

　　강원 대교과 : 10명

　　기타(無學?)[90] : 62명

---

88) 그는 마하연 출신인 현상백으로 중앙선원에서 1940년 6월 1일 입적했다.

89) 자료에는 講堂으로 나오는데, 필자가 편의상 강원으로 표현했다.

이 조사는 1940년 6월 7일부로 조사한[91] 결과이다. 조사에 응한 수좌가 188명이면, 당시 선리참구원의 보통 선회원의 숫자와 같다. 이는 보통 선회원으로 등록된 전체 대상자를 뜻한다. 이는 매우 귀중한 자료적 가치를 말한다.

이제부터는 재무부의 경과보고를 요약, 제시한다. 재무부 경과보고는 주로 토지, 건물 등의 기본 재산 변동의 내역이다. 그것은 주로 1935년 4월부터 1941년 2월 말 현재까지의 연도별 재산 증감 내용을 제시한 것이다. 정리하여, 간략하게 제시하면 다음과 같다.

· 1934년 법인 설립 당시 : 기본 재산
　　　토지, 건물 총평수＝153,883평(80,986원)
· 1935년 8월 13일, 水泰寺와의 소송에서 패소하여
　　　금화군 소재 7,837평(2,692원)이 抹消
· 1935년 9월 : 146,046평(78,294원 25전)＝실제 표준 면적, 총재산
· 1935년부터 1941년까지 토지 증가
　　　畓 : 66,892평
　　　田 : 119,734평
　　　대지 : 2,445평
　　　임야 : 6,011평
　　　@ 가격으로는 39,422원 36전
· 1935년부터 1941년까지의 건물 증가
　　　총 6건,[92] 건평 71평, 가격, 7,345원

---

90) 無學은 필자의 표현이다.
91) 그런데 왜 이 시점에서 그런 조사를 하였는지는 알 수 없다. 그리고 조사 방법도 전하지 않는다,
92) 이는 대전, 경성, 동래, 진주에 있었다.

· 증가 총 면적 : 195,158평

　　　총 가격 : 46,767원 36전

· 1941년 2월 현재 총 면적 : 341,104평

　　　재산 : 125,061원 61전

　이렇듯이 법인 설립 직후인 1935년 9월을 기점으로 보면 토지 면적, 재산이 2배나 증가하였다. 이런 변동은 선리참구원의 견고한 재정기반 구축을 의미하는 것이다. 35년부터 41년까지 증가된 내역을 보면 매년 증가 추세에 있었다. 이는 선리참구원의 대외적인 위상이 파급되고, 선리참구원의 실무자들이 성실히 근무한 결과로 보인다.

5. 선회에 나타난 선학원과 수좌의 현실인식

　지금부터는 위에서 살펴본 선리참구원의 흐름, 선회의 진행 및 내용, 수좌들의 발언 등을 종합하면서 그에 나타난 선학원과 수좌의 동향을 대별하여 제시하고자 한다.

　첫째, 선리참구원과 선종, 그리고 중앙종무원의 활동이 출범한 1935년 3월 이래로 정상적으로 운용되었다. 이 같은 정상 가동하에서 선학원은 재산 증대, 편입 선원의 증가, 수좌들의 학력조사 등이 자연스럽게 이루어지고 있었다. 이는 당초 선리참구원을 재단법인으로 출범시킨 목적을 달성한 것으로 볼 수 있는 대목이다. 그러나 종규에서 정한 종정회가 정상 가동되지 않은 것은 일정한 한계로 남는 내용이다.

둘째, 1939년, 1941년에 접어들면서 선학원은 전국 선원의 중심 기관으로 확고하게 그 위상을 표방하였다. 이는 선회의 회록에 나타난 내용이지만 법인 참가 선원뿐만 아니라, 법인에 참가하지 않은 선원에서도 당초 종규, 선회법에서 정한 선회원이 선회에 참가하였음이 그 예증이다. 그리고 전국의 선원의 청규를 철저히 이행해야 함을 강조하고, 그 이행 여부를 선리참구원의 종무원에서 감독하는 것을 결정한 것도 같은 내용이다. 이런 성격을 극명하게 보여주는 것은 각 선원의 방함록을 중앙종무원으로 보내고, 중앙종무원은 각 선원에게 제방 선원 소식을 전해주자는 결정이다.

셋째, 1940년 전후, 선학원(선종, 선리참구원)은 정상 가동, 선원의 중심기관이라는 위상에서 기존 종단과 대등한 종단 활동을 지향하였다. 이는 선회에서 기존 종단인 조선불교 선교양종인 총본산에게 5대 명산을 할애받아 모범총림을 건설하겠다는 것, 그리고 마하연선원을 모범선원으로 건설함과 동시에 부설로 초참 납자들의 선원까지 세우겠다는 것에서 찾을 수 있다. 그러나 여기에서 조선불교선종이 기존 종단과 완전 별개, 독자적, 신생의 종단이 아님을 알 수 있다. 즉 기존 선교양종 내에서 선종만을 특화한, 선종을 정체성으로 내세운 종단이라는 것이다. 이는 기존 종단과 완전 대립적인 성격이 아님을 말한다. 이는 조선불교선종의 양면성을 뜻한다. 이런 성격은 이미 1935년 3월 출범 시에도 나왔다. 종규 15조에서 중앙종무원을 "全鮮 禪院의 單一機關"으로 설치한다거나, 선종 종무원칙 6장인 보칙에서 "本院은 朝鮮佛敎 禪敎兩宗 在籍僧侶로서 朝鮮佛敎 禪宗 宗規의 精神을 闡揚함에 足한 줄로 認證하는 會合은 此를 扶助함"에서 극명하게 나온다. 이 같은 내용은 기존 종단, 기존 선원을 배치하지 않겠다는 것이다. 이는 선종, 선리참구원, 수좌들이 기존 종단의 모순, 문제를 철저하게 부인, 배격하지 않는 현실인식을 보여준다. 기존 종단의 노선을 비판하는 노선은 가되, 근원적인 배척까지는 할 수 없다는 한계성도 나타난다. 이런 한계, 양면성을 가지면서도 기존 종단의 물적, 사상적인 토대를 흡수, 인계하려는 것은 바로 이런 성향에서 나온 것이다. 그러나 현재 기존 종단이 이런 제안을 수용하였다는 기록, 정황은 찾을 수 없다. 바로 이런 미수용, 거부가 역설적으로는 선종, 선리참구원의 한계였다.

넷째, 선학원의 지향, 노선은 거시적으로 보면 불교정화, 선전통수호의 길을 가고 있었다. 1935년 3월 출범시 선서문에서 극명하게 개진하였던 정신이 쇠퇴하였다는 것을 찾을 수 없다. 청규의 철저한 이행, 초참 수좌들의 철저한 지도, 선원에 수좌들의 방부자의 자격에서 비구계 강조, 독신생활 강조를 내세운 것은 그런 측면을 말한다.

다섯째, 그런데 1940년부터는 서서히 일제 식민지 현실을 수긍하는 현실 인식으로 가고 있는 징후가 엿보인다. 선회 회록에 보이는 신앙보국에서 그러한 단서를 찾을 수 있다. 1회 선회에서 참가대중은 호국영령에게 기도를 하고, 황군위문금을 모아서 전쟁터로 송부하자는 결정이 만장일치로 정해졌다. 2회 선회에서는 국가 신체제에 부응하고, 비록 3일이지만 근로봉공의 정신으로 작업하자는 결의를 하였다. 이런 결정을 일제 식민통치의 인정, 군국주의 체제의 단순 수용으로 볼 수 있다. 물론, 이런 결정은 종교적 차원에서 보면 인간적으로 볼 수도 있다. 그리고 선학원의 식민지 현실에 협조적인 내용도 적극성, 과단성, 지나침으로 보기도 어려운 것은 사실이다. 다만 문제는 이런 변화가 서서히 선학원, 수좌들의 내부로 침투되기 시작하였다는 점이다. 당시 이런 문제에 대하여 선학원, 수좌가 어떤 입장을 갖고 있었는지를 말해주는 기록은 많지 않다. 본 고찰에서 나온 선회, 즉 공개적인 회합만을 갖고 여러 측면을 단선적으로 설명하는 것은 적절치 않다. 그럼에도 불구하고 1940년경부터는 새로운 변화가 나온 것은 분명하다. 예컨대 종무원 원장, 이사, 수좌들의 이름이 창씨개명된 것으로 공적인 문서에 기재되었다. 이런 것도 자발적인 것이 아니고, 강제성이 개입된 것으로 볼 수도 있다. 그러나 창씨개명하지 않은 수좌가 더욱 많다는 것을 유의할 필요가 있다. 물론 이것도 공적 소임을 보고, 공적인 업무 처리를 위한 불가피성도 있을 것이다. 이를 두고 선학원, 수좌가 종교 문제만 철저히 문제의식을 가졌고, 민족문제까지는 의식이 고양되지 못하였다고도 볼 수 있다. 그러나 이런 문제는 그렇게 간단하게 언급할 내용은 아니다. 본 고찰에서는 그에 대한 문제를 환기시키는 선에서 머물고자 한다.

지금까지 1940년 전후의 선학원, 수좌들의 동향과 그에 나타난 현실의식의 문제를 대별하여 제시하였다. 문제는 이런 현실의식이 선학원의 정체성 혹은 수좌들의 수행에 있어서 어떻게 전개될 것인가이다. 구체적으로는 1920년대 초반의 의식, 1930년대 초반 재기할 때의 의식, 1935년 재단법인의 기반에서 선종이라는 깃발을 올렸을 때와는 어떤 차별을 갖는가이다. 이런 문제는 추후 더욱 세밀하게 생각할 여지가 많다.

6. 결어

본 고찰의 맺는말은 본고에서 다른 선회의 내용과 의의를 정리하면서 추후 이 분야 연구에 있어 참고할 점을 제시하는 것으로 대신하고자 한다. 우선 본 고찰에서 제시된 주요 내용을 요약한다.

첫째, 1939년 3월에 개최된 제1회 선회는 1935년 3월에 개최된 수좌대회와 연결 고리를 갖는 것으로 선학원으로서는 기념비적인 회합이었다.

둘째, 제1회 선회에서는 청규실행, 초참납자 지도 선원, 모범총림 건설 표방, 방함록 취합 등 선학원이 한 단계 발전하려는 기획과 의식이 표출되었다.

셋째, 제2회 선회에서는 선회법과 선원 규칙의 보완, 지방 선원의 감독 등 선리참구원과 선종의 발전을 위한 지속적인 활동이 분명하게 나타났다.

넷째, 2회 선회에 보고된 경과보고는 선학원 역사에 중요한 자료적 가치를 갖고 있음이 확인되었다.

다섯째, 1, 2회 선회의 내용을 종합할 때에 1940년 무렵의 선학원은 전국 선원 및 수좌들의 중심 종단, 기관으로 분명하게 자리 잡았음을 볼 수 있었다.

이제부터는 추후 선학원 연구에 참고할 내용을 제시하고자 한다. 이는 필자가 해결해야 할 과제이지만 후학들의 연구에도 유익할 것으로 예상한다.

첫째, 선종 종규에서 규정한 여타 기관(종무원, 평의원회, 종정회, 개별선원)에 대한 세밀한 연구가 요청된다. 이런 주제에 대해서는 그에 연관된 자료가 없어 연구하기에는 주저되는 바가 많지만 선학원 역사에서는 간과할 수 없는 주제임은 분명하다.

둘째, 선종, 선리참구원과 기존 종단인 총본산, 선교양종, 조계종과의 관계를 조명할 필요성이 있다. 상부상조인가, 독자노선인가, 아니면 본고에서 환기시킨 동거체제인가이다. 이는 선학원의 정체성을 해명함에 있어 중요한 주제라고 강조한다.

셋째, 선학원 계열 수좌들의 일생, 고뇌, 지성에 대한 연구도 흥미로운 대상이다. 역사는 인간이 주역인 고로 인간을 배제한 연구는 핵심이 결여된 것이다. 예컨대 수좌가 지향한 수행관, 국가관, 민족관, 중생관, 종단관 등이 거론될 수 있다.

넷째, 일제하 선학원과 해방공간, 정화공간, 지금 현재의 공간에서의 선학원과의 차별성 등 비교 연구도 가능하다고 본다.

지금까지 선학원 및 수좌 연구에 참고할 측면을 제시하여 보았다. 이런 제안이 이 분야 연구에 도움이 되길 기대한다.

유교법회의 전개과정과 그 성격

1. 서언

1941년 3월 4일부터 3월 13일까지 열흘간,[1) 서울 종로의 안국동에 자리 잡은 선학원에는 각처에서 올라온 40여 명의 승려들이 비장한 각오로 유교법회(遺敎法會)를 거행하였다. 그들은 전국 각처의 사찰, 선원, 토굴 등지에서 계율을 지키며 수행하였던 청정비구, 수좌, 율사들이었다. 법회는 열흘 동안 범망경(梵網經), 유교경(遺敎經), 조계종지(曹溪宗旨)를 대중들에게 강의하고 자비참(慈悲懺)도 공개하면서 진행되었다. 유교법회를 마친 승려들은 선학원에서 수좌대회를 갖고 현안사항을 토의하였으며, 법회의 기념사업으로 습정균

---

1) 지금껏 유교법회는 『불교시보』의 근거로 1941년 2월 26일부터 열흘간 개최된 것으로 서술되어 왔다. 그러나 필자는 본 고찰을 집필하면서 『매일신보』, 『경북불교』의 보도 내용과 법회 참석자인 강석주와 김지복의 회고 등을 근거로 1941년 3월 4일부터 3월 13일까지 열흘간 개최된 것으로 정정하고자 한다. 그렇다면 2월 26일부터 개최되었다는 연유는 어떻게 된 것인가? 이는 그때부터 법회의 준비(보조장삼 제작 등) 기간으로 볼 수 있을 것이다. 법회의 기념촬영 사진이 1941년 3월 13일이라는 점에서도 3월 4일부터 열흘이 되는 일자가 3월 13일이라는 점도 이를 반영한다.

혜(習定均慧)하는 비구승을 중심으로 하는 범행단(梵行壇)을 조직하여 선학과 계율의 종지를 선양하기로 정하였다.

이상과 같은 개요를 갖고 있는 유교대회는 일제강점기 불교사에서 기념비적인 역사적 의의를 갖고 있다. 그러나 지금까지 이 분야 연구에서 연구자 및 종단차원에서의 큰 주목은 받지 못하였다. 필자는 근대불교사를 연구하기 위한 자료수집을 하면서 각처의 사찰 및 승려들을 탐방하였는데, 원로 승려들에게서 유교법회의 역사성과 의의에 대한 다양한 의견을 접할 수 있었다. 그러나 유교법회를 연구하기 위해서는 우선적으로 선학원의 창건, 변화, 재건, 재단법인으로의 전환, 조선불교선종의 창종 등 유교법회 이전의 선학원의 역사를 정리할 필요성을 절감하였다. 이에 지난 15년간 관련 자료를 수집, 분석하여 그에 대한 대강의 역사를 정리하였다.[2]

이제 시절 인연의 섭리를 새삼 재인식하면서[3] 유교법회의 전모와 성격을 역사적인 측면에서 정리하려고 한다. 유교법회 개최의 시

---

2) 필자의 선학원 관련 연구 성과는 다음과 같다.
김광식, 「일제하 선학원의 운영과 성격」, 『한국근대불교사연구』, 민족사, 1996.
김광식, 「조선불교선종 종헌과 수좌의 현실인식」, 『한국 근대불교의 현실인식』, 민족사, 1988.
김광식, 「선학원의 설립과 전개」, 『선문화연구』 창간호, 2006.
김광식, 「조선불교선종과 수좌대회」, 『불교 근대화의 전개와 성격』, 조계종출판사, 2006.

3) 필자가 유교법회 전후의 선학원의 변동을 연구하려고 기획할 즈음에 조계종 총무원에서 주관하는 유교법회를 조명하는 학술세미나(조계종 중흥의 당간, 41년 유교법회; 2008년 4월 22일, 한국불교역사문화기념관 공연장)에 참여하여 본 고찰을 집필할 수 있었음에서 시절 인연의 흐름을 느끼고 있다. 본래 이 세미나는 조계종 총무원장인 지관스님의 기획, 필자의 자문 등으로 조계종단 차원으로 추진되었다. 지관스님은 2007년 10월 19일 봉암사결사 60주년 대법회를 주관하면서 봉암사결사 이전의 역사에서 조계종단 정체성을 모색하는 차원에서 『41년 유교법회』 세미나를 기획한 것으로 이해된다.

대적 배경에 일제의 식민지 불교정책, 일본불교 유입으로 인한 대처식육의 보편화, 전통불교 관행(산중공의제 및 원융살림)의 상실 등이 자리하고 있다. 이에 이 같이 변모된 불교의 현실을 바로 잡고, 이전 선불교 전통을 수호하면서, 청정과 수행의 불교를 지향한 일단의 승려들이 있었거니와 바로 그들이 선학원 계열의 수좌들이었다. 그 수좌들은 1921년에 선학원을 창건하였으며, 1922년에는 수좌 조직체인 선우공제회를 결성하고, 선원 및 수좌들을 보호하기 위한 자생적인 노력을 기울였다. 수좌들의 그러한 행보 자체가 지난한 길이었기에 선학원과 선우공제회는 적지 않은 난관을 겪었다.

그러나 수좌들은 1934년에 이르러서는 재단법인 조선불교선리참구원이라는 기반을 만들어 내고, 거기에서 한발 더 나아가 1935년 3월에는 수좌대회를 개최하여 조선불교선종을 창종하고, 자생적인 규약을 제정하면서, 중앙에 종무원을 출범시켜 선을 불교의 중심에 놓으면서 기존 교단과는 차별적, 독자적 활동을 전개하였다. 이렇게 선, 수좌, 선원을 일체화시켜 전통불교 수호, 계율수호를 통한 한국불교의 재건의 기반을 강구할 그즈음 일제는 황민화 정책, 황도불교 구현이라는 구도에서 한국불교를 더욱더 구속하고, 통제하였다. 특히 1941년에 접어들면서 불교계 내부의 통일운동을 일제의 교묘한 불교정책의 구도에서 견인하려는 목적에서 구현되었던 조선불교조계종의 출범이 기정사실화되었다.[4]

바로 이때, 선학원에서 한국불교의 전통을 재정비하고, 계율수호를 통하여 불교의 정체성을 기하려는 법회가 열렸으니, 그것이 바로

---

4) 김광식, 「조선불교조계종의 성립과 역사적 의의」, 『새불교운동의 전개』, 도피안사, 2002.
   김광식, 「조선불교조계종과 이종욱」, 『민족불교의 이상과 현실』, 도피안사, 2007.

유교법회였다. 그러므로 유교법회는 저절로 민족불교, 계율수호, 비구승단 수호 등의 성격을 담보하였던 것이다. 그리고 유교법회에 참가한 승려들은 법회 종료 후 자기가 수행하고 있었던 터전으로 돌아가 매서운 수행을 지속하였다. 그들은 계율을 수호하면서, 수행을 지속하며, 미래의 불교를 꿈꾸며 비구승단 재건과 민족불교의 구현을 준비하였다. 이들이 8·15해방 이후 해인사의 가야총림, 봉암사 수행결사,5) 불교정화운동 당시 비구승 대표자 대회에6) 참여하였음은 당연한 발걸음이었다. 그리하여 이들에 의하여 정화운동이 추동되고, 조계종단이 재건되었던 것이다.

이에, 필자는 본 고찰에서 유교법회의 배경, 전개과정, 성격 그리고 역사적인 의의를 정리하려고 한다. 관련 문헌자료가 부족한 관계로 논지 전개에 무리가 따를 것으로 추측되는바, 이 점은 지속적인 자료수집과 연구로 보완하겠다. 선학제현의 질정을 바라마지 않는다.

2. 유교법회의 배경

(1) 선학원의 창건과 그 변동

유교법회가 개최된 장소는 선학원이었다. 그리고 유교법회에 참가한 대부분의 승려들은 각처의 선방에서 참선수행을 하고 있었던 수좌들이었다. 이 수좌들은 선학원 초창기에 조직되었던 선우공제회

---

5) 졸고, 「봉암사결사의 전개와 성격」, 『한국 현대불교사 연구』, 불교시대사, 2006.
6) 졸고, 「전국비구승대표자대회의 시말」, 『근현대불교의 재조명』, 민족사, 2000.

(禪友共濟會)의 회원이었으며, 1930년대 중반 이후에도 선학원 변동의 구도에 직접, 간접적으로 관여되었다. 즉 일부 수좌들은 선학원에 있었던 전국 선원 및 수좌들의 조직체인 종무원, 재단법인 선리참구원에서 소임을 보았으며, 여타 수좌들은 선리참구원이 관할하는 선원에서 수행을 하였다. 이런 연결성이 희박하였던 수좌나 율사들도 선학원을 선원 및 수좌의 연락처, 중앙본부 등으로 인식하였다. 때문에 유교법회의 배경으로서는 선학원의 기반, 변동을 무시할 수는 없는 것이다. 요컨대 선학원의 기반과 정체성이라는 배경에서 유교법회는 개최되었다. 이러한 의미에서 여기에서는 유교법회 개최 이전의 선학원의 전개과정을 요약하고자 한다.

선학원은 1921년 11월 30일, 3·1운동의 영향을 받아 민족불교 지향, 선불교 옹호를 기하기 위한 목적에서 창건되었다.[7] 선학원을 창건한 정신을 구체적으로 정리하면 일제의 사찰령체제 구도의 저항정신, 한국불교의 수호정신, 전통적인 선수행의 회복정신, 민족적 자각정신 등을 거론할 수 있다.[8] 즉 거기에는 수좌들의 계율수호와 일본불교에 대한 저항, 식민지불교 체제를 거부하면서 수좌들만의 독자적인 수행공간 및 연락처를 두려는 자생성과 정체성을 견지하려는 의식이 자리하고 있다. 이러한 면을 그 전개과정을 통하여 더욱 구체적으로 살펴보자.

선학원은 1921년 초반 수덕사의 선승 송만공, 범어사 포교당(서울, 사동) 포교사 김남전, 석왕사 포교당(서울, 사간동) 포교사 강도봉 등이 사찰령에 구속받지 않는 공간을 만들려는 합의에서 창건되

---

7) 이에 대해서는 위의 졸고, 「일제하 선학원의 운영과 성격」을 참고할 것. 선학원의 창건, 변동 등은 위의 졸고를 요약한 것임.

8) 졸고, 「선학원의 설립과 전개」, 280~282쪽.

었다. 이들은 1921년 5월 15일 서울의 사간동 석왕사 포교당에서 선학원 건립 자금을 모으기 위한 보살계 계단을 개최하였다. 이날 회의를 주관한 송만공의 발언은[9] 조선총독부의 통치 범위를 벗어난, 즉 사찰령 체제와는 무관한 조선 승려들이 독자적으로 움직이는 선방으로서의 사찰을 만들어 보자고 제안했다.

이 석왕사포교당 모임에 참석한 범어사 오성월은 인사동에 있었던 범어사포교당을 처분하여 이를 건립자금으로 지원하겠다는 의사를 피력하였다.[10] 이때 건립에 동참한 대상자는 김남전(2,000원), 강도봉(1,500원), 김석두(2,000원), 재가신도인 조판서(6,000원)를 비롯한 서울의 신도(15,500원) 등이었다. 이렇게 승려, 신도들이 제공한 지원금으로 8월 10일에 공사를 시작하여 그해 11월 30일에 준공되었다.[11]

한편 선학원이 1921년 10월 4일에 올린 상량문에는 선학원을 건립한 이유와 선학원 건립에 동참한 대중 명단이 자세히 전한다. 건립의 이유로 여타 종교에 비해서 불교의 미약한 포교에 대한 책임의식을 거론하였다. 상량문에 나온 대중은 백용성, 오성월, 강도봉, 김석두, 한설제, 김남전, 이경열, 박보선, 백준엽, 박돈법 등이다. 이들의 성향은 불교 천양의식의 투철, 일제의 사찰정책에 비판, 항일불교에 연관 등이다.

이렇게 선학원은 1921년 12월에 준공이 완료되어 서울 안국동에 자리를 잡게 되었다. 창건 직후 선학원에서는 수좌들의 조직체가 가

---

9) 정광호, 『근대한일불교관계사연구』, 인하대 출판부, 1994, 191쪽.

10) 『한국근세불교백년사』 제2권, 「선학원 창설연기록」.

11) 준공 후 명의는 김남전, 강도봉, 김석두 3인의 명의로 하였다가 세금 관계로 범어사 명의를 차용하였다.

동되었으니 선우공제회였다. 그리하여 1922년 3월 30일~4월 1일, 선학원에서는 선학원의 창립 정신에 동의한 각처의 수좌들이 모여 회의를 갖고 나아갈 방향을 수립하였다. 당시 그 총회에 참여한 수좌는 송만공, 오성월, 백학명, 이설운, 임석두, 이고경, 박고봉, 기석호, 김남전, 황용음, 윤고암 등 35명이었다. 이들은 회의를 갖고 다음과 같은 선우공제회 취지서를 발표하였다.

去聖이 彌遠에 大法이 沈淪하매 敎徒가 曉星과 如한 中에 學者는 實노 麟角과 如하여 如來의 慧命이 殘縷를 保存키 難하도다. 多少의 學者가 有하다 할지라도 眞正한 發心衲子가 少할 뿐 아니라 眞贋이 相雜하야 禪侶를 等視하는 故로 禪侶 到處에 窘迫이 常隨하야 一衣一鉢의 雲水 生涯를 支持키 難함은 實노 今日의 現狀이라. 그러나 人을 怨치 말고 己를 責하야 猛然反省할지어다. 元來로 生受를 人에게 依함은 自立自活의 道가 아닌즉 學者의 全生命을 人에게 托하여 他人의 鼻息을 矣함은 大道活命의 本意에 反할지라. 吾輩禪侶는 警醒鬪勵하야 命을 視하여 道를 修하고 따라서 自立의 活路를 開拓하야 禪界를 勃興할 大道를 闡明하야 衆生을 苦海에 구하고 迷倫을 彼岸에 度할지니 滿天下의 禪侶는 自立自愛할지어다.
발기인 백용성, 송만공, 오성월, 백학명, 한용운 등 82명[12]

이렇듯이 수좌들은 철저한 수행을 위해, 선풍을 진작하기 위해, 자신들이 처한 상황을 타개하기 위해 자립자애할 것을 강조하였다. 그리고 중생을 구제하겠다는 원력을 피력하였다. 이는 일본불교 침투, 식민지불교 정책에서 빚어진 불교의 현실을 자주, 자립의 정신

---

12) 『한국근현대불교 자료전집』(민족사) 권65, 「선우공제회 창립총회록」.

으로 극복하겠다는 발로이다.

이러한 취지서를 발표한 수좌들은 창립총회에서 선우공제회 운영의 틀을 정하였다. 우선 선우공제회 본부는 중앙인 선학원에 두고, 중앙조직으로 서무부, 수도부, 재정부를 두었다. 그리고 지방의 지부는 선원이 있는 19처 사찰에 두었고, 공제회의 진로를 의결하는 의사부를 설치하였다. 다음으로는 임원 선거를 하여 집행부를 조직하였으며 공제회의 운영 방침도 정하였다.[13]

그리하여 선학원, 선우공제회는 창립정신 및 선 진작의 구현을 위한 본격적인 활동에 들어갔다. 1924년경에는 통상회원 203인, 특별회원 162인, 합계 365인의 회원이 소속된 수좌 및 선원의 중심 기관으로 성장하였다. 그런데 선우공제회는 설립 초창기부터 재정적인 어려움에 봉착하였다. 이런 재정적인 어려움에서 비롯된 것인지는 단언할 수 없어도 1924년 4월에는 선우공제회의 본부가 직지사로 이전되었다. 1926년 5월 1일에는 중앙의 선학원이 범어사 포교소로 전환되었다.[14] 이러한 선학원의 변질은 곧 선우공제회(선원, 수좌) 활동의 좌절이었다.

선학원은 1926년 5월에 범어사포교당으로 명칭을 변경하였지만 그 건물은 존속되었다. 그 후 1931년 1월 21일 김적음에[15] 의하여 인수, 재건되었다. 재건된 선학원에서는 백용성, 송만공, 이탄옹, 한

---

13) 공제회의 경비는 수좌들의 의연금과 희사금으로 충당하고 각 지부 禪量 중의 2할과 매년 예산액의 잉여금을 저축하여 공제회의 기본재산으로 설정하여 각 선원을 진흥하기로 정하였다. 그리고 공제회의 운영 방침, 공제회 규칙, 세칙을 정하기 위한 기초위원을 선정하고 지부 설립을 위한 지방위원의 파견도 결정하였다.

14) 『동아일보』 1926.5.6.

15) 『불교시보』 4호(1935.11.1), 3쪽, 「如來의 사명을 다하야 世上에 模範을 보이는 숨은 人物들, 立志傳中의 인물 金寂音和尚」.

용운, 유엽, 김남전, 도진호 등이 나서서 대중들에게 참선, 교학을 가르치면서 불교대중화에 주력하였다. 신도들을 상대로 한 선우회가 조직되었고, 선의 대중화를 위해 『선원(禪苑)』을 발간하였다. 그리고 1931년 3월 23일에는 선학원에서 전선수좌대회(全鮮首座大會)를 개최하여 위상을 되찾기 위한 노력을 하였다.

이렇게 재건한 선학원은 이전 역사를 계승하면서 재정확립과 불교대중화를 통한 기반 확립에 나섰다. 재정 확립을 위해 범어사와 교섭을 하여 매년 200원의 지원을 받기로 하였고, 선학원의 부대 사업체인 제약부16)도 운영하였다. 선학원의 견실한 운영은 1920년대 중반의 경험에서 나온 것이지만 재정확립이 관건이었다. 이에 선학원 계열의 수좌들은 재정확립의 문제를 고민하였다. 그래서 이 문제는 1933년 3월의 수좌대회에서 논의되었다. 즉 송만공, 이탄옹, 김적음을 비롯한 9명의 수좌들은 수좌대회에서 선우공제회를 재단법인 선리참구원(禪理參究院)으로 전환시키겠다는 발기를 하였고, 정혜사선원을 비롯한 5곳 선원은 재원을 기부하였다.17) 이러한 문제의식은 당시 선학원을 운영하였던 실무진도 고민한 과제였다.18) 즉 수좌들이 안심하고 수행할 수 있는 기관을 만드는 것을 급선무로 인식하였다. 이에 선학원은 수좌 및 신도들이 재산을 출연하고 이를 법적으로 보호하고, 그로부터 나온 재원으로 수좌들의 수행을 후원할 기관을 출범하였으니 그것이 바로 재단법인 선리참구원이었다.

이러한 배경에서 선학원은 1934년 12월 5일부로 재단법인 선리참구원으로 전환되었다.19) 당시 재단으로 등록된 재산은 17명의 승

---

16) 이는 김적음이 한의사였던 전력을 활용한 사업체로 보인다.

17) 『삼소굴일지, 경봉대선사일지』, 극락선원, 1992, 297쪽.

18) 『선원』 4호(1935.10), 「우리 각 기관의 활동상황」.

려 및 신도들이 제공한 전답과 건물 등 82,970원이었다. 선학원에서 선리참구원으로의 전환은 창건 초기 역사에서의 교훈을 얻고, 나아가서는 수좌보호를 통한 전통불교를 지키려는 원력에서 나온 것이었다.

이렇듯이 선학원은 선리참구원으로 전환되자 그 즉시 이사회를 열고 이사진을 구성하였다. 이사장에 송만공, 부이사장에 방한암, 상무이사에 오성월, 김남전, 김적음 등이었다. 한편 이사진은 재단법인으로의 전환을 계기로 선풍 진작, 선종의 독자적인 발전을 도모하려는 준비를 하였거니와, 그 결과로 나온 것이 1935년 3월 7~8일의 수좌대회였다.[20]

마침내, 수좌대회 준비위원회의[21] 철저한 준비를 거쳐 1935년 3월 7일 오전 10시, 선학원 법당에서 비구 69명, 비구니 6명 등 총 75명의 수좌가 참가하였다. 이 대회에 대한 수좌들의 의도는 당시 그 대회의 개회사를 하였던 송만공의 발언에서 찾을 수 있다. 즉 송만공은 적자가 얼자로 바뀌면서, 정법이 질식되는 시점에서 선종수좌대회를 개최함은 의의가 깊다고 개진하였다. 이어서 그는 신라, 고려시대와 같이 동양문화의 중심이었던 조선불교가 위미부진한 상태로 전락된 근본 원인은 불법의 진수인 선법이 침체됨에서 기인하였다고 진단하고, 진실한 의미에서 불교의 부흥을 의도하려면 형해만 남은 선종을 흥성케 해야 한다고 소신을 피력하였다. 이에 노덕

---

19) 『불교시보』 1호(1935.10), 휘보, 「재단법인 조선불교선리참구원 인가」.

20) 이 대회의 전모 및 성격, 그리고 그 의미에 대해서는 졸고, 「조선불교선종과 수좌대회」, 『불교근대화의 전개와 성격』(조계종출판사, 2006)을 참고할 것. 이후 이 대회에 대한 내용은 졸고의 내용을 요약한 것임.

21) 위의 졸고, 170쪽 참조. 위원장은 기석호이었고 위원은 하동산, 이청담, 이춘성, 황용음 등이었다.

수좌 몇 사람이 수년간 노심초사하면서 노력한 결과 재단법인 선리참구원을 완성하고, 재단 확충과 기부행위 시행세칙 및 선원 법규를 제정하기 위해 수좌계 중심인물을 초청하여 그 기초위원회를 조직하였는데, 위법망구하는 순교적 정신에 불타는 기초위원회의 위원들이 수좌대회를 소집하여 선종의 근본적 자립 발전책을 토의, 의결하자는 발의를 수용한 결과로 대회가 열린 경과를 개진하였다. 그리고 대회에 참석한 수좌들에게 성실, 진실의 마음으로 허심탄회하게 대회에 임하여 선종 종규를 비롯한 기타 법규를 충분히 토의하여 대회의 목적을 달성케 해 달라고 부탁하는 것으로 진행되었다.

대회는 임시 집행부를 정하고, 의장인 기석호가 대회의 선서문을 낭독하였다. 이 선서문은 수좌대회의 정신을 가늠하는 잣대이기에 그 전문을 제시한다.

宣誓文
「우러러 告하옵나이다.」
「本師 釋迦世尊 및 十方 三寶慈尊이시여」
世尊께옵서 靈山會上에서 拈花하시오니 迦葉존자-微笑하심으로 붙어 以心傳心하신 祖祖相承의 正法이 일로붙어 비롯하와 卅三祖師로 乃至 歷代傳燈이 서로서로 繼承하와 今日의 法會를 일우웠나이다. 窃念하오니 世尊이 아니시면 拈花가 拈花 아니시며 迦葉이 아니시면 微笑가 微笑아니심니다. 拈花와 微笑가 아니면 正法이 아니외다. 正法이 없는 世上은 末世라 일넛나이다. 世尊이시여 邪魔는 날이 熾盛하며 正法은 時時로 破壞하는 이-末世를 當하와 弟子 等이 어찌 悲憤의 血淚를 뿌리지 아니 하오며 어찌 勇猛의 本志를 反省치 아니 하오리까 오직 願하옵나이다. 大慈大悲의 三寶께옵서는 慈鑑을 曲照하시와 弟子 等의 微微한 精

244

誠을 살피시옵소서. 世尊의 弘願을 效則하와 稽首發願하오니 聖力의 加被를 나리시와 拈花와 微笑의 正法眼藏이 天下叢林에 다시 떨치게 하시오며 如來의 慧日이 四海禪天에 거듭 빗나게 하시옵소서 世尊이시여 獅子는 뭇 짐생에 王이외다. 그를 當適할 者—그 무엇이리까. 그러나 제 털 속에서 생긴 벌네가 비록 적으나 사자의 온몸을 다 먹어도 제 어찌 하지 못하나이다. 天下無適의 大力도 用處가 없나이다. 그와 같히 이제 如來 正法이 그 목숨이 실끝 같은 今日의 危機를 當한 것도 그 누에 허물이겟슴니까. 업디려 비나이다. 正法을 獅子라면 弟子 等이 벌네가 아니리까. 이제 天下 正法이 今日의 危機에 陷한 것이 오로지 弟子 等이 如來의 軌則을 奉行치 아니한 不肖의 罪狀은 뼈를 뿌시고 골수를 내여 밧쳐 올니여도 오히려 다 하지 못할 줄 깊이 늣기와 이제 懺悔大會를 못삽고 弟子 等이 前愆을 懺悔하오며 後過를 다시 짓지 아니코 저 깊이 맹세하오며 發願하오니 이로붙어 本誓願을 등지며 三寶를 欺瞞하야 上으로 四重大恩을 저바리며 下으로 三途極苦를 더하는 者 잇삽거든 金剛鐵 槌椎로 이 몸을 부시여 微塵을 作할지라도 敢히 엇지 怨망을 품싸오리까. 차라리 身命을 바리와도 맛침내 正法에 退轉치 아니하겠사오니 오직 원하옵나이다.

「大慈大悲의 本師 釋迦牟尼佛과 밋 十方 三寶慈尊께옵서는 慈鑑證明하시옵소서」

갓이 업는 衆生을 맹세코 濟度하기를 願하옵나이다. 다함이 업는 煩惱를 맹세코 除斷하기를 願하옵나이다. 한량이 업는 法門을 맹세코 배우기를 願하옵나이다. 우가 업는 佛道를 맹세코 成就하기를 원하옵나이다. 이 因緣功德으로 널니 法界衆生과 더부러 한 가지 아욕다라삼약삼보리를 일우워지이다.

昭和 十年 三月 七日

朝鮮佛教禪宗首座大會 告白

이 선서문에서는 정법과 전등이 계승되어야 함에도 불구하고, 사마(邪魔)가 극성하고 정법이 파괴되는 말세를 당하여 참회와 반성을 하는 수좌들의 현실인식이 극명하게 개진되어 있다. 수좌들은 정법이 위기에 처한 현실에 처하여 정법과 여래의 궤칙을 받들어 그 위기를 타개하겠다는 원력을 세웠다. 나아가서는 참회하는 정신으로 삼보를 기만하는 삿된 무리들을 제거하겠다는 굳은 서원을 다짐하였다. 이에 수좌들은 정법을 받들지 못하였던 자신들의 허물을 자인하면서 신명을 바쳐 정법에서 물러서지 않겠다는 맹서를 하였다. 추후에는 중생제도, 번뇌 단절, 불법의 수행, 불도의 성취를 하겠다는 다짐을 하였다.

마침내 대회에서는 조선불교선종 종규를 비롯하여 종정회 규칙, 선의원회 규칙, 선회 법, 종무원 원칙, 선원 규칙 등을 정하였다. 또한 선리참구원 기부행위 정관, 기부행위 정관 시행세칙도 제정하였다. 이상과 같은 종규, 규칙 등을 정한 연후에는 선종 및 종무원, 선의원 등의 임원 선거를 하였다. 그 결과는 다음과 같다.

종정 : 신혜월 송만공 방한암
원장 : 오성월
부원장 : 설석우
서무부 이사 : 이청담
재무부 이사 : 정운봉
교화부 이사 : 김적음
보결이사 : 박대야 윤서호
심사위원 : 김일옹 이백우
보결 심사위원 : 현원오

선의원 : 기석호 하동산 황용음 이석우 김경봉 이춘성 김홍경
최원허 유종묵 김덕산 김대우 최송파 이선파 김시암 전설산
순회포교사 : 기석호 하동산 이운봉

이렇듯이 당시 전국 선원 45개소, 수좌 200여 명을 기반으로 한
조선불교선종은 출범하였고, 그 중앙 기관인 종무원이 등장하였다.
이로써 종무원에서는 지방 선원과의 연락, 선포교, 선원보호 및 수
좌의 대우 개선 등을 통한 선의 재흥, 선종의 독자적 발전을 위한
행보를 하였다.

(2) 유교법회의 개최 계기

1935년 3월에 출범한 선리참구원, 조선불교선종 종무원은 정상
적인 행보를 나갔다. 그런데 현재는 그 행보에 대한 세부적인 내용
은 관련 자료가 부재하여 구체적으로는 알 수 없지만, 그 이전보다
는 수좌의 증가,[22] 선리참구원의 재산 증대 등이 이루어져 진일보한
단계로 나간[23] 것으로 보고자 한다. 이러한 여건에서 1939년에도
수좌대회, 즉 조선불교선종 정기선회를 개최하였다. 이 대회에서는
초참납자의 지도를 위해 금강산 마하연 선방을 모범선원으로 지정
하겠다는 논의를 하였다. 다음으로는 모범총림을 위해 지리산, 가야
산, 오대산, 금강산, 묘향산 등 5대산을 지정하여 당시 교단 측과 교

---

22) 『불교시보』 54호(1940.1), 「불교소식」에는 27곳 선원에서 458명의 수좌가 수
    행을 한다고 전한다.
23) 『선원』 4호, 「중앙종무원」. 여기에서는 출범 6개월 만에 선리참구원 직영 선원
    이 10여 개소로 늘고, 수좌도 300여 명을 초과하였으며, 재경신도들의 후원금
    도 증가하고 있다고 서술하면서 발전의 단서가 많다고 하였다.

섭을 벌이기도 하였다. 나아가서는 전국 선원의 수좌들의 소식을 민
활하기 위해24) 수행 결과인 방함록을 수합하여, 이를 집합하여 배포
하기도 하였다. 이 선회 이후에는 더욱더 선학원을 중심으로 전국의
수좌와 선원이 유기적인 관계를 가졌을 것으로 보인다.25)

그러면 이러한 선학원의 변동과 발전이라는 배경에서 어떤 연유,
계기로 인하여 1941년 3월, 선학원에서 유교법회가 열렸던가? 이를
설명해주고 그 전후사정을 알려주는 관현 문헌자료가 없는 형편이
다.26) 다만 1966년경 『한국불교최근백년사』 편찬27) 실무를 보았던
정광호가 그 당시까지 현존하였던 「유교법회 회의록」을 보고, 그 일
부를 자료로 활용한 것이 주목된다. 그 내용을 제시한다.

일본과의 합방이란 것이 이루어진 뒤로 한국의 청정한 승풍은 시
들어만 가고 있지마는, 그래도 이 가운데 애써 한국적 전통을 유지하
고 있는 고승들이 있으니 이들을 다시 한자리에 모아 보자.28)

---

24) 이는 수행자들의 질병 보호 차원과 친목도모를 위해 시도된 것이다.
25) 이상의 내용은 정광호, 「한국 전통선맥의 계승운동」, 『일본침략시기의 한일 불
　교 관계사』(아름다운 세상, 2001), 292~294쪽 참조.
26) 1960년대 후반, 삼보학회의 주관으로 진행된 『한국불교최근백년사』의 편찬 작
　업을 추진할 때까지는 조계종 총무원에 「유교법회 회의록」이 있었다. 당시 그
　회의록은 열람한 당사자는 근대불교의 개척자인 정광호였는데, 그는 당시 삼보
　학회의 백년사 편찬의 실무를 보던 당사자였다. 그는 그 회의록을 근간으로 하
　고, 당시 그 법회 참가자인 이운허의 증언을 청취하여 「한국 전통선맥의 계승
　운동」(『일본침략시기 한일불교 관계사』, 아름다운 세상』, 2001)의 「유교법회」
　분야를 서술하였다.
27) 졸고, 「삼보학회의 한국불교최근백년사 편찬 시말」, 『근현대불교의 재조명』, 민
　족사, 2000, 548~558쪽 참조.
28) 이 자료는 구어체이기에 신뢰에는 약간의 의문점이 있다.

한국적 전통을 유지하고 있는 고승을 한자리에 초청하자는 것이었다. 그런데 왜 하필이면 1941년 3월이었던가? 그리고 그런 기획, 아이디어를 낸 것은 선학원 내부의 승려였는가 등등에 대한 의문점이 적지 않다.

이와 관련해서 유교법회에 참석하였던 강석주를 만나, 이를 기초로 하여 유교법회의 개최에 일제 측의 개입이 그 초기 단계에 있었음을 설명하는 박경훈의 해석을 잠시 보자.

이 법회는 전국의 훌륭한 禪匠들이 모여서 10일간 계속했는데 모이게 된 동기가 좀 엉뚱한 데 있었다. 春園 李光洙가 우연한 기회에 총독부 학무국장 도미니가(富永)를 만난 일이 있다. 이때 도미니가는 춘원에게 "한국불교가 이 같이 무질서하고 지리멸렬해서는 안 되겠다. 교단을 맡아서 잘 해나갈 사람이 없겠는가? 지금까지는 교종에 교단을 맡겨 왔는데 선종에 그런 인물이 없겠는가? 선종의 고승들을 만나 볼 기회가 있었으면 좋겠다"는 뜻을 비쳤다.

춘원은 곧 사촌형인 李耘虛스님을 찾아가 도미니가 학무국장의 뜻을 전하고 "적당한 기회에 고승들이 한자리에 모이는 법회를 여는 것이 좋겠다"고 권하였다. 이운허스님은 元寶山스님과 이 일을 상의하였다. 두 스님은 춘원의 말과 같이 고승법회를 여는 것도 좋으나 우선 총독부 학무국장을 만나 그의 黑心이 무엇인지 직접 들어본 연후에 결정하기로 하였다. 박문사가 총본산을 하겠다는 흉계를 가지고 있고, 우리 쪽에서 총본산을 짓고 있는 이때에 학무국장이 그런 말을 했으므로 총독부의 저의를 헤아리기가 어려웠던 것이다.

두 스님은 춘원의 소개로 총독부의 학무국장을 만났다. 그런데 도미니가는 고승법회에 대해 일언반구도 하지 않았다. 춘원의 말에 의하면 고승법회의 경비까지도 대주겠다고 했다는데 전혀 말이 없자,

두 스님은 총독부의 의사와는 무관한 법회를 열기로 하였다. 그리하여 두 스님은 춘원에게서 들은 이야기는 없었던 것으로 하고 두 사람만 알기로 하였다. 耘虛스님은 直旨寺로 靑潭스님을 찾아가서 이 일을 상의하였다. 靑潭스님은 곧 쾌락을 했고 이어 滿空스님을 찾아가서 고승법회 개최를 상의하였다. 또한 운허스님은 朴漢永스님과도 상의하였으며 송광사까지 가서 曉峰스님과도 상의하여⋯29)

이와 같은 박경훈의 서술은 대략 다음과 같은 초점을 갖는다. 우선 일제는 춘원을 통하여 선종 계열, 선학원 승려들에 대한 호기심을 개진하였는데,30) 그것은 단순히 사상, 인품 차원이 아닌 교단 통제와 연관된 것이었다. 춘원을 통해 그 사정을 전해 들은 이운허와 원보산은 순수한 차원에서 고승법회를 개최한다는 마음으로 일제 당국자를 만났으나 상호간에 의중을 노출하지 않은 해프닝으로 마감되었다. 이어 이 같은 전후사정을 직지사에서31) 전해 들은 이청담은 송만공을 만나 고승법회를 개최하는 문제를 상의하였으며, 이운허도 박한영과 이효봉을 만나서 고승법회 개최를 상의하였다는 것이다.32) 즉 송만공, 박한영, 이효봉과의 상의 단계에서는 일제의 교단통제에33) 대한 대응의 의미를 갖게 되었다. 이와 연관하여 유교법

29) 강석주, 박경훈, 『불교근세백년』(중앙일보, 동양방송, 1980), 166~168쪽. 그런데 박경훈은 유교법회가 1937년 8월 3일부터 13일까지 열흘간 열렸다고 기술하여 그 근거에 많은 의아심을 야기한다. 이는 강석주의 구술 증언을 문헌 자료와 대조하지 못한 결과로 보인다.
30) 그 시점, 기일은 언제인지 알 수 없다.
31) 당시(1940년 동안거) 이청담은 직지사 천불선원에서 禪德 소임을 보고 있었다.
32) 그런데 이효봉은 법회의 기록, 사진에는 나오지 않는다. 법회에 참석은 하였지만 사진 촬영에 응하지 않은 것일 수도 있다. 그러나 사진촬영에 응하지 않을 가능성은 희박하고, 문도회에서 발간한 효봉 법어집의 행장에도 참석하였다는 내용은 없다.

회가 열린 1년 후 일제의 선학원에 대한 다음과 같은 보도는 그 정황을 파악하는 단서로 삼을 수 있다.

조선의 종교 통제문제는 다년간의 현안으로서 총독부 사회교육과에서는 이미 착착 실시하야 오는 중인데 우선 조선인 관계의 불교를 일원적으로 통제하야 불교의 내선제휴를 강화한 다음 국체본의 투철을 중심으로 하는 황민화의 힘찬 심전개발운동을 일으킬 터이며 (중략)

여기서 가장 문제되는 것은 조선인 측의 불교였다. 전선 각처에 잇는 사찰 총수 실로 이천수백에 그 교도는 삼십만 명이나 된다. 그러나 몇 해 전만 해도 이가튼 사찰과 각 종파를 일원적으로 통제 지도할 기관이 업섯다. 즉 중앙불교무원과 중앙선리참구원의 두 가지가 중앙에 잇서 가지고 제각기 지도적 역할을 해 왓든 것이다. 중앙교무원은 전선불교관계의 연락과 부내 혜화전문의 경영을 마터 보았고 중앙선리참구원에서는 '선(禪)'을 하는 사람과의 연락 연구기관으로 각기 존재했지만 두 기관이 다 가치 전 사찰에 대하야 관계를 가지고 잇섯다. 그래서 총독부에서는 작년 4월 사찰령의 개정과 동시에 조선불교도의 총의에 따라 '선'과 '교'를 일원적으로 통제하고 태고사를 맨들고 전선 31본산의 총본산으로 하야 전선불교의 중앙지도기관으로 햇다. 그러나 여전히 중앙교무원과 선리참구원은 존재하야 만흔 폐해가 잇섯슴으로 금년 3월에 총독부에서는 이 두 가지 단체를 통제하고자 결심하고 그 제일 착수로 금년 삼월에는 중앙교무원을

---

33) 여기서 말하는 교단통제에 대한 내용은 단언하기 어렵다. 이와 관련하여 정광호는 한국의 전통적인 승단인 비구승의 영향력을 그들의 목적 수행(전쟁준비 등)상 한번 이용해 볼까 하는 저의가 있었던 것으로 생각해 볼 수도 있다고 개진하였다. 정광호, 앞의 책, 295쪽.

조계학원으로 개칭하는 동시에 총본산태고사의 통제하에 두게 되엿다. 이와 동시에 혜화전문학교를 경영하는 재단의 역원도 태고사의 간부로 하야금 겸임케 하야 실질적 통제를 완성식힌 것이다. 여기서 남은 문제는 존립할 아모런 가치가 업는 중앙선리참구원을 어떠케 하는 것이냐 하는 것이다. 통제가 완성되여 가는 현재 과정에 잇서서 이것은 당연히 발전적 해소를 해야 할 것이다. 더구나 이 선리참구원이라는 것은 법령상 사찰도 아니요 포교상 아모런 존재 이유를 가지지 못하는 것이다. 솔직히 말하면 정당한 불교를 포교하는데 암(癌)으로서의 존재밧게 안 되는 것이다. 그래서 총독부에서는 지금 그 내용과 구성 인원 등 자세한 상황을 조사하는 중이다. 조사가 끝나는대로 이것도 그 통제될 단계에 이른 것만으로 명확한 일이다. 여기서 조선의 종교통제 문제는 불교의 일원적 통제로부터 시작하야 기독교 등에도 미치게 될 터이다.[34]

1942년 후반경, 일제의 선학원 통제의 원칙을 알 수 있는 보도기사이다. 이『매일신보』는 일제의 기관지였던 사정을 고려하면 여기에서 나온 저간의 사정은 신뢰할 수 있다. 이 내용에서도 선리참구원이 당시 선원의 지도, 통제를 하면서 선을 연구하는 기관으로 인식되었음을 알 수 있다. 그리고 일제 당국은 선리참구원을 불교통제상에 있어서 골치 아픈, 껄끄러운 존재였기에 암적인 대상으로 표현하였다.

그러므로 여기에서 일제 당국이 1941년 2월, 그 당시는 총본산 건설운동, 불교계 통일운동으로 시작되었던 조선불교조계종, 총본사로서의 태고사가 일제의 승인을 받아 출범하기 직전이었던 것을 고

---

34)『매일신보』1942.8.6,「佛教서도 內鮮一體로 宗教報國에 新機軸」.

려하면 교종 계열에게35) 한국불교의 교단을 맡기기 직전에 우연적으로 나온 발언에서 유교법회가 촉발되었다고 이해된다. 혹은 교종 계열이 교단 운영을 맡는다 해도, 그 수뇌부〔종정〕는 선종 승려가 해야 된다는 평소의 단상이 노출된 것으로 볼 수 있는 대목이다.

아무튼, 춘원과 학무국장과의 사이에서 나온 선종 고승에 대한 대화가 법회의 단초는 되었지만, 그 기회를 오히려 고승의 수행 가풍이 살아 있음과 정법수호, 계율수호, 선학원의 정체성 천명 등의 기회로 활용하려는 선학원 계열 승려들의 탄력적인 현실인식이 법회의 과감한 추진을 추동하였다고 보고자 한다.

이에 이청담과 이운허는 고승법회의 개최를 위한 여러 준비를 신속하면서도 과감하게 추진하였다. 당시는 준전시체제였기에 행사, 법회를 할 경우에는 일제 당국에 집회계를 내고, 집회 개최의 허락을 받아야만 되었다. 그래서 이청담 등 법회 주최진은 화계사, 봉선사 등의 장소에서의 법회 신청을 냈으나 거절당하고, 종로경찰서와 상의하여 선학원에서 법회를 할 수 있다는 장소 사용허가를 가까스로 얻어냈다. 그런데 이번에는 조선불교조계종 출범을 목전에 두었던 교종 계열에서36) 은근한 반대가 대두되었다. 반대의 명분은 고승법회라는 법회의 명칭을 갖고 시비하였지만, 그 이면에는 총본사, 조계종 출범에 자칫 악재로 작용하지 않을까 하는 우려에서 기인한

---

35) 보통 대처승 계열로 보수적이며 현실에 안주하였던 승려들을 그 당시는 교종이라 칭하였다.

36) 박경훈은 이들은 교무원에 관계하는 인사와 31본산 주지들이라고 하였다. 교무원은 재단법인 조선불교교무원으로서 1941년 4월 조계종단이 등장하기 이전에는 준 교단의 역할을 하였던 법인체를 말한다. 특히 교무원 대표였던 월정사 주지인 이종욱이 반대를 하였다고 하는데, 이는 그가 총본산 건설의 주역이었기에 조계종 출범을 1937년부터 준비한 제반 노력이 물거품이 되지 않을까 하는 우려에서 나온 것으로 필자는 본다.

것이다. 기존 교단에서의 법회 반대의 사정은 법회에 참가한 김지복의 회고가 참고된다.

준비위원에 이종욱씨, 이종욱스님이 방한암스님, 종정스님을 모셔오려고 초청을 했었죠. 근데 방한암스님이 참석을 안해셨는데 (중략) 근데 처음에는 박대륜스님이나 이종욱스님이나 다 같이 하기로 합의를 했다는 거예요. 그런데 금방 말씀드린 대로 이종욱스님은 그런 데 참석하는 것이 총독부의 심기를 건드릴 수 있다고 해서 후퇴를 하고, 그러니까 박대륜스님도 참석을 안했지요.37)

위의 회고와 같이 교단 측에서 같이 추진하기로 하였지만, 교단 측에서 신뢰하였던 방한암이 참석하지 않는 것이 결정되자, 자연 법회의 공동 주관에서 후퇴하였다고 한다. 이는 조선불교조계종과 총본산 태고사를 일제 당국이 공인(1941.4.23)하기 직전이기에 총독부와의 불편한 관계를 자제하려는 고육지책이었을 것이다. 방한암의 불참은 법회 참석을 부탁하던 그 무렵, 방한암의 지근거리에 있었던 범룡의38) 증언도 참고된다.

김광식 : 1941년 서울에서 개최된 고승유교법회에 한암스님이 초청을 받았지만 가시지는 않으셨지요?
범룡 : 처음에는 고승법회로 하려고 한 것인데, 한암스님께서 "중이 자칭하여 고승법회라고 하면 말인 안 된다"고 지적하여 유교법회

---

37) 『조계종 강맥 전등사 관련 인터뷰 녹취록』(2004, 조계종교육원 불학연구소, 미출간 자료집), 234~235쪽. 2004년 12월 22일 필자와 김지복의 인터뷰 증언.
38) 그는 1940년대 그 무렵 오대산 상원사(삼본산승려 수련소)에서 참선수행을 하였다.

(遺敎法會)로 바뀐 거야. 그때 내가 한암스님 옆에 있었어요. 한 명은
청담스님이고, 또 한 사람은 원보산스님인 것 같았습니다.

　　김광식 : 혹시 시봉하는 상좌들이 대회에 참가하라고 권유하지는
않았나요?

　　범룡 : 탄허스님인지는 기억이 잘 나지 않지만 상좌들이 선학원
의 유교법회에 참가하라고 권유하였지요. 그러나 스님은 "내가 한 번
나가면 두 번 나가게 되고, 두 번 가면 세 번 가게 되고, 그러면 자주
나가게 된다"면서 거절했지요.[39]

　　그래서 채서응이 고승법회라 해도 무방하지만, 굳이 비난을 받아
가면서까지 고승법회라 하여 말썽을 일으키는 것보다는 부처님의
유지를 받들어 행하는 무리이므로 그 점을 따서 유교법회라 하는 것
이 좋겠다고 해서 법회 명칭을 유교법회로 전환시켰다.[40]

3. 유교법회의 전개

　　한국 전통 선의 수호, 계율수호를 종지를 내걸었던 선학원에서
1941년 3월에 개최한 유교법회는 일제 당국의 선종 승려에 대한 호
기심 노출에서 촉발되었다. 그러나 그 출발은 우연이었으되, 법회
준비가 본격화되면서 법회의 성격은 정법수호, 계율수호라는 대의명

---

39) 김광식, 『그리운 스승 한암스님』(민족사, 2006), 40~41쪽.
40) 앞의 박경훈 책, 169쪽. 한편 법회에 참석한 강석주는 그때 총무원 측에서 비난
　　이 많았다면서, 원래는 고승법회라 했는데 높을 高자가 아닌 마를 고(枯)자를
　　써서 고승(枯僧)이라고 해라, 혹은 외로울 고(孤)자를 써서 고승(孤僧)이는 말
　　이 있어 유교법회로 변경하였다는 증언을 하였다. 『선우도량』11호, 231쪽.

분이 깔려진 채로 진행되었다. 이러한 사정을 유추할 수 있는 자료를 음미해 보자. 그것은 법회에 참석한 강석주가 법회의 주관자인 이청담을 회고하는 내용이다.

스스로 결단을 내려 선택한 일이면 누가 뭐래도 눈 하나 깜짝하지 않는 그 대범성 앞에서는 도전의 깃발을 들고 설치던 상대방도 제 풀에 꺾이지 않을 수 없는 일이었다. 그 한 실례로 대동아전쟁 직전인 41년으로 기억되는 고승 초대법회인 유교법회(遺教法會)에서의 일이다.

그때 선학원에서는 만공큰스님을 모시고 그때까지 10년간 말없이 수도 정진한 고승들을 초대하여 불교정화의 기조이념을 다짐하는 법회를 봉행하는 중이었는데, 뜻밖의 행패자들이 출현한 것이었다. 몇몇의 알 만한 승려들이 자신의 스승을 그 고승법회에 초대하지 않았다는 이유로 난동을 부린 것이었다. 행패자들의 난동이 워낙 기세등등하여 어지간한 심장이면 주저앉고도 남을 판인데 눈 하나 깜짝하지 않는 대범성에 도리어 난동자들이 혀를 내두르고 말 지경이었다.

이러한 대범성과 끈질긴 추진력이 결국 그분으로 하여금 불교정화 이념을 현실화시켜 성취를 한 것이라고 할 수 있을 것이다.

물론 그 유교법회가 정화불사의 시초는 아니었다.[41] 오랜 역사와 전통의 뿌리깊은 한국불교를 말살하려는 일제 식민정책의 잔꾀로 부처님 도량에 대처승의 활약이 허용되고, 그것으로 인하여 부처님 도량과 부처님의 가르침이 부식되어 가는 안타까운 처지에 봉착한 그

---

41) 강석주는 불교정화의 시초를 1931년 3월 23일에 개최된 제1회 全鮮首座大會로 보고 있다. 『선원』 창간호(1931.10.6), 29쪽. 그러나 1931년에 수좌들이 모임을 가진 것은 사실이나, 실질성, 파급성에서는 문제가 있어, 필자는 그런 이해는 신중을 기해야 한다고 본다.

시절, 만공큰스님의 격려 속에서 불교정화를 위한 의기상통하는 동지를 규합하기 위해 그분은 전국의 심산유곡을 찾아 헤매곤 하신다는 풍문을 나 역시 들은 바였다. (중략)

어떠한 외부의 압력이나 방해공작에도 결코 굴함이 없이 전진을 거듭한 그 추진력은 결과를 향해 한발 두발 전근을 하기 시작한 것이다.

바로 1941년 3월 13일로 기억되는 선학원에서의, 부처님의 유교를 호지하고, 승풍의 정화를 재차 다짐하는 기틀이 된 고승법회도 그러한 난관에 굴함이 없이 전진을 거듭한 결과라고 할 수 있을 것이다.[42]

위의 회고에 나오듯이 유교법회는 "만공스님을 모시고 그때까지 10여 년간 말없이 수도 정진한 고승들을 초청하여 불교정화의 기조 이념을 다짐하는", 혹은 "부처님의 유교를 호지하고 승풍의 정화를 재차 다짐하는 기틀이 된 고승법회"였다. 이렇게 유교법회는 우연한 계기에서 출발하였으나, 법회가 본격화되면서는 불교정화와 승풍의 정화를 다짐하는 법회로 전이되어 전개되었다. 강석주는 1981년에 유교법회를 위와 같이 회고하고, 그로부터 8년이 지난 1989년의 『법륜』지에서도 다음과 같이 자신이 지켜본 것을 정리하였다.

그리고 불교정화운동에 대한 부분은 해방 이전에도 활발치는 못하였지만 서서히 진행되어 왔는데 '전국고승법회'라 하여 청담, 운허, 운경스님 등이 주축이 되어 준비를 했다. 당시 총무원 측에서는 굉장히 반대가 심했고 방해를 많이 했었다. 그럴 수밖에 없는 것이 고승법회에서는 불교는 범행단(梵行團)이라 하여 청정하게 계율을 잘 지

---

42) 강석주, 「그때 그 기억」 『여성불교』 1981년 11월호(30호), 19~21쪽.

키고 종단을 이끌어 가야 한다고 했으니 처자권속을 거느린 총무원의 당사자들은 당연히 반대한 것이다. 그래서 '고승' 부분에 대한 반대가 너무 심하여 유교(遺敎)법회라 하여 대회를 진행하곤 했다.[43]

그러면 이런 배경, 계기에서 나온 정화운동의 성격을 갖고 있었던 유교법회의 내용의 일부를 전하는 관련 자료, 『불교시보』를 제시한다.

十日間 府內 安國町 禪學院에서는 雲水衲僧 高德禪師의 遺敎法會를 열고 朴漢永 宋滿空 金霜月 河東山 諸 禪師의 梵網經 遺敎經 曹溪宗旨에 대한 說法이 잇섯다고 한다.[44]

즉, 1941년 3월 4일부터 10일간 선학원에서 법회가 개최되었다. 그러면 어떤 대상자를 초청하고, 몇 명의 승려가 참여하였는가? 위의 기록에서는 그 대상자를 운수납승 고덕선사라 한바, 즉 수좌이면서 덕이 높은 선사라 하였다. 강석주가 회고한 10년간 말없이 수도 정진한 고승들과 그 맥락이 통하고 있다. 그 대상자는 10년 이상을 수행 정진한 수좌, 선사들이었음을 알 수 있다. 그러면 초청한 대상자는 몇 명이었고, 초청을 받아 참여한 선사는 몇 명이었는가. 이에 대해서는 공식적, 문헌 기록에 분명하게 전하지 않는다. 법회에 대해서 이미 서술한 바가 있는 박경훈은 "老·壯層 禪匠 40여 명"이라고 하였고,[45] 정광호는 "전국의 청정비구 중 34명을 초청했던"이라

43) 석주, 「교단의 혁신을 위한 조선불교총본원의 활동」, 『법륜』 246호(1989.8), 30~31쪽.
44) 『불교시보』 69호(1941.4.15), 「禪學院의 遺敎法會」.
45) 앞의 박경훈 책, 169쪽, 박경훈은 40여 명 대상자에 송광사 효봉스님도 포함된

고 표현하였다.[46]

한편 강석주는 생존 당시인 1991년 1월 『운허선사 어문집』의 재판[47] 편집 과정시 유교법회의 기념사진에 나오는 해당 승려들을 확인하였다. 이에 『운허선사 어문집』 화보에는 그 승려들을 40명으로[48] 보고 그 인물들을 판독한 내용을 게재하였다. 그런데 선우도량, 한국불교근현대사연구회와의 증언 인터뷰(1997.1.7)에서도 유교법회 사진(1941년 3월 13일 촬영)을[49] 보고, 그 해당 인물들을 다시 판독하였다. 그 사진에 나오는 인물 전체 40명 중에서 판독한 대

다고 하였지만 그 사진에는 효봉스님이 나오지 않는다.

이 책은 1980년 5월 25일 발행되었는데, 본래 이 책의 원고는 『중앙일보』에 연재된 석주스님의 「남기고 싶은 이야기들」에 연재되었다. 당시 박경훈이 석주스님을 찾아, 증언을 받아서 정리한 것인데, 석주스님의 개인적인 회고가 아닌 일제하 불교 교단사 차원의 역사 연재였다. 그래서 본래 글이 집필, 연재된 시점은 1979년 후반경이었다. 당시 박경훈은 10.27사태(박정희 대통령 시해사건)가 나자 동국대 역경원에 근무 중 특별히 할 일도 마땅치 않고, 학교에 군인이 들어와 있는 어수선한 분위기 타개차 작업을 하였다고 필자에게 회고하였다. 『중앙일보』에는 석주스님의 이름으로 연재되었으나, 실제 집필자는 박경훈이었다. 그래서 중앙신서로 그 연재의 결과물이 책으로 묶일 때에 강석주와 박경훈의 공저로 표기되었다.

46) 정광호, 「한국 전통선맥의 계승운동」, 『근대한일불교관계사연구』(인하대출판부, 1994), 204쪽. 그러나 정광호는 34명이라는 근거를 제시하지 않았다.

이 글은 본래 정광호가 대한불교신문사의 기획조사실장으로 근무하던 1972년에 『대한불교』에 10회로 연재한 글이었다. 요컨대 1972년에 작성되었는데, 그는 이 글을 쓰기 이전 삼보학회의 간사로 근무하면서 「유교법회 회의록」을 열람하였고, 이운허를 찾아 많은 자문을 받았는데 34명이라는 근거도 거기에서 나온 것일 수도 있다.

47) 초판은 1989년 11월 7일에 나왔는데, 발행처는 동국대학교의 동국역경원이었다.

48) 그런데 참여 인물을 40명으로 보고. 그 인물들의 사진 번호별로 법명을 게재하였다. 그러나 41명이었지만 1명은 번호에도 누락되었다.

49) 보통, 이 사진이 유교법회를 생생하게 알려주는 기록이다. 널리 알려지고, 각종 책자에 수록되었다,

상자는 29명이었다.[50] 강석주가 선우도량 관계자와 판독을 하고 3년이 지난 후인 2000년 민족사에서는 김광식을 편자로 발간한 사진화보집『한국불교 100년, 1900~1999』의[51] 1940년대 부분에서 유교법회 사진을 게재하였다. 여기에서는 그 사진에 나오는 인물 40명에게 번호를 부여하고, 그중에서 판독이 가능한 인물 37명을 제시하였다.[52] 이는『운허선사 어문집』에 게재된 것을 그대로 활용한 것이다. 그런데 행사에는 법회에 초청받아 온 고승들의 시좌도 있었으며[53] 법명은 모르지만 직지사 수좌가 있었다.[54] 그러면 여기에서 박한영의 시자로 당시 법회에 참석했던 김지복의 회고를 제시한다.

해방 전인 1941년 유교법회가 선학원에 있었는데 그때 한국불교의 유수한 스님들이 모두 한자리에 모이셨습니다. 내가 대원암에 있을 때인데 3명이 차출되어 시자로 참석했었습니다. 우리는 시자로서 차도 따라 드리고 심부름을 했었지요. 석주스님이 그때 선학원 원주를 했었고 운허스님, 적음스님, 청담스님이 준비위원이었어요. 그때 유명한 스님들을 많이 뵈었습니다.[55]

---

50)『선우도량』11호(1997), 250쪽. 그런데 이 사진 도해에서는 판독한 인물 29명을 번호를 붙여 제시하였지만, 판독치 못한 인물은 번호를 부여하지 않았다. 이렇게 1991년보다 판독치 못한 것은 연로하여 기억력이 쇠퇴한 것으로 보인다.

51)『한국불교 100년』, 187쪽, 2000년 5월에 발간하였다.

52) 그러나 번호는 40까지만 부여하고, 잔여 한 명은 번호(41?)를 부여하지 않았다. 판독치 못한 것과 애매한 경우는 곽?스님, 조?, ?, ?수좌, ?(적음스님 시자) 등으로 추측하였다.

53) 강석주는 그들 중에서 적음스님 시자와 화웅스님 시자는 기억하였다. 그러나 당시 개운사 대원암에 있었던 김지복은 자신과 박영돈, 백준기(박한영 직계 시봉) 등 3명이 시자로 박한영을 따라와서 선학원에서 다각을 하였다고 필자에게 회고하였다. 2004년 12월 22일, 불학연구소에서 증언.

54) 이것도 석주스님의 판독의 산물이다.

영호(필자주, 박한영)스님이 가자고 한 것이 아니라 그때가 2월 말이니까 개학을 하기 전이여. 그런데 대원암 강원에 있던 사람 중에서 좀 나이가 적은 사람들, 그때 나는 나이(필자주, 22세)가[56] 비교적 적은 셈이었어. 그러고 백준기라는 사람은 영호스님 직계 시봉이여. 또 박영돈이라는 사람은 백양사에서 와서 대교는 마쳤는데 수의과로 염송을 공부하거든요. 염송을 공부하느라 못 내려가고 있었어. 그러니까 나하고 나이가 다 비슷해요. 나이가 많은 사람은 가서 다각을 못하거든.[57]

위의 김지복의 증언을 고려하면 당시 법회에는 고승들의 시자가 10명 이상은 참가했을 것으로 보인다. 그중에서 기념사진 촬영 때에 동참한 경우도 있었을 것이고, 사진 촬영에 응하지 않은 경우도 있었을 것으로 보고자 한다.

이러한 분석을 종합하면, 법회에는 40명 이상의 승려가 참여하였다. 그런데 그중에서 정식 초청을 받은 대상자도 있고, 초청받은 대상자의 시자로서 온 경우도 있었다. 그래서 일단은 법회에 초청을 받아 참석하였던 대상자(34명)로 추정되는[58] 승려를 제시한다.

---

55) 선우도량 한국불교근현대사연구회, 「김지복, 한 열혈 불교청년의 일생」, 『22인의 증언을 통해서 본 근현대불교사』(선우도량, 2002), 190쪽.

56) 그는 1920년생이다.

57) 조계종 교육원 불학연구소, 『조계종 강맥 전등사 관련 인터뷰 녹취록』(2004), 229쪽. 이 자료는 불학연구소가 종단사 관련 대상자를 인터뷰하고 그 결과를 녹취하여 제본한 것으로 출판하지 않은 참고 자료이다. 당시 필자는 그 사업의 촉탁을 맡았는데 2004년 12월 22일 김지복을 불학연구소에서 만나 증언 청취를 하였다.

58) 요컨대 정광호의 설인 34명을 인정한다. 이는 그가 지금은 사라진 유교법회 회의록을 열람한 당사자이기에 신뢰할 수 있는 것이다. 『매일신보』에서도 30여 고승이라고 보도하였다. 그런데 필자가 제시한 대상자 중에서 김지복은 초청자

송만공 박한영 채서응 장석상 강영명 김상월 하동산 김석하 원보산 국묵담 하정광 김경권 이운허 이청담 김적음 변월주 강석주 박석두 남부불 박종현 조성담 김자운 윤고암 정금오 도명 이화응 김지복 박봉화 귀암 민청호 청안 박재운 박본공 곽?

이러한 고승 납자들이 선학원에 모여 법회를 하였던 것이다.[59] 그러면 당시 법회는 어떤 순서로 진행되었으며, 법문은 어떤 고승이 하였는가 등등 법회의 전체적인 개요를 『경북불교』에 나온 기사를 통해 살펴보자.

半島佛敎의 新體制로서는 未久에 總本寺의 實現을 앞두고 잇는 此際에 오랫동안 보지 못하든 佛敎의 眞正한 修養法要會가 去般 中央敎界에서 會集되엿는데
卽이 修養法要會란 것은 我 半島의 全敎界를 通하야 高僧大德을 총동원한 所謂 '高僧修養法會'란 名目으로 去 二月[60] 四日부터 京城府 安國町 四十番地 中央 禪學院에서 위엄스럽고 嚴肅한 가운데서 開幕되엿는데 當 法會에는 忠南 禮山 定慧寺 宋萬議師, 江原道 五臺山 月精寺 方漢巖師, 忠南 俗離山 法住寺 張石霜師 等 三大禪師를 招致하야 證明으로 모시고 會主에는 朴永湖師, 金霜月師, 姜永明師, 蔡瑞應師로 하야 會第一日인 四日부터 全 六日까지 遺敎經, 十二日까지 慈悲讖의 公開를 한 後 十三日 要 特히 我 皇軍武運長久, 戰歿將士의 慰靈大法要가 이 僧大德의 執法으로 如法且 嚴重히 擧行되고 法會는 圓滿히 回向되엿는데 一般은 時局下 民衆 心

가 아니고, 박한영 시자로 따라왔기에 이 점에서는 문제가 있다.
59) 『불교시보』 69호(1941.4.15), 「인사소식」에는 송만공, 장석상, 김상월, 강영명 등 諸 和尙이 유교법회 출석차 入城하였다고 보도하였다.
60) 2월은 3월의 오기로 보인다.

身修養上 가장 意義잇들 法會엿음에 無限한 法悅을 感하게 되엿든 바라
한다.61)

이렇듯이 대회는 경전에 대한 법문, 자비참 공개, 위령법회62) 순
으로 진행되었다. 그런데 이 기사에는 법회의 참가자 중에서 증명,
회주라는 직책이 있었다고 전해 우리의 주목을 받는다. 증명에는 송
만공, 방한암, 장석상이 회주에는 박한영, 김상월, 강영명, 채서응으
로 나온다. 추정하건대 증명은 법회의 상징적인 고승으로 내세운 인
물이고, 회주는 법회의 실질적인 주관자가 아닌가 한다. 이『경북불
교』보도는 본사가 대구에 있었던 연고에서63) 나온 것으로 추정되
는바, 약간은 미진한 내용이 있었다. 우선 방한암은 오대산에서 나
오지 않았음에도64) 불구하고 증명으로 모셨다고 하였다. 그리고『불
교시보』및 여타 증언에서 나오는 범망경과 조계종지 법문에 대해
서는 일체 언급이 없는 것이 바로 그것이다.65) 그러면 여기에서 당
시 일제 기관지였던『매일신보』에 나오는 법회의 전문을 살펴보자.
자료 제공 차원에서 그 전문을 제시하거니와, 보도에는 일제의 불교
통제, 식민통치에 활용하려는 의도가 나오기도 한다.

---

61)『경북불교』46호(1941.5),「高僧大德을 招致, 佛教 修養法會, 中央禪學院서 精進」.
62) 위령법회를 하였음은 집회허가를 얻어 내기 위한 고육지책이었던 것으로 보인
다.
63) 본사는 대구부 덕산정 261번지인 경북불교협회였다. 그러나 인쇄소는 경성 견
지정 32번지인 한성도서주식회사였다.
64) 한암스님은 법회 참가를 요청하기 위해 찾아온 청담, 보산스님에게 "중이 자칭
하여 고승법회라고 하면 말이 안 된다"고 하면서, "내가 한 번 나가면 두 번 가
게 되고, 두 번 가면 세 번 가게 되고, 그러면 자주 나가게 된다"면서 거절하였
다고 한다.『그리운 스승 한암스님』(민족사, 2006), 40~41쪽의 범룡스님 증언.
65) 그리고 3월 4일을 2월 4일로, 송만공을 송만의로 보도하였다.

종래 방만에 흐르든 조선의 불교를 통제 부흥하고저 총독부 학무 당국의 알선으로 총본사(總本寺) 태고사(太古寺)가 미구에 출현하게 되는 불교의 새로운 부흥기를 당하야 수 十년 동안 오로지 깁고 깁흔 산속의 사찰 속에서 부처님의 계율을 그대로 직히고 온갖 고행(苦行)을 참고 견듸며 수도(修道)를 하여 오든 三十여 고승(高僧)이 은연히 이 속세의 가두에 나타나 불교 신체제 확립에 힘찬 부조를 맞추고 잇다.

이 승려들의 첫 발자욱은 고승수양법회(高僧修養法會)란 명목으로 四일 새벽부터 부내 안국정(安國町) 四十번지 선학원(禪學院)에서 종래 일즉이 보지 못한 위엄스럽고 엄숙한 법회가 전개되엇는대 여기에는 멀리 충남 예산(禮山) 정혜사(定慧寺)의 송만공(宋滿空)(七一)로사를 비롯하야 강원도 오대산(五臺山) 월정사(月精寺) 방한암(方漢巖) 승려 충남 속리산(俗離山) 법주사(法主寺) 장석상(張石霜) 승려 등 좀처럼 맛나기 어려운 고승들의 법회를 일반이 볼 수 잇게 된 것이다.

이번 법회의 목적은 전혀 고래(古來) 승려들의 수양생활을 일반에게 보히고 금후 교계에 수범이 되게 하려는 것으로 일순은 四일부터 六일까지 범망경(梵網經)의 설교가 잇고 九일까지 유교경(遺敎經) 十二일까지 자비참(慈悲懺)의 공개가 잇고 또한 전몰장병을 위하야 十三일에는 위령제(慰靈祭)를 지낼터이란다. 이 법회가 행하여지는 동안 회주(會主)에는 박영호(朴永湖) 김상월(金霜月) 강영명(姜永明) 채서응(蔡瑞應) 승려가 맞고 증명(證明)에는 송만공(宋滿空) 방한암(方漢巖) 장석상(張石霜) 세 승려가 담당하기로 되엇다.66)

---

66) 『매일신보』 1941.3.5, 「佛門 新體制 發足 高僧修養法會」.

위의 『매일신보』에는 유교법회를 고승수양법회로 표현한 점과 승려들의 수양생활을 일반에게 공개한다는 점을 강조한 것이 이채롭다. 그리고 법회의 일정을 세부적으로 일반에게 알리기도 하였다.

한편 법회의 가장 중요한 법문은 범망경, 유교경을 대상으로 하였다. 이에 대한 실제적인 내용은 일부 자료에 산견된다. 이를 제시하면 다음과 같다.

전일에 박한영(朴漢永)스님이 부처님께서 설하신 범망경(梵網經)을 설하고, 아까 동산(東山)스님이 또 범망경을 설하였습니다. 이 범망경은 한번 들어서 귀에만 지날지라도 그 공덕으로서 능히 백천만겁의 죄를 해탈하고 곧 성불함을 얻는다고 하시었으나, 금일 산승이 비록 법문을 설한다 할지라도 부처님께서 친히 설하신 법문에는 미칠 수가 없는 것이니 무슨 법문을 설하리오.

그러나, 사부대중이 이미 운집하여 나에게 굳이 설법하기를 청하니 만약 설하지 않는다면 도리어 분주를 떠는 것 같아서 부득이 이 자리에 오르게 된 것입니다. 그러나 듣는 분들이 듣고 실행하면 일언일구가 다 좋은 법문이 될 것이요, 듣는 분들이 듣고는 실행하지 아니하면 비록 좋은 법문이라도 헛되게 돌아가고 말 것이니, 오직 원컨댄 대중께서는 듣고 실행하여 주시기를 바라는 바입니다.[67)]

법성스님 : 그때 하동산스님이 법문하셨다면서요?

석주스님 : 하동산스님도 하시고 유교법회니까 범망경(梵網經) 법회도 했지요, 큰스님들도 하셨어요.[68)]

---

67) 「서울 선학원 고승대회 법어」, 『만공어록』(덕숭산 능인선원, 1982), 72~73쪽.
68) 「한국불교 정화관련 인사 증언채록, 1941년 유교법회」, 『선우도량』 11호 (1997), 231쪽.

위의 기록에 의하면 범망경 법문을 한 대상자로 송만공, 박한영, 하동산이[69] 적출된다. 그렇지만 여타 승려가 어떤 경전을 하였는지는 구체적으로 전하지 않는다. 다만 『불교시보』 기사에 나오듯이 김상월은 법문을 하였으며, 박경훈은 박한영이 유교경을 강설하였다고[70] 기술했다. 강석주의 회고에 나오는 '큰스님들'에 포함되는 승려가 누구인지는 단언하기 어렵다. 조계종지가 강의되었다고 하나, 누구에 의해서 강설되었는지는 알 수 없다. 다만 유교법회에 나온 승려나, 법문을 한 당사자들은 그 당시에는 선, 교의 분야에서 나름의 지견을 얻었던 대상자들이라는 점은 이 법회의 위상을 높여준다. 이에 대해서는 강석주의 회고가 참고된다.

유교법회는 청담스님과 운허스님이 주도했지요. 스님들도 호응이 좋았고, 범행단(梵行壇)이라는 것을 만들었어요. 그때 내가 재무를 보았어요. 장삼도 그때 생겼지요. 큰스님들은 다 나오셨지만 한암스님은 나오시지 않았어요. 선교(禪敎)의 대종장들이 다 나왔지요.[71]

지금까지 나온 제반 내용을 활용하여 법회의 주요 인물, 개요 등을 재구성해 보고자 한다.

기획 : 이청담, 이운허, 김적음[72]

---

69) 이운허는 「동산스님 行狀」에서 "1941년 서울의 선학원에서 열리는 유교법회에 참석하여 禪旨를 擧揚하다"고 기술하였다. 위의 『운허선사 어문집』 324쪽.
70) 앞의 『불교근세백년』, 169쪽. 그런데 김지복은 법회에 참석한 장석상은 말이 전연 없으셨다고 증언하였다. 앞의 『인터뷰 녹취록』, 277쪽.
71) 앞의 『선우도량』, 230쪽.
72) 법회 참가자인 김지복의 증언, 김지복은 그렇게 정해졌다고 필자에게 증언하였

증명 : 송만공, 방한암(불참), 장석상

회주 : 박한영, 김상월, 강영명, 채서응

법문 : 송만공, 박한영, 하동산, 김상월 등

법회 개요 : 3월 4~6일, 梵網經 법문

7~9일, 遺敎經 법문

10~12일, 慈悲懺 공개

13일, 위령제, 기념 촬영

이와 같은 인물들의 헌신, 주도에 의하여 법문과[73] 자비참(慈悲懺) 공개 등의 유교법회는 정상적으로 진행되었다. 그래서 1941년 3월 13일 행사를 기념하는 사진 촬영을 끝으로 법회는 종료되었다. 법회가 종료된 이후에는 수좌대회를 갖고, 법회를 기념하는 범행단을 조직하였다.

> 禪學院서는 去 三月 中에 遺敎法會를 마치고 首座大會를 열고 諸般 事項을 討議하엿다고 한다.[74]

다. 초창기의 준비위원으로 원보산이 가담했지만, 방한암이 불참하면서 그도 준비위원에서 퇴진한 것으로 보인다. 원보산은 방한암이 주석하였던 오대산 상원사의 화주를 보는 등 한암과는 지근한 사이였다. 원보산은 1941년 6월, 이종욱(월정사 주지), 안향덕(마곡사 주지)과 함께 상원사에 가서 방한암에게 조선불교조계종의 종정 선출을 알리고, 종정 취임의 동의를 받아낸 인물이었다. 『불교시보』 72호(1941.7), 「조선불교조계종과 초대종정 방한암선사」 참조. 원보산은 유점사, 마하연에서 수행하였으며, 방한암에게 입실한 수좌였다. 『대한불교』 1965.7.11, 「원보산선사 입적」 내용 참조.

73) 그런데 김지복은 법문의 성격을 많은 청중들을 대상으로 한 것이 아니고, 수행을 주로 하는 정진으로 보면서 일반신도를 대상으로 한 적은 없다고 증언하였다. 앞의 『녹취록』 230쪽.

74) 『불교시보』 69호(1941.4.15), 「禪學院의 首座大會」.

府內 禪學院에서는 今般 遺教法會를 마친 뒤에 習定均慧 比丘僧만을 中心으로 하는 梵行壇을 組織하야 禪學과 戒律의 宗旨를 宣揚케 되얏다.[75]

법회를 종료하고, 바로 수좌대회를 가졌다는 것은 참석자 대부분이 선학원과 연결되어 있는 수좌였음을 말해 준다. 수좌대회에서 토의된 내용은 알 수 없다. 다만 김경봉의 일기에 그 내용이 나온다.

3월 16일 일요일 맑음
오전 10시 조선불교중앙선회 제2회 정기총회를 열고 내가 의장으로 추선되어서 회의 진행을 하다. 오후 9시에 마치다.[76]

그리고 범행단의 내용, 인원, 조직 등의 구체적 활동 내용 또한 알기 어렵다. 다만 송만공을 정신적 은사로 수행하였던 비구니 김일엽의 1955년의 회고에 그 편린이 전한다. 이 내용도 자료 소개 차원에서 그 전문을 소개한다.

때마침(十八年 前) 그 제자들인 하동산 이효봉 이청담 스님 등이 梵行壇을 조직하라고 발기하게 되었는데 스님도 크게 찬동하여 운영해 나갈 구체안까지 세우게 되었다. 불교 내에는 본래 교도와 승려 二重制로 되어 교도들은 가족 친지보다 승려를 정으로 법으로 더 생각해야 하고 자기 생활을 불법을 위하여 모든 생산을 하게 되어야 하고 승려는 신도에게 應供하기 위하여 정진에 힘을 쓸 뿐만 아니라

---

75) 앞의 자료, 「梵行團組織」.
76) 『삼소굴 일지』(극락선원, 1992), 167쪽.

儀表가 되기 위하여도 戒行을 잘 지켜가지 않을 수 없어 파계되면 곧 자격을 잃게 되었던 것이라는 말씀이었다. (중략)

大自由人이 되어 독립적 생활을 하는 것이 인생의 최고 목적이요 종교의 구경처인 바에 누구나 다 같이 이르게 되어야 하기 까닭에 만공스님도 佛敎淨化를 본위로 삼는 梵行壇을 만들어 널리 사람을 기르시려 한 것이다. 그러나 전국적 호응을 얻기 전에 그러저럭 때는 그 이듬해로 흘러졌던 것이다.[77]

小我的 나는 남음이 없이 소멸돼야 大我가 이루어지기 때문이다. 그때는 그런 스님이 계셨으니 大東亞 전쟁만 아니었드면 지금쯤은 범행단 단원의 活步를 보게 되었는지도 모르는 것이다. 그러나 대동아 전쟁으로 전인류가 生死線에서 헤매이게 되니 佛敎壇도 또한 現狀維持도 어렵게 된 때 "善知識이 쓸데없는 때"라고 하시고 스님은 그만 자리를 바꾸신 것이다. 그러나 지금 다시 스님의 유지를 이어 스님이 지어두신 중앙 선학원에서 스님이 제자들과 스님 門下에서 修鍊받은 비구 비구니의 솔선으로 범행단의 후신인 승단 재건조직 운동과 불교정화운동을 치열하게 해가면서 새삼스레 스님을 간절히 추모하여 마지못하게 되는 바이다.[78]

김일엽의 회고에는 범행단 일부의 내용이 나온다. 그리고 유교법회, 범행단의 정신적 지도자로 이해되는 송만공의 범행단에 대한 인식의 편린도 찾을 수 있다. 즉 범행단의 구체안까지는 수립되었고, 하동산·이효봉·이청담·이운허[79] 등에 의해서 발기되었으며, 송

77) 『동아일보』 1955.8.2, 「만공선사와 불교정화-김일엽」.
78) 『동아일보』 1955.8.3, 「만공선사와 불교정화-김일엽」.
79) 이운허가 범행단과 연관된 내용은 『용성선사어록』(1941, 삼장역회) 38쪽, 「禪

만공도 찬동하였으며, 신도가 청정한 계행을 지키는 승려를 외호하는 조직체로 이해된다.[80] 송만공은 범행단을 불교정화를 추진하기 위한 것으로 고려하였으며, 부수적으로는 인재 양성을 의도하였다는 것이다. 1941년 3월, 유교법회 종료 직후에[81] 출범된 범행단은 1942년까지는 어느 정도 활동하였으나 태평양전쟁의 발발로 야기된 전시체제, 사회 및 불교계의 궁핍 등의 요인으로 자진 해산하였다고[82] 보인다.

한편 법회의 결과로 나온 것의 하나는 현재 조계종단 승려들이 입는 장삼, 보조장삼이 보편화되는 단초이다. 즉 송광사에 보관된 보조국사 지눌의 장삼을 모방하여 장삼을 지어서, 참가 승려들에게 제공하였던 것이다.[83] 이에 대해서는 그것을 지켜본 법회 참석자인 김지복과 필자와의 대화가[84] 참고된다.

　　김광식 : 이상한 것은 행사 도중에 자운스님이 송광사까지 가서

　　農觀』의 "前日에 梵行壇 일로 東山上人을 鳳翼洞 敎堂에 訪한즉 때(필자주, 1941년 4월경)는 正히 師의 小祥을 지낸지 未幾요"라는 구절에 나온다. 그런데 이효봉이 범행단에 관련되었음은 김일엽의 회고 이외에는 관련 기록이 없다. 요컨대 이효봉의 경우는 신중한 검토를 요청한다.

80) 정광호는 선학원에서 유마경 법회를 열었다고 하면서, 이 단체를 신행단체라고 보았다. 정광호, 「근대 한일불교관계사연구」, 206, 268쪽.

81) 그러나 구체적인 출범일자는 아직 알 수 없는 형편이다.

82) 이청담도 1954년의 일지에서 "高僧法會 : 梵行壇 해산"이란 표현을 하였다. 『청담필영』(봉녕사 승가대학, 2004), 183쪽.

83) 이것은 정광호가 이운허의 구술(1968년 8월 봉선사)에 근거한 기술임. 그런데 법회 당시, 다솔사 주지였던 최범술이 각종 문헌을 참작하여 직접 가위를 들고 무명으로 마름질을 하는 특이한 재주를 보여 화제를 모았다고 운허스님이 구술 하였다고 한다. 그런데 대처승인 최범술이 어떤 연유로 그렇게 하였는가에 대해서는 납득하기 어렵다.

84) 김지복은 1920년생인데, 2005년에 입적하였다.

치수를 재오고 했다는 것 아닙니까?

　　김지복 : 행사 전에 다 해서 만들어서 행사 때 다 입고 왔지요.

　　김광식 : 기존의 것은 버리고 저걸 다 입었습니까?

　　김지복 : 그렇지. 모인 수좌스님들이 전부 다 저걸 다 입었죠.

　　김광식 : 그게 약간 애매했는데, 미리 사전에 사이즈 색깔(을 한다는 것이)

　　김지복 : 하다 말고 가서 한 것이 아니라 미리 다 했어.

　　김광식 : 자운스님도 유교법회 할 때 운허스님이나 청담스님하고 상의를 많이 한 거네요?

　　김지복 : 그렇죠. 근데 그때 자운스님의 비중이 여기에 같이 할 정도까지 못 되었던가 봐요. 그러니까 자운스님이 거기 오시기는 했어도 준비위원까지는 못 되었지.

　　김광식 : 저는 그게 송광사의 보조국사의 그것을 했다 그래서 행사 도중에 어떻게 된 건가 제가 여쭤본 거죠.[85]

　　위의 대화에 나오는 김지복의 증언에 의하면 보조장삼을 법회 이전에 만들어 놓았다는 것이다. 송광사까지 김자운이 다녀왔으며,[86] 법회에 참석한 고승들이 보조장삼을 입고 행사에 임하였다고

---

85) 앞의 『인터뷰 녹취록』, 237~238쪽.

86) 김자운은 봉암사결사 시절에도 보조장삼을 만들기 위하여 송광사까지 직접 가서 보조장삼의 치수를 재어 왔다고 묘엄은 회고하였다. 『고경』 2541년 여름호, 35쪽, 「묘엄스님을 찾아서」. 필자는 이점을 고려하여 유교법회시의 보조장삼의 제작을 김자운이 하였는가를 김지복에게 질문하였다. 그런데 김지복은 김자운이 하였는지, 다른 승려가 하였는지는 정확히 답변하지 않았지만, 필자는 이를 김자운이 하였다는 것으로 해석하였다. 그런데 인터넷 Daum 카페, 峰德寺(카페 지기, 계수 선효)에는 계수가 글을 쓴 「가사와 장삼은 언제 입는 법복이냐」가 있는데 여기에는 보조장삼과 연관된 귀한 내용이 나온다. 즉 그 내용은 "현재 조계종 스님들이 입는 장삼은 일명 '보조장삼'이라고 합니다. 이 장삼은 1941

한다. 이를 신뢰한다면 법회 주도자들의 철저한 준비, 자생적인 수행정신, 계율수호의 정신 등이 간단치 않았음은 분명하다. 법회 이전인 1941년 2월 26일부터 3월 3일까지 김자운은 최범술의 도움을 받아 송광사까지 가서 보조지눌의 장삼의 치수를 재고, 그것을 바탕으로 참석한 수행자들에게 보조장삼을 입도록 그 일을 주관했다.[87] 한편 이러한 보조장삼의 사전 제작은 법회의 준비기간과 본 행사인 유교법회가 이원적으로 진행되었음을 알려준다. 즉 2월 26일부터 3월 3일까지는 보조장삼을 만드는 등 법회 준비의 기간이었으며, 정식 법회는 3월 4일부터 13일까지 열흘간 열렸다고 보는 것이 순리이다.

한편 법회가 종료되자, 법회를 지켜 본 신도들의 공양 요청이 쇄도하였고, 비단 장삼을 지어주겠다고도 하였다. 그러나 법회에 참여한 승려들은 무명장삼으로 받겠다면서 근검절약의 정신을 실천하였다.

년 8월 선학원에서 열린 조선 고승유교법회를 앞두고 자운스님께서 최범술스님의 고증을 참고하여 송광사에 보관된 지눌의 장삼을 실측하여 만들었다고 합니다. 현재 조계종 스님들이 입는 보조장삼의 현대적 기원을 잘 말해주는 일화입니다. 자운스님의 회고에 의하면 '처음에는 치맛주름 폭은 12개로 하여 12인연을 상징했고 소매폭은 십자로 하여 시방세계를 표했다'라고 합니다. 그러나 1940년대에 복원된 장삼은 8정도를 상징하는 8개의 주름폭으로 줄어들기도 했습니다"라는 것이다. 즉 자운이 보조장삼을 행사 전에 만들었음을 분명히 알 수 있다.

87) 박경훈, 앞의 책, 170쪽. 그러나 그는 그 시점, 장소 등에 대해서는 언급하지 않았다.

4. 유교법회의 성격 및 의의

본 장에서는 지금까지 살펴본 유교법회의 배경, 개요, 진행과정에 나타난 여러 내용을 음미하여 그에 나타난 성격 및 의의를 제시하려고 한다. 이는 유교법회에 담긴 역사성, 교훈 등을 추출하기 위한 기초 작업이라 하겠다.

첫째, 유교법회의 전개에는 비구승들의 투철한 현실인식이 두드러지게 나타나고 있다. 이는 일제의 비구승에 대한 통제정책의 일단을 파악하고, 사전에 그것을 차단하려는 저항성을 찾아볼 수 있다. 그런데 이는 법회의 개최 공간이 선학원이었고, 법회를 주도하고 참여하였던 승려 대부분이 선학원과 직접, 간접적으로 연결되었던 수좌들이었음을 고려하면 당연한 이해이다. 즉 선학원 및 선우공제회, 선리참구원, 조선불교선종, 수좌대회 등에 일관적으로 나타나고 있었던 것은 전통 선불교 수호, 비구승단 수호, 일제 불교정책에 저항[88] 등이었거니와 이는 유교법회의 투철한 현실의식, 정체성 정비 정신의 다름이 아니었던 것이다.

둘째, 법회에는 계율수호정신, 참회정신이 분명하게 드러났다고 이해된다.[89] 그것은 중국, 한국불교의 대승불교권에서 보편적인 대승불교의 계율, 대승보살계의 소의경전으로 수용되었던 범망경이[90]

---

88) 대회에는 일본경찰의 형사가 감시하는 일은 두드러지게 나타나지 않았다고 한다. 김지복 증언.

89) 예컨대 오성월은 바로 그 즈음에 계율 수지(독신이 아닌 흠)에 문제가 있다고 하여 법회 중간에 참석하겠다고 선학원에 왔지만 법회에 참가하지는 못하였다고 한다. 박경훈, 위의 책 169쪽. 그러나 이 점을 법회 참석자인 김지복에게 필자가 질문하였으나, 그는 그런 소리를 못 들었다고 하였다.

90) 범망경에 대한 기본 이해는 『불교경전의 이해』(불교시대사, 1997)에 수록된 이호근의 「범망경」을 참고하였음.

강설되었음에서 확인된다. 그리고 부처님 말씀을 따르고 지키겠다는 차원에서 유교경을[91] 강설한 것도 동질한 구도에서 바라볼 수 있는 대목이다. 나아가서 법회에서는 자비참법의 실시가 공개된 것도 예사로운 것은 아니다. 이는 계율이 파괴되고, 원융살림인 승가 공동체가 이완되었으며, 전통의 의사결정 구조인 대중공사도 사라진 것에 대한 참회에서 나온 것이다.[92] 자비도량 참법은 참회하고, 원한을 풀고 나아가서는 부처님께 예배하고, 그 덕을 회향하려는 구조라는[93] 점을 유의할 때에 법회는 계율 및 청정 승풍의 회복에 대한 다짐이 간단치 않았음을 알 수 있다.[94]

셋째, 유교법회에는 선학원 계열의 수좌만 참여한 것이 아니고 강백, 율사도 참여하였음에서 즉 선교 분야의 대종장이 동참한 것에

---

91) 성열, 「유교경」, 『불교경전의 이해』 불교시대사, 1997.

92) 참회정신은 1935년 3월에 개최된 수좌대회 선서문의 계승으로도 볼 수 있다.

93) 종진, 「한국불교의 참법 수행과 자운율사」, 『근대 한국불교 율풍진작과 자운대율사』(2005, 가산불교문화연구원), 117쪽.

94) 『자비도량참법』의 유포가 유교법회에 참가한 자운스님의 원력, 그리고 유교법회에 참가한 운허스님이 편역하여 1978년에 동국역경원에서 발간한 것도 역사적 맥락에서 예사로운 것이 아니다. 요컨대 역사의 필연이 아닐까 한다. 한편 『자비도량참법』의 발문을 쓴 녹원은 "그 참법은 나의 잘못을 참회하는 것이 아니고, 남의 잘못을 내 허물로 삼아 참회하고, 모든 중생들의 모든 죄장을 내 허물로 삼아 참회한다. 뿐만 아니라 나아가서는 시방의 다함 없는 모든 중생의 과거, 현재, 미래에 이르기까지 온 법계에 번뇌가 있고, 무명이 있고, 탐진치 삼독이 있고 사생육도로 헤매는 중생이 있는 한, 그들이 짓고 지을 죄와 업장까지를 참회하는 간절한 법문이 자비도량참법이다"라고 하였다. 그런데 녹원스님은 그의 은사인 이탄옹이 주관하는 자비도량참법 법회를 보고 큰 감명을 받았다고 한다. 이탄옹은 오대산 상원사 선원에서 입승, 천불선원(직지사) 조실 소임을 보며 수행하던 수좌였다. 탄옹스님은 선학원 계열 수좌로 많은 활동을 하였는데, 1931년 9월 12일부터 일정기간을 선학원에서 대중들에게 자비참법을 해설하였는바, 이는 이채로운 역사의 여울목이다. 『선원』 창간호, 「선학원 日記抄要」.

서 승가의 화합, 원융정신을 찾아볼 수 있다. 예컨대 선사라기보다는 강백, 교학의 대가라고 칭할 수 있는 인물인 박한영은 대표적인 경우이다. 박한영과 유사한 인물은 채서응이거니와, 그는 강원의 강주로 활동하였다.95) 그러나 당시에는 선사와 강사를 확연하게 경계지을 수 없는 대가의 면모도 있었으니 바로 장석상이다.96) 그리고 선사이면서도 계율에 대해 해박하고, 율맥을 전수받은 경우도 있었으니 김상월, 강영명,97) 하동산, 김자운이 그 실례이다.98)

넷째, 유교법회에 흐르고 있었던 정신은 불교정화정신이다. 이는 선학원의 창건 정신, 조선불교선종 창종 정신, 수좌들의 계율수호정신, 그리고 송만공의 발언 등에서 확인이 된다. 나아가서는 1955년 불교정화가 본격화되던 즈음에 김일엽의 범행단을 회고하는 대목에

---

95) 채서응(1876~1950)에 대해서는 행적, 수행 등에 대한 내용이 거의 알려지지 않았으나, 최근 『불교신문』 2008년 5월 28일의 「근현대 선지식의 天眞面目 ⑰ 서응동호」 기사에 채서응의 정보가 집약적으로 보도되었다. 그리고 채서응은 1930년대 후반경 심원사강원의 강주로 있었다. 『불교시보』 56호(1940.3.1), 「보개산 심원사 해제식 거행」 참조.

96) 장석상의 수행이력서(1937년)에는 대선사로 칭하지만, 그의 이력을 보면 강학의 대가로 명성이 적지 않았다. 그는 신계사에서 서진하를 은사로 하여 출가 득도를 하고, 건봉사에서 수선안거를 한 이래 20안거를 하였고, 강학 분야에서도 수학을 많이 하였다. 그는 동학사에서 김만우 문하에서 초등과를, 구암사 박한영 문하에서 중등과와 능엄경과 기신론을, 송광사의 김금명 문하에서 반야경과 원각경을 수학하고, 대원사의 박한영 문하에 다시 가서는 고등과를 수료하였다. 그리하여 그는 건봉사 강원 강사를 거쳐 법주사 판사, 강사, 법무의 소임을 맡았다. 그리고 1929년부터는 법주사 주지로 재임하였다. 그는 건봉사, 법주사 강사 소임을 장시간 하였으나 참선수행도 병행하여 대선사로 불렸던 것이다. 장석상 이력서는 그가 주지 취임시 일제 당국에 제출한 것으로 신뢰할 수 있다.

97) 강영명은 수좌로서 선학원 초기, 선우공제회 평의원으로 나오는 인물이지만, 그는 범어사의 계단의 법주를 역임한 율사이기도 하였다. 그는 그가 갖고 있었던 범어사 계단의 책임을 하동산에게 넘긴 당사자이다.

98) 이들은 율사로도 많이 불렸다.

서도 거듭 나온다. 그리하여 이 법회에 참가한 하동산, 이청담이 1950~60년대에 불교정화운동의 최일선에 서고, 조계종단을 재건하여, 종단의 책임자(종정, 총무원장 등)로 있었음은 당연한 행보일 것이다.[99]

다섯째, 유교법회에 참가한 승려들은 법회 참가 이전에도 철저한 수행을 하였지만, 법회가 종료된 이후에는 각처의 주석처로 복귀하여 지속적인 수행을 하였다. 그리고 유교법회의 정신을 계승하기 위한 노력을 하였음이 주목된다. 대부분은 선원으로 복귀하여 수행을 하면서 불조혜명을 잇기 위한 고투를 하였다. 1942년에 '우리 공로자의 표창은 우리 손으로'라는 슬로건 아래『경허집』을 선학원에서 주관하여 1942년에 발간한 것도 단순히 지나칠 일은 아니다.[100] 일제 말기에는 대부분 선원 및 토굴 등지에서 수행을 하였다. 그러나 해방 이후에는 해인사 가야총림, 봉암사결사 수행, 불교정화운동에 동참하였다.

여섯째, 이상과 같은 유교법회에 나타난 성격 및 의미를 종합해 보면 유교법회는 일제 식민통치가 가열화되던 일제 말기, 선학원 및 수좌들의 자기 정체성을 적극 구현한 법회였다. 여기서 말하는 자기 정체성은 비구승단 수호, 계율수호, 현실과 사회에 적극 대응하려는 대승선이었다. 작금의 불교계에서 수좌들이 비판받는 은둔적, 비현실적, 성찰의식의 상실 등의 체질은 찾기 어렵다.

---

99) 그러나 이 행보와는 이질적인 길을 간 경우도 있다. 예컨대 국묵담, 변월주 등은 대표적인 경우이다. 다른 행보는 차별적 현실인식과 계율 수지에 대한 문제를 말하거니와 일부 승려는 태고종으로 갔다.

100)『경허집』에는 40여 명의 승려가 간행 발기인으로 나온다. 그중에는 유교법회 참가자(만공, 청안, 적음, 석주, 동산, 묵담, 보산 등)도 나온다.

5. 결어

맺는말은 유교법회의 지속적인 연구, 선학원 및 수좌 등 선분야 연구에서 필자, 여타 연구자들이 유의할 점을 제시하는 것으로 대신하고자 한다.

첫째, 유교법회에 대한 자료수집을 강구해야 한다. 40년 전에는 존재하였던 「유교법회 회의록」을 찾아내고 법회의 배경, 진행 등에 대한 세부적인 검토가 이루어져야 할 것이다. 유교법회가 선학원의 공식적인 결정에 의해서 진행된 것인지, 나아가서는 유교법회 전후의 선학원 동향을 파악하기 위한 관련 자료도 수집하고 이를 선학원 역사 복원에 활용하는 것이다. 이것은 근대불교사, 조계종단사 복원에 일익을 제공하는 것은 분명하다.

둘째, 유교법회에 나타난 정신, 사상, 성격 등을 선학원 역사, 근대불교사에서의 자리 매김을 해야 할 것이다. 지금껏 선학원 역사는 재단법인 선학원 안의 테두리에 갇힌 면이 적지 않았다. 추후에는 선학원 역사를 비구승단사, 조계종단사 속에서 그 위상을 재정립해야 할 것으로 본다.

셋째, 유교법회에 참가한 승려들의 행적을 이전과 이후로 대별하여 정리해야 한다. 무릇 역사는 인간이 활동을 하면서 남기는 기록, 그리고 그것을 재인식하는 서술이기에 법회에 참가한 승려들의 고뇌, 지향, 수행 등에 대한 종합적인 연구에 임해야 한다.

넷째, 유교법회가 한국 현대불교사에 끼친 영향을 검토해야 한다. 다시 말하자면 유교법회의 계승의식에 대한 점검이 있어야 할 것이다. 예컨대 해방공간의 가야총림, 봉암사 수행결사, 50년대 정화운동 등은 그 단적인 예증이다.

다섯째, 유교법회와 같은 유사 사례를 발굴, 분석, 재평가하여 역사의 숨결을 불어 넣어 주어야 할 것이다. 유교법회는 법회가 있은 지 무려 67년이 지나서야 처음으로 역사적 평가, 재인식을 받게 되었다. 이처럼 파란만장한 근현대불교의 격랑 속에 방치된 역사, 사건, 승려, 고뇌가 없는가를 성찰해야 한다.

여섯째, 유교법회를 근현대불교사라는 관점에서만 바라보지 말고 한국불교사, 혹은 한국근대사 차원이라는 거시적 관점에서 재인식되어야 한다. 이럴 경우 유교법회, 선학원, 조계종단의 역사가 보다 큰 보편성, 탄력성을 갖게 될 것으로 본다. 예컨대 유교법회와 선학원을 비구승단 수호, 계율수호 차원에서 뿐만 아니라 불교 근대화, 불교 사회화의 관점에서는 어떻게 인식할 것인지의 문제도 흥미를 유발할 수 있을 것이다.

지금까지 유교법회, 유교법회와 관련된 후속연구에 참고할 측면을 대별하여 제시하였다. 이 같은 지적, 제언이 이 분야 연구에 하나의 돌다리가 되기를 바라마지 않는다.

가야총림의 설립과 운영

1. 서언

한국 현대불교사에서 해방공간의 불교는 그간 연구의 공백지대로 남아 있었다. 최근 다양한 관점에서 연구가 심화되고 있으나[1] 아직도 연구자의 손길이 요청되는 대상이 적지 않다. 그러한 대상의 하나로 주목할 내용은 해인사에 설립, 운영되었던 가야총림(伽倻叢林)이다.

가야총림은 1946년 10월경에 해인사에 설립되어 1950년 한국전쟁이 발발할 때까지 약 5년간 존속되었다. 가야총림은 그 이후 즉시 복구되지 않다가, 1967년에 조계종단의 종합수도도량인 해인총림이

---

1) 김광식, 「8.15해방과 불교계의 동향」, 『한국근대불교의 현실인식』, 민족사, 1998.
   김광식, 「불교혁신총연맹의 결성과 이념」, 『한국근대불교의 현실인식』, 민족사, 1998.
   김광식, 「전국불교도총연맹의 결성과 불교계 동향」, 『한국근대불교의 현실인식』, 민족사, 1998.
   김범준, 「해방공간 미군정의 불교정책 연구」, 『선문화연구』 3, 2007.
   이재헌, 「미군정의 종교정책과 불교계의 분열」, 『불교정화운동의 재조명』, 조계종출판사, 2008.

설립되면서[2] 그 역사와 전통을 계승하고 있다. 그러므로 해인사의 역사를 이해하기 위한 전제에서도 가야총림의 탐구는 매우 긴요하다고 볼 수 있다.

한편 가야총림은 이 같은 해인사 역사 탐구라는 구도에서도 중요한 과제이지만, 해방공간의 교단 동향의 차원에서도 정리될 필요성이 있다. 즉 해방공간 선방 수좌들의 고민, 동향, 수행이라는 움직임에는 가야총림이 자리 잡고 있기 때문이다.

일제가 패망하고 식민지불교 체제가 종료되자, 식민지불교하에서 많은 핍박을 받으면서 수행전통의 위기를 느낀 수좌들은 교단개혁, 불교개혁에 적지 않은 관심을 피력했다. 그리하여 일단의 수좌들은 선리참구원을 중심으로 교단개혁에 나서기도 하였거니와, 그 예증이 1946년 12월에 등장한 불교혁신총연맹에의 가입이었다. 교단의 외곽에 자리 잡은 재야 불교인과 불교혁신총연맹은 불교혁신의 대상과 방법을 둘러싸고 교단과 치열한 대결 양상을 전개하였다. 그러나 교단과 대결 양상까지 전개한 불교혁신의 노력은 소기의 성과를 기하지 못하고 1948년 무렵에는 자진 해소되었다. 이런 중앙 차원의 불교혁신에 불만을 가진 수행자들은 봉암사결사,[3] 고불총림을[4] 결성하여 독자적인 행보를 가기도 하였다.

본 고찰은 바로 이 같은 해방공간 불교의 동향을 유의하면서 가야총림의 전모를 분석하려는 글이다. 즉 가야총림의 설립 배경, 설립 과정, 운영의 내용, 참가한 수좌 등을 살피려고 한다. 이러한 분

---

2) 김광식, 「해인총림의 어제와 오늘」, 『한국 현대불교사 연구』, 불교시대사, 2006.

3) 김광식, 「봉암사결사의 전개와 성격」, 『한국 현대불교사 연구』, 불교시대사, 2006.
   조계종 불학연구소, 『봉암사결사와 현대 한국불교』, 조계종출판사, 2008.

4) 김광식, 「고불총림과 불교정화」, 『한국 현대불교사 연구』, 불교시대사, 2006.

석을 통해서 우리는 한국 현대불교사에서 총림의 최초성을 갖고 있는 가야총림의 역사와 성격을 재인식할 수 있을 것이다. 나아가서는 가야총림이 갖고 있는 교육기관으로서의 특성, 위상도 조망할 수 있다. 다만 관련 자료가 희소하여 논지 전개에 무리가 따를 것으로 예상되는바, 이 점은 지속적인 자료수집 및 연구로 보완하고자 한다.

2. 가야총림의 설립

가야총림은 1946년 10월경에 출범하였다. 그런데 가야총림의 설립을 이해하기 위해서는 8·15 해방직후 교단의 동향과 수좌들의 움직임에 나타난 가야총림 내용을 살펴볼 필요성이 있다. 해방직후 교단 차원에서 총림의 문제가 최초로 등장한 것은 1945년 9월 22~23일, 태고사에서 개최된 전국승려대회에서였다.5) 당시 전국 본말사별 대표 79명 중 60명이 참가한 가운데 열린 그 대회의 의안 심사를 거친 7건의 안건 중, 첫 번째 안건인 「준비위원회안 7건」에 「모범총림 건설에 관한 건」으로 포함되었다. 즉 모범총림의 안건은 대회준비위원회에서 준비하여 올린 안건에 포함되었던 것이다. 그러면 여기에서 그 회의록에 전하는 모범총림 부분을 소개한다.

一. 理由
從來 事判僧侶가 主體가 되어 寺刹을 運營해 온 關係로 比丘僧團의 模

---

5) 필자는 당시 그 대회 회의록(조계종 중앙기록관 보관)을 입수하여 「8.15해방과 전국승려대회」(『한국 현대불교사 연구』, 불교시대사, 2006)라는 논문을 발표하였다.

範叢林을 創設하야 이의 積極的 保護를 期하려 함

  二. 方法

   當分間 一個所(山間秀麗하고 受用이 便利한 寺院을 指定)에 設置하야 代表者(主催) 以下 職員 全部를 純 比丘僧으로 組織하야 經理 其他 諸般 事務를 自主 掌理케 함. 右 寺刹 指定은 總務院에 一任하기로 함[6]

이렇게 대회준비위원회에서는 비구승단의 모범총림의 창설 및 적극적 보호를 위한 차원에서 총림개설을 제안하였다. 그리고 대회에서는 당분간은 총무원이 지정한 1개 사찰에 설치하고, 총림에서 머물고 수행할 대상자 전원은 비구승으로 한정케 하였다. 총림의 경리를 비롯한 모든 사무는 자주적으로 행하도록 하였다. 그런데 승려대회에서는 모범총림의 창설의 원칙만을 정하고, 그 대상 사찰은 정하지 않았다.[7]

그렇지만 모범총림의 개설 문제는 즉각적인 행보로 나아가지는 않았다고 보인다. 그것은 1945년 후반, 1946년 초반에 그에 대한 관련 기록을 찾을 수 없기 때문이다. 그런데 교단에서 발간하는 기관지 성격의 『신생』 1946년 7월호에 김법린 총무원장의 기고문 「敎政進路에 對한 管見」에 총림 개설에 대한 방향이 나온다.

   一方 模範叢林을 施設하야 禪, 敎, 儀, 式 等으로 純粹한 修行 方面의 淸風 衲子와 徒弟의 養成을 圖할 것이오.[8]

---

6) 전국승려대회 회의록 12~13쪽.
7) 승려대회에서 모범총림 개설이 제기되었음은 『조선해방년보-조선해방1년사』 (민주주의 민족전선, 1946)의 386쪽에도 나온다.
8) 『신생』(6월호), 7쪽.

이를 미루어 보면, 교단 집행부에서는 승려대회에서 결정한 모범총림의 개설을 고려하였음을 알 수 있다. 구체적으로는 선과 교를 포함한 불교 전체의 수행을 하는 납자와 도제의 양성을 목표로 하였던 것이다.

모범총림의 개설에 대한 내용이 사료로 적출되는 것은 1946년 11월 25~29일 태고사에서 개최된 제2회 조선불교중앙교무회의 회의록이다.9) 중앙교무회의는 지금의 중앙종회와 같은 역할을 하였던 대의기구였는데, 그 교무회의에서는 당시 불교계 현안이 대거 논의되었다. 의원 70명 중 63명이 참가한 그 회의에서는 교단과 재야 혁신단체 사이에서 교단개혁 및 운용에 대한 치열한 대결이 전개되기도 하였다. 당시 그 교무회의에 참석한 김법린 총무원장은 11월 25일, 교정방침에 대한 자신의 의견을 연설하였다. 그 발언에 모범총림의 내용이 나오거니와 그것을 제시하면 다음과 같다.

模範叢林의 財團組織

模範叢林 設置의 件은 그間 事情으로 卽時 實現을 보지 못하고 最近에 이르러 伽倻叢林의 名稱하에 實現하게 되었는바 우리 佛敎의 慧命相續과 우리 敎團의 淸規 護持는 實로 이에 지남이 없겠음으로 그 經營의 永久且堅實을 期하기 爲하야 財團의 組織할 것10)

이같은 김법린의 발언에 의하면 종단 사정으로 즉시 실행을 못하고 최근에 이르러 가야총림의 이름으로 출범하였다는 것이다. 그

---

9) 필자는 그 회의록(50쪽)을 입수하여 본 고찰에 활용하였다.

10) 회의록 33쪽. 김법린 총무원장이 행한 회의록에 부록으로 전체의 내용이 전한다. 그리고 그의 강연록은 『불교』 신년호(1947년)의 2~8쪽에도 수록되어 있다.

는 불조혜명의 상속과 청규 호지를 기하기 위한 가야총림의 경영을 견실하게 하는 재단을 조직할 것을 제안하였다. 여기에서 주목되는 것은 즉시 실행을 못한 '사정'이 무엇인가 하는 점이다. 추정하건대 기존 대처승들의 이견 혹은 사찰 운영권에 대한 반발이 아닌가 한다. 그리고 최근에 이르러 가야총림의 명칭으로 출범하였다는 것에서 '최근'이 언제인가 하는 점이다. 이는 가야총림의 조실인 이효봉이 1946년 음력 10월 15일, 동안거 결제일 직전에 송광사에서 해인사로 떠난 것을 고려하면 1946년 10월이나 11월 초에는 교단 차원에서 총림 출범의 결정이 단행된 것으로 볼 수 있다.

이런 정황에 대해 이효봉의 손상좌인 원명은 다음과 같이 회고하였다.[11] 즉, 총무원에서 총림을 집행하는 과정에서 총림의 책임자로 여러 스님이 거론되었는데, 이효봉이 제일 적합하다고 하여 총무원에서 동의를 얻기 위해 송광사로 내려왔다는 것이다. 그런데 그는 당시에는 어려서 내려온 당사자는 알 수 없었다고 하면서 그것을 다음과 같이 증언했다.[12]

송광사 종무소에 와 가지고, 종무소 스님이 그분을 대동해서 어른한테 와서 인사를 드리고, 어디서 왔습니다 그러니까, 그러냐고 좋은 생각을 가지셨다고, 그건 나 혼자 결정할 게 아니고 더 조금 의논을 해 봐야 되겠다. 어른이 그분 보내고 난 뒤에 곧 이어서 서울로, 서울 선학원으로 가셨을 겁니다. 그때는 어른 혼자 가셨어. 혼자 가

11) 이 증언은 필자가 2006년 3월 30일, 대구 관음사에서 행한 것이다. 이는 조계종 교육원 불학연구소에서 주관한 것으로, 필자가 인터뷰 진행자로 참여한 것이다. 그 녹취록은 불학연구소가 제본하여 보관하고 있다. 『2006년 조계종 구술사 인터뷰 녹취록』, 86쪽.

12) 위의 녹취록, 87쪽.

서 총무원에서 이러이러하니까 날 보고 맡아서 총림하는 데 와 주면 좋겠다 하니까 어떠냐, 이렇게 의논을 했더니, 아, 스님 잘 하시는 일입니다.

서울에 선방 다니시고 관심이 많으신 스님네들이 계시니까 거기 가서 일단 상의를 해서 "아이구, 스님, 잘된 일입니다. 스님, 그렇게 하도록 하시지요." 그렇게 합의를 하셔 가지고서는 송광사에 오기 전에 그런 생각을 하셨대요. 하시는 말씀을 들으니까 "내가 현재 송광사에 살고 있으니까 송광사에 하면 어떻노?" "그것도 송광사에 가서 합의를 하고 오세요."

김해은(필자주, 송광사 주지)이 "송광사에서 총림을 할 형편이 못됩니다." 그리고 "중앙총무원에서 해인사를 지정했으니까 해인사 가서 하십시오." 이래 돼 가지고 노장님이 해인사로 옮겨 가셨어요.

원명의 증언에는 지금껏 알려지지 않은 내용이 나온다. 중앙에서 해인사로 총림 사찰을 정하고, 그 대상자로 효봉을 정하자, 효봉은 선학원으로 올라와 수좌들과 상의를 거친 후에 승낙을 하였다는 것이다. 그런데 효봉은 자신이 주석하고 있는 송광사에서 총림을 할 것을 고려하였으나, 당시 송광사 주지인 김해은의 거절로 실제적인 검토 단계까지는 이르지 못하였다.

그래서 효봉은 조선불교 교정인 박한영에게 1946년 11월 6일, 가야총림 위촉장을 받았다.[13] 다음과 같은 그 위촉장은 송광사에 보

---

13) 그런데 이 위촉을 받은 장소, 시점은 알 수 없다. 그리고 그를 효봉이 직접 받았는지도 알 수 없다.

관되어 있다.

委囑狀

李曉峰

朝鮮佛敎 伽倻叢林 祖室 和尙을 委囑함

佛紀 二九七三年(一九四六年) 十一月 六日

朝鮮佛敎 敎正 朴漢永 印[14]

위촉장을 받은 효봉은 1946년 11월 송광사에서 자신의 심정을
표현하는 글을 남기면서 해인사로 향하였다. 떠날 때의 심정을 읊은
글은 다음과 같다.

조계산 송광사를 떠나면서(1946년 11월)

내가 송광사에 온 지 이제 십 년이 되었는데

國老의 품안에서 편히 자고 먹었네

무엇 때문에 이 조계산을 떠나는가

人天의 큰 복밭을 갈고자 해서라네.[15]

이렇게 효봉이 송광사를 떠나[16] 해인사에 도착하였음은 가야총
림이 본격적으로 출범하였음을 상징하는 것이다.[17] 지금까지 필자는
해인사의 관련 자료에서 가야총림이 1946년 10월에는[18] 개설되었음

---

14) 『효봉법어집』(1995, 불일출판사), 332쪽.

15) 『효봉법어집』, 161쪽. 여기에는 그 원문도 전한다.

16) 효봉이 송광사를 떠난 시점도 필자는 아직 파악하지 못하였다.

17) 효봉의 상좌인 구산은 효봉보다 먼저 해인사에 선발대로 도착하여 총림 출범의
    준비를 하였다고 한다. 원명 증언.

을 파악하였다. 이런 배경이 있었기에 김법린은 중앙교무회의에서 "최근에 이르러 개설하였다"고 보고하였던 것이다.

그러면 여기에서 제2회 중앙교무회의록에 나오는 모범총림의 내용을 다시 살펴보도록 하겠다. 11월 26일 둘째날, 교무회의에서는 의장에 박운제(통도사), 부의장에 정병헌(화엄사)이 당선되어, 이들이 회의를 진행하였다. 당시 방청석에 있었던 선리참구원(선학원)을 비롯한 재야 혁신단체의 대표는 교무회의에 대의원을 출석하게 해 달라고 요청하였으나, 재남이북승려회만 5명의 대의원을[19] 인정받았고 여타 단체는 3인만 발언권을 주는 것으로 정리되었다. 이에 선리참구원에서는 김경봉, 장설봉, 김용담이 참관을 하였다.[20] 11월 27일 셋째날에는 지방 교구별 보고가 있었는데, 경남교구(박운제)의 보고에도 모범총림의 문제가 간략히 개진되었다.

教區財團은 完成되었고 中央財團은 그間 海印寺 模範叢林 財團 問題로 該寺를 除外하고는 全部 申込되었으며 該寺에서도 今番에 全部 申込書를 持來하였다 하니[21]

즉, 해인사는 모범총림 재단 문제로 중앙에 납부하는 신입에서 제외되었다는 것이다. 이는 김법린 총무원장의 발언, 즉 모범총림은 재단을 만들겠다는 방침을 뒷받침해주는 것이라 하겠다.

---

18) 한창석, 『합천해인사지』(창인사, 1949), 202쪽에서도 "즉 총림이 제일착으로 실천에 옮기게 되자 전국에 허다한 사찰 중에서 특히 해인사가 총림 설치할 곳으로 우선 선택되어 마침내 1946년 10월에 그 설치를 보게 되었다"고 전한다.

19) 그는 김묘완, 김법룡, 김준열, 곽서순, 장상봉 등이다.

20) 회의록, 6쪽.

21) 회의록, 7쪽.

그 후, 교무회의는 안건 심의에 들어갔다. 안건은 간부제출안이 19건에 달하였고, 각 단체 및 기타 건의안도 15건이었다. 모범총림의 내용은 간부안에는 열 번째의 건의안이었는데 「모범총림 재단 조직에 관한 건」이라는 명칭으로 되어 있었고, 각 단체안에서도 역시 열 번째의 건의안으로 그 제목은 「선리참구원안(선리참구원 제출)」이었다. 회의에서는 예산 심사위원(9인)과 법규 심사위원(7인)을 선정하고, 이들로 하여금 심사 보고하게 하고 휴회를 하였다.

교무회의는 11월 29일, 5일째 회의에 들어갔다. 회의에서는 심사위원회에서 수정된 것만 낭독하여 토의 결정하기로 정하였다. 「모범총림 재단의 건」은 예산 심사위원장인 성용욱이 보고하였다. 그 내용은 다음과 같다.

中央財團中에서 二百萬圓(土地二十萬坪)을 割讓하야 別個 財團으로 組織하야 그에서 生하는 所得으로서 同 事業의 經常費에 充當한다는 原案대로 可決 通過하다.[22]

이러한 결정은, 당초 총무원 간부진이 제출한 원안을 거의 그대로 가결한 것이다. 즉 중앙재단에서 200만 원(20만 평의 토지)을 할양하여 별도 재단을 조직하고, 그 재단에서 오는 소득으로 총림사업비에 충당한다는 기획이었다. 그런데 여기에서 당시 교단이 의도한 중앙재단이 마침내는 완성이 되었는지, 그 규모는 어떠하였는지를 현재는 가늠할 수 없다는 것이다. 중앙재단이 정상적이었다면 총림운영도 정상적이었을 것으로 보이지만, 중앙재단의 성립이 여의치 않다면 총림 운영도 여의치 않았을 것은 자명한 일이었다. 한편 선

---

22) 회의록, 16쪽.

리참구원이 제출한 안건에 대해서는 다음과 같은 결정을 하였다.

禪理參究院 建議案

(一) 中央禪院 擴張案의 件

總務院과 連絡하야 適宜한 方法을 取하도록 하자는 審査案을 採擇 通過하다

(二) 模範叢林 完全實施의 件

議案 第三號 總務院 原案대로 한다는 審査案을 採擇 通過하다

(三) 地方 普通禪院을 自治制로 할 件

經理에 限하야만 自治制로 하자는 審査案을 採擇 通過하다[23]

선리참구원 건의안 중에서 모범총림은 두 번째에 포함되었다. 회의록에서 의안 제3호 총무원 원안대로 한다고 결정하였는바, 여기에서 의안 제3호는 심사위원회가 심의한 안건(모범총림 재단조직의 건)의 순번을 가리키는 것이다. 이렇듯 교무회의에서는 수좌들이 주장한 안건을 채택하지 않고 총무원 간부진이 제출한 원안을 받아들이는 것으로 대신하였다.

그런데 선리참구원에서 주장한 '모범총림의 완전 실시'라는 것은 어떤 의미를 갖고 있는 것인가. 이에 대한 보충 설명이 요청된다. 즉 총무원안과 선리참구원안의 차이는 무엇인가? 즉 중앙차원의 재단에서 별도로 할양된 자금으로 만들어진 재단으로의 운영과 모범총림 완전 실시 사이에는 어떤 차이가 있는 것인가의 문제이다. 중앙선원 확장과 지방 선원의 자치제는 총무원과 협의, 경리에 한해서 자치라는 것은 쉽게 납득이 될 내용이다.

---

23) 회의록, 20쪽,

선리참구원의 건의와 교단에서 결정한 모범총림 운영의 기본 방향의 차이점을 알기 위해서는 선리참구원 건의의 실체에 다가서야 한다. 이 같은 의문을 해소할 수 있는 자료가 있거니와 그것은 당시 선리참구원의 대표로 교무회의에 참석한 김경봉의 일기이다. 그 일기에 단서가 나오거니와, 다음과 같다.

11월 25일 월요일
오전 10시에 총무원 회의에 참석하다. 선학원으로부터 다음과 같이 건의서를 제출하다.
一. 대의원 3인 청구 건
二. 모범총림을 佛祖淸規에 의하여 건설하는 건(財本 五百萬圓 基本立)
三. 중앙선원 확장 건
四. 지방 선원 자치제 건
五. 지금으로부터 도제를 양성하여 禪院에 3년 安居뒤 出身하도록 할 것[24)]

김경봉의 일기에 나오는 것과 교무회의에서 결정된 것의 차이점은 요컨대 총림 경영의 안정성 확보이다. 총무원은 중앙재단에서 할양한 200만 원의 별도 재단에서 나온 잉여금으로의 운영이었지만, 선리참구원은 500만 원 별도 재단을 세워야 한다는 것이었다. 재단 기본금도 2배 이상 차이가 나지만, 그 재단운영을 독립적으로 해야 한다는 것이었다.

이처럼 교단과 선리참구원 간에는 총림 운영의 근간을 뒷받침하는 문제에서 큰 차이를 노정하였다. 그래서 그런지는 몰라도 선리참

---

24) 『삼소굴 일지-경봉대선사 일기』(극락선원, 1992), 249쪽.

구원은 교무회의가 종료된 직후에 재야 혁신단체와 공동보조를 하여 반교단적인 불교혁신총연맹에 가담하게 된다.[25] 이렇게 가야총림은 출범하였지만 그 운영에 대한 이견과 해법이 노정되는 가운데 해방직후 최초의 총림은 이미 그 첫 발자국을 내딛고 있었다.[26]

3. 가야총림의 출범, 운영

전장에서 살핀 바와 같이 중앙에서는 교단(총무원)과 선리참구원 간에 가야총림의 운영을 둘러싼 이견이 노출되었지만, 해인사에 위치한 가야총림은 1946년 동안거를 맞이하여 본격 출범하였다. 가야총림이 출범하자, 총림의 조실로 이효봉이 해인사로 왔고, 각처에 있었던 수좌들도 교단이 개설한 총림에서 수행을 하기 위해 해인사로 운집하였다.

그런데 가야총림이 출범할 무렵의 해인사에는 대처승들이 사찰 운영권을 주도하고 있었다. 요컨대 불교정화운동이 발발하기 이전이었기에 대처승들이 사찰 종무행정, 운영, 경제 등 제반 사항을 관장하였다. 이런 정황에서 가야총림이 새롭게 기존 사찰체제에 추가되는 형편이었다. 이는 한마디로 말하면 기생적인 존립이었다. 다시 말하면, 해인사라는 사찰에 기존 대처승 조직과 가야총림이라는 수좌들의 별도 조직체가 공존하였던 것이다.

---

25) 졸고, 「불교혁신총연맹의 결성과 이념」, 『한국근대불교의 현실인식』, 민족사, 1998, 293쪽.

26) 『동아일보』 1946.12.7, 「산림불교에서 대중불교로」에서는 모범총림 도량 건립을 신규사업으로 보면서 사업 촉진할 것을 결의하였다고 보도하였다.

여기에서 우리는 당시 가야총림의 운영의 틀, 혹은 조직 등에 대해 살필 필요성을 만나게 된다. 그러면 현전하는 「가야총림 규약(伽倻叢林規約)」을27) 자료 제공 차원에서 전체 내용을 제시하겠다.

第一章 總則

第一條 本 叢林은 四圍儀中에 佛陀精神을 体驗하여 不退轉의 信心을 涵養하고 二六時中에 六度萬行을 休修하여 攝心度世의 頭陀行을 確固하여서 敎界에 棟梁될 人物養成을 目的함

第二條 本 林은 海印寺에 置하고 中央總務院의 直屬 機關으로 함

第三條 本 林 修行 年限은 龍山 三年으로 함

第四條 本 林의 收用 人員은 五十名으로 함

第二章 入林 資格

第五條 本 林은 左記의 資格을 具有한 者로서 各 禪院의 推薦에 依하여 中央總務院長이 此를 選定함

一. 二十歲 以上의 僧侶로서 信心이 堅固하여 如何한 難關辛苦役도 堪忍할 根機를 有한 者

二. 四敎 修了 以上의 學力이 有한 者

第三章 職制

第六條 本 林에 左記 職制를 置함

一. 事務局長 一人   二, 住持 一人

三. 法主 一人   四, 講師 一人

五. 梵唄師 一人   六, 事務員 若干人

---

27) 이 자료는 『불교』(1948년 4월호), 60~61쪽에 전한다.

第四章 修道內容

第七條 本 林은 朝鮮佛敎의 敎旨인 元曉聖師의 同體大悲의 大乘行願의 普照國師의 定慧雙修의 惺寂等持를 體現하기 爲하여 左記와 如히 修行內容을 定함

가. 修禪室 法主和尙의 提撕下에 朝鮮古來의 修禪法에 依支하여 直旨人心 見性成佛의 法器 完成을 期함

　　　且, 看話 垂示 問答 等 修禪方法은 法主 和尙에게 一任함

나. 講學室 理行相應과 禪敎相卽에 입각하여 修學의 骨肉이 修禪의 血脈이 되도록 直絶敎學을 傳授함

　　　且, 講學 內容의 選擇은 講師에게 一任함

다. 梵唄會 眞鑑國師 以後 朝鮮古來의 梵音 傳統을 維持하고 將來 佛敎 傳法에 있어 隨喜世法에 支障이 無케 할뿐 不毫라 性格 陶冶의 一助가 되게 함

라. 金剛戒壇 本 林에 入參한 者 敎主의 戒律은 沙髮도 不犯하도록 堅守할지나 持犯開遮는 오직 法主和尙의 指導에 依할 뿐이오 恣行放縱은 絶對로 不許하며 또 佛門에 歸依하여 得度코저 하는 行者를 爲하여 金剛戒壇을 設置함

이상과 같은 가야총림의 규약이 언제, 어떤 과정을 거쳐 완성되었는지는 알 수 없다. 다만 이 규약이 교단 기관지인『불교』1948년 4월호에 게재된 것을 보면, 1947년 후반 혹은 1948년 초반에 그 제정이 완료된 것이 아닌가 한다. 이 규약에는 총림의 목적, 입회 자격, 직제, 수행내용 등이 나와 있다. 이제 그 순서에 의거 간략한 설명을 하겠다.

우선 총림의 설립 목적은 불타정신을 체험하여, 신심을 함양하

고, 섭심도세의 두타행이 확고하여서 교계에 동량이 될 인재 양성을 그 목적으로 하였다. 그리고 총림의 장소는 해인사에 두고, 교단 행정 권력의 중심체인 총무원의 직속기관으로 두었다. 수행 연한은 3년이었고, 수용 인원은 50명으로 정하였다.[28] 총림에 들어올 자격은 사교 이상의 학력을 가진 대상자 중에서 신심이 견고하고, 수행력이 투철한 자를 총무원에서 선정한다고 정했다. 총무원에서 선정한다는 것은 그 운영이 총무원이었던 것에서 기인한 것이라고 본다.

직제는 사무국장, 법주, 주지, 강사, 범패사, 사무원을 두도록 하였다. 이러한 직제에서 사무국장과 범패사를 둔 것은 특기할 내용이다. 사무국장은 총림 전반의 운영, 총무원과의 연락 및 교섭 등을 책임지는 대상자로 보인다. 직제를 나열할 때에 법주와 주지보다도 우선하여 사무국장을 나열한 것에서 단순한 사무 책임자로 볼 수는 없다는 것이다. 법주는 총림의 수행을 총괄하여 책임을 지는 조실이며, 주지는 총림 운영의 지원자로 추정된다. 주지 위에 법주와 사무국장이 있는 것을 보면 주지는 단순히 총림이 위치한 사찰의 일상적 행정을 책임지는 대상자로 그 역할을 규정한 것으로 보인다. 범패사를 직제로 고정하여 둔 것은 총림 수행에 있어 범패를 중요하게 인식한 것으로 보아야 할 것이다.

이제는 규약에 나타난 수행의 내용을 살펴보겠다. 수행의 근간은 원효의 동체대비의 대승 행원과 보조의 정혜쌍수의 성적등지를 체현하는 것으로 내세웠다. 요컨대 원효와 보조의 사상을 근간으로 하였던 것이다. 그러면서 그 실제 기관에 있어서는 수선, 강학, 범패, 금강계단으로 대별시켰다. 수선에 있어서는 전통적인 수선 작법에

---

28) 50명으로 정한 것은 경제적 여건에서 나온 것이 아닌가 한다.

의거한 직지인심과 견성성불의 법기를 완성함을 목표로 하였다. 그러면서 구체적인 지도는 법주에게 일임하는 방편을 제시했다. 강학은 수학의 골육이 수선의 혈맥이 되도록 직절교학(直絶敎學)을 전수하는 것을 표방하였는데, 이는 이행상응(理行相應)과 선교상즉(禪敎相卽)이라는 기본에서 나온 것이었다. 그러면서 강학의 내용은 강사에게 일임하는 것으로 하였다. 다음 범패회에 대해서는 조선 고래의 범음의 전통을 유지하고, 전법을 행함에 있어 수희세법(隨喜世法)에 지장이 없게 하기 위한 차원에서 교육시켜야 한다고 하였다. 마지막으로 금강계단은 기본적으로 불문에 처음으로 들어온 행자를 위해 설치한다고 하였다. 그러나 그 배경에는 총림에 들어온 모든 수행자는 계율수호 정신에 철저해야 하고, 지범개차(持犯開遮)는 오직 법주의 지도에 의해 가능하다는 원칙이 자리 잡고 있었다.

이렇게 가야총림은 규약을 마련하고, 법주가 주석하고, 수행자가 몰려들면서 여러 가지로 미흡한 상황이었지만 1946년 10월 말에 출범하였다. 그리고 그 운영에 대한 방침을 교단 차원에서 수립하였다. 문제는 교단 차원의 운영 방침의 이행과 규약에 의거한 정상적인 운용이었다.

그러면 지금부터는 가야총림의 실제 운영의 측면을 살펴보고자 한다. 그런데 이에 대한 관련 자료가 절대 부족하여 그 실제 상황을 소묘하는 것에는 지난함이 뒤따른다.

그렇지만, 규약을 참고하면서 그 관련 내용을 살펴보겠다. 우선 법주로는 이효봉이 박한영 교정에게 임명을 받고 해인사로 와서 주석하였다. 그런데 이효봉의 임명장에는 조실로 나오고 있다. 그렇다면 이는 규약에 나오는 법주로 볼 수 있는가 하는 문제가 우선 제기된다. 필자는 이를 법주와 조실을 같은 개념으로 보려고 한다. 선방인 수선실의 책임자가 별도로 없는 것을 보면 수선실을 책임지면서도 총림 전체를 총괄하는 어른으로 볼 수 있다.[29] 이효봉은 1946년 10월부터 해인사에 머물면서[30] 가야총림의 조실로 1950년 8월까지 재임하였다. 이에 대한 관련 기록은 그가 가야총림의 조실로서 상당법문을 하였던 일련의 기록에서 파악이 된다. 우선 그가 가야총림에 처음으로 부임하여 작성한 방함록의 서문을 제시한다.

해인사 가야총림 방함록 서(序)

우리 조사(祖師)가 서쪽에서 오시어 특히 이 일[此事]을 외치시되, 다만 말하기 전에 매처럼 돌진하고 글귀 밖에서 붕새처럼 치면서, 바로 빼어나고 높이 뛰어올라 계급(階級)에 떨어지지 않는 것을 귀하게 여겼을 뿐이다. 그만한 일을 해내려면 그만한 사람이라야 한다. 만약 그만한 사람이라면 그만한 일이 어려울 게 무엇인가.

여기에 뜻을 둔 사람은 인정(人情)에 얽매이지 말고, 사자(獅子)의 힘줄과 코끼리의 힘으로 판단하여 지체없이 한칼로 두 동강을 내야 한다. 용맹하고 예리한 몸과 마음으로 지금까지의 비린내 나는 장삼과 기름기에 전 모자를 벗어 던지고, 천지를 덮는 기염을 방출(放出)하고 부처와 조사를 뛰어 넘는 위광(威光)을 발휘해야 할 것이니, 그래야만 그와 벗할 수 있고 또한 씨앗이 될 수 있을 것이다.

만약 그러하지 못하고 여울에 거슬러 오르는 고달픈 물고기나 갈대에 깃든 약한 새나 참죽나무에 매인 여윈 말이나 혹은 말뚝을 지키는 눈먼 나귀 따위가 된다면 그것을 어디에 쓸 것인가. 그러므로 다

---

29) 효봉 문손들은 이를 방장화상으로 추대받아 5년간 도제양성에 힘써 인재를 길러냈다고 표현했다. 『효봉법어집』, 248쪽, 「효봉선사 일대기」.

30) 효봉은 그의 자필 이력서, 1946년 겨울 부분을 "陜川郡 海印寺 模範叢林 安居"라고 기록했다. 위의 자료, 322쪽.

만 활구(活句)를 참구(參究)하고 사구(死句)를 참구하지 말아야 한다.

활구 밑에서 깨달으면 영원히 잊지 않겠지만, 사구 밑에서 깨달
으려 하면 자신도 구제하지 못한다. 만약 불조(佛祖)와 더불어 스승
이 되려면 모름지기 활구를 밝혀 가져야 할 것이다.[31]

총림의 법주인 효봉은 이렇게 1946년 동안거 방함록에서 그의
결단, 총림의 동안거 수행에 참여한 수좌들에게 활구 참선을 강조하
였던 것이다. 가야총림에서 조실로 수좌들을 일깨워 준 효봉의 행적
은 가야총림에서 행한 그의 법문에서 알 수 있다. 이 법문은 『효봉
법어집』에 수록되어[32] 있는바, 자료 소개 차원에서 그 제목만을 소
개한다.

- 1948년 하안거, 해제 법어
- 1948년 동안거, 결제 법어
- 1948년 12월 8일, 성도절 법어
- 1949년 1월 1일, 상당 법어
- 1949년 3월 1일, 상당 법어
- 1949년 3월 15일, 상당 법어
- 1949년 4월 1일, 상당 법어
- 1949년 하안거, 결제 법어
- 1949년 5월 15일, 상당 법어
- 1949년 6월 1일(하안거 반살림), 법어
- 1949년 6월 15일, 상당 법어

---

31) 『효봉법어집』 162쪽, 163쪽에는 한문으로 된 문장도 있다.
32) 위의 책, 20~111쪽 참조.

- 1949년 하안거, 해제 법어
- 1949년 8월 1일, 상당 법어
- 1949년 8월 15일, 상당 법어
- 1949년 9월 1일, 상당 법어
- 1949년 동안거, 결제 법어
- 1949년 12월 1일(동안거 반살림), 법어
- 1949년 12월 8일, 성도절 법어
- 1950년 1월 7일, 기신론 산림 회향, 법어
- 1950년 동안거, 해제 법어
- 1950년 2월 15일, 열반재 법어
- 1950년 3월 15일, 상당 법어
- 1950년 4월 8일, 상당 법어
- 1950년 하안거, 결제 법어
- 1950년 文成尼 齋日, 법어
- 1950년 5월 15일, 상당 법어

효봉이 행한 이러한 법문을 보면 가야총림의 선원(수선실)에서의 수행은 정상적으로 이행되었음이 분명하다. 그러면 이제부터는 가야총림의 선원에서 수행한 납자들의 개요, 조직 등에 대해 살피고자 한다. 결과적이었지만, 가야총림의 핵심은 선원이었고, 그 선원에서 수행한 납자들이 조계종단을 이끈 주역이었기에 이 내용은 주목할 대상이다.

1946년 동안거
소임   대상   본사

조실   효봉   송광사

입승   우봉   쌍계사

선덕   상월   해인사

선덕   경하   해인사

선덕   침운   해인사

선덕   추금   해인사

원주   경성   해인사

화주   환경   해인사

* 대중 29명

1947년 하안거

소임   대상   본사

조실   효봉   송광사

입승   응선   기림사

입승   혜진   유점사

입승   격안   동화사

선백   인곡   백양사

선덕   운화   해인사

선덕   추금   마곡사

도감   순호   옥천사

외무   우봉   쌍계사

원주   정묵   다보사

화주   환경[33]   해인사

---

33) 환경은 해인사 주지를 역임한 임환경인데, 그는 1946년 4월부터 1952년까지
   주지에 재임하였다. 그의 후임은 이용조였다. 이지관 편저, 『가야산 해인사지』
   (1992, 가산문고), 952쪽.

화주 구산 송광사
* 대중 67명

1947년 동안거

소임	대상	본사
조실	효봉	송광사
선감	순호	옥천사
선백	인곡	백양사
선덕	석하	장안사
선덕	운화	해인사
선덕	보봉	유점사
선덕	응선	기림사
선덕	석두	건봉사
입승	석호	백양사
입승	서곡	선운사
입승	추월	갑사
書務	향봉	송광사
재무	동운	해인사
원주	원광	송광사
외무	동파	해인사
도감	계륜	유점사
화주	구산	송광사
화주	동운	해인사

* 대중 48명

1948년 하안거

소임	대상	본사
조실	효봉	송광사
입승	응선	기림사
입승	봉기	구룡사
입승	효섭	백양사
선덕	영명	범어사
선덕	추월	갑사
선덕	순호	옥천사
선덕	석하	장안사
선덕	화봉	직지사
선덕	상락	해인사
선덕	경암	안국사
선덕	보봉	유점사
선덕	고송	파계사
선덕	현옹	유점사
선덕	동명	해인사
書務	보안	정혜사
재무	향봉	송광사
원주	영월	해인사
외무	동파	해인사
도감	구산	송광사
화주	동운[34]	해인사

* 대중 50명

---

34) 동운은 당시 해인사의 재무를 보았던 승려였는데, 통도사 초우스님의 출가 은
사이다. 『동산대종사와 불교정화운동』(영광도서, 2007), 96쪽.

1948년 동안거

소임	대상	본사
조실	효봉	송광사
입승	순호	옥천사
입승	명덕	월정사
선덕	석하	장안사
선덕	설옹	백담사
서무	보성	해인사
재무	동명	해인사
원주	혜은	유점사
도감	구산	송광사
화주	동운	해인사

*대중 49명

1949년 하안거

소임	대상	본사
조실	효봉	송광사
강사	혜붕	법주사
입승	추월	갑사
선덕	원허	표훈사
선덕	월곡	통도사
庶務	동명	해인사
書務	정원	해인사
외무	보성	해인사
도감	구산	송광사
화주	동운	해인사

* 대중 54명

1949년 동안거
소임   대상   본사
조실   효봉   송광사
입승   청우   귀궁사
입승   태인   마곡사
선덕   인곡   백양사
書務   정원   해인사
외무   보성   해인사
도감   영월   해인사
원주   혜은   유점사
화주   동운   해인사
* 대중 51명

1950년 하안거
소임   대상   본사
조실   효봉   송광사
강사   덕원   보현사
선덕   상월   장안사
선덕   영진   용화사
선덕   영명   영각사
선덕   진허   심적사
선덕   인곡   백양사
입승   무기   통도사
입승   응선   기림사

입승 복래 신원사

서무 보성 해인사

도감 기산 선운사

외무 보성 해인사

원주 혜은 유점사

외무 각환 해인사

화주 동운 해인사

* 대중 58명

이렇게 선원(수선실)에서는 50여 명 내외의 수좌가 수행을 하였다.[35] 그렇다면 규약에서 정한 강원(강학실), 범패회, 금강계단 등은 어떻게 되었는가? 요컨대 개설되었는가이다. 강원은 총림 개설 이전부터 있었던 대처승 주관의 강원이 있어 출범 초기에는 별도로 개설되지는 않은 것 같다. 가야총림과 기존 대처승이 주관하는 종무소 조직이 공존하는 현실에서 별도로 개설할 여건 자체가 없었다고 보인다. 이에 대해서는 당시 해인사에서 출가하여 가야총림에서 수행하였던 정초우의 증언이 참고된다.

---

35) 그런데, 『陜川 海印寺誌』(창인사), 204, 206, 208쪽에서는 "禪學에서 修行하는 僧이 꼭 一百十一名이 있는데", "현 海印寺 叢林道場에서 一百十一人의 깨끗한 僧侶가 前記와 如히 十日間의 修道 勇猛精進하고 있는 것은", "現在 海印寺 叢林의 禪師 宗主로서 一百十一人의 門徒를 거느리고 叢林의 大事業을 責任맡아 精進하고 있는 六旬餘의 李曉峰시님 같은 분"으로 표현하였다. 이 책의 저자는 한창석인데, 그 머리말은 단기 4282년 1월 1일이라고 나와 있다. 단기 4282년은 1949년인바, 그러므로 이는 1948년 사정임을 알 수 있다. 그렇지만 위의 방함록에 나오는 50여 명이라고 한 숫자와는 차이가 많다. 추정하건대 전 대중이라고 볼 수 있지만, 이에 대한 단정은 유보한다. 그런데 이 책이 1951년에 다시 간행되었을 때에는 총림 설명 내용이 간략해지고, 총림의 대중의 숫자는 완전 삭제되었는데, 이는 참으로 납득하기 어렵다. 이 책은 한창석과 권영호의 공동저자로 변경되었는데, 지금은 영인되어 해인사 구내서점에서 판매하고 있다.

가야총림이라고 하였지만 선방밖에 없었고, 효봉스님은 방장으로 부르지 않고 조실스님이라고 했어요. 비구승이 관장하던 곳은 관음전, 노전, 퇴설당이었어요. 궁현당 쪽에는 강원이 있어 강사로 변월주, 강고봉스님이 있었어요. 저는 비구승 스님 중에서 초심은 누구에게 배운 것이 기억이 없고, 치문은 효봉스님에게 배웠어요. 같이 배우던 효봉스님 시봉하던 명선이는 금방 다 외우는데, 저는 그러지를 못해 하루 종일 외워서는 다음날 효봉스님에게 외워 바치곤 했어요.[36]

즉 총림의 비구승과 종무소의 대처승이 공존, 개별 주석을 하면서 동거하는 형태였다는 것이다. 그리고 선방밖에 없었다는 것을 신뢰하면 별도의 강원, 범패회, 금강계단은 부재하였는가? 이에 대한 의문이 해소되어야 한다.[37] 그런데 위에서 제시한 총림 방함록을 보면 그 소임에 1949년 하안거에 강사 혜붕이 나오고, 1950년 하안거에도 강사로 덕원이 나온다. 이는 총림의 비구승이 별도로 강사를 초빙한 결과의 산물로 보인다. 이는 총림의 초창기에는 대처승 강원이 있어 별도의 강원을 만들 여력이 없었으나, 총림이 안정되어 가면서는 정상적인 강원 설립까지는 아니어도 강사를 초빙하여 별도 차원에서 교학을 가르치려고 하였던 것이 아닌가 한다. 그렇지만 여기에서 총림에 강원이 있었다고 강한 확신을 하는 당사자인 법인

---

36) 『동산대종사와 불교정화운동』(영광도서, 2007), 96쪽, 초우스님의 증언, 「복이 구족하였던 스님」.

37) 1949년에 나온 『합천 해인사지』, 203쪽에서는 "총림의 내부 기구로서는 선학, 경학, 양노, 정토, 의식 등으로 나누어 있으나 海印寺 叢林에서는 특히 禪에만 主力하고 그 나머지는 禪에 準하야 實施한다"고 하였다. 여기에서 여러 기구를 예시한 것은 일반적인 총림의 기구를 말하는 것이라 하겠다.

의[38] 회고가 참고된다. 법인은 한국전쟁이 발발하여 강화도 보문사에서 6월 30일 피란을 떠나, 13일 만에 해인사에 도착하여 가야총림 내의 강원에 방부를 들였다가 거절당하였음을 회고록에서 증언하였다. 이에 그는 해인사 산내 암자인 백련암로 가서 거처를 마련하고, 그곳에서 한국전쟁의 혼란을 겪었다.[39] 이런 그의 회고이기에 그의 증언은 신뢰가 된다.

공비 인민군이 들어와 가지고 밤에 11시, 12시에 들어와 가지고 현당, 궁현당 하고 관음전 하고 양쪽, 사판승 계통 학인, 수좌계 학인, 수좌계 학인은 관음전, 퇴설당, 노전이야. 그러니까 효봉스님이 조실로 계시는 단체 수좌들. 저쪽에는 태고종 계통 사판스님들. 그 당시에 누구냐 하면 우룡스님이 그쪽의 보스야. 사판승 계통에서, 아주 일등 학인이었어. 그리 됐는데 내가 거기 있었으면 그 다음에 이리 (필자주, 인민군으로 끌려가 죽임을 당함) 됐을 것 아냐?

있었어.[40] 내가 강원에 방부를 들였어. 선방하고 강원을 했어요. 선방은 어디냐 퇴설당이고, 강원은 관음전이야.

현당하고 법당하고는 저쪽 사판계통이고 소위 이판이라고 수좌라고 해서 관음전하고 노전하고 그 위에 퇴설당을, 퇴설당은 정진하는 수좌들이 있었고, 그때 그 당시에 퇴설당에서 정진하는 수좌들 다 속한이라고 다투고 그랬어.[41]

---

38) 법인은 천안 각원사를 개창하고, 회주로 있다.
39) 『경해법인 회고록, 신고는 원광이 되어』(여백미디어, 2003), 65~70쪽.
40) 이는 필자가 가야총림에도 강원이 있었느냐는 질문에 대한 응답이다.
41) 앞의 불학연구소 녹취록, 134~137쪽. 이 인터뷰(2006년 6월 25일, 천안 각원

이렇게 법인은 효봉이 주관하였던 총림에 종무소 측의42) 강원과
는 별개의 강원이 있었다는 확언을43) 필자에게 하였다. 이처럼 처음
에는 없었지만44) 얼마 후에는 강사를 초빙하고,45) 강원을 개설하였
다고 보인다.

한편, 범패회와 관련된 증언은 찾지 못하였지만,46) 금강계단은
개설되었음을 증언하는 당사자들이 있다.47) 필자는 당시 그 총림에
서 수계를 받은 원명(대구 관음사), 지원(부산 대덕사)48) 등으로부
터 이를 확인하였다. 총림의 금강계단에서는 신규 행자, 사미계를

사)에는 당시 조계종단 불학연구소 사무국장인 명연스님도 동행하였지만, 그
진행은 필자가 주관하였다.

42) 달리 표현하면 대처승 측이다.

43) 당시 총림에는 근 100여 명의 대중이 있었다고 회고하였다. 이는 해인사 전체
대중, 즉 종무소 측과 가야총림에 소속된 인원을 말하는 것으로 보인다.

44) 범어사에 있다가 해인사로 가서, 처음에는 강원 방부를 들인 지유(현재, 범어사
조실)에 의하면 그가 관음전의 강원에 갔을 때에는 강사도 없어, 혼자 공부하
였다고 한다.(『범어사와 불교정화운동』, 영광도서, 2008, 104쪽) 그런데 당시
가야총림에 있었던 우룡은 강원에서 30명이 함께 공부하였으며, 강사는 고봉이
었다고 회고하였다.(『불교의 수행법과 나의 체험』, 효림, 2004, 41~42쪽) 우룡
은 해인사 종묵스님이 그 정황을 묻는 전화 답변에서는 사판승의 궁현당은 20
명이, 총림 학인은 열대여섯 명이 있었다고 증언했다. 그래서 종묵은 1947년경
부터는 총림 측에도 강원이 있었다고 주장한다.

45) 신법인은 그가 기억하는 강사를 변보륜이라고 증언하였다.

46) 종묵스님은 보성스님 증언에 의지하여 해인사 원당암에 염불당이 있었고, 의식
은 주로 대처승들이 주관하였기에 총림의 수좌들은 그런 의식에 관심이 없었다
고 주장한다. 즉 종묵스님은 「현대불교의 교육기관 학술세미나」(2008.10.17)에
필자의 발제 논고의 논평자로 참석하여 발언하였다.

47) 종묵스님은 금강계단은 1947년에 처음 개설되었고, 1949년과 1950년에도 비구
계와 보살계 산림을 하였다고 주장한다. 이는 보성, 도견 등 당시 총림에 주석
하였던 노장스님들의 증언에 근거한 것이다.

48) 『동산대종사와 불교정화운동』, 207쪽. 전계사는 상월, 갈마사는 효봉, 교수아사
리는 혜진이라고 회고하였다. 이는 그가 받은 수계시의 3사를 말하는 것이다.
상월은 조계종 총무원장을 역임한 서의현의 은사이다.

대상으로도 하였지만 기존에 이미 구족계를 받았던 중견 승려, 심지어는 조실인 효봉도 새롭게 계를 받기도 하였다. 우선 원명의 증언을 보자.

근데 상월스님이 제일 깨끗하다, 이래 가지고 상월스님을 전계사로 모시고 계를 받았는데 우리 효봉스님께서는 금강 유점사에서 계를 받으셨는데, "나 새로 받겠다" 이래 가지고는 계를 받으셨어. 1차 계에.

그때 형제들 여럿이 같이 받으셨지. 우리가 2차로 계 받았는데, 우리 2차로 받았을 때도 한 40여 명이 받았지. 스님네들 계단 세워 놓고 저희들 그 밑에 좍 알아서 계 받고 계첩에 계단 목록이 다 있어요.

효봉스님이 계를 다시 받은 것은 어른이 앞으로 종단을 다시 건립하는 그런 차원에서 그걸 해야 된다 해 가지고는 그 동안에 유점사에서 동선율사에게서 계를 받았지만 모범을 먼저 보이자는 뜻에서 우리가 이래 가지고는 "나 다시 받는다"고 해서 계를 받으신 것이지.[49]

상월을 전계사로 해서 두 차례나 비구계 산림을 하였고, 보살계도 몇 차례 하였다는[50] 것이다. 그런데 주목되는 것은 총림의 조실인 효봉도 종단이 새롭게 출발하는 것에 부응하기 위해서[51] 수계를

---

49) 『조계종 구술사 인터뷰 녹취록』(2006년, 불학연구소), 93~97쪽.

50) 위의 자료, 94쪽.

51) 가야총림에서 7일간의 용맹정진을 하였다는 것(합천 해인사지, 적출)도 이 점과 관련해서 계율수호, 철저한 수행 정신 함양과 관련하여 적극적으로 고려할 측면이다.

다시 하였다는 것이다. 이에 대해서는 당시 총림에 있었던 석정의 증언도 흥미롭다.

> 그때에 거기에서 무슨 일이 있었는고 하니, 청담스님이 입승으로 계실 때입니다. 그래서 두 분이 무슨 얘기가 있었는가 하면, 효봉스님 은 유점사에서 비구계를 받았는데 그 계사스님이 청정비구이지만 정 식의 율사 전공이 아니었고, 청담스님은 당신은 비구계를 받았는데 중 간에 파계하고 딸을 낳았으니 새로 계를 받아야겠다고 하여 마침 해 인사에 계신 청정 율사인 상월스님에게 계를 받기로 하였어요. (중략)
> 상월스님은 장안사 스님인데, 이 스님은 법당을 하루에 열 번 지 나가면 부처님에게 열 번을 절한다고 했어요. 이 스님은 법문을 청하 면 당신은 법문은 못한다고 하시면서 완강히 거절을 해요. 효봉, 환 경스님이 간절하게 원해도 당신은 법문 못한다고 하면서, 해인사에 살려고 왔는데 떠나야겠다고는 말을 하였다고 합니다.52)

석정의 증언에 의하면, 비구계 수계 산림을 한 것이 총림 규약에 서 정한 것과는 약간의 이질성이 나온다. 즉 입산하였던 행자를 고 려하여 만든 금강계단이었지만 총림의 지도부가 계율의식을 청정하 게 하려는 자발적인 의식에서 개최한 것이라는 것이다. 물론 출가 득도하였던 수계 대상자도 포함되었음은 물론이다. 금강계단의 전계 사로 활동한 것은 김상월이었다. 그는 금강산 장안사 출신이었는데, 한국전쟁 직후 해인사에서 입적하였기에 그의 행적은 지금껏 크게 주목하지 않았다. 그 무렵 상좌가 되었던 의현의 증언을 참고하자.

---

52) 『동산대종사와 불교정화운동』, 193쪽.

저는 해인사 가서는 저의 은사가 되시는 상월스님의 시봉을 하였지요. 상월스님은 지금 종단 원로, 혹은 원로의 은사들의 대부분이 은사스님에게 비구계를 받았을 정도로 대단한 율사입니다. 그래서 저는 금강산 계맥을 내가 이었다고 말해요.[53]

상월스님은 해인사에서 제가 시봉을 할 때에 열반하셨어요. 그것이 너무 오래 되어 가물가물한데, 6·25가 나던 그해 약간 추운 가을에 입적하신 것으로 기억이 됩니다. 상월스님을 제가 시봉해보니 그 스님도 무척 까다로워요. 심지어는 감자를 잡수시는데 감자에 눈이 하나만 남아 있어도 안 먹었어요. 그 눈을 다 없애고서야 먹습니다. 왜냐하면, 그 눈에서 씨앗이 나온다고 해서요. 그렇게 청정한 율사입니다. 하여간 엄청난 괴각스님이었어요. 성철스님도 괴각인데, 철스님을 거기에 대면 아무것도 아닙니다. 그리고 상월스님은 좌탈입망하셨어요. 방에서 앉은 채로 가셨지요. 그래서 저희들이 앉으신 스님을 그대로 들고 가서는 극락전 근처의 다비장으로 모시고 갔지요. 다비식 때에는 시절이 혼란기이라 주위에 알리지도 못하고, 그래서 다들 참석하지 못하였지요.[54]

이러한 의현의 증언에 의해 김상월의 율사적인 성격, 행장 등에 대한 기본 정보를 파악할 수 있었다. 김상월에 대해서는 추후 일정한 연구가 요망된다.[55]

그러면 이제부터는 총림의 운영기반, 경제적 여건에 대해 살펴보겠다. 총림이 출범하기 전후에는 종단 차원으로 200만 원 상당의 재

---

53) 김광식, 『범어사와 불교정화운동』(영광도서, 2008)의 226~227쪽.
54) 위의 책, 228~229쪽.
55) 현재 그의 비석은 없다. 위의 책, 229쪽의 의현 증언 참조.

단을 만들고, 그 잉여로 운영하겠다는 기획이 있었다. 그러나 이것이 실제로 이행되었는지는 알 수 없다. 그런데 여러 기록과 정황을 살피면 재단 성립은 이행되지 않았고,[56] 총림의 운영은 상당히 열악하였다고 보인다. 그것을 알 수 있는 것은 그 정황을 지켜본 당사자들의 회고가 참고된다. 우선 1947년 봄, 총림이 시작되어 각처의 수좌가 해인사로 몰려들자 그에 동참하려고 한 성철과 청담이 해인사에 가서 총림을 운영하는 주체인 교단의 총무부장인 최범술과 해인사 주지였던 임환경과 담판을 하였는데 이를 지켜본 도우의 회고가 있다.

갖가지 혁신의 물결이 몰아칠 때, 전국적으로 총림을 여는데 해인사도 효봉스님을 방장으로 가야총림을 연다고 하더군요. 당시 청담스님은 홍경, 종수스님 등과 봉암사에 계셨고, 큰스님(필자주, 성철)은 석암스님과 성전에 계셨습니다. 봉암사 대중들은 사다 놓은 큰 목간통을 걸어 보지도 못하고 짐을 싸 짊어지고는 해인사로 가려고 길을 나섰습니다. 대구 수창국민학교 앞에서 큰스님과 만나서는 트럭을 한 대 빌려 타고 해인사로 갔습니다. 총림에 관한 일을 논의하기 위해 우리 쪽 대표로는 청담스님과 성철스님이 나가고 해인사 측에서는 종단을 대표해서 최범술 씨와 해인사 주지인 임환경스님이 나오셨습니다. 그런데 총림을 하려면 재정이 제일 문제인데 타협이 잘 되지 않았습니다. 그러자 큰스님은 여기에 휩쓸려 봐야 공부도 잘 안

---

56) 당시 교단은 5.3.2제라는 사찰 경제 운영의 틀을 만들어 재단을 만들려고 하였으나, 기록상에는 재단 성립에 대한 단서를 전하는 내용은 없다. 5.3.2제는 사찰 수입을 사찰, 지방교구, 중앙교구가 그것을 분배하여 활용하는 준칙이었다. 그리고 이를 추진한 김법린 총무원장의 집행부가 1949년 무렵에 여러 사건(종단내 폭력사건 등)으로 퇴진하였던 것도 부정적 요인으로 작용했다.

되니 모든 걸 청담스님에게 맡기기로 하고 큰스님과 나는 양산 통도사 내원암에 하안거 방부를 들였지요. 아마도 큰스님이 생각하시는 총림과는 사뭇 거리가 멀었던 것 같습니다.[57]

이렇게 청담, 성철과 최범술, 임환경 간의 총림 운영문제를 놓고 벌인 대화는 결렬되었다. 이 결렬은 해인사 종무소가 총림 측을 경제적으로 배려하지 않았음을 말해주는 것이다. 이 정황은 당시 해인사에 있었던 원명의 증언에서 구체적으로 확인이 된다.

법당을 중심으로 해서 저쪽 궁현당, 궁현당 쪽에는 대처승 자기네들이 살고, 요쪽에는 수좌들이 살고 있는데, 자기네들은 해인사 골짜기 논에서 수확하는 수확고가 많았지만, 이쪽에는 해인사 말사 쪽으로 평수로는 굉장한 숫자가 됐지만 수확이 하나도 안 되는 거라. 산비탈 이런 데. 공짜로 심어 먹지도 못할, 평수로는 크게 떼어주고 그랬지만[58]

즉 종무소는 총림 측을 경제적으로 우대하지 않았던 것이다. 이렇게 열악한 경제 살림은 총림 측이 스스로 그 대책을 강구할 수밖에 없는 사정임을 알려주는 것이다. 요컨대 총림 구성원은 그에 대한 대책으로서 탁발, 구호 요청 등 다양한 방법을 동원하여 자생을 도모하였다. 이에 대해서도 원명의 증언이 참고된다.

대구 시내로 이리저리 다니면서 청담스님이나 우리 구산스님 아

---

57) 이도우, 「도우스님을 찾아서」, 『고경』, 불기 2541년 여름호, 31~32쪽.
58) 앞의 불학연구소 녹취록, 93쪽.

는 그걸로 해 가지고는 트럭으로 밀가루, 보리쌀 같은 것을 싣고 오고, 말도 마요. 반찬도 없어 가지고는 저 바닷가에 가면 마산 쪽에 이런 데 가게 되면 시퍼런 것, 마자기도 못 먹는 거예요. 그나마도 없으니까 그거라도 한 가득 싣고 온 거예요. 싣고 와서 먹을 수 있는 건 고르고 못 먹는 건 거름하고 이래 가면서 살았어. 요즘에는 뭐 춘하추동도 없이 채소도 뭐도 되지만 그 당시에는 봄 되면 아무 찬거리가 없습니다. 해제만 하면 반찬 아무것도 없어요. 그런 속에서 스님네들이 다 꾸려 나왔다니까.[59]

즉 총림의 도감을 보았던 청담, 구산 등이 총림의 살림살이 해결을 위해 각처를 다니면서 노력을 하였다. 그래서 당시 총림 대중들은 감자밥을 무척 많이 먹었다고 증언하였다.[60]

이러한 정황은 당시 해인사에서 출가하여 청담의 상좌가 되었던 정천의 회고에서도 찾을 수 있다.

그 당시 해인사 총림 시절은 참으로 부족하고 어려웠던 시절이었어. 스님(필자주, 청담)은 해인사 총림의 입승도 보았지만 도감 소임도 있어 책임이 막중했지. 총림 수좌들의 식량, 부식 등 전체적인 살림을 책임질 뿐 아니라 전체적으로 내의, 실과 바늘, 양말, 김장, 쌀, 양식 등 의식주를 위해 탁발하기도 했지.

당시 스님은 도제양성을 하겠다는 원력을 갖고 있어서 특히 해인

---

59) 앞의 자료, 93쪽.

60) 원명은 '감자밥'을 "밥 위에 공양을 담아 오면 감자에 밥티가 몇 개 붙었다고, 밥티가 몇 개 붙었지, 밥 속에 감자가 몇 개 든 게 아니고 감자에 밥티가 몇 개 붙었을 정도로 그만큼 양식이 귀했어요"라고 필자에게 회고하였다. 2006년 3월 30일 대구 관음사에서,

사 인근부터 시작해서 경상도 일대로 전개한 불교 강연회를 수없이 개최했지. 강연도 하고, 강연에 온 유지나 대중들에게 해인사에서 지금 공부하는 수좌들이 많이 있는데 매우 어렵다는 사정을 전하고 지원을 받기도 한 셈이지. 강연회를 통해 총림을 후원하는 조직을 만들려고 하셨지. 나는 그 강연회에는 가지 못하고 주로 구산스님하고 같이 다녔어. 구산스님도 강연을 하였고. 나는 그때 100여 명 수좌들의 공양을 담당하는 채공이라 엄청 바쁠 때라.[61]

화주, 후원 활동은 주로 청담과 구산이 주도하였음이 거듭 확인이 된다. 특히 청담이 후원조직을 의도, 추진하였음은 주목할 사례이다. 그러나 청담은 1949년 봄, 봉암사 수행결사에 동참하기 위해 해인사를 떠났기에, 그 후의 책임은 구산, 영월, 동운 등 여타 승려들이 공동 책임을 맡은 것으로 보인다.

그런데 가야총림의 경제적 어려움은 당시 종단도 익히 알고 있었던 것이 분명하다. 예컨대 아래에 나오는 1947년 6월 21일, 해인사 주지가 당시 교정에게 보낸 공문, 「탁발증 임시 발부의 건」은 이를 예증한다.

檀紀 四二八0年 六月 二十一日
慶南 陜川郡 伽倻面 海印寺
住持 林幻鏡
朝鮮佛教 教正 猊下
托鉢證 臨時 發付의 件
首題의 件에 關하야 本 叢林 食糧이 不足함으로 左記 諸衲이 自 六月

---

61) 『아! 청담』(화남, 2004), 129쪽.

至 九月 二十二日間 依法 托鉢코저 하는 바 敎憲 第九十九條에 依하야 敎正猊下 認可를 稟할 것이나 時日이 急迫함으로 本 寺 住持와 叢林 祖室이 公證 發付하엿아오니 諒承하심을 要望함[62]

이렇듯이 식량난으로 인하여 종단에 인가를 얻어서 탁발을 나가기도 하였다. 이는 총림의 자생적 경제력이 미흡하였음을 단적으로 말하는 것이다. 즉 총림 수행자들은 해인사, 종단 등 제도권에 의타적인 행태를 벗어나 자생적인 존립을 강구하였다.

그런데 가야총림이 출범하던 초기에 종단에서 별도의 재단을 만들어 주겠다는 기획, 공표는 어떻게 되었는가? 요컨대 진척이 되었는가 하는 문제이다. 이 문제에 대해 필자는 그간 그 관련 자료를 찾으려고 유의하였지만 그에 대한 자료는 볼 수 없었다. 오히려 그에 역행하는 사실을 접하였다. 그것은 해인사의 재산이 가야총림의 재단으로 전입되었던 것이 아니라, 종단 간부였던 최범술이 주도한 서울에 위치한 국민대학의 재단으로 편입되기 일보 직전에서 무산되었던 것이다. 이에 대해서는 그에 관련된 당사자, 즉 가야총림의 원주를 보았던 이법홍의 연관 내용이 있거니와, 이제는 그 전말을 제시한다.

이법홍은 유점사 출신으로 해방이 된 직후에는 서울에서 불교 대중화 운동에 관여하다가, 그 무렵 등장한 봉은사 내부의 주도권 다툼에 휘말리기도 하였다.[63] 그래서 법홍은 중앙차원에서의 불교운

---

62) 이하에는 '記'라 하고, 탁발자의 속명을 기재하였다. 그 인원이 33인이었다. 이 공문은 1947년 6월 30일자로 조선불교 중앙총무원이 81호로 접수하였다. 이 자료는 필자의 저술, 『범어사와 불교정화운동』(영광도서, 2008)의 204쪽에 사진으로 수록하였다.

63) 李法弘, 「桑門歷程」, 『불교계』 2호(1967.2), 22쪽. 법홍은 불교호법단의 총무를

동에 환멸을 느끼고 가야총림에 동참하였다.

나는 雲天 瓶鉢의 衲衣가 되어 찾은 곳이 바로 伽倻山 海印寺 叢林
이었다. 當時 五十餘 雲水 衲子들이 自性佛을 찾아 菩提道場을 이루운 伽
倻叢林에는 曉峰和尙을 祖室로 李靑潭師가 入繩이 되어 나의 安居를 반
겼었다. 그러나 나는 오나가나 살림꾼이라 院主의 所任을 맡게 되었으
니, 이것이 將來할 六.二五 事變의 禍根이 될줄 누가 알았으랴.64)

즉 법홍은 총림의 원주로 소임을 보았다. 그러나 법홍은 총림 살
림살이가 너무 힘들어 자신의 입이라도 덜어주기 위해, 총림을 떠나
기로 작정을 하였으나 효봉의 설득으로 마음을 돌리기도 하였다. 그
래서 효봉은 법홍에게 원주를 보게 하고, 구산은 도감을 보게 하였
다.65)

그런데 한국전쟁 발발 이전에66) 가야총림의 존립 문제가 대두되
었다. 당시 불교계에서는 불교 재산을 이용하여 불교사업에 적극적
으로 뛰어들고 있었다. 이는 실행될 예정이었던 농지개혁 이전에 사
찰재산을 팔고, 거기에서 나온 재원으로 학교, 양조장, 극장, 회사
등을 경영하고, 그 수익금으로 불교 사업을 추진하려는 구도에서 나
온 것이다. 이런 배경하에 해인사, 가야총림은 종단 총무부장인 최
범술과 연관되어 있었다. 최범술은 해공 신익희와 공동으로 대학 설

맡았는데, 그 단장은 석시경, 부단장은 홍태욱이었다. 그런데 광복군 간부출신
이었던 홍태욱이 봉은사 사건으로 '급변'(피살)되었다.

64) 앞의 자료, 23쪽.

65) 이청, 「가르칠 수 없는 것을 가르친다 5-함께 왔으니 함께 가야지」, 『불교춘추』
14호(1999.4), 154쪽.

66) 그 정확한 시점은 아직 파악하지 못했다.

립을 추진하였거니와 그 산물로 나온 것이 국민대학이었다.[67] 이에 최범술은 신익희를 학장에 취임케 하고, 자신은 이사장으로 재직하였다. 최범술은 국민대학의 재단으로 해인사 재산을 출연한다는 복안을 갖고 있었는데, 그 전제로 이사장으로 재임하였다. 그러나 해인사 재산이 국민대학 출연 기금으로 전환되는 것은 간단치 않았다. 그러자 이에 불만을 가진 신익희가 학장자리에서 사퇴하고, 그 후임으로 변호사인 정윤환을 초빙, 학장으로 추대하였다. 이에 정윤환은 학장에 취임한 이후 실무자들과 함께 해인사에 내려와, 재산 출연 작업을 논의하였던 것이다. 이렇게 되면서 자연 해인사 대중들은 그 전모를 알게 되었다. 그 추이를 전하는 이청[68]의 설명에는 상황을 재구성할 수 있는 귀한 내용이 전한다.

새 학장이 된 정윤환 씨가 해인사 재산의 재단 편입에 따른 실무적인 문제를 살펴보고 논의하기 위하여 해인사로 내려왔다. 이때서야 비로소 선방의 수좌들과 방장 스님은 해방 후 최초로 설립된 유일한 총림이 공중분해 될 위기에 놓여 있음을 알게 되었다.

정윤환은 "우리나라는 지금 인재를 양성하여 새로운 세계를 열어가는 일이 시급하다. 그리하여 해인사의 묵은 재산으로 재단을 만들어 국민대학을 설립하였으나 사찰 재산의 등기 이전이 이루어지지 않아 학교 설립과 운영에 심한 차질이 생기고 있다. 스님들이 협조해 달라"고 부탁했다. 구산스님은 한편 놀라고, 다른 한편 아직도 등기 이전이 되지 않았다는 사실에 안도했다.

---

67) 지금의 국민대학교의 전신으로 당시에는 종로구 효자동에 교사가 있었다.
68) 이청은 소설가로, 성철의 전기 소설인 『우리 옆에 왔던 부처』(93, 서울문화사)의 필자이다.

즉각 방장스님을 비롯하여 해인사에 있던 원로스님들이 모여 대책을 논의했다. 결론은 간단했다. "해인사의 재산은 해인사가 지켜야 한다"는 것이었다. 그 방법론으로 가야총림을 재단법인으로 사찰의 모든 재산을 총림의 이름으로 등록하기로 했다. 지난날 판사를 역임했던 효봉스님이 재단 설립과 등기에 필요한 법 절차를 잘 알고 있었던 것이 위기를 극복하는데 결정적인 역할을 했다.

'재단법인 가야총림'의 설립에 필요한 모든 서류를 준비하여 법홍수좌가 서울로 떠났다. 그러나 법홍수좌는 기차로 안양까지 갔다가 되돌아오고 말았다. 6·25사변이 발발하여 더 이상 올라갈 수 없었기 때문이다. 법홍스님은 피난민 대열에 끼어 천신만고 끝에 7월 2일 다시 해인사로 돌아왔다.[69]

위의 설명에 나오듯이 총림을 주도하던 승려들은 대책회의를 갖고, 해인사 재산을 가야총림의 이름으로 등록하기 위한 대책을 수립하고, 그 이행에 나섰다.[70] 여기에는 판사 출신으로 전해지는[71] 총림의 조실인 이효봉의 지식이 동원되었고, 그 실무는 원주를 보던 법홍이 담당하였다. 그래서 법홍은 서류를 준비하여 서울로 갔으나, 한국전쟁이 발발하여 다시 해인사로 돌아왔다는 것이다. 요컨대 가야총림의 재단법인화는 성사되지 못하였다.

한국전쟁이 발발하자, 자연 총림은 해산되었다. 이에 대해서는

---

69) 앞의 자료, 155~156쪽. 그런데 이청은 어떤 근거, 자료에 의거하여 이런 설명을 하였는지는 밝히지 않았다. 아마, 구산스님과 법홍스님의 증언을 통하여 재구성한 것으로 보인다.

70) 그러나 종무소 측과 가야총림 측의 의견이 동일하였는지, 아니면 이질적이었는지는 알 수 없다,

71) 그런데 임혜봉은 효봉의 판사 재직을 부정하고 있다. 임혜봉, 『종정열전 1, 그 누가 큰 꿈을 깨었나』(가람기획, 1999), 135~145쪽.

총림 대중이었던 원명의 증언이 참고된다.

대중이 다 흩어질 사정에 놓여 있었거든. 대중이 해산될 과정에
놓여 있었기 때문에 어른, 여기 계시면 안 됩니다. 자리를 옮겼다가
다시 평정되거든 들어오시는 게 안 좋겠냐고 대중들이 다 어른한데
권했지만, 지금 우리가 해인사를 지키고 있다가 막판에 내버리고 가
면 누가 지키겠느냐, 그래 가지고는 끝내 안 가시고 있다가 막판에
안 옮겨갈 수 없어서 그때 원효종 종정하던 이법홍, 그 스님이 그때
원주를 하셨거든, 법홍스님, 구산스님, 저 보성스님, 몇몇이 해서 어
른 모시고 성주로 와서 가천으로 해서 보성스님 집이 있어. 그리 해
서 그쪽으로 나왔지.[72]

한국전쟁이 나자, 총림 대중은 자연 흩어지게 되었다. 그러나 효
봉은 해인사, 총림을 방치하고 그냥 떠날 수 없었다. 그런 와중에서
인민군이 해인사로 진주하였고, 총림 대중의 일부가 인민군에 강제
로 편입되어 일선 전투지역에 투입되었다. 그러나 해인사에 남은 대
중은 해인사를 수호하고, 팔만대장경을 지켜내기도 하였다. 이에 관
한 사정은 홍경의 회고가 참고된다.

낮이면 太極旗를 藏經閣 지붕 위에 펼쳐 놓았다가 밤이면 이것을
감추기를 몇 달 繼續 하면서 소위 人民軍들이 宿所로 달라는 큰절과
野戰病院을 차리겠다는 요구를 물리치기에 진땀을 뺐다.
이것이 導火線이 되어 郡內務署와 道內務署에서 銃殺 處分을 받기도
하였으나 나는 大藏經의 세계적인 國寶保存을 主張하여 火口를 免하였

---

72) 앞의 불학연구소, 녹취록, 100쪽.

던 것이다.[73]

대장경을 지키기 위해, 장경각 지붕 위에 태극기를 인민군이 모르게 비밀리에 올려놓아서 미군의 폭격을 방지하려는 노력을 기울였다.[74] 낮에는 미군의 비행기가 돌아다니기에 해인사는 별 문제가 없었지만, 밤이 되면 인민군 본부가 되었던 정황에서 그런 묘안을 실천하였던 것이다.

당시 해인사에 인민군이 들이닥친 것은 음력으로 7월 14일이었고, 인민군은 1개 부대에[75] 달하였다. 인민군이 진주하기 이전, 조실인 효봉은 가야총림의 하안거 수행을 앞당겨 해제하고, 강원의 공부도 일시 중단하게 하였다. 그리고는 전 대중을 모안 놓고서는 효봉은 자신의 소회를 말하고, 각자 알아서 대처[76]를 잘하도록 당부하였다. 조실인 효봉은 구산, 법홍, 보성 등을 불러 금융조합에 예금한 총림의 돈을 찾아, 수좌를 포함한 해인사 전 대중과 그 가족들에게[77] 여비를 나누어 주고 각자 편의대로 떠나게 조치하였다. 해인사에 들이닥친 인민군은 청년 승려 수십 명을[78] 끌고 가서, 훈련을 시

---

73) 앞의 이법홍 자료, 23쪽.
74) 그런데 그 실무를 하였다는 의현은 법홍의 주장과는 정반대의 주장을 했다. 즉 의현은 태극기를 올리자는 주장은 법홍이 한 것은 사실이지만 태극기는 밤에 장경각에 올렸다고 했다. 그 이유는 밤에 인민군 본부가 되었지만, 해인사 스님들은 아직도 국토를 지키려는 마음이 투철하다는 것을 보여주기 위한 것이라고 하였다. 『범어사와 불교정화운동』, 227~228쪽 참조.
75) 지유는 이를 700여 명의 인민군이라고 하였다.
76) 그런데 지유는 공사에 붙여서 가고 싶은 사람은 가고, 남고 싶은 사람은 남기로 했다고 증언했다. 위의 자료, 105쪽.
77) 대처승의 가족도 포함되었다고 한다. 앞의 이청, 158쪽 참조,
78) 이청은 30여 명이라고 하였고, 그때 총림에 있었으나 변명을 하여 끌려가지 않았던 초우(통도사)는 총림 쪽에서는 18명이었고 궁현당 대처승 쪽에서 얼마가

320

키고서는 일선 부대에 투입시켰다. 이렇게 총림 대중이 갖은 고초를 겪자 총림 조실인 효봉도 1950년 가을 무렵,[79] 수좌들과 함께 해인사를 떠나 부산 범어사로 이전하였다. 남침한 인민군은 9.28수복으로 북으로 퇴각하였으나, 곧 이어 1.4후퇴가 있었다. 그 이후에도 38선 근처에서는 치열한 전투가 벌어져서 1953년에 가서야 휴전이 되었다. 이 같은 전쟁으로 인해 가야총림은 즉시 가동될 수는 없었다.

4. 결어

지금까지 해방공간 해인사에 설립된 가야총림의 설립 배경, 설립 과정, 출범 및 운영 등을 중심으로 가야총림의 전모를 자료에 근거하여 그 내용을 살펴보았다. 이제 맺는말은 지금껏 서술한 주요 내용을 요약하고, 나아가서는 추후 가야총림 연구에 유의할 점을 제시하는 것으로 대하고자 한다.

첫째, 가야총림은 해방공간 불교혁신이라는 시대적 배경에서 출범하였다. 여기에는 우선 교단 차원에서 자생적으로 불교의 수행을 철저히 하는 수행자들의 양성, 배출이라는 의도가 작용하였다. 그리고 이러한 내용은 수좌들의 조직체인 선리참구원에서 수좌들이 수행할 수 있는 공간을 마련해 달라는 요구와 맞물려 있었다. 선리참구원에서 제2회 중앙교무회의에 건의안을 낸 것은 그 예증이다. 이런 내

뽑혔다고 회고했다. 인민군에 끌려 간 대상자는 보성, 원명, 지유 등이었다. 인민군을 차출할 때, 의현도 해인사에 있었지만 그는 절의 마루 밑에 숨어서 화를 당하지 않았다고 한다.

79) 금정사로 이전한 정확한 시점은 파악하지 못했다.

용을 고려할 때 가야총림은 시대적 요청, 산물이라고 볼 수 있다.

둘째, 가야총림은 종합수도도량을 지향하였지만 결과적으로는 그에 미치지 못한 한계를 갖고 있었다. 총림 규약에서 정했던 수행기관 중에서 일부만 개설, 운영되었던 것이다. 선원만이 초창기부터 지속적으로 운영되었고, 강원은 후반 무렵에 개설되었으나 그 실제에 있어서는 매우 부실하였다. 그리고 여타의 대상은 그 존재 자체도 전하지 않을 정도였다.

셋째, 가야총림은 운영상의 어려움을 갖고 출범하였고, 경제적인 측면에서는 구성원들의 자생적인 활동으로 유지될 정도였다. 이는 교단이 당초 내세운 재단법인 설립의 부재에서 찾을 수 있다. 그래서 구성원들은 탁발, 후원 요청 등으로 최소한의 생활을 자주적으로 해결하고자 하였다. 여기에는 당시 해인사를 주도하고 있었던 대처승들의 배척도 일정하게 작용하였다.

넷째, 그렇지만 총림 구성원들의 불교의 개혁정신, 수행정신은 투철하였다고 보인다. 그 단적인 예증이 총림 상층부들이 수계의식을 새롭게 한 것이다. 그리고 총림의 조실이었던 효봉이 총림에 참여할 때의 현실의식에서도 그러한 내용이 나온다. 그런데 이에 대한 내용은 추후 더욱 추구할 내용이다.

다섯째, 가야총림은 일제하 불교와 정화공간의 불교를 연결지우는 징검다리의 성격을 가고 있었다. 일제하 식민지불교에서 각처의 선방, 토굴 등지에서 수행하였던 수좌들이 가야총림으로 대거 집합하면서 해방공간 수행도량의 대표성을 가졌다. 그리고 여기에서 수행하였던 수좌들이 이후 불교정화운동에 참여하였다.

지금껏 본 고찰에서 나타난 내용, 성격을 정리하여 보았다. 이제부터는 본 고찰에서 다루지 못하였지만, 추후에는 반드시 천착할 측면을 제시하고자 한다.

첫째, 가야총림에 참가한 전체 대중들에 대한 분석을 해야 한다. 본고에서는 이에 대한 것을 거의 시도하지 못하였다. 출신, 수행처, 행적, 종단 소임, 사상 등에 대한 문제가 그러하다.

둘째, 가야총림에서 행해진 수행의 사상적인 내용도 정리되어야 한다. 간화선의 수행으로 쉽게 말할 수도 있지만 그에 대한 정치한 접근이 요망된다.

셋째, 가야총림에 대한 종단사, 불교사 차원에서의 성격과 위상을 재평가해야 한다. 지금껏 가야총림은 해인총림의 선행적인 측면만 강조되었지 독자적인 성격은 주목하지 않았다. 그리고 봉암사결사에 비해서는 상대적으로 소홀하게 인식되었다.

넷째, 가야총림에 대한 자료수집이 요청된다. 총림과 직·간접적으로 관련된 문헌의 수집, 그리고 총림에 참가한 대상자들의 증언채록 등이 절대 필요하다.

지금까지 가야총림의 전체적인 개요, 내용을 정리하면서 그에 담긴 의미, 추후 연구할 초점 등을 필자의 소견에 의거하여 개진하였다. 본 고찰이 가야총림, 해인사, 해방공간 불교사, 수좌 등의 연구에 참고가 될 것을 기대하며 이만 마친다.

봉암사결사의 재조명

1. 서언

봉암사결사가 첫 발걸음을 내디딘 지 어언 60년이 되었다. 지난 60여 년간 우리는 봉암사결사에 대해 다양한 경로, 즉 입소문으로, 학술적인 글로, 신문의 보도 내용을 보고, 혹은 결사에 참여한 당사자의 증언을 듣고, 참가자의 구술을 옮겨 놓은 책을 통하여, 참가자의 증언을 기억하였던 후학들의 평가를 통하여 결사의 내용과 성격을 알게 되었다. 그리하여 이제는 봉암사결사가 이 시대 불교인들에게는 보편적, 공통적인 역사가 되기에 충분하다. 그 결과 봉암사결사는 한국 현대불교사 및 조계종단사의 기념비적인 결사로 확고하게 자리 잡았다고 볼 수 있다.

그러나 봉암사결사의 개요, 성격, 의의, 계승, 유산 등에 대한 객관적, 학술적인 접근은 그 명성에 비하여 미약한 것이 사실이다.[1]

---

[1] 봉암사결사에 대한 학술적인 논문은 졸고, 「봉암사결사의 전개와 성격」(『한국 현대불교사 연구』, 불교시대사, 2006)이 참고된다. 이 논문은 청담대종사 탄신 100주년 기념 학술대회(2002.10.12, 봉녕사)에서 발표하였고, 그 발표 논문을

때문에 조계종단, 불교사학자, 후손 및 문도들은 결사에 대한 전모를 정리, 분석, 계승해야 할 책무를 갖고 있는 것이다. 본 고찰은 바로 이러한 배경에서 집필, 발표하는 것임을 밝혀두는 바이다.

돌이켜보건대 한국 근대불교사는 개항, 승려의 도성출입 금지 해제, 국권상실, 일제 침략, 식민지불교, 불교 근대화의 추구, 불교개혁, 민족운동에 참가, 종단 건설운동, 조계종의 창립, 일본불교의 침투, 식민지 불교정책에 좌절·타협, 원융살림의 파탄, 계율 및 수행풍토의 이완 등 실로 불교계 전 분야에 있어서 급격한 변화를 겪게 되었다. 그 변화의 성격 및 노선은 가늠하기 어려울 정도로 엄청난 것이었다. 이에 불교의 근원, 불교계가 나가야 할 길 등을 가늠함에 있어서 적지 않은 혼미의 세월을 보냈다. 그로 인하여 불교, 승려, 불교의 지향점 등의 정체성에 대한 심각한 도전을 받았다.

이런 배경에서 1945년 8월 15일의 해방을 맞이한 불교계는 위에서 살핀 근대불교가 겪었던, 그리고 해방공간에서 직면한 제반 문제에 대한 응답을 해야 하는 역사적 과제를 떠안고 있었다. 이에 불교계에서는 그 응답의 차원에서 교단 혁신, 식민지불교의 청산, 불교 및 불교인의 나갈 길 등등에 대해서 백가쟁명식의 의견이 속출하였다. 그러나 당시 교단과 재야 혁신단체들은 해방공간 불교의 역사적 과제에 대한 고민을 하고 이를 실행에 옮겼지만 그 지향, 성과의 측면에서는 적지 않은 문제점을 갖고 있었다.[2] 바로 그즈음 각 지방의

모아 펴낸 학술논문집 『청담대종사와 현대 한국불교의 전개』(청담문화재단, 2002)에 수록되었다. 최근 김종인은 봉암사결사와 성철과 관련된 글을 발표하였다. 김종인, 「1960년대 한국불교와 성철의 활동 ; 봉암사결사와 해인총림」, 『백련불교논총』 16, 2006.

2) 이에 대해서는 아래의 졸고가 참고된다.
김광식, 「8·15해방과 불교계의 동향」, 『한국근대불교의 현실인식』, 민족사, 1998.

불교계에서는 해방공간의 역사적 과제를 자생적으로 해소하려는 움직임이 일어났거니와 그 대표적인 것이 봉암사결사였다. 그 밖에도 교단에서 추진한 해인사의 가야총림, 백양사를 거점으로 추진된 고불총림이[3] 있었거니와 이에 대해서도 최소한의 관심을 기울일 필요가 있다.

그런데 봉암사결사는 이념 및 사상, 주도 인물의 상징성, 참여자 대부분이 불교정화운동에 참여, 조계종단의 주역(종정, 총무원장)으로 성장 및 활동, 조계종단 재건의 이념, 계승해야 할 과제로 인식 등이라는 측면에서[4] 단연 두드러진 결사체인 것은 분명하다고 본다.

이제 본 고찰은 이와 같은 전제와 배경에서 봉암사결사의 전모를 6하 원칙이라는 기준에 의거하여 살피면서 봉암사결사를 재조명하고자 한다. 결사를 재조명한 바탕에서는 결사의 성격 및 의의를 요약하여 제시하고자 한다. 마지막으로는 결사의 계승, 유산이라는 측면에서 결사의 현재성과 미래성을 추론하고자 한다.

2. 결사의 개요

봉암사결사는 일제에서 해방된 시공간에서 식민지불교의 극복을 지향하였지만, 정체성 정비에 혼란을 겪고 있었던 승단 구성원들 중

　　김광식, 「불교혁신총연맹의 결성과 이념」, 『한국근대불교의 현실인식』, 민족사, 1998.
　　김광식, 「전국불교도총연맹의 결성과 불교계 동향」, 『한국근대불교의 현실인식』, 민족사, 1998.
　　김광식, 「8·15해방과 전국승려대회」, 『한국 현대불교사 연구』, 불교시대사, 2006.
3) 김광식, 「고불총림과 불교정화」, 『한국 현대불교사 연구』, 불교시대사, 2006.
4) 원택, 「봉암사결사」, 『법회와 설법』 142호(2007.3), 19쪽.

에서 극히 일부의 승려(수좌, 율사, 학인 등)가 봉암사에 모여 수행을 단행한 사실을 지칭한다. 그 지향, 수행, 고뇌는 미미하였지만 그 파장, 영향은 역사적인 의의를 담보하면서 조계종단의 정체성을 상징하는 결사로 승화되고, 불교사의 한 페이지로 남게 되었다. 이에 본장에서는 봉암사결사의 전체적인 개요를 파악하려고 한다. 개요 파악은 사실, 사건 파악의 보편적인 근간으로 널리 알려진 '6하 원칙'의 틀을 도입하려고 한다. 필자는 2002년에 이미 「봉암사결사의 전개와 성격」이라는 제목으로 봉암사결사에 대한 기초적인 연구를 수행하였다. 이에 본장에서는 그 연구의 내용을 저본으로 하고, 그 이후 추가로 발굴한 사료, 새로운 시각을 종합하여 결사의 개요를 정리하려고 한다.

(1) 언제 : 기간

봉암사결사는 언제부터 언제까지 있었던 사실을 말하는 것인가? 필자가 이에 대한 검토를 한 결과 봉암사결사는 1947년 10월경에 시작되어 1950년 3월까지 기간에 있었다. 약 2년 6개월의 기간 동안에 행해진 결사였다. 그러나 봉암사에 언제 입주하고 나왔는지 정확한 날짜는 확인하기 어렵다. 그 일자를 봉암사에서 수행하였던 참가자들이 정확한 기록을 남기지도 않았고, 그것을 기억하는 당사자도 없기 때문이다. 그럼에도 불구하고 현전하는 자료, 증언을 활용하여 그 기간에 관한 내용을 제시하고자 한다.

이에 대해서는 결사의 핵심 주체였던 이성철의 회고가 주목된다. 이성철은 1965년 김용사에서 봉암사결사의 시작에 대해 다음과 같은 기록을 남겼다.

一九四七年(丁亥年) 가을에 나는(三十六歲) 크나큰 幻想을 안고 聞
慶 鳳岩寺로 갔었다. 愚鳳스님은 寺刹 運營의 全責任을 지고 普門스님은
十年間 藏經守護에 盡力하겠다는 鐵石 같은 約束이었다. 慈雲스님과 法雄
首座도 함께 왔었엇다. 住持로는 靑眼老長을 모시고 十如 大衆이 同居하
였다.5)

요컨대 1947년 가을에 결사 단행을 위해 봉암사로 들어갔다고
하였다. 이처럼 1947년 가을이라고 하였지 구체적인 날짜를 남기지
않았던 것이다.

그러면 봉암사결사는 언제 마감되었는가? 이에 대해서도 이성철
의 증언이 주목된다. 이성철은 1982년 5월 15일(음력) 해인사 상당
법문 시에 봉암사결사에 대한 전모를 소상하게 밝혔는데, 그 구술
증언을 정리한 것이 해인사 승가대 잡지인『수다라』열 번째에 게
재되었다. 이 기록에서 봉암사를 나온 시점의 정보를 찾을 수 있다.
당시 봉암사 인근에는 지방 빨치산이 자주 출몰하였다. 그 지방 빨
치산은 봉암사에도 간혹 들이닥쳐 식량을 약탈하였다. 이렇게 지방
빨치산이 등장하자, 그에 비례하여 경찰들도 진압차원에서 출동하였
다. 이렇게 봉암사 인근의 정치적 사정이 급변하자, 자연 수행결사
를 지속할 수 없게 되었다. 이에 이성철과 이청담, 즉 결사 주도자는
상의하여 수행 장소를 이전하기로 하고, 그 대상 사찰로 고성 옥천
사의 말사인 문수암으로 정하여 놓았다. 그리고 이성철은 그 결정을
대중들에게 알리기 이전 봉암사에 있던 책들을 포장하여 이향곡의
토굴인 부산 월내의 묘관음사로 옮겨 놓았다. 이렇게 이전 준비를

---

5) 이 기록은 1965년 8월 22일, 김용사에서 월력의 종이 뒷면에 자필로 적은 것으
로 그 원본은 성철의 맏상좌인 천제스님이 보관하고 있다.

한 연후에 이성철은 대중들에게 통보하였다.

절대 비밀로 하여 고성 문수암(文殊庵)을 딱 얻어 놓았습니다. 대중은 모르게 그래 놓고 가을이 되고 보니, 뭣인가 아무래도 심상치 않아. 거기 있으면 안 되겠다 말입니다. 딴 사람은 있어도 괜찮지만 나는 거기 있으면 안 된다 말입니다. 그래서 추석 지나고 난 뒤에 대중공사를 했습니다.
"나는 여러 가지로 여기서 떠나야 되니까 그리 알고, 오늘부터는 순호스님(순호스님이 입승을 보았거든), 입승스님한테 전부 맡기니 입승스님 시키는 대로 하시오."
이렇게 하고 봉암사에서 나왔습니다. 그리고 나는 월내에 와서 겨울은 거기 있었습니다.[6]

이성철은 1949년 추석을 지나고 봉암사를 나왔던 것이다. 그는 대중공사를 통하여 결사 진행의 주무를 이청담에게 맡기고 자신의 시봉이었던 황룡 행자(서의현)를 데리고 부산 묘관음사로 갔다.

그러나 잔여 대중은 봉암사에서 겨울 결제에 들어갔다. 그런데 겨울 결제 중에 이전부터 등장하였던 지방 빨치산들이 또 다시 봉암사에 들어와서 갖은 행패를 자행하였다. 그래서 잔여 대중들도 더 이상 수행 결사가 어렵다고 보고 우선은 점촌 포교당으로 이전하였다. 그리고 1950년 2월 동안거 해제 직후인 3월경에 사전에 정해둔 고성 문수암으로 철수하였던 것이다. 여기에서도 봉암사에서 나와 점촌 포교당으로 이전할 일자, 그리고 봉암사를 완전 철수한 구체적인 일자는 나오지 않는다.[7] 당시 봉암사결사 현장에서 행자로 있다

---

6) 「1947년 봉암사결사」, 『수다라』 열번째, 126쪽.

출가한 진혜명도 이에 대해 다음과 같은 기록을 남겼다.

　　이렇게 밤낮으로 공비와 경찰에게 시간을 빼앗기고 시달리면서
수행을 하려 해도 할 수 없다는 결정적인 상황에까지 이를 줄은 정
말 몰랐다. 그래서 더 이상 머무를 수 없다고 대중 모두가 결의할 정
도에 이르자 청담스님께서 경찰서에 가서서 강의를 하시고 군청에
가서 법문을 하시고 설득하심으로 그들의 태도가 나아졌다.
　　그러나 얼마쯤 지내고 나서는 공비의 출몰이 더 심해지자 경찰의
조사태도가 다시 거칠어져, 대중은 더 지탱하기 어려울 지경이 되었
다. 그럴 즈음 성철스님은 본래 가지고 계신 대장경이 많았는데 기장
월내 관음사로 장경을 모시고 떠났다.
　　또 청담스님도 봉암사를 떠나 남쪽으로 가야 한다고 하시면서 고
성 옥천사(玉泉寺) 김선홍스님을 만나러 가셨다. (중략)
　　우리는 걸망을 싸지고 진주 연화사(蓮華寺)로 가서 수일 쉬고는
곧 문수암으로 올라갔다. 이때 스님을 모시고 함께 온 일행은 정천스
님, 나, 작고한 혜연스님 이렇게 셋이었다.[8]

　　진혜명의 회고록에도 성철의 퇴진, 대중 전체의 퇴진의 일자가
나오지 않지만 필자와의 대담에서는 1950년 3월로 기억하였다.[9] 그
리하여 필자는 봉암사결사의 기간을 1947년 10부터 1950년 3월까
지로 보고자 한다.

---

7) 이 내용도 성철의 회고, 「1947년 봉암사결사」에서 나온 것이다.

8) 진혜명, 『혜명화상회상록 : 평사심시도』(혜명정사, 1996), 110~111쪽.

9) 그는 필자와의 대담에서 문수암으로 들어간 것을 1950년 3월로 기억하였다. 『아!
청담』(화남, 2004), 170쪽.

(2) 어디에서 : 장소

봉암사결사의 장소는 당연히 봉암사였음은 당연한, 상식적인 이야기이다. 여기에서는 왜, 어떤 연유로 봉암사로 결사 장소를 정했는가를 살피고자 한다. 이에 대해서는 봉암사결사에 참여하였으며, 성철과 청담이 봉암사로 정하였던 대화를 지근거리에서 들었던 이도우의 회고가 주목된다.

> 그 사이 김범룡처사로부터 불서 기증을 약속받고 해제를 하면 봉암사로 가기로 하셨던 것입니다.[10]

즉 봉암사결사가 시작되기 직전인 1947년 여름, 서울의 김범룡처사의 책을 인수할 때 성철과 청담이 봉암사로 정하였다는 것이다. 이에 대해서는 이도우의 추가적인 회고가 참고된다. 성철과 청담이 대승사에서 일제 말기에 수행을 하였는데, 당시 대승사 주지였던 김낙순과 인척관계였던 김범룡[11]은 자신이 수십 년간 보관해 온 불서를 좋은 스님, 훌륭한 스님에게 기증한다는 의사를 김낙순에게 밝혔다. 이에 김낙순은 성철, 청담을 생각하여 불서 인수자로 추천하게 되었다. 이에 그는 당시 종단의 총무부장을 하던 최범술에게 연락을 하고, 최범술은 해인사의 가야총림에 있었던 청담에게, 청담은 통도사 내원암에서 수행을 하였던 성철에게 연락을 하였던 것이다.

> 큰스님(필자주, 성철)은 "앞으로 총림을 하려면 책이 꼭 필요하

---

10) 이도우, 「도우스님을 찾아서」, 『고경』, 불기 2541년 여름호, 32쪽.
11) 이도우는 김범룡으로 기억하지만 그의 실제 이름은 김병용이었다.

다” 하시고는 청담스님과 대구에서 만나 서울 김거사 집으로 갔지요. 김거사는 세검정 밖에 있는 자신의 밭에 창고를 소개시켜 두었는데, 목록을 살펴보니 신수장경을 비롯하여 종경논문, 선종사서 등 당시로서는 구하기 힘든 책들이었습니다. 또 대나무로 된 경판들도 많았는데 그건 청담스님이 해인사로 가져가기로 했지요. 불서는 해제를 하면 가져가기로 했는데, 그렇다면 어디로 가져가느냐가 문제였답니다. 청담스님께서 봉암사에 살아 보니 수좌들이 살기에 적합한 곳이라 하여 해제를 하면 봉암사로 가기로 했다고 하시더군요. 외호는 당시 내원사 주지이던 우봉스님이 맡기로 했다고 하기에 원주는 제가 맡았습니다.[12]

이청담과 이성철이 김범룡처사의 책을 인수하면서 보관할 장소로 봉암사를 정하였는데, 그것이 바로 결사 장소가 되었다는 것이다. 즉 청담이 그 이전에 살아 보니 수좌들이 살기에 적합한 곳이라는 의견에 의해 봉암사가 결정된 것이다.

그러면 청담은 언제, 어떤 계기로 봉암사결사가 단행되기 이전에 봉암사에서 살았는가. 이에 대해서도 이도우의 회고가 참고된다.

(대승사에) 청담스님이 계시고 성철스님은 나왔지만 홍경, 종수, 자운스님 하고 몇이 있었어요. 그래 가지고 거기에서 조금 있으니 “우리가 여기에 있지 말고 봉암사로 가자”고 그래요. 봉암사 주지가 최성업이라는 사람인데 그이가 선방을 하겠다고 하니 스님들이 알아서 하라고 하여.

(봉암사에 들어간) 그 계기는, 대승사는 이제 선방을 못하게 되

---

12) 앞의 자료, 32~33쪽.

니까, "가 가지고 우리끼리 능엄주도 하고 여법(如法)히 해보자"고 하였지요. 홍경, 자운, 종수, 청담스님하고 내하고 다섯이 거기 들어 갔지요.13)

1946년 가을에 청담 일행 5명은 봉암사로 들어갔던 것이다. 그들은 봉암사에 가서 겨울 한철을 수행하였다. 때문에 청담은 봉암사의 수행환경에 대해 익히 알고 있었기에 성철과 김범룡처사의 도서 인수시에 결사 장소로 봉암사를 추천, 결정케 하였던 것이다.

(3) 누가 : 결사의 주체, 참여자

여기에서는 결사의 핵심 주체는 누구였으며, 결사에 단순 참여한 대상자는 누구였고 그들은 몇 명이나 되는가에 대한 설명을 하고자 한다. 이는 결사의 내용 중에서 비교적 중요한 주제라 하겠다. 봉암사결사가 시작되기 전에 장소 결정을 주도한 대상자는 위에서 살핀 내용에서 나오듯이 이성철과 이청담이라고 하겠다. 그러므로 결사의 핵심의 주체는 당연히 이성철과 이청담이라고 하겠다.

한편 이성철과 이청담은 일제강점기인 1942년경 선학원에서 만나 함께 정진을 하자는 약속을 한 이력이 있었다. 이들이 공동수행의 약속을 이행한 시점과 장소는 1943년 봄 무렵 법주사 산내 선원인 복천암이었다. 그러나 복천암에서의 공동수행은 이청담이 독립운동가 사건에 휘말리는 바람에 중단되었다. 이에 이청담은 일제에 의해 상주경찰서에 구금되는 일을 겪게 되었다. 그 후 일제에서 풀려난 이청담과 이성철은 1944년 봄, 대승사 쌍련선원에서 재결합을 하

---

13) 김광식, 『아! 청담』(화남, 2004), 41쪽.

였다. 이런 배경에서 일제 말기 대승사에는[14] 이청담, 이성철, 이도우, 이우봉, 김청안, 김자운, 송서암, 문정영 등 수좌 10여 명이 머물며 수행을 하였다.[15]

그리하여 일제강점기 말 이청담, 이성철 등 수좌 일행은 대승사에서 공동수행을 하면서 미래 지향적인 공동수행, 즉 총림에 대한 그림을 그렸던 것이다. 요컨대 봉암사결사의 단초가 여기에서 마련되었다.

대승사에서는 두 분(필자주, 청담과 성철)이 해인사에 가서 총림을 하면 어떻게 할 것이냐 하는 문제를 놓고 영산도를 그리는 것을 보았어요. 지금 말법시대에 부처님 당시처럼 재현을 해보자고 하셨지요. 부처님 당시처럼 짚신 신고 무명옷 입고 최대한 검소한 생활을 하도록 노력할 것, 그렇게 함으로써 풍기는 것을 남한테 보여줄 수 있는, 말없는 가운데 풍길 수 있는 이런 중노릇 하자는 등의 이야기를 밤새도록 쌍련선원에서 앉아서 하셨어요.[16]

이성철과 이청담이[17] 이렇게 해인사에 가서 총림을 해 보자는

---

14) 대승사로 수좌들이 모이게 된 연유는 대승사 쌍련선원은 1935년부터 선학원에 등록된 선원이었던 것이 작용한 것으로 보인다. 이에 선원 책임자인 김청안이 선학원 회의에 자주 갔다는 이도우의 증언이 있다.

15) 이상의 내용은 졸고, 「봉암사결사의 전개와 성격」, 『한국 현대불교사 연구』(불교시대사, 2006), 41~43쪽 참조.

16) 묘엄스님 회고, 『고경』 10호, 32쪽. 이묘엄은 대승사 쌍련선원에서 총림을 계획할 적에 조실은 이효봉, 선방은 이성철, 강원은 이운허·이광수, 율원은 김자운에게 맡기기로 검토했다는 회고를 하였다. 『회색고무신』(시공사, 2002), 150쪽.

17) 이청담은 그 무렵부터 자신의 불교개혁의 구상을 영산도로 구체화하였다. 청담의 영산도에 대한 전모는 졸고, 「청담의 민족불교와 영산도」, 『마음사상』 4집 (2006), 참조.

기획을 하였다 함은 단순이 자신들의 공동수행에 머무는 것이 아니었다. 즉 당시 불교의 체질을 개혁하는 것이었기에 각 분야 전문가 승려에게 역할 분담을 하는 것까지 고려한 것이었다. 그러나 그러한 미래 지향적인 총림 차원의 기획을 주도하였던 핵심인물은 이성철과 이청담이었다. 당시 그들의 속납은 이성철은 33세의 청년승려, 이청담은 43세의 중견 승려였다.

8·15해방이 되자 이청담은 대승사에 있다가, 1946년 9월경 몇 명의 수좌와 함께 봉암사로 들어가게 되었다. 그러나 이성철은 대승사에서 나와 송광사를 거쳐 파계사 성전암에 가 있었다. 그런데 그 즈음 교단에서 주관한 가야총림이 1946년 10월경에 출범하였다. 이에 이청담, 이성철은 교단이 주관하는 가야총림에 참여하여 이전부터 자신들이 기획, 강구한 총림에서의 수행을 접목시키기 위한 접촉을 시도하였다. 그래서 그들은 서로 연락을 하여 1947년 봄, 대구에서 만나 해인사로 들어가게 되었다.

갖가지 혁신의 물결이 몰아칠 때, 전국적으로 총림을 여는데 해인사도 효봉스님을 방장으로 가야총림을 연다고 하더군요. 당시 청담스님은 홍경, 종수스님 등과 봉암사에 계셨고, 큰스님(필자주, 성철)은 석암스님과 성전에 계셨습니다. 봉암사 대중들은 사다 놓은 큰 목간통을 걸어 보지도 못하고 짐을 싸 짊어지고는 해인사로 가려고 길을 나섰습니다. 대구 수창국민학교 앞에서 큰스님과 만나서는 트럭을 한 대 빌려 타고 해인사로 갔습니다. 총림에 관한 일을 논의하기 위해 우리 쪽 대표로는 청담스님과 성철스님이 나가고 해인사 측에서는 종단을 대표해서 최범술 씨와 해인사 주지인 임환경스님이 나오셨습니다. 그런데 총림을 하려면 재정이 제일 문제인데 타협이 잘 되지 않았습니다. 그러자 큰스님은 여기에 휩쓸려 봐야 공부도 잘 안 되니 모든 걸 청담스님에게 맡기기로 하고 큰스님과 나는 양산 통도사 내원암에 하안거 방부를 들였지요. 아마도 큰스님이 생각하시는 총림과는 사뭇 거리가 멀었던 것 같습니다.[18]

그러나 이청담, 이성철은 가야총림을 주관하는 최범술(종단의 총무부장), 임환경(해인사 주지)과 타협을 시도하였으나 여의치 않았다. 이에 이성철은 그에 만족하지 않고 통도사 내원암으로 가서 방부를 들였고, 이청담은 그래도 교단에서 하는 총림이니 한철이라도 나 봐야 하겠다면서 해인사에 잔류하였다. 이렇게 봉암사결사가 본격화되기 이전에도 결사에 대한 준비, 기획, 추진 등 일련의 일을 주도한 것은 이성철과 이청담이었음은 분명하다고 보겠다.

그리하여 1947년 가을 10월경, 봉암사결사를 위한 선발대가 봉암사로 들어갔던 것이다. 이에 대한 사정은 이성철의 회고가 참고된다.

봉암사에 들어간 것은 정해년(丁亥年), 내 나이 그때 36세 때입니다. 지금부터 36년 전입니다.

봉암사에 들어가게 된 근본 동기는, 죽은 청담스님하고 자운스님하고 또 죽은 우봉스님하고, 그리고 내하고 넷인데, 우리가 어떻게 근본 방침을 세웠느냐 하면, 전체적으로나 개인적으로나 임시적인 이익관계를 떠나서 오직 부처님 법대로만 한번 살아보자. 무엇이든지 잘못된 것은 고치고 해서 '부처님 법대로만 살아보자' 이것이 願이었습니다. 즉 근본 목표다 이 말입니다.

---

18) 앞의 도우스님 회고, 31~32쪽.

그렇다면 처소는 어디로 정하나? 물색한 결과 봉암사에 들어가게 되었습니다.

처음에 들어갈 때에는, 우봉스님이 살림 맡고, 보문스님하고 자운 스님하고, 내하고 이렇게 넷이 들어갔습니다. 청담스님은 해인사에서 가야총림(伽倻叢林) 한다고 처음 시작할 때에는 못 들어오고, 서로 약속은 했었지만[19]

봉암사에 최초로 들어간 대상자는 이성철, 이우봉, 신보문, 김자운 등 4명이었다. 당초 결사의 기획, 주도자인 이청담은 전술한 바와 같이 가야총림에 참가하였던 사정에서 초기에는 동참하지 못하였다. 요컨대 필자는 이성철, 이청담, 이우봉, 김자운, 신보문을 봉암사결사 주체자로 보고자 한다. 그러면서도 이우봉과 신보문은 결사 도중에 이탈하였기에 결사의 핵심 3인방은 이성철, 이청담, 김자운이라고 보는 것이 타당할 것이다.

그러면 결사 핵심 주체자 이외에는 누가 결사에 동참하였는가? 수십 명이었다는 구전도 있지만 구체적인 기록에서 확인하기는 간단치 않다. 우선 이성철의 회고를 주목해 보자.

그 뒤로 향곡(香谷), 월산(月山), 종수(宗秀), 젊은 사람으로는 도우(道雨), 보경(寶鏡), 법전(法傳), 성수(性壽), 혜암(慧菴), 종회의장 하던 의현(義玄)이는 그때 나이 열서너댓 살 되었을까? 이렇게 해서 그 멤버가 한 20명 되었습니다.[20]

---

19) 「1947년 봉암사결사」, 『수다라』 10집, 115쪽.
20) 위와 같음.

후속 참가자를 포함하여 20명 가량이었다고 한다. 이성철이 후속 참가자라고 지칭한 대상자는 김향곡, 최월산, 서종수, 이도우, 보경, 김법전, 김성수, 김혜암, 서의현 등이었다. 그런데 결사 초창기에는 10명 이내였지만 점차 증가하였다는 김혜암의 증언을 여기에서 참고할 수 있다.

오히려 방부를 못 들여서 야단이었지요. 아무나 방부를 받지 않았거든요. 처음 해인사에서 장경을 싣고 가서 얼마 동안은 한 7, 8명밖에 안 살았어요. 점점 그 수가 늘어나 20명이 30명 되고, 나중에는 많이 살았습니다. 처음에는 청안스님, 보문스님, 우봉스님, 일도스님, 자운스님 등이 계셨지요. 보문스님도 돌아가셨고 일도스님도 돌아가셨는데, 모두 훌륭한 스님들이셨습니다. 그러고 중간에 향곡스님, 청담스님 등이 들어오셨습니다. 뒤에 월산스님, 성수스님, 법전스님 등이 오셨지요.[21]

이렇게 초기에는 7~8명, 그 후 20명, 소문이 나고 방부자가 증가하여 30명으로 점점 늘어났음을 알 수 있다. 빨치산들의 출몰로 이성철이 퇴진한 이후에도 결사가 지속되고 새로운 방부자들이 오고 갔기에 봉암사결사 참가자는 계속 증가하였음을 추론할 수 있다. 1949년 가을경에 봉암사에 입주한 이지관의 회고를 들어 보자.

내가 봉암사에 간 건 1949년 가을쯤이었어요. 정확한 날짜까지는 기억이 나지 않지만, 그때는 이미 성철스님을 포함해서 성수스님 등 여러 스님들이 봉암사를 떠났고, 청담스님과 보경스님, 응산스님은

---

21) 「혜암스님을 찾아서」, 『고경』 2호(불기 2540년 여름호), 19쪽.

거기에 계셨어요. 그 밖에도 법전스님이 계시다가 우리가 올 즈음에 나가셨어요. (중략)

혜정스님도 계셨죠. 또 정천스님도 계셨고, 진혜명스님도 계셨어요. 정천스님은 미감이었고, 혜명스님은 원주였나 모르겠어요. 그렇게 결제를 해서 시간 지켜서 예불하고 참선하며 지냈어요.[22]

즉 1949년 가을에도 봉암사에는 오고 가는 수행자들이 적지 않았음을 알 수 있는 대목이다. 요컨대 결사에 동참한 대상자는 50여 명을 상회하였을 것이다.[23]

한편 봉암사결사에는 비구니들도 참가하였음이 주목된다. 비구니들은 계율상으로 봉암사에 주거할 수 없는 관계로 1948년 봄부터 봉암사 인근의 암자인 백련암에 머물면서 결사에 동참하였다.[24] 이에 관해서는 당시 백련암에 머물렀던 이묘엄의 회고가 주목된다.

봉암사 백련암에서는 방부를 여섯 명 이상 안 받아 주었습니다. 비좁기도 하고 식량문제도 있고 해서 여섯 명만 살았습니다. 화두는 성철스님이 직접 주셨는데, 만법귀일 일귀하처(萬法歸一 一歸何處)였습니다. 지금 조실스님이 계시는 방에서 열여덟 살 4월 보름에 화두를 탔죠. 스님께서는 일귀하처 할 때 "어느 곳으로 돌아간 것이 분명 있어!" 이러시면서 먹살을 잡고 등줄기를 때리면서 화두를 주셨습니다.[25]

---

22) 「지관스님 인터뷰」, 『승가교육』 6집(2006), 355쪽.
23) 1949년 하안거 결사자 명단에 등재된 인원만 27명이었다.
24) 『世主 妙嚴主講五十年記念論叢』(봉녕사 승가대학, 2007)의 「世主 妙嚴스님 年譜」 참조.
25) 앞의 묘엄스님, 『고경』, 35쪽.

이묘엄의 회고에 의하면 봉암사 인근 산내 암자인 백련암에서 비구니 6명이 주거하였다는 것이다. 이러한 비구니의 주거는 결사를 주도한 이성철, 이청담의 배려에서 나온 것이라는 것이 이묘엄의 주장인바, 그 내용을 다시 주목하자.

당시 봉암사에 계셨던 순호, 성철, 자운 등 큰스님들은 비구니들도 제대로 공부를 시켜서 장차 이 나라 비구니계를 제대로 키워야 한다고 뜻을 모으고, 우선 여승 몇 명을 골라 이들을 철저히 수행시켜 비구니계의 지도자로 만들자는 계획을 가지고 있었다. 그래서 묘엄, 묘찬, 지영, 재영을 봉암사 백련암에 살게 하면서 철저한 공부를 시키기로 했던 것이다.[26]

그래서 묘엄, 묘찬, 지영, 재영 등 6명은 백련암에 머물며 수행을 하면서도 봉암사를 왕래하면서 성철, 청담의 지도를 받았다. 이들은 안거 수행시, 결제 및 해제 법문은 봉암사에 와서 들었고, 봉암사결사의 규칙에 근거한 수행을 봉암사 및 백련암에서 하였다. 그런데 비구니 처소인 백련암이 비좁았지만 여기에 와서 공부하려는 비구니들이 증가하여 후에는 비구니 6명의 상주 원칙이 무너지기도 하였다.

지금껏 살핀 결사 주체 및 참가자에 대한 것을 기초로 하여 봉암사결사에 참여한 대상자를 그 성격 및 유형에 의거하여 다음과 같이 제시하고자 한다.

　· 결사 기획 : 이성철 이청담

---

26) 『회색고무신』(시공사), 183쪽.

· 결사 주도자 : 이성철 이청담 김자운 이우봉 신보문

· 결사의 이념 제공자 : 이성철

· 결사 초기 참여자 : 이도우 김청안 최일도 김혜암

· 결사 단순 참여자 : 서웅산 김홍경 최월산 김성수 김법전
김향곡 김보경 장보안 영신 이정천 김만성 이지관 혜안 보일
진혜명 허혜정 혜연 혜조 서의현

· 비구니 참여자 : 이묘엄 지원 재영 묘찬 응민 오선 혜민
재용 혜일 원명 지현 묘련 수진 묘각 묘명 혜해 장일 청련화

이와 같은 결사 참가자의 유형이 절대적인 것은 아니지만 결사의 진행 및 성격을 가늠할 수 있는 관점이다. 결사에 참여한 대상자이지만, 위의 제시문에 빠진 것은 기록, 증언이 있으면 보완할 예정이다.

(4) 무엇을 : 수행 및 개혁 내용

봉암사결사에서 행하였던 수행의 내용 및 개혁은 무엇이었을까? 다시 말하자면 봉암사에서는 어떠한 일들이 벌어졌던가. 그것을 단적으로 말하자면 '부처님 법대로 살아보자'면서 결사를 추동한 결사 동참자들의 발언에서 단적으로 드러난다.

봉암사결사를 기획, 주도한 이성철의 회고에서 그 주요 내용이 잘 나와 있다. 그 발언을 대별하여 제시하고자 한다.

처음에 들어가서 첫 대중공사(大衆公事)를 뭣을 했느냐 하면, 혹 이런 이야기 하면 지금이라도 실천하자고 하는가? 이렇게 의심할는

지 모르겠지만, 산 것 그대로 이야기지 지금 당장 이대로 하자는 말은 아닙니다. 법당 정리부터 먼저 하자 이렇게 되었습니다. 세상에 법당 정리를 하다니 무슨 소리인가?[27]

칠성탱화, 산신탱화, 신장(神將) 탱화 할 것 없이 전부 싹싹 밀어 내 버리고 부처님과 부처님 제자만 모셨습니다. (중략) 그 다음에는 불공(佛供)인데, 불공이란 것은 자기가 뭣이든 성심껏 하는 것이지 중간에서 스님네가 축원해 주고 목탁치고 하는 것은 본시 없는 것입니다.[28]

이제 법당은 어느 정도 정리되는데, 가사니, 장삼이니, 바릿대이니 이런 것이 또 틀렸단 말입니다. 부처님 법에 바릿대는 와철(瓦鐵)입니다. 쇠로 하든지 질그릇으로 하지 목(木)발우는 금한 것입니다. 그런데 쓰고 있습니다.

가사 장삼을 보면, 가사나 장삼(長衫)을 비단으로 못하게 했는데, 그 당시에 보면 전부 다 비단입니다. 색깔도 벌겋게 해서, 순수한 색이 아니고 괴색(壞色)을 해야 되는 것이니 그것도 비법(非法)입니다. 그래서 비단가사, 장삼, 그리고 목바릿대, 이것을 싹 다 모아 가지고 탕탕 부수고 칼로 싹싹 기리고 해서는 마당에 갖다놓고 내손으로 불 싹 다 질렀습니다.[29]

육환장도 새로 만들고, 요새는 안 하지만 스님은 언제든지 육환장 짚게 되었으니까. 삿갓도 만들었습니다.(중략)

---

27) 「1947년 봉암사결사」, 115쪽.
28) 위의 자료, 116쪽.
29) 위의 자료, 116~118쪽.

그리고 아침에는 꼭 죽을 먹었습니다. 공양은 사시밖에 없으니까, 오후에는 약석(藥石)이라고 있습니다. 근본적으로는 율(律)에 보아서는 저녁 공양은 없는데, 청규에는 약석이라고, 약(藥)이라 해서 참선하는 데에 너무 기운이 없어도 안 되므로 바릿대 펴지 말고 조금씩 먹도록 되어 있습니다. 포살(布薩)도 처음으로 거기서 했습니다. 이런 식으로 해서 제도를 완전히 바꾸었습니다.[30]

우리도 보살계 하자, 법을 세우려면 보살계(菩薩戒)를 해야 되니까. 자운스님이 범망경을 익혀 가지고 처음으로 보살계를 했습니다.[31]

하나씩 둘씩 재 해달라고 들어와요. 우리 법대로 금강경(金剛經)이나 심경(心經)을 읽어주는데, 그만 재가 어떻게나 많이 드는지 (중략) 자꾸 온다 말입니다. 자, 금강경은 너무 시간이 걸려서 안 된다. 심경을 하자, 심경 칠편, 그것도 안 되어서 나중에는 삼 편씩 해주었습니다. 그래도 '스님네들 법대로'만 해달라는 것입니다.[32]

나무를 하는데 식구 수대로 지게를 스무 남게 만들었습니다. 그래 놓고 나무를 하는데 하루 석 짐씩 했습니다. 석 짐씩 하니 좀 고된 모양입니다. 나무하다 고되니깐 몇이가 도망가버렸습니다.[33]

목발우나 칠성, 산신탱화 그런 것들은 전부 불교에 귀의한 산신

---

30) 앞의 자료, 118쪽.
31) 위의 자료, 119쪽.
32) 위의 자료, 123쪽.
33) 위의 자료, 125쪽.

이나, 칠성이라는 것도 우리나라에 옛날부터 민속신앙으로 있어왔긴 한데, 참선정진해서 부처가 되겠다는 사람들이 산신이나 칠성각에 기도를 하고, 그걸 팔아 밥을 먹고 살아서 되겠느냐. 그러니까 산신탱화, 칠성탱화, 독성 이런 건 싹 없애고 오로지 부처님이나 대승보살님을 모시고 살아야 되지 않겠느냐. (중략) 우리가 영산회상을 하려면 이런 주변 정리, 이런 삿된 것부터 없애야 된다 하고서 목발우, 칠성탱화, 산신탱화 이런 것들을 봉암사 마당에다 놓고 불을 질러서 다 태워 버렸어.[34]

이러한 여러 내용들이 봉암사에서 일어난 것들이었다. 당시 이러한 것들은 부처님 법대로만 살아보자는 단순 슬로건에서 나오듯이 불교 근본적인 입장에서 추진되었음을 알 수 있다. 이러한 추진 방향 및 이념은 성철이 아래와 같이 회고한 바에서 단적으로 드러난다.

지금 보면 여러 가지 남은 것이 좀 있는데, 남고 안 남고 그것이 문제가 아닙니다. 우리가 법을 세워서 전국적으로 펼려고 한 것도 아니었고, 그 당시 우리가 살면서 부처님 법 그대로 한다고 하면 너무 외람된 소리지만, 부처님 법에 가깝게는 살아야 안 되겠나 그것이었습니다.[35]

부처님 법대로, 부처님 법에 가깝게 모든 것을 행하려고 하였다. 그래서 부처님 법에 어긋난다고 보았던 기존 제도는 과감하게 개혁하였던 것이다. 이에 대한 문헌자료, 증언을 근거로 해서 이를 요약

---

34) 김용환, 「妙嚴스님과 韓國比丘尼講院」, 『世主 妙嚴主講五十年記念論叢』(봉녕사승가대학, 2007), 60~61쪽.
35) 앞의 「1947년 봉암사결사」 자료, 127쪽.

하면 다음과 같다.

- 칠성탱화, 산신탱화 : 제거
- 승려가 기복적으로 불공하는 관행, 축원 : 금지
- 목발우 금지 : 철, 와발우로 전환
- 비단으로 된 가사, 장삼 금지 : 괴색 가사, 보조 장삼
- 공양주, 부목 추방 : 대중들이 직접 시행
- 육환장, 삿갓 : 착용
- 아침 : 죽
- 포살 : 실시
- 보살계 : 실시
- 참회 : 108배, 참회
- 신도가 승려에게 공경 : 삼배 시행
- 천배 절 : 수행차원으로 시행
- 평등 공양 : 승려들에게 평등하게 분배
- 천도재 : 금강경, 반야심경 전경
- 신중단 의식 : 반야심경의 독경으로
- 운력 : 모든 대중, 균일하게
- 능엄주 : 대중 전체가 암송

이렇게 봉암사에서는 당시의 관행을 과감히 깨뜨리는 실험을 하였던 것이다. 이러한 시도의 당위성은 부처님 법과 율에서 그 연원을 찾았지만, 구체적으로는 총림의 재현이었다. 그러나 일반적인 총림이라기보다는 중국 선종의 수행 상황을 모방한 것이었다. 때문에 그 구체적인 근거는 청규, 율장 등이라고 하겠다.

봉암사에서는 이렇게 부처님 법을 실천하기 위한 다양한 실험, 개혁을 시도하면서 동시에 치열한 참선수행을 하였다. 당시 생활과 수행의 특성을 간명하게 전하고 있는 김법전의 회고를 들어 보자.

봉암사의 생활은 그 전에는 전혀 해보지 않은 판이하게 다른 생활이었어요. 그것은 우리 선종사(禪宗史)에만 있는 일로서, 보통 일반적으로는 이해하기 힘들 것입니다. 그때 노장님(필자주, 성철)께서 공부하는 제자들 다루는 것도 앉아서 존다든가 방일하는 태도가 보이면 지나가도 소리를 지르고 그렇지 않으면 몽둥이로 내리치셨지요. 그리고 일은 일대로 해야 하니까 도저히 딴 생각을 할 수가 없었어요. 주위환경이 화두일념 안 하면 배길 수가 없었지요. 그런 환경을 배겨나지 못하면 다 가버렸어요. 밭 메고, 산에 가서 나무하고, 동냥하고, 공부하고…. 그렇게 힘들고 어렵게 살았어요. 그래도 그때는 그렇게 살 사람이 있었는데, 요새 그리 한다면 아무도 살 사람이 없을 겁니다.[36]

이렇게 봉암사 생활, 수행은 처절한 것이었다. 더욱이 결사를 이끌었던 이성철은 대중들의 공부를 위해서 가혹한 꾸지람, 채찍질은 상상을 뛰어 넘는 것이었다. 특히 이성철, 김향곡, 이청담 간에 있었던 공부를 위한 가열찬 탁마는 지독스러울 정도였다.[37]

그리하여 봉암사에서의 수행은 당시 불교계에 서서히 파급되어 갔다. 그래서 봉암사에서 한철 나면 더 가리킬 것이 없다는 말도 나

---

36) 「법전스님을 찾아서」, 『고경』 3호(불기 2540년 가을호), 20쪽.
37) 이에 대해서는 도림법전, 『백척간두에서 한 걸음 더』(조계종출판사, 2003), 48~55쪽 참조.

왔고,[38] 봉암사에 가야 수행을 제대로 한다는 소문도 났던[39] 것이다. 이렇듯이 봉암사결사는 서서히 불교계의 신화로 파급되어 갔다.

(5) 어떻게 : 추진방법

그러면 위에서 살핀 봉암사에서의 생활과 수행, 부처님 법대로 살아 보려는 개혁적, 혁명적인 시도는 어떻게 추진되었을까? 이를 이해함에는 결사를 진두지휘하였던 이성철의 회고의 글을 먼저 살펴보자.

> 나는 下記의 共住規約을 草案하여 大衆에 提示 詳細한 說明을 가하였다. 古佛古祖의 遺勅을 完全 實行한다 함은 □□過度한 너무나 猥濫된 말이지만은 敎團의 現況은 佛祖敎法이 全然 泯滅되였었으니 多少間이나마 復舊시켜 보자는 것이 注眼이였엇다. 「共住規約」 그리고 敎法 復舊의 原則下에서 나의 隨時 提案이 있을 것인바 그 提案에 汚點이 發見되지 않는 限 大衆은 無條件 追從할 것을 再三 다짐하고 □□ 實踐에 옮기게 되었다.
>
> 그리하여 佛前 禮拜부터 練習하게 되니 그 勞苦는 말할 수 없엇으나 大衆 全體의 果敢한 努力으로 그 成果는 日就月將하였다.[40]

즉 이성철이 작성한 공주규약을 결사 대중들이 지키겠다는 다짐이 있었다. 그리고 이성철의 수시 제안도 무조건 추종하겠다는 다짐

---

38) 진혜명이 필자에게 한 증언.

39) 이지관의 증언,『승가교육』6집(2006),「지관스님 인터뷰」356쪽.

40) 이 자료는 성철스님이 일력 뒷면에 자필로 회고한 내용이다. 이 원본은 천제스님이 보관하고 있다.

도 뒤따랐던 것이다. 그러면 여기에서 이성철이 강구, 제안한 공주규약의 전모를 제시한다.

1. 森嚴한 佛戒와 崇高한 祖訓을 勤修力行하여 究竟大果의 圓滿 速成을 期함
2. 如何한 思想과 制度를 莫論하고 佛祖 敎則 以外의 各自 私見은 絶對 排除함
3. 日常 需供은 自主自治의 標幟下에 運水 搬柴 種田 托鉢 등 如何한 苦役도 不辭함
4. 作人의 稅租와 檀徒의 特託에 依한 生計는 此를 斷然 淸算함
5. 壇信의 佛前 獻供은 齎來의 現品과 至誠의 拜禮에 止함
6. 大小 二便 普請 及 就寢 時를 除하고는 恒常 五條 直裰을 着用함
7. 出院 遊方의 際는 戴笠 振錫하고 必히 團體를 要함
8. 袈裟는 麻綿에 限하고 此를 壞色함
9. 鉢盂는 瓦鉢 以外의 使用을 禁함
10. 日 一次 楞嚴大呪를 課誦함
11. 每日 二時間 以上의 勞務에 就함
12. 黑月 白月 布薩大戒를 講誦함
13. 佛前 進供은 過午를 不得하며 朝食은 粥으로 定함
14. 座次는 戒臘에 依함
15. 堂內는 座必面壁하야 互相 雜談을 嚴禁함
16. 定刻 以外는 睡臥를 不許함
17. 諸般 物資 所當은 各自 辦備함
18. 餘外의 各則은 淸規 及 大小 律制에 準함
    右記 條章의 實踐躬行을 拒否하는 者는 連單共住를 不得함

이와 같은 공주규약에서 주목되는 것은 다음과 같다. 즉 공주규

약에 나온 주된 이념은 추상적으로는 '부처님 법'이었지만 규약에서
는 불계(佛戒), 조훈(祖訓), 불조(佛祖), 규칙(規則), 청규(淸規), 율
장(律藏)으로 나타나고 있다. 한편 규약의 저변에는 선종 총림의 모
방, 재현이라는 흐름이 있다고 보인다. 여기에서 결사 주체자들의
이념적 성향을 가늠할 수 있다.

　　그런데 결사의 성사 여부는 결사에 동참한 대중들의 수희동참,
자발적 참여가 관건이었다. 혁명적인 제도 개선에는 응당 희생, 고
행이 따르는 것이다. 이에 봉암사결사에 동참하려고 왔지만 그냥 가
버린 경우도 있었고, 몰래 도주하는 경우도 왕왕 발생하였던 것이다.
이에 대해서는 이성철과 진혜명의 회고가 주목된다.

　　이런 식으로 해서 제도를 완전히 바꾸었습니다. 일종의 혁명인
셈이지요. 이런 중에서 제일 어려운 것은 무엇이냐 하면 무엇이든지
우리 손으로 한다는 것입니다.

　　밥해 먹는 것도 우리 손으로 한다. 나무하는 것도 우리 손으로 한
다. 밭 매는 것도 우리 손으로 한다. 일체 삯군, 일꾼은 안 된다 말입
니다. 이것이 一日不作, 一日不食의 청규, 근본정신이니까 그래서 부목
(負木)도 나가라, 공양주도 나가라, 전부 다 내보내고, 우리가 전부
다 했습니다. 쉬운 것 같지만 실제는 이것이 가장 어렵습니다.

　　곡식도 전부 다 우리 손으로 찧고, 나무도 우리 손으로 하고, 밭
도 전부 우리가 매고, 이것이 실제 어려운 것입니다. 이런 식으로 살
았습니다.[41)]

　　일단 여기에서 방부를 받는 데는 이제 능엄주를 읽어야 한다. 그

---

41) 앞의 「1947년 봉암사결사」, 119쪽.

리고 나무 한 짐을 해야 한다. 그래 갖고 그야말로 얼마나 백장청규를 그걸로써 해가지고 우리가 이 불교를 바로 잡아야 되겠다.

　그래 이제 백장청규를 놓고 우리 규칙을 전부 바꾸자 이거야. 전부 다 여지껏 살아나온 그런 방식을 전부 다 바꾸자. 그래 가지고 발우공양을 하는 데에도 성철스님은 생식을 하셨지만 대중 큰방 복판에 앉아 가지고 다른 사람 다 잘하는가 보다 감독하며 보면서 당신은 자시고. 그 생식은 쌀가루거든. 그 쌀가루를 물에 타가지고 자시면서 그래. 그 감독을 이제 그렇게 한 게지. 그래서 이 불교를 참 다시 살리자. 우리 절에 일본사람이 와 가지고 불교를 영 망쳤는데 전부 다 왜색불교야. 참 중을 다 내보내 버리고 그랬는데 그래 이제 그랬기 때문에 그것을 바꾸자고 한 거지.[42]

　요컨대 결사 규약을 지키겠다는 결심, 그리고 그에 부수적으로 나오는 규약의 이행을 준수함의 고초가 만만치 않았다는 것이다. 그런데 현전하는 기록, 증언을 종합해 볼 경우 결사가 진행되면서 대체적으로 규약은 극히 일부 내용은 제외하고 대부분은 실천에 옮겨지고, 동참한 대중들의 약속 이행에 의해 준수되었다고 볼 수 있다.[43] 특히 결사를 주도한 청담, 성철은 모든 것을 솔선수범하였다. 참선수행을 주로 하였던 선방이었지만 결사 동참자들은 예불, 운력, 나무하기,[44] 천도재, 청소 등 사소한 일에도 결사 규약에 의거하여

---

42) 진혜명의 증언. 필자는 2007년 7월 11일 도선사에 가서 봉암사결사 인터뷰를 하였다.

43) 이에 대해서는 그렇지 않다고 반론을 제기할 수도 있다. 즉 결사가 진행된 전 기간에 계속하여 있었던 대중 숫자가 적고, 대중들의 잦은 왕래가 있었다는 측면이 바로 그것이다. 그러나 그런 측면에도 불구하고 결사의 정체성, 순수성이 유지되었다는 측면을 더욱더 강조할 수 있다고 본다.

44) 진혜명의 회고에 의하면 지게가 20여 개가 있었는데, 각 지게마다 번호가 부여

준수하였다.[45] 그야말로 참가 대중 전체가 결사 이념과 원융살림을 실천하였다.

(6) 왜 : 배경, 목적

이제, 결사를 한 배경, 목적이 무엇이었는가에 살펴보고자 한다. 이는 결사를 설명하는 최종 단계에 들어갔음을 의미하는 것이다. 결사의 핵심 주체인 이성철, 이청담은 어떤 연고로 결사를 추진하였고, 다수 수좌들은 왜 결사에 기꺼이 동참하였는가? 봉암사에 입주하여 갖은 고생을 하면서 수행한 근본 요인은 무엇인가. 이에 대해서는 두 가지 측면에서 접근이 가능하다.

첫째는 '부처님 법대로 살아보자'가 결사의 목표인데, 역설적으로 말하면 부처님 법대로가 당시 불교계의 핵심 중추부인 교단에서 지켜지지 않았던 현실을 고치려는 의식에서 나온 것이다. 일제강점기나, 해방공간 불교계에서 부처님 법대로가 구현되지 않았기에 결사를 기획하고, 결사에 동참한 것이다. 결사 주역인 이성철이 다음과 같이 회고한 바에 잘 나와 있다.

> 교단의 현황은 불조 교법이 전연 泯滅되었으니 다소간이나마 복구시켜 보자는 것이 주안점이었다.[46]

되어 있었다고 한다. 그리고 이묘엄은 비구니들도 나무 한 짐을 하여 큰절인 봉암사에 갖다 놓고, 백련암으로 올라갔다고 필자에게 증언(2007.8.6)하였다.
45) 사소한 모든 일을 할 때에도 가사 장삼을 입었다고 한다.
46) 『고경』 9호, 6쪽.

봉암사에 들어가게 된 근본 동기는, 죽은 청담스님하고 자운스님하고 또 죽은 우봉스님하고, 그리고 내하고 넷인데, 우리가 어떻게 근본 방침을 세웠느냐 하면, 전체적으로나 개인적으로나 임시적인 이익관계를 떠나서 오직 부처님 법대로만 한번 살아보자. 무엇이든지 잘못된 것은 고치고 해서 '부처님 법대로만 살아보자' 이것이 원이 (願)었습니다. 즉 근본 목표다 이 말입니다.[47]

둘째는 부처님 법, 즉 불조교법이 지켜지지 않으면서도 여타의 승려들이 이를 인식하여, 개혁할 움직임이 전혀 없었다는 것을 지적할 수 있다. 해방공간 불교에서 선학원 계열 수좌들은 중앙 교단 교무회의(종회)에 대의원 3인 청구, 모범총림을 불조청규에 의하여 건설, 중앙선원 자치, 지방 선원 자치제, 도제를 양성하여 선원에 3년 안거 뒤에 출신케 하도록 건의하였지만 대부분 수용되지 않았다.[48] 이러한 수좌의 건의가 수용되지 않은 것은 당시 교단에서 수좌들의 주장에 귀를 기울이지 않았음을 반영하는 것이다. 더욱이 교단 차원에서 1946년 가을에 출범시킨 가야총림에 이성철, 이청담이 동참하려고 하였지만 이것도 여의치 않았다.[49] 그리고 전라도 백양사를 거점으로 전개된 고불총림은,[50] 고불고조의 유칙을 철저히 지키려는

---

47) 앞의 『수다라』와 같음.

48) 『삼소굴일지』(극락선원, 1992), 249쪽. 졸고, 「불교혁신총연맹의 결성과 이념」, 『한국근대불교의 현실인식』, 1998, 293~294쪽.

49) 그러나 이청담은 교단에서 추진한 총림에 동참은 해 보아야 하겠다면서 1947년 여름부터 1949년 2월까지는 해인사 가야총림에 주석하였다. 그러나 이청담은 1949년 3월경에는 봉암사로 오게 되었다.

50) 고불총림은 1947년 2월경에 본격화되었는데 이 총림에 대한 전모와 성격은 졸고, 「고불총림과 불교정화」(『한국 현대불교사 연구』, 불교시대사, 2006)를 참고할 것.

근본주의적인 사고를 갖고 있는 봉암사결사를 기획하였던 당사자들의 구상과는 일정한 거리가 있는 것이었다.

이렇듯이 일제말기, 해방공간 교단, 불교계에서 부처님 법(불조교법)이 사라지고, 퇴색되고, 변질되는 것을 좌시할 수 없었던 일단의 수좌들의 고뇌가 봉암사결사를 잉태케 하였던 것이다. 그래서 우리는 봉암사결사가 왜? 일어나게 되었는가에 대해서 보편적인 이해를 할 수 있게 되었다. 불조교법의 복원, 부처님 법에 의거한 수행, 운용이 그에 대한 응답인 것이다.

3. 결사의 성격 및 의의

본 장에서는 위에서 분석한 결사의 6하원칙에서 나온 전모에 유의하여 결사의 성격을 추출하고자 한다. 그리고 그 연후에는 결사가 갖고 있는 역사적 의의를 피력하고자 한다.[51] 우선 결사의 성격을 정리하면 다음과 같다.

첫째, 결사를 추동한 요인은 결사 이전의 불교계, 교단 현실을 극복하려는 수좌들의 투철한 현실인식이었다. 결사가 태동하고, 결사가 구체화되기 이전의 불교계 현실, 즉 교단 내의 상황이 불조 교법이 파괴된 상황에 직면하였지만 이를 극복하려는 수좌들의 현실인식이 결사 태동의 본질이었다. 불교의 근본이 위태로우며, 한국불교의 전통이 피폐되었던 일제 식민지불교와 해방공간 교단의 혁신이 좌절되었던 당시 현실을 냉철히 인식하고 이를 극복하려는 의식

---

51) 이는 필자가 2002년에 발표한 「봉암사결사의 전개와 성격」에서 제시한 것을 그대로 원용하면서 부연한 것임을 밝힌다.

을 말하는 것이다. 불조교법이 민멸되어 부처님 법대로 살아 보겠다는 의식은 바로 이를 말하는 것이다.

둘째, 결사의 성립과 전개에서 수좌들의 자생성, 원융살림을 주목할 수 있다. 결사 주역이었던 이청담과 이성철의 공동수행의 약속, 일제하 대승사 시절의 고뇌와 실행, 해방공간 봉암사에서의 결사 추진 등 일련의 전개는 이청담과 이성철 등 수좌들 스스로가 모든 것을 결정하였음을 유의하고자 한다. 그 결정에는 교단, 선학원, 수좌들의 스승 등 그 누구도 직접적인 영향을 끼친 것을 찾을 수 없다.

셋째, 결사의 성립, 추진, 전개에는 당시 교단 및 선학원이 있었던 중앙과는 무관한 독자적인 성향이 두드러진다. 요컨대 지방적인 성격이 나타난다. 교단 및 불교행정의 중심이었던 중앙과는 일체 개별화된 상태에서 결사는 진행되었다. 이청담의 경우 일제하 수좌들의 중앙기관이었던 선학원과 일정한 연계를 갖고 있었지만 결사의 성립과 진행에 그 연계는 거의 없었다.[52] 또한 8·15 해방공간에서도 선학원은 당시 교단과 일정한 대응을 하면서 수좌 중심의 교단혁신에 진력하였지만 봉암사결사를 주도한 수좌들이 당시 선학원 측과 연계되었던 사례도 아직까지는 찾을 수 없다.

넷째, 결사의 내용은 공주규약으로 요약되었는데, 이는 결사 이행에 대한 원칙성과 규율성이 뚜렷함을 말해 준다. 이는 공주규약의 내용을 지키겠다는 굳건한 정신을 의미한다. 이는 결사의 생명력을 좌우하는 것으로, 결사가 일관성 있게 유지되었는가 혹은 결사에서 표방한 규칙이 보편성을 띠었는가 하는 점과 연결되는 것이다.

다섯째, 결사로 나타난 봉암사 생활은 청정한 수행성을 강조하였

---

52) 오히려 그는 교단에서 운영하였던 가야총림을 박차고 나와, 결사에 동참하였다.

다. 이는 일제 식민지불교를 거치면서 나타난 원융살림 파탄, 승풍의 타락을 극복하려는 의식에서 나온 것이었다. 승려로서의 자부심을 고양하기 위해 신도들에게 의존하는 행태에서 탈피하고자 하였다. 이에 생활 자체를 자급자족하여 영위하고, 갖은 고역을 불사하며, 탁발을 통해 최소한 생존을 지키겠다는 열의는 이를 반영한다. 계율을 준수하겠다는 것도 이 성격과 무관한 것은 아니었다. 요컨대 생활 자체가 청정한 수행이었던 것이다.

여섯째, 수행의 중심은 참선이었다. 결사에 동참한 승려 대부분이 수좌였기에 선종 중심이었음은 당연하였다. 특히 간화선 위주의 수행 풍토가 주류를 이루었다. 그러나 그 저변에는 청규와 율장이 자리 잡고 있었다. 즉 편협한 선수행이 아니었다. 수좌들은 예불, 청소, 운력, 나무하기, 천도재, 탁발 등등의 사찰의 모든 일에 동참하였다. 요컨대 건강한 참선수행이었다.

일곱째, 봉암사결사에는 개방성이 유지되었다. 즉 결사의 정신과 원칙을 준수한다는 의사만 있으면 봉암사에서 수행을 할 수 있었다. 그러나 이 개방은 주로 수좌(비구)에게만 해당되는 것이다. 봉암사에 거주할 수 있는 여건과 계율의 문제로 비구니나 재가자에게는 수용될 형편이 아니었다. 그러나 비구니들은 산내암자인 백련암에 머물면서 결사 정신을 체득하였다.

여덟째, 봉암사 생활은 불교 대중화에도 새로운 바람을 일으켰다. 불교 대중화는 당시 보편화된 이념이었지만 그 실행에 있어서는 구체성이 박약하였다. 그러나 봉암사에서 실행된 것은 불교 이념에 근거하면서도 승풍을 진작시킨 것이었다. 보살계 법회, 승려에게 삼배, 공양물의 평등성 등은 그 단적인 사례였다. 그리고 그 실행은 신도들의 동의, 합의하에 진행되었다.

아홉째, 봉암사결사는 미완성의 결사였다. 1947~50년, 궁벽한 사찰인 봉암사에서 전개된 결사는 자체 내의 모순 및 문제에서 중도 퇴진하지 않고, 외부의 요인에 의하여 좌절되었다. 그것은 좌우익 갈등, 한국전쟁 등 민족적 비극이었다. 결사 성립의 근원에 민족의 비극(국권상실, 식민지불교)이 자리 잡고 있었는데, 결사의 중단도 역시 민족의 비극(한국전쟁)이었다. 좌익의 출몰로 결사가 위태로워 문수암으로 이전하였으나, 한국전쟁으로 인하여 문수암에서의 결사는 전개 자체가 불가능하였다. 이에 봉암사결사는 미완성의 결사로 한국 현대불교사에 그 역사적 성격을 남겼다. 거시적으로 보면 이 결사는 준비 단계에서 1차의 실천 단계까지는 나아갔다. 그러나 새로운 2, 3차의 단계, 즉 여타 산중 및 선방에 영향, 교단차원으로 진일보하기 전에 빨치산, 전쟁의 등장으로 중단되었다.

이제부터는 이 같은 봉암사결사의 성격을 참고하면서 이 결사가 한국 현대불교사에서 갖고 있는 위상 및 역사적인 의의 등을 조명하겠다.

첫째, 결사가 대두된 배경과 결사가 지향하는 성격에서 일제 식민지불교 잔재의 극복이라는 측면이 두드러진다. 즉 식민지불교 극복의 실천운동이었다. 불조교법이 파탄되었고, 승풍이 타락되었으며, 승려의 위신이 추락하였던 제반 현실을 야기한 근본 요인은 일제 식민지불교였다. 이에 결사는 자연 식민지불교의 잔재 청산과 무관할 수는 없는 것이었다. 이에 이 결사는 해방공간 불교계의 역사적 과제였던 일본불교의 청산, 식민지 예속성의 단절, 한국 전통불교의 복원을 충실히 실천하였다.

둘째, 결사의 규칙, 정신, 지향이라는 측면에서는 근본불교적인 불교개혁운동이었다. 당시 해방공간에서는 식민지불교의 극복이라는 명분을 실행함에 있어서도 다양한 노선이 제기되었다. 그러나 이 결사에서는 율장, 청규를 근거로 한 근본불교적인 방향이 분명하게 드러났다. 불조의 교법을 준수하고, 계율을 준수한다는 것은 그 예증인바, 이점은 한국불교의 전통을 재해석, 계승케 할 수 있는 여건을 마련해준 것을 의미한다. 나아가서 이 결사가 성공한 것이라고 본다면 이 결사는 불교개혁운동의 전범의 의의를 갖게 되었다.

셋째, 결사의 정신은 불교정화운동의 이념적 모태가 되었다. 이 결사에서 고민, 검토, 이행하였던 정신과 대안은 곧 1954년부터 본격화된 불교정화운동 추진의 정신적인 기반이 되었다. 더욱이 이 결사에 동참한 수좌들 대부분이 정화운동의 주체로 활동하였다. 따라서 봉암사결사 정신은 자연 정화운동의 대의명분 내에 자리 잡게 되었다. 그러나 결사의 정신이 정화운동이 진행되었던 수년간 정화운동을 추진한 중심부에 있었다고 말하기는 어려운 실정이었다. 그럼에도 불구하고 조계종단은 정화운동으로부터 재출발하였기에 정화운동의 이념을 제공한 봉암사결사는 자연 조계종단 내부에서는 중요한 역사성을 갖게 되었다. 요컨대 결사의 정신은 조계종단 재건과 운용의 정신사의 기초를 마련해주었던 것이다.

넷째, 결사에서 실행되었던 의식, 의례 등은 이후 조계종단에서 관행화되었다. 장삼, 가사, 반야심경 독송, 승려에게 3배 등의 보편화는 그 실례이다. 이는 의식의 측면에서도 조계종단 재건의 기초가 되었음을 말하는 것이다. 더욱이 이 결사에 동참한 수좌들이 조계종단의 종정, 총무원장 등 종단을 이끌었던 승려로 활동하여 그 결사에서 실행하였던 제반 내용이 자연 종단 전체로 쉽게 파급될 수 있는 환경을 조성케 하였다.

다섯째, 결사의 전개에서 나타난 규약, 이념, 실천 등은 조계종단

승가의 정신사에 있어서 하나의 '신화'로 자리 잡고 있다. 현재 조계종단을 비롯한 한국 현대불교의 승가는 결과적으로 일제 식민지불교의 영향과 그 극복이라는 구도에서 자유스러울 수는 없다. 이 구도를 질적, 양적인 면에서 확대 발전시켜 가는 것이 현대불교사의 본질이었다. 특히 조계종단에서는 이 결사에서 추구한 것을 인식, 계승, 재생산하려는 일련의 의식이 보편화되어 있다는 것이다.

지금껏 봉암사결사의 성격과 의의를 정리하여 보았다. 앞선 분석에서 제시되었지만 이 결사는 식민지불교의 극복을 기하기 위한, 즉 근대불교의 모순을 청산하려는 강렬한 정신과 실천에서 대두되었다. 그러나 그 결사는 미완성의 결사로 남아 있다. 한편 그 정신은 이후 불교정화운동의 추진 및 조계종단 재건과 운용에 있어서 기본적인 준칙으로 인식되었다고 하겠다. 그러나 봉암사결사의 정신과 성격은 추후 다각도로 분석하고, 재고할 측면이 있는 것도 사실이다.[53]

4. 결사의 계승, 유산

봉암사결사가 조계종단 및 한국 현대불교에 끼친 영향은 적지 않다. 그러나 지금의 관점에서 보면 결사의 정신이 계승되고, 확대 재생산되었다고 보기는 어렵다. 이에 여기에서는 결사의 정신, 사상을 2007년 현재 시점에서 그에 대한 가늠을 시도해 보고자 한다.

---

53) 최근 조성택은 『불교평론』 30호(2007년, 봄), 「권두언, 봉암사결사를 다시 생각한다」에서 봉암사결사에 대해 필자가 제시한 긍정성(성격, 의의)은 인정하면서도 봉암사결사가 근대불교의 절반의 과제인 불교대중화를 신경쓰지 않은 것에 대해 비판적인 아쉬움을 피력하였다.

결사가 구현되었던 봉암사는 결사가 종료된 이후에는 한국전쟁으로 인하여 사찰이 황폐화되어 갔다. 거기에는 한국전쟁 직후에는 빚으로 인해서 절의 권한이 일개 형사에게 넘어가기도 하였으며,[54] 입주한 대처승들의 사찰 재산 망실, 왈패로 불린 다혈질적인 과격 수좌들의 무분별한 행위가 있었기 때문이었다. 1960년대 중후반 봉암사는 거주하는 승려도 없는 황무지의 정황이었다.[55] 그러다가 1970년대 초반부터 서서히 공부하는 수좌들이 모여들면서[56] 사찰로서의 위상을 갖추게 되었다. 1972년부터 1978년까지 조실로 김향곡이 추대되면서[57] 수행가람의 역할을 하였다.[58] 그러나 이 같은 봉암사 안정의 이면에는 수좌인 송서암의 헌신이 상당하였다.[59]

이런 배경에서 1982년 6월 조계종단은 봉암사를 조계종 특별 수도원으로 지정하였다. 이는 당시 거세게 불어오던 개발의 바람을 근원에서 차단하고 봉암사 선풍을 회복하려는 의도에서 나온 것이다. 이에 문경군에서도 사찰 경내지를 확정 고시하였다. 이에 봉암사 지

---

54) 『현대불교』 2007.9.12, 「불교문화클러스트 사하촌을 가다, 27 희양산 봉암사」. 이 내용에는 봉암사가 빚으로 김외덕 형사에게 넘어간 것을 문경시민들이 봉암사를 찾아 조계종에 넘겨 주어야 한다는 일념으로 노력을 하였다는 구전을 소개하였다. 당시 국회의원에 입후보한 이병하는 봉암사를 원래대로 복구시키겠다는 공약을 하고, 당선되자 그 이행을 위해 노력하여 개인에게 넘어간 것을 조계종으로 찾아 주었다고 한다.

55) 『대한불교』 1966.6.6, 「스님들 오십시오 신도들 호소, 문경 봉암사 스님없어」. 『대한불교』 1966.8.28, 「위기에 놓인 봉암사, 구산문중 한 禪寺가 주지 잃고 債傀에 쫓겨 3직까지 공석중」.

56) 『대한불교』 1974.4.7, 「어려움 속 복원 추진 – 옛 선풍 되찾으려는 봉암사」. 그런데 1968년부터 고우, 법련 등의 수좌들이 수행하려고 봉암사에 오게 되었다.

57) 1974년에는 일시적으로 이서옹이 조실로 추대되었다고 한다.

58) 이상의 내용은 『선원총람』(조계종, 2000), 467쪽의 「봉암사 태고선원」 편 참조.

59) 이청, 『서암스님 회고록, 도가 본시 없는데 내가 무엇을 깨쳤겠나』(둥지, 1995), 99~120쪽.

역은 특별 수도원으로 일반인, 등산객, 관광객의 출입을 막게 되었다. 다만 부처님 오신 날만 사찰이 개방되면서 수행도량의 분위기를 유지하였다.

그런데 여기에는 다음과 같은 정황이 있었음을 유의해야 한다. 즉 1982년 1월경, 건설부가 봉암사 지역을 국립공원에 편입시킨다는 계획이 알려지게 되었다. 이에 당시 수좌 대중들은 결제중임에도 불구하고 이를 저지하는 운동에 나섰다.[60] 이 운동에는 전국선원 대표자들도 모임을 갖고 동참하였다.[61] 당시 선원 대표자들의 봉암사를 수호하겠다는 강력한 뜻은 종단에 전달되어 1984년 6월 12일 비상종단 상임위원회에서는 봉암사를 종립선원으로 지정하였다.[62] 조계종단과 수좌들의 결연한 반대로 희양산 봉암사의 국립공원 계획은 자연 취소되었다.

이렇게 봉암사는 조계종단 종립특별선원으로 지정되면서 봉암사가 갖고 있는 선찰로서의 사격은 고양되었다. 그리하여 봉암사가 과거의 전통을 계승하면서 수행에 임할 수 있는 외부적인 조건은 대략 구비되었다고 하겠다. 문제는 봉암사결사를 명실상부하게 계승하고, 나아가서는 현대에 맞는 새로운 결사 정신을 구현하고 있느냐이다. 이는 현재도 진행형의 수행을 봉암사에서 하고 있기에 단언하여 말을 하기에는 난점이 제기된다. 최근 봉암사는 조계종단의 기초선원의 수행도량으로도 이용되며, 결제와 산철이 따로 없이 1년 내내 수행 정진하는 도량으로 그 명성을 이어 가고 있다.

---

60) 『불교신문』 1984.2.8, 「禪家의 마지막 堡壘 위기 직면, 희양산 봉암사 국립공원 편입으로」.

61) 『불교신문』 1984.3.7, 「전국선원 대표자회의 개최, 종립선원이 시급」.

62) 『불교신문』 1984.6.20, 「봉암사, 종립선원 지정」. 현재 조계종 종법인 선원법에는 특별선원으로 분류하고 있다.

그런데 봉암사결사가 일어난 지 60년을 맞이하는 오늘 이 시점에서 봉암사 특별수도원에 대한 평가는 자못 조심스러운 것이다. 그것은 무엇보다도 봉암사에 대한 60년간의 평가를 할 수 있는 기초자료의 부실이다. 봉암사 소임자, 선방의 소임자 및 수행자, 봉암사 청규, 봉암사에서 수행한 대상자들의 활동 내용 등 다방면에서 근거 자료를 확보해야 하기 때문이다. 일반적으로 봉암사 가풍은 다음과 같이 지적된다.

개인의 이익이나 문중 개념이 없다. 오로지 대중스님의 뜻에 따라 절살림이 운영되는 대중공의제도가 완벽하게 실행되는 도량이다. 또한 매월 음력 보름과 그믐날에 포살을 하며 정진에 방해되는 외부 통신을 일절 금지하고 있다. 또한 묵언을 원칙으로 하고 산문출입을 금해 방해되는 행위는 봉암청규로 정해 모든 대중이 한치의 어김도 없이 이를 따른다.[63]

그러나 이는 기자의 취재에 의한 평가이다. 봉암사 가풍에 대한 냉정한 평가는 시간을 갖고, 충분한 자료에 의거하여, 객관적 시각에서 조명되어야 할 것이다. 2003년 2월, 봉암사 대중들이 봉암사 청규를 개정하여 차담을 자제하고, 해제비를 반납하였다는 보도 내용이 있었다.[64] 그런데 이 보도에는 기존 청규가[65] 어떠하였는데, 어떻게 개정되었다는 구체적인 내용의 취재 내용이 부재하였다. 때문에 이를 분석의 자료로 삼기에는 부적절하다. 그리고 최근 조계종

---

63) 『불교신문』 1997.1.1, 「종립선원 봉암사를 찾아서」.
64) 『불교신문』 2003.2.18, 「종립선원 봉암사 청규 개정」, 「봉암사 청규 개정의 의미」.
65) 조계종이 편찬한 『선원총람』 봉암사 편에도 청규는 소개되어 있지 않다.

전국선원수좌회에서 청규 개정을 하기 위한 사업을 추진하면서 여러 준비 작업을 하고 있다. 그렇다면 이에 대한 봉암사 수좌 대중들의 의사는 어떠한지도 알 수 없는 형편이다. 한발 더 나아가서 봉암사는 과거에 종정을 역임한 서암이 장기간 조실로 근무하였으나, 이후에는 일시적으로 법룡을, 그 다음에는 진제를 조실로 추대하였다. 현재에는 조실이 어떤 선지식인지 전해지지 않고 있다. 간화선을 수행 지침으로 하는 봉암사 및 조계종단이 간화선 수행의 생명인 선지식의 문제를 어떻게 극복할 것인가도 자못 궁금한 대목이다.

그밖에 봉암사결사에 참여하였던 당사자들이 봉암사결사 정신을 어떻게 이어갔는가에 대한 개별적인 분석도 빼놓을 수 없는 연구 과제이다. 필자는 이성철, 이청담을 연구하면서 그에 대한 관점을 갖고 개별 논문을 발표한 바가 있다.[66] 그 밖에 봉암사결사에 참가한 수좌들의 전체 혹은 개별적으로 계승한 문제는 추후 더욱 천착할 문제로 남겨 두고자 한다.

다만 여기에서는 봉암사결사가 비구니계에 일정한 영향을 미쳤다는 것을 문제의식 환기 차원에서 부연하고자 한다. 봉암사 산내 암자인 백련암에 비구니도 수행케 하여 미래의 비구니 지도자를 육성하려고 하였음은 앞서 서술한 바와 같다. 이렇게 비구니들도 봉암사결사 정신으로 수행하였음을 가늠할 수 있다. 그 첫 번째 사례로 인홍의 경우이다. 인홍이 봉암사결사 핵심인 성철을 만난 것은 1949년 겨울이었다. 이때 성철은 빨치산의 잦은 출몰로 봉암사의 수행 환경이 파탄에 이르자 우선 부산 묘관음사로 내려갔다. 묘관음사에서 인연을 맺은 인홍은 성철이 안정사로 이주한 이후에도 자주 왕래

---

66) 졸고, 「이청담과 불교정화운동」, 『한국 현대불교사 연구』, 불교시대사, 2006.
　　　졸고, 「이성철의 불교개혁론」, 『한국 현대불교사 연구』, 불교시대사, 2006.

하면서 가르침을 받게 되었다. 바로 그때 인홍은 마산 성주사에서 40여 비구니 대중을 이끌고 수행을 하였다. 인홍은 성주사 대중을 이끌고 해제 때면 찾아서 법을 구하였는데, 성주사 대중들이 수행의 요체로 삼은 것은 봉암사결사 시절의 공주규약이었다. 성주사, 홍제사에서의 비구니 수행이 봉암사에서 행해졌던 규약대로 대부분 지켜졌음이 이채로운 것이다.[67] 성주사 대중은 1957년에는 석남사에 이주해서도 성철의 친견을 통한 수행을 하였는데,[68] 이도 은연중 봉암사결사의 계승이라고 볼 수 있다.

　이와 같은 비구니계에서의 계승은 봉암사 현장에 있었던 묘엄에게서도 찾을 수 있다. 묘엄은 봉암사에서 수행한 이후 각처의 강백을 찾아다니면서 부처님 가르침을 배워 비구니계의 대강백이 되었다. 그리고 그는 봉녕사에 입주하여 봉녕사 가람을 일대 혁신시키며 승가대학을 세우고, 최근에는 금강율원을 세워 비구니계의 수행가풍을 진작시키고 있다. 다만 그의 수행, 봉녕사 가풍 등이 봉암사결사를 계승한 것으로 볼 수 있지만[69] 아직 그에 관련된 자료수집 및 정리, 분석 등이 미진하여 여기에서는 문제의 제기로 그치고자 한다. 최근 묘엄은 필자에게 당시 성철은 자신에게 비구니들도 장차 독립

---

67) 인홍스님의 일대기인 『길 찾아 길 떠나다』(김영사, 2007), 108~111쪽에는 그 내용이 잘 정리되어 있다. 그 내용은 108참회, 능엄주 독송, 운력 등이다. 또한 『한국비구니 수행담록 上』(한국비구니 연구소, 2007), 501쪽, 「인홍스님」 편에는 성철은 그 규약을 붓을 직접 들어 써주었으며, 한 가지라도 지키지 않을 경우 상대를 가리지 않고 사정없이 몽둥이를 휘둘렀다고 한다.

68) 『고경』 8(2541년 겨울호), 「불면석, 비구니계의 큰 대들보이셨던 원허당 인홍스님을 그리며」.

69) 『불교신문』 2007년 2월 28일, 「봉암사결사 60주년 기획 3, 봉암사결사 무엇을 남겼나」의 기사에는 묘엄스님의 인터뷰 기사가 함께 게재되었다. 그 내용에 의하면 묘엄스님은 봉암사결사 정신이 많이 사라진 것을 아쉬워하면서 초발심으로 돌아가, 수행의 청정함과 엄격함을 되살렸으면 하는 바람을 피력하였다.

해서 살아야 한다고 하면서, 그러기 위해서는 비구니들이 배워야 한다는 점을 강조하였고, 그래서 봉암사 인근 백련암에 비구니들을 머물게 하면서 교육을 시켰다고 증언하였다.[70)]

그러면 지금까지 분석한 제반 내용을 유의하면서, 이제 결사의 계승 및 유산에 대한 필자의 의견을 개진하고자 한다.

첫째는 결사 계승에 대한 객관화가 절실하다. 이는 무엇보다도 결사 장소에서 수행하고 있는 봉암사 종립 특별선원에 대한 이해가 매우 부진하다는 것이다. 결사 계승의 본체에 대한 설명 없이 여타의 것만을 취급하는 것은 균형을 잃은 접근이라 하겠다.

둘째는 21세기를 지향하는 현대불교에 조응하는 새로운 결사체의 등장이 부재한 것이 매우 아쉽다. 봉암사결사는 당시 불교가 안고 있었던 모순, 문제를 해결하려는 고투였다. 이제 60여 년이 지난 이 시점에서는 제2, 제3의 봉암사결사가 이어져야 할 것이다.

셋째는 새로운 결사체의 등장을 갈망하는 현 시점에서, 현재 불교계의 모순, 문제를 성찰의 자세로 분석해야 할 필요성을 강조한다. 봉암사결사는 조계종단 재건의 기틀인 정화운동으로 이어졌다. 그렇지만 현재 조계종단은 정화운동, 불교개혁을 거치면서 새로운 역사적 과제를 떠안고 있지만 그것을 조망할 역사의식이 빈곤하다. 이에 필자는 현재 종단 구성원을 비롯한 대다수 불자들이 불교계의 문제를 냉정하게 객관화할 수 있는 자세가 절대 필요함을 역설한다.

---

70) 2007년 8월 6일, 봉녕사 대담.

5. 결어

맺는말은 추후에 봉암사 연구의 심화, 재인식을 기함에 있어 필자가 고려하고 있는 측면을 제시하는 것으로 대신하고자 한다.

첫째, 봉암사결사의 성격, 위상 등을 이제는 근현대불교사의 차원에서 벗어나 한국불교사 혹은 동아시아 불교사의 관점으로 확대시켜야 한다. 한국불교사, 동아시아 불교사에서 나타난 여타 결사와의 비교 고찰이 바로 그 실례이다.

둘째, 결사에 참여한 수좌들의 결사 이후의 행보, 현실인식, 수행과 결사에 참여하지 않은 수좌들의 행보도 동일선상에 놓고 함께 고찰해야 한다. 한국 근현대불교에서 봉암사결사에 참여하지 않은 오대산, 덕숭산 계열의 수좌들은 이 결사를 어떻게 인식하였으며, 그 수좌들에게 미친 영향은 어떠하였는지도 궁금한 대목이다. 나아가서 당시 교단에서 설립, 운용하였던 해인사의 가야총림과의 비교도 흥미로운 것이다. 그리고 교단의 주류인 대처승들이 결사를 어떻게 인식하였는가도 필히 분석되어야 할 것이다.

셋째, 근대불교의 이원적인 노선, 즉 전통불교 수호 노선과 불교대중화 및 불교사회화 노선의 구도에서의 재평가도 간과할 수 없는 문제이다. 봉암사결사는 전통불교 수호의 측면에서는 긍정성을 갖게 되겠지만, 그 반대의 측면인 불교사회화와 불교대중화의 노선에서는 어떤 관점, 모순, 인식이 대두될 것인가의 문제이다.

넷째, 결사의 계승 및 유산과 관련하여 다양한 관점에서 검토할 측면이 있다. 결사의 영향은 무엇이며, 결사가 계승되지 않았다면 어떠한 연유를 갖고 설명할 것인가이다.

지금까지 봉암사결사가 추후에도 연구 활성화되기 위한 필자의 의견을 개진하였다. 추후에는 불교학, 사회학, 종교학 등의 분야에서 봉암사결사에 대한 다양한 접근이 이루어지길 기대한다.

불교정화운동과 화동위원회

1. 서언

1950~1960년대 한국불교의 중심적인 흐름은 불교정화운동이었다. 불교정화운동은 식민지불교의 잔재를 극복하고, 불교를 바르게 정립하려는 의도로 추진되었다. 그 결과 왜색불교로 지칭된 대처승들이 기존 종단에서 배척되었고, 비구승을 중심으로 한 조계종단이 한국불교의 중심 종단으로 자리 잡게 되었다. 그러나 그 과정에 공권력의 의존, 반불교적인 행태, 불교재산의 망실, 수행풍토의 퇴진 등 숱한 문제점을 야기하였다.[1] 나아가서는 정화운동 당시부터 대척점에 섰던 비구승, 대처승은 개별적인 종단인 조계종과 태고종으로 양립하게 되었다.

한편 정화 당시에는 비구승과 대처승이 승려, 종단, 계율, 한국불교의 정통성을 바라보는 입장, 이해관계가 매우 이질적이었음은 널

---

[1] 정화운동에 대한 개요, 성격 등에 대한 것은 아래의 졸고를 참고할 수 있다.
김광식, 「정화운동의 전개과정과 성격」, 『새불교운동의 전개』, 도피안사, 2002.
김광식, 「한국 현대불교와 정화운동」, 『한국 현대불교사 연구』, 불교시대사, 2006.

리 알려진 사실이다.[2] 비구승, 대처승 간의 현실인식이 첨예하게 대립하였고 그러한 인식은 현재까지도 지속되고 있다. 그런데 필자는 불교정화운동을 연구하면서 비구승, 대처승 양측이 공유할 수 있는 현실인식은 없었을까에 관심을 갖게 되었다. 이를테면 같은 시대에 출가하고 수행하였던 승려들 간에는 공유될 수 있는 최소한의 공통분모로서의 현실인식은 있었을 것이 아닌가 하는 것이다. 이러한 공통적인 인식이 있었다면 비구승, 대처승 간의 치열한 대립으로 인한 한국불교 전체적인 노선, 피해에 대해서도 동질적인 우려를 하였을 것이다.

따라서 비구승, 대처승 양측의 동질적인 인식은 양측의 화해, 타협, 조정의 분위기를 가능하게 해주는 요인이 될 수 있는 것이다. 그래서 필자는 불교정화운동이 전개되었던 기간, 혹은 정화운동의 대강이 고착화된 이후에 양측이 타협, 화합을 시도한 사례는 없었던가에 대해서 적지 않은 관심을 갖게 되었다. 그런 관점에서 자료를 찾다 보니, 정화운동이 한창 치열하게 전개되었던 기간에도 비구, 대처 양측은 화해, 타협을 시도한 사실을 파악하였다. 이에 그 움직임은 당시 불교계에서는 '화동(和同)'이라고 지칭되었다. 양측의 본격적인 화동의 흐름은 1960년대 중반에 등장한 '대한불교조계종(大韓佛敎曹溪宗) 화동위원회(和同委員會)'로 구체화되었다. 이 화동위원회는 비구, 대처 양측이 합류된 1962년 4월에 출범한 통합종단이 1962년 9월경부터 진통을 겪었던 불교계 정황에서 촉발되었다. 즉 통합종단에서 대처 측의 이탈, 대처 측의 소송제기, 불교정화정신을 유지할 수 없는 불교계 풍토의 조성, 수행문화 퇴보, 불교 대중화의

---

2) 이른바 대처 측은 교리관, 수도관, 계율관 등에서 비구 측과 큰 차이가 있다고 주장하였다.

혼미 양상 등이 중첩되면서 불교계는 일대 혼란에 직면하게 되었다. 이에 비구, 대처 양측에서 이 같은 불교계 풍토와 정서를 방관할 수 없다는 인식을 하였던 일단의 승려들이 화해, 화동해야 한다는 강력한 주장을 하였다. 그리하여 양측의 종단 및 집행부에서도 그 화동의 흐름을 인정하여 일시적으로 화합 분위기가 연출되기도 하였다. 그러나 결과적으로는 대처 측에서 화동위원회를 부인, 배척하는 정서가 나타나고, 조계종단 내부에서도 화동을 추진한 주체의 2선 후퇴, 화동과 불교정화와의 상충이 노골화되면서 결과적으로는 화합, 화동은 사라지게 되었다. 그 산물로 대처 측의 태고종단이 출범하였다고 보인다.

이에 본 고찰에서는 이와 같은 배경을 갖고 있었던 정화운동 기간의 화동의 움직임, 그리고 1960년대 중반의 화동위원회의 전모를 소개하고자 한다. 이로써 불교정화운동에 대한 연구를 심화시키면서 격동의 불교 현장에서 중도를 지향하였던 승려, 화합을 시도하였던 역사를 발굴하고 나아가서는 재평가를 시도하고자 한다. 그간 이러한 불교정화 당시의 화합, 화동에 대해서는 주목을 거의 하지 않았는바, 필자는 그 고뇌 및 활동의 역사에 숨결을 불어 넣고자 한다.

2. 통합종단 출범 이전 화동의 흐름

1954년 5월에 시작된 불교정화운동은 1955년 8월 12~13일 전국승려대회를 기점으로 일단락되었다. 그 결과 종단의 종권을 비롯하여 전국 각처 사찰의 운영권은 비구 측으로 넘어 갔다. 이에 중앙 집행부 및 전국 각 사찰의 주지들이 비구승 중심으로 대거 교체되었다. 그러나 이에 대해 이전 종단을 주도하였던 이른바 대처 측은 그에 반발하며 그 해소를 위한 사법부 제소로 나아갔다. 사법부에서의 논란도 비구, 대처가 각각 승소를 하면서 일진일퇴의 상황이었다. 이렇게 사법부에서의 공방이 전개되면서 그에 필요한 불교의 삼보정재가 점차 탕진되어 갔고, 각 사찰에서의 폭력을 비롯한 갈등도 증대되어 갔다. 이러한 제 현상은 비구, 대처 양측으로서는 곤혹스러운 결과였다. 그러므로 양측은 대화, 타협의 필요성을 절감하였던 것이다.

이러한 배경에서 타협의 분위기를 촉발한 것은 이선근 문교부 장관의 퇴진이었다. 이선근 장관은 이승만대통령의 불교정화 유시를 적극 수용한 당사자였기에, 그의 퇴진은 양측의 대응 전선에 새로운 변화를 제공하였다. 이선근 후임으로 취임한 최규남 장관은 1956년 6월 25일 불교 분쟁은 헌법에 의거해 행정부의 간섭없이 자율적 해결에 맡겨야 한다는 소신을 개진하였다. 당시 그 발언은 비구, 대처 양측의 대립에 변화를 주기에 충분하였다.

이와 같은 신임장관의 방침은 전임 장관과 정반대적인 것이 될 것이며 재연된 비구─대처승 간의 분규에 새로운 국면을 가져 오게 될 것이다. 비구승단은 내부에 하등의 기반도 없이 정부당국의 비호로써 대한불교의 영도권을 장악하였으나, 서울지방법원에서는 비구승단에 의한 교권 교체를 성립케 한 8월 승려대회 자체를 무효 판결함으로써 객관적인 모든 정세는 그들 비구승단에게는 전적으로 불리하게 전개되고 있다.[3]

---

3) 『조선일보』 1956, 6.26, 「불교분쟁 재연 신임 문교부장관 발언」.

이런 보도기사에 나온 바와 같이 비구승단의 위축이 예상되었다. 그에 반해 대처 측은 일시적으로 정화 발발 이전으로의 회귀를 갈망하면서 주도권을 잡으려고 하였다. 그러나 최규남 장관의 소신 발언은 원칙적인 입장이었지만, 그가 자신을 임명한 이승만대통령과 자신이 문교부장관 취임 이전에 행한 정부정책을 정반대로 전환시킬 수 있는 정책을 추진하는 것은 간단한 것이 아니었다. 이를 단적으로 반영해 주었던 것이 1956년 6월 20일에 비구 측의 요청으로 대한불교조계종 종정으로 설석우를 문교부가 증명해 주었던 사실이다. 이에 대해 대처 측은 그 시정을 요구하였으나 최규남은 대처 측 요구를 수용하지 않았다.[4]

바로 그때, 1956년 7월 7일 대처 측 불교분규 수습대책위원장인 이종욱은 비구 측 이청담에게 분규 수습 3대 원칙을 제안하는 공문을 발송하였다. 이는 대처 측이 6월 29일, 대처 측 제15회 중앙종회에서 의결한 수습 3대 원칙에 의거한 것이었다. 당시 대처 측이 제시한 내용은 다음과 같다.

- 宗團은 修行僧과 敎化僧으로 한다.
- 宗正, 總務院長, 各道 宗務院長 및 主要 寺刹 住持는 原則的으로 修行僧으로 한다. 但, 修行僧 中에서 資格者가 없을 境遇에는 敎化僧으로 充當할 수 있다.
- 宗會 構成은 修行, 敎化 兩側의 同伴數로 한다.
  (註) 修行僧이라 함은 獨身者로서 理判僧이라고도 하며 敎化僧이라 함은 非獨身者로서 事判僧이라고도 한다.[5]

---

4) 이에 대해서는 『조선일보』 1956년 7월 31일의 「비구중심으로 정화 최문교부장관, 불교분쟁에 천명」이라는 내용에 잘 나온다.

이 제안은 불교정화운동이 전개된 이래 대처 측이 줄기차게 주장한 핵심 내용이 반영된 것이었다. 즉 대처승을 교화승이라는 명칭으로 공인받고, 대처승들이 종단의 운영에 비구승과 대등하게 참여할 수 있는 권리를 보장받는 것이었다. 요컨대 대처승의 존재 자체를 인정케 하려는 것이었다. 그러나 비구 측은 이런 제안을 실질적으로 검토하지는 않았다고 보인다. 비구 측이 이 제안을 전연 검토하지 않은 것은 당시 대처 측이 제소한 사법부 송사라는 돌발적인 문제가 대두되었기 때문이다. 1956년 7월 27일, 서울지방법원은 본안 판결 확정시까지 비구 측의 종정, 조계사 및 총무원의 직권행사를 중지하고 대처 측이 그 직무를 대행케 한다는 가처분 결정을 내렸다. 이에 비구 측은 조계사에 물러나 선학원으로 자신들의 거점을 이전하였다. 그리고 대책을 강구하면서 천막 농성을 벌이기도 하였다. 그에 반해 대처 측은 태고사에 간판을 걸 채비를 하면서, 7월 30일부터는 태고사에서 종무를 보려고 준비까지 하였던 것이다. 이렇게 급격하게 변화된 환경에서는 양측의 타협의 분위기가 나올 수 없음은 자명한 것이다.

마침내 대처 측은 사법부 판결에 의거 태고사 진입을 8월 4일에 시도하였으나 비구 측의 완강한 저항에 의해 성사시키지는 못하였다. 이에 대처 측 총무원장인 임석진은 진입, 저지에 관련된 사건 경위를 밝히면서 이승만대통령에게 종단화합 3대 원칙에 의거 종단 재건을 요망하는 진정서를 보냈다. 그러나 대처 측의 이러한 요구는 발전적으로 수용되지 않았다. 오히려 사법부는 8월 14일, 7월 27일의 가처분 결정을 취소하고 비구 측의 승소를 결정하였다.[6] 이렇게

---

5) 『태고종, 총무원 문서철』 IV, 69~70쪽. 『한국불교 근현대자료전집』(민족사) 69, 「불교정화분쟁 자료」, 479쪽.

대처 측이 수세로 급변하자 대처 측이 제안한 화합 노력은 일시적으로 퇴진하였다.

이렇게 사법부를 무대로 양측의 대결이 전개되었지만 비구, 대처 양측 그 일방도 완전한 승리를 기하지는 못한 것이다. 즉 비구 측은 일시적으로 사법부 1심에서 패소하여 정화운동의 타당성과 종권 유지에 불안감을 감출 수 없었을 것이다. 역설적으로 보자면 정화운동의 논리를 인정받고 종권 유지만 확고하다면 어떠한 타협도 할 수 있었을 것이다. 더욱이 전국 각처의 사찰에서 수시로 전개되는 대처 측과의 대립을 해소시킬 대책을 찾아야만 되었다. 한편 대처 측도 당시 상황에 대해서 느긋한 자세를 가질 수는 없었을 것이다. 사법부에서의 패소, 가처분 당시 조계사 진입의 미성사 등은 대처 측 논리의 공인화가 간단치 않은 것임을 예견케 해주는 것이다. 이러한 상황과 현실인식은 양측의 화해, 타협의 분위기를 조성하였다고 보인다.

이런 배경에서 1956년 10월 20일, 비구 측과 대처 측은 화해를 하기 위한 화동합의안(和同合議案)을 극적으로 발표하였다.[7] 그러면 당시 발표된 화동합의안의 전모를 제시한다.[8]

佛教僧團 紛爭의 和解를 위한 和同合意案
和同合意案

韓國佛教는 原則的으로 比丘(獨身)僧團의 主導下에서 運營한다.

---

6) 대처 측은 즉각 상소하였다. 그러나 1957년 9월 17일 서울고등법원에서도 비구 측의 승소를 판결하였다.

7) 『태고종 총무원 문서철』 Ⅳ, 106~111쪽.

8) 이 자료는 동방불교대학 교학처장인 하춘생님이 자료 제공한 것임을 밝힌다.

1. 僧團和合案

가. 住持僧

1) 中央總務院長의 院長과 各部 部長

2) 中央監察院의 院長과 副院長

3) 道 宗務院의 院長

4) 重要寺利의 住持와 布敎堂의 布敎師

左記 諸職은 原則的으로 削髮 染衣 不酒草肉의 僧行을 守하는 獨身者에 限하여 適材適任한다. 但, 離婚者도 獨身者로 認定하여 適材適任한다.

若 四項의 適任者가 不足될 境遇에는 削髮 染衣 不酒草肉의 僧行者를 適任한다. 大衆 相對의 布敎師에 대하여는 特例를 容認한다.

나) 事務僧(假稱)

1) 中央總務院의 局課長과 이하의 諸職

2) 中央總務院의 監察委員

3) 道 宗務院의 局課長과 이하의 諸職

4) 各 寺利의 三職과 布敎堂의 事務職

5) 敎育機關과 財團機關의 諸職

左記 諸職은 削髮 染衣 不酒草肉의 僧行을 守하는 信心堅固者에 한하여 適材適任한다.

다) 資格限界

左記 諸項에 關한 適材適任의 資格 限界는 宗憲에 依한다.

라) 僧籍

僧籍은 獨身 又는 削髮 染衣者에 限하되 今後부터는 帶妻同居者의 新入僧籍은 받지 않는다. 現存 在籍僧尼로서 削髮 染衣를 忌하는 자와 一妻以上의 妻帶同居者는 一律로 除籍시킨다.

但, 現存 在籍僧尼로서 官公署의 就任者는 그의 信願에 從하여 在職 中 休籍한다.

2. 宗團統合案

1) 兩 總務院의 現幹部 總辭退

2) 元老 中心의 新幹部 組織

3) 兩 總務院의 機構解體와 兩 總務院의 機構 關係 一切를 新幹部에 引繼

4) 一人 宗政制와 宗會議員制를 廢止하기로 하고 宗政은 八十歲 以上 長
老 元老의 委員制, 宗會代行은 元老會에서 行하기로 한다. 道 宗務院制도
廢止할 것을 前提하기로 한다.

5) 元老 中心의 統合構想과 新發足의 方案

6) 淨化의 實踐

3. 推進方案

1) 左記 和同合意案은 提案會意者의 合意에 의하여 成案된 것임으로 此
를 兩 總務院의 宗正과 宗會議長과 中央總務院長의 同意 承認의 署名捺印
을 連하여 元老會議에 移牒 施行케 한다.

2) 元老會는 文敎部의 旣定方針에 從하기로 하고 再請을 文敎部長官에게
依賴한다.

右記 和同合意案을 五通 作成하여 文敎部와 內務部와 元老會와 兩 總務院
長에게 各 壹通式 呈한다. 以上.

檀紀 四二八九年 十月 二十日

右 和同意 提案者

李華應　李曉峰　李靑潭　金祥鎬

　이 합의서는 비구 측의 이효봉과 이청담이, 대처 측은 이화응과
김상호가 공동 대표의 이름으로 나온 것이다. 이 합의가 나온 배경,

추진 등에 대해서는 필자가 자세히 조사하지는 못하였다.9) 다만 양
측이 사법부를 배경으로 전개된 대립을 중지하고 불교발전을 고려
해야 한다는 당위적인 전략에서 나온 것이 아닌가 한다. 실제 화동
합의안의 내용을 들여 보아도 비구, 대처 양측은 명분과 실리라는
측면에서 문제시 될 것은 없을 정도로 절묘한 타협안으로 볼 수 있
다. 우선 비구 측은 비구승단이 종단을 주도, 운영한다는 대원칙을
이끌어냈으며, 종단 간부와 주요 사찰의 주지는 비구승(독신승)이
담당함을 보장받았다. 그리고는 실질적인 대처승의 배제뿐만 아니라
추후에는 대처승을 전연 인정치 않겠다는 것 등에서 정화운동의 타
당성과 종권유지를 기하게 되었다. 그에 반해 대처 측은 종단 및 사
찰, 포교당의 실무자에 기존 대처승(사무승)이 그대로 존속케 되었
다. 특히 교육기관 및 불교재단의 현상 유지, 종단 구성원인 승려 자
격에서 기존 대처승의 완전 배제에서 독신자 및 이혼한 대처승까지
인정받음으로써 승려로서의 위상의 변동을 억제하였다는 점 등에서
급격한 파장은 피할 수 있는 방안이었다. 특히 기존 1인 종정, 종회
제도를 개선시키겠다는 합의를 도출하였기에 대처 측의 명분도 점
차 넓힐 수 있는 여지를 갖게 되었던 것이다. 문제는 이런 합의안을
양측 종단의 공식 기구에서 동의를 받아내는 것이 관건이었다.

그런데 이런 화동합의안이 공표된 지 불과 3개월 후인 1957년 1
월 16일 대법원에서는 종단 대표는 비구 측 종정인 설석우가 아니
고, 대처 측 송만암이므로 서울고법은 심리를 다시 하라는 환송결정
을 하였다. 이런 변화에 힘입은 대처 측은 그를 환영하면서 정화운

---

9) 『태고종사』(종단사간행위원회, 2006), 388쪽에서는 이에 대해 열네 번의 회담을
   거친 것이라고 하였다. 그리고 홍희서, 안용호, 김정파, 황태주, 정한택 등 신도
   들의 협조에 의해 나온 성과물로 주장하였다.

동의 부인, 정화운동의 모순, 화합의 전말을 담은 성명서를 발표하였다.[10] 이에 대해 비구 측은 6월 29일 총무원장 이효봉의 이름으로 성명서에 담긴 대처 측의 주장을 반박하는 성명서를 발표하였다.[11] 그 요지는 1956년 10월 20일에 합의한 양측의 화동안 자체의 부인이었다.[12]

그러면 왜 이렇게 양측이 합의한 화동안이 이행되지 못하였는가? 그것은 양측의 이해관계 및 존립에 의거하여 합의되었고, 이러한 기준점에서 당시 상황이 약간만이라도 변화되면 더 이상의 진척은 있을 수 없었던 태생적 한계 때문이다. 위에서 살핀 비구 측이 화동안 자체를 부인한 것이 이를 단적으로 말해 준다.

비구 측은 일시적으로는 화동의 흐름을 견지하였지만 정화운동의 타당성, 정화운동의 이념이 흔들리게 되면 화동의 구도에서 후퇴하는 노선을 견지하였다. 그에 반해 대처 측은 자신들이 정화운동으로 상실된 최소한의 종권을 회복하고, 대처승의 존립을 유지하려는 의도에서 화동에 나서게 되었다고 보인다. 요컨대 비구, 대처 양측은 자신의 이해관계 구도, 자신들의 정체성을 유지하려는 의도에서 화동책을 강구하였던 것이다. 그렇기 때문에 희생, 헌신, 양보를 저변으로 기능하는 화동안은 존립되지 않았다고 보인다.

한편 1957년 9월 17일, 서울 고등법원에서는 대법원의 환송 결

---

10) 『태고종, 총무원 문서철』 I, 63~68쪽.
11) 그 성명서 일부 내용은, "모모 일간신문 제3쪽 기사는 當院(필자주, 비구 측)이 대처승 측에 和同案을 제출하고 대처 측은 이를 토의하였다고 보도한 바 있으나 當院은 前述 和同案을 제출한 사실이 없음은 물론 帶妻僧側은 이를 토의할 만한 아무런 기관이 없을 뿐 아니라 또 사실상의 회합도 없었아옵기 이에 그 진상을 釋明하오니…"라 한다. 『태고종사』, 388쪽.
12) 『태고종, 총무원 문서철』 IV, 141쪽.

정(1957.1.16)에 대해 재심리의 결과를 발표하였다.[13] 그것은 비구 승 측의 승소였다. 비구 측은 고등법원의 판결에 힘입어 이제는 보다 비구승단 중심의 적극적인 화동을 추진하였거니와 그것을 알 수 있는 것은 1957년 10월 20일자로 발표된 설석우 종정 명의로 나온 공고문이었다.

公告文

佛敎는 三千年의 悠久한 歷史를 갖인 全人類의 生命이다. 倭政하에 腐敗된 傳統的인 佛敎를 更新하기 위한 淨化問題는 檀紀 四二八八年 八月 十二日字로 一段落을 告하였다. 這間 佛敎宗團에 多少의 紛糾가 있었으나 이를 根本的으로 是正하기 위하여 今般 本宗에서는 佛陀의 大慈大悲하신 精神에 立脚하여 今後의 宗務行政 方針을 左와 如히 公布하는 바이다.

一. 全國 寺庵中 崔重要 寺庵을 選定하여 全國 獨身僧尼의 修行道場으로 하고 其 住持는 獨身僧尼로서 選任한다.

二. 獨身僧 住持 以外의 寺庵의 住持는 帶妻僧中 信心이 堅固하여 削髮 染衣 不酒草肉할 者로서 寺內의 家族 不同居者를 選任하고 其 寺庵의 守護 保存의 責任者로 한다.

(但, 檀紀 四二八八年 八月 十二日字 以前의 帶妻僧에게만 限함)

三. 太古祖와 太古寺 名稱은 僧侶大會의 決議와 如히 從前의 稱號로 한다.

四. 宗立學校 및 企業體에 對하야는 評議員을 出資寺 住持로 하고 理事는 評議會의 推薦에 의하여 總務院의 承認을 얻은 바에 限하여 選任하되 其 運營은 理事會에 委任한다.

檀紀 四二九〇年 十月 二十日

---

13) 『조선일보』 1957년 9월 19일 참조.

大韓佛教曹溪宗

宗正 薛石友[14]

이 공고문에서는 화동의 전제를 1955년 8월 12일의 승려대회를 기점으로 정화운동이 일단락된 것에서 찾았다. 그리고 나아가서는 주요 사찰의 주지는 독신인 비구승이 하되, 여타 사암은 기존 대처승 중에서 비구승단이 인정할 수 있는 최소한의 충족 요건만을 이행하겠다는 약속을 하면 주지로 선임하겠다는 것이다. 이는 상당히 유연한 화동책이었다. 이와 같은 큰 틀 안에서 태고국사, 태고사의 호칭도 정화 이전의 칭호를 수용하고, 학교 및 기업체에 대해서도 개방적인 자세를 표방하였다. 이는 대법원에서 정화운동으로 등장한 비구승단을 인정한 판결을 확고하게 굳히려는 포석에서 나온 것이라 보인다. 비구승 측의 이러한 화동책에 의거, 대처승의 상당수는 동요하였고 비구 측으로 넘어 오려는 움직임이 적지 않았다.[15]

그러나 대처 측은 고등법원의 판결로 다시 위축을 받았기에, 그 변화된 상황의 타개를 기하기 위해서 1958년 11월 10일에는 총무원장(임석진)과 대책위원장(이종욱)의 공동 명의로 탄원서를 작성하여 각계의 요로에 발송하였다.[16] 그 탄원서에는 화동 3대 원칙과 비구 측과 대처 측의 종단 분리안이[17] 포함되어 있었다. 이렇게 대처

---

14) 『동아일보』 1957.10.23, 광고, 「공고문」

15) 이는 1958년 2월 13일 개최된, 대처 측의 각도 종무원장 회의록의 내용에서 찾을 수 있다. 당시 대처 측은 이러한 비구 측의 제안을 "公告文 自體가 本末부터 何等의 價値가 없는 虛勢이며 欺瞞手段인 것"으로 단정하였다. 『한국불교근현대자료전집』 68(불교정화분쟁자료), 473쪽.

16) 『태고종, 총무원 문서철』 II, 274~275쪽.

17) 분리안은 태고파와 보조파로 분립하며, 태고파는 태고사를 본부로 하고 보조파는 선학원을 본부로 하며, 전국 사찰은 양파 소속 승려의 숫자의 비례에 의거

측은 화동의 상대방인 비구 측을 상대하지 않고 오히려 제3자 및 공권력에 그 해결책을 제안하였다.[18] 그러나 당시 국가권력의 집행처인 문교부 책임자인 최재유 장관은 각 시도 교육감 및 도지사에게 사찰정화에 대한 기본 준칙을 담은 공문을 발송하였는데, 그 내용에는 대처 측을 부인하고 비구 측을 옹호하는 내용이 담겨 있었다.

이렇게 대처 측은 자신들의 주장과 행보가 전연 수용되지 않자, 1959년 12월 10일 제18회 중앙종회(대처 측)에서 비구 측 종단을 인정할 수 없다면서 몇 년간 내세웠던 화동 3대 원칙의 철회를 결의하였다.[19] 이러한 대처 측의 화동안의 자진 철수는 1950년대 중후반 비구, 대처 양측의 화동 노력의 결실이 부재하였음을 상징적으로 보여주는 것이었다. 한편 비구 측은 화동에 대한 완고한 입장을 견지하였다. 그것은 종단을 주도하는 입장에서 즉 정화운동은 타당하고, 이는 국가가 공인하였다는 것에서 나온 것이다. 1959년 7월 7일, 제15회 중앙임시긴급종회에서는 종단 분규 수습의 건이 안건에 포함되었다. 당시 비구 측 종회의원들은 화동, 단합의 내용을 놓고 치열한 논쟁을 하였다. 그 결과 화동을 추진한 위원들의 지상결의안(紙上決議案)을[20] 폐기하는 등 대처 측과의 화동에 유연성을 찾을 수 없었다. 그 회의의 분위기를 잘 대변하였던 이청담의 발언을 여

하여 분배하되, 수행승들에게 3대 巨利을 우선 제공하며, 종단의 부속시설(기업체, 교화 사업체 등) 및 포교당은 태고파 소속으로 한다는 것이 요체이다. 『태고종, 총무원 문서철』 II, 274~290쪽.

18) 1958년 2월 13일에 열린 대처 측 각도 종무원장 회의록에 의하면, 대처 측은 비구 측과의 화동 교섭에 큰 의미를 두지 않은 것을 알 수 있다. 당시 그 회의의 보고 자료의 일부 내용인 '화동교섭 관계'에서는 비구 측의 의도를 기만정책으로 간주하고 있었다. 『한국근현대불교자료전집』 69, 471~472쪽.

19) 『태고종, 총무원 문서철』 III, 107~108쪽.

20) 필자는 그 내용을 파악하지는 못하였다.

기에서 살펴보자.

4288년 8월 12일 정화된 즉시로 대처승들은 퇴속하고 그중 독신승 몇 분이 지금까지 우리 상대가 되어 있었습니다. 기외 퇴속자는 대처자인 고로 생활유지를 위하여 모두 들어오겠다고 하며, 직업이 없는 자는 대다수가 생활 유지를 하게 될 때 들어올 것이며 지금 현재를 보아서는 대개가 직업을 정하여 생활을 유지하고 있다. 우리는 퇴속자를 받고 안 받는 것이 문제가 아닙니다. '괴래' 종단은 해체하고 모든 소송을 취하하는 것을 원한다.[21]

즉 비구 측의 의도는 대처 측의 종단 해체, 소송 취하를 전제로 한 화동이었다. 일부 종회의원은 화동을 주장한 경우도 있었지만 당시 종회에 참석한 종정인 하동산도 정화는 성취되었으니 대처 측과의 교섭은 퇴속자를 수용한다는 화합으로 발언하였고, 극단적인 강경파인 김대월은 화합하는 것은 단념해야 한다는 의견도 피력하였다. 바로 이러한 비구 측의 강경 태도가 대처 측의 화동안의 자진 철수에도 영향을 미친 것이 아닌가 한다. 이렇게 비구, 대처 양측은 화동안을 놓고 내부적으로 진통을 겪었다.[22]

그 이후 화동의 움직임은 4·19, 5·16을 거치면서 양측의 타협, 통합종단의 등장이라는 구도에 의해 구체화되었다. 그리하여 그 결과로 1962년 4월, 통합종단이 등장케 되는 밑거름으로 작용하였다. 당시 화동의 성격을 단적으로 드러내는 통합종단의 실마리를 제공한 불교재건위원회[23] 출범에 즈음한 비구, 대처 양측의 종정의 선서

---

21) 제15회 중앙임시긴급종회, 회의록. 필자는 이 회의록 사본을 입수하였다.
22) 비구 측 종단에서는 총무원장인 이청담, 총무부장 양청우가 사의를 표하였다.

문을 보자.

국가와 민족에 끼친 불교 분규의 해독을 불식하고 대자대비의 불법의 정신에 입각한 화동 단합의 대한불교를 재건하기 위하여 우리는 다음 조례에 의한 불교재건위원회를 구성하여 참신하고도 통일된 종단을 건설하기 위한 모든 준비와 절차를 갖출 것이며 이에 전적으로 호응 추종할 것을 선서함

1962년 1월 20일
수송동 대한불교조계종 종정 하동산 인
사간동 대한불교조계종 종정 국성우 인[24]

이렇게 양측 종정은 화동, 단합을 기치로 하여 통일종단을 만들겠다는 다짐을 하고, 그에 흔연히 호응한다는 선서를 하였다. 그러나 그 구도에는 5 · 16으로 등장한 군사정권이 사회안정을 기하려는 차원에서 가시화된 강력한 공권력의 주문에 의거 양측이 불가피하게 화합에 응한 측면도[25] 배제할 수는 없다. 그렇지만 1962년 9월에 가서는 대처 측이 종회의원 비율 문제에서 촉발된 불만을 품고 다시 통합종단을 이탈하였다. 그리고 통합종단을 출범하게 한 재건비상종회에서의 제반 결정을 갖고 다시 사법부에 제소하였다. 이에 비구, 대처 측의 갈등과 대립은 사법부의 무대에서 치열한 정체성 논쟁, 통합종단의 타당성, 종단 주도권의 우위성을 놓고 전개되었다. 이때

---

23) 불교재건위원회의 전모 및 성격에 대해서는 졸고, 「불교재건위원회의 개요와 성격」(『근현대불교의 재조명』, 민족사, 2000)을 참고할 것.

24) 『사진으로 본 통합종단 40년사』(대한불교조계종, 2002), 49쪽.

25) 이 내용은 위의 졸고, 「불교재건위원회의 개최와 성격」, 499~504면 내용 참조.

에도 전국 사찰에서의 분규, 폭력 그리고 비구승 측의 종권 전횡이 맞물리면서 종단 안정, 불교 발전에 대한 우려가 등장하게 되었다. 이러한 요인이 다시금 비구, 대처 양측이 화동의 구도로 갈 수밖에 없는 새로운 환경을 만들었던 것이다.

3. 화동위원회의 성립과 전개

불교정화운동과 관련하여 본격적인 화해, 화동의 움직임은 1965 년에 가시화되었다. 1965년에 화동의 움직임이 등장한 계기의 단초 는 1962년 9월경 통합종단에 참여한 대처 측이 종회의원의 비율 (32:18)에 대한 강력한 이의 제기였다. 그로부터 대처 측은 통합종 단에 참여한 대처 측 간부를 전부 철수시키면서 통합종단 설립 자체 를 부인하였다. 이에 대처 측은 그 문제를 사법부에 제소하였다. 그 결과 비구, 대처 양측은 통합종단 설립의 정당성, 합법성을 두고 일 진일퇴의 공방전을 사법부에서 전개하였다. 그리고 대처 측은 서대 문에 총무원을 두고 별도의 노선을 강구하고 있었다. 더욱이 전라도 지역 사찰의 상당수는 통합종단에 귀속되지 않고 있어 비구 측 조계 종단의 고민도 적지 않았다.26)

이렇게 통합종단의 고뇌 및 갈등에서 벌어진 그 사태는 불교재 산의 망실, 불교계 위상의 추락, 정화운동의 이념적 지표인 도제양 성・역경・포교의 지지부진 등 다양한 모순을 잉태하였다. 바로 이 때 비구, 대처 양측에서 치열한 대립을 지양하고 화합하여 불교 발

---

26) 『대한불교』 1965.2.7, 「문교부 65년도 불교정책 천명, 미등록사찰 강력 조치키 로」. 이 신문에서는 미등록 사찰을 191개로 제시하였다.

전을 기하려는 노선을 강구하였던 움직임이 일어났거니와 그것이
바로 화동위원회(和同委員會)였다. 이 화동위원회가 출범했던 1965
년 3월 16일의 동향을 보도한 『대한불교』의 신문을 우선 보자.

　　통일종단 발족 후, 명실공한 통합종단의 방향을 모색해 오던 우
리 종단은 세칭 서대문 측 인사들과 화동 협약을 맺고 그들의 귀의
를 환영했다. 十六일 하오 문교부 회의실에서 윤천주 문교부장관을
위시한 문교부 관계관들의 임석하에 개최된 대한불교조계종 화동위
원회(大韓佛敎曹溪宗和同委員會)는 孫慶山, 申鍾元스님 등 양측 대표 八
명이 허심탄회한 심정으로 회합, 대한불교조계종 대동단결의 새 터전
을 닦았다. 孫慶山, 李行願, 朴西角, 李石虎, 申鍾元, 韓湖應, 崔泰鍾, 李龍祚
씨 등 여덟 사람은 교계 일각에서 추진해 오던 화동단결의 원칙을
받아들여 자율적인 통일종단의 탄생을 보게 했다. 이로서 전남북의
미등록 사찰은 통일종단 산하로 들어오게 됐다.27)

　　이 보도기사에 의하면 3월 16일, 비구 측 조계종단과 이탈한 대
처 측의 양측 대표 8명이 대한불교조계종 화동위원회를 출범시켰음
을 알 수 있다. 그런데 위원회 출범에는 당시 정부 측 관계 기관인
문교부도 개입하였으며, 위원회 출범은 조계종단 미등록 사찰인 전
남북 사찰의 종단 귀속과도 연계되었음을 감지할 수 있다. 또한 양
측의 대표로 조계종단은 손경산, 서대문 측은 신종원이었다. 그러면
이러한 전제하에서 화동위원의 성명서와 화동약정서를 제시하겠다.
여기에는 화동위원회의 성격 및 지향이 잘 나오기 때문이다. 우선
성명서를 살펴보자.

---

27) 『대한불교』 1965.3.21, 「통합종단 이탈인사 귀의 和同團合」.

和同佛事로 우리 使命을 完遂하자

人類全般의 共同된 目的은 世界가 一家임을 覺醒하고 平和 共存을 實現시키려는 데 있다.

菩薩의 修道場은 衆生界를 여이고 따로 없으며 주어진 現實을 올바르게 處理하는 것이 바로 佛法이며 存在意義다.

大義를 떠나 些少한 見害의 차이로 是非를 論難하거나 獨善에 고집하여 本然의 大勢를 외면함은 不和의 원인이 되는 것이다.

이제 世界는 元子武器의 對決로 焦土化될 卽前에 놓여 있다. 우리 佛子는 마땅히 그 원인을 除去시키고 인류를 이러한 위기에서 救出하지 아니하면 될 수 없다.

그러자면 우리 자신이 먼저 지난날의 모든 것을 참회하고 이 뼈저린 體驗을 살려 뜻 깊은 역사를 創造하여야 한다.

比丘다 帶妻다 하는 唯名論的 葛藤을 超克하고 大同團結로써 佛子의 雅景을 보이며 우리들의 言行이 眞實됨을 證明하여야 한다. 虛空같은 흉금으로 毫末의 걸림도 없이 우리의 현대적 사명인 세계평화를 위하여 和同의 法門을 크게 열고 한입으로 大海水를 吸盡하는 壯擧를 斷行하여야 한다.

우리부터 本然의 姿勢에 돌아와 率先垂範함으로써 自他가 一時에 成佛하는 淨土를 이룩하자.

南無釋迦牟尼佛

二九九二年 乙巳 春 三月　日

大韓佛敎曹溪宗 和同委員 一同[28]

이렇듯이 화동위원들은 사소한 견해 차이를 극복하고, 지난날

---

28) 『대한불교』 1965.3.21, 1쪽 하단 광고, 「화동불사로 우리 사명을 완수하자」.

의 잘못을 참회하고, 비구와 대처라는 명분론적인 차별을 벗어나 대동단결할 것을 강조하였다. 즉 그들은 본연의 자세로 돌아와서 성불정토 구현, 세계평화로 나가겠다는 다짐을 하였다. 그렇다면 그들은 지난 10년간 본연의 자세에서 이탈한 것을 어떻게 극복하려고 하였는가? 이런 의문을 풀기 위하여 화동위원회의 약정서의 전문을 보자.

大韓佛敎曹溪宗 和同 約定書

一. 本宗은 신라 道義國師가 創樹한 迦智山門에서 기원하여 태고 보우국사의 제종포섭으로 조계종이라 공칭하고 그 宗脈이 綿綿不絶하여 오다가 一九四六年 五月 二八日 朝鮮佛敎 敎憲이 제정 반포됨으로써 一時 中絶되자 당시 敎正이신 曼庵大宗師께서 一九五三年 四月에 통도사에 전국승려대표 및 고승대회를 개최하여 본종의 再興으로 논의하였고 一九五四年 四月에 再次 불국사에다 회의를 소집하여 동 문제를 논의한 결과로 一九五四年 六月 二十日 中央敎務議員 대회에서 교헌을 廢하고 본 종헌을 제정 공포케 되었으므로 如上 事實로 보아 本宗의 中興을 제창하신 만암대종사를 본종의 中興祖로 推載하고 태고종조의 浮屠 및 碑가 안치되어 있는 북한산 사지에 태고사 근본도량을 再建하는 동시에 만암 중흥조의 사리탑을 건립 봉안키로 한다.

二. 본종의 儀式과 衣制는 現時代에 如法適應하도록 硏究 改制키로 한다.

三. 본종은 圓融無碍의 大乘精神에 입각하여 僧風振作은 燥急을 避하고 점차적으로 수행하며 宗會와 中央機關을 和同과 동시 改編키로 한다. 단, 개편의 사무는 추진위원 五名을 선출하여 위임하고 六和大法會를 개최하여 추진 결과를 발표 통과키로 한다.

四. 본 和同은 自律的 精神에 입각하여 兩側 代表가 署名 날인과 동시에 공포 실시키로 한다.

一九六五年 三月 十六日

大韓佛敎曹溪宗和同委員會

和同委員	銓衡委員
孫慶山 申鍾元	孫慶山 申鍾元
朴西角 李龍祚	
李石虎 韓湖應	
李行願 崔泰鍾[29]	

이상과 같은 화동 약정서를 요약하면 첫째, 조계종의 재흥을 기도한[30] 송만암을 중흥조로 그 위상을 조정하면서 태고 보우국사의 유지인 태고사 도량의 재건과 송만암의 사리탑 봉안 둘째, 의식 및 의제의 현대적 개편 셋째, 승풍진작은 점진적으로 단행하되 중앙기관의 개편은 조속히 실시 넷째, 양측 대표자의 서명과 동시에 실시 등이었다. 당시 화동위원들은 이 약정서에 날인하였다. 그리고 화동 추진위원도 선출하였다.[31]

이로써 화동의 약정은 실천 단계로 넘어갔다. 이러한 약정을 주도한 손경산은 당시 조계종단의 총무부장이었다. 그가 이런 결정을 한 것은 조계종단의 확고한 정책에서 나온 것으로 보아야 하는 문제가 있다. 이에 대한 해명을 하기 위해서 당시 종회 회의록에 나온

---

29) 앞의 내용과 같음.

30) 일제 말기의 불교의 종명은 조선불교조계종이었으나, 1945년 8월 해방이 되면서 '조선불교'라고 공칭하였다. 이에 만암은 교정에 피선된 이후 종단 명칭의 환원을 강력히 요청하였다.

31) 손경산, 신종원, 이행원, 이석호, 이용조였다.

화동 관련 내용을 재구성하겠다. 화동위원회가 결성된 10일 후인 1965년 3월 25일 조계종단 제9회 임시중앙종회가 열렸다. 이 종회에서 손경산은 총무부장 자격으로 경과보고를 하였는데, 그는 전남 120개 사찰의 미등록을 등록으로 전환시키기 위해 구성한 것을 화동추진위원회라고 언급하였다.[32] 이에 반해 종회의원이었던 이행원은 이탈인사의 포섭을 위한 것으로 발언하면서 화동위원회를 인준해 줄 것을 제안하였다.[33] 그러자 오녹원은 지방에서 의혹이 많다고 지적하였고, 박벽안은 예비회의 때에 논의되었음을 환기시키면서 화동위원회를 종회에서 인정하되 부대조건을 제시하였다. 그 조건은 1966년 3월 현재 시행중인 종헌 및 종법에 위배되지 않는 원칙에서 화동을 추진하되 그 가부 결정은 차기 종회에 상정하여 심의 결정하기로 하고 인준해 줄 것에 동의하였다.[34] 이러한 종회의 결정은 화동위원회의 존재는 추인하되, 당시 조계종의 종헌과 종법을 위배하지 않는 범위 안에서 화동 활동을 해야 한다는 것으로 그 최종 결정은 차기 종회에서 결정한다는 것이다.

그 후 화동추진위원회는 지상으로 화동의 당위성을 홍보하면서[35] 보다 구체적인 작업을 진행하려고 하였다. 화동추진위원 5인은 그 거점을 동국대 인근의 대학선원에 두기도 하였다. 그러나 당시에도 화동 추진의 움직임을 반대하는 목소리도 적지 않았다.[36] 예컨대 당시 범어사에서는 산중총회를 개최하여 대처 측과 화동을 추진하

---

32) 『제1대 중앙종회회의록』(대한불교조계종 중앙종회), 325쪽.

33) 위의 자료, 332쪽.

34) 위와 같음.

35) 『대한불교』 1965년 4월 25일자 광고면, 「화동은 종단의 지상명령이다」.

36) 이에 대해서는 김경우가 『대한불교』(1965.5.23)에 기고한 「화동불사에 대한 이의」가 참고된다.

는 종단 집행부를 강력 비판하는 결의를 하고 그것을 종단에 전달하기도 하였다.37) 바로 그럴 즈음에 비구 측 조계종단은 대처 측이 제소한 소송에서(1965.6.11, 서울민사지법)38) 패하였다. 이에 조계종단은 대법원에 항소를 하였고, 그 준비를 하면서 강력한 대처를 천명하였다.39)

1966년 3월, 조계종단의 제12회 임시중앙종회가 열렸는데 여기에서 화동추진위원인 손경산은 총무원장에, 역시 화동위원인 박서각은 재무부장에 선출되었다.40) 이는 조계종단 내부에서 화동위원회가 힘을 받을 수 있는 계기였다. 그러나 당초 화동위원회가 출범할 당시 약정한 화동과 동시에 개편하겠다는 중앙기구에 대해서는 이렇다 할 조치를 취하지 못하였다. 조계종단에서 이러한 문제가 노골적으로 불거진 것은 1966년 8월의 제13회 임시중앙종회였다. 8월 11일, 종회의원인 윤기원은 이 문제를 구체적으로 제기하였다. 윤기원은 긴급동의를 하면서, 종단 분규 해결 차원에서 서대문 측과41) 비밀리에 타합을 한 결과42) 화동의 방법을 '자리(의석)의 충족'으로 표현하였다.43) 이에 대해 오녹원 의원은 화동에 대해서 풍문으로 들

---

37) 그 비판의 글은 고광덕이 쓴 것으로 전해지고, 그 전달은 장문의 전보로 하였다고 한다. 송광사 원로스님인 법홍스님의 증언(2007년 4월 24일, 송광사). 그 비판은 은연중 종정인 이효봉에 대한 성격까지도 포함하였다고 한다.

38) 대처 측은 종헌 및 종정 무효 확인 소송을 제기하였다.

39) 이에 대한 조계종단의 입장은 그 문제에 대해 정부에 제출한 건의문과 결의문에서 찾을 수 있다. 『1대 중앙종회회의록』, 361쪽 참조.

40) 그는 이전에는 종회 수석부의장이었다.

41) 당시 대처 측은 서대문 충정로 1가에 자칭, 대한불교조계종 총무원이라는 간판을 걸고 독자 행보를 하였기에 세간, 언론에서는 서대문 측이라고 칭하였다. 그런데 대처 측 기록에는 충정로 2가 2-2번지로도 나온다.

42) 그런데 필자는 윤기원이 당초의 화동위원이 아닌데도 불구하고 그런 역할을 한 연유를 파악하지 못하였다.

었지만 방관하였다면서 그 경과를 설명해 달라고 요청하였다. 이런 질의 토론이 전개되자 화동위원인 이행원이 나서서 그 경과를 개진하였다.

　총무원의 대표로서 해명을 하겠다. 이 문제는 총무원 제반 문제의 경제적 지장 또는 우리 후배의 양성을 위하여 이 문제가 발단됐다. 인재난, 재정난을 수습하자면 분규 수습을 모색해야 되겠기에 행정부에서 수습할 방안을 모색했고, 통도사에서도 찬성했다. 소송비용만 없으면 종단 3대사업은 충분히 할 수 있고 소송을 양측에서 취하하면 분규는 종결된다고 보았는데, 서대문 측에서 사찰과 간부 반반을 주고 소송을 취하하라고 말이 있기에 반반은 줄 수 없지만 총무원에서 다음 종회에 건의하겠다고 하고 윤의원(필자주, 윤종근)을 부르고 조의원(필자주, 조용명)을 불러서 3개월 동안 타합했다. 그랬더니 저쪽 안은 재건위원회 전으로 돌아가서 새로 의원을 선출하자고 하기에 너무나 엉터리없는 안이므로 추진을 못했다. 그 후 좋은 안이 나오지 않으므로 차후론 손을 뗀다고 말했다.[44]

　이러한 이행원 총무부장의 보고에 대해 종회의원들은 다양한 의견을 개진하였다. 그를 요약하면 다음과 같다.

　오녹원은 총무원 간부의 책임 추궁을, 김서운과 김일타는 윤기원의 보고를 재검토할 것을 주장하였고, 박벽안은 논의 중단을, 소구산은 화동보다는 포섭해야 되는 것이기에 재검토 주장을, 김혜정은 총무원에 위임을 각기 주장하였다. 결국은 다음날에 다시 논의할 것

---

43) 『제1대 중앙종회회의록』, 444쪽.
44) 위의 자료, 444~445쪽.

을 주장한 오녹원의 동의가 수용되어 다음날로 이첩되었다.[45]

이 문제는 8월 12일 종회에서 다시 제기되었다.[46] 논란의 초점은 서대문 측에서 제기한 종회의원 23석 할애와 통합종단의 설립 자체를 부인하는 소송의 취하였다. 결국 화동을 주장하는 의원이 제안한 23석을 할애하고 소송을 취하시키도록 하자는 방안과[47] 소송을 취하하고 조계종단(종회)으로 들어오겠다는 것을 신뢰하지 못하겠다는 반대 측 입장이[48] 팽팽히 맞섰다. 이에 종회의장인 이청담은 무기명 비밀투표로 화동 추진에 대한 가부를 결정하였다. 그 결과 가 18표, 부 16표로 통과되었다.[49] 이처럼 이 문제는 조계종단 내부에서도 뜨거운 감자로 표현될 만큼의 첨예한 주제임이 분명하였다.

그 후 서대문 측에 23석을 양보하는 문제 그리고 서대문 측의 승려가 조계종단으로 들어오는 절차 및 그에 수반되는 문제를 논의, 결정하는 15인 전형위원을 선정하였다.[50] 이청담 의장이 지명한 그 위원은 다음과 같다.[51]

　　박벽안, 박서각, 박기종, 이범행, 김혜정, 김일타, 조용명, 오녹원,

---

45) 『제1대 중앙종회회의록』, 445~446쪽.

46) 위의 자료, 448~449쪽 참조.

47) 이 주장을 한 의원은 김상호, 윤벽산, 문정영 등이다. 문정영은 23석 중 10석은 이미 대처 측에서 온 승려들에게 선임하였기에 실제는 13석을 의미한다고 주장하였다.

48) 이 주장에 선 의원은 이진용, 장희찬, 오녹원, 채벽암, 김지웅 등이다. 이들은 정화 일선에 나서 정화의 어려움을 겪었던 승려들이라고도 볼 수 있으나 이 그룹에 대한 성격을 일률적으로 말하기는 어렵다.

49) 처음에는 가 17표, 부 16표, 기권 1표로 과반수 미달이 되어 재투표하였다.

50) 이는 임석정 의원의 제안인데, 김서운이 재청을 하여 통과되었다.

51) 위의 자료, 450쪽.

채벽암, 이행원, 김서운, 양청우, 문정영, 소구산, 김상호

위원을 지명한 이청담 종회의장은 전형위원들에게 그 문제를 심사숙고해서 그 결과를 다음날의 회의에 보고해 주기를 요청하였다. 8월 13일 전형위원들이 검토한 내용을 전형위원인 김혜정이 대표하여 그를 공표하였다.

먼저 23석 할애 건에 대해 말하겠다. 23석을 할애해 주고 그들이 들어오는 절차로서는 1. 소송을 취하한다. 소송을 취하하되 금후 다시는 제기하지 못하도록 법적으로 가장 완벽한 변호사에게 물어서 한다. 2. 23명의 의석 중 10석은 이미 피측에 들어온 분으로 계산하고 나머지 13석만을 금후 선임한다. 3. 전반 감찰위원회에서 결의에 의하여 체탈도첩 당한 자는 의원이 될 수 없다. 단 의원으로 선임해야 할 경우는 법적으로 먼저 징계사항을 해결해 놓고 해야 한다. 이러한 조건부로 받아들일 것을 전제로 지금 조용명 의원이 저쪽에 의사를 타진하러 갔으니 그 결과를 곧 알게 될 것이다.[52]

이에 종회의원들은 대처 측 출신으로 이미 조계종단에 들어왔으며, 전형위원이었던 조용명이 서대문 측에 가서 교섭한 결과를 기다리고 있었다. 그런데 바로 그 즉시 종회 사무국에 화동추진에 대한 건의서가 접수되었다. 그 건의서는 재경승려 대표 송월주와 그의 의견에 찬동하였던 전형위원 김일타 외 4인이 함께 의견을 제시한 것이다.[53] 재경의 젊은 승려들이 건의한 요지는 서대문 측에게 할애하

---

52) 앞의 자료, 452쪽.
53) 당시 송월주는 종회의원이 아니었다. 그리고 김일타와 같이 동의를 한 승려는

기로 한 23석 결정을 반대한다는 것이다. 그들은 그 결정은 중대한 일인데도 불구하고 18:16으로 통과되었다는 것은 상식 이하인바 재석 3분지 2이상의 찬성을 얻어야 한다, 2대 종회의원은 정화이념이 투철한 분이 되어야 한다, 찬성을 한 의원은 반성하고 자퇴하라는 것이었다.[54] 이런 주장에 대해 당시 종회 사무국장이면서, 전형위원이었던 김혜정은 23석 할애 문제는 이미 통과된 기정사실임을 환기시키면서, 문호개방을 한 것은 소송을 취하하는 전제조건으로 한 것이고, 부득이 한 처사라고 답변하였다. 그리고 이 문제로 종단은 손해가 없다고 보면서, 일단은 교섭하러 간 조용명 의원을 기다리자고 하였다.

마침내 서대문 측의 의사를 타진하러 갔다 온 조용명 의원의 보고가 있었다. 그 요지는 서대문 측의 윤종근, 이남채 등을 만났는데, 그들도 화동은 원칙적으로 찬성을 하였으나[55] 소송취하, 의원선출 등은 공식 결의가 있어야 공신력이 있으니 서대문 측이 종회를 열어야 하기에 3주간의 시간적 여유를 달라고 요청하였다는 것이다. 이에 종회에서는 서대문 측의 결의에 철저히 대비하면서,[56] 공식 결의 된 문헌을 받아 23명 중 13명의 의원은 추후 전형위원들이 심사 처

알 수 없다. 또한 김일타는 전형위원이면서 이렇게 반대를 한 이유도 단언키 어렵다.

54) 앞의 자료, 456쪽.

55) 대처 측도 화동 단합으로 종단을 운영해야 함을 강조하였다. 그러나 대처 측은 그 조건으로 이른바 이판승(교화승)을 인정하고, 종단을 비구승과 대처승이 균등하게 운영해야 한다고 강조하였다. 『근현대불교자료전집』 권68, 668쪽의 임석진 「성명서」(1962.9.16) 참조.

56) 윤기원의 주장으로 서대문 측이 고법에서 승소하더라도 대법에 제소하지 않는다는 언질과 성의에 대한 것이다. 그런데 2심인 고법에서는 비구 측이 승소하였다. 『조선일보』 1965.6.11, 「비구 측 승소 고법, 불교종헌 싸움에서 1심 번복」.

리하고,57) 전체 종회의원 50명 중 13명을 제외한 37명의 제2대 종회의원을 선출하였다. 이에 종회에서는 통합종단 측 출신으로 27명, 통합종단의 이념을 지지하여 조계종단으로 들어온 대처 측 출신으로 10명을 선출하였다. 그 직후 서대문 측에서 추가로 올 13명의 의원 선출은 37명의 종회의원을 선출한 7인의 위원에게58) 일임하되, 서대문 측에서 거부할 경우에도 7인 전형위원들이 적격자를 선임할 것을 결의하고 종회를 종료하였다. 이로써 제1대 종회는 여기에서 마감하였던 것이다.

그런데 서대문 측(대처)의 13명의 의원 추천과 그에 대한 7인위원의 추인 등에 대한 기록을 파악하지 못하여 그 이후의 진행은 알 수 없다. 그러나 1966년 11월 28일에 개회한 제2대 중앙종회의 회의록을 보면 2대 종회의원이 50명으로 나온다. 이를 보면 서대문 측의 인사 13명이 종회의원으로 추가된 것으로 보인다. 추후 상술하겠지만 1967년 2월에 화동추진의 협정이 체결된 것으로 보아도 서대문 측의 인사는 유입된 것으로 보아도 좋을 듯하다. 그러나 그에 관한 분명한 기록이 없기에 추가의 13명 전원이 서대문 측 승려인지 혹은 그 대상 숫자가 축소된 것인지, 아니면 서대문 측에서 통보가 오지 않아서 종단 내부에서 임의로 추천한 것인지는 단언키 어렵다.59) 여기에서 추가로 종회의원이 된 대상자를 제시한다.60)

---

57) 이행원의 주장이다.
58) 그 7인은 오녹원, 박벽안, 김서운, 문정영, 채벽암, 박기종, 조용명이었다.
59) 후술하겠지만 1967년 2월 3일의 화동 협정에 의하면 "단 전 종회에서 이탈 측 11명 포함" 운운이라는 단서의 문구를 주목하면, 13명 중 11명은 서대문 측 승려로 보인다.
60) 『제2대 중앙종회회의록』, 11쪽, 「제2대 중앙종회 현황표」.

이대의, 김석우, 이진용, 김도광, 임석정, 김혜원, 배도원, 정경운, 전도원, 김양택, 김봉인, 김법일, 유수인

의아스러운 것은 1966년 11월 말에 열린 종회, 즉 제2대 중앙종회의 개원 종회에서도 화동추진에 대한 것은 일체 논의되지 않았다.

그러나 1967년 2월 7일, 8일의 일간지 신문들은 불교계의 비구, 대처 양측이 화합, 화동하였다는 보도를 일제히 하였다. 요컨대 화동추진위원회의 작업이 성사되어 비구, 대처 양측 대표가 화동 통합을 하였다는 것이다. 그중에서 『동아일보』의 보도 내용을 우선보자.

불교 종단의 주도권을 싸고 10여 년간 말썽을 빚어온 比丘・帶妻승 간의 오랜 분쟁이 일단 종결, 불교계는 대동단결을 이루게 됐다.

6일 오후 비구 측을 대표한 孫慶山(대한불교조계종 총무원장), 李行願(동 총무부장) 스님과 대처 측을 대표한 申鍾元(백양사 주지), 李載昕 스님 등 40여 명의 지도급 승려들은 아서원에 모여 통합종단의 종헌을 재확인하는 협정에 서명 날인 비구・대처승들의 실질적인 통합을 이루게 됐다.

이날 체결된 양측의 협정은 ① 62년에 제정한 통합종단의 종헌종법을 준수, 통합종단을 유일 합법적인 종단으로 재확인한다. ② 중앙종회원의 수는 비구 29, 대처 21(종래는 비구 32, 대처 18)로 한다. ③ 전국의 23개 본산(큰절) 중 비구가 15, 대처가 8(현재 비구 18, 대처 5)씩 갖는다는 등을 주요 골자로 하고 있다.[61]

---

61) 『동아일보』 1967.3.7, 「비구・대처 10년만에 握手 40여 지도승려들 통합종단에 서명」.

즉 1967년 2월 6일, 양측의 중진승려 40여 명은[62] 아서원에서 모여 통합종단을 재확인하며, 양측은 화동의 추진 요체에 서명 날인 하였다. 그들이 서명 날인한 화동의 핵심은 62년 통합종단의 종헌과 종법의 준수, 종회의원의 수를 21개로 할애,[63] 전국 본사를 8개 처로 제공 등이었다. 당시 양측 대표는 다음과 같은 공동 성명서를 발표하였다.

장구한 세월동안 비구, 대처라는 관념적인 自我 모순의 분쟁이 계속되었으나 이제 自性返照의 정신 아래 명실공히 이를 일체 지양하고 六和均等의 승가 본연의 자세에 돌아가 중생제도의 菩薩 誓願을 실천함으로써 건전한 종단 중흥을 기하고자 한다. 이 정신에 찬동하는 이가 모여 단합의 의의를 다시 한 번 천명하고 문호를 크게 열어 아집적인 분별성을 버리고 정진된 次元에서 피차가 충정으로 和同단결하여 佛祖의 혜명을 길이 받들지어다. 신춘의 대기에 만물이 약동하듯 우리 사부대중은 모름지기 이 뜻을 같이 하여 시대적 요청이요 민족적 과업인 종단 중흥의 대작 불사에 일약 정진하시기 바랍니다.

1967년 2월 6일

추진위 대표 孫慶山 申鍾元[64]

양측의 화동추진 대표는 이 같은 성명서를 발표하고, 조속히 미등록 사찰 166개의 종단 등록, 그리고 1개월 내에 시민회관에서 불교화합을 의미하는 4부대중이 참가하는 불교대회를 열겠다고 합의

---

62) 비구 측은 손경산, 이행원, 김서운, 이범향 등 12명이었고 대처 측은 신종원, 박창수, 이재혼 등 28명이었다.

63) 그런데 필자는 당초 23명에서 2명이 준 연유를 파악하지 못하였다.

64) 『대한불교』 1967.2.12, 「六和의 僧家 本然으로」.

하였다.[65] 그러면 그날 서명 날인한 것의 모체와 위의 공동성명서의 근원은 무엇이었는가? 그 모체와 근원은 2월 3일 비구, 대처 양측 고위 대표가 참여하여 서명한 협정서로 볼 수 있다. 우선 그 협정서 전문을 제시하겠다.[66]

협정서

대한불교조계종 발전을 위한 비구승 측 추진위원을 '갑'이라 칭하고 대처승 측 추진위원을 '을'이라 칭하여 일체 분규를 지양하고 건전한 종단 중흥을 기하고자 하의 청규를 약정한다.

기

제1조 일체의 파벌의식을 지양하고 종단 중흥에 전력키 위하여 문호를 개방하고 종헌, 종법에 의한 유자격자는 적이 등용한다.

제2조 중앙종회는 의원 정족수 50명 중 '갑'의 측 29명 '을'의 측 21명의 비율로 각기 선정 구성하되 종헌, 종법에 의한다.(단, 전 종회에서 이탈인사 측 종회의원 11명을 포함함)

제3조 본사 23사개 중 8개사와 현재 '을' 측이 거주하고 있는 전 사찰의 주지는 '을' 측이 추천하여 종헌, 종법에 따라 임명 취임토록 한다.

제4조 본 협정은 체결일로부터 점차적으로 시행한다. 이 협정을 설립함에 본 협정서에 각 서명 날인한다.

1967년 2월 3일

서울특별시 종로구 수송동 44번지

대한불교조계종

---

65) 『대한불교』 1967.2.12, 社說, 「佛敎紛爭의 妥結을 歡迎한다」.
66) 이 원문은 현재 조계종 총무원, 중앙기록관에 보관되어 있는 것을 필자가 입수, 활용하는 것이다.

갑측 추진위원 대표	이청담	(인)
동	손경산	(인)
동	이행원	(인)
을측 추진위원 대표	신종원	(인)
동	이재흔	(인)
동	김철현	(인)
입회인	이상은	(인)
동	이용조	(인)
동	이한상	(인)

　　이러한 협정에 의하면 화동의 원칙이 파벌의식 지양과 문호개방
이라는 것을 알 수 있다. 그리고 종회의원 21개 할애,[67] 본사 8개
처 제공, 대처 측 출신 승려가 거주하고 있는 사찰을 대처 측 출신
에게 제공하는 것 등이 구체적인 내용이었다. 그런데 이러한 제반
조치는 1962년 4월 통합 조계종단의 종헌, 종법을 준수하는 전제에
서 나온 것이었다. 더욱이 조계종단의 당시 종정인 이청담과 총무원
장인 손경산이 직접 나섰음을 보면 적지 않은 무게가 실린 결정이라
고 보겠다. 그에 비해서 서대문 측은 어떤 내부 토의과정을 거쳤는
지를 파악하기는 어렵다. 그러나 비구, 대처 양측의 화동추진위원들
은 이러한 결실을 맺기 위하여 그간 50여 차례의 회담을 갖고, 가장
첨예한 문제인 승려자격에 대한[68] 것을 타결시키고, 대처승들의 종

---

67) 이전 협의에서 23명이었으나 21명으로 전환된 것은 기존 10명과 1966년 11월
　　경 종회의원 선출시에 11명이 포함된 것을 현실적으로 묵인, 합의한 것에서 나
　　온 것으로 보인다.

68) 추측건대 1962년 2월, 통합종단 종헌을 제정할 시의 승려자격에 준해서 논의하
　　였을 것이다. 『대한불교』 1967.2.12, 사설, 「불교분쟁의 타결을 환영한다」에서는

단 등용, 대처승들의 기존 사찰주지 재발령 등 개방적인 흐름을 유도하였다.

조계종단으로서는 본사 및 종회의원을 양보한 대가로 전라도 지역의 미등록 사찰을 종단으로 등록케 하고, 각처의 분규가 해소되고,[69] 통합종단의 정통성을 계승하였다는 측면에서 큰 성과를 올린 것이라 하겠다. 화동의 협정은 조계종단의 종회에서 서대문 측(이탈인사)에게 종회의원 5석을 할애하였음을[70] 보면, 실천 단계에 있었다고 볼 수 있다.

그렇지만 서대문 측의 입장을 전하는 기록을 보면 대처 측 전체는 화동의 입장으로 선회한 것으로 보기는 어렵다. 대처 측 서대문 본부에서는 화동의 협정뿐만 아니라 대처 측 대표로 활동한 신종원의 자격부터 문제를 삼고 있었다. 즉 협정의 거부였다.

그러나 서울 서대문 충정로 1가에 자리 잡고 있는 또 하나의 대한불교조계종(대처 측 宗正 鞠聲祐 院長 朴大倫)은 "신종원 씨 등은 대처 측 대표가 아니며 비구 측 사세가 불리해지자 사회의 이목을 끌기 위해 벌인 쇼라고 말하면서 아직 1개의 사찰도 떨어져 나가지 않았다"고 반발했다. (중략)

이에 대해 8일 서대문에 있는 대처 측 총무원은 "신종원 씨는 백양사 주지도 아니며, 비구 측에서 주지를 시켜준다는 말에 변절, 함

그를 비구승 측이 제시한 승려자격(삭발, 염의, 독신)이 관철되었다고 하였다.

69) 당시에는 전국에서 80여 건의 법정 소송이 진행 중이었다.

70) 『대한불교』 1967.3.19, 「일부 종회의원 개선, 이탈인사에게 5석」. 『제2대 중앙종회회의록』, 75쪽에는 사표를 제출한 종회의원 6명(이청담, 김지효, 양청우, 정운문, 강석주, 박추담)의 후임으로 7인 전형위원(의장단 3인, 오녹원, 김서운, 박기종, 이진용)이 김자운, 정일우, 윤기봉, 김상현, 박준용, 서상인 등 6명을 선출하였다. 이 중 김자운을 제외한 5명이 이탈인사로 보인다.

부로 대처 측 대표 행세를 하고 있다고 비난하면서 비구승은 비구승대로 소승불교의 계율을 지키고, 대처는 대승불교 방향으로 분리 독립해야 한다"고 주장하고 있다.

또 이들은『통합협정이란 것은 완전히 비구 측의 종헌에 따른 것이며 우리의 종헌은 따로 있다』면서 요로에 보낼 해명서를 쓰기에 바빴다.[71]

이렇게 대처 측 본부, 서대문 측은 화동협정 자체를 완전 부인하였다. 나아가 대처 측은 2월 27일에는 화동통합을 반대하는 제7차 전국 대의원대회를 서울시민회관에서 열었다. 그 대회에서 그들은 2월 6일의 화동 조인식은 대표권이 없는 사람들에 의해 이루어졌으며, 교리가 다른 양측의 화동은 불가하므로 선종(비구), 교종(대처)의 양파로 분립할 것, 그리고 통합종단(조계종)을 전제로 한 불교재산관리법은 철폐하라는 내용을 담은 성명서를 발표하였다.[72] 이는 대처 측이 독자적인 분종을 선언한 것의 다름이 아니었다. 대처 측은 3월 31일, 서울 삼일당에서 전국 사찰 주지 및 포교사대회를 개최하여 혼란과 정략을 위한 화동은 분쇄할 것이라고 거듭 강조하면서 비구와 대처승의 분립을 선언하고, 분종 선언만이 불교 분쟁을 막을 수 있다고 강조하는 성명서를 발표하였다.[73] 이러한 대처 측의

---

71) 『조선일보』1967.2.9, 「比丘·帶妻 악수 그 裏面 10년만의 和同이라지만 紛糾의 불씨는 아직 남아」.

72) 『동아일보』1967.2.27, 「또 불붙은 佛敎分爭 帶妻 一部서 分宗을 宣言」.
    『조선일보』1967.2.28, 「佛敎界에 紛糾 再燃 帶妻側 代議員大會 열고 分宗 선언」.

73) 『조선일보』1967.4.1, 「비구 측과 분리 선언 대처승들 전국 사찰대회」. 대처 측은 3월 20일과 3월 31일 두 차례에 걸쳐 박정희대통령에게 보내는 건의문을 작성, 전달하였다. 그 건의문에서 대처 측은 자신들이 조계종 사찰 2,063개 중 1,700 사찰이 대처승의 것이며 신도도 비구 측(15만 명)의 배에 가까운 25만

움직임에 대해 조계종단은 화동, 통합운동을 지속해 가기로 결의하였다.[74] 이렇게 비구, 대처 양측은 화동 통합과 분종을 위한 노력을 경주하였다. 그 움직임은 그해 5월 25일 비구 측의 서울시민회관에서 열린 전국불교도 대표자대회에서, 대처 측은 서울 충정로 제일에 식장에서 열린 전국 종단기관장 및 서울 경기지구 각 사찰 조직자대회를 통해 노골화되었다.[75] 비구 측 조계종단은 화동, 통합을 추진하면서 그 여력으로 불교현대화에 적극 나서겠다는 포부를 밝힌 반면, 대처 측은 지속하여 분종을 내세우면서 불교재산관리법에 의거하여 대처 측도 정부에서 공인해야 함을 강조하는 포석이었다.

이렇게 화동위원회가 그 출범에 있어서 의도하였던 것과는 전연 다른 방향으로 가고 있었다. 그런데 화동의 흐름을 또 한 번 왜곡시킨 큰 사건이 일어났거니와 그것은 조계종단의 종정인 이청담과 총무원장인 손경산의 동반 퇴진이었다. 1967년 7월, 해인사에서 열린 제16회 임시중앙종회에서 이청담과 손경산은 종정, 총무원장의 자리에서 물러났다. 그 퇴진은 손경산이 추진하였던 불교현대화를 위한 자금 모집에서 야기된 종단 부채를[76] 종정인 이청담이 좌시할 수 없다는 강력한 현실인식이 작용하였다.[77] 그러나 일각에서는 대

명이라고 하였다.

74) 『동아일보』 1967.4.1, 「불교화동운동 계속, 조계종 총무원 결의」.

75) 『동아일보』 1967.5.25, 「비구·대처 또 確執 代表者大會 따로 열고 分宗 주장」.
   『동아일보』 1967.5.26, 「再燃되어서는 안 될 佛敎分爭」.
   『동아일보』 1967.5.27, 「비구승·대처승 平行의 唯我獨尊」.

76) 그것은 동국대이사장, 총무원장 재직시에 불교현대화를 추진하기 위해 진 빚으로 당시 돈 4천만 원이었다.

77) 당시 종정인 이청담은 종단이 처한 현실을 난국으로 규정하고, 해인사 종회에서 손경산 총무원장이 책임을 지고 퇴진해야 한다고 하였다. 그러나 종회에서는 손경산의 입장을 고려해 1967년 12월까지 총무원장에 재임하는 중재를 하였으나 이청담은 이를 거부하고, 종정의 자리에서 퇴진하였다. 이에 종회에서

처 측과의 화동을 강력히 추진한 손경산의 정책에 대해 종정인 이청담은 일정한 이견을 갖고 있었던 것으로 전해지고 있다.[78] 즉 손경산은 대처 측과의 갈등, 대립으로 인한 수많은 손실, 모순을 타개하기 위한 방책으로 화동을 내세우면서 나가야 한다는 입장이었지만, 이청담은 화동보다는 정화운동을 더욱 추진해야 한다는 입장에 서 있었다. 이청담은 승단정화는 되었지만, 종단 내의 부정부패를 처단해야 하고, 승려 재교육을 실시해야 한다고 하였다.[79]

이런 조계종단의 변화는 곧 화동의 흐름이 약화되는 것을 의미한다. 그리하여 화동위원들이 1967년 12월 15일 조계종 중앙종회 의장에게 보낸 아래의 건의서는 그 정황을 단적으로 말해준다.

건의서

1. 별첨 대한불교조계종 화동추진위원회의 협정을 실천하여 주시길을 촉구합니다.

1. 별첨 협정에 의하여 화동위원회는 발족 이후부터 지금까지 최선을 다하여 그 실천에 노력하고 있는바,

1. 종단 측으로서는 협정의 실천에 있어 협정 전조를 이행하여 주시지 않고 있으므로,

1. 종단 분규를 종식하고 화동 단합하고 종단 중흥에 진력하려는 화동의 본래 목적 달성에 있어 지장을 초래하고 있으니,

---

는 종정, 총무원장을 퇴진시키고 윤고암과 박영암을 그 후임으로 선출하였다.

78) 졸고, 「이청담과 불교정화운동」, 『한국 현대불교사 연구』(불교시대사, 2006), 328~329쪽.

79) 이청담의 입장은 그가 종정에 취임할 때의 취임사, 『제2대 중앙종회회의록』, 349쪽과 『신동아』 1967년 2월호에 수록된 인터뷰 기사에 나온다. 그리고 『대한불교』 1967.4.2, 「종정 특별 담화문, 정화의 목표 위해 종도들 단합하자」도 당시 이청담의 의중을 짐작케 한다.

1. 종단으로서 협약 실천을 적극적으로 실천함으로써 소기의 목적 달성에 조속히 이루어지도록 종회에서 협조하여 주시기를 바랍니다.

위 건의하나이다

1967년 12월 15일

대한불교조계종

화동추진위원회 위원장 신종원 (인)

소개 위원 조용명 (인)

소개 위원 문정영 (인)

소개 위원 최원종 (인)

소개 위원 윤기원 (인)[80]

이 건의서는 요컨대 비구, 대처 측의 대표가 서명한 화동협정이 정상적으로 이행되지 않고 있음을 말해준다. 이에 화동추진위원 5명은 그 정황을 제17회 종회에 기타사항의 안건으로 제출하였다. 그런데 종회에서는 합법적으로 인준할 수 없으므로 상정을 폐기키로 하였다. 즉 완전 거부였다. 당시 종회의장인 박벽안은 다음과 같이 발언하였다.

종단 중진스님과 종회의 인준을 못 받았는데 합법적으로 인준을 할 수 없으니 새삼스레 상정할 문제가 아니다. 실지적으로 현실이 증명하니 앞으로 이런 문제는 가져오지 않았으면 좋겠다. 실력에 따라서 얼마든지 협정을 이행할 수 있다고 본다.[81]

---

80) 이 건의서도 조계종 중앙기록관에 소장되어 있다.
81) 『제2대 중앙종회회의록』, 145~146쪽.

화동협정은 종단 중진과 종회의 인준을 받지 못하였기에 합법적으로 인준할 수 없다고 하였다. 1967년 2월 3일, 6일의 협정은 종회의 인준을 받지 않았다는 것은 수긍된다. 그런데 그 협정의 주체인 당시 종정인 이청담과 손경산이 생존하고 있었고, 더욱이 그 핵심 주체인 손경산은 당시 종회에 종회의원으로 참가했고, 위 건의자인 조용명과 문정영은 종회 부의장이었으며, 문정영은 그 종회에 참석했음을 고려하면 박벽안의 발언은 쉽게 납득되지 않는다. 이러한 제반 정황은 화동의 흐름이 종단에서 퇴진하고 있음을 의미한다. 다만 실제의 종단 현실에서 구현되면 되지 않겠느냐는 박벽안의 발언은 화동 흐름의 존재를 완전 배척한 것은 아니라 하겠다. 필자는 1968년 이후에도 화동의 협정에 의거 대처 측 출신으로 조계종단에 합류한 주지 발령은 지속되었다고[82] 판단한다. 그러나 1965~1967년, 약 2년 반 동안 비구 측의 조계종단, 대처 측을 뜨겁게 달구었던 분위기는 분명 아니었다. 이를 상징하는 것이 1969년 7월 5일 조계종단을 탈종하겠다는 선언을 한 이청담이 "화동의 미명아래 고개를 쳐드는 대처승의 무리들"이라고[83] 비판한 표현이다. 이제 1968년에 접어들면서 화동위원회, 화동협정은 더욱 퇴진하였다. 다만 그 흐름에 의거 대처 측에서 조계종단으로 유입된 화동파(和同派)라는 역사의 흔적만이 남았다.

---

82) 필자는 조계종단이 1968년 3월 12일, 용궁사(경기도 부천군) 주지 발령의 내부 품의 사본을 입수하였다. 그 품의서에는 대한불교조계종 화동추진위원회에서 협정 제3조(을측이 거주하고 있는 전 사찰의 주지는 을측이 추천하여 종헌, 종법에 따라 임명 취임한다)에 의거 주지로 임명해 줄 것을 요구하는 공문(한불 화동 제21호, 68년 2월 11일)이 첨부되어 있다. 그 공문서는 을측 위원장 출신으로 조계종단에 들어온 신종원이 종정 앞으로 보낸 추천서이다.

83) 이청담, 「나의 편력, 完―종단과 결별」, 『매일경제신문』, 1969.9.3.

4. 결어

이상으로 불교정화운동 기간과 통합종단이 등장한 이후의 기간에서 비구, 대처 양측이 전개한 화동의 흐름을 정리하여 보았다. 맺는말은 위에서 살핀 내용에서 나온 미진한 측면과 화동위원회의 성격, 한계 등을 대별하여 제시하는 것으로 대신하고자 한다.

첫째, 정화운동이 일단락된 직후인 1956년부터 1959년까지 비구, 대처 양측은 화동안을 작성하는 등 일시적으로는 화동합의안을 체결하는 등 일정한 화해의 흐름이 존재하였다. 그러나 그 화동의 성격은 자파 중심의 종단 주도권과 정체성을 유지, 회복하려는 성격이 짙게 깔려 있었다고 보인다.

둘째, 그런데 통합종단 출범 이전 기간에서 대처 측이 제시한 화동안이 비구 측에서 일정 기간 수용되었음은 비구 측의 자신감이 배어나는 면도 찾을 수 있다. 그러나 대처 측은 수행승과 교화승의 이원적인 구도를 지속적으로 주장하였음에서 자신들의 정체성 유지의 성격이 최우선의 목적이라고 보인다. 그러나 1956년에 나온 화동합의안은 양측의 명분, 실질을 수용할 수 있는 방안이었음에도 당시 급변하는 환경으로 인해 수용되지 않은 아쉬운 대목이라 하겠다.

셋째, 통합종단이 등장할 때에 나온 화동의 분위기는 외형적으로는 그 이전 정화 및 분규로 야기된 행태 및 모순을 반성하면서 나온 것이다. 그러나 이면에 있어서는 공권력의 강력한 화해, 타협의 구도를 배제할 수 없는 흐름이 존재하였음을 부인하기 어렵다.

넷째, 1965년에 시작되어 1966년에 본격적으로 전개된 이른바 화동위원회는 조계종단 중심적인 화해 흐름이었다. 조계종단 종헌을 인정하고, 정화운동의 역사를 수긍하는 역사인식에서 추진된 것이었다. 그 결과 조계종단 내부에는 화동파라는 이질적인 승가 집단이 분명하게 자리 잡게 되었다. 그들은 본사 및 개별 사찰에서의 기득권 인정, 종회의원 배려 등 종단 내부에서의 존립 및 운영에 대한 일정한 권한을 갖게 되었다. 일면으로는 대처 측의 종단에서 최종적인 승인을 받지 못하였기에 태고종 등장의 빌미를 제공한 것도 부인하기는 어렵다.

다섯째, 결과적으로 1960년대 중반의 화동위원회는 조계종단 중심, 조계종단 정통성 확보에 일익을 주었다고 보고자 한다.

여섯째, 그렇지만 화동안, 화동위원회에서 고민한 것이 어느 정도가 이행되었는가에 대한 측면에서 아쉬움이 적지 않다. 화동을 통해 대립이 소멸되고, 불교 발전을 의도한 것이었다면 이러한 당초의 의도가 구현되었는가에 대해서는 미흡함을 감출 수 없을 것이다.

이렇게 화동의 흐름과 화동위원회에 대한 성격, 평가를 조망하여 보았다. 본 고찰은 화동의 흐름, 전개과정을 소개, 정리한 것에 불과하였다. 추후에는 이에 대한 본격적인 분석이 뒤따라야 할 것이다. 특히 조계종단 종정을 역임한 이청담은 화동파, 화동의 흐름으로 종단의 정화가 후퇴하였으며, 계율정신이 퇴진하고, 종단 3대 지표(도제양성, 역경, 포교)라는 측면에서도 역효과를 냈다는 비판을 하면서 종탄 탈퇴까지 하였음은 추후 이 분야 연구에 있어서 하나의 시사점이 될 것으로 본다. 다른 연구자들에 의해서 다양한 접근, 시각에 의해 연구가 지속되길 기대한다.

제2정화운동과 영축회

1. 서언

한국 현대불교 및 조계종단에 큰 변동과 파장을 가져온 불교정화운동은 1954년에 시작되어 1962년 4월 통합종단의 등장으로 일단락되었다.[1] 그러나 정화운동이 불교계에 끼친 영향은 상당한 것이었다. 이에 대한 제반 문제는 추후 다각적인 검토에 의해서 그 전모 및 성격이 정리될 수 있을 것이다.[2]

그런데 통합종단은 출범한 지 불과 6개월 후부터 내적인 문제에 의해서 정상적인 진로를 가지 못하였다. 그 단초는 종회의원의 비율에 대한 대처승 측의 불만이었다. 그러나 그 이면에는 종단 운영을 둘러싼 비구 측, 대처 측의 갈등이 자리 잡고 있었다.[3] 그리하여 양측의 갈등, 대립은 대처 측 출신의 종단 간부의 퇴진, 대처 측에 배

---

1) 졸고, 「대한불교조계종의 성립과 역사적 의의」, 『한국 현대불교사 연구』, 불교시대사, 2006.
2) 이에 관련된 긍정, 부정의 유산은 필자의 고찰, 「정화운동의 전개과정과 성격」, 『새불교운동의 전개』(도피안사, 2002), 342~346쪽의 내용을 참고하기 바란다.
3) 『태고종사』, 437~440쪽.

당된 종회의원의 미취임으로 나타났다. 이러한 퇴진은 대처 측 출신의 임석진 총무원장의 통합종단 성립 자체를 부인하는 성명서 발표,[4] 대처 측이 서대문구 충정로에 별도의 총무원 설립[5] 등으로 전개되었다. 요컨대 1963년부터는 정화운동의 발발 초기와 같은 상황으로 되돌아갔다.[6] 나아가 대처 측은 통합종단을 완전 부정하는 소송을 사법부에 제기하였다.[7] 그리고 이를 계기로 전국 각 사찰에서도 비구, 대처 양측의 사찰 소유권 및 점유권을 놓고 갈등이 일어나고 있었다.

이러한 변동은 불교정화운동의 이념을 근원적으로 훼손하는 것이었다. 때문에 비구 측 조계종단으로서는 이에 대한 대책을 강구해야만 되었다. 조계종단은 대처 측이 제기한 소송에 최우선적으로 대비하였다. 사법부에서의 소송은 종단의 정체성, 종단의 권리에 대한 근본적인 문제를 야기하여 종권 상실까지 유발시킬 수 있는 것이기 때문이다. 그리고 전국 각처의 사찰에서 나타나고 있는 수많은 대립의 문제도 간단하지 않았다.

조계종단은 이런 상황에 대처하면서도 정화운동의 이념을 구현하는 방안인 이른바 3대 지표로서의 도제양성, 역경, 포교도 간과할 수 없는 진퇴양난의 어려움에 처해 있었다. 3대 지표를 추진하려면 우선 종단 내적으로 안정적인 흐름이 있어야 했다. 대처승과 대립하는 상황은 종단의 불안을 의미하는 것이기에 3대 지표 추진에 주력

---

4) 『한국근현대 불교자료전집』 권68, 「불교정화분쟁자료」, 665~669쪽에 성명서가 수록되어 있다.
5) 대처 측도 '대한불교조계종 총무원'이라는 간판을 부착하였다.
6) 대처 측 임석진은 1962년 1월 20일 이전 현상으로 환원된 것으로 주장하였다.
7) 대처 측은 1962년 10월 4일에 「종헌 무효확인 및 이효봉의 조계종정 불인정 확인」 소송을 서울지방법원에 제소하였다.

할 수 없는 현실이었다. 다음으로는 3대 지표 추진에 필요한 재정의 빈약함이었다. 그 자금은 전국 사찰과 승려들에게서 나와야 되지만 대처 측과의 송사에 재원이 집중되는 원인으로 인해 종단의 재정은 빈약하기 짝이 없었다.[8] 이럴 경우 자금의 조달처는 재가 신도들에 의지해야 되지만 신도 조직화의 낙후성, 승려들에 대한 반감에 의해서 신도들에게도 기댈 형편이 아니었다. 마지막으로는 국가 및 지자체의 후원을 받을 수도 있었지만 그 당시 국가의 경제력과 대처승과 갈등을 벌이는 형편에서 이는 애초부터 불가능하였다.

따라서 3대 지표를 추진하려면 대처승 측과의 갈등 및 대립을 중지시켜야 되었다. 여기에서 대처 측과의 타협이라는 방안을 강구할 수밖에 없는 현실이 대두되었다. 이런 노선에서 대처 측과의 화해, 타협을 추진한 산물로서 1965년부터 이른바 화동위원회(和同委員會)가 나타나게 되었다. 그러나 화동위원회의 가동과 이를 통한 대처승의 종단으로의 유입은 정화이념 구현이라는 원론적인 노선에서 보면 정화운동 자체를 훼손하는 것이라고 볼 수도 있는 것이다. 따라서 화동의 추진은 종단 내부의 심각한 비판과 갈등을 예고하는 중차대한 종단 노선의 전환이었다.

한편 통합종단 출범 직후부터 종단 내부에서는 정화운동은 일단락되었다는 현실인식하에서 종단의 현실에 안주하려는 승단의 흐름이 서서히 노정되었다. 이는 곧 대처승이라는 외부의 도전적인 세력의 힘이 한풀 꺾였기에, 대처승이 퇴진한 공간에 안주하면서 명리를

---

8) 1968년 대처 측 총무원은 비구승이 지난 6년간 전국에 걸쳐 있는 불교 재산을 매각, 처분한 것이 당시 돈 30억 원이라고 폭로하였다. 그 대상은 토지, 임야, 임목, 동국대 재산 등이라고 하였다. 이 매각 자금의 용도는 알 수 없지만 상당수는 소송비, 사찰 점유비 등으로 활용되었을 것이다. 『경향신문』 1968.11.18, 「30억원 팔아 대처승 폭로, 비구승 비난」.

탐착하는 행동인 것이다. 그리하여 전국신도회에서는 이러한 종단의 안주상을 비판하면서 신도들이 종단에 진입하여 이를 개선하려고 하였다. 이는 신도회에서 사부대중이 공존하는 종헌 개정안을 종단에 제출하고, 나아가서는 종단을 혁신시키려는 강력한 의지를 구현한 것을 말한다.9)

즉 1965년 전후부터 서서히 조계종단 내외에서는 종단의 흐름, 노선, 모순을 둘러싼 다양한 현실인식이 노정되고, 그에 연결된 대안을 놓고 일정한 갈등의 구도가 형성되기 시작하였다. 그 첫 번째 흐름은 화동위원회를 가동하여 대처 측과의 대립을 완화시켜 점진적으로 3대 지표를 달성하려는 세력이 있었다. 두 번째 흐름은 정화운동을 다시 하여 정화운동의 이념을 제대로 구현하려는 세력이 있었다. 전자를 현실을 직시하려는 온건파라고 한다면, 후자는 정화이념을 우선시하는 급진파라고도 말할 수 있다. 정화이념을 우선시하려는 일단의 고민, 활동은 정화를 다시 하려는 의도에서 기인하였기에 이 흐름을 제2정화운동이라고 명명할 수 있다. 정화운동을 최일선에서 추동한 이청담이 1969년 정화가 잘못되었다는 소신을 밝히고 조계종단을 탈종하겠다는 폭탄과 같은 발언을 한 것도10) 이 흐름에서 나온 것이다.

본 고찰에서 살피려는 영축회(靈鷲會)는 대처 측과의 타협을 배척하고, 불교정화의 불씨를 살려내려는 문성각, 이행원, 유월탄 등 정화의 최일선에서 활약한 청년·중견승려들이 1967년 1월에 발기

---

9) 졸고, 「전국신도회의 조계종단 혁신재건안 연구」, 『새불교운동의 전개』, 도피안사, 2002.

10) 졸고, 「이청담과 조계종 유신재건안 연구」, 『새불교운동의 전개』, 도피안사, 2002, 439~441쪽.

한 승가단체이다. 이에 본고에서는 영축회의 성립을 제2정화운동이라는 관점에서 살펴보고, 나아가서는 영축회의 전모와 성격을 분석하고자 한다. 이로써 1960년대 불교상의 조명, 불교정화운동 연구의 심화에 일조를 기하고자 한다.

2. 영축회의 성립 배경

영축회의 성립 배경의 단초를 제2정화운동으로 잠정적으로 정하고, 제2정화운동을 추진해야 한다는 흐름이 조계종단 내부에서 나온 현실을 조망하고자 한다.

이는 머리말에서 제시한 바와 같이 그 원인의 단초는 1962년 후반부터 가시화되었던 대처 측의 종단 이탈, 조계종단의 부정, 사법부에 문제 해결의 제소 등이었다. 나아가서는 전국적으로 증가하고 있는 소송, 그리고 전라도 지역의 대부분 사찰이 종단으로 흡수되지 않고 있었던 사정이었다. 이렇게 종단이 대처 측과의 갈등으로 이전의 구도로 회귀하게 되자, 종단의 운신뿐만 아니라 종단이 정화 이념의 지표로 내걸은 도제양성, 역경, 포교의 사업에 제약을 받은 것은 당연한 것이었다. 즉 대처 측과의 대립 구도에 주력하였던 현실, 그리고 대처 측과의 갈등 구도에 소용되는 상당한 재원의 지출이 있었다. 그러므로 3대지표의 구현이라는 정책에서 나온 사업이 정상화되지 못하였던 것이다. 예컨대 종비생을 선발하여 엘리트 승려를 동국대에 교육을 시키는 방안이 1964년에 제도화되었지만 1년도 채 안 되어 예산 관계로 위축되었다.[11] 그리고 화계사와 해인사에 설립하려던 중앙총림, 지방총림은 1964년 7월의 종회에서 통과되었지만,

1966년까지도 출범시키지 못하였다.[12] 또한 역경을 총괄하였던 동국역경원이 예산 문제로 어려움을 겪었다는 당시의 사정도 동질적인 현실에서 나온 것이다.[13]

이렇게 대처 측이 이탈하고, 종단 3대 지표 사업 추진이 난관에 봉착하였을 때 종단 내부에서 나온 또 다른 문제는 주어진 현실에 안주하려는 속성이다. 이는 다양한 측면에서 제기되었다. 우선 정화운동 당시 정상적인 교육을 시키지 않고 출가시킨 이른바 급조승(急造僧)의 문제가 대두되었다.[14]다음으로는 정화운동의 하나의 축이었던 신도들을 배제하려는 정서이다. 그리고 이때부터 사찰을 자의적으로 점유하려는 행태도 노골화되었다. 이는 지난 8년간 대처 측과

---

11) 『대한불교』 1965.2.14, 「예산관계로 줄어든 종비생 육성책, 제2기 종비생 선발」.

12) 이에 대한 정황은 졸고, 「해인총림의 어제와 오늘」, 『한국현대불교사 연구』(불교시대사, 2006), 208~213쪽 참조. 해인사에 총림이 구체적으로 설립 채비에 들어간 시점은 1967년 초반이었다.

13) 『대한불교』 1965.1.20, 「동국역경원 재정난 봉착」.
   『대한불교』 1965.6.6, 「譯經 아직도 逆境」.

14) 당시 유랑잡승, 객승의 문제가 바로 그것이었다. 『대한불교』 1967.4.23, 「철따라 준동하는 사이비승」 참조.
   이에 대해 당시 종단 간부를 역임하였으며, 영축회 창립의 핵심 승려인 이행원(숭산)은 급조승이 종단 현안이 된 지 30여 년이 지나서 그에 대한 사정을 다음과 같이 회고하였다. 그것은 『동아일보』의 인터뷰(2000년 3월 20일) 내용인데, 『숭산행원 선사 전서②, 큰스님과의 대화 : 대담집』, 210쪽에 재수록되었다. 즉 그는 "처음 정화할 때에 대처승이 2,500명이고 비구승이 600명밖에 없었어. 그 600명이 대처승을 다 쫓아냈는데 비구승 수가 모자라잖여. 자꾸자꾸 불어 수천 명이 됐어. 그래서 급조승이란 게 생겨났다구. 스님 수가 불어나니까 그중에는 사기꾼·협잡꾼·깡패 별것이 다 머리 깎고 중이 됐다구. 그런 사람들을 옳게 가르쳐야 했는데 능력이 없었어. 우리 노장님들이 안목이 모자란 것이 아니라 힘이 모자랐던 거여. 갑자기 사람 수가 늘어나니까 균형을 잃어 버렸어요. 그때 중이 된 사기꾼 깡패 협잡꾼들이 요새 큰스님들이여. 종단을 휘어잡고, 싸움질 하고, 협박질 하고, 이 물이 다 지나가려면 한 20년은 지나여 혀."라고 증언하였다.

의 대립에서 성공한 부산물을 챙기려는 흐름이었다. 이러한 현실 안주는 불교정화운동과는 근본적으로 이질적인 것이었다. 이러한 문제에 대해 전국신도회, 정화의 주역, 청년승려 등 종단의 다양한 구성원들이 그 모순을 지적하고 불교정화의 이념에 근거하여 모순을 바로 잡아야 한다는 목소리를 내기 시작하였던 것이다.

우선 전국신도회에서 나온 목소리부터 요약하여 소개한다.[15] 불교정화운동을 강력히 지지하고 후원하였던 신도들은 통합종단 출범 직후부터 변화된 종단상을 보고 큰 실망을 하였다. 이에 그들은 1963년 11월 17일, 서울 조계사에서 중요 도시 대표자회의를[16] 개최하였다. 그 모임에서는 대한불교조계종 혁신재건위원회를 구성하고 종단의 '혁신방안'을 의결함과 동시에 신도회의 의지를 담은 결의문을 작성하였다. 그 혁신 방안과 결의문에는 정화운동의 지속, 진정한 수도승단의 건설, 명실상부한 사부대중의 종단 운영, 원융종단 건설 등의 내용이 담겨 있었다.[17]

전국신도회에서는 이 건의 내용을 정리하여 1963년 11월 18일에 개최된 중앙종회에 제출하였다. 그런데 이 건의안에 당시 종회의 원이었던 손경산, 박벽안, 김혜원이 동의하는 서명을 하였음이 이채롭다. 이에 대해서 종회에서는 21:9라는 표결로 신도들의 의견을 수용하여 14인의 개헌안심의위원회를 두기로 정하였다. 그 당시 신도들의 종단에 대한 현실인식을 보기 위하여 신도회 간부들이 총무원 입구에서 연좌시위를 하면서 배포한 성명서를 제시한다.

---

15) 이에 대한 전모 및 성격은 필자의 고찰, 「전국신도회의 조계종단 혁신재건안 연구」(『새불교운동의 전개』, 도피안사, 2002)를 참고할 것. 이하 내용도 이 글을 정리한 것임.

16) 7개 시도에서 대표 20여 명이 참가하였다.

17) 위의 졸고, 410~412쪽.

10년 전 불교정화운동이 발기될 시에 정의파 불교도는 물론 전 사회 대중이 비구승 측 주장을 적극 지지하였던 것은 올바른 한국불교가 혁신 재건되기를 염려한 까닭이다. 그러나 그 뒤에 대처승 측의 반발로 단순한 권리, 재산 쟁탈전으로 전개되어 오던 바, 1962년 3월 27일 합법적으로 통합종단이 성립된 뒤 종권, 사찰재산의 戰取에 乘勢한 비구승단은 그것으로 10년 투쟁의 목표가 달성된 듯 일부 사이비 비구가 극단의 破落된 보수주의 小我 독선주의로 구호상으로는 사부대중 실질상으로는 출가, 재가 사이에 鐵의 障壁을 막아 놓고 종권 재산을 壟斷하므로 직권 남용 公財投賣 등 부정부패의 一路로 다름질 칠 뿐 시대와 국민이 갈망하는 救國濟世의 역사적 과업은 夢外靑山에 매몰됨을 바라볼 때에 우리 愛敎愛宗하는 재가종도는 비분 통탄을 금할 수 없다.

그리하여 이에 전국신도회 주요도시 대표는 1963년 11월 17일 대한불교조계종 혁신재건위원회를 구성하고 본종의 일대혁신 재건 방안을 의결함과 동시에 그것을 실현하기 위하여 우선 좌와 같은 결의안을 채택하여 사부중의 총의를 묶은 합리한 종단으로 개편하므로 지난날과 같은 출가의 철의 장막 속에 자행되어 오던 부정 부패상을 쇄신하고 참으로 福國利民할 수 있는 한국불교를 재건하기를 삼보전에 선서하는 바이다.

이렇게 신도회 간부들은 강력히 종단의 안주상을 비판하고, 사부대중이 공존하는 개혁방안을 제기하였다. 신도들의 현실인식은 분명한 것이다. 그것은 재정화, 비구승 독단의 종단 운영의 개혁이었다. 신도회에서 제기한 종단개혁 작업은 종회 차원으로 수용, 검토하여 종헌 개정을 위한 모임을 5회나 가졌다. 그러나 종헌 개정까지는 이르지 못하고, 대신 신도들의 의견을 종단에 반영시킬 수 있는 기획위원회(승려 11인, 신도 10인)를 두는 선에서 사태는 일단락되었다.[18]

이렇게 신도들이 제안한 개혁 방안이 수용되지 않았다는 것은 곧 현실에 안주하는 흐름이 강력하다는 것을 역설적으로 보여주는 것이었다. 이에 종단 내부의 모순은 더욱 심화되어 갔다. 그에 비례하여 종단의 모순, 안주세력을 비판하는 목소리는 다양한 곳에서 나오기 시작하였다. 그 정서를 이해할 수 있는 몇 사례를 제시한다. 그 실례로 우선적으로 소개할 것은 불교정화운동을 이청담과 같이 최일선에서 발의, 추동한 정금오의 주장이다. 정금오가 『대한불교』 1964년 7월 19일자에 기고한 「한국불교의 正眼」은 당시의 정서를 상징적으로 보여준다.

돌이켜 살펴보라. 淨化의 목적이 어디 있었던가? 종단의 정화가 10년을 넘지 않고 있고, 그때의 뜻은 생생하지 않는가?

누구이 정화의 목적을 여기서 되새길 필요도 없이 우리는 모두가 그때, 사무치는 불자된 의무에 떨지 않았던가.

승려라 함은 세상만사를 헌신짝같이 던져 버리고 수도로써 그 목

---

18) 그런데 이 기획위원회도 1964년 6월까지 4차례 회의를 가졌으나 유명무실하였다고 비판을 받을 정도였다. 이에 강석주, 이운허는 이에 불만을 갖고 사퇴하였으며, 1965년에 가서는 기획위원회의 성격도 변질되었다. 즉 사부대중이 참여하는 채널로 출발하였지만, 종단이 주관하는 중흥불사 사업을 전위, 후원하는 정도로 격하되었다. 이러한 변화가 있기 전, 전국신도회는 총무원의 지시를 받는 단체로 조율되었고, 신도회의 이론을 주도한 이종익은 기획위원에서 탈락되었다. 이러한 변동은 곧 승려 중심의 종단 운영을 의도한 것의 다름이 아니었다. 이런 변동에 대해서는 졸고, 「이청담과 조계종 유신재건안 연구」, 『새불교운동의 전개』, 435~438쪽 참조.

적을 삼을 뿐이요, 그 외의 어떤 것도 출가자의 바라는 바는 아닌 것이다. 그러나 근래에 와서는 주지를 사는 것으로 장기를 삼는 「住持僧」이 있는가 하면, 「事務僧」이 있고, 「無事放逸僧」 등등 이루 헤아릴 수 없는 승명이 대두되고 있다. 물론 종단을 움직이고 우리의 정화불사를 보다 체계있게 원만하게 회향하려면 사무승도 있어야 하고 주지승도 있어야 한다. 따라서 스님들에게 깊은 감사를 드리는 바이지만, 그것으로 인하여 우리의 승려된 本地風光을 잃어서야 그 주지의 직무와 사무가 무슨 필요가 있겠는가. 가슴 아픈 일이 아닐 수 없다. 정화불사를 일으킨 천오백 승려 중에 이를 참으로 통탄하는 자가 있는지 나는 의심스럽다.

이렇게 정금오는 정화운동의 이념이 사라지는 것을 통탄하였다. 주지승, 사무승 등 수행과 무관한 승려들이 독단하는 현실을 개탄하였던 것이다. 그리고 그는 자신이 거주하는 금산사, 총무원, 종회 등의 행정승들이 수행과 참선에 관심을 두지 않음을 지적하였다. 전국에서 참다운 선방은 불과 몇 개에 불과하다고 지적하면서, 종단의 획기적인 쇄신과 용단도 부재하다고 비판하였다. 그리하여 마구니 종자가 승복을 입고 종단을 횡행하고 있다면서, 정화의 결과가 엉뚱한 방향으로 가고 있다고 주장하였다.

이제 정화는 부끄럽기 짝이 없는 일이 되어가고 있다. 왜냐하면 삼천을 헤아리는 대처자를 내쫓은 우리가 지금 공부에 마음에 없다면 내쫓긴 그들에 비해 무엇이 더 나은 것이 있어 정화를 하겠답시고 너스레를 펼 수 있겠는가 말이다. 생각해 보라. 천여 명 大衆이 斷食을 하고, 斷指, 血書 六比丘의 割腹의 信心과 그 願行은 오늘 어떤 결과를 빚었는가?

정금오는 정화의 순수성이 사라졌다고 강한 성찰을 하였다. 그리고 수행을 하지 않는, 선을 모르는 승려들은 마구니며, 불법을 모르는 자이며, 중의 의미도 모르는 자이며, 거짓말쟁이라고 단언하였다. 그러면서 그는 한가닥 희망을 다음과 같이 말하였다.

지금 여기 누가 있어 감히 불법이 우리 속에 역력히 살아 있다고 하겠는가. 우울하고 초조함을 不禁하는도다. 과거로부터 오늘에 이르기까지 부처님 正法에 인연이 깊은 모든 善男善女 佛弟子에게 나의 이 간곡한 뜻을 보이노니, 우리 모두 佛法을 바로 잡고 바로 배우고 바로 가르치며 行하여 滿天下에 불법의 빛이 휘날리기를 빌어마지 않노라.

정금오가 말한 희망, 만천하에 불법의 빛이 휘날리기를 빈다는 것은 곧 재정화의 필요성을 촉구하는 것이다. 정화의 핵심 주역이었던 정금오의 성찰이라는 점을 필자는 주목한다. 정금오와 함께 정화 일선에 있었으면서 종단의 행정 책임자를 역임한 김서운도[19] 주목할 내용을 발표했다. 정금오의 지적이 이념적, 원론적인 측면이라면 김서운의 지적은 행정적, 사찰운영의 측면이다. 즉 김서운은『대한불교』1964년 9월 6일자에「사찰운영의 쇄신안」을 기고하였다.

우리가 '淨化'를 시작한 지 十年이 됐고, 오늘은 표면상 정화의 완성을 착각하게도 한다. 그러나 우리는 또 한 번 '정화'를 하지 않으면 안 될지도 모르는 것이 오늘의 현실이다. 우후죽순과 같이 해마

---

19) 그는 통합종단 출범 전후에 2차례의 총무원장을 역임하였다.

다 일어나는 '獨살이'와 경제난에서 벗어나지 못하는 중앙종무행정은 밀접한 상대 관계에 있는 것이며 '禪房'의 감소와 禪客의 푸대접 등이 저 독살이와 또한 불가분리의 상대 관계에 있는 것이다. 즉 '문화적 의욕'에서 일어난 정화가 '경제적 의의'에 의해서 좌절되어 가고 있는 것이다. 여기서 우리는 상부구조를 이루고 있는 '정화'와 뒤따라오지 않고 있는 '경제질서' 간에 모순을 발견해야 한다. 이 모순은 종단 자신의 지성과 감성의 갈등이기도 하며 出家者의 시련이기도 하다.

다시 말하면 정화 이념에 부합하는 경제체제의 확립 없이는 정화는 십년의 노고를 休紙化하고 재수정받지 않으면 안 될 것이다. 불교정화를 다시 해야 한다는 巷間의 이야기를 우리는 다만 불평등객의 푸념으로 넘기지 말자.

김서운도 재정화의 필요성을 예리하게 분석하였다. 그러면서 김서운은 그 원인을 정화라는 문화적 의욕과 그에 부합되지 않는 경제적 모순에서 찾았다. 그리고 그 대안으로 강력한 중앙집권적인 종단운영을 제시하였다. 구체적으로는 사찰재산의 일원화, 말사재정을 중앙으로의 이전, 사찰운영의 공영성을 주장하였다.[20]

김서운은 이러한 자신의 주장이 전혀 고려, 반영되지도 않고 종단의 정서가 더욱더 정화이념과 어긋나는 방향으로 가자 1966년 8월에는 자신의 소신을 정리해서 재차 강조하였다. 즉 1966년 8월 7일의 『대한불교』에 「종단재건을 위한 고찰」이라는 글을 기고하였던 것이다. 여기에서 그는 자신의 소신의 대강을 우선 개진하였다.

---

20) 이에 대한 내용 및 성격은 졸고, 「김서운의 종단정화와 그 특성」, 『한국현대불교사 연구』, 427~431쪽 참조.

세칭 佛教淨化, 즉 敎團淨化는 이미 十有三年을 經하여 약한 비구승들의 赤手空腹으로 그간 종단건설과 사찰 정화에 있어서 倭帝의 殘宰는 완전 불식되었으며 불교정화운동은 여실히 성취하였다. (중략)

여기에 있어서 우리는 구태의연한 자가도취에 만족하지 말고 백척간두에 更進一步격으로 한번 다시 종단내부 즉 종무행정면, 사찰운영면, 승니수행면 등을 살펴볼 때에 정화 당시의 원력에 부합하였으며 과연 三寶에 부끄러움이 없는지 또는 여실히 우리 승려 자신의 수행이 바로 三界大導師의 자격을 향유하고 있으며 대중으로부터 如佛대접을 받을 만한 수행력을 가졌는지?의 여부를 한 번 더 촉구할 때라고 본다.

우리는 정화 당시의 그 열열한 근본이념으로 금일의 정화를 성취하였으나 앞으로 대종단을 만년대계의 바탕위에 세우고 수행과 교학면과 포교면에 있어서 정화 당시의 근본정신을 되살려 과거의 시비는 지양하고 오직 정화이념과 교단발전을 위해 총궐기해야만 되겠다고 본다. 우리 승려는 佛恩을 망각하여서는 아니되며 佛陀의 정신에 배치되어서는 아니된다.

즉, 김서운은 불교정화는 일단락되었지만, 정화의 근본정신에 입각하여 종무행정, 사찰운영, 수행의 측면에서 반성하자는 기본 방향을 제안하였다. 그리고 그 전제에서 사암 지주(止住) 승니는 '본사 재적사(在籍寺) 제도'로 환원, 사암 주지는 당해 사찰 지주승(止住僧)의 공천으로 임명, 각 본사는 대소 총림제를 실시, 도제양성은 본사 산하 전 승려가 공동책임제로 실시, 승복을 이사판(理事瓣)별로 구분, 승니의 계급장 패용, 종회의원 1/5은 노덕스님으로 추대, 중앙집권제를 완화하고 지방자치제로 점차 환원, 포교는 현대식의 설교

포교방법으로, 신도회는 단월 신도회로 재편성 할 것 등 10개 항목을 종단 재건안으로 제시하였다. 그는 이상의 10개 항목이 완전히 실천되어야만 불법이 다시 휘날릴 것이라고 보았다.

다음으로 제시할 자료는 법정이 1964년의 『대한불교』지에 3회(10월 11일, 10월 18일, 10월 25일)로 연재한 「부처님 전상서」이다. 이 글에서는 청년승려 입장에서 불교 현실을 날카롭게 풍자하면서 비판한 내용이 주목된다. 법정은 승려들이 타락한 정치가처럼 불신을 받고 있다면서 우선 교육의 문제를 우선하여 비판적인 입장에서 거론하였다.

　　부처님!

　　'대한불교조계종'이라는 기치하에서는 걸핏하면 삼대사업이 어떻고 하는 말을 자주 듣게 됩니다. 그만큼 그 일은 시급한 저희들의 과업입니다. 그 가운데에서도 가장 시급한 것이 당신의 慧命을 이어받을 수 있는 인재를 기르는 교육임은 더 말할 것도 없습니다. 사람이 없다는 이 집안이기에.

　　그런데 이런 일들은 지금껏 입으로만 주문처럼 외워지고 있을 뿐 실제로는 거의 무시되고 있습니다. 지금 몇몇 사원에서 벌이고 있는 강당이나 선방이라는 것도 진정한 의미에서 당신의 뜻을 이어 받을 눈 밝은 '人材'를 양성하기 위해서라기보다는, 한낱 도량 장엄 정도로 차려 놓은 것에 불과한 인상들입니다. 그것은 실로 교육이라는 말조차 무색하리만큼 전근대적인 유물로서 박물관 진열장으로나 들어가야 할 쓸모없는 몸짓에 지나지 않습니다.[21]

---

21) 『대한불교』 1964.10.18.

이렇듯이 법정은 1960년대 중반의 강원, 선원을 쓸모없는 몸짓에 불과한 것으로 이해하였다. 그리고 법정은 당시 정화운동의 산물로 널리 지칭되었던 교육 부재의 승려 양산을 다음과 같이 지적하였다.

부처님!
이런 어처구니없는 일도 있습니다. 요즘 한국불교계에는 '急造僧'이란 前代未聞의 낱말이 나돌고 있습니다. 승려라면 일반의 지도적인 입장에 서야 한다는 것은 너무나 당연한 상식입니다. 그런데 그 자격 여부는 고사하고 일정한 수련도 거치지 않고 활짝 열려진 문으로 들어오기 바쁘게 삭발과 의상 교체가 너무나 신속하게 진행되고 있습니다.[22]

승려교육의 부재, 승가의 기본적 위상의 부재를 준열하게 비판하였다. 나아가서 그는 불교에 습합된 샤머니즘 사상, 불법에 어긋난 불사의 문제점을 지적하였다. 그리고는 불교에 큰스님병이 적지 않음도 비판하였다.

또 요즘 항간에는 이런 어처구니없는 파라독스가 떠돕니다. '큰스님'의 체중이란 法力이나 道德의 비중에 있는 것이 아니라 돈 많은 신도들을 얼마만큼 확보하고 있느냐에 달렸다고…. 당신의 가르침을 받기 위해 귀의한 순백한 신앙인들을 마치 하나의 재원으로 착각하고 있다니…[23]

---

22) 『대한불교』 1964.10.18.
23) 『대한불교』 1964.10.28.

승려의 자질, 승려가 신자를 대하는 자세를 매섭게 지적하였다. 지금 같이 분석한 법정의 지적에서 나온 승가의 내용은 불교정화의 이념과는 거리가 먼 행태였다. 이런 문제점을 극복하기 위해서 정화를 한 것인데, 이제는 또 다른 승가의 새로운 모순이 등장한 것이다. 그런데 문제는 그 모순 및 문제가 구조적이라는 것에 있었다. 따라서 이러한 요인들이 제2정화운동을 태동케 하는 원인으로 기능할 수 있는 것이다. 재정화가 필요하다는 강력한 정서는 정금오, 김서운, 법정의 분석과 제안에서 일관적으로 흐르고 있었음은 분명하다.

그런데 당시 교단에서는 교단 내외의 모순을 재정화를 통해 해결해야 한다는 입장과는 사뭇 다른 움직임이 있었거니와 그것은 이른바 화동파(和同派)의 대두였다. 화동파의 대두는 대처승과의 일정한 타협을 통해 교단의 안정을 기하고, 그 바탕에서 정화이념의 본 뜻을 살려나가자는 것이었다. 이러한 화동의 흐름은 불교 재정화를 우선하여 실천하자는 것과는 정반대의 입장임은 분명하다. 화동은 현실을 수긍하는 것이었다면, 재정화는 현실을 부정하는 노선인 것이다. 그렇지만 당시 교단을 주도하였던 일단의 세력들은 현실 안주의 성격을 띤 화동의 흐름을 선택하였다. 이를 선택한 것은 어찌보면 궁여지책이라고 하겠지만 교단 내외에서 긴박하게 벌어지는 제반 현실을 보면 납득이 될 수도 있는 것이다. 예컨대 1965년 6월 11일, 조계종단은 대처 측이 제소한 서울민사지법의 소송에서[24] 패소하였다. 조계종단은 즉시 고등법원에 항소하고, 때마침 범어사의 하동산 입적 49재 법회에 참석한 승려들은 이를 종단의 위기의식으로 보고, 그에 대한 대책을 강구하는 전국승려대회 준비위원회를 조직

---

24) 그것은 「대한불교조계종 종헌 판정에 대한 결의 및 이효봉 종정 추대 결의 무효」에 대한 판결이었다.

하였다.25)

이런 급박한 현실은 화동의 목소리에 힘을 실어 주는 것이었다. 그리고 그것은 조속히 추진되어 갔다. 이는 비구, 대처 양측에서 치열한 대립을 지양하고 화합하여 불교 발전을 기하자는 노선이었거니와 그것이 바로 화동위원회였다. 이 화동위원회가 출범하였던 1965년 3월 16일의 동향을 보도한 『대한불교』의 신문을 우선 제시한다.

통일종단 발족 후, 명실공한 통합종단의 방향을 모색해 오던 우리 종단은 세칭 서대문 측 인사들과 화동 협약을 맺고 그들의 귀의를 환영했다. 十六일 하오 문교부 회의실에서 윤천주 문교부장관을 위시한 문교부 관계관들의 임석하에 개최된 大韓佛敎曹溪宗和同委員會는 孫慶山, 申鍾元스님 등 양측 대표 八명이 허심탄회한 심정으로 회합, 대한불교조계종 대동단결의 새 터전을 닦았다. 孫慶山, 李行願, 朴西角, 李石虎, 申鍾元, 韓湖應, 崔泰鍾, 李龍祚 씨 등 여덟 사람은 교계 일각에서 추진해 오던 화동단결의 원칙을 받아들여 자율적인 통일종단의 탄생을 보게 했다. 이로써 전남북의 미등록 사찰은 통일종단 산하로 들어오게 됐다.26)

1965년 3월 16일, 비구 측 조계종단과 이탈한 대처 측의 양측 대표 8명이 대한불교조계종 화동위원회를 출범시켰다. 그런데 위원회 출범에는 당시 정부 측 관계 기관인 문교부도 개입하였으며, 위원회 출범은 조계종단 미등록 사찰인 전라도 사찰의 종단 귀속과도

---

25) 『대한불교』 1965.6.20, 「동산대종사 49재 추모식」.
26) 『대한불교』 1965.3.21, 「통합종단 이탈인사 귀의 和同團合」.

연계되었다.[27] 그러면 이러한 배경에서 화동위원회의 성격 및 지향이 잘 나오는 성명서를 살펴보자.

和同佛事로 우리 使命을 完遂하자

人類全般의 共同된 目的은 世界가 一家임을 覺醒하고 平和 共存을 實現시키려는 데 있다.

菩薩의 修道場은 衆生界를 여의고 따로 없으며 주어진 現實을 올바르게 處理하는 것이 바로 佛法이며 存在意義다.

大義를 떠나 些少한 見害의 차이로 是非를 論難하거나 獨善에 고집하여 本然의 大勢를 외면함은 不和의 원인이 되는 것이다.

이제 世界는 元子武器의 對決로 焦土化될 卽前에 놓여 있다. 우리 佛子는 마땅히 그 원인을 除去시키고 인류를 이러한 위기에서 救出하지 아니하면 될 수 없다.

그러자면 우리 자신이 먼저 지난날의 모든 것을 참회하고 이 뼈저린 體驗을 살려 뜻 깊은 역사를 創造하여야 한다.

比丘다 帶妻다 하는 唯名論的 葛藤을 超克하고 大同團結로써 佛子의 雅景을 보이며 우리들의 言行이 眞實됨을 證明하여야 한다. 虛空같은 흉금으로 毫末의 걸림도 없이 우리의 현대적 사명인 세계평화를 위하여 和同의 法門을 크게 열고 한입으로 大海水를 吸盡하는 壯擧를 斷行하여야 한다.

우리부터 本然의 姿勢에 돌아와 率先垂範함으로써 自他가 一時에 成佛하는 淨土를 이룩하자.

南無釋迦牟尼佛

二九九二年 乙巳 春 三月 日

---

27) 『대한불교』 1965.2.7, 「문교부 65년도 불교정책 천명, 미등록사찰 강력 조치키로」. 이 신문에서는 미등록 사찰을 191개로 제시하였다.

大韓佛教曹溪宗

和同委員 一同[28]

  1965년 3월에 출범한 화동위원회는 비구, 대처 양측의 대표급 승려들의 적극성에 힘입어 화동약정서까지[29] 체결하였다. 화동추진 위원회는 화동에 대한 당위성을 홍보하였다. 그리고 그에 대한 구체적인 작업을 추진하였다. 그리하여 1967년 2월 6일에 가서는 양측 중진승려가 그 합의안을 발표하였다. 이 정황에 대해 1967년 2월 7일, 8일의 일간지 신문들은 일제히 불교계의 비구, 대처 양측이 화합, 화동하였다고 보도하였다. 요컨대 화동추진위원회의 작업이 성사되어 비구, 대처 양측 대표가 화동 통합을 하였다는 것이다. 그 정황을 보여주는 『동아일보』의 보도 내용을 제시한다.

  불교 종단의 주도권을 싸고 10여 년간 말썽을 빚어온 비구(比丘)·대처(帶妻)승 간의 오랜 분쟁이 일단 종결, 불교계는 대동단결을 이루게 됐다.
  6일 오후 비구 측을 대표한 孫慶山(대한불교조계종 총무원장), 李行願(동 총무부장) 스님과 대처 측을 대표한 申鍾元(백양사 주지), 李載昕 스님 등 40여 명의 지도급 승려들은 아서원에 모여 통합종단의 종헌을 재확인 하는 협정에 서명 날인 비구·대처승들의 실질적인 통합을 이루게 됐다.
  이날 체결된 양측의 협정은 ① 62년에 제정한 통합종단의 종헌 종법을 준수, 통합종단을 유일 합법적인 종단으로 재확인한다. ② 중

---

28) 『대한불교』 1965.3.21, 1쪽 하단 광고, 「화동불사로 우리 사명을 완수하자」.
29) 약정서는 앞의 자료에 나옴.

앙종회원의 수는 비구 29, 대처 21(종래는 비구 32, 대처 18)로 한다. ③ 전국의 23개 본산(큰절) 중 비구가 15, 대처가 8(현재 비구 18, 대처 5)씩 갖는다는 등을 주요 골자로 하고 있다.[30]

즉 1967년 2월 6일, 비구 대처 양측의 중진승려 40여 명은[31] 모임을 갖고 통합종단의 정통성을 재확인하며, 화동의 추진 방안에 서명하였다. 그들이 서명한 화동의 핵심은 62년 통합종단의 종헌 및 종법의 준수, 대처 측에 종회의원의 수를 21개로 할애,[32] 대처 측에 전국 본사를 8개 처로 제공 등이었다. 그리고 양측 대표는 다음과 같은 공동 성명서를 발표했다.

장구한 세월동안 비구, 대처라는 관념적인 自我 모순의 분쟁이 계속되었으나 이제 自性返照의 정신 아래 명실공히 이를 일체 지양하고 六和均等의 승가 본연의 자세에 돌아가 중생제도의 菩薩 誓願을 실천함으로써 건전한 종단 중흥을 기하고자 한다. 이 정신에 찬동하는 이가 모여 단합의 의의를 다시 한 번 천명하고 문호를 크게 열어 아집적인 분별성을 버리고 정진된 次元에서 피차가 충정으로 和同단결하여 佛祖의 혜명을 길이 받들지어다. 신춘의 대기에 만물이 약동하듯 우리 사부대중은 모름지기 이 뜻을 같이 하여 시대적 요청이요 민족적 과업인 종단 중흥의 대작 불사에 일약 정진하시기 바랍니다.

1967년 2월 6일

---

30) 『동아일보』 1967.3.7, 「비구·대처 10년만에 握手 40여 지도승려들 통합종단에 서명」.

31) 비구 측은 손경산, 이행원, 김서운, 이범향 등 12명이었고 대처 측은 신종원, 박창수, 이재혼 등 28명이었다.

32) 그런데 필자는 당초 23명에서 2명이 준 연유를 파악치 못하였다.

추진위 대표 孫慶山 申鍾元[33]

양측의 화동추진 대표는 이 같은 성명서를 발표하고, 조속히 미등록 사찰 166개의 종단 등록, 그리고 1개월 내에 시민회관에서 불교화합을 의미하는 4부대중이 참가하는 불교대회를 열겠다고 합의하였다.[34] 그리고 이들은 공동성명서의 근원이 되었던 협정서까지도[35] 체결을 완료하였다.

이와 같이 전개된 화동추진위원회의 움직임이 일면 종단의 안정을 기하였던 측면을 부인할 수 없다.[36] 그러나 결과적으로는 이전의 대처승들이 종단 내부로 유입되었다. 유입된 대처승들은 조계종의 종헌 및 종법을 준수한다고는 하였지만 그 실체를 가늠하기는 매우 어려운 것이다. 예컨대 그들의 처자식과의 관계를 어떻게 처리하였는지는 확인하기 어려운 내용이다. 나아가서는 대처 측에서 종단으로 유입된 화동파들에게 본사 사찰 8곳, 종회의원 21명이 배려되었다는 것도 간단한 문제가 아니다. 요컨대 화동파가 종단 내에서 일부 세력화가 될 가능성도 있는 것이다. 그런데 가장 큰 문제는 화동파가 유입되면서 종단 내부에서 불교정화의 이념이 서서히 퇴색되어 갔다는 것이다. 통합종단, 화동파의 성립의 계기가 불교정화운동이었는데, 그를 가능케 하였던 이념과 기반이 존립할 수 없다면 이는 근원에서부터 문제가 잉태됨을 말한다. 종단의 공식석상에서 술

---

33) 『대한불교』 1967.2.12, 「六和의 僧家 本然으로」.

34) 『대한불교』 1967.2.12, 「社說, 佛教紛爭의 妥結을 歡迎한다」.

35) 그 원본은 조계종 총무원 중앙기록관에 보존되어 있다.

36) 그러나 대처 측 본부는 화동위원회를 원천적으로 부인하였다. 즉 대처 측 총무원장인 박대륜은 1966년 2월 7일 성명서를 발표하여 화동위원회는 날조된 것으로 주장하였다. 『중앙일보』 1967년 2월 10일의 관련 내용 참조.

과 고기, 그리고 여자 이야기가 회자되었다는 것은 그에 대한 단적인 단서이다.

그리하여 종단의 일각에서는 화동파에 대한 경계심이 증대되어 갔을 것이다. 화동파가 유입되기 이전, 즉 화동추진위원회의 가동시부터 그런 움직임이 나타났다고 추측할 수 있다. 지금부터는 화동에 대한 이의, 반발의 정서를 이해하기 위한 단서로서 당시 천축선원의 수좌였던 김경우의 기고문, 「和同佛事에 對한 異議」37)를 살핀다. 김경우는 정화운동 당시 종정으로 정화운동을 이끌었던 하동산의 상좌로 그 자신도 정화의 일선에서 활약하였기에 그의 입장은 정화에 참여한 수좌들의 정서를 대변한다고 볼 수 있다. 김경우는 당시 정화이념의 혼미와 화동파의 등장에 대해서 다음과 같은 현실인식을 하였다.

생로병사를 해결할 수 있는 무한의 생명을 체득할 수 있는 無價之大寶가 倭帝의 침해로 진흙에 묻혔더니 淨化十年의 피나는 노력으로 이제 겨우 평지에 올려 놓인 法輪의 바퀴가 채 돌기 전에 이 무슨 魔障으로 수레를 끄는 馬夫는 진흙에 빠지는가!38)

즉 정화 10년으로 거의 안정에 들어간 불교가 진흙에 빠지는 현상으로 보았다. 그는 지계(持戒)가 정화이며, 계화동수(戒和同修)를 해야만 청정정법을 수호할 수 있다고 주장하면서 과거 10년간의 정화는 타당하였다고 보았다.

---

37)『대한불교』1965년 5월 23일(1회), 5월 30일(2회), 6월 13일(3회)에 「和同佛事에 對한 異議」를 기고하였다.

38)『대한불교』1965.5.23.

수많은 佛子들이 피를 흘려 가며 천신만고로 이루어 놓은 정화를 행여라도 常務者들이 事理를 그릇 판단하거나 혹은 지키기 어렵다 하여 淨化十年史를 누우치려 해서는 안 될 것이다. 淨化의 大業이 아직도 大尾를 거두지 못하고 있는 오늘 종무 행정자는 마땅히 신념에 투철하고 자신에 동요가 없어야 한다.

그런데 불행히도 山僧은 「화동불사로 우리 사명을 완수하자」는 화동위원 일동의 성명서에서 신념이나 자신을 스스로 포기해 버리고 있음을 발견했다.[39]

이렇게 그는 정화 10년사가 종무 소임자의 자의에 의해서 훼손되면 안 된다는 강한 소신을 갖고 화동위원들의 판단을 조목조목 비판하였던 것이다. 그런데 김경우가 화동파의 입장을 비판한 근거는 정법의 구현이었다.

山僧은 우리에게 주어진 현실이란 다름 아닌 우리 불교도의 본래적 사명인 正法의 顯現 그것이라고 믿는다.
정법의 현현이란 두말할 것도 없이 지금 우리가 수행하고자 하는 佛敎淨化의 完遂 그것이다.[40]

정법의 구현은 불교정화의 완수라는 것이 그의 강력한 소신이었다. 이에 그는 화동위원회의 성명서를 파사현정을 위한 작용에 대한 가장 속된 후작용이며, 정법의 부작용인 마애(魔碍)에 불과하다고 단언하였다. 김경우가 이처럼 화동의 흐름을 강력히 비판하는 자신

---

39) 앞의 내용과 같음.
40) 『대한불교』 1965.5.30.

감은 정화운동이 타당하였다는 자부심에서 기인한 것이다. 즉 그는 정화의 필연성을 여러 실례를 갖고 거론하면서 이승만의 정화지지 발언이 없었어도 당연히, 기필코 정화는 일어났을 것으로 보았다. 그래서 정화운동은 엄숙한 역사의 진로라고 주장하면서 종무 소임 자들이 그 정화의 흐름을 거슬리지 말아야 한다고 강조했다.

> 淨化十年史를 의심하려 하지 말라! 정화는 한두 사람의 좁은 見解로 시작된 것은 아니요 소수 인사의 反作用이 있다 하여도 좌절될 일도 아니다. 그것은 發展하는 歷史의 당연한 進路다. (중략)
> 문란해진 僧規를 德과 行으로 다스리려는 생각은 하지 못하고 俗된 치안 당국의 힘을 빌리려 하는 것도 건전한 상식으로는 이해할 수 없다. (중략)
> 바라노니 무분별한 和同을 시도하는 행정 當路者들은 외람된 불장난을 하지 말라! 주어진 사명, 그것만을 충실하게 수행하라!
> 땅에서 거꾸러진 자는 땅을 지고도 일어난다.
> 和同으로 정화를 그리치는 인사들은 정화로 戒和同修의 참된 和同을 실현하자!
> 山僧이 허물이 많도다.[41]

김경우는 이렇듯이 화동의 흐름을 극력 비판하고, 정화의 타당성을 개진하였다. 이는 결과적으로 재정화의 필요성을 강조한 것으로 볼 수 있다. 그가 말한 재정화는 '계화(戒和)'로써 함께 수행하자는 것이었다.

김경우가 이런 이의를 공개적으로 제시한 시점이 1965년 6월이

---

41) 『대한불교』 1965.6.13.

었지만, 현전하는 기록에는 이에 대한 찬반의 의사 표시를 공개적으로 밝힌 승려들의 움직임은 1966년까지는 찾을 수 없었다. 오히려, 화동위원회가 정상 가동되어, 1967년 2월 초에는 화동의 공동성명서, 협정서가 발표되었다. 그런데 1966년 10월 15일, 효봉 종정이 입적하자 그 후임으로 이청담이 종정에 취임(1966.12.13)하였다. 종정에 오른 이청담은 정화운동을 다시 철저히 해야 한다는 소신을[42] 견지하였다.[43] 그런데 당시 총무원장인 손경산은 화동위원회를 출범시킨 당사자로서 이청담과는 상이한 현실인식을 갖고 있었다. 요컨대 손경산은 화동위원회를 출범시킨 주체였다. 청담과 경산의 이질적인 인식은 1967년 7월, 해인사에서 열린 종회에서 정면충돌하였다.[44] 그 결과 청담과 경산은 종정, 총무원장 직위에서 동반 사퇴하였다. 그래서 윤고암이 종정에, 박기종이 총무원장에 추대, 취임하였다.[45] 재정화를 강력히 주장한 이청담의 낙마는 재정화의 세력에게는 큰 문제가 아닐 수 없었다. 종단에서 재정화를 추진할 수 있느냐, 없느냐 하는 기로에 서게 되었던 것이다.

영축회는 바로 이와 같은 배경에서 등장하였다. 김경우가 공개적으로 화동의 흐름을 비판한 것에 대한 즉각적인 반응은 없었지만 그때부터 서서히 과거 정화의 주역들은 종단이 이래서는 안 된다는 자각심을 갖고 대안을 강구하였던 것이다. 그런 대안을 강구한 세력으로 등장한 단체가 본 고찰의 대상인 영축회(靈鷲會)와 선림회(禪林會)가 있었다. 영축회는 정화의 주역을 주축으로 1967년 3월 20일

---

42) 『제2대 중앙종회회의록』 349쪽에 나온 취임사.

43) 『신동아』 1967년 2월호, 이청담 인터뷰.

44) 『대한불교』 207호(1967.7.30), 「제16회 임시종회, 내막」.

45) 『대한불교』 1967.7.30, 「제3대 종정에 고암스님을 추대」.

에 출범하였다면, 선림회는 당시 선방 수좌들이 주축을 이루어 1967년 4월 14일에 출범한 단체이다.[46)

지금껏 살핀 바와 같이 영축회는 1965~66년경 조계종단 내부에서 움트고 있었던 재정화, 제2정화운동의 구도에서 등장하였음을 알 수 있다. 그 촉발의 계기는 정화이념보다는 대처승 유입을 통한 종단 안정을 기도하였던 화동의 흐름이었다. 이에 당시 정화의 주역, 종단 모순에 자각을 한 승려 등이 주체가 되어 종단의 현실을 개혁하기 위한 움직임이 노정되었으니 그것이 바로 영축회였다.

3. 영축회의 성립과 전개

재정화, 제2정화운동의 구도아래 등장한 영축회의 성립 과정을 우선 살펴보고자 한다. 이에 대한 내용은 당시 조계종단 기관지 성격의 『대한불교』에 상세히 전한다.

승단의 기강을 바로 잡고 한국불교의 정수가 되기 위하여 수도적인 자세로 임하자, 상호 화합하는 데 힘쓰자, 종단 과업을 수행하는 데에 적극 협조하자. 그리하여 한국불교의 판도에 새로운 방향을 제시하자는 취지하에 젊은 승려들만의 모임인 '靈鷲會'의 창립 준비위원 종정인 이청담도 참여하였는데, 회가 지난 20일 시내 화계사에서 열렸다. 전국 각 사암에서 모인 62명의 젊은 '에릿뜨'들은 동 모임에 대체적인 합의를 보고, 10인의 '준비위원회'를 구성하여 취지문, 강령, 회칙 결정을 위임했다. 동 위원회는 21일 다시 5인의 '小委'로 축

46) 졸고, 「선림회의 선풍진작과 정화이념의 계승」, 『승가교육』 6, 2006.

소시켜 거기서 회명, 강령, 회칙, 취지문 채택 등을 확정시키고 창립 총회는 오는 3월 20일에 열기로 결정했다. 수련대회(강습회), 교리연구(발표회) 등으로 내용 충실을 기하고 대정진, 대화합, 대협조를 통해서 부처님의 正法을 이어 받고 이 나라를 살기 좋은 佛國土로 만들겠다는 등 모임에 대해서 교계 및 일반사회의 관심은 지대하다.[47]

　이 보도기사에 나오듯 승단의 기강을 잡고, 불교의 정수가 되기 위해, 그리고 수도적 자세로 종단과업의 수행에 협조하여, 불교의 판도에 변화를 주겠다는 발기의 취지는 재정화의 의미로 이해하기에 충분하다. 이런 취지로 1967년 1월 20일 하오 1시부터, 서울 화계사에서 전국 각처에서 올라온 승려 62명이 참가한 가운데 창립준비위원회가 열렸다. 준비위원회는 승길용의 사회로 진행되었는데, 문성각이 취지 설명을 하고 참석한 종정 이청담이 훈시를 하였다. 이어서 임시의장에 선출된 송월주의 의사 진행으로 강령, 회칙 등을 논의하였으나 결정을 하지 못하여 10인의[48] 준비위원회를 두어 거기에서 심의, 결정할 것을 정했다. 즉 10인 위원회에 창립과 관련된 제반 사항을 위임하였다.
　다음날인 1월 21일, 10인의 준비위원회는 모임을 가졌지만, 다시 5인의 소위원회를 두기로 정하였다. 이 5인의 소위원회에서 단체명, 강령, 회칙, 취지문을 결정하기로 정하였다. 창립의 제반 문제를 결정할 권한을 위임받은 5인의 승려들은 1월 25일, 조계사에서 최종적인 회합을 갖고 단체명을 준비 단계에서 제안한 선정회(禪定會)에서

---

47)『대한불교』1967.1.29,「韓國佛敎 淨化作業의 前衛로, 중진승려들 영축회 결성 준비」.

48) 이 대상자가 누구인지 구체적으로는 알 수 없다. 후술할 창립준비 취지서에 나온 10명이 이들일 가능성이 높다.

영축회(靈鷲會)로 바꾸고, 창립총회를 3월 20일에 개최할 것을 정하면서, 실천 강령과 회칙도 정하였던 것이다.

이와 같은 결정을 하였던 준비위원회의 대표는 이행원, 간사는 문성각이었다.[49] 그런데 이 보도기사에서 영축회의 산파역인 소위원회의 위원을 이행원, 박청하, 고광덕, 황진경, 문성각이라고 한 점을 주목하면 이 5인을 핵심 인물이라고 보는 것은 자연스러운 것이다. 그러면, 영축회의 창립준비위원회의 개최를 추동한 가장 핵심적인 승려, 세력은 누구인가? 이에 대해서는 단언하기 어렵다. 누구의 제안, 발의에 의해서 전국에서 62명이라는 중견 승려가 화계사로 왔는가를 설명하는 것이 그 열쇠일 수도 있다. 여기에서 그 정황을 알 수 있는 자료가[50] 있어 제시한다.

취지문

비구·대처 분쟁이라는 치욕적인 法難을 거쳐 새로운 각오 아래 오직 定慧雙修와 理事無碍를 제고하며, 六和의 정신에 입각하여 종단의 전통을 바로 잡고, 현실 타개를 위하여 역사적인 통합종단을 이룩한 지도 어언 해를 거듭하여 5개 星霜을 보냈습니다.

그러나 오늘을 보십시오. 깊이 반성하지 않을 수 없습니다. 과거와 같은 동지애적 분위기는 사라지고 악의에 찬 派閥造成과 權謀術數와 어제의 동지를 오늘의 적으로, 오늘의 원수를 내일의 동지로 바꾸면서 닭 벼슬만도 못한 입신 영달을 위해서는 수단과 방법을 가리지 않는 일들이 예사로 벌어지고 있습니다. 이는 곧 부처님의 法脈을 끊는 가증한

---

49) 당시 이행원은 종단의 총무부장이었으며, 문성각은 소요산 자재암의 주지였다.
50) 이 자료는 『聲準和尙牧牛錄』(불교시대사, 1999), 329~330쪽에 수록되어 있다. 그러나 필자는 이 자료의 원본은 보지 못하였다.

일이라 하겠습니다. 이것을 그냥 보고 있을 수는 없습니다.

우리는 이렇게 착잡한 현실을 방관 내지 동조하는 태도를 지양하고 그들로 하여금 과거를 반성하고 구도심을 발양케 할 자극적인 바탕을 마련해야 하겠습니다. 그리하여 여기 청장년 도반으로서 正法에 입각한 義憤과 氣槪에 찬 도반스님들의 精進과 宗團 防牌를 위주로 하는 모임이 요청되는 것입니다.

뜻을 같이 하는 도반은 다음의 날짜에 모여 우선 발기인을 선발하고 다음 진행 사항에 대한 의견을 모으는 데 자리를 같이 해주시기 바랍니다.

다 음

장소 : 서울 성북구 수유리 화계사

일시 : 1967년 1월 20일 오전 11시

文性覺　合掌

위의 취지문은 영축회 준비위원회의 개최 배경, 모임의 일정을 알린 문건이다. 그런데 이 취지문이 문성각의 이름으로 나왔음에서 일단은 준비 단계의 핵심 승려가 문성각임을 알 수 있다. 문성각은 널리 알려진 바와 같이 비구 측 불교정화운동을 상징하는 1960년 11월, 대법원 난입 사건 당시의 할복 6비구의 일원이었다. 그런데 영축회가 출범된 이후에[51] 이행원이 문성각에게 보낸 편지에 "영축회는 스님하고 저하고 둘이서 시초발기(始初發起)해 놓고"라는 표현을[52] 보면, 문성각과 이행원이 그 핵심 인물이라는 점은 분명하다고 본다.

---

51) 이는 편지에 7월 16일로 되어 있는데, 1967년을 의미하는 것으로 보인다.

52) 『성준화상목우록』, 356쪽.

한편, 영축회 준비위원회의 승려들은 본부를 조계사에 두고 본격적인 창립준비에 들어갔다. 회원은 대한불교조계종 재적승려 중에서 20~50세의 비구 승려이며, 대한불교 중흥을 위한 사명감에 투철하고 종단 정예가 될 각오가 있는 자, 창립 취지에 찬동하는 자로 정하였다. 그러자 창립 전에 이미 상당수 승려가 입회를 하였다.[53] 그리고 실천 강령은 아래와 같이 정하였다.

① 우리는 대정진으로 靈鷲拈花를 체달하여 至聖의 命脈을 계승한다.
② 우리는 대화합으로 四衆一身을 도모하고 佛祖大機를 실천한다.
③ 우리는 대협조로 宗團課業에 挺身하여 佛土 건설을 실현한다.

그리하여 영축회 창립 준비위원회는 이상과 같은 대강의 틀을 정하고, 그것을 『대한불교』(1967.2.5)의 광고면에 창립선언문을 게재하였다. 그 광고에는 창립 취지문, 실천강령, 입회 안내 등이 창립준비위원회 간사인 문성각의 이름으로 나와 있다. 우선 그 취지문 전문을 제시한다.

燦然, 佛智의 빛남이여! 茫渺法海의 너그러움이여! 그는 智悲慈雲으로 劫海를 窮盡하고 甘露의 律動으로 有無世間을 熏成하였습니다.
金口一旦 靈鷲에 열릴 때 劫前 맥박은 萬有로 발현하고 劫後의 光輝는 生靈을 示現하였습니다.
오! 不暮의 태양, 靈鷲의 光輝여! 그는 인간과 세계와 역사와 창조를 光明一點에 설정하였던 것입니다.

---

53) 『대한불교』 1967.2.12, 「3월 20일 영축회 창립총회」. 400여 명이 입회하였다고 하지만, 그 진위는 알 수 없다.

그로부터 三千年 광휘의 파동은 靈山을 東으로 西로 振運하여 佛法의 땅 한국은 우리 앞에 전개되었습니다.

우리는 영광의 빛을 받은 者입니다. 그를 이어 光幢의 상속자가 된 자입니다.

감격과 환희와 용기와 원력은 우리의 生理입니다. 우리는 압도된 환희와 감격에 묻혀 오랜 꿈속에 잠겨 있었더니 이제 눈을 뜨고 자신과 四衛를 돌아보는 것입니다.

아! 이 現實

永遠과 無限! 自在와 환희, 淸淨과 和合이 光榮과 創造를 구가할 佛子의 세계가… 이는 어찌된 일입니까!

虛妄과 退嬰, 不信과 我執, 解弛 葛藤으로 얼룩진 이 자신의 현실은 어찌된 일입니까! 이를 앞에 놓고 우리들은 한동안 망설였습니다. 그러나 결심하였습니다. 佛子답게 靈鷲高嶺에 깊이 들어가 萬化의 源流에 逍遙하리, 영축의 광휘를 가슴에 안고 勇進의 생애를 내달리리 결심하였습니다.

靈山은 구원자의 동산입니다. 百花爛漫 窮劫을 노래하는 自在者의 마당입니다. 우리는 이제 世尊拈花意를 通身實現하고 이 땅, 이 겨레, 이 종단이 劫外者의 主人되게 하오리. 이 뜻에서 우리는 이제 영축회를 창립함에 이르렀습니다. 이 땅, 이때에 낳은 靑壯佛子가 心魂으로 결집하여 靈山大法輪을 自身 삼아 내달리자는 것입니다.

이제 돌이켜 생각하건대 위와 같은 우리의 念願 絶叫는 한낱 巨壑에 던져지는 한 방울 물로 보아집니다. 그러나 우리는 이것으로 法燈의 一滴油로 自處하고자 하는 것이니 法海의 一滴水가 되는 이 영광된 自覺을 버릴 수 없는 까닭입니다.

원하옵건대 이로써 佛祖의 鴻恩에 豪毛의 갚음이라도 되어지이다.

이 창립 취지문에서도[54] 재정화를 위해 헌신을 해야 함이 분명하게 나오고 있다. 이 광고에는 준비위원 10명의 인명도 나온다.

이행원 문성각 박청하 이진용 송월주 황진경 고광덕 조진몽
허법신 유월탄

이들이 영축회를 발기하고, 준비하고, 창립의 제반 문제를 풀어간 주역임은 분명하다. 그중에서도 이행원과 문성각이 태동 단계에서의 핵심이었다.[55]

마침내 영축회는 1967년 3월 20일, 조계사 대웅전에서 창립총회를 갖고 출범하였다. 당시 이를 보도한 신문 기사를 보자.

한국불교 중흥을 위한 젊은 승려들만의 모임인 靈鷲會가 지난 20일 종정 스님과 총무원장 스님을 모시고 1백50명의 회원과 많은 일반 신도들이 자리를 같이 한 가운데 曹溪寺 대법당에서 창립총회를 가졌다.[56]

150여 명의 승려가 참가한 가운데 거행된 총회는 3월 20일 오후 두시부터 시작되었다. 종정인 이청담의 훈시, 총무원장인 손경산의 축사가 있은 뒤에 토의사항을 시작으로 총회는 진행되었다. 회원들

---

54) 이 취지문은 문성각이 자필로 쓴 선언문이었다고 성준문도회에서는 주장한다. 앞의 『성준화상목우록』, 350쪽.

55) 그런데 이행원, 문성각이 여타 8명을 어떻게 접촉하였는지는 아직 파악하지 못하였다.

56) 『대한불교』 1967.3.26, 「대정진 대단합 목표, 20일 영축회 창립, 거종단적 승려 단체로」.

은 실천 강령을 채택하고, 10장 31조로 구성된 회칙을[57] 통과시키고, 임원 선거를 하였다. 그 결과는 다음과 같다.

회장 : 이서옹
수석 부회장 : 이행원   부회장 : 박청하 김일타
상임위원 : 송월주 이도우 김태연 정지천 황진경 유월탄 배도원
          문성각 오법안

이렇게 회장, 부회장, 상임위원[58] 등을 선출하고, 이어서 사업계획 심의와 지도위원 선출은 상임위원에게 위임하였다.

이렇게 첫날의 총회는 마치고, 3월 21일 둘째 날의 총회는 봉은사로 자리를 옮겨 개회하였다. 오전 10시부터 시작된 상임위원회에서는 고문, 지도위원, 간사장 등을 선출하였다. 그것을 제시하면 다음과 같다.

고문 : 이청담 손경산 윤월하 박벽안 김서운 이운허 김탄허
       이성철
지도위원 : 문정영 이범행 이능가 일연 오녹원 임원광 김도광
         장희찬 채동일
간사장 : 문성각

그 후 상임위원회는 회규 제정, 조직 강화, 회원 배가운동, 정진

---

57) 필자는 아직까지 회칙을 보지 못하였다.
58) 위원은 19명을 뽑았다고 하였지만 보도에는 그 전체 대상자를 제시하지 않았다. 19명은 회장단을 포함한 것이다. 즉 6명은 보도되지 않았다.

대회에서 모심기·보리베기의[59] 근로 봉사활동, 각 도별 강연회 개최 등 1967년의 사업계획을 세웠다. 이러한 제반 결정을 하였던 영축회 회원들은 이후에는 강연 및 설법을 들어 정신 무장을 새롭게 하였다. 즉 21일에는 이청담 종정으로부터 선의 의의에 대해서, 그리고 김일타의 율학에 대한 설법을 들었다. 그리고 22일에는 김탄허의 화엄론, 이운허의 대승불교와 소승불교에 대한 설법을 청취하였다. 마지막 날인 23일에는 신앙촌과 무문관(無門關)[60] 견학을 하였다.

이상과 같은 내용은 『대한불교』의 보도기사를 저본으로 하여 그 전개 내용을 정리한 것이다. 창립총회를 마친 영축회는 임원진의 내용을 『대한불교』 지상에 광고하였다.[61] 그런데 대강의 내용은 보도기사와 맞는데 일부 내용에서는 차별이 있다. 그것을 요약한다. 회장, 부회장, 간사장, 고문은 보도기사와 같다. 그러나 지도위원에서[62] 보도기사에 적시된 인원은 9명인데, 공고에는 8명으로 나온다. 즉 일연은 공고에 나오지 않는다. 필자는 그 연유를 알 수 없다. 그리고 상임위원은 보도기사에 19명이라고 하면서도 회장단을 제외한 9명만 적시하였지만 공고에서는 회장단과 간사장 5명을 제외한 14명의 법명을 제시하였다.[63] 추가된 대상자는 김운학, 김혜정, 이진용, 고광덕, 김경우, 정규대, 허법신 등 7명이다.[64] 다음으로는 의결

---

59) 이는 두타행의 차원에서 포함시킨 것이다.

60) 무문관은 6년간, 독방에서 참선수행을 하는 선방으로 1964년 8월에 터를 잡아 3년간 공사를 하여 1966년 4월 6일에 낙성되었다.
『대한불교』 1966.4.7, 「成佛의 道場, 동방의 빛, 무문관 낙성, 입방은 작년 12월」.
『대한불교』 1967.4.30, 「무문관 1년 안거 회향」.

61) 이것도 1967년 3월 26일자에 나왔다. 영축회 회장 이석호의 이름으로 공고한 것이다.

62) 지도위원은 회장단과 비슷한 자격을 갖고, 자문에 응하는 역할을 하도록 하였다.

63) 당초에는 15명으로 구성한다고 하였다.

기관인 소총위원을 제시하였다. 이 위원에는 회장단, 지도위원, 상임위원을 망라하면서도 추가의 승려가 포함되었다. 이들이 영축회의 성격을 가늠하는 승려들이기에 그 전체 명단을 제시하고자 한다.

이석호 이행원 김일타 황도견 이성수 박청하 문성각 이상화
김홍도 장정월 석월태 김동화 정초우 김여환 김홍교 유송월
조진몽 유정환 조정오 최원철 박불인 신법인 채인환 신도봉
강법종 진흥법 강도남 권진정 김 산 배송원 변각성 김혜공
강진장 서벽파 권혜광 한도열 이지원 정정수 홍덕윤 송월주
김운학 김혜정 황진경 오법안 이진용 유월탄 고광덕 이도우
김태연 배도원 김경우 정도천 허법신

영축회의 성격을 제대로 분석하려면 이들의 출신, 노선, 지향, 행적 등을 종합해야 할 것이다. 대략 보아도 여기에는 정화에 참여한 청년 승려, 선방에서 수행하고 있는 수좌, 율사, 학승 등 다양한 출신 승려가 포함되었다. 이에 대한 세밀한 검토는 후일 연구로 넘기겠다. 여기에서는 그 중요성만 지적한다.

영축회는 이렇게 거창한 구호를 내세우면서 출범하였다. 영축회는 출범한 지 한 달이 지난 1967년 4월 23일자의 『대한불교』에 회의 결산공고, 입회 안내, 상임위원회 소집 공고를 하였다. 이제는 그것을 요약, 소개하고자 한다. 우선 입회 안내에서는 영축회가 발족할 때에 입회하지 못한 승려들에게 입회 권유를 하였다. 입회는 직접하거나 우편으로 가능하다고 소개하면서 중앙은 조계사 주지실로 하고, 지방은 각 교구의 간사에게 하도록 알렸다. 영축회에서는

---

64) 그런데 보도기사에는 나왔던 이도우, 정지천은 제외되었다.

1967년 4월 16일자의 『대한불교』 1면 광고에 「공고」를 내서 중앙 및 각 교구의 연락 간사를 알린 바가 있다. 그것은 다음과 같다.[65]

중앙 : 김홍도, 안종학, 이현우, 최해안
2교구 : 김도진
4교구 : 강병찬
5교구 : 이설조
9교구 : 김동화
10교구 : 이동호
15교구 : 진홍법
17교구 : 조정오
18교구 : 장이두
19교구 : 김 산
22교구 : 한도열

이렇게 제시된 연락 간사에게 입회를 하도록 공고하였다. 그리고 제2회 상임위원회의 소집을 공고하였다. 일시는 1967년 4월 29일 오전 10시이고, 장소는 조계사 주지실로 정하였으며, 안건은 영축회 연간사업의 계획, 예산 심의, 기타 행사계획 등이었다. 그리고 그때까지의[66] 영축회의 결산 공고도 함께 고지하였다. 창립한 지 불과 한 달도 채 안되어 회의 결산(123,500원)을 공고한다는 것은 매우 특별한 경우라 하겠다. 그것을 요약하면 다음과 같다. 우선 찬조 수입금을 제시하고, 그 내역을 건별로 소개하면서 그 내용을 승려와

---

65) 그런데 공고의 附記에서 미정된 교구와 중앙의 연락 간사는 추후 임명하겠다는 내용이 있다.
66) 발기한 1967년 1월 20일부터 4월 15일까지의 내용이다.

재가자로 나누어 제시했다. 가장 많은 찬조금을 낸 인물은 이덕산 거사로 64,000원이다. 그리고 이행원은 5천 원, 문성각은 1만 원을 냈고, 최원철도 2천 원을 냈으며, 김대광명 보살도 1만 원을 찬조하였다.

그런데 필자는 『대한불교』에 위의 공고문을 낸, 1967년 4월 29일자의 광고 이후의 영축회 활동 내용에 대한 자료는 지금껏 전무하다. 위에서 공고된 제2회 상임위원회가 정상적으로 열렸는지도 알 수 없는 형편이다. 조심스러운 추측이지만 더 이상의 활동은 전개되지 못한 것이 아닌가 한다. 그러면 이에 대한 설명, 해석은 어떻게 해야 하는 것인가의 문제가 남는다.

4. 영축회의 한계, 그 성격

영축회는 종단의 재정화라는 구도에서 출범하였다. 그러나 출범한 지 불과 1년도 못 가서 좌초되었다. 이제부터는 이에 대한 원인과 문제를 필자의 소견으로 개진하고자 한다.

첫째, 영축회를 이끈 핵심 주체의 문제를 거론할 수 있다. 앞에서도 잠시 언급한 바와 같이 영축회는 이행원과 문성각을 주체로 볼 수 있다. 즉, 이 두 승려가 영축회를 발기하고, 창립을 주도한 것이다. 이에 대해서는 앞서서 발기 취지문을 쓴 당사자가 문성각이라는 점이 제일 확실한 근거이다. 그리고 그 정황을 알 수 있는 이행원이 문성각에 쓴 편지가 있다.

우리는 무엇 때문에 머리를 깎았으며 무엇 때문에 살고 있습니까? 그것 때문에 그것을 위하여 그것을 하려고 먹고 살고 있을 것입니다. 여하튼 말이란 정확성이 전혀 없는 것이며 또한 모든 일은 심사숙고하여 진행하는 일이니 과히 傷心마시고 放念하십시오.

해제 후에는 꼭 上京하심을 부탁드립니다. 앞으로 우리 젊은이의 임무가 더욱 중차대하므로 드릴 말씀도 있고 하니 꼭 오심을 고대합니다. 입이 있어도 입 열 곳이 없으니 참으로 믿고 입 열 곳이란 단 한 군데뿐입니다. 이 심정을 아시와 꼭 오심을 바랍니다.[67]

이 편지에서 이행원이 가장 신뢰하는 대상자가 바로 문성각임을 즉각적으로 알 수 있다. 그런데 이 편지를 쓴 날짜가 2월 17일인데, 그 연대가 1966년인지, 1967년인지를 단언키 어렵다. 행간의 뜻을 유의하면 1966년으로 보인다. 왜냐하면 1967년에는 1월 20일에 영축회 창립을 위한 발기 준비위원회를 열었고, 2월 17일경에는 창립을 위한 제반 준비에 여념이 없을 때이기에 자연스럽게 1966년으로 볼 수 있다. 그렇다면 이행원과 문성각은 1966년 3월경부터는 종단의 재정화를 위한 준비 작업에 들어간 것이다.

이렇게 두 승려의 투철한 종단관, 재정화가 필요하다는 확신에 의해서 영축회가 출범하였지만 출범 후 얼마 안 가서 이행원은 일본으로 출국하였다. 그는 재일교포들의 포교를 위한 거점 확보를 위한 사업인 재일(在日) 홍법원(弘法院)을 개원하기 위해 일본으로 건너갔다.[68] 1966년 봄에 처음으로 일본에 건너간 행원은 일본에서의 포교 거점을 만들기 위한 노력에 분주하였다. 그 결과 1966년 8월

---

67) 『성준화상목우록』, 355쪽, 자료 3.
68) 『대한불교』 1967.8.13, 「재일 홍법원 개원」. 홍법원은 7월 29일 개원하였는데, 1966년부터 이행원이 추진하여, 그가 원장으로 취임하였다.

6일에 동경의 건물을 임시로 얻은 후, 홍법원의 개원 준비 작업은 본 궤도에 올랐다.[69] 그래서 그는 자연 영축회에 신경을 쓸 겨를이 없었다. 그 사정을 전하는 편지, 즉 이행원이 문성각에게 쓴 1967년 7월 16일의 편지의 일부를 보자.

然하와 宗團 일이 여기 와서 있기 때문에 캄캄하오이다. 더구나 院長스님마저 월남에 가 계시기 때문에 복잡다난한 종단 내부가 더욱 異論이 분분하리라 믿습니다. 이번 宗會에도 꼭 가려고 하였으나 여기 일을 벌려 놓고서는 도저히 떠날 수 없습니다. 그래서 못 하오니 여러 同志들에게 많은 양해를 구하나이다.

더구나 靈鷲會는 스님하고 저하고 둘이서 始初發起해 놓고 무책임하게도 여기 와서 이렇게 있으니 죄송하고 송구한 마음 무어라 말할 여지가 없습니다. 그러나 이것이 종단의 百年大計의 일환이 된다면 하고 노력하고 있을 따름입니다.

우리 영축회는 그래도 대한불교를 짊어지고 나아갈 실질적인 인물들이 아니오이까. 그러하오니 性覺스님께서 어려우시지만 제몫까지 노력하여 주시옵소서.

여기 일이 어지간히 정리가 되면 꼭 귀국할 예정입니다. 여태까지 여기 일은 잘 진행이 되어 가고 있습니다. 이것도 영축회의 한 사업으로 보아 주십시오.

그러면 내내 건투와 大願成就를 비오며 안녕하시옵소서.

7월 16일
행원 합장

---

69) 『숭산행원 선사 전서, ① 가는 곳마다 큰스님의 웃음 : 해외포교 35년사』, 신국주, 「숭산선사의 해외포교 30년」.

이렇게 이행원은 영축회가 출범한 지 몇 달이 안 되어 일본으로
건너갔다.[70] 그래서 혼자 남은 문성각은 영축회의 진로, 운영 등에
대해 말 못할 고민을 하였을 것은 분명하다. 이렇게 핵심 주체가 퇴
진한 것은 영축회 진로에 큰 장애로 등장하였다. 이것이 영축회의
조기 중단에 영향을 주었다.

더욱이 문성각도 1967년 8월 초에는 종단의 감찰부장으로 취임
하였다. 그것은 1967년 7월 해인사 종회에서 종정, 총무원장이었던
이청담, 손경산의 동반 퇴진으로 인한 종단 간부들의 재편 구도에서
나온 것이었다.[71] 문성각이 종단 간부로 근무함이[72] 영축회 활동에
위축을 주었음은 당연한 이해이다.[73]

둘째, 영축회의 위축을 야기한 요인은 이행원, 문성각 이외의 회
원에서도 대두되었다. 즉 영축회 간부들의 이탈이었다. 그 이탈을
촉진케 한 것은 1967년 4월 14일 동화사에서 출범한 선림회(禪林會)
였다.[74] 선림회는 총림의 건설, 선풍 진작을 통한 불교정화의 이념

---

70) 건너간 정확한 일자는 파악하지 못하였다.

71) 『대한불교』 1967.8.6, 「총무원 部·局長 전면 改編」.

72) 당시 조계종단에는 승려들의 비행, 징계가 한 달에 100건에 달하였다. 『대한불
교』 1967.5,7 「감찰원에 비친 僧風問題」.

73) 그리고 그 무렵에 나온 불국사 사리병 사건도 영축회 퇴진에 일정한 영향을 주
었다고 보인다. 불국사 사리병이 깨진 것을 두고 불국사 사중 승려들의 대응,
그 진실을 전달을 둘러싼 갈등이 있었다. 이때 종단 감찰원에서 개입하였고, 그
와중에서 일단의 승려들이 채벽암 주지를 분황사로 강제로 데려와서 옷을 벗기
는 사태가 일어났다. 이 소식을 들은 종단의 승려와 신도들은 경악을 하였다.
신도들은 종단개혁을 주장하면서, 교법수호를 내세운 단체를 만들기도 하였다.
문성각은 감찰원의 간부였기에 그 사태의 중심에 있었다. 당시 문성각의 생각,
판단, 행동을 정확하게 알 수는 없지만 결과적으로는 그의 위상은 하락하였을
것이다. 때문에 이는 영축회의 급격한 위축을 야기하였을 것으로 보인다.

74) 선림회에 대한 전모 및 성격은 졸고, 「선림회의 선풍진작과 정화이념의 계승」,
『승가교육』 6, 2006 참조.

계승을 표방하면서 출범하였는데, 회원은 선방의 수좌들이었다. 선림회의 출범 직후, 종단에서는 수좌 및 선림회에서 강력히 요구한 해인사 총림의 조속한 설립을 추진하였다. 이에 종단 차원의 시선이 해인사, 해인총림으로 모아지면서 자연 선림회가 중심적인 승가 단체로 부각하였다. 이러면서 영축회의 간부, 회원들의 상당수가 선림회로 옮겨갔던 것이다. 예컨대, 선림회 부회장인 문정영, 김성수, 김일타가 그 예증이다. 이들은 영축회의 간부들이었다. 그리고 진홍법, 황도견, 김도광, 고광덕 등도 역시 그러하다. 이렇듯이 영축회 간부가 흔들리고, 선림회로 관심이 집중되었을 때에 이를 제어, 조율할 주체적인 승려가 부재하였다. 회장인 이서옹은 명의로만 회장이었지, 실질적인 주도권 및 운영에 대해서는 뚜렷한 입장, 소신을 가졌다고 볼 수는 없었다.[75] 요컨대 영축회 회원들이 이탈하였다.

셋째, 영축회가 출범의 이상을 너무 과대하게 표방하였다. 이로써 현실과 이상의 괴리가 너무 컸으며, 이를 조율할 주체세력이 부재하였다. 영축회가 출범할 때에 『대한불교』에서 종단의 현실과 영축회가 나가야 할 길에 대한 분석에서 이 문제는 이미 예견되었다. 『대한불교』 해설에서는 영축회가 창립되었던 무렵의 종단의 현실을 다음과 같이 분석했다.

과거 수년간 비구, 대처간의 수치스런 분쟁은 차치하고 요즈음 너무나도 지독한 개인주의에 흐른 승려 자신들의 반성 수행과 터무니없는 중상모략 그리고 단합 협조의 부족에서 오는 종단 자체의 침체 등을 염려하여 진작부터 이와 같은 승려들 자신의 반성과 아울러

---

75) 당시 영축회 및 문성각의 지근거리에 있었던 승려, 마하는 회장 이서옹은 실권이 없었고, 상징적으로 초빙한 회장이라는 증언을 필자에게 하였다.

동회의 탄생은 너무나도 당연한 일로서 교계 및 일반 인사들의 이에 대한 관심과 기대는 막중하며 또한 종정스님이나 총무원 측에서도 적극 후원할 뜻을 밝힘으로써 모임의 앞날은 상당히 낙관적이다.[76]

즉 종단이 극심한 재정난, 독선과 졸속, 세력다툼으로 인한 중상 모략 등이 심각하다는 것이다. 이런 현실에서 영축회가 정법(正法)에 입각한 정진 및 승가의 단합을 강조하였지만, 과거의 승가 단체인 도우회(道友會), 세대불교 동인회(世代佛敎 同人會) 등도 처음에도 요란하게 시작하였지만 결과는 용두사미격으로 퇴진한 전례를 지적하며, 적지 않은 우려를 하였다. 영축회가 누더기 옷을 입고, 오후불식하며, 종단기구에 의존하지 않고, 회원의 힘으로 밀고 가겠다는 다짐을 한 것이 어찌보면 현실과 너무 동떨어진 방법이 아니었나는 지적도 받을 수 있는 것이다. 그리고 출범 초기에 종헌과 종법, 그리고 강력한 종책의 뒷받침을 받고 사업을 추진하겠다는 점도 간단치 않다. 즉 이는 종단의 후원이 없으면 영축회의 진로는 유명무실할 수도 있음을 예견하는 것이다. 그리고 실제 이러만 측면은 현실적으로 나타났다. 종단이 선림회에 우선시 하는 정책을 전개하자, 영축회는 이렇다 할 활동을 거의 하지 못하였다는 것은 이를 예증하는 것이다.

그래서 영축회 창립총회 직후에 나온 『대한불교』의 사설,[77] 「조용한 창립, 우렁찬 전진 있기를」이라는 제목과 내용도 시사하는 바가 많다. 즉 젊은 비구들이 종단 발전을 위해 헌신하겠다는 각오가 과격한 어조로 표시되었다고 지적하면서

---

76) 『대한불교』 1967.1.29, 「해설, 영축회」.
77) 1967년 3월 26일자 사설이다.

영축회만은 조용한 창립에서 시작하여 우렁찬 전진을 꾸준히 계속하여 주기를 바란다. 강령에 나타난 인쇄 활자의 흥분만으로 일이 이루어지는 것이 아니다. 냉정한 머리와 따듯한 심장과 분주한 발에서 새로운 역사는 창조되는 것이다.

흥분으로 재정화, 종단 발전, 불교의 중흥은 달성될 수 없다고 주장하였다. 이러한 우려와 지적은 사실로 귀결되었다. 요컨대 영축회는 현실과 이상의 괴리에서 자초한 것이다. 소수의 승려가 결사적인 형태로 추진하였다면 어떠한 결과를 가져 왔을까 하는 가정도 할 수도 있는 것이다.

지금까지 살핀 바와 같이 영축회는 주체 세력의 이완, 간부진 및 회원의 이탈, 현실과 이상 사이의 괴리 등으로 당초에 설정한 목표를 거의 달성하지 못하고 중도 퇴진하였다. 그러나 재정화, 제2정화 운동이라는 구도에서 처음으로 등장하였다는 역사적 의의만은 퇴색되지 않았다.

5. 결어

맺는말은 추후 더욱 연구할 문제, 나아가서는 1960년대 불교사상에서 유의할 대상을 제시하는 것으로 대신하겠다.

첫째, 영축회의 발기, 창립에 대해서는 본 고찰에서 상세히 살폈지만 활동 및 퇴진의 내용에 대해서는 소략하게 정리한 것을 보충해야 한다.

둘째, 영축회의 난관, 퇴진과 선림회의 등장 및 활동과의 상관관계도 더욱 세밀히 분석할 필요성을 느낀다.

셋째, 이청담, 손경산이 해인사 종회에서 동반 퇴진한 사건, 그리고 이청담의 종단 탈퇴 성명을 밝힌 종단의 구도 등을 1960년대의 종단 지형에서 이해하고, 이것과 영축회와의 상관성은 없는가에 대한 답변이 요청된다.

넷째, 영축회가 비판한 화동의 흐름에 대해 긍정적인 해석은 할 수 없는가이다. 즉 화동의 공과를 면밀하게 살피고, 화동으로 유입된 대처 측 출신 승려들의 이력을 조사하는 것도 흥미로운 연구 주제이다.

다섯째, 영축회에 가담한 승려들의 출신 사찰, 성격 등에 대한 종합적인 고찰도 필히 해야 한다.

이러한 대상의 주제가 분석, 이해될 때에 영축회의 전모와 성격은 더욱더 입체적으로 나타날 수 있을 것이다. 후학들의 이 분야에 대한 관심과 연구의 참여를 바랄 뿐이다.

선림회의 선풍 진작과 정화이념의 계승

1. 서언

일제하 식민지불교의 극복을 기하면서 조계종단 자체의 정화를 기하기 위해 시도된 이른바 불교정화는 1954년에 가시화되었지만 숱한 우여 곡절을 겪고 1962년에 일단락되었다. 즉 1962년 4월 비구, 대처 양측의 합의에 의해 등장한 통합종단은 불교정화의 가시적인 성과였다.[1] 그러나 통합종단이 출범한 직후인 1962년 9월경에 이르러서는 종회의원의 비율문제에서 비롯된 조계종단 내부의 운영권에 대한 이견으로 독자노선으로 나갔다. 이는 통합종단의 정체성뿐만 아니라 불교정화에 대한 정당성을 미약케 하였던 중대한 사건이었다.

이에 조계종단은 대처 측의 독자 노선을 유의하면서도 불교정화를 계승하기 위한 3대 지표인 도제양성, 역경, 포교 등의 사업을 경

---

[1] 정화운동에 대한 개요 및 성격은 아래의 졸고를 참고할 수 있다.

김광식, 「불교 '정화'의 성찰과 재인식」, 『근현대불교의 재조명』(민족사, 2000).

김광식, 「정화운동의 전개과정과 성격」, 『새불교운동의 전개』(도피안사, 2002).

주해야만 할 시대적 과제에 직면하였다. 요컨대 이 같은 현실에서 불교정화의 정신을 계승하는 것은 간단한 문제가 아니었다. 무엇보다도 불교정화의 정신을 망각하는 종단 내부의 흐름이 점차 성장하고 있었다. 그리고 조계종단을 이탈한 대처 측이 문제 해결을 사법부로 끌고 가려는 움직임도 지속되었다. 그리하여 정화를 주도한 주체들은 그 흐름을 비판하면서 불교정화 계승을 위한 노력을 기울이고 있었다. 요컨대 1960년대의 조계종단은 불교정화의 계승이라는 역사적인 과제를 실천해야만 되었다.[2]

이러한 배경에서 본 고찰은 1960년대 조계종단 내부에서 불교정화의 이념을 계승하려는 승려들의 고뇌 및 모임이 있었는가에 대한 응답의 성격을 갖는다. 필자가 본 고찰에서 대상화한 선림회(禪林會)는 1967년에 창립하였고, 선풍 진작을 통해 불교정화의 이념의 계승을 표방한 조계종단 승려들의 단체이다. 즉 선림회는 조계종단 선방 수좌들의 모임이었다.

필자는 선을 종단의 정체성으로 표방한 조계종단의 역사를 고려하여 선림회의 창립과 활동에 깊은 관심을 갖게 되었다. 그런데 선림회는 1970년대 중반에 접어들면서 활동이 중단되는 등 창립의 취지를 구현하지 못하고 역사의 전면에서 후퇴하였다. 그리하여 1980년대에 가서는 조계종단 내 선방 수좌들의 선수행(하안거, 동안거) 기록인 방함록을 발간하는 명분의 단체로만 기능할 뿐이었다. 그 후 1994년 종단개혁이라는 구도에서 전국선원수좌회가 등장하자, 선림

---

2) 조계종단 기관지인 『대한불교』 1969년 12월 14일, 21일자의 기획기사, 「60년대 한국불교 움직임」 참조. 그 내용은 '정화불사'에서 정화이념의 구현은 아직 미결이고, '3대 사업'(도제양성, 역경, 포교)에서는 정화이념을 구현시키려는 몸부림과 현실적인 분쟁, 소송의 연속으로 사실상 60년대에는 3대 사업에 총력을 기울일 수 없었다고 평하였다.

회는 역사의 무대에서 완전 사라지게 되었다.

때문에 선림회의 역사적 조명의 성격을 띠고 있는 이 고찰은, 첫째 1960년대 중반 불교정화를 계승한 단체로서의 선림회의 출범과 전개, 둘째 1960년대 후반부터 1970년대 초기까지의 수좌들의 선풍진작 의식 및 불교정화 이념의 계승, 셋째 선림회가 전국 선원수좌회의 전신의 성격을 갖고 있기에 현재 전국선원수좌회의 출범 배경도 은연중 해명할 수 있는 단서를 찾을 수 있다 하겠다. 그러나 본 고찰에서는 선림회와 관련된 관련 자료를 총동원하여, 역사적 전개과정 및 성격을 제시하는 정도, 즉 자료발굴과 선림회의 개요를 소개하는 선에서 머무르려고 한다. 한국 현대불교사에서의 선림회의 의미, 선우도량 및 전국선원수좌회와의 연계 등은 필자의 후일 연구로 남겨두고자 한다.

2. 선림회의 창립과 그 활동

선림회는 1967년 4월 14일 동화사에서 창립 총회를 갖고 출범하였다. 이 내용을 전하는 최초의 보도기사를[3] 우선 살펴보자.

지난 14일 오전 10시, 禪林會 창립 총회를 慶北 八公山 棟華寺에서 가졌다. '禪風振作으로 佛祖의 혜명을 계승하자'는 취지에서 발족을 본 禪林會는 순수한 선객의 모임으로 禪 사상이 철저한 본분납자로 20세 이상 60세 미만의 비구 비구니는 회원이 될 수 있다.

---

3) 『대한불교』 193호(1967.4.23), 「선림회 창립총회 가져 – 회장에 석암스님 선풍진작 목적」.

이날 토의사항의 중요한 것은 '총림시설', '선풍 진작', '회 운영의 건' 등이었다. 그리고 '선사상을 배양하는 데에는 무엇보다도 납자의 단합을 촉구, 각자의 처신의 반성 근신으로 상좌에게 순응하면서 자기 수행을 착실하게 하고 중도적인 길에서 총림을 실현시키자'고 다짐하였다.

한편 회장단 임원은 다음과 같다.

고문 : 설봉 경봉 금오 전강 성철 향곡(이상 참석자 외 15명)

회장 : 석암

부회장 : 정영 성수 일타

지도위원 : 혜암 경운 도광 법연 행원 광덕(이상 참석자 외 15명)

간사 : 도견

이 내용에서 우선 주목할 것은 선림회는 순수한 선객 모임이라고 지칭되었다는 것, 그리고 회원의 자격은 선사상에 투철한 본분납자(衲子)인 비구, 비구니라는 것이다. 그리고 창립총회에서 나온 토의사항은 선풍 진작과 함께 총림시설의 실현이었다. 이때는 조계종단 내부에서 총림을 만들자는 여론에 의해 그 추진은 시도되었지만 정식으로 등장하지는 않았을 때이다. 여기에서 일단은 선림회의 출범이 총림시설의 등장과 밀접한 관련을 갖고 있음을 알 수 있다. 그리고 위의 보도기사에서 고문, 회장,[4] 부회장, 지도위원, 간사 등의 간부 직책과 명단을 찾을 수 있다.

그런데 선림회가 왜 1967년 4월에 등장하였는가? 이를 전해주는 문헌 자료는 없다.[5] 이에 관해서 필자는 당시 동화사 금당에 있었던

---

[4] 회장은 유석암이 추대되었는데 그는 본래 율사였다. 율사이지만 수좌들 모임에 회장으로 추대된 것은 그의 인품이 후덕하고, 대중 외호에 적극적이었으며, 특히 수좌를 아끼는 이력에서 나온 것으로 볼 수 있다.

수좌의 증언을[6] 통해 이를 정리하였다. 그것은 천축사 무문관의 6년 결사가 회향되고,[7] 범어사 3년 용맹결사 등이 끝나면서 전국 각처의 수좌들이 동화사 선방[금당]에 자연스럽게 모이게 되었는데,[8] 그 수가 70~80여 명이었다. 당시 모인 수좌인 선객들은 수행의 뒷받침이 부재한 종단 현실에 불만을 표시하였다.[9] 이에 수좌들의 불만을 해소시키면서, 선풍을 진작할 수 있는 조직체의 필요성을 제기한 것이 선림회의 창립으로 이어졌다. 나아가서 수좌들은 수행에 전념할 수 있는 공간의 필요성을 절감하였다. 즉 수행에 전념할 수 있는 공간의 성격을 갖는 사찰인 총림의 필요성이 대두되었다. 그러면 그 총림 사찰은 저절로 선림회의 근거처의 성격을 가질 수 있는 것이다. 이러한 선림회의 창립을 이끈 주역은 일타, 도견, 벽산 등이었다.

한편 필자는 이 같은 배경을 유의하면서 선림회의 취지 및 운영을 밝힌 회칙이 있었을 가능성을 전제한다. 선림회 회칙은 창립총회에서 통과되었을 가능성도 있지만 현재로서는 그 전후관계를 소상히 알 수는 없다.[10] 그리고 회칙의 초안을 만든 수좌가 누구인가에

---

5) 『대한불교』 1967.4.9, 「선림회 소집공고」. 이 광고에서 선림회 창립준비위원회는 선림회 창립총회가 4월 14일, 동화사 금당에서 개최됨을 알렸다.

6) 그는 현재 범어사 주지인 대성스님이다. 필자는 2005년 9월 30일 수좌출신인 대성스님을 만나 선림회 출범, 전개에 대한 증언을 들었다.

7) 무문관 결사 회향은 1966년 4월 6일이었다.

8) 동화사에 수좌들이 모일 수 있었던 것은 정화운동 이래 동화사가 선지식의 근거처였던 이력이 작용한 것으로 보인다. 즉 설석우, 이효봉, 전전강, 김향곡 등이 동화사에서 수행을 하였다.

9) 대성스님은 이에 대해 해제 직후에 필요한 차비의 부족, 약값의 부재 등을 그 실례로 거론하였다.

10) 대성스님은 창립 당시에는 회칙, 강령 등은 없었으며, 해인사에 총림이 등장하여 수좌들이 들어간 이후 해인사에 있었던 수좌들이 만들었다고 회고하였다. 이런 연유로 1968년 방함록에 회칙이 수록되었던 것이다.

대해서도 추후의 보강 조사가 필요하다.

그러면 이제부터는 선림회의 회칙 전모를 소개한다. 지루한 감이 있겠지만, 자료 소개 차원에서 그 전체를 제시한다.

제1장 총칙

제1조(명칭) 본회는 선림회라 칭한다.

제2조(위치) 본회의 사무소는 부산 범어사에 두고 실무자가 거주하는 곳에 연락소를 둔다.

제2장 목적 사업

제3조(사업) 본회는 다음 사업을 목적으로 한다.

1. 선풍 진작
2. 총림시설
3. 회원 간의 친목과 유대
4. 우 부대사업

제3장 회원

제4조(자격) 회원은 다음 요건을 갖춘 자로 한다.

1. 선사상이 철저한 본분 납자
2. 20세 이상의 비구, 비구니
3. 본회의 취지를 적극 찬동하는 자

제5조(입회) 회원이 되는 자는 회규에 의한 심사를 거쳐 입회 원서를 제출하고 佛前에 다음과 같이 선서한다.

「비구(니) ○○는 선림회에 입회하여 회의 강령과 회칙을 준수함으로서 이 종단에 선풍을 진작하고 정화이념을 되살려서 불조의 혜명을 계승하고 佛恩에 보답할 것을 선서합니다.」

제6조(의무 권리) 회원은 會命에 복종할 의무를 지니며 회가 주최하는 모든 法事에 참여할 권리를 가진다.

제7조(자격 상실) 회원으로서 만일 회의 지시에 불응하거나 회의 위신을 손상시켰을 때는 회규의 정한 바에 따라 자격을 상실한다.

제4장 임원

제8조(임원) 본회에 다음 임원을 둔다.

1. 고문 약간인
2. 회장 1인
3. 부회장 3인
4. 지도위원 약간인
5. 간사장 1인
6. 총무부장 1인 차장 비구 1인, 비구니 1인
7. 재무부장 1인 차장 비구 1인, 비구니 1인
8. 조직부장 1인 차장 비구 1인, 비구니 1인
9. 연락부장 1인 차장 비구 1인, 비구니 1인

제9조(직무) 고문은 회장의 자문에 응한다.

회장은 회를 대표하고 회무를 통괄하며 대의원회 의장이 되며 회규의 정하는 바에 따라 임원 및 요원을 임면한다.

부회장은 회장을 보좌하며 회장 유고시에 회장을 대리한다.

지도위원은 회장 및 대의원회의 자문에 응하여 대의원회에 출석하여 발언한다.

간사장은 회규 및 회장의 지시에 따라 회무를 집행하며 임원 및 요원을 지휘 감독한다.

부장은 회규 및 회명에 따라 간사장의 지시로 차장의 보좌를 받아 소관 회무를 담임한다.

연락 요원은 일체 연락의 보조 업무를 담임한다.

제10조(임명) 고문은 총회의 결의로 회장이 추대한다.

회장, 부회장은 총회에서 추대한다.

지도위원은 대의원회에서 선출하여 회장이 임명한다.

간사장과 4부장은 대의원회에서 선출하여 회장이 임명한다.

차장과 연락부장은 간사장의 제청으로 대의원회의 동의를 얻어 회장이 임명한다.

제11조(임기) 임원의 임기는 3년으로 한다. 단 중임할 수 있다.

보좌에 의하여 선임된 자는 전임자의 잔임 기간으로 한다.

제5장 대의원회

제12조(직능) 대의원회는 다음 사항을 관장한다.

1. 중요 사무의 심의 연구 및 심사 감독
2. 중요 인사의 선출 및 임면 승인
3. 세입 세출 예산 결산 의결
4. 총회 제출 사항
5. 회칙 개정안
6. 회규 제정
7. 회원의 입회 심사

제13조(구성 임기) 대의원회는 대의원 21명으로 구성한다.

대의원은 회장이 일부 위촉하고 나머지는 각 선방에서 선출한다.

단 인원 구성은 회장이 한다.

회장 부회장 간사장 및 4부장은 당연히 대의원이 된다.

제14조(의사) 대의원의 의사는 대의원 과반수 출석으로 성립하고

출석의원 3분지2 이상 찬성으로 의결한다.

제6장 총회
제15조(구성 및 직능) 총회는 회원으로 구성하고 다음 사항을 의결한다.

1. 회칙 개정
2. 會策 심의
3. 세입 세출 예산 결산 확인
4. 회장 부회장 및 대의원의 선임
5. 기타 중요사항

제16조(회기) 정기 총회는 매 陰3년마다, 임시총회를 필요에 따라 수시로 회장이 소집한다.

제17조(의결) 총회는 출석 회원 과반수 찬성으로 의결한다.

제7장 재정 및 회계
제18조(재정) 본회의 재정은 후원금 회비 희사금 기타 수입금으로 支辨한다.

제19조(회계) 본회의 세입 세출 예산 결산은 대의원회에서 의결하고 총회의 인준을 받는다.

제8장 부칙
제20조(회칙제정) 회칙 시행상 필요한 사항은 회규로 정한다.

제21조(후원회) 후원회 설치에 관하여는 별도로 정한다.

제22조(시행) 이 회칙은 총회를 통과하여 회장이 공포함으로써 시행한다.

이상과 같은 회칙은 선림회에서 주관하여 발행한 1968년 동안거 방함록에[11] 나온 것을 그대로 전재한 것이다.[12] 이 회칙과 함께 회칙의 5조, 7조 규정에서 정한 입회, 징계의 규정도 전하고 있다.[13]

이러한 회칙에서 선림회는 선방 수좌들의 모임이며, 결성 취지는 선풍 진작 및 총림시설의 건설에 있었음을 알 수 있는데 이는 위의 창립 보도기사에 나오는 것과 같은 내용이다. 이러한 취지에서 우리는 선림회가 결성되기 이전에는 선풍이 진작되지 않았음과 총림시설이 설립되지 않았음을 파악할 수 있다. 회의 조직은 고문, 회장, 부회장, 지도위원, 간사장, 부장, 차장 등이었다. 회의 운영을 결정하는 조직체로는 대의원회 및 총회를 두었다. 그리고 회의 사무소는 범어사에 두었고, 실무자가[14] 거주하는 곳에 연락소를 둔다고 정하였다. 범어사에 사무소를 둔 것은 회장인 유석암의 거주 사찰인 선암사의 본사가 범어사인 연고가 작용하였다고 하겠다.[15]

이러한 배경에서 선림회는 최우선적으로 총림 건설에 매진하였다. 총림 사찰은 수좌 및 선림회의 본부 사찰의 기능을 부여하고 있

---

11) 이 자료는 조계종 중앙기록관 및 교육원 불학연구소에 보관되어 있다. 그런데 이 기록은 여러 전후사정을 보아 창립 당시의 회칙은 아닌 것으로 보인다.

12) 원자료에는 한문체로 기재되었으나, 대부분의 한문을 한글로 전환시켰다.

13) 이 자료도 위의 회칙을 전한 방함록에 함께 전한다. 입회 심사 규정은 목적, 입회자격, 제출서류, 심사기구, 심사방법, 심사사무, 시행 등의 7조로 구성되어 있다. 또한 징계 규정은 목적, 징계회의, 징계회의 구성, 징계의원의 임면 및 임기, 징계회의 소집, 징계의 의결, 피징계자의 해명, 징계결의의 확정, 징계결의 시행, 징계회의의 사무 보조, 징계의 종류, 징계사유, 경감 및 사면, 포상, 시행 등의 15조로 구성되어 있다. 그런데 이 징계규정 말미에는 '해인총림 선원 玄虎 指'라는 글귀가 전한다. 이는 당시 해인사 선방에서 수행하였던 수좌 현호가 작성한 것을 말하는 것이 아닌가 한다.

14) 여기서 말하는 실무자는 간사창을 말하는 것으로 보인다.

15) 그러나 이 문제도 재고할 필요가 있다. 혹시 해인총림 출범시에 해인사 종무소 측의 반대를 고려하였을 가능성도 생각할 수 있다.

었기에 초미의 관심사였다. 그런데 총림 건설은 선림회가 거론하기 이전 종단 내부에서도 그 필요성을 절감하고 있었기에 총림 사찰은 당시 조계종단의 현안이기도 하였다. 즉 통합종단이 등장한 직후인 1962년 12월 중앙종회에서 통과된 교육법에 총림 설립의 근거가 포함되었지만, 그 실제 이행은 1964년 7월의 중앙종회에서 화계사에 중앙총림을, 해인사에 지방총림을 두는 것으로 결정되었다. 그러나 이청담이 종정으로 취임한 1966년 12월까지도 총림은 실현되지 않았다. 이에 이청담은 불교정화의 이념을 재천명하면서[16] 총림 설립의 의지를 강력하게 피력하였다.[17]

바로 이럴 즈음에 선림회가 창립하였고, 선림회에서는 총림의 조속한 설립을 강구하였던 것이다. 그래서 선림회는 창립 직후 총림 건설을 위해 총력을 기울였다. 이에 수좌들은 해인사에 있는 선지식인 이성철의 동의를 받아야만 해인사 총림이 가능하다는 판단하에 선림회의 수좌 대표 10여 명을 선발하였다.[18] 그 대표들은[19] 동화사에서 이성철을 설득시킬 수 있는 방안을 강구한 후 해인사에 가서 이성철을 만나, 동의를 받아냈다.[20] 그러나 이성철은 동의를 하였지만 당시 해인사를 주도, 관리하였던 일부 승려들은 이에 대해 절대

---

16) 『대한불교』 1967.1.1, 「종정 연두법어」.

17) 『대한불교』 1967.5.28, 「전국불교도 대표자대회 결의문」.

18) 즉 해인사가 총림 사찰로 유력하다고 판단한 일타, 도견의 의견이 반영된 것이다. 그러나 수좌들은 이성철이 수좌들이 공부를 하지 않고 모여 있으면, 오히려 시끄러울 것으로 판단할 것이라고 추측하였다. 이에 수좌들은 이성철을 납득시킬 수 있는 논리, 대응방안을 3일간이나 검토하였다.

19) 그들은 일타, 도견, 벽산, 능혜, 천장, 정영 등 10여 명이었다.

20) 당시 수좌들이 이성철로부터 동의를 받아낼 수 있었던 논리는 해인사에 총림이 들어서면 해인사가 사찰로서의 위상이 올라가면서 제일 본사가 되고, 해제철의 여비 해결 및 아플 때의 약값이라도 줄 수 있는 근거 사찰이 있어야 한다는 것이었다.

적인 지지를 보내지 않았다.[21] 그리하여 조속한 총림 건설이 이행되지 않는 것을 두고 해인사 측과 선림회와 일정한 이견도 있었다.[22] 당시 선림회의 구성원으로서 이를 지켜본 김능혜(명환)는 다음과 같이 증언하였다.

저희 수좌들이 동화사에 모여 선림회를 발족시키고 총림을 만들어야 된다는 목소리를 높이고 있었죠. 그런데 당시 해인사 대중, 종무소 측에서는 총림을 만드는 것에 대해서 절대적인 후원을 하지 않았다는 것이 역사의 진실입니다. 그것은 아마도 총림이 들어서면 수좌, 선방 중심으로 운영될 것이라는 것과 그로 인해서 피해를 입을 것이라고 판단한 승려들이 있었어요. 그래 우리들이 동화사 산내암자인 내원사에 모여 회의를 해가지고 해인사로 쳐들어가려고 하였는데, 해인사와 연결된 일부 수좌는 그 동정을 전화로 해인사로 알려주기도 하였습니다. 그래서 저희 50여 명은 버스 1대를 빌려서 해인사로 쳐들어가려고 동화사를 출발하였습니다. 그래 막 버스가 동화사 주차장을 지나가는데 청담스님이 그 길 한복판에서 저희들을 못 가게 하였습니다. (중략)

그때 청담스님은 장삼 입고, 길 한복판에서 두 손을 들고, 주장자를 들고서 버스를 가지 못하게 하였지요. 당시 청담스님을 시봉한 이는 종단의 교무부장인 법안스님이었는데, 서울에서 급거 내려오셨지요. 이에 우리들은 버스에 내려 청담스님을 뵈었죠. 그랬더니 청담스님이 저희들에게 "한철만 기다려 다오, 종정의 명예를 걸고 총림을

---

21) 당시 이성철은 백련암에서 머물며 수행에만 전념하였기에 그의 결정, 동의가 바로 해인사의 입장이 될 수는 없었다.

22) 예컨대 영암스님은 총림 건설에 적극적인 협조 노선에 있지 않았기에 황도견, 홍봉주는 선림회와 해인사의 중간에서 애매한 입장이었다.

할 터이니, 우선 올라가자."고 하였습니다. 그래 저희들은 우선 동화사 금당선원으로 올라갈 수밖에 없었습니다. 그래서 저희들은 청담스님을 믿고 기다렸으며, 그로부터 몇 달 후에 해인사에 총림을 설치한다는 결의가 1967년 7월의 종회에서 통과되었습니다.[23]

이처럼 선림회의 회원들은 총림의 조속한 설립을 촉구하기 위한 일환으로 해인사에 가서 강력한 의사를 표시하는 물리력의 행동을 기획까지 하였다. 그 실행 직전에 당시 종정인 이청담의 저지, 호소에 의해 중단하였지만 선림회는 회의 취지에 총림 설립을 밝힐 정도였기에 그 설립을 위한 대책이 상당하였던 것이다.[24] 이런 배경하의 임시중앙종회가 1967년 7월 해인사에서 개최되었다. 그 종회가 열리기 전에 이미 종회에서의 현안 사항으로 총림 설치 문제가 대두되어 있었다.[25] 마침내 7월 24일, 종단 중진회의에서 총림 실시 문제를 논의하여 범종단적인 차원에서 해인사에 총림을 두자는 의견에 일치를 보고, 종정인 이청담이 제안한 총림 법안을 수정하고 선원, 율원, 강원을 1백명 한도 내에서 유지하는 선에서 총림의 윤곽이 결정되었다. 이 같이 중진회의에서 결정된 총림의 개요가 7월 27일 종회에서 통과되었다. 즉 총림 법안이 통과되고, 그에 의거하여 총림의 책임자인 방장에 이성철이 선출되었다.

어찌되었든, 해인사의 총림은 1967년 8월부터 출범의 준비를 기하였다. 이런 배경하에 선림회의 회원 80여 명은 그해 10월 20일,

---

23) 『아! 청담』(화남, 2004), 27~28쪽 참조.
24) 당초 선림회에서는 이성철이 동의하였기에 바로 해인사에 가서 살면 되는 것으로 인식하였다. 그러나 종단, 해인사 차원에서는 법적 근거(종법)가 없으면 응할 수 없는 것이었다.
25) 『대한불교』 1967.7.23, 「제16회 임시 종회의 문제점」.

해인사에서 제2차 임시총회를[26) 가졌다. 총회에서는 해인사 총림의 등장을 자축하면서 선풍을 진작하고 정화이념을 계승하겠다는 다짐을 하였다.[27) 총회는 종정인 고암의 교시, 해인총림 방장인 이성철의 법어, 지월·향곡·대의의 격려사가 있은 뒤에 토의에 들어갔다. 토의 안건은 총림 설치 대비에 관한 건, 임원 사표 처리의 건, 선학원에 관한 문제 등이었다. 이 모임에서 선림회 회원들은 회의 선서, 강령에 나타난 정신에 의거 총림 설치에 대한 결의문을 작성하고, 이를 널리 알리게 되었다.[28) 우선 선서의 전문을 보면 다음과 같다.

우리 禪林會員은 會의 綱領과 會則을 遵守함으로써 서로 團結和合하여 이 宗團에 禪風을 振作하고 淨化理念을 되살려서 佛祖의 慧命을 繼承하고 佛恩에 報答할 것을 嚴肅히 宣誓합니다.

이 선서는 위에서 제시한 회칙의 제5조(입회)에서 회원으로 가입할 때, 불전에서 선서한다는 내용을 일부 수정한 것이다. 그러면 이 선서문에서도 나온 선림회의 강령을 제시하겠다.

一. 發心 : 우리는 本分 衲子의 矜持를 되살려 名利 二途를 排除하고 高孤하게 오직 一大事 因緣을 위한다.

一. 團合 : 우리는 상가(僧家) 本然의 姿態에 돌아가 各個 遊離함을 止揚

---

26) 그런데 필자는 제1차 임시총회가 언제, 어디에서 개최되었는가를 확인하지 못하였다. 그러나 창립총회를 1차 총회로 간주할 수는 있다.

27) 『대한불교』 1967.10.27, 「선림회 총회 해인사 총림에 관광객 엄금을 건의」.

28) 이는 1967년 동안거 방함록 서문에 수록하면서, "이 결의문은 비단 총림 대중에게만 적용될 게 아니라 일반 청풍납자의 일상생활에도 합당한 교훈이 되겠기에 수록함"이라는 문구에서 이해하였다.

하고 團結 和合하여 叢林의 宗識아래 모인다.

一. 實參 : 우리는 大龍香衆의 古德을 본받아 解行이 相應하여 實地를 脚踏하며 智德으로 衆生을 開化한다.

그런데 이 강령이 선림회가 발족하면서 회칙을 만들 때 제정된 것인지 아니면 총림 설립이 결정된 이후 결정되었는지는 단언키 어렵다. 이 같은 발심, 단합, 실참의 강령하에서 선림회 회원은 총림의 개설을 환영하면서 다음과 같은 결의문을[29] 발표하였다.

全宗團의 宿望이요 우리 會 目的 事業의 하나이던 叢林施設이 바야흐로 이룩되려 함에 즈음하여 우리 會員 一同은 發心·團合·實參이라는 會의 三大 綱領을 되새겨서 이것을 實踐에 옮겨 大作佛事를 이룩하기로 하고 다음과 같이 決議한다.

一. 우리의 本分인 一大事 因緣을 爲하여 우리는 叢林의 宗幟 그 法 아래에 모여 更加發心 和合團結 勤苦精進하기로 한다.

二. 우리 僧家本然의 姿態는 圓融無二에 있으니 間隔없는 마음으로 一切 賓主理事觀念을 打破하고 모든 것에 率先垂範하므로써 誠實을 다한다.

三. 우리의 究竟目標는 悟佛心宗 解行相應에 있으니 戒定慧 三學을 가추 洞貫하여 畢竟 衆生敎化에 萬全을 期할 것에 合心한다.

西紀 一九六七年 十月 二十日

禪林會 會長 昔巖

---

29) 『동안거 방함록』(1967년, 정미년, 선림회).

副會長 滯影 性壽 日陀

會員 一同

　이처럼, 선림회 간부와 회원들은 선림회의 강령인 발심, 단합, 실
참의 정신하에서 해인사의 총림 개설을 환영하고, 해인총림에 적극
가담하고, 원융의 정신으로 성실히 수행하며, 계정혜 삼학을 익혀서
그로써 중생교화에 나설 것을 다짐하였다. 그리고 해인총림의 환경
을 개선해 달라는 건의문을 채택하였다. 그 요지는 일주문 이상은
관람객 출입을 금하여 주고, 일반인의 관람과 견학하려는 사람을 위
해 봄, 가을에 한 달씩만 개방할 것, 대적광전에서 참선할 수 있도록
난방시설을 갖추어 줄 것 등이었다.

　그리고 회칙 개정도 이 총회에서 단행하였다. 우선 선림회 사무
실을 기존 선암사(부산)에서 범어사로 옮기기로 하고, 회원자격에서
는 내용을 세분화하여 주지직에 있는 회원은 평회원으로 하고, 주지
직을 갖지 않은 회원은 정회원으로 하기로 하였다. 조직간사로 2인
을 두었던 것을 1인으로 축소하였으며, 사표를 제출한 임원의 문제
는 전부 반려하는 것으로 하였다. 선학원 문제에 관해서 필자는 그
전후사정을 파악하지 못했는데, 총회에서는 이대의의 요청대로 사무
처 직원 1명을 추천해 주는 것으로 결정하였다. 이러한 결정을 한
선림회 회원들은 해인총림 방장인 이성철로부터 3일간 설법을 듣기
도 하였다.

　한편 선림회는 해인총림에서의 수행에 적극 동참을 기하면서
1967년 동안거의 방함록을 편집, 제작, 배포하였다. 일제하의 경우
에는 전국 선원에서 안거 수행을 하면 그 대중을 방함록으로 작성하
여 자료로 보관하고, 1935년 이후에는 전국 선원의 중심 기관인 선

학원에 그 개요를 통보하면 선학원은 통보 내용에 근거하여 전국적인 선수행의 종합적인 기록을 유지하였다.[30] 필자가 근·현대 자료를 살핀 결과, 개항기 이후부터 1967년까지의 방함록이 자료집으로 공개된 것은 아직까지 본 적은 없었다.[31] 때문에 선림회가 등장하면서 나온 1967년 동안거의 방함록은 근현대불교사에서는 중앙차원의 선수행 기록으로는 최초가 아닌가 한다.[32] 그러나 근현대기 각 선원에서는 선학원, 선림회의 활동과는 별개로 수좌들의 수행기록인 방함록을 작성하였음을 유의해야 한다.

1968년 초, 방함록을 제작 배포한 선림회는 1968년 4월 20~21일 범어사에서 제2차 총회를 개최하였다.[33] 당시 그 총회를 보도한 기사를[34] 보면 다음과 같다.

---

30) 필자는 일제하 선학원이 전국 선원의 방함록을 취합하여 그것을 보관하였을 가능성을 추론하지만, 아직 이를 확인하지 못하였다. 그런데 1960년대 중반 선학원에는 『법인관리 지방 선원 방함록철』 및 『全鮮선원방함록철』이 보관되어 있었다고 한다.

31) 이는 자료 산실과 그 관련 자료가 공개되지 못한 것에서 기인한 것으로 보인다. 조계종 교육원이 펴낸 『선원총람』에는 각처의 선원에서 수집한 방함록이 요약되어, 관련 선원 역사에 활용되었다. 『근대 선원방함록』(조계종교육원, 2006)의 해제, 「방함록에 나타난 근현대 선원」 참조.

32) 현재 조계종 교육원 불학연구소에는 선림회에서 배포한 원본 및 사본 대부분이 보관되어 있다. 이는 불학연구소가 『선원총람』을 편집, 간행하면서 수집한 자료들이다.

33) 선림회에서는 회칙 16조에 의거 『대한불교』 1968년 4월 14일자에 정기총회의 '소집 공고'를 하였다. 공고에서는 4월 20~22일, 3일간 총회를 개최한다고 하였다. 안건은 회칙개정, 임원개선이었다. 당시 총회에 참석한 홍교(현 대각사 주지)는 총회에 참석하라는 통문이 범어사로 와서 범어사 선방 다수 수좌가 총회에 참석하였다고 회고하였다. 2005년 9월 21일, 대각사에서 필자에게 증언.

34) 『대한불교』 1968.4.28, 「禪林會 제2차 총회 梵魚寺서, 宗正스님 등 백여 禪客 모여」.

4월 20, 21일 양일간에 걸쳐 금정산 범어사에서 선림회 제2회 정기총회가 열렸다.

발심·화합·실참이란 3대 슬로건을 세우고 선풍과 종풍을 바로잡을 선림회 총회는 이날 종정 고암스님, 회장 석암스님을 비롯한 1백여 명의 대중스님들이 참가했다. 식은 오전 10시 대웅전 법당에서 시작, 삼귀의, 심경독송, 입정에 이어 회장 석암스님으로부터 개회사가 있었다. 석암스님은 개회사에서 "發心으로서 名利에 초월하고 和合으로서 理事에 圓融하며 實參으로서 解行이 相應하자"고 말했다.

기념식을 마치고 총회에 들어갔는데 회칙개정과 임원개선, 운영방안에 대해 토의를 했다. 이날 총회에서 결의된 사항을 보면 총회는 3년에 한 번 갖기로 하였고 종래 실무 간사인 4간사를 4부장제도로 승격, 각 선방별로 대표를 선정 선림회 운영 뒷받침을 하기로 했다.

이러한 2차 총회에서는 회칙개정, 임원개선, 운영방안을 논의하였다. 회칙 개정에서는 정기총회의 개최 시기를 3년에 1회씩 개최하기로 정하였다. 임원 개선은 회장에 석암, 부회장에 성수, 일타, 도견이[35] 간사장에는 홍법(弘法)이 선임되었고, 그 외에 4개 부장도 교체되었다. 그리고 선림회의 운영을 철저히 하기 위해 각 선방 대표를 선정하였는데, 이는 그 대표들로 하여금 회의 운영을 전담케하려는 방안이었다. 한편 총회를 마친 오후 1시에는 종정인 윤고암으로부터 설법을 들었다.

선림회의 1968년의 활동은 방함록 발간 이외에는 뚜렷한 것은 찾아지지 않는다. 다만 그즈음부터 가시화되어 1969년 5월 30일에 개원한 송광사 조계총림의 개원이 선림회 활동과 유관하다. 조계총

---

35) 기존 부회장인 문정영이 후퇴하고 대신 황도견이 선출되었다.

림 개원도 선림회 활동과 유관하다는 것은 선림회에서 적지 않은 활동을 한 김능혜의 회고에서 찾을 수 있다.

사실, 저는 전라도 출신이기에 전라도에 총림을 두려는 생각을 그 당시에 갖고 있었지요. 그래 처음에는 송광사와 대흥사를 총림 대상 사찰로 검토하였지만 대흥사는 사찰의 수행 환경이 부족하여 송광사로 정하였는데 제가 선림회를 주도하여 송광사에 총림을 세워야 한다는 분위기를 유도하고 청담스님을 만났죠. 1969년 송광사에 총림이 등장하기 이전에는 송광사는 정화가 완전히 안 되었지요. 즉 송광사와 연관 있는 수좌들도 홀대받을 때이지요. 그래 제가 전국 수좌들을 모이게 하고 그 총림운동을 주도하였지요.36)

전라도 출신인 김능혜의 주도로37) 송광사에 총림을 두어야 한다는 여론을 선림회에서 일으켰다는 것이다. 요컨대 선림회의 여론 형성 주도로 송광사의 조계총림이 개원되었다.38) 당시 송광사는 한국전쟁의 후유증을 완전 극복하지 못하였기에, 우선 선원으로 발족을 하고 총림시설을 점차적으로 갖추어 가도록 하였다.39) 이런 현실에서 조계총림 설립 준비위원회가 결성되었거니와 그 명단은 다음과 같다.

---

36) 김광식, 『아! 청담』(화남, 2004), 30쪽.
37) 이와 관련하여 법흥스님은 송광사 출신 젊은 스님들이 주동하여 종회에서 결의를 받아냈다고 증언하였다. 『아! 청담』, 79쪽 참조. 송광사 출신 젊은 스님은 현호, 현광을 의미한다.
38) 송광사 대중들은 1969년 5월 17일 송광사 산중총회를 열고 조계총림의 개설을 결정하였다.
39) 『대한불교』 1969.6.1, 「송광사에 조계총림」.

위원장 : 청담

회장 : 석암

고문 : 구산 취봉 금당

위원 : 동은 문곡 계룡 성공 발용 현광 현호

선림회 회장인 석암이 그 준비위원회의 회장으로 나오고, 송광사
와 연고가 있는 수좌인 현광과 현호가 당시 선림회의 회원이면서 그
위원으로 나오는 것을 보면 조계총림의 설립도 선림회의 활동 영역
임을 알 수 있다. 송광사도 총림 지정을 계기로 복원불사를 서두르
는 등 구산을 방장으로 하여 선객 40여 명이 수행을 시작하였다.[40]
조계총림의 경우 이처럼 준비위원회를 두고, 사찰 불사를 시작한 것
은 종단의 종회에서 인가가 나기 이전에 개원을 하였던 것에서 비롯
되었다.[41] 이렇듯이 총림의 개설은 선림회가 목적 사업으로 설정한
것이었기에 선림회가 해인총림, 조계총림 개설을 적극 지지하였음은
물론이었다. 이 사정은 1969년 하안거 방함록을 편집한 회원의 소감
에서 단적으로 나온다.[42]

우리 禪林會가 순수한 젊은 首座들의 衆意를 모아 發足한 지 어언

---

40) 『대한불교』 1969.6.29, 「조계총림 수선사 복원불사, 김법련화여사 원력으로」.

41) 조계총림이 종회에서 통과된 것은 조계총림이 개원된 직후 중앙종회(1969.
7.5~7.7)에서였다. 조계종 중앙종회회의록에는 이를 "조계총림 설립의 건
(1969.7.7 통과) 본건에 대해서는 조계총림 설립에 대해 양측 당사자와 5인 위
원(이대의, 조용명, 김경우, 유송월, 박청하)이 결정토록 하고, 총림 수습방안은
총무원에 처리를 일임하고 추인할 것을 결의하다"로 기술되어 있다. 『제2대 중
앙종회회의록』(중앙종회, 2000), 218쪽 참조. 여기서 양측 당사자라 함은 송광
사 주지와 총림대표를 지칭한다. 그러나 필자는 총림대표가 누구이고, 그 대표
의 성격은 파악하지 못하였다.

42) 『하안거 방함록』(불기 2512, 서기 1969 기유년, 선림회), 88~90쪽.

三年.

그동안 여러 큰스님들의 적극적인 지도편달과 후원 아래 오늘에 이르도록 갖은 역경과 곤란을 감수하면서 직접 일선에서 애써 주신 禪客 스님네께 다시 한 번 머리 숙여 감사하오며 우리 會의 年例事業인 芳啣錄 발간을 이번 또 뒤늦게나마 己酉 夏安居 芳啣錄의 刊行을 보게 되었습니다. (중략)

끝으로 禪林會 發起趣旨文에서도 밝힌 것처럼 침체된 禪風을 振作하고 흐려져 가는 淨化理念을 되살려 佛祖의 慧命을 繼承하고 人天의 師表가 되기 위한 擧宗團的인 叢林을 設立하고 出家本意에 입각한 根本理念에서 如法히 精進修行할 것을 目的으로 삼았던 것입니다. 이제 두 개의 叢林設置로 修道하는 僧伽가 되자는 저희 젊은 승려들의 念願이 宗團大德스님네들과 또 이에 뜻을 같이 한 여러 스님네들의 積極的인 協助로 건전히 발전하는 禪林會가 되어 감을 진정으로 감사드리오며 願以此功德으로 畢竟無佛及衆生하여지이다.

1969년 三伏에 曹溪山房에서

이처럼 선림회에서는 해인총림, 조계총림의 발족에 큰 기대를 하였다. 한편 1969년 선림회의 활동과 간접적으로 연관된 것은 용주사의 중앙선원의 개원이다. 용주사에 중앙선원을 개원한 시점은 1968년 11월이었으나,[43] 내부 사정으로 인하여[44] 정식으로 개원을 한 것은 1969년 11월 29일이었다.[45] 당시 개원식에서 용주사 주지 겸 조

---

43) 『대한불교』 1968.11.17, 「용주사 중앙선원-주지 희섭스님 원력으로 개원」.

44) 내부 사정은 알 수 없다. 전강은 1968년 4월 12일에는 무문관의 조실로 취임하였다. 혹시 무문관 조실로 취임한 것과 연관 있는지는 단언키 어렵다. 『대한불교』 1968.4.21, 「무문관조실에 전강스님 취임」.

45) 『대한불교』 1969.11.28, 「전강스님 용주사 주지로, 중앙선원 개원」.「중앙선원 개원 공고」.

실로 취임한 전강은 다음과 같이 말하였다.

오늘 전국적으로 수좌의 불교교육을 위한 선원이 피폐한 상황하에서 중앙선원만은 참된 선객의 양성소로 키워 보겠다.[46]

이러한 전강의 발언에서는 선림회의 활동의 범주를 찾을 수 없지만, 당시 전강의 제자로 선림회 회원이었던 정달은 중앙선원 개원에 깊숙이 관여한 것은 사실이었다.

지금껏 살핀 바와 같이 선림회가 등장한 이후 해인총림, 조계총림, 중앙선원이 개설되었는데, 그것은 당시 조계종단의 선풍 진작에 일정한 영향을 주었음은 분명하다. 이에 대해서는 당시 선림회에서도 일정한 평가를 하였던 것이다.

다만 너무 밖을 向해 달리는 現代思想과 속없는 現實 生活의 모든 傾向 속에서 實을 찾는 作業인 禪의 意義를 조금씩 味識하고 자신을 돌보자는 뜻에서 우리 禪林會가 發足하였고 年例事業으로 초라하게나마 이 같은 芳啣錄을 꾸미는 것입니다.

도리켜보니 發足한 지 어언 三年! 그간 海印寺의 海印叢林과 松廣寺의 曹溪叢林 그리고 龍珠寺의 中央禪院이 開院되고 그 外에도 많은 禪院이 곳곳에 활기를 띠우고 選佛場의 구실을 다하고 있으니 이 땅에 禪風이 振作되고 佛日이 再輝하여지이다.[47]

---

46) 『대한불교』 1969.12.7, 「중앙선원 개원식」.

47) 『己酉年 冬安居 芳啣錄』(1969), 「편집후기」. 이 글은 1970년 1월 1일 새아침, 조계산방에서 편집자가 쓴 글이다.

선림회 사업의 일환으로 추진한 방함록 발간을 담당하는 편집자의 소감이 당시 선림회 전체의 입장을 대변한다고는 볼 수 없지만, 그래도 그 경향은 파악할 수 있을 것이다. 즉 선림회가 출범한 지 3년까지는 선림회가 정상적으로 활동하고 있다고 자평하였던 것이다.

이렇듯 선림회가 정상적으로 활동하고 있을 즈음, 선림회의 노선에 암초를 제공한 사건이 일어났거니와 그것은 1969년 12월 24일에 일어난 해인총림의 부식사건이었다. 해인총림의 선원 수좌들이 해인사에서 제공하는 부식에 문제가 있다고 하여 이를 해결하는 과정에서 종무소의 승려인 총무를[48] 폭행한 사건을 말한다. 그러나 사건의 이면에는 사찰의 총림 지원에 대한 불만이 깊숙이 개재되어 있다. 선원 수좌들은 사찰이 총림을 운영하는 근본 목적에 의아심을 갖고 있었으며, 수행의 외호를 소홀히 하고, 제공되는 부식도 균형에 어긋난다는 판단을 하였다.[49] 이러한 불만을 해결하는 과정에서 종무소 승려를 구타하였으며, 수행이 곤란하다고 생각한 수좌 16명이 결제중임에도 불구하고 걸망을 싸고 선원을 이탈하였다. 그 주동자 4명은[50] 경찰에 구속되었지만 벌금형을 받고 석방되었고, 해인사의 종무소 3직은 해임되었을 뿐만 아니라[51] 그 사태에 책임을 지고 이성철 방장과 해인사 주지인 김지월도 사표를 제출하였다.[52]

한편 사건의 전말이 조계종단 내 유일한 신문인 『대한불교』에 보도되면서 사건 전말이 불교계에 알려지자 총무원에서는 종무회의

---

48) 그는 도성이었다.
49) 『대한불교』 1970.1.11, 「해인사 소란사건 전말」.
50) 그들은 종원(화엄사 출신), 백운, 향암, 보월이었다.
51) 『대한불교』 1970.1.18, 「해인사 3직 해임키로, 총무원 해인사 사건 수습위해」.
52) 『대한불교』 1970.2.15, 「해인총림 방장, 주지 사표 제출」.

를 개최하여 사태의 진상을 파악하고, 그 대책을 강구하였다. 이에 이청담 장로원장과 최월산 총무원장이 현지에 내려가서 진상 파악에 나섰다. 그런데 이 사태는 단순한 폭력사건으로 볼 수 없는 것인바, 그 이면에는 당시 사찰 소임자들이 수행하는 수좌들에 대한 인식이 개입되어 있었다.[53) 그러므로 이 사건은 해인총림의 사건으로만 볼 수 없는 것이었다. 이에 선림회도 사건을 중요하게 인식하고 1970년 2월 25일 부산 선암사에서 대의원회를 개최하여 사태의 대응문제를 심각히 논의하였다. 대의원 50여 명이 참석한 그 모임에는 회장인 유석암과 장로원장인 이청담, 통도사 조실인 원광(김경봉)이 참가하였다. 모임에서는 우선 사건 당사자인 보월로부터 사건 경위를 청취하고, 수습방안과 해인총림 재건 방안을 논의하고, 정기총회의 개최 일시 등도 논의하였다.[54) 당시 대의원회에서 결정한 내용은 다음과 같다.

첫째, 해인사 분쟁 처리는 분쟁 유발자들의 쌍방 의사를 청취하고 조사하여 승규에 의해 조치한다. 동시에 사찰은 모범총림으로서의 면목을 일신시키기 위해 운영자는 순수한 수좌와 고승을 주지로 추천하되 방법은 총무원과 재적승려 대표와 대의원 대표(선림회 대표 7인) 연석회의에서 합의 추천키로 한다.

둘째, 봉은사 임야 처분 문제를 위시해서 현재 총무원에서 추진하고 있는 불교회관 건립 사업은 방법에 큰 하자가 없는 한 적극 협

---

53) 이에 대해서는 사건 주동자인 寶月이 『대한불교』(1970.2.22, 3.1)에 기고한 「雜想, 海印 波紋, 上下」의 내용이 참고된다.
54) 『대한불교』 1970. 3.8, 「선림회 대의원대회, 25일 부산 선암사에서」. 그런데 모임에서는 불교회관 건립 사업에 대한 태도도 논의되었는데 필자는 이 건의 내용을 파악치 못하였다.

조토록 한다.

셋째, 선림회 조직을 강화하고 자체 회원을 정비한다.

넷째, 선림회 방함록은 앞으로는 선림회 본부인 범어사에서 간행한다.

선림회에서 결정한 내용은 우선 사건의 해결은 승규에 의해서 처리하되, 해인총림의 면목을 일신시키기 위해서는 주지의 선발과 추천 과정에 선림회가 개입해야 한다는 것이었다. 그리고 논의된 것은 선림회 조직 강화, 회원 정비, 본부인 범어사에서 방함록 발간 등이었다. 이는 사건을 계기로 선림회를 재정비하겠다는 것으로 이해된다.

이런 배경하에 선림회 제3회 정기총회가 1970년 5월 4일, 해인사에서 개최되었다.[55] 회장인 유석암, 이청담, 김지월, 김혜암 등을 비롯하여 다수 회원들이 참가한 그 총회에서 승풍진작, 정화이념의 계승이 슬로건으로 내세워졌다. 총회에서는 임원개선, 조직강화, 방함록 발간 문제, 회의 기금 등이 논의되었다. 그 결과 회장에는 유석암, 부회장에 김혜암·김일타·조벽산이 피선되었다. 그리고 간사장에는 홍봉주, 총무부장에 김명환(능혜), 교무부장에 이현광, 재무부장에 정정달이 선출되었다. 방함록은 선암사에서 열린 대의원대회에서는 범어사에서 간행키로 하였으나 총회에서는 용주사 중앙선원에서 간행키로 정하였다.[56]

선림회의 활동은 1971년으로 이어졌거니와, 그것은 선림회 발족

55) 『대한불교』 1970.5.17, 「선림회 정기총회, 회장에 석암스님 선출」. 선림회는 총회 개최 이전인 『대한불교』 4월 19일자에 총회 공고를 하였다.

56) 이상의 총회 결과는 선림회에서 『대한불교』 1970.6.14일자에 「알림」의 형태로 광고한 문안에 나와 있다.

3주년을 맞이하여 선림회 제4차 임시총회로 나타났다.[57] 그를 보도
한 『대한불교』의 기사를 보면 그 전모가 잘 나와 있다.[58]

선림회(회장 석암스님)는 지난 10일 범어사에서 제4차 임시총회
를 가졌다. 청담스님, 능가스님을 비롯하여 비구, 비구니 3백여 명의
회원이 참석한 가운데 개최된 이날 회의는 정달스님의 사회로 진행,
이 자리에서 석암스님은 인사말을 통해 발족 3년 이래 숱한 난관이
있었으나 선풍 진작을 위해 많은 노력을 경주해 왔다고 말했다. 석암
스님은 "해인총림을 비롯하여 조계총림, 용주사 중앙선원 등지에 운
수납자들의 안식처가 마련되어, 정진하고 있는 현상은 교계의 앞날에
밝은 전망을 보이고 있다"고 말한 다음, "더욱 분발하여 정진을 계속
하자"고 강조, "수좌 가운데에 애로가 있다면 오로지 공부를 못하는
것만이 있을 뿐"이라고 각오를 새로이 했다.

1971년 4월 10일, 회원 300여 명이 참가한 가운데 선림회 제4차
임시총회가 개최되었다. 회장인 유석암은 선림회 발족 이후의 난관
을 극복하면서 해인총림, 조계총림, 중앙선원 등이 등장한 것을 높
이 평가하고 수좌들의 지속적인 정진을 강조하였다. 총회에서는 이
능가의 격려사, 이청담의 법어가 있었다.[59] 그리고 임원들의 사표를
반려하고 제반 사항에 대한 토의를 하였다. 그 결과는 다음과 같다.

---

57) 선림회에서는 그 총회를 『대한불교』 1971년 4월 4일자의 1쪽에 '알림' 광고로
   예고하였다.
58) 『대한불교』 1971.4.28, 「선풍진작 最善 다짐, 禪林會 발족 3주 범어사서 臨總개최」.
59) 이능가는 수좌 사이의 단합을 강조하였고, 이청담은 한국불교계의 명맥은 수좌
   에 있다고 전제하면서 수좌의 정진을 당부하였다.

1. 종단의 기대에 어긋나지 않게끔 선풍 진작을 위해 탁마 정진한다.
2. 중앙(서울)에 선방 수좌들의 전용 안식처를 따로이 마련할 것을 결의, 전 선림회 회원 명의로 총무원장 및 종회에 건의하기로 결정했다.
3. 방함록 간행을 정달스님에게 위임, 간행을 계속 추진하기로 한다.
4. 산철 기간 중 큰스님들을 초빙하여 수련법회를 개최한다.

이상과 같은 토의 결과는 다음과 같은 주요 내용을 담고 있는 것이다. 첫째는 선풍 진작을 위해 탁마정진을 하면서 산철 기간에도 큰스님들을 초빙하여 수련법회를 한다는 것이다. 둘째는 선방수좌 전용 안식처를 서울에 마련하기 위한 종단에 대한 요구이다. 그런데 어떤 연고로 전용 안식처를 요구하였는가는 알 수 없지만 이는 탁마 정진과는 매우 이질적이었다.

한편, 선림회가 선풍 진작을 통해 불교정화의 이념을 계승하겠다는 설립 취지를 구현하다가, 본래의 정체성을 잃기 시작한 시점은 1972년 4월경이었다. 요컨대 이때부터 종단의 정치에 수좌회가 개입하였다고 보인다. 수좌대표가 종회에 진출한 것은 1970년 9월에 개원된 제3대 중앙종회 때부터이다.[60] 즉 선림회의 주도 인물들이 이때를 기점으로 서서히 중앙의 종무기관에 등장하였거니와 이는 선풍 진작을 통한 정화 이념의 계승과는 일정한 거리가 있는 것이라 하겠다.

선림회의 퇴색은 선림회 자체의 문제에서 비롯된 것이지만 일정 측면에서는 당시의 종단정치의 구도와 무관한 것은 아니었다. 그 구도는 곧 불교정화운동의 화신이라 불리며 조계종단의 종정, 총무원

---

60) 그 대상자는 김명환과 정정달로 추측된다.

장, 장로원장 등을 역임한 이청담의 입적에서 비롯된 변화였다. 즉 불교정화 이념을 구현하기 위해 최일선에 서 있었던 이청담의 입적(1971.11.15)은 불교정화 이념의 퇴색을 상징하는 것이다. 또한 조계종단의 상징으로 불릴 정도의 종단의 버팀목이었던 청담의 퇴진은 새로운 질서의 요청, 즉 기존구도가 재편될 수밖에 없음을 말하는 것이다. 즉 이러한 변화는 곧 일시적으로 종단정치의 요동, 종단질서의 재편으로 가기 위한 진통이 수반됨을 의미한다.

바로 그러한 종단 재편, 혼란의 구도 직전부터 초미의 관심사로 등장한 것은 다름 아닌 봉은사 토지 매각 문제였다. 이 봉은사 토지 매각사건은 현재까지도 그 전모를 알 수 없을 정도의 복잡한 사건이었다. 그 대강은 봉은사의 유휴지를 매각하고, 그 자금으로 불교회관을 건립하여 불교현대화에 기여한다는 것이었다. 그런데 3회에 걸쳐 나뉘어 매각된 자금의 행방, 범위 등과 관련하여 당시에도 숱한 오해, 왜곡, 불만 등이 적지 않았다. 그리고 그 과정에서 적법치 않은 일 처리가 나타나 그에 연관된 승려들이 징계를 당하고,[61] 종단 구성원들이 종단을 원망하는 문제로 인식되었다. 이에 봉은사 토지 매각의 문제는 당시 전 불교계의 관심사로 떠올랐으며, 일부 승려들은 총무원 집행부를 강력히 비판하였다. 그런데 봉은사 토지 매각을 주도한 당사자가 바로 이청담이었는바, 그가 종단의 중심에 있을 때에는 문제가 크게 대두되지 않았으나 그가 입적하자 봉은사 문제는 수면 위로 급부상하였다.

그런데 바로 이 문제에 선림회의 수좌들이 관여하였다. 그 정황을 전하고 있는 조계종단 제29회 중앙종회(1972.4.10~11)의 회의

---

61) 그중에는 선림회의 초기 간부를 역임한 승려도 있었다.

록에는62) 수좌 스님 300여 명이 날인한 「봉은사 3차 경내지 부정처분 건의」라는 내용이63) 기타사항의 안건으로 올라와 있었다.64) 당시의 종회에서는 이를 다음과 같이 결의하였다.

전국 수좌회 건의의 건(봉은사 토지 매도에 관한 건, 1972.4.11 통과)
본 건에 대하여는 총무원 측(총무원장, 총무부장), 감찰원 측(감찰원장), 봉은사 측(주지, 총무), 종회의원(3명), 수좌대표(2명)가 폐회 후 회의하여 그 해결 결과를 차기 종회에서 발표할 것을 결의하다.65)

이처럼 수좌회가 건의한 그 문제는 총무원, 감찰원, 봉은사, 종회, 수좌회 등 관련 당사자들의 회의를 통하여 해결 방안을 강구하고 차기 종회에 보고하는 것으로 결정되었다. 여기서 나온 전국수좌회는 선림회를 의미한다. 즉 전국 수좌들의 모임이 선림회이기 때문이다. 당시 선림회의 간부이면서 종회의원이었던 김명환은 종회에서 이 문제의 해결책을 강력하게 요구하였다. 즉 그는 종회 때마다 거론되고, 특별감사와 조사를 하였지만 의혹이 풀리지 않고, 총무원이 불신임이 되고 있으며, 그 관련 유인물이 돌고 있다면서 조속한 해결이 중요하다고 지적하였다.66)

---

62) 『제3대 중앙종회회의록』, 237쪽.
63) 이 문건은 당시 봉은사에 머물던 선림회 회원인 보월이 기초 작업을 한 것으로 전해지고 있다. 당시 봉은사 대중인 임원두의 증언.
64) 『제3대 중앙종회회의록』, 237쪽.
65) 『제3대 중앙종회회의록』, 195쪽.
66) 그는 총림에 대한 종단의 보조를 강력하게 요구하였다.

그런데 이 문제가 이관된 차기 종회(30회, 1972.7.20~21)에서는 어찌된 일인지 봉은사 문제는 구체적으로 제기되지 않았다. 29회 종회에서 강력한 해결을 주장한 김명환은 봉은사 문제는 거론치 않으면서 정화이념이 약화되었다, 정화일을 제정하고 정화사가 나와야 된다, 정화의 얼을 되새겨야 한다고[67] 지적할 뿐이었다. 오히려 선림회와 연계가 희박한 종회의원인 임원두가 봉은사 토지 부정 매각과 유인물 살포, 종회의원 당선자격 유무에 대한 것을 의원 연명으로 제출한 질의서에[68] 대한 답변을 요구하였으며, 봉은사 경내지 확보를 위해[69] 힘써 준 스님들께 감사한다는 인사를 하였던 것이다.[70] 이렇게 종회에서 선림회 수좌들이 제기한 봉은사 문제는 명쾌하게 처리되지 않았다고 보인다. 이는 선림회의 활동에 이상 조짐이 발견되었다는 의미이다.

그 당시 선림회의 비정상의 행태는 선림회의 총회가 개최되었다는 기록을 찾을 수 없는 것에서도 확인된다. 1971년 제4회 임시총회가 개최된 이후의 여러 관련 기록을 찾아보아도 필자는 선림회의 활동을 전하는 것을 보지 못하였다. 이는 선림회 활동의 중단을 의미

---

67) 『제3대 중앙종회회의록』, 256쪽.

68) 이에 대해서는 구체적인 내용을 파악치 못하였다.

69) 제28회 종회(1971.12.14~16)에서 봉은사 토지 투기억제세 부과에 따른 봉은사 경내지 수호를 위해 종단 차원의 비상대책위원회가 구성되었다. 의장단, 총무원 간부, 봉은사 대중, 종회의원으로 구성되었는데 그 대상자는 박벽안, 고광덕, 박영암, 유월탄, 이지관, 김혜정, 장혜광, 석보월, 석원두 이상 10명과 봉은사 주지를 역임한 김서운 종정지도위원장을 포함한 11명이다. 이 종회에서 원두와 호진은 봉은사 대중으로서 봉은사 현황을 설명하였다. 당시 긴급동의 건의문이 있다고 종회 회의록에 기재되었지만 필자는 그것을 보지는 못하였다.

70) 위의 자료, 257쪽, 259쪽 참조. 그 당시 임원두는 봉은사에 거주하였기에 봉은사 대중으로서 인사를 하였던 것이다. 최근 임원두는 필자에게 봉은사 대중의 일원으로 문제를 제기하였다고 증언하였다.

하는 것으로 보인다. 그리고 선림회 활동의 하나였던 선원 수행의 기록인 방함록이 이즈음에 가서는 선림회 자체에서 발간되지 않고, 총무원에서 발간하였다. 즉 1973년의 동안거 방함록의[71] 발행인은 선림회였지만, 편집인은 총무원 교무국장인 김홍기로 나온다.[72] 그리고 방함록의 말미에 나온 연락처 주소에도 총무원의 주소와 전화번호가 기재되었다. 총무원이 편집인에서 제외된 것은 1983년 하안거 때이다. 1983년(계해년)의 하안거 방함록의 편집인이 해인총림 선원장으로 나왔던 것이다. 그러나 이때에도 발행처는 선림회로 나온다. 이는 과거의 전통을 계승한다는 의미에서 발행처의 이름만을 선림회로 하였지만 실제 방함록을 편집, 제작하였던 주체는 해인총림의 선원이었다. 그러다가 선원 수행의 역사 기록인 방함록과 선림회와의 관계가 완전 무관하게 된 시점은 1994년 이른바 종단개혁의 과정에서 전국선원수좌회가 새롭게 등장한 직후였다. 당시 종단개혁을 추진한 주체들이 종헌을 정비, 수정하려고 할 때, 이에 불만을 품은 전국 수좌들이 그 종헌 개정 작업을 저지시키면서[73] 수좌들의 대의체인 전국선원수좌회를 결성(1994.8.18)하였다.[74] 즉 전국선원수좌회가 등장하면서 방함록 발간의 주체는 자연스럽게 전국선원수좌회가 되었던[75] 것이다.[76]

---

71) 『癸丑年 冬安居 芳啣錄』(1974.1.8, 총무원) 참조.

72) 1975년, 1976년에도 총무원의 교무국장 석지현, 조오현의 이름이 편집인으로 나온다.

73) 이에 대해서는 별도의 고찰이 필요하다.

74) 1994년 8월 18일, 해인사에서 개최된 전국수좌대회를 통하여 등장하였다.

75) 1996년 2월 12일, 해인사에서 개최된 전국선원대표자회의에서 방함록은 수좌회 본부에서 발간하되, 발간 경비는 수좌회비 및 찬조금으로 충당하기로 결정하였다. 수좌회 문건(수좌회 제95-7호, 1995.5.15) 참조. 이를 보면 1996년 하안거부터 수좌회에서 발간하였음을 알 수 있다.

이처럼 선림회의 총회도 개최되지 않고, 고유 사업인 방함록도 발간할 수 없었음은 결국 선림회의 유명무실의 다름이 아니다. 그런데 선림회가 유명무실한 시점이 1970년대 중반이었음은 바로 그때부터 본격화된 종단의 내적 갈등의 구도와 밀접한 관련을 갖는 것으로 보인다. 그 당시 종정중심제, 총무원장 중심제를 놓고 갈등이 치열하였으며, 종회와 총무원 간의 갈등 구도 연출, 조계사와 개운사파의 대립 구도 등은 종단의 내분으로 부르기에 족한 것이었다. 이런 구도에서 선림회도 본연의 역할을 할 수 없었음은 일면 수긍되는 바이다.

3. 선림회의 성격, 한계

전 장에서는 선림회의 창립과 활동의 내용을 관련된 연대기적인 자료를 갖고 그 추이를 살펴보았다. 이제부터는 그러한 전제에서 선림회의 성격과 한계를 개진하고자 한다. 그러나 그 관련 자료의 미흡, 필자의 연구 능력의 한계 등으로 인해 단정적인 이해는 지양하겠다. 즉 이는 선림회에 대한 후일의 다각적인 연구 접근을 위한 필자의 관점임에 지나지 않는다.

---

76) 전국선원수좌회 문건(수좌회, 제42-4호, 1998년 음 5월 10일 시행)에서 이를 "1967년 해인총림이 개설된 이래 30여 년 동안 선림회 및 수좌회의 이름으로 전국선원 정진 대중의 소식지로서 '방함록'을 발간해 왔던바"라고 한 것은 그 사정을 함축하는 것이다. 수좌회에서는 1998년 3월경, 기존 방함록을 휴간하고 정진 납승의 동정 소식지로서 '전국선원 정진대중명단'을 발간키로 하였다. 이에 몇 년간은 정진대중명단으로 발간되었으나 현재에는 다시 방함록이라는 이름으로 발간하고 있다. 이에 대해서는 세부적인 정리, 분석이 요구된다.

첫째, 선림회가 회의 설립 목적에 밝혔듯이 선림회의 활동으로 인하여 선풍 진작에 이바지하였는가의 문제이다. 이 문제는 선림회의 정체성, 그리고 나아가서는 선림회에 대한 역사적인 평가까지 수반되는 아주 곤혹스러운 질문이다.

필자는 이에 대해 양적인 측면에서는 일정한 성과를 거두었다고 보지만, 질적인 측면에서는 긍정적인 입장에 서기 어렵다는 이해를 하고 있다. 양적인 측면은 무엇보다도 해인총림, 조계총림, 중앙선원 등이 새롭게 개설되었음이 그 예증이다. 특히 조계종단 차원에서 정화운동이 마감되고 통합종단이 출범한 직후에 시도한 총림개설이 지연되던 차에 선림회가 그 개설의 촉매 역할을 하였음은 인정할 수 있는 것이다. 필자가 이번에는 구체적으로 조사를 하지 못하였지만, 선림회의 등장 이후에 각처에서 자생적으로 세워진 많은77) 선방을 고려한다면 양적인 면에서의 움직임은 긍정적인 평가를 해야 할 것이다. 그러나 그에 반해 질적인 면에서의 선풍 진작은 단언하기 어렵다. 무엇보다도 이를 가늠하는 명쾌한 잣대를 갖기가 어렵다. 그럼에도 불구하고 선풍 진작의 질적인 면에서의 긍정성은 총림시설과 진실한 선수행이라는 면에서 찾을 수밖에 없다. 그러나 선림회에서 강력히 추진한 총림 시설의 제반 여건은 열악하였다. 해인총림의 경우 출범 초기에 수좌와 종무소 간에 내부 갈등을 겪었으며, 그 운영 자금의 문제로 종단과 해인총림 간에 일정한 갈등이 있었고, 총림의 수행 환경이라는 문제도 원만치 못하였으며, 해인총림의 방장인 이성철의 구상인 해인총림 계획안과 승가대학 설치안도 구상만 있었을 뿐 실제로 이행된 것은 없었다.78) 조계총림도 출범 때부터

77) 1969년에는 선방이 20처에 달하였지만 1970년에는 31개 처로 증가하였다.
78) 졸고, 「해인총림의 어제와 오늘」, 『한국 현대불교사 연구』(불교시대사, 2006),

사찰이 정비되지도 않은 여건이었기에 그 실제에 가서는 적지 않은 한계가 있었다고 보인다. 실제로 1970년도의 선원의 사정을 분석한 당시 교무부장인 송월주의 글에서 대략의 정황을 찾을 수 있다.

올해 선원 운영 현황을 보면 해인사, 송광사 선원을 위시해서 전국에 31개 선원이 있다. 크고 작은 선원에서 안거한 스님은 비구가 351명, 비구니가 257명으로 합해서 608명이라는 통계는 나왔지만 실질적으로 보면 정진에 전력하는 스님은 300명 내외라고 볼 수 있다. 이러한 실정은 선원의 운영 현황이 경제적으로 뒷받침이 부족한 데다가 발심한 스님들의 수가 해마다 줄어들고 있다는 제방의 선원 조실 스님들과 뜻 있는 스님들의 여론이다.[79]

종단 책임자의 평가에서 정진에 진력하는 수좌가 300명, 그리고 발심 승려들의 숫자가 매년 줄어들고 있었다는 진단은 선림회 활동을 긍정적으로만 볼 수 없다는 예증이다. 요컨대 질적인 측면에서의 선풍 진작이 활성화되었다고 보기는 어렵다.

둘째, 선풍 진작을 통한 불교정화 이념의 계승은 구현되었는가의 문제이다. 즉 선풍 진작을 통하여 불교정화의 이념을 되살렸는가이다. 이는 앞서 살핀 바와 같이 선림회가 강구한 선풍 진작의 질적인 면에서의 한계가 있다고 보면, 자연 불교정화의 이념은 계승하거나 되살렸다고 볼 수는 없다. 그러나 선림회에게 그 문제의 전체에 대한 책임을 지울 수는 없다.[80] 주지하는 바와 같이 1950년대 조계종

참조.
79) 『대한불교』 1970.12.13, 「한국불교 회고와 반성, 僧團」.
80) 당시 수좌 전체가 선림회 회원일 수는 없다. 전체 수좌 중에서 대략 몇 %가 선림회 회원이었는가에 관한 통계를 필자는 갖고 있지 않다.

단의 모순을 재정비하고, 식민지불교의 잔재를 척결하려는 불교정화
운동의 주체는 수좌들이었다. 때문에 1962년 통합종단이 등장하면
서 불교정화가 일단락된 이후 조계종단의 주체도 수좌들이라고 볼
수 있다. 그러나 종단이 정상화되면서 종단의 주체는 수좌가 아닌
행정승, 사판승 혹은 대처승 출신 계열이 주도하였다.[81] 이에 불교
정화의 이념은 사라지는 기현상이 노출되었다. 그즈음 전국신도회가
종단의 모순을 지적하고 종단 혁신을 주장하였지만 그 대세를 막을
수는 없었다.[82] 이러한 기현상을 바로 잡고, 정화를 다시 하겠다고
나선 인물이 이청담이었다. 이청담은 종단 탈퇴라는 극약처분까지
단행하였지만 정화 이념의 회생은 간단한 것은 아니었다.[83]

그리고 통합종단은 정화의 계승 및 불교현대화를 기하기 위한
방안, 즉 종단의 3대 지표인 도제양성, 역경, 포교를 내세우고 그것
을 이행하려고 다양한 대책을 강구하였다. 본 고찰의 대상인 선방
수좌들의 모임인 선림회의 정체성과 활동은 이 지표 중에서는 도제
양성에 해당된다. 그러나 다시 생각해 보면 선원의 재건, 수좌들의
치열한 정진은 이 3대 지표를 논의하기 이전의 문제이다. 즉 조계종
단의 주체, 뿌리, 역사, 이념 등에서 선방과 수좌는 근원적인 대상이
다. 다시 말하거니와 선방과 수좌는 조계종단의 생명이었던 것이다.
그러므로 선방과 수좌가 제자리를 잡을 때만이 종단의 3대 과업이
정상화될 수 있었다는 것은 지나친 이해로만 볼 수는 없다. 요컨대

---

81) 이와 관련해서는 정화운동의 핵심 주역인 정금오가 『대한불교』에 기고한
   (1964.7.19) 「한국불교정화의 바른 안목」이 참고된다.
82) 졸고, 「전국신도회의 조계종단 혁신재건안 연구」, 『새불교운동의 전개』(도피안
   사, 2002).
83) 졸고, 「이청담과 조계종 유신재건안 연구」, 『새불교운동의 전개』(도피안사,
   2002). 『대한불교』 316호, 사설, 「淨化는 이제부터」.

선풍 진작이 여의치 못하였다면 불교정화의 이념이 계승되었다고 볼 수 없는 것이다. 이와 관련하여 해인사 부식사건이 발생하였을 당시에 나온 『대한불교』의 사설을[84] 살펴보자.

그런데 요즘 일부 사이비들은 이와 같은 面目을 망각한 채 막행막식을 자행하고 나아가서는 갖은 행패를 부리는 일이 있어 우리 종단의 심각한 걱정꺼리가 되고 있다. 이러한 영향은 일반으로 하여금 승려에 대한 像을 흐리게 하고 있으니 실로 가슴 아픈 일이다. 여기에는 그럴 만한 외적인 요인이 없지 않다. 이른바 교단 정화운동이래 그들 속에서 주지를 맡고 寺中의 소임을 보게 되면서 그 이전과는 달리 雲水를 맞이하는 태도가 돌변하고 만 것이다. 따라서 '修行道場'의 不在를 가져오게 되었다. 무엇 때문에 교단정화를 들고 일어났는지 그리고 反정화의 요소가 어디에 있는지를 혼돈하게 되어 버린 것이다. 우리가 걱정하는 것은 가람수호가 잘못되어 간다거나 주지가 타락되어 간다는 점에 있지 않다. 修行僧이 점점 귀해가고 있다는 작금의 현실이다. 수행승이란 戒定慧 三學을 兼修하고 있는 부처님의 출가제자를 말한다. 들려오는 말처럼 일부 소수 승려들이라 할지라도 술, 고기, 담배를 거리낌없이 飮食하고 기타 律儀를 지니지 못하고 있음에도 묵인되고 있다면 이것은 작은 문제가 아니다.

(중략)

그리고 발심 납자들의 雲集體인 禪林會에서는 말과 실천이 如一하기 어려운 종단의 事務僧들에게게만 기대할 것이 아니라 근래 우리 교계의 승풍을 예의 주시하여 선풍 진작을 가로막고 있는 저해 요인을 정화하는 데 누구보다도 앞장 서야 할 것 같다. 전설처럼 잊혀져 가

---

84) 『대한불교』 1970.2.1, 사설, 「雲水衲子－그 家風의 回歸를 갈망한다」.

는 운수납자의 가풍을 살리는 데 선림회에서 자발적인 역할을 해달라고 간곡히 부탁하는 바이다.

이 사설에 나오는 바와 같이 선림회가 활동하던 1970년 전후의 조계종단에서는 일부 승려들의 막행막식, 계정혜(戒定慧) 삼학의 소실, 수행도량의 부재, 수행승의 희소 등이 현실로 나타났던 것이다. 이러한 현상은 선풍 진작과 거리가 있는 내용이다. 1972년 초, 해인사 선원에 있었던 수좌의 다음과 같은 기고문의 내용은 당시 수좌들의 나태를 단적으로 암시하고 있다.

몇 년 전만 하드라도 도처에 선방이 있고 청풍납자가 수십 명씩 있어서 그래도 전국에 약 3백 명선은 모였었다. 그런데 지금은 어떤가? 선방으로 다니는 납자가 약 1백50명 정도이고 선방으로 전통이 있는 범어사, 선암사, 도리사, 직지사, 상원사, 망월사, 정혜사, 다보사, 원래 관음사선 납자가 없어서 폐지되다시피 하였다. 이렇게 쇠퇴일로에 이르는 선방 수좌들의 관심도를 살펴보자면 정화 이전부터 주지직도 맡지 않고 아직까지 정진을 계속하는 스님이 14명. 정화 이후 10하 이상 안거한 스님이 기껏해야 2명. 5하 이상 안거한 스님이 8명이고, 98% 이상이 신참이다. 매철마다 선방을 벗어나는 납자가 5% 정도이다.

그리고 선방 수좌의 대다수가 주지로 나아갈 것을 원하고 있다. 이렇듯이 타락(?)이 되는 원인은 '절' 때문에 이러한 추세가 빚어지고 있다는 결론을 얻을 수 있는 것이다.[85]

---

85) 해인사 선원의 수좌인 悟本이 『대한불교』 1972년 2월 6일에 기고한 글, 「解弛된 禪風을 일으키자」.

해인사 수좌가 진단한 위의 현실은 선풍 진작이 아니라 오히려 그 반대였음을 극명하게 보여주고 있다. 위의 정황은 1972년 해인사 선원에서 바라본 수좌계의 현실인데, 선림회가 봉은사 토지 매각 사건에 수좌 300여 명이 서명하였다는 바로 그 시점이다. 수좌들도 절의 주지로 나가기를 희망하였다는 당시 선방의 풍조를 말해준다. 그러므로 필자는 위의 정황을 고려하여 선림회가 불교정화의 이념을 되살렸다고 평가할 수 없다는 잠정적인 결론에 도달하였다.

셋째, 선림회가 1972~3년경 직후부터 유명무실한 이유가 무엇이었는가 하는 점이다. 왜 선림회는 1972년 이후 활동이 중단되었는가? 1972년 이후에는 수좌계에서 어떠한 움직임도 전혀 없었는가? 선림회 일부, 혹은 수좌계에서 종단 사태를 개탄하고 선림회의 활동을 재개해야 한다는 목소리와 움직임이 있었지만 다만 그것이 기록으로 남지 못하였는가. 이러한 물음에 대해 필자는 큰 관심을 갖고 있다. 그러나 현재로서는 그에 대한 적절한 답변을 할 수 없는 형편이다. 그러나 필자는 정화의 주체로서 당시 사정을 회고한 이행원(숭산)의 증언을 주목한다.

그래도 효봉스님이 종정하실 때(필자 주, 1962~1966)까지만 해도 정화이념은 잘 이어졌지. 그때 효봉스님이 이곳 화계사에 주석하셨고 나도 일을 거들어 드렸었지. 이곳 화계사에서 종비생(종단 장학생스님들) 1, 2기를 배출했었어. 당시 계획대로만 되었어도 지금처럼은 안 되었을 거야. 청담스님을 거쳐서 고암스님이 종정하시면서부터는(필자주, 1972년) 이미 정화 이념을 거의 찾아보기 어려웠지. 외부 세력으로 정화를 시작했으니 지금 상태가 된 건 당연해.[86]

---

86) 『불일회보』 141호(1992.9.1), 5쪽, 「기획탐방, 숭산행원 스님」.

즉 이청담의 후임으로 윤고암이 종정으로 취임한 시점, 1972년부터 정화이념은 종단에서 상실되었다는 것이다. 선림회의 활동이 중단되는 시점과 일치되는바, 이를 역사의 대세로 보아야 할까 자못 궁금하다. 아니면 역사의 필연일까? 이에 대해 선림회 회원이었던 대성은 수좌들의 필요성에 의해 선림회는 만들어졌지만, 만들고 나니 선림회라는 자체가 오히려 수행에 걸림돌이 되었기에 수좌들이 조직에서 이탈하고, 서로 미루었던 정황이 나타났다는 의견을 피력하였다.

한편, 필자는 선림회는 종단정치에 관여하였는가에 대해 의문을 갖고 있다. 즉 1972년 봉은사 토지 매각 사건에 대해 수좌 300명이 서명한 것을 종단정치의 관여라고 볼 수 있는가 하는 점이다.[87] 선림회의 취지는 크게 선풍 진작과 총림 건설로 대별되는데 이 취지는 곧 불교정화의 되살림으로 이어지는 것이었다. 이는 선림회의 선서에 극명하게 나온다. 간단히 보면 봉은사 사건에 서명한 것을 종단정치의 관여라고 볼 수는 없다. 종단 구성원으로서 종단에 불미스러운 큰 사건이 있다면, 응당 그에 대해 일정한 관심을 기울일 수는

---

87) 이청담이 종단을 탈종하겠다 하여 비상종회가 열렸을(1969.8.30~9.1) 당시에도 수좌 200여 명이 종회를 참관하고, 종회에 일정한 압력을 넣었다. 당시 수좌 대표로 활동한 인물은 월탄, 정달이었다. 당시 수좌들은 대표 11명을 선출하여 간부 인선 및 건의안 협의를 하도록 전권을 위임하였다. 이러한 수좌들의 행보는 수좌의 결속을 보여준 것이다. 그런데 문제는 이 수좌들의 움직임이 선림회라는 단체의 이름을 띠고 나왔는가이다. 그 당시 기록에는 그런 문맥을 찾을 수는 없었다. 추측건대 그 200여 명의 상당수는 선림회의 회원이었을 것이다. 이상의 내용은 『대한불교』 1969.9.7, 「제21회 비상종회 해설」 참조.
한편 홍교(대각사 주지)는 필자와의 대담에서 선림회의 핵심 간부가 봉은사 토지매각의 과정 및 뒷처리에 관여하였다고 회고하면서, 이를 종단정치의 단면으로 보았다, 이에 홍교는 수좌는 종단정치에 관여하는 것보다는 공부하는 집단의 중심이 되어야 한다고 강조하였다.

있는 것이다. 다만 필자가 의아스러운 것은 그 서명이 선림회의 내부 조직의 정상적인 의사소통을 거쳐서 나왔는가 하는 점이다. 그리고 그 서명 이후 종회에서 전개된 일련의 내용을 놓고 선림회 내부에서 검토, 대응 등이 있었는가 하는 점이다. 그에 관한 자료가 부재하여 단언할 수는 없지만, 추측건대 서명의 과정, 대응 등에서 선림회 내부의 분열이 있었을 가능성을 추론할 수 있다. 그리하여 그 분열이 심각하여 조직 전체의 운신을 제약한 것이 아닐까 한다.

다음으로 검토할 점은 회장으로 몇 년간 활동한 유석암의 행적이다. 요컨대 선림회 하면 바로 유석암을 칭할 정도로 선림회를 이끌고 온 당사자는 유석암이다. 그렇다면 선림회가 침체, 유명무실할 그때에 회장인 그는 어떤 입장을 갖고 있었는가 하는 점이다. 회장인 그는 선림회의 재건, 정상화를 위한 고뇌, 행동이 있었는가 하는 점이다. 역시 이 문제도 현재로서는 적절한 해설을 할 수는 없다. 추후 이에 관한 다양한 자료, 증언을 기다려야 한다. 이런 문제와 함께 생각할 것은 조직이 특정인에 의해서 경도되었는가 하는 점이다. 회의 내부 조직에는 부회장, 간사, 대의원회, 총회 등 다양한 조직을 갖추고 있었다. 회가 정상적으로 움직일 경우에는 특정 간부가 퇴진하거나 문제가 있어도 전체의 조직이 살아 있으면 회의 운영은 정상적으로 진행될 것이다. 선림회가 특정 인물, 명망가 중심의 조직이었을 가능성에 대한 분석은 후일을 기다릴 수밖에 없다.

마지막으로 유의할 것은 종단정치가 한참 기승을 부리던 1970년대 중반의 종단 구도가 선림회에 어떠한 영향을 주었는가 하는 점이다. 당시 종단 구도는 조계종단 전체가 그에 휩쓸릴 정도로 자못 치열하였다. 그러나 역으로 보면 종단정치가 갈등, 대립의 구도였다면 선림회의 선명성, 활동은 더욱 빛이 날 수도 있다. 그렇지만 종단정치, 종단의 구도에 선림회가 함몰되었다면 선림회의 이념과 지향은 당시 여건으로서는 공허할 수밖에 없었을 것이다.

4. 결어

지금껏 1967년에 창립된 수좌들의 모임인 선림회(禪林會)의 창립, 전개 및 활동, 그리고 성격과 한계 등을 대별하여 살펴보면서 선풍 진작과 정화이념의 계승이라는 점을 주목하여 보았다. 이제 맺는 말은 선림회가 갖고 있는 역사적인 의의를 요약하여 제시하는 것으로 대하고자 한다.

첫째, 선림회의 출범은 불교정화의 이념의 계승이라는 측면에서 주목할 내용이었다. 1962년 통합종단의 출범으로 정화운동은 일단락되었지만 대처 측의 이탈, 조계종단 내부의 정화이념의 퇴색 등으로 인하여 조계종단은 진퇴양난의 지경이었다. 이럴 때에 선림회의 등장은 출범 그 자체가 당시 조계종단에 적지 않은 파장을 주었다. 요컨대 그것은 조계종단이 내부의 자생적인 움직임에 의하여 정화운동의 이념이 계승될 수 있는가를 가늠해 주었던 것이다. 더욱이 수좌 중심, 선 중심의 종단 운영을 표방하였던 저간의 사정을 보면 더욱 그러하다.

둘째, 선림회 출범은 선풍 진작을 내걸고 등장하였기에 조계종단 종지, 종풍 차원에서도 주목할 내용이었다. 정화운동을 주도한 주체가 수좌였으며, 정화운동을 발발케 한 결정적인 요인도 수행풍토의 파탄이었기에 수좌들이 자생적으로 선풍 진작의 중요성을 표방한 것은 역설적으로 수행풍토의 정상화는 매우 긴박하였음을 말해주는 것이다. 즉 당시에는 수행풍토가 견실하지 못하였고 조계종단의 선방에서의 도제양성이 문제가 심각하였음을 엿볼 수 있는 단서이다.

셋째, 그러나 선림회 출범으로 인하여 해인총림, 조계총림, 중앙선원 등이 등장하고 여타 사찰에서도 선방이 개설된 것은 한국 현대불교사에서의 역사적 의의는 분명한 것이었다. 지금껏 조계종단사를 서술하면서도 선림회의 역할을 전혀 언급하지 않은 것은 선림회 출범의 뜻을 간과한 몰역사적인 행태라 볼 수밖에 없다.

넷째, 한편으로는 선림회의 중도 퇴진이라는 것에서는 수행자와 종단정치와의 함수관계의 단면을 엿볼 수 있다. 수행자는 철저한 수행을 통하여, 혹은 수좌들이 구상한 불교 및 종단의 이상을 구현하는 것은 어디까지나 수행이라는 방법을 통하여 가능하다는 교훈을 역사에 남기지 않았는가 한다. 결국 선림회의 몰락은 1970년대 초반부터 불기 시작한 종단정치에 그 주역들이 점차 가세하면서 선림회가 당초에 내건 취지에서 이탈한 것과 무관할 수는 없다.[88]

다섯째, 그러나 조계종단 내부의 주역은 수좌였다는 사실을 은연중 암시케 하였던 측면도 간과할 수는 없다. 현재 조계종단은 외형적으로는 선방의 증가, 안거 수행에 동참하는 수많은 승려, 산업사회의 전개로 나타난 가치관 혼란을 극복할 방안으로서 새로운 선풍진작의 요구, 안거수행의 다양화 등으로 인해 선수행이 이 시대의 화두로 등장한 것과 같이 보인다. 그러나 그 이면에는 철저한 수행풍토 구현의 어려움, 눈 밝은 선지식이 누구인지 가늠하기의 애매함,

---

88) 1991년에 등장한 선우도량의 분석, 연구에도 선림회는 중요한 시사를 준다. 선우도량은 1991년에 수행풍토 진작, 결사를 통한 불교개혁을 내세우면서 활동하였지만 94년 종단개혁에 참여하면서부터 점차 그 본래의 취지에서 이탈하였다. 그리고 98년과 99년의 종단정치에 결과적으로 그 주역들이 깊게 개입한 여파로 활동이 중단되었다.

견실한 수행 납자들의 고뇌, 급격한 세속화로 경도, 사판 및 행정승 중심의 종단과 사찰의 운영, 수좌들의 사회의식 부재와 명리추구, 선수행과 역사의식과의 불일치 등 곤혹스러운 문제가 각처에서 끈질기게 나온다. 이렇듯이 종단의 긍정, 부정적인 흐름이 교차하는 가운데에도 수좌, 선방, 수행자 등에서 종단의 미래를 찾아야 한다는 흐름이 존재하는 것은 사실이다. 그래도 종단이 혼란스럽고, 방향 감각을 잃을 때에는 수좌들의 고뇌 및 헌신에 의해 그 대안이 강구되었던 것이다. 이에 현재 전국선원수좌회의 고뇌에 대한 행보가 궁금한 것은 비단 필자만의 관심은 아닐 것이다.

3부

수좌의 지성사

백학명의 불교개혁과 선농불교

1. 서언

백학명(1867~1929)은 일제하 선지식으로서 불교개혁을 주장하고, 불교개혁의 일환으로 선농불교를 실천한 승려이다. 그럼에도 불구하고 그에 대한 생애, 불교사상, 불교개혁론, 선농불교 등의 개요와 성격은 전혀 논의되거나 탐구되지 않았다. 이는 근현대불교사에 대한 무관심에서 비롯되었다고 볼 수 있다. 또 다른 요인은 그에 대한 자료를 집약하여 보여주는 기록의 불충분성을 지적할 수 있다.

전자의 문제를 다시 거론하면 지금껏 한국불교사에서 근현대불교 분야는 연구의 황무지로 남아 있음을 말하는 것이다. 최근 근현대불교가 연구의 주제로 심화되고 있지만 이 시대 불교사는 아직도 해명할 주제와 대상이 산적해 있다. 그 대상 중의 하나가 바로 백학명이 포함된다고 하겠다. 특히 백학명이 걸어온 길은 여타 승려와는 다른 특이성이 있는바 그것은 곧 선농불교인 것이다. 백학명의 선농불교가 주목받고, 관심을 불러일으킬 요인이 현재 한국불교에는 부재한 것이 백학명 연구의 필요성을 촉발시키지 않았던 것이다.

선농불교라 함은 승려의 노동이 강조되고 실천되거나, 참선과 농사의 병행임은 두말할 나위가 없다. 작금의 불교계에서 승려가 노동을 한다는 말이 잊혀진 지는 매우 오래되었다. 요컨대 선농불교의 부재가 백학명을 잊힌 인물로 만들었다. 다음으로는 백학명의 행적, 사상, 선농불교를 알려주는 관련 기록이 매우 빈약하다는 것이다. 때문에 그의 생애와 활동의 전모를 파악하는 데 난점을 주었다. 더욱이 관련 사찰, 문도들도 그의 행적을 조명하는 자료수집에 관한 별 뚜렷한 업적을 최근까지는 내놓지 못하였다. 이런 요인들이 중첩되어, 백학명은 잊힌 승려로 남아 있었다.

최근 근현대불교의 정리와 분석이 본격화되면서 백학명에 대한 관심은 진일보하고 있다.[1] 그러나 그의 전모와 사상은 이제 걸음마 상태이다. 이러한 배경과 전제에서 본 고찰에서는 그의 불교개혁 및 선농불교에 중점을 두어 그 개요와 성격을 정리하려고 한다. 그러나 자료의 부족, 필자의 한계 등으로 인하여 소기의 목적을 달성하기에는 난점이 우려된다. 다만 필자가 수집한 관련 자료를 최대한 분석하고, 그것을 시대 배경과 관련지어 설명하고자 한다. 이를 통하여 백학명의 불교개혁 및 선농불교의 개요와 성격을 추출하고, 백학명을 재조명하는 데에 일조가 되었으면 다행이라 하겠다.

---

1) 필자는 불교개혁론과 선원의 청규를 분석하면서 백학명의 불교개혁의 성격을 간략히 점검하였다. 김광식, 「근대 불교개혁론의 배경과 성격」, 『근현대불교의 재조명』(민족사, 2000) ; 김광식, 「근대 한국선원의 청규 개요와 성격」, 『승가교육』5(조계종 교육원, 2003). 백학명에 대한 최초의 접근은 불교전기문화연구소에서 펴낸 『학명큰스님평전』(1994, 불교영상)으로 볼 수 있다.

2. 백학명의 생애와 불교개혁

백학명은 1923년경부터 불교개혁의 구도하에 내장사에서 선농불교를 실천에 옮겨, 그가 입적하는 1929년까지 지속하였다. 비록 그가 선농불교를 실천한 기간이 7년여에 불과하였으나 그 의의는 간단한 것이 아니었다. 그러나 그의 선농불교가 당시 불교계에 어떠한 영향을 미쳤는지 현재로서는 그 대강을 짐작하기도 간단치 않다. 그래서 여기에서는 무엇보다도 백학명 그가 어떤 승려였으며, 당시 불교계에서 차지하는 비중이 어떠하였는가에 대한 이해가 요청된다.

백학명은 1867년(고종 4년) 전남의 영광군 불갑면에서 태어났다. 그는 16세경에 부친의 병고로 가업을 물려받아, 부모와 동생들을 책임졌던 정황과 빈한한 가정 형편으로 고생을 많이 하였다. 이에 그는 모필 제조하는 법을 배워 이로써 가정경제를 해결하였다. 그러나 그의 나이 20세 무렵, 그의 부친이 별세한 직후에는 큰 뜻을 품고 국내 명산을 돌아보리라는 계획으로 붓 상자를 메고 전국을 돌아다녔다. 마침내 그의 발길은 순창 구암사에 당도하였는데, 마침 그 강원에서 학인 40여 명이 수학하는 것을 목격하고 자신도 승려의 길을 가야겠다는 발심을 하여 일단은 고향에 돌아왔다. 그는 고향 인근의 불갑사로 찾아가, 환송(幻松) 장로의 문하에서 출가하기에 이르렀다. 당시 그의 수계명은 계종(啓宗)이었다. 이후 그는 은사를 자신의 계사(戒師)였던 금화(錦華)에게로 옮기고, 그 문하에서 3년을 공부하였다. 그의 나이 24세 되던 해인 1890년에 그는 순창 구암사로 가서 불교 내전, 즉 교리 및 사상을 배우게 되었다. 이후 그는 지리산, 조계산 등지의 강백들에게 일대시교(一代時敎)를 총괄적으로 수학하였다.[2]

1900년 백학명은 그의 은사인 금화선사에 의해 건당(建幢)을 하고, 구암사와 운문암에서 강회(講會)를 열어 수년간 학인을 가르치게 되었다. 이로써 그는 백파의 7대 법손이 되었다. 그런데 그는 강회를 열던 중, 교편(敎鞭)을 집어 던지고 생사를 구하기 위해서는 단연코 선을 해야 하겠다는 결의를 하고 1902년 즉시 선원을 찾아가서 선수행을 시작하여 '습정균혜(習定均慧)'로 시종 일관하였다. 그러나 그는 대중들의 강력한 요청을 거부하지 못하고 내소사, 월명사의 주지도 역임하였다. 월명암의 주지 시절에는 선실을 중건하여 대중 수좌들의 수행에 도움을 주기도 하였다. 1912년 월명암에서 정진 중, 그는 불성의 참맛을 맛본 깨달음의 경지에 다다랐다. 그 이후에는 백양선원으로 이주하여 4년여를 머물렀다. 백양선원에 주석할 당시는 백양사 주지인 송만암의 백양사 재건을 지원하면서 함께 동거수선(同居修禪)을 하였다. 그런데 그는 해외불교를 살펴보아야 하겠다는 결심을 하고 중국의 총림과 일본 사찰을 1914년 봄부터 유력하였다. 1915년 귀국한 이후에는 내소사, 월명암 주지로 취임하였지만,3) 그보다는 월명선원의 조실, 내장사 조실, 백양사 선원 조실로4) 있었다. 추측건대, 이때 본격적인 불교개혁의 구상에 주력하였던 것으로 보인다.

이처럼 그는 교와 선에 정통한 승려였으며,5) 해외 불교도 시찰

---

2) 이상의 내용은 柳錦海가 『불교』 62호(1929.8)에 기고한 「內藏寺故白鶴鳴禪師靈骨及舍利通牒」의 내용을 요약한 것임.

3) 그 내용은 『조선불교계』 1호, 75쪽에 백학명이 월명암 주지로 재취직 인가되었다는 것, 『조선불교총보』 17호 54쪽에서는 백학명의 월명암 주지가 임기 만료되어 박한영이 취직되었다는 관보에서 알 수 있다.

4) 당시 백양사로 입산, 출가하고 백학명의 지도를 받아 깨침을 얻은 김해안의 문집인 『海眼集』 100쪽, 108쪽에는 백학명이 주석하였던 내용이 전한다. 『해안집』 (불교전등회, 1982) 참조.

한 식견을 갖고 있었다. 때문에 당시 불교계에서도 백학명에 대한 평가는 일정한 위상을 갖고 있었다고 볼 수 있다. 불교학자로 이름을 떨친 이능화는 백학명을 선문(禪門)을 대표하는 선사(禪師)로 평가하였다.

> 現今 敎門에 在하야는 朴漢永, 陳震應 等 師의 熱心 傳道를 보며 禪門에 在하야는 白龍城, 方寒岩, 白鶴鳴 諸師가 宗乘을 擧揚함을 보니 余는 朝鮮佛敎가 將來 有望함을 斷言키에 躊躇치 안는다.6)

즉, 백용성, 방한암에 버금가는 활동을 하는 선사로 자리매김을 하였던 것이다. 그런데 이능화는 백학명이 어떤 연유로 그렇게 평가하였는가는 서술치 않았다.7) 또한 이능화는 백학명 입적 후의 회고에서 1920년대 중반의 불교계에서 백학명을 '법중용상(法中龍象)'이라는 지칭을 하였다는 증언을 전하고 있다.8) 그러나 우리는 일제하한국불교계의 선사로 명망을 떨친 백용성과 방한암에 대해서는 익히 알고 있으면서 왜 백학명은 생소하게 받아들일 수밖에 없는가에 대한 연유를 설명해내야 한다. 현재로써는 이에 대한 만족할 만한

---

5) 이근우는 당시 백학명을 "학명스님은 도를 깨치기 전 교학에 아주 밝으셔서 선문에 관한 책들은 거의 보시고 알고 외우는지라 대중의 부탁으로 조실로 계시기도 하였다"고 회고하였다. 『버린 후엔 어느 곳을 향하는가-동광, 혜두 수도전법기』(적선사출판부, 1987), 60쪽. 이 전법기는 이근우의 아들인 육락스님이 이근우의 회고, 증언에 근거하여 이근우의 일대기를 재구성한 저작이다.

6) 이능화, 『불교』 31호(1927.1), 「朝鮮佛敎의 三時代」, 11쪽.

7) 이능화는 『불교시보』 70호(1941.5), 3쪽에 「백학명대선사를 추억함」이라는 글을 기고하였다. 여기에는 백학명선사에 대한 당시의 세평과 자신과 백학명과의 인연이 나온다.

8) 위의 「백학명대선사를 추억함」, 3쪽.

이야기가 없는 것이 아쉽기만 하다.[9]

백학명이 수좌계에서 활동한 내용 중에는 1922년 3월 30일 선학원에서 개최된 선우공제회의 창립총회에 참여한 것이다. 선우공제회는 1921년 12월에 창건된 선학원에서 발기한 수좌들의 모임이다. 공제회는 일본불교의 침투로 인해 한국의 전통불교 정신이 희미해지는 것을 차단하고 고유의 선풍을 진작하기 위한 수좌들의 모임으로 등장하였다. 이들은 당시 현실이 불교의 전통을 계승하기가 어려우며, 진정한 발심 납자가 희소하며, 수행하는 승려가 배척받고, 운수납자들의 생애를 보장받기가 어려운 현실을 직시하였다. 이에 그들은 타인에게 의지하지 말고 자립자활하여 전통불법을 발흥하고 중생을 구제하자는 취지를 내세웠는데, 그 창립 모임의 내용을 전하는 선우공제회 회의록에 참가 수좌 35명의 명단 중 백학명의 이름이 서두에 전하고 있다. 그리고 발기인 명단에서도 "오성월, 이설운, 백학명 외 79명"으로 전하고 있다.[10] 이러한 기록을 유의하면 백학명은 그 당시 수좌의 대표성을 띠고 있었던 것이 아닌가 한다. 한편 여기에서 필자의 시선을 집요하게 끄는 것은 그 취지서의 말미의 문장이다.

自立의 活路를 開拓하야 禪界를 勃興할 大道를 闡明하야 衆生을 苦海에 求하고 迷倫을 此岸에 度할지니 滿天下의 禪侶는 自立自愛할지어다.

---

9) 강유문은 『불교』 46·47합호 「內藏禪院一瞥」, 33쪽에서 백학명을 '朝鮮禪林의 宿德'으로 표현하였다.

10) 김광식, 「일제하 선학원의 운영과 성격」, 『한국근대불교사연구』(민족사, 1996), 106~107쪽. 백학명은 선우공제회 의사부의 평의원이었다.

후술하겠지만 이 취지서에 극명하게 나오는 자립의 활로, 선계의 발흥은 백학명의 불교개혁과 선원개혁의 성격과 동질적인 노선인 것이다. 때문에 우리는 백학명의 불교개혁과 선농불교가 선학원 및 선우공제회의 등장 이전부터 배태되었음을 파악할 수 있다.

백학명의 중앙불교계에서의 활동으로 주목할 내용은 현재의 조계사 전신인 각황사에서 주관한 선원 회주로의 초빙이다. 각황사는 1910년 10월 지금의 조계사 인근인 종로구 전동에 위치한 사찰로 당시 전 불교계가 합의하여 만들었는데, 주로 중앙불교 차원의 포교의 거점이었다.11) 이에 그 명칭도 각황교당, 중앙포교당으로 불렸다. 그런데 이 각황사는 당시로서는 서울 4대문 안에 있었던 유일한 사찰이었다. 때문에 각황사에는 30본산연합사무소, 불교계 출판사, 불교단체의 사무실 등이 입주해 있었다. 이에 각황사는 당시로서는 불교계를 대표하는 사찰이었다. 이러한 각황사는 1927년 초에 약간의 변동이 있었다. 당시 불교계는 천도교가 운영하였던 보성고등보통학교를 인수하였는데 그즈음 보성고보 교사를 새롭게 건축하고 그 보성고보 교사를 교단 사무실로 활용케 되었다.12) 구 보성고보 교사는 현재의 조계사 터(종로구 수송동)에 위치하였기에 당시 교단에서는 서울의 중심부에 소재한 이점을 활용키 위해 교단 사무실과 불교계의 각종 단체의 사무실을 1927년 5월경 보성고보 교사의 건물로 이전케 되었다. 이런 배경하에 각황사는 순수한 사찰로 남게 되었다.

이때 각황사는 포교 중심 사찰로 성격이 전환되면서 선원을 두었는데, 그 선원의 회주가 바로 백학명이었다.

---

11) 김광식, 「각황사의 설립과 운영」, 『대각사상』 6, 2003.
12) 김광식, 「일제하 불교계의 보성고보 경영」, 『근현대불교의 재조명』(민족사, 2000).

京城府 壽松洞 八十二番地 覺皇布教堂에 現 布教師 白鶴鳴禪師는 朝鮮 佛敎에 잇서 禪으로나 敎로나 모다 一指를 屈하게 됨은 一般이 捻志하 는 바인데 더욱이 本 敎堂에 住錫하게 된 初志는 本 敎堂을 禪院으로 정하고 朝鮮內에 雲水 禪衲을 募集하야 安居를 하야 보랴는 希望이엇슴 으로 今般 評議員 總會에서는 그 旨를 體悉하야 遂히 本 敎堂에 禪院 設 立하기를 一般이 協議하엿으며 樂園洞에 居住하는 請信女 白賢淑氏는 禪 衆의 糧道를 補助하기로 하야 今年의 夏安居부터는 決定志를 세우고 特 達 懷를 품은 十方의 禪衆이 聚會하야 棒喝에 風이 生하고 問答에 可決 하리라 하며 內規를 所聞에 依할 것 같으면

　　　　　　　會主 白鶴鳴禪師
　　　　　　　化主 李允根
　　　　　　　檀信 白賢淑氏
　　　　　　　禪衆 十五人 豫定
　　　　　　　年齡 二十歲 以上 三十五歲까지
　　　　　　　程道 四敎科 卒業 以上 13)

즉 각황사 선원의 회주로 추대되었다는 것이다. 그런데 백학명 그의 회주 취임은 당시 그가 교와 선의 분야에 있어서 명망이 뚜렷 함에서 나온 것이다. 또한 그가 각황사에 주석한 뜻은 각황사 선원 에서 각처의 운수납자가 모여[14] 안거할 수 있는 수행 및 풍토를 만 들겠다는 것이 개재되어 있다는 것이다. 이는 중앙불교 차원에서 선 풍을 재흥시키겠다는 것으로 볼 수 있는 대목이다. 한편 이러한 점 은 그가 단순히 개인 차원에서 수행하는 선사가 아니라는 점을 말하

---

13) 『불교』 34호(1927.4), 「불교휘보」, '覺皇寺敎堂을 禪院으로 결정.'
14) 이근우는 이를 "각 대본산별로 구참납자들을 모집하여"로 증언하였다. 앞의 『버 린 후엔 어느 곳으로 향하는가』, 160쪽.

는 것이다.15) 즉 그는 당시 불교계에서 명망이 뚜렷한 선지식으로 초빙되었던 것이다. 여기에는 그가 선학원의 선우공제회라는 조직을 통하여 전통 선풍을 진작시키려는 의도가 무산된 것과 연결되었다고 하겠다. 즉 선우공제회는 재정난과 수좌들의 열의 부족으로 인하여 1925년 초반부터는 거의 간판을 내릴 정도로 그 존재 자체가 희미해졌으며, 선학원도 1926년 5월 1일부터는 범어사 포교당으로 전환되었다. 이는 곧 중앙 차원의 선풍 재흥이 무산되었음을 의미하는 것이다. 따라서 백학명은 각황사를 거점으로 바로 그가 이전에 의도한 선학원 중심의 선풍 재현을 각황사에서 의도하였다는 추론도 짐작할 수 있다. 이에 그는 각황사에 주석하면서 1927년 하안거 수행을 주관하면서, 13명의 수좌를 지도하였다.16)

그런데 그가 1927년의 동안거도 각황사 선원에서 회주로 있었는가는 확인하기 어렵다.17) 한편 위의 기록에는 백학명이 각황사 선원의 회주로 취임하기 이전에 이미 각황사의 포교사였음을 전하고 있다. 그러나 현재로서는 언제부터 그가 포교사로 활동하였는지 전하는 기록이 없어18) 그 전후 사정은 알 수 없다.

---

15) 이근우는 당시 음력 5월 1일부터 법화경 선림법회를 하였는데, 그에 참여한 법사는 백학명, 백용성, 백초월, 이춘성, 이화담, 송병기 등이었다고 회고하였다. 앞의 이근우 책, 160쪽.

16) 『불교』 39호(1927.9), 「불교휘보」, '中央禪院의 解夏.' 그러나 지도를 받아 안거 중을 받은 13명의 인명은 전하지 않는다. 그리고 『불교』 60호(1929.6)의 57쪽에는 당시 안거 수행 중에 백학명이 각 선원에 물은 질문 5가지가 전하고 있다. 한편 『한국근현대불교자료전집』 권66에 소재한 「교무원 제6회 평의원 총회 회의록」 22쪽에는 각황사 선원 보고 내용이 있다. 즉 그는 각황교당을 선원으로 정하고 하안거에는 하안거 禪員 12명, 동안거에는 禪員 6명이었다고 한다.

17) 『불교』 45호(1928.3), 「불교휘보」, '중앙선원 해제'에는 동안거를 마쳤으며 안거한 대중 7명의 이름(이구해, 이남화, 이한암, 김학수, 나등암, 홍성수, 이윤근)이 나온다. 그러나 백학명의 관련 내용은 전하지 않는다.

이처럼 백학명은 일제하 불교계에서 일정한 명망을 갖고 있는 선사였음이 분명하다. 더욱이 그는 단순히 혼자만의 수행자는 아니었다. 선우공제회의 출범과 각황선원 회주로 활동한 것을 보면 그는 진보적인 노선을 갖고 있으면서 동시에 불교개혁적인 입장에 서 있었다 하겠다. 바로 이러한 점을 그가 선농불교를 통한 불교개혁에 나설 수 있는 배경으로 이해할 수 있다. 이러한 사정은 그가 입적한 후에 그와의 인연이 있었던 안주봉이 『불교』지에 기고한 추모의 글에서도19) 재확인된다.

師는 우리를 對할 때마다 朝鮮佛敎의 情勢를 慨嘆하고 改新 方策을 痛論하면서 말삼하시되 만일 諸方의 同志와 握手하면 禪門 規制부터 更正하는 것이 最急務라 내가 他方 殊域을 周觀한 後에 彼此를 參酌하야 此方에 實現하리라 하시더니 增年에 東瀛을 渡하야 東京 京都 等의 各 寺院 儀制를 撮探하고 中國에 入하야 上海 北京 等 各 叢林의 規制를 認悉하고 故山에 歸來하시와 一二 同志와 禪門 事業을 營新하려다가 時機의 不及으로 全般的 改新은 倉卒히 할 수 없어 不得已 一隅의 處所라도 新機關을 세우고 漸次 實行하려하여 湖南에 中點되는 內藏寺의 主務에 擔任하고 (중략)

唯一한 模範禪院을 計劃하시는데 나도 그때에 一月間 侍右服役을 하엿나이다. 師는 朝鮮 禪衆의 不覊放散하야 不規則 無秩序함을 歎惜하여 禪院의 規制를 嚴正히 制定하고 時間 勞動을 實行하니 禪衆의 來參이 적게 됨은 모다 勞動時間을 忌避함이라.

---

18) 다만, 『불교』 36호(1927.6), 「불교휘보」, '全鮮에 亘하야 盛大한 莊嚴'에는 백학명이 1927년 5월 8일, 즉 석가탄신일에 각황교당에서 설교하였음을 전한다. 당시 설교한 인물은 정지월이었고, 한용운은 강연을 하였다.

19) 안주봉, 「追慕白鶴鳴先師」, 『불교』 62호(1929.8).

이 글에 의하면 백학명은 평상시에 불교의 모순을 개탄하고 이를 개혁할 방책을 강구하였음을 알 수 있다. 이에 그는 뜻을 같이 하는 동지가 있으면 선문의 '규제'부터 바르게 고치겠다는 소신을 갖고 있었다. 나아가서 그는 일본, 중국의 불교계를 돌아본 후에는 그 순방에서 얻어진 것을 참조하여 한국불교의 선문규제(禪門規制)의 개혁에 나설 것임을 계획하고, 실제 그것을 실행에 옮겼던 것이다. 여기에서 우리는 그의 선농불교가 단순하고, 우연적으로 나온 것이 아님을 파악할 수 있다. 그리고 그가 의도한 것은 '선문사업(禪門事業)'의 전체를 개혁하려는 것도 동시에 알 수 있었다.

그러나 그의 뜻에 동참하는 승려를 만나지 못하여, 이에 내장사에서부터 자신이 그리고 있는 모범선원을 만들겠다는 첫발걸음을 내딛은 것이다. 그는 평소 선중(禪衆), 즉 납자들의 불규칙, 무질서함을 개탄하였거니와 바로 이점이 그가 선원 개혁의 초점이 선원의 규제라 칭하는 청규의 복원 혹은 재정비로 나간 단서이다. 즉 그는 우선 선원의 규제를 정비하는 차원에서 내장사 선원의 규칙을 제정하고, 그 규칙 안에 선농불교를 구현하였던 것이다.

요컨대 백학명은 교와 선의 종장으로서의 선지식이었다. 그러나 그는 단순히 궁벽한 사찰에 은거하였던 승려는 아니었다. 그는 당시 불교 현실을 직시하고, 고민하고, 개혁을 강구하였으며, 개혁을 추진하는 논리 및 타당성을 찾기 위하여 일본과 중국까지 다녀왔으며, 불교개혁의 구도에서 선문사업(禪門事業)의 개신을 강구하였다. 그의 선문사업은 선원 규제의 재정비와 승려의 노동을 결합시킨 선농불교였다. 이제 그는 1923년 초반부터는 선농불교의 기치를 내장사에서 내걸고, 그것을 그가 입적하였던 1929년 5월 6일까지[20] 실행하였다.

3. 선농불교의 이론과 실제

백학명의 선농불교는 앞서 살펴본 바에서 나온 것처럼, 백학명이 평소부터 강구한 불교개혁의 구도에서 나온 것이었다. 이에 우리는 그의 선농불교의 개요와 성격을 더욱 구체적으로 파악하기 위해서는 우선 그가 생각하고 있었던 불교계의 모순과 분석을 이해할 필요성을 만난다. 그가 생각하였던 불교계의 모순과 그 대안과 관련해서는 그의 입적 직후『불교』지 71호(1930.5)에 게재된「獨살림 法侶의게 勸함」이라는 글이 주목된다.

백학명은 위의 글의 내용에서 승려에 대한 정의를 '출가위법(出家爲法)'하는 자로 보고, 우선 승려는 일대사 인연으로 오직 스스로 깨닫고, 남도 깨우칠 뿐이라고 단언하였다. 때문에 이를 이행하지 않는 승려는 단지 '사마(邪魔)', '외도(外道)'라고 보았다. 그러나 당시 불교계에서는 승려 본분의 길을 가지 않는 부류가 많다고 이해하였다.

우리 朝鮮 近日에 중이 되는 者로 말하면 중이라는 것이 어떤 物件인지도 알지 못하고 佛祖의 本意가 어떠한 것도 알지 못하고 擧皆 出家 入山하는 날로 붙어 몸만 閑寂한 雲林에 집어 던지고 눈은 財利의 周旋에 붉어저서 一出一入이라도 憑公榮私하거나 損他利己하야 오즉 이런 일에만 從事하고 그중에도 甚한 자는 寺刹의 常住物을 濫用 濫食하야 寺財敗亡하는 지경에까지 이르게 되나니 이런 行動이 잇고 이런 知見이 잇으면 어느 때에나 넷날 賢哲들과 같은 높은 名譽가 그 몸에 도라가리오. 少時로 붙어 늙을 때까지 가드래도 다만 某甲이라는 중 名色만이 잇슬 뿐이로다.

---

20)『불교』61호(1929.7),「종보」, '학명선사의 사리.'

이처럼 백학명은 당시 승려들을 가혹하게 비판하였다. 그들은 승려로서의 정체성을 망각한 부류이고, 부처의 근본 뜻도 모르고, 빙공영사(憑公營私)하고 손타이기(損他利己)하여 재물의 이익에만 혈안이 되고, 심지어는 사찰재산을 파산케 하는 이름만의 승려라는 것이다. 이에 그는 그 현실을 타개하는 방안을 다음과 같이 제시하였다.

佛法의 盛衰와 寺刹의 存亡과 僧侶의 進退가 대개는 棄本逐末과 憑公榮私와 出正入邪의 惡風이며 弊習이며 魔行임을 由함으로서 임니다. 風潮이니, 解放이니, 改良이니, 通俗이니를 다— 그만두시고 自家의 本面目 佛祖의 正知見 寺刹의 本淸規 僧侶의 正律儀를 寺寺히 歸正하고 個個히 如法하면 滿天下 人生이 모다 僧化 寺化 法化 佛化될줄로 생각하나이다.

즉 승려의 근본이 이탈된 것은 근본을 무시하고〔棄本逐末〕, 공을 빙자하여 사리사욕을 챙기고〔憑公營私〕, 바른 길에서 나가 사악한 길로 들어가는〔出正入邪〕 습관에서 나왔다는 것이다. 이에 그는 개항 이후 등장한 불교대중화라는 이름하에 나온 풍조, 해방, 개량, 통속 등을 단절하고 불교의 본면목을 찾아야 한다고 강조한다. 불교의 근본〔自家의 本面目〕, 부처의 견해〔佛祖의 正知見〕, 사찰의 근본인 청규〔本淸規〕, 승려의 바른 계율〔正律儀〕을 모든 사찰이 시행하면 저절로 모든 대중의 삶이 불교화〔僧化, 寺化, 法化, 佛化〕가 된다고 보았다. 여기에서 보듯 백학명 그의 불교개혁에 대한 지향과 범위는 당시 불교계 전체의 흐름에 대한 강한 부정에서 나온 것이었다. 이에 그 개혁 노선은 단순히 선원이나, 청규에만 머물렀던 것은 아니었다.

이러한 전제와 구상에서 백학명은 당시 불교개혁을 위한 방향을 구체적으로 제시하였던 것이다. 첫째로는 계정혜(戒定慧) 삼학을 중심에 두자고 강조하였다. 즉 계정혜 삼학은 불법의 근원이며, 승려 수학의 의무이기에 이것을 제외하고는 다른 도리가 없다는 것이다. 그리고 그는 이 삼학에서 탈퇴한 자는 승려로 볼 수 없다고 하면서 이를 실천한 대안까지도 제시하였다. 예컨대 사찰과 승려의 명칭을 고쳐서 이를 실행하고,[21] 나아가서는 그에 관한 규정도 정하자고 주장하였다.

둘째로는 사부중[22]의 위상을 강조하였다. 사부중을 여러 부처와 보살의 '본구대중(本具大衆)'이라고 하면서, 이것 이외에 다른 대중은 있을 수 없다고 하였다. 이에 그는 처자와 자식이 있는 대상자는 이 4부중에서 어느 대중에 속할지를 분명하게 해야 한다고 언급하였다. 이는 당시 증대되었던 대처승을 승려로 인정할 것인가, 아니면 재가 신도로 둘 것인가에 대한 의견을 제시한 것이다. 그런데 백학명 그도 이 문제에 대해서는 명확한 입장을 개진하지 않았다. 이는 승려의 대처가 그만큼 신속하게 증대되고 있음을 엿볼 수 있는 단서가 아닐까 한다.

셋째로는 주지에 대한 권한과 의무를 분명하게 자리매김을 해야한다고 주장하였다. 주지는 본래 불법과 정법을 '주지(住持)'케 하는 인물로, 타인에게 불법을 전해주는 것이 원래의 주지의 의무라고 보았다. 그런데 당시 주지들은 사찰을 점령하여, 사찰 재산을 농락하고, 사찰의 대소사를 임의 처리하고, 부정부패로 비판을 받아 축출되는 지경에 처하여 있다고 보았다. 요컨대 주지는 재권(財權), 인권(人權), 사견(邪見), 마행(魔行)을 좌지우지하는 승려라고 인식하면

---

21) 그 대안은 사찰의 경우에는 율원, 선원, 강원이라는 간판을 부착하고 승려들은 율사, 선사, 교사라는 명칭을 쓰자는 것이다.

22) 이는 사부대중, 승려와 신도를 포괄한 것이다.

서, 이를 개선시켜야 함을 강조하였다.

넷째로는 재산으로부터 파생된 '유명간(幽明間) 죄악'을 차단할 것을 주장하였다. 이는 주지들이 불법의 포교에만 전념토록 하고 재산과 여타의 사무처리는 사찰 공동사무원의 운용과 근무로써 해결할 것을 주장하였다.

다섯째로는 승려의 근본을 되찾아야 한다는 것이다. 승려는 번뇌를 단절하고, 생사를 초월하여, 불법을 배우고, 중생을 구제하는 책임을 다해야 한다고 보았다. 그럼에도 불구하고 당시 승려들은 본분사를 제쳐두고 영리추구, 이기주의, 잡행주의에 몰두하고 있다는 것이다. 이에 그는 무상대도, 평등정로를 구하기 위해서는 승려 각자가 '자사자도(自思自度)'하고, 이기는 버리고, 이타에 힘쓰며, 불법에 헌신하여 일체를 '회소향대(回小向大)'해야 한다는 주장을 하였다.

여섯째로는 사찰에 있는 위토(位土)와 전래의 법답(法畓)이 정상적으로 처리되도록[23] 하고, 승려들의 부정적인 행동은 외양으로부터 발생하니 필히 장삼을 입고 출입해야 한다는 주장을 하였다.

지금까지 분석한 바에서 엿볼 수 있듯이 백학명의 불교개혁은 불교 근본에 치중을 하고, 계정혜 삼학을 강조하며, 승려의 본본사와 의무를 다하는 방향에서 찾아야 한다고 보았다. 이에 그는 승려의 나태와 몰지각의 요인도 사찰재산에서 나오기에 이 문제를 개선해야 한다고 주장했다. 요컨대 보수적인 개혁이었다. 그 보수는 불교의 근본과 한국전통을 회복하는 노선에 서 있었다.

이제부터는 백학명이 구체적, 실천적으로 전개한 선농불교에 관

---

23) 그런데 원문에서는 '有權者의 惡見을 由하야 邇來 當寺에서 異動問題'가 있어, '今番은 집행할 事'라고 하였다. 그러나 필자는 이 뜻의 본질을 정확하게 개진할 수 있는 형편은 아니다.

련된 내용을 정리하겠다. 지금껏 우리는 백학명의 선농불교의 성격을 이해하기 위한 사전 배경, 개요를 점검하였다. 그러면 그가 언제부터 선농불교를 실행에 옮겼으며, 그 계기는 무엇인가?

선학의 연구에 의하면 1923년 만해 한용운이 백학명이 머물던 월명암 인근의 양진암에서 3일을 지낸 것을 그 계기로 보고 있다.[24] 이때 한용운과 백학명이 나눈 대화는 알려지지 않았으나, 한용운이 그곳을 떠나면서 지은 게송에서 비롯되었다고 한다. 그 게송은 백척간두에서 '경퇴일진(更退一進)'이라는 의미가 담긴, 양진암을 떠나면서 학명선사에게 주었던 제목의(養眞庵臨發 贈鶴鳴禪伯 二首) 시이다.[25] 구전에 의하면 백학명은 한용운이 전한 그 시를 보고, 이틀 밤낮을 고민에 고민을 거듭한 후에 1923년 봄에 내장사로 내려왔다고 한다.[26] 그 하산은[27] 그가 선농불교를 본격화한 신호탄이었다. 원래 백학명은 그가 머물던 월명암에 10년간 주석하며 선수행을 하려고 하였으나 한용운이 지적한 백척간두 진일보의 심정으로 불교개혁에 나섰다. 당초에는 선우공제회에 동참한 수좌들과의 공동 개혁을 염두에 두었으나, 선학원 및 선우공제회의 전반적인 운영이 부진을 면치 못하자 독자노선을 간 것으로 보인다. 즉 안주봉이 표현한 것과 같이 그는 선문(禪門)의 영신(營新)을 동지와 함께 하려고 하였으나,

---

24)『학명스님평전』(불교영상, 1994), 191쪽.

25) 위의 책, 31쪽. 그 시의 전문은 다음과 같다. 世外天堂少 人間地獄多 佇立竿頭勢 不進一步何 / 臨事多難處 逢人足別離 世道固如此 男兒所任之. 이를 해석하면, "이 세상에 천당은 없고 / 인간에게는 지옥도 있는 것 / 백척간두에 서 있는 그뿐 / 왜 한걸음 내딛지 않는가. 일에는 어려움 많고 / 사람 만나면 헤어져야 하는 것 / 본래 세상 일은 이와 같거니 / 남아라면 얽매임 없이 뜻대로 살리라." 이 해석은『증보 한용운전집』(신구문화사, 1980), 권1, 155쪽을 참조하였음.

26) 위의 책, 32쪽.

27) 그런데 내장사로 내려온 정확한 시점은 알 수 없다.

여의치 않았다는 것은 바로 그 정황을 말해주는 것이다. 또한 선문의 전반적인 개혁을 시도하려고 하였으나 시기의 '불급(不及)'으로 부득이 자신부터 나설 수밖에 없었다는 것도 우리가 참고할 내용이다. 다시 말하자면 그가 부득이, 갑자기, 혼자서 불교개혁의 구도에서 선농불교에 나선 사정을 알 수 있는 것이다.

이러한 그의 결단은 평소 그가 생각하고, 가다듬었던 불교개혁을 실천하는 것이었다. 그의 불교개혁은 주로 선원의 규제 재정비였다. 이는 당시 선원이 무질서, 불규칙하게 운영된 사정을 강력 비판한 것이다. 달리 말하면 선원의 규제인 청규의 상실 내지는 청규의 유명무실을 말해주는 것이다. 이에 그는 청규의 복원의 의미를 갖고 있는 선원규제의 재정비와 함께 그 규제에 승려의 노동을 포함시켰다. 요컨대 불교개혁의 구도에서 선원의 규제에 승려의 노동, 승려의 수행을 결합시킨 것이었다. 그는 선농불교가 구현되는 유일한 모범선원을 계획하고 그것을 실천하였다. 당시 승려들이 일하지 않는 것을 '통병(通病)'으로 보고,

나는 禪院을 비롯하야 이런 弊風을 矯正하되 禪農을 兼行하여야 할 터이니 나부터 躬行하여야 하겠다고 손조 鍬錨을 들고 道場에 來往하면서 廢園을 改治하고 荒田을 整理하야 自作實施하는데 매일 年少年보담 노력을 더하야[28]

그 자신부터 이를 개선하기 위한 노력을 하였던 것이다. 이 사정은 박한영이 지은 「內藏山 鶴鳴禪師 舍利塔銘」에서,[29] "학명선사가 자신

---

28) 안주봉, 「추모백학명선사」, 『불교』 62호(1929.8), 54쪽.
29) 앞의 『학명큰스님평전』, 311쪽.

의 몸을 계율로써 단속하여 말이 적고 욕심이 적었으며, 대중들에게 농사가 곧 참선이라는 안을 주창할 것을 약속하였기에 호미를 잡으면서 조사의 화두를 들었다(禪師嚴身以律 寡言小欲 約于衆 而倡卽農卽禪之案把鋤頭 而鍛祖師)"는 정황을 말해주는 것이다.

백학명은 이처럼 내장사 주지로 있으면서 선농불교를 실천하였지만, 그는 단순히 승려들의 농사만 짓도록 한 것은 아니었다.

禪師－赴任함으로부터 法堂과 禪室을 建築하며 道場을 擴張하고 蓮池를 濬鑿하며 더욱이 理財에 能爛하야 山의 入口 荒蕪地에 良畓 數十 斗落을 開拓하니 그로부터 四十餘 石의 歲入 超過를 보게 하며 一般 僧侶로 半農半禪주의를 高調하야 體育과 智德을 竝行하고 山下 洞民에게는 布教를 만이 하야 老小를 물론하고 千手心經 등은 喃喃히 讀訟하게 되었습니다. 뿐만 아니라 田畓으로 小作을 정해주고 森林으로 燃料를 當케 하야 그 一視仁澤이 家仁父子로 化하였습니다.[30]

그는 내장사의 도량을 정비함과 아울러 황무지를 개간하고, 인근 촌락의 사람들을 포교하면서 경제적인 이익을 제공하였다. 즉 그는 단순히 사찰 안에서만 선농불교를 한 것은 아니다. 이를테면 농사를 통한 승려의 수행, 사찰 재정비, 촌락공동체 건설의 성격이 합치된 것으로 볼 수 있다. 이에 그의 선농불교가 구현된 새로운 선원은 당시에도 일정한 영향을 주었다.

이에 한 古德이 잇서 內藏禪院을 內藏 勝界에 세우고 純眞한 少年을 모아 禪理를 보이고 教學을 가르치며 農業을 힘쓰게 하되 歌舞까지 잇

---

30) 유금해, 앞의 자료, 51쪽.

서 일하면서 글월을 읽으면서 禪을 硏究하면서 몸과 마음이 快活快活케 되얏스니 實로 斯界에 最新案 試業인 同時에 理想的 禪院이라 하겠다.[31]

그러면 이러한 전제와 성격을 갖고 있었던 백학명의 선농불교의 구체적인 개요, 운영 준칙은 어떠하였는가. 이 내용을 전하는 「내장선원 규칙」이 있다. 그 전모를 보면 다음과 같다.[32]

一. 禪院의 目標는 半農半禪으로 變更함
一. 禪會의 主義는 自禪自修하며 自力自食하기로 함
一. 會員은 新發意나 新出家를 募集함
　　但 久參衲子도 勤性이 有하니 選入함
一. 略
一. 叢林의 正規를 依하야 衣食을 圓融으로 함
一. 日用은 午前 學問 午後 勞動 夜間 坐禪 三段으로 完定함
一. 冬安居는 坐禪爲主 夏安居는 學問과 勞動 爲主로 함
　　但 安居證은 三年 後 授與함
一. 梵音은 時勢에 適合한 淸雅한 梵音을 學習하며 또 讚佛, 自讚, 回心, 還鄉曲 等을 新作하야 唱하기로 함
一. 破戒, 邪行, 懶習, 기타 弊習은 一切 嚴禁함

이와 같이 그 규칙은 9개조이나, 5조의 내용이 생략된 것은 알 수 없다. 현전하는 위의 8조의 내용에는 백학명의 선농불교의 성격

---

31) 강유문, 「내장선원일별」, 『불교』 46·47합호(1928.5), 33쪽.
32) 위와 같음.

이 잘 드러난다. 그것을 대별하여 제시하면 다음과 같다.

첫째, 그의 선농불교는 반농반선으로 나타나듯 농업, 즉 노동과 참선이 균형적으로 나오고 있다. 반농반선은 승려 생활이 단순하게 농사와 참선을 위주로 한다는 것보다는 농사가 곧 참선이라는 등식을 의미하는 것으로 보아야 한다.

둘째, 그 실천 이념은 자선자수(自禪自修), 자력자식(自力自食)으로 표방되듯 주체적인 성격이 강하다. 수행과 의식주 해결을 스스로 해결하겠다는 강인한 정신이 배어 있었다.

셋째, 그 참가자는 기본적으로 새로운 발심을 한 대상자와 처음으로 입산출가한 대상자로 한정하였다. 이는 기존 관행에 물들거나, 기존 인식을 탈피하지 못한 대상자는 제외하였음을 말하는 것이다.33) 그러나 기존 관념을 탈각한 대상자는 수용하는 탄력성을 보였다.

넷째, 일과의 내용이 학문, 노동, 좌선으로 구분되듯 그 운영의 틀을 분명히 하였다는 점에서 그 실천성이 뚜렷하였다고 보인다. 이는 동안거와 하안거의 운영의 개요가 다른 것에서도 찾을 수 있다. 또한 3년을 수행해야 안거증을 준다는 것에서도 철저한 수행을 파악할 수 있다.

다섯째, 노동과 수행의 생활에 범음을 이용해서 다양한 가사를 만들고 그것을 활용하였다는 점이 매우 이채롭다.

여섯째, 파계, 나태 등을 단호히 거절함에서 선원의 청정성, 규정성이 확실하게 나온다. 총림의 청규를 응용하여 원융적인 삶을 살겠다는 것도 이 내용과 동질적인 모습이다.

---

33) 때문에 그 대상자가 '순진한 소년'이라는 표현이 나오는 것이다.

이러한 점에서 백학명이 내장선원에서 수행한 선농불교는 당시 불교계 전반의 모순을 인식한 전제에서 나온 것임을 알 수 있다. 그리고 그 성격은 기존 선원의 관행을 완전 부정하고 개혁 지향의 노선에서 나온 것이었다. 이에 그의 선농불교는 저절로 불교개혁의 성격을 갖는 것이었다. 다만 여기에서는 전하는 기록이 미약하여 백학명이 추진한 그 활동의 전체적인 내용에 대한 이해는 미진할 수밖에 없었다.

4. 결어

이상으로 백학명의 선농불교의 배경, 전제, 성격, 개요 등을 살펴보았다. 이제는 지금껏 살핀 내용을 재음미하면서 그 의의를 요약함과 동시에 추후 더욱 분석할 내용을 제시하는 것으로 맺는말에 대하고자 한다.

첫째, 백학명의 불교개혁과 선농불교를 이해함에 있어 우선 백학명 인물에 대한 기초정리와 분석의 필요성을 만난다. 지금껏 이 시대 불교사의 이해에 있어 백학명은 전혀 탐구의 대상이 되지 못하였다. 때문에 백학명의 최소한의 개요를 파악할 수 없었다. 본 고찰에서는 다만 그가 일제하 선지식의 일원으로서 방한암, 백용성에 버금가는 선사임을 제시하는 정도에서 만족하였을 뿐이다. 추후에는 그에 대한 생애와 사상을 더욱 분석할 과제를 제시하는 것이다.

둘째, 백학명의 불교개혁에 대한 종합적인 분석을 함에서 당시 불교계 동향, 모순 등을 총제적으로 정리할 과제를 만난다. 백학명의 사고와 개혁도 시대적 산물이기에 당시의 불교 현실에 대한 비판

속에 독자적인 행보를 갔던 여타 승려와의 비교 연구도 고찰해야 할 것이다. 즉 당시 불교계 동향에 대한 이해도 결코 배제할 수 없는 것이다. 예컨대, 백용성은 만일참선결사회를 시도하며 선율(禪律)을 균형적으로 내세웠지만 결실을 맺지 못하고 선농불교의 기치를 실행에 옮긴 것, 그리고 방한암은 계정혜 삼학의 원용을 시도하면서 경전읽기까지 이행한 행보와는 차별되었던 노선인 것이다.

셋째, 백학명은 기본적으로 선사였고, 그의 개혁의 초점은 선원이었거니와 이에 우리는 당시 선원에 대한 전반적인 동향과 문제점을 분석해야 한다. 이러한 전제에서 백학명이 선원개혁, 선문의 규제에 대한 개혁을 그토록 강력하게 매달렸는가에 대한 이해가 가능할 것이다.

넷째, 백학명의 선농불교가 갖고 있는 성격을 여타 선농불교와의 차별성과 동질성이라는 구도에서 그려내야 한다. 지금껏, 당시 선농불교의 대명사로 지칭한 승려는 백용성이었으며, 아울러 그 당시에도 다양한 시각에서 선농불교에 대한 접근이 적지 않았다.[34] 이러한 구도에서 백학명의 선농불교가 갖고 있는 차별적인 특성을 그려내야 한다.

다섯째, 백학명은 일제하 선지식, 선사, 선농불교를 실천한 승려의 대표자였는데 지금껏 그에 대한 정리, 분석, 연구가 황무지였다는 측면이 무엇을 말하는지를 밝혀내야 한다. 이는 그의 선농불교가 이 시점의 불교계에 던져줄 수 있는 메시지가 무엇인가를 말하는 것과 다름이 아니다. 동시에 그의 생애와 고뇌가 이 시대 불교계에서 계승되어야 할 내용이 있다면 그것은 무엇인가를 파악하는 것과 연

---

34) 김광식, 「백용성의 선농불교」, 『근현대불교의 재조명』(민족사, 2000).

계되는 것이다.

지금껏 백학명의 불교개혁 및 선농불교의 개요와 성격을 그 관련 자료를 갖고 정리해 보았다. 이 고찰에서는 그의 불교개혁의 노선과 그 배경에 있는 선농불교를 분석하는 정도에 머무를 수밖에 없었다. 그러나 우리는 근대 불교개혁, 선원의 비판, 선원의 개혁, 근대 선원 청규의 재조명이라는 지평에서 백학명이라는 새로운 인물을 발굴하였음은 다행이라 하겠다. 추후 지속적인 자료수집과 다양한 관점에서의 재조명, 여타 선농불교와의 비교 연구 등은 필자의 후일 연구로 남겨두고자 한다.

용성의 건백서와 대처식육의 재인식

1. 서언

　백용성 선사는 한국 근대불교사에서 결코 간과할 수 없는 선지
식이다. 그의 행장과 고뇌는 근대불교 일정 부분의 역사와 성격을
대변한다. 그중에서도 백용성이 1926년에 일제 당국에 승려의 대처
식육(帶妻食肉)을 금해야 한다는 취지의 건백서를 두 차례나 올린
것은 계율수호, 한국불교 정통성 수호, 사찰 수행공간 확보, 원융살
림의 유지라는 측면에서 주목할 내용이다. 당시 용성은 그 건백서가
받아들여지지도 않고, 기존 불교계에서도 자신의 취지에 적극적으로
동의하지도 않자 기존 불교계를 이탈하여 자신만의 독자적인 길로
나갔거니와 그것은 대각교의 선언이었다. 이에 그는 대각교라는 노
선하에 새불교운동을 구현하였는데, 그 행보는 저절로 불교개혁운동
의 성격을 갖게 되었다. 즉 1927년부터 그는 함양, 용정 등지에서
선농불교·역경불교를 실천하면서 고독한 불교운동을 실천하였다.
그러므로 1926년과 1927년은 백용성에게서는 중대한 기점으로 인
식되어야만 한다.[1]

이런 배경에서 필자는 근대불교를 본격적으로 연구하던 10년 전
인 1997년에 백용성의 대처식육 건백서에 관련된 전후사정을 정리
하여 「1926년 불교계의 대처식육론과 백용성의 건백서」라는 논문으
로 발표하였다.[2] 당시 그 논문에서 필자는 1926년 전후의 불교계에
서 대처식육 논란이 전개된 배경, 추이 등을 살피면서 백용성 건백
서의 내용과 성격을 분석하였다. 필자의 이 논문이 발표되었지만 그
직후의 학계에서는 이렇다 할 후속 연구가 없었다. 다만 최근 한보
광, 심재관, 덕산, 마성 등이 백용성의 정화, 건백서, 대처식육 문제
를 부분적으로 다룬 고찰이[3] 발표되었을 뿐이다.

돌이켜보건대, 백용성의 건백서 제출은 백용성 자신의 삶의 행적
에서도 어찌보면 3·1운동 참가와 함께 가장 극적인 사건일 것이다.
기존 불교계와 결별하고 자신의 정체성을 대변하는 대각교를 제창
한 것은 그의 불교 노선을 극명하게 표출케 하였던 것이다. 백용성
의 그러한 고뇌와 행적은 일제하 그 당시에도 암울한 불교를 성찰케
하였던 시대의 빛이었다. 그리고 1950~60년대 식민지불교의 잔재
를 제거하고 불교의 근본을 바로 세우려 하였던 이른바 불교정화운
동을 추동하였던 수좌들은 백용성의 건백서 제출을 정화운동의 선
구로 인식하였다.[4] 그리하여 백용성의 건백서 제출과 그에 담긴 사

1) 졸고, 「백용성의 불교개혁과 대각교운동」, 『대각사상』 3, 2000.
2) 이 논문은 독립기념관 부설 연구소인 한국독립운동사 연구소가 발간하는 학술지
   인 『한국독립운동사연구』 11집(1997)에 게재하였다. 이후에는 졸저인 『한국 근
   대불교의 현실인식』(민족사, 1998)에 수록하였다.
3) 한보광, 「백용성선사의 불교정화운동」, 『대각사상』 7, 2004.
   심재관, 「근대 한국불교의 한 珍景―고기먹기와 마누라 꿰차기―」, 『불교평론』 22,
   2005.
   마성, 「백용성의 승단정화 이념과 활동」, 『동산대종사와 불교정화운동』, 2007.
   덕산, 「용성문도와 불교정화운동」, 『동산대종사와 불교정화운동』, 2007.

상은 불교정화운동, 조계종단 재건의 이념이었으며 비구승단인 조계
종단의 노선을 붙들고 있는 버팀목이 아닌가 생각된다.

　그러나 백용성의 건백서와 그에 담긴 승려들의 대처식육의 문제
는 백용성, 조계종단, 정화운동 차원에서만 접근, 이해될 것은 아니
다. 거기에는 한국 근현대불교 100년 역사의 거대한 흐름을 인식할
수 있는 시각이 있다. 달리 말하자면 근현대불교를 바라볼 수 있는
하나의 관점, 앵글로써도 활용할 수 있는 것이다.

　이에 본 고찰에서는 근현대불교를 재인식하기 위한 사례 연구로
백용성의 건백서와 승려의 대처식육의 문제를 거론해 보고자 한다.
그러나 근현대불교사에서 끊임없이 제기되었던 승려의 결혼, 계율
파기, 대처승 문제, 정화운동 등등의 모든 문제를 취급할 수는 없다.
다만 그러한 관점에서 백용성의 건백서에 나온 승려의 결혼과 육식
에 연관된 몇 가지 문제에 관련된 자료를 제시하고, 그에 대한 필자
의 생각을 개진하려고 한다.

2. 일제는 승려의 대처식육을 강요, 권장하였나

　백용성은 1926년 5월과 9월 일제 당국(총독부, 내무성)에 그와
뜻을 같이 하는 승려 127명의 날인을 첨부하여 제출한[5] 건백서에서
불법에는 대처식육의 설이 없음을 강조하였다.[6] 그런데 1920년대

---

4) 『불교정화분쟁자료』(『한국근현대불교자료전집』 권68), 42쪽, 「한국불교 정화운
　 동의 기원과 경위 및 현황」.

5) 『동아일보』 1926.5.19, 「백여 명 連名으로 犯戒 生活 禁止 陳情」.

6) 백용성이 일제 당국에 제출한 건백서 전문은 『용성대종사전집』 제1집 337~342
　 쪽에 수록된 『용성법어』에 있다. 그리고 『조선불교』 27호에도 '탄원서'라는 제

중반 무렵의 불교계는 대처식육을 감행하여 사원을 마굴로 만들고 참선, 염불, 간경까지도 전폐하는 흐름이 있었다고 비판하였다. 부처는 비구와 비구니 2부대중에게는 대처식육을 엄금케 하면서 오로지 수행에만 전념케 하도록 하였으며, 우바이 우바새 재가2중에게는 대처식육을 허락하였다고 지적하였다.

이에 용성은 승려는 지계 수도함이 당연하기에, 그것을 제거하지 않으면 후일에 난이 일어날 것으로 보고 대처승려와 대처주지를 엄금해야 함을 강조하였다. 이런 원칙을 개진하면서도 대처승려는 비구계를 취소하여 재가대중의 신분으로 만들거나, 아니면 지계 납승에게 몇 개 본산을 할급하여 청정사원을 복구시키면서 지계 승려의 수행을 보장해 주어야 한다는 대안을 내놓았다. 요컨대 무처승려와 유처승려의 구분을 분명하게 하자고 하였다.[7]

이렇게 백용성은 불법, 계율에 근거하여 승려의 대처식육은 부재하였다고 선언하면서 차선의 대안까지도 내놓았지만 당시 일제 및 불교계는 백용성의 제안을 거부하였다. 당시 그 정황을 보도한 기사를 우선적으로 살펴보겠다.

今春에는 全鮮 승려의 대표 등 某某가 승려에게 肉食帶妻를 嚴禁하게 하여 달라는 뜻으로 당국에 陳情 請願을 한 事가 有하였다.

당국에서는 차에 대해 其 청원을 수리치 않았을 뿐 아니라 一步를 進하야는 사법을 개정하야 唯一의 戒命으로 하든 육식대처를 일반으로 차를 허용하였다. 차는 실로 一千有餘年 이래 이 금제가 一朝에 철

목으로 전한다. 탄원서 말미에는 '朝鮮 無妻僧侶 四千大衆 白龍城 等 壹百貳拾七人 各自 捺印'이라는 표현이 전한다.

7) 이상 백용성의 건백서 내용은 위의 졸고에서 분석된 것을 요약, 정리한 것임.

폐된 것으로 되야 차가 朝鮮宗敎界의 一大 革命으로 된 것이다.8)

이렇듯 일제는 백용성의 주장을 묵살하였다. 오히려 사법9) 개정을 통해 백용성의 주장과는 정반대의 정책을 단행하였다. 그리하여 대처의 풍조는 점차 증대되어 갔다. 당시 일부 본산에서는 일제의 정책에 부응하여 대처자도 본산 주지에 취임할 수 있는 사법개정을 신청하였다. 그리하여 1929년경에 가서는 불교계의 80%의 사찰이 대처자도 주지가 가능한 법적 조치를 하여,10) 대처는 당연하다는 대세로 급격하게 전환하였다고 보인다.

그런데 이러한 역사적 사실에 대해 일제 당국은 어떠한 입장을 갖고 있었는가는 명쾌하게 정리된 내용은 없다. 필자는 근현대불교를 연구하기 위해서 전국 각처에서 수많은 승려들을 만났다. 필자는 그러한 과정에서 왜정 때에는 일제가 한국 승려들에게 장가가라고 하였다는 말을 간혹 들어왔다. 그럴 때면 그런 발언을 한 승려들의 역사인식이 타당한 것인가라는 생각을 하면서 일제 당국은 1926년 백용성의 건백서 제출, 대처자도 주지에 취임케 한 변동에 즈음하여 어떠한 정책, 입장을 갖고 있는가에 대해서도 강한 의아심을 가져왔다. 그러면서 동시에 당시 승려들은 어떤 이유에서 결혼을 하였는가에 대한 적지 않은 궁금증을 갖게 되었다. 이러한 문제에 대해서는 다각적, 집중적인 분석을 해야 하겠지만 여기에서는 필자가 그간

---

8) 『매일신보』 1926.11.27, 논설, 「조선 사법의 개정」.
9) 사법은 사찰령 제3조(사찰의 본말관계, 승규 법식, 기타 필요한 사법을 각 본사에서 정하고 조선총독의 허가를 얻어야 함)에 의거하여 나온 각 본말사별로 정한 본말사의 내규이다. 사법은 총칙, 사격, 주지, 종무, 종회, 재무, 법식, 잡칙으로 구성되어 있었다.
10) 『이조불교』, 953쪽.

궁금증을 가지면서 느낀 소회를 피력하는 것에 머물 것이다.

백용성이 건백서를 제출하게 된 결정적인 계기에는 한국인 학승이 일본에 유학을 갔다가 귀국한 이후에는 대부분 결혼을 하게 된 정황이 있었다. 이렇게 유학승의 결혼이 보편화되었고, 1925년 가을경에는 유학생 출신의 대처승이 본산 주지에 취임하기 위한 본산 사법개정을 추진하였으나,11) 일부 본산의 반대로 무산되었다. 이때 친일파의 대표적인 인물이면서 불교도인 이완용을 내세워 일제 당국에 로비까지 하는 상황이 노정되었다. 그러나 1926년 3월에 접어들면서 사법개정의 요구는 교무원 평의원회(1926.3.23~26)에서 결의까지 하는 상황으로 전개되었다.

이번 조선불교중앙교무원 평의원회에서 계집 얻지 않고 고기 먹지 않는 중이 불과 몇 사람밖에 되지 않을 것인즉 전기와 같은 사법은 도리어 유명무실한 것이니 그것을 개량하여 계집 얻고 가정을 이룬 승려라 본말사 주지의 자격을 주기로 하자는 결의를 하여 가지고 학무국에 사법개정의 안을 제출하였다더라.12)

이렇게 불교 단체의 대표성을 띤 교무원 평의원회에서13) 대처승려도 주지를 가능케 하는 사법개정을 결의하고, 그 안을 총독부에 제출하였다는 것이다.14) 바로 그 즈음에는 대부분의 승려가 파계,

---

11) 『동아일보』 1925.10.31, 「참지 못할 ― 呵(下의 3) 去益悲運의 불교계」.

12) 『매일신보』 1926.3.27, 「파계승의 주지운동」.

13) 교무원의 평의원은 전국 31개 본사의 유력자들로 본사 소임자 및 말사 주지들이 대부분이었다.

14) 그런데 『불교』 22호(1926.4) 64~74쪽에 전하는 「평의원 제4회 총회」에는 사법개정에 대한 일체의 내용이 없다.

결혼을 하였고, 그 여파로 대처 주지들이 사찰 재산을 탕진하는 사례가 빈번하자 일제 당국도 대책을 강구하게 되었다. 아래의 내용은 그 정황을 말해준다.

현재 조선 전도에 산재한 삼십일본산과 일천구백구십의 말사에 나누어 있고 그곳에서 念佛修道하는 승려는 칠천백오십 명에 달하는 바 세태가 해이하여 감을 따라 승려도 보통 속인이나 조금도 다른 것 없이 고기와 술을 먹으며 계집까지 얻는 자가 나날이 늘어나서 지금에는 칠천이백 명 승려 중에 파계를 하지 않는 순진한 승려가 불과 몇 사람 되지 아니하고 또 그뿐 아니라 사찰령이 시행되어 본산제로 된 이래로 본산 주지 중에는 사찰의 재산을 사복에 채우고 佛魯 사업이나 기타 공공한 사업에는 쓰지 아니하여 불교 세력이 점차 쇠퇴하여 가며 사회의 비난도 자못 높아 감으로 총독부 당국에서는 이에 대해 적지 아니한 염려를 가지고 승려의 집회가 있을 때마다 학무국장과 종교과장이 승려의 풍기문란에 대해 엄격한 주의와 훈계를 하며 일변으로 조선불교의 발전책을 강구하는 중이며 또 조선불교 중앙교무원에서도 여러 가지로 불교발전을 도모하는 중이다.[15)]

승려 대다수가[16)] 결혼을 하고, 그로 인한 여러 문제가 대두되자 총독부 당국에서 어떠한 대안을 강구 중이라는 것이다. 그렇다면 일제가 강구한 대안, 복안은 무엇이었는가? 이에 대해서는 아래의 보도기사에 그 내용이 상세히 나온다. 아래의 이 글은 인생의 본능성을 저해하는 불교도의 육식대처의 해금이 신도간에 표면적 쟁의가

---

15) 『매일신보』 1926.5.12, 「파계승에게 철퇴」.
16) 위의 보도기사에는 결혼을 하지 않은 대상자를 순진한 승려 몇 사람이라고 하였으나, 그것은 과장된 것이다.

있었으며, 7천 승려 중에 사실상 대처를 하지 않는 자는 거의 없다
는 이해에서 나온 것이다.

　然故로 본 문제(필자주, 불교도의 대처식육 解禁)는 다만 종교적
문제로만 閑視할 것이 아니오 국가 규범상 내지는 사회정책 문제로
연구할 필요가 있다. 종교당국이 일한합병 이래 于今 조선불교에 대
한 시설 감독에 특히 고심 고려를 拂하게 된 것이 其근본문제가 此에
전재하야 적당한 시기에 본 문제를 근본적으로 해결하려는 복안이
有하였던바 適히 조선인 국장 등용과 第一期로 이한호 씨가 現任에 就
하자 본 문제는 구체적으로 진행하게 되야 畢竟은 조선불교계 천오백
여년 인습을 법규로써 타파하여 시세에 순응케 하는 決定案이 완성되
였으니 去月 초순 각 도지사에게 대하야 寺法 개정 범위를 命한 중에
주지의 임명 자격중 좌의 一號를 삭제케 하라는 通牒이 즉 이것이다.
一, 비구계를 구족하고 갱히 보살계를 수지한 자다.17)

　요컨대 일제 당국은 불교도의 대처식육의 문제를 근본적으로 해
결하려는 복안을 강구하였다는 것이다. 그러한 구도에서 한국인을
담당 국장에 임명하여, 그 실무를 추진하도록 하고, 법규 보완으로
써 해결하고자 하였다. 즉 1926년 4월 초순, 도지사에게 사법개정의
범위를 알리면서, 행정적으로 추진하라는 통첩을 단행하였다. 이러
한 내용을 보면 승려 대처식육의 해금, 그 구도에서 나온 사법개정
은 일제의 주도면밀한 정책에서 나온 것은 분명하다. 백용성이 건백
서를 제출하기 전에 이미 사법개정, 대처식육의 공인 방침이 정해진
것이다. 그러면 당시 일제의 통첩 및 사법개정에 대한 내용을 더욱

---

17) 『매일신보』 1926.5.21, 「내적 생활의 해방으로 조선사법 개정 결정」.

살펴보자. 1926년 5월 21일의 일제 기관지인 『매일신보』의 기사는 다음과 같다.

　　본 통첩은 사찰에 役僧, 즉 주지의 임명 자격을 개정한 것이다. 此를 주지에 한하여 해금한 것은 물론 아니요 일반 승려라도 육식대처는 임의로 할 수 있다는 것은 裏面으로 語한 것이라 한다. 그러나 본 제한을 철폐하였다고 승려로 하여금 此를 장려하는 것이 아니요. 다만 其 자신의 자유에 일임한 것이요. 또는 佛戒命 중에서 육식대처 금지를 해제한 것은 아니다. 승려의 자체로는 수도상 필요에 응하여 차를 엄수하는 것을 금함은 아니라 한다. 최근 此 제한 철폐를 不可타 하여 반대의 의견을 제시하는 승려가 有하나 차는 오해라고 당국은 語한다. 결코 장려하는 것은 아닌데 반대니 不反對가 何用이냐고 그리고 본 문제 해결에 의하여 일반 승려는 호적상 정당히 처자를 두게 될 터이고 又 승려의 특권이라 할 주지 취임에도 何等 구애가 無하리라 한다.

　　「破戒獎勵는 아니다. 시세에 순응케 할 뿐」 – 이학무국장 談
　　승려에게 육식대처를 법률상으로 認하게 된 것은 시세에 순응케 한 것이다. 사실에 入하야는 본 戒命을 엄수치 않고 다만 형식으로 차를 피하는 체 하는 것은 모순이다. 또는 인생의 본능상으로나 사회정책상 여하한 모순을 지속케 하는 것은 불가하다. 그러나 주의할 것은 승려로 하여금 파계를 권하는 것은 아니다. 참된 신도가 되고자 하면 의연히 이 계명을 엄수할 것은 물론이요. 이같은 승려가 많기를 원하는 것이다. 그리고 제일 곤란한 것은 如斯한 제한을 철폐치 아니하면 주지될 자격을 가진 자가 없는 것이다. 그럼으로 사법 중에 이것을 삭제하여 役僧을 구함에 便케 하였다. 최근은 승려 중에 계명을 지키

는 자에게는 특별한 대우를 하여 달라고 하는 청원이 있으나 그것은
참된 신도의 당연한 所行이다. 다만 금번 개정 사법은 爲先 帶妻를 법
적으로 공인케 함이다.

「당연한 귀결이다 본능생활로 보와도」– 교무원 이사 이혼성 談
  그렇습니다. 사법에 역승 임명자격 중에 '비구계 구족한 자'라는
조건을 철폐하기로 되었습니다. 시세의 적응이오 불교의 사회화이겠
지요. 인생의 본능상 당연한 귀결이라 할 것입니다. 그러나 그렇다고
파계를 강요하리라, 또는 장려하는 것은 아닌즉 이 계명을 지키는 자
는 모든 승려의 모범이 될 것이오. 따라서 수도 승려가 증가하여질
줄 압니다.[18]

이 기사에는 당시 일제 당국과 불교 단체인 교무원의 입장이 분
명하게 나온다. 그것은 역승, 주지의 자격을 완화하여 보편화된 대
처자들을 주지에 취임케 하는 것이 최우선 목적임을 알 수 있다. 다
음으로는 시세의 적응과 불교의 사회화 추세에 따른 결과라는 것이
다. 당시 일제 당국자는 대처식육을 허용하는 것이지 장려하는 것은
아니라고 하였지만 사찰령 체제에서 일제 당국의 정책은 큰 영향을
미치는 것은 당연하다.
  그런데 당시 일제는 그 조치를 취하면서 실제에 가서는 그 전환
을 촉진, 촉구하였다. 비록 행정적으로 불교 정비를 기하는 차원에
서 나온 것이지만 그러한 행정은 종교 내부의 일에 지나치게 개입하
였다는 비판을 받을 수도 있는 것이다.

---

18) 앞의 『매일신보』.

조선승려에게도 대처, 육식을 許하여 본말사 주지의 피선거 자격 중에서 '비구계 구족'이라는 조건을 철폐하기로 결정하였다 함은 旣報한 바인대 本府 학무국에서는 전선 각 사찰에 실시케 하기 위하여 曩者부터 각본말사법 개정을 促하엿더라. 제일착으로 범어사의 신청을 필두로 용주사, 전등사, 마곡사, 화엄사, 법주사, 위봉사, 보석사 등 十有餘寺로부터 신청이 有하야 旣히 인가 법령을 발포한 자는 八九個 寺가 有한대 그 개정전 사법 전문인 본사의 주지는 아래의 자격을 구비함을 요함

一. 연령이 만 사십세 이상되는 자

二. 비구계를 구족하고 갱히 보살계를 수지한 자

三. 법랍이 十夏 이상되는 자

四. 수학이 고등과 졸업 이상 되는 자

를 개정하여 제2조 '비구계 이하 15자'를 삭제하고 우 제16조 말사 주지 자격 중 제2호도 역시 삭제를 함에 주지는 비구계와 보살계를 구족치 아니한 자도 피선거 자격을 인정하게 되얏다. 그러나 비구계와 보살계는 승려로서의 最히 고결한 계명인 고로 차를 전연 철폐함은 종교계의 신성을 무시하고 승려 其 자신의 素行을 문란히 하는 處가 不無함으로 제15조에 좌의 조문을 가입하였다.

「승니는 品行을 愼하고 且 禪定을 恪守하여 중생제도에 필수한 慧行을 행함에 노력할 事」

그리고 비구계 수지자를 일층 대우하는 방법으로 고등과 졸업의 학위인 대교사와 대선사는 필히 비구계첩을 소지한 자가 아니면 차 학위를 수여치 아니하기로 결정되었는대 조선 오백여 년래 獨히 승려계에 대하여만 인생의 본능을 구속하던 帶妻禁과 營養率을 제한하던 肉食禁은 차로써 완전히 撤廢되였더라.[19]

---

19) 『매일신보』 1926.11.26, 「사찰 주지의 선거 자격 개정」.

이렇게 총독부 당국은 사법개정을 촉구하고 나섰다. 사법개정은 개정할 의도가 있는 해당 본산은 자율적으로 개정을 요구하는 공문을 제출하면 그에 대해서 인가 여부를 행하면 되는 것이다. 그럼에도 불구하고 총독부가 먼저 그 범위를 정하고, 각 도지사에게 사법개정을 촉진케 하는 행정적인 조치를 단행함은 은연중 통치권력에 의해서 불교 내적인 문제까지 개입함은 분명한 것이다.

지금까지 『매일신보』에 나온 관련 기록을 살펴보았다. 이를 통해 여기에서는 일제가 승려의 대처식육을 강요한 것은 아니지만 합법화시켜 그것을 유도한 것으로 볼 수는 있다고 보인다. 필자는 10년 전에 백용성의 건백서를 제출한 배경과 건백서의 내용 및 의미에 대한 논문을 기고한 이후 일제 당국의 입장 혹은 그에 관한 정책, 사전 준비 등에 관한 의문을 갖고 있었다. 그래서 그 관련 자료를 다방면으로 찾았다. 그러다가 최근 동국대 불교학자료실에서 그 관련 자료의 사본을 열람케 되었다. 그 자료는 일제의 불교정책을 수행하였던 총독부 학무국 종교과의 기안서 철이다. 이 원본은 국가기록원에 소장되어 있는데, 기록원이 마이크로필름에 담은 것을 동국대에서 프린트하여 제본한 것이다. 동국대 불교학자료실에서는 그 사본을 묶어 『현대한국불교사료』(1926.3)라 제목을 붙여 놓고 있다.[20] 이제 그 관련 자료를 요약, 분석해 보겠다.

우선적으로 분석할 자료는 1926년 3월 1일의 「奈良, 和歌山, 東京, 滋賀, 京都 二府 三縣을 종교상으로 시찰한 復命書」이다.[21] 그 복명의 주체는 종교과장인 사무관 유억겸과 종교 사무촉탁인 도변창이었는데, 그들이 학무국장(이진호)에게 올린 출장 보고서이다. 복명서의

---

20) 그 청구기호는 218.09 현 222ㄱ 1926(3)이다.
21) 동국대 불교학자료실 자료집의 1132~1163쪽.

내용은 한국에서 승려의 대처식육 공인의 정책을 구현하기 위한 사전 준비, 자료조사차 일본에 건너가서 행한 활동의 요약이다. 시찰단은 1926년 1월 22일 서울을 떠나 32일간의 조사를 하고 2월 22일에 돌아왔다. 시찰단은 경도, 동경 등지의 저명한 사원, 종단 사무소 등을 방문, 시찰하였다. 복명서는 29쪽에 달하는데 출장한 내용을 1, 2, 3장(章)으로 대별하고 있다. 그 제3장은 복명의 요약인데, 그 내용에는 식육에 대한 것은 거의 없고, 주로 승려의 대처, 결혼을 허용할 경우 예상되는 사찰 재정, 운영의 문제였다. 다시 말하자면 사찰의 재산이 승려의 결혼생활에 필요한 생활비로 충당될 가능성이 있다는 것이다. 그리고 대처승려가 사찰의 부채, 저당을 야기할 가능성이 있기에 그에 대한 대비책이 초점이었다. 결론적으로 승려의 독단으로 부채를 야기케 하는 것을 사찰령에서 엄격히 차단하여 사찰재산을 보호해야 한다고 보고하였다. 복명서에서는 계율, 수행 등에 관한 우려, 분석은 희박하고 사찰재산 보호의 측면을 강조하였다.

여기에서 재차 유의할 것은 일제 당국이 승려 대처식육 허용이라는 큰 변화에 대해 나름대로의 준비를 철저히 하였다는 것이다. 이에 일제는 1926년 3월 12일 조선 총독에게 그 내부결재를 득하였다.[22] 그 관련 결재가 남아 있는 것이다.[23] 결재의 핵심은 본말사법

---

22) 그런데 그즈음 일본 동경으로 출장을 갔던 학무국장은 서울의 총독부 종교과장에게 3월 11일에 친 전보가 전한다. 앞의 자료, 1207~1212쪽. 그것은 학무국장이 사법개정에 관한 결재를 단행하기 직전에 일본 동경에 체류하는 관계로 종교과에 자신의 의견을 통보하기 위한 것이다. 그 주요 요지는 두 가지이다. 첫째는 승려대처를 시대 추세에 맞추어 승려의 自制에 맡길 경우에도 본사 주지의 품위, 위신에 대해서는 유의를 하는 방향에서 수정을 한다는 것이다. 이는 일본의 각 종파의 경우를 참고한 것으로 대처를 용인하게 되면 무조건 해방이 되었다는 풍조가 되고, 그래서 승려 자제에 맡기면 여러 문제가 생길 것을 우려한 것이다. 둘째는 사찰재산의 관리와 관련하여 대처승려의 생활비로 사찰재산이 소실될 우려가 있다고 보고 사찰재정의 보호, 사찰 재산 수호 차원에서

에서 승려의 대처를 인정치 않는 사법 내용을 수정하는 수속을 하고, 대처승려가 주지 취직인가 신청을 하기 이전에 사법 수정의 수속을 이행·완료케 한다는 것이다.[24] 3월 24일, 종교사무 촉탁인 도변창은 학무국장에게 각사 본말사법 수정을 하겠다는 내부 보고를 하였다.[25]

이런 사전 준비를 하였던 학무국 종교과는 1926년 4월 20일, 정무총감과 총독에게 결재를 득하였다. 그것은 「각사 본말사법 중 수정을 요하는 몇 개조의 수정 표준안의 시달에 관한 건」(宗第 73호)이다.[26] 그 결재에는 학무국장이 각 도지사에게 보내는 통첩안, 그리고 각 본말사법의 수정을 요하는 조항과 수정하는 이유를 정리한 첨부물이 있다. 결재에서는 조선 승려가 행지(行持)하고 있는 계율의 호지는 고제(古制)에서는 유지되어 왔지만, 당시의 실상으로는 이를 지킬 수 없는 형편이기에 사법의 몇 개 조항을 수정하여 시행할 수 있도록 표준안을 작성하여 각도에 송부하여 사법개정을 시행한다는 것이다.

이와 같은 일제 당국의 철저한 준비에 의해서 1926년 5월의 사법개정 작업은 시작된 것이다. 그것은 결코 우연적인 일이 아니었다.

신중을 기해야 하기에 이 관련 조항은 별도의 방법으로 더욱 신중을 기해 접근해야 한다는 것이다.

23) 앞의 자료, 1129~1131쪽.
24) 이 결재가 나던 하루 전인 3월 11일의 결재를 하기 위해 작성하였다가, 폐안된 문건에도 일제 당국의 정책의 일단을 파악케 한다. 그 기안의 말미에는 본 건은 조선불교계의 현재, 미래에 있어 중요한 문제라고 보면서 3월 23일 개최될 교무원 평의원회에 학무국장이 임석하여 그 취지를 설명하여, 여론을 조성해야 한다고 부연했다. 그 폐기된 안건 문서는 위의 자료 1164~1167쪽에 있다.
25) 위의 자료, 1205~1206쪽.
26) 위의 자료 1114~1123쪽.

일제의 투철한 일 처리, 섬세한 행정 추진이라는 저간의 사정을 떠올리면 이러한 접근은 당연한 행정 조치이다. 그러면 이러한 일제 당국의 행정 추진에서 일제가 대처식육을 강요했다고 볼 수 있는가에 대해 생각해 보자. 필자가 보건대 이는 강요라고 말할 수는 없어도 공인, 장려한 것으로는 말할 수 있다. 일제가 행정적으로 지원하고, 사법개정을 통하여 불교계 내부의 문제까지도 조율하였던 것은 분명하다. 이러한 흐름에서 당시 승려들은 그 조치를 일제의 권장, 합법화로 받아들였을 것이다. 문제는 종교 내부의 운용, 주지 선출 자격 문제, 생명과 같은 계율, 승단의 정체성을 대변하는 것을 일제가 관장하였다는 자체가 부끄러운 역사이다. 일제가 사찰령을 통해 한국불교의 재산, 운영 등 외형적인 것만 통제, 장악한 것이 아니라 결과적으로는 내적인 문제인 계율, 주지 선출, 수행까지도 개입, 조율하였던 것이다. 이것이 바로 식민지불교의 본질이다. 당시에는 종단이 부재, 존립하지 못하였다. 완전한 의미의 종단이 있었다면 대처식육과 같은 문제는 종단 내부에서 결정을 하고, 그것을 전 종도들이 시행을 하면 되는 것이다.

일제가 승려의 대처식육 문제를 놓고 정책을 준비하고, 자료 조사를 하였을 때에 한국의 불교 단체, 선방, 학교 등등에서 이 문제의 수용, 찬반 여부를 논의하였다는 기록과 정보는 아직 접하지 못하였다. 다만 위의 『매일신보』에 나오는 어용적인 중앙교무원의 평의원들은 사법개정 지지의 결의를 하였다.[27] 그러나 교무원은 종단이 아니라 불교사업을 추진하는 재단법인에 불과하다. 그 교무원은 설립 당시부터 일제의 후원과 개입을 받았기에 애초부터 종단의 성격과

---

27) 그러나 교무원 결의도 일방적으로 수용하겠다는 취지의 의사 표시이다. 현재 그 결의가 일제의 지시에 의한 것인지, 아니면 자율적인 것인지는 알 수 없다.

는 거리가 멀었다. 이렇듯이 그 어떤 승려나 단체에서 일제가 추진하는 대처식육에 대해 뚜렷한 의견을 개진한 사례도 없다. 그에 대한 의견 피력은 백용성의 경우가 유일하지 않은가 한다.[28] 여기에서 그의 지성적 면모가 뚜렷하다.

지금껏 살핀 바와 같이 일제는 승려의 대처식육을 강요하지는 않았다. 그러나 상당히 보편화되어 갔던 대처식육이 구현되도록 일제가 행정적, 종교적인 지원을 하였다. 이는 일제의 인정, 묵인을 넘어선 것이다. 다수의 승려들에게는 일제가 공인하는 대처식육을 아무 거리낌없이 생활의 일부로 자유스럽게 수용하였을 것은 분명하다. 그래서 그 조치는 일대 혁명으로 표현되었다. 이로부터 불교계에서 가정생활, 대처불교가 상식화되었다.

3. 승려들은 왜 대처식육을 받아들였는가

불교를 비롯한 모든 종교에서는 각 종교의 정체성을 상징하는 법[계율]이 있다. 그러한 법은 해당 종교의 상징이자, 생명과 같은 것이기에 그것은 그 어떤 것과도 바꿀 수 없는 목숨이라고 볼 수 있다. 그런데 대승불교의 계율에서 대처와 식육과 관련된 것은 가장 중요한 것의 일부라고 볼 수 있다. 그래서 그것을 어기면 파계승이라고 하여 승단에서 내치기도 하였다. 즉 승려 자격을 박탈하였던 전통이 있었던 것이다.

---

28) 물론 백용성 건백서에 동의하였던 127명의 승려가 있었다. 이들은 용성이 운문암, 내원암 등지에서 선원 조실을 할 때의 수좌, 그리고 망월사에서 만일참선결사회에 참가한 수좌들이 아닌가 한다.

그런데 어떤 연유로 1920년대 중반에 접어들면서 대다수의 승려들이 대처식육을 별 고민없이 수용하였는가. 그 이유가 무엇인지 자못 궁금하다. 일제가 강요해서, 권장해서 그것을 받아들였다는 것은 어딘가 석연치 않은 구석이 있다. 여기에서는 그에 대한 응답을 하고자 한다. 응답이라기보다는 그에 관련된 자료를 제시하면서 그 언저리 이야기를 늘어놓고자 한다.

1926년에는 당시 승려 대부분이 결혼했다는, 앞서 제시한『매일신보』의 내용을 우선 논의해 보자. 그러나 그것을 그대로 신뢰하기는 어렵다. 변화된 추세가 상당하여 그렇게 표현한 것이라고 보여진다. 백용성이 건백서를 제출하여, 불교계에서 그에 대한 찬반 논란이 전개될 때에[29] 대승사에 있었던 구만화는 무처승려를 4천여 명으로 언급하였다.[30] 1928년 승려의 통계를 보면[31] 남성 승려인 승(僧)은 6,324명이고, 여성 승려인 니(尼)는 864명으로 도합 7,188명으로 전한다. 승려 결혼은 주로 남성 승려를 대상으로 한 것으로 볼 때 6천여 명[32] 중에서 2천여 명이 결혼을 이미 하였다면 약 3분의 1이 이른바 대처식육을 하면서 승단에서 생활하고 있다는 것이다. 여기에서 결혼과 무관한 행자, 철저한 수행자를 자임한 수좌, 노장 승려들을 고려한다면 거의 절반에 가까운 비구승들이 결혼을 하였다고도 볼 수 있다. 이러한 대처승의 보편화를 단적으로 전하는 통도사 기록이 있다. 1926년 5월 12일 통도사에서 주지 선거가 있었는데, 그 관련 기록을 참고할 수 있다. 당시 주지인 김구하가 사중

---

29) 그 논란은 재한 일본불교 교양 포교지인『조선불교』지에서 주관하였다.

30)『조선불교』 28호(1926.8), 19쪽.

31)『조선불교 일람표』(중앙교무원, 1928), 56쪽.

32) 여기에서는 사미, 행자, 노장 승려 등 결혼과 무관한 대상도 포함되었다.

재산을 유출시켰다는(독립운동 관련 자금) 시비로 인하여 통도사에서는 후임 주지 선거를 하였는데 송설우가 59표, 서해담이 44표를 얻었다. 요컨대 주지 선거에 참가하여 투표권을 행사한 비구승은 103명이었다. 그런데 통도사 본말사법에서는 대처식육을 행하는 자에게는 투표권을 허락하지 않는다고 해서 투표할 수 없는 대처승을 조사한 결과, 77명이 대처승으로 조사되었다.[33] 즉 비구승과 대처승은 103:77의 비율에 나타나듯 거의 대등한 상황이었다. 이 기록을 고려해 볼 때에 1926년경에는 절반에 가까운 비구 승려들이 결혼을 하였으며, 그 수치는 증가하는 추세에 있다고 이해된다.

그러면 일제하 승려들은 어떤 연유로 계율 파괴, 승단 추방을 의미한다고 볼 수 있는 결혼을 하였는가? 이에 대해서는 다양한 해석, 추측이 가능할 것이다. 이에 대해 필자는 두 가지 측면에서 해석을 하고자 한다. 여기에서는 일제의 정책, 사법개정과 같은 외부적인 요인은 별도로 두고 내부적인 요인을 주로 언급하겠다.

첫째는 개항(1876), 승려의 도성출입 금지 해제(1895) 이후 승려의 신분 상승 및 사찰 안정의 요인 등으로 승려 인권이 고양된 측면을 지적하고자 한다. 조선시대 불교는 숭유억불이라는 사회적 기조에 의해 불교, 승려가 열악한 대우를 받았음은 상식적인 이해이다. 심지어는 승려는 천민으로 매도당하고, 한양의 사대문 안에도 들어올 수 없었다. 국가 및 지방토호에게는 무자비한 납세, 토산품 제공, 승군으로 차출, 대가없는 신역 부담 등 그 고통은 엄청난 것이었다.

---

33) 이 자료도 동국대 불교학자료실에 보관된 청구기호 218.09 현 222ㄱ 1926(1)의 자료인 『현대한국불교사료』이다. 통도사 자료철은 476~558쪽에 있다. 이 통계는 통도사 문제가 종단 차원에서 시비가 있어, 총독부 촉탁인 도변창이 1925년 8월 21일 통도사에 출장을 가서 종무소 3직 등을 조사하여 나온 기록이다.

이렇게 억울한 대우를 받았던 승려가 개항 이후에는 서서히 신분이 상승된 것은 분명하다. 그 밖에 일본불교가 유입되면서 일본불교의 모방, 자각을 통하여 불교도 사회의식에 눈을 뜨게 되었다. 요컨대 불교도 산중불교에서 도회지 불교로 나가야 하고, 일반 대중들에게 포교를 하면서 불교 발전, 중흥을 기해야겠다는 움직임이 왕성하게 일어났다. 이럴 즈음에 한용운이 구한국정부와 통감부에 승려 결혼은 자유스럽게 선택케 해야 한다는 건의(1910.3.9)를 하였다.[34] 불교도로 보이는 이민우가 당시 중추원에 승려의 가취(嫁娶)를 허용해야 한다는 건의를 한 것(1910.4)도[35] 그 무렵이다. 이에 당시『대한매일신보』논설(1910.4.19)에서는 이를「승니계의 희소식」으로 전하면서 승니 가취(嫁娶) 임의문제가 산문에서 '협의(協議)'도 있었고, 정부에 헌의도 있었다고 소개하였다. 그리고 이 논설에서는 승니들이 가취를 실행하고 나아가서는 교육, 실업에 참여하면서 국가정신과 민족주의도 진흥시킬 것을 주문하였다. 그런데 국권상실 직전, 당시 중추원에서는 이민우, 한용운의 건의가 있자, 이를 검토하여 내각에 실행을 촉구하는 건의를 하였다.[36] 이에 승니 가취는 거의 실행 단계까지 가서 내각에서 '각령(閣令)'으로 반포한다는 보도가 있었음을[37] 보면, 1910년 5월경에는 승려 결혼문제는 사회에서

---

34) 일제제시대 불교사학자인 강유문은 이를 "한용운이 경술년 3월 중추원에 9월 통감부에 건백서를 보내 僧尼의 嫁娶를 청원함은 실로 時潮 잘 살핀 明眼이었다" 고 표현하였다. 강유문,「최근 백년간 조선불교 개관」,『불교』100(1932. 10), 60쪽.

35)『황성신문』1910.4.26,「僧尼 嫁娶 建議」. 그런데 이민우가 헌의한 정확한 날짜는 알 수 없다.

36)『황성신문』1910.4.26,「僧尼嫁娶 建議」.
　　『대한매일신보』1910.5.11,「樞院 再建議」.

37)『황성신문』1910.5.17,「僧尼 嫁娶 實施」. 그 내용은 "中樞院에서는 僧尼의 嫁娶

는 거의 수용단계까지 간 것으로 보인다.

이렇게 개항기부터 시작되어 1920년대에 고양된 승려의 결혼을 허용해야 한다는 목소리는 승려도 인간이다, 승려에게도 인권이 있다는 의식을 고취케 하였다고 볼 수 있다.[38] 그리고 일제도 사찰령을 통한 불교정책을 구현하면서 사찰령과 사법은 불교를 발전시킬 뿐만 아니라 승려의 인권을 향상시키는 것이라고 지속적인 선전, 홍보를 하였다.[39] 일제의 홍보는 어느 정도 승려들에게 관철되어 일단의 승려들은 사찰령과 사법은 불교발전을 담보케 하면서, 사찰재산을 보호하며, 사회에서도 대우를 받고,[40] 승려의 신분이 안정되었다고 인식하였다.[41]

特許를 決議하야 內閣으로 交付ᄒ얏다 홈은 已報어니와 內閣에서는 閣令으로 日間 頒布ᄒᄂ다더라"이다.

38) 한용운은 1913년에 발간한 『조선불교유신론』의 「승려의 인권회복은 반드시 생산에서(論僧侶之克復人權이 必自生利始)」 내용에서 승려 인권 문제를 강력히 거론하였다. 한용운은 여기에서 "우리들이 길이 전날의 구속을 벗어 던지고 사람 고유의 인권을 회복하고자 할 것 같으면 무엇보다도 스스로 생산하여 自活할 필요가 있는 것이니, 굴욕의 원인을 제거한다면 누가 감히 조금이나마 능멸할 리가 있겠는가"라 하였다. 한용운의 『조선불교유신론』이 당시 불교계 내외에 큰 영향을 끼친 것이 고려되어야 한다.

39) 『매일신보』 1912.2.13, 사설, 「승려의 現狀」. 이 보도기사에는 승려가 일한병합 이래로 구시대의 습관(천한 대우)을 해탈하여 普通人이 되었다고 하면서, 주지들은 총독과 도지사에게 인허까지 받게 되었다고 지적하였다.
『매일신보』 1922.3.29, 사설, 「佛敎安危의 機」에서도 사찰령이 제정된 이후 사회적으로 천시된 승려 신분이 향상되었다고 강조하였다.

40) 『매일신보』 1917.1.12, 「京城小言, 與三十本山住持」. 여기에서는 수백년래 사회에서 받은 천대를 탈면하고 속인과 동격으로 일반사회의 대우를 받고자 하는 정신을 지적하고, 속인과 동격의 대우를 받으려는 수단으로 속인과 같은 의상, 면목을 지향한다고 꼬집었다. 그리고, 『매일신보』 1921.3.25, 사설, 「불교의 중흥과 승려의 각오(상)」에서는 사찰령체제가 승려의 사회적 지위를 복구케 하고 종래의 억압을 해제하였다고 지적하면서, 그로부터 승려들이 소극주의를 버리고 적극주의로 사회에 진출하려는 경향이 뚜렷하다고 하였다.

이렇게 개항과 1910년대를 거치면서 승려들은 소생의 분위기에서 불교발전을 추진할 수 있다는 자신감을 갖게 되었다. 이런 변화에 또 하나의 촉매제로 작용한 것이 승려들의 일본 유학이었다. 1910년대에는 불과 10여 명에 불과하였던 일본 유학생이 1920년대에 접어들면서 급격히 증가하였다. 일본에 유학을 갔다가 귀국한 학승들은 서구 문명과 일본불교의 근대화에 영향을 받았다. 그들은 일본불교에 충격을 받음과 동시에 대처승을 인정하는 일본불교를 모델로 불교 근대화에 나서고자 하였다. 그런데 그 유학생들은 귀국 전후에는 대부분 결혼을 하였다.[42] 나아가 유학생들은 승려 결혼이 불교발전, 대중화에 전연 지장이 되지 않는다는 논리를 펴나갔다.[43]

한편 일반 사회에서도 불교계가 사회의 문제에 귀를 기울여야 한다는 이른바 불교의 사회화를 요구하고 나섰다.[44] 이런 추세는 1910년대부터 나온 목소리였지만 1920년대에는 그 요청이 더욱 강

---

41) 졸고, 「1910년대의 불교계의 진화론 수용과 사찰령」, 『한국 근대불교사 연구』(민족사, 1996), 38~47쪽.

42) 『불교』23(1926.5)호에 기고된 伽倻柄子의 「背恩忘德」에서는 이를 "공부만 시키면 속인이 되고 만다고 합니다. 동경 유학생의 역사가 이미 오래였지만은 業을 마치고 돌아온 자들 중에 娶妻를 하지 않은 자는 하나도 없다고 합니다"라 표현하였다.
그리고 일면에서는 당시 사찰에 재산이 많음을 알고 순수 출가 목적보다는 사찰 재산을 이용하여 공부를 하기 위해 승가에 들어온 경우도 있었다. 이런 경우는 대부분 결혼, 환속을 하였다.

43) 일본 유학생 문제는 다음의 논고를 참고할 수 있다.
김광식, 「1920년대 재일 불교유학생 단체 연구」, 『한국 근대불교의 현실인식』, 1998, 민족사.
김광식, 「1930~40년대 재일 불교유학생 단체 연구」, 『한국 근대불교의 현실인식』, 1998, 민족사.
이경순, 「일제시대 불교유학생의 동향」, 『승가교육』 2, 1998.

44) 『매일신보』 1921.9.3, 「조선불교는 사회화하라」.

력하였다. 이렇게 불교계 내외에서 불교 대중화・사회화의 목소리
가 증대되면서 승려의 계율은 부차적인 것으로 인식되었다고 보인
다. 승려의 계율의 부차성은 곧 승려 결혼을 인정하는 논리였다. 이
러한 새로운 변화는 강력하게 불교계 전체로 파급되어 갔다.

그리하여 1920년대 중반에 접어들면서 승려 결혼을 묵인, 방관,
수용하는 추세로 가고 있었다. 이를 반영하는 주장을 보자. 아래의
글은 한용운과 함께 3・1운동에 참가하였다가 상해로 망명하고, 이
후에는 독일로 유학을 떠나 박사학위를 받고 귀국한 백성욱의 기고
문이다.

승려의 畜妻하는 것은 부인하여야 할 것이나 사정과 경우에 의하
야는 부득이로 축처한 승려라고 인격 무시까지 하여서는 불가하니
오즉 公認치만 아니할 것이요 축처 여부는 개인 품행상 문제로 看過
하는 것이 과도기 시기에 있어서 무엇보다도 良策이라 생각한다.[45]

이렇게 불교청년의 대표적 인물인 백성욱도 공인만 않고, 묵인할
수밖에 없다는 의견을 개진하였다. 달리 말하면 수용하자는 것이다.

당시 불교계에서 결혼을 주장하는 논리는 승려도 인간적으로 대
접을 받아야 하며, 대중을 위하는 활동을 해야 하며, 사회에 기여하
는 사업을 추진해야 한다는 것을 내세운 불교의 사회화였다. 그에
따라서 승려도 인간으로서 누릴 수 있는 최소한의 본능, 권리는 행
사할 수 있다는 것이었다. 이에 대해서는 아래의 주장을 들어 보자.

과학사상은 이렇게 말한다. "원래 개체를 보전하고 종족을 유지

---

45) 백성욱, 「현대적 불교를 건설하랴면」, 『불교』 24호(1926.6).

하는 인생의 2대 본능인 營養과 性慾을 閑却하고 반대하는 禁慾主義의 종교사상은 그 원인을 遡究하면 인간 이외에 별개의 낙원이 있음을 인정하고 육체 이외에 신비한 영혼이 존재함을 信從하는 가정적 근거에서 출발한 것이다. 이러한 가정적인 종교사상에 매혹되야 어찌 중요한 본능생활의 일부를 희생할 수 있으랴?(중략)

여하튼 인도상 문제로 보나 사회상 정책으로 보나 종래의 가공적인 종교사상은 소탕하여 버리고 시대에 적합한 건전한 종교사상을 점차로 배양하는 동시에 黑暗의 深抗에서 금욕주의란 金綱鐵鎖에 重重히 緊縛되야 무한한 性的 고통을 당하는 불교의 僧侶尼徒나 천주교의 신부 수녀 등으로 하야금 시급히 광명한 세계로 인도되야 행복과 자유를 주지 아니하면 안 될 것이다."[46]

여기에서 나온 과학사상이 금욕주의를 버리고 인간의 본능인 영양을 섭취하고 성욕을 구사하라는 논리가 바로 대처식육의 정당성인 것이다. 이렇게 승려도 인간으로서 영양과 성욕을 세간의 사람들과 같이 행할 수 있다는 논리는 더욱더 불교계에 파급되어 갔다고 보인다.[47] 백용성의 건백서로 인해 불교계에서의 대처식육 논란을 보도한 『동아일보』의 사설에서도[48] 승려의 육식, 취처를 인정하는 것은 인간의 본성과 종교의 목적에 부합된다고 주장하였다. 일제의 입장을 대변하는 『매일신보』도 일제의 대처식육 공인정책이 단행된 직후의 사설에서 적극적인 찬동의 입장을 개진하였다.

---

46) 光明山人, 「心中의 戰爭」, 『불교』 46·7합호(1928.5), 44~45쪽.
47) 예컨대 『불교』 52호에 일본의 선학자인 鈴木大拙의 『禪』 일부분을 번역하여 기고한 글, 「禁慾·戀愛·宗教」는 당시 승려들의 의식의 일단을 짐작케 한다.
48) 『동아일보』 1926.5.20, 사설, 「승려의 육식취처 금지에 대하여」.

조선사법 개정으로 인하여 승려에게도 육식처대를 인정하게 되자 "파계생활은 불교 파멸의 근본원인"이라고 백여 명 승려가 연명하야 당국에 파계엄금을 진정하얏다 함은 최근 각 紙所□와 같고 (중략)

"인생이란 무엇인가?" 이것이 천고의 의문으로 되어 왔지만은 결국은 정신물리적 유기체로 물질상 본능생활과 정신상 심령생활을 병행하는 무한욕구의 연속에 不外함을 알게 되었다. 따라서 정신생활상으로 종교와 예술이 필요한 그만큼 본능생활상으로는 역시 영양과 성욕을 缺할 수가 없다. (중략)

그럼으로 우리는 금일 당국의 사법개정이 彼等의 내적 생활 又는 사회정책상으로 보와 시대에 순응한 조치임은 물론이오 그보다도 더 문제로는 차로 인하야 종래의 가공적 종교사상을 일소하는 기운을 촉진하야써 종교는 그 자체로 하여금 더욱 사회화할 결과를 초래하는 곳에 많은 의의가 있을 것을 기뻐하는 바이라.[49]

여기에서도 승려는 인간이라는 전제하에 영양과 성욕이라는 본능을[50] 인정하는 것이 불교의 사회화에 기여할 수 있다고 보았다. 『조선불교』에 대처식육을 찬성한 입장의 글을 기고한 승려의 대체적인 주장도 승려도 인간이다, 인간의 본능적 욕구를 수용해야 한다, 승려도 인류사회의 일원이다,[51] 불교가 사회화·대중화로 나가야 한다는

---

49) 『매일신보』 1926.5.22, 논설, 「무슨 까닭으로 반대인가?」.

50) 한용운도 『조선불교유신론』의 「불교의 장래와 승니의 결혼문제」에서 승니의 결혼을 자유에 일임해야 하는 이유를 윤리의 해로움, 국가의 해로움(殖民), 포교에 해로움, 교화에 해로움을 들어 자신의 주장을 강조하였다. 이 중 교화에 해로운 내용을 설명하면서 食慾, 色慾은 인간의 기본 욕망인데, 보통 사람의 성정으로는 이 욕망을 제어하지 못한다고 하면서 차라리 결혼의 자유를 주어 더 큰 피해를 차단하는 것이 타당하다고 했다.

51) 『매일신보』 1917.1.12, 「京城小言 與三十本山住持」. 이 내용에는 승려들의 유일한 희망과 욕구를 수백년래 사회에서 천대받음을 탈각하고, 속인과 동격으로 일반

것이었다.[52]

그러나 승려의 대처, 결혼의 문제가 보편화되어 가자, 그 문제는 불교계의 뜨거운 감자로 변하게 되었다. 이에 대한 지적과 분석은 일제하 불교에서도 이미 있었다. 예컨대 불교청년 운동가로 유명한 이용조는 다음과 같이 진단하였다.

노소를 막론하고 너도나도 대처생활을 시작하였다. 인간적 본능에서 나온 자연성이라 할까! 종래 금욕주의적 승려가 대처문제 가부를 논할 여가도 없이 우후죽순처럼 일제히 대처생활을 하게 되었다. 젊은 이들은 청춘의 정열에서, 나이 많은 이들은 성의 있는 시봉을 삼기 위하여! 실로 조선에 불교가 들어온 후 처음 보는 파계생활이다.[53]

1930년대 초반의 불교계는 대처생활에 완전 경도되었던 것이다. 그러나 대처생활은 승단을 근저로부터 전복케 하였다. 가정적 노예, 비승비속의 중간적 기형생활, 처자식의 생존을 책임진 관계로 주지 및 자리를 놓고 갈등, 사원경제의 위기, 대승불교에서 소승불교로의 변동 등 다양한 문제를 잉태하였다고 이용조는 진단하였다. 이용조는 최종적으로 대처문제에 대해 다음과 같이 진단하였다.

法徒들이여! 대처문제가 佛陀의 根本主義에의 적합 부적합은 벌써 時代遲의 의논일 것이다. 그러나 조선불교에 거대한 害毒을 끼치고 있

사회에서 대우를 받고자 하는 바람으로 평가한 것이 잘 묘사되어 있다.
52) 졸고, 「1926년 불교계의 대처식육론과 백용성의 건백서」, 『한국 근대불교의 현실인식』, 민족사, 208~210쪽.
53) 이용조, 「위기에 직면한 조선불교의 원인 고찰(속)」, 『불교』101·102합호(1932. 12), 26쪽.

는 것만은 현실이 증명하는 바이다. 大乘佛敎의 本旨는 애착심을 여의는대 있을 것이다. 入世間而出世間, 出世間而入世間은 無碍行을 이름이 아닌가! 입세간을 하고 보니 永入세간이 되고마는 現下 조선 승려는 大乘은 口頭禪이요 其實은 純小乘이 아니고 무엇이랴? 破戒의 구실은 모다가 大乘 自處요, 실제의 수행은 事事이 小乘이니 이러고 어찌 조선 불교의 更生을 도모하랴!

지금부터 帶妻毒을 제거하기 위하여 獨身主義로 돌아가자?! 물론 누가 들어도 웃을 일이다. 假使 고압적 불가 항쟁적 명령으로 帶妻生活을 금한다 하자! 법맥을 이으기 위하여 대처생활을 청산하는 法徒가 幾人이나 될가? 이야말로 卓上空論을 지나쳐서 狂言이고 말 것이다. 그러나 帶妻毒을 이대로 두고 조선불교의 갱생은 아니 僧侶敎團의 更生은 실노 絶望이다. 독신생활로 還元하기도 역시 절망이다. 후자가 결정적인 절망이면 전자도 결정적 절망일 것이다.54)

즉 대처생활이 불교의 절망을 야기한다는 것이다. 그는 대처독 (帶妻毒)을 불교를 근저에서부터 전복시키는 폭탄 이상의 위험물로 단정하였다.

이용조는 일본 유학생 출신이고, 그 자신도 결혼을 하였다. 그가 심혈을 기울여 참여한 불교청년운동의 대부분의 승려들도 결혼을 하였다. 그러한 이용조가 대처생활에 대해 이러한 진단과 분석을 한 것이 역사의 아이러니이다. 그는 1930년대 후반 그가 정열적으로 추진한 항일 비밀결사인 만당(卍黨)55)이 깨지자, 그에 분노하여 서울을 떠나 만주로 가서 의사로 활동하였다. 그 무렵 재일 불교청년의

---

54) 앞의 자료, 28쪽.
55) 김광식, 「조선불교청년총동맹과 만당」, 『한국 근대불교사 연구』, 민족사, 1996.

기관지인 『금강저』 24호(1940)에 기고한 「横堅想華」에서 대처생활에 대한 자신의 견해를 밝혔다. 그는 당시 불교계 발전을 저해하는 가장 큰 요체를 승려들의 아집으로 단정하였다. 그리고 아집과 대처생활과의 관련을 다음과 같이 제시하였다.

조선승려가 합방 이후 해마다 我執이 심하여 가는 원인은 시대의 변천, 물질문명의 발효, 교육제도의 과학편중 등등 여러 가지 원인이 있겠지만은 가장 큰 근본 원인은 法侶의 대처생활이다. 대처생활이 그르다는 것보다 制度에 맞지 않는 대처생활인 때문에 생물의 제일 본능인 생존욕과 맞서게 되는 까닭에 아집을 버릴래야 버릴 수 없는 것이다. (중략)

一言而廢之하면 대처생활을 말거나 제도를 고치거나 두 가지 중 한 가지를 취하면 되는 것이다. 다시 말하면 현 제도를 그대로 둘라면 대처를 禁할 것이요, 대처를 許할려면 현 제도를 고쳐야 한다는 것이다. 두 가지 중 어느 것이 용이한가. 두 가지 다 같이 용이하지 못한 연고로 지금까지 이 현상이지만은 禁帶妻에 비하면 제도를 고치는 것이 사리에 맞고 시대에 적응할 것이다. 대처를 금하자니 첫째 금할 사람이 없을 것이요, 법령으로 금한다면 철모르는 사미중과 입적이 박두한 노장님밖에 남아 있을 승려가 몇이나 될 것인가. 뿐만 아니라 시대사조에 역행은 人力으로 할 수 없는 것이다.

제도를 고치자니 아집이 방해하고 설사 아집이 없드래도 위에서 들어줄는지도 모르니 이 역시 쉬운 일은 아니다. 그러나 禁帶妻에 비하면 오히려 가망이 있는 것이다. 그러면 제도를 고친다면 여하히 고칠 것인가. 帶妻에 맞도록 제도를 고친다면 대처하기 위한 제도 같아서 語弊가 있는 것이다. 대처 아니하면 더욱 좋고 대처하드래도 그다지 佛事에 방해가 없을 만한 新制度를 案出하자는 것이다. (중략)

時代에 맞도록 帶妻하여도 佛事에 妨害 적도록 理想的 新制度의 名案은 무엇인가. 물론 간단한 문제가 아니다. 이 名案의 作成 及 實施야말로 미래 금강저의 임무일 것이요 사명일 것이다.

이용조는 대처생활의 모순을 대처생활과 불교 및 사찰의 제도와 맞지 않다는 것에서 찾았다. 이제 그는 대처생활을 대세로 수긍하면서 대처생활과 불사에 맞는 제도를 만드는 차선책을 강구하자고 강조하였다. 그가 대처생활을 수긍하였던 것은 시대에 적응이라는 논리이다. 시대에 적응이라 함은 곧 승려의 인간적 대우, 그래서 인간적 본능의 허용, 그 전제하의 불교의 사회화를 의미한다고 이해된다.

그리하여 1930년대 전반기 이후에는 불교계의 대처식육은 상식적, 보통의 일상이 되었다. 이렇게 된 그 저변에는 승려도 인간이라는 인식, 거기에서 나온 본능을 구가하는 생활인 승려의 결혼을 수용하였다고 보인다. 그래서 일제 말기에는 승려의 결혼은 당연한 것으로 여기고 대처승려와 불교 및 사찰의 제도를 조화시켜야 한다는 주장이 나왔던 것이다.

대처식육이 보편화된 두 번째 이유는 종단, 교단의 부재로 말하고자 한다. 불교 종단 및 교단은 불교계를 대표하는 단체로서 종파적인 성격에서는 종단이고, 종파적인 성격이 아닐 경우에는 교단으로 칭할 수 있다. 일제하의 경우 국권상실 직전 원종, 임제종이 병립하였으나 일제가 사찰령을 제정하면서 한국불교를 선교양종으로 칭하게 되었다. 선교양종은 타율적인 종명이었기에 승려들은 이에 대한 애착이 거의 없었다.56) 단순한 수식적인 호칭에 지나지 않았다.

---

56) 『매일신보』 1922.4.1, 「조선불교종명에 대하야(一)」. 이 기고문은 김포광의 글이다.

그리고 타율적인 종명을 갖고 있으면서도 불교계 전체를 통제하는 종단은 부재하였다. 1910년대에는 선교양종 주지회의소, 30본산연합사무소가 있었지만 이들은 주지의 연락 사무소, 혹은 30본산이 공동으로 불교 사업을 추진하는 사무소(조합)에 불과하였다. 이러한 성향은 1920년대에도 지속되었다. 조선불교청년회, 조선불교유신회가 등장하여 통일기관 설립운동을 줄기차게 추진하였지만 성사되지 못하였다. 통일기관, 중앙기관으로서의 총무원을 설립하였지만 일제의 외압과 보수적인 사찰, 승려의 반대로 소기의 성과를 기하지 못하였다. 오히려 일제가 후원하는 보수적인 단체(재단법인)인 교무원에 총무원이 흡수 통합되었다.[57]

이렇게 1926년 대처식육이 행정적으로 수용되기 이전에는 완전한 의미의 종단, 교단은 존립하지 못하였다. 종단, 교단은 불교계 전체의 인사권, 재산권을 행사하면서 불교 고유의 의례, 교육, 수행, 법계, 계단 등에 대해서도 통일적인 지침을 갖고 자주적인 활동을 추진할 수 있는 사부대중의 단체를 말한다. 따라서 종단, 교단이 성립하려면 위와 같은 다방면의 활동을 총괄할 수 있는 종헌, 종법, 규칙 등이 존재해야 하며, 전체 종도를 대변하면서 종단을 운용하는 대표기관, 통일기관, 중앙기관이 상시적으로 존립하고, 그 기관에서 근무하는 승려들이 있어야 한다. 그런데 1910년대, 1920년대에는 정상적인 의미의 종단, 교단은 부재하였기에 종단이 행하는 활동의 상당 부분은 일제의 총독부, 도지사가 행하였다. 단지 본말사 사법에 종단이 행하는 일부 내용이 담겨져 있을 뿐이었다.

---

57) 『매일신보』 1924.3.30, 「조선불교의 분규 무사히 해결」. 당시 학무국의 지도 알선으로 인하여 총무원과 교무원이 합해지고, 그간 비주류였던 통도사와 범어사도 교무원에 들어오게 되었다.

이렇게 종단이 부재하고, 통일적인 활동의 근거인 종헌도 부재하며, 통일기관도 없는 상태에서 전체적이며 통일적인 입장에서의 계율 행지(行持)는 애당초 성립할 수 없는 것이다. 과거의 관행을 참고하여 본말사 사법에 규정된 내용을 실천할 뿐이다. 그런데 사법은 사찰의 운영 및 사찰재산 보호가 중심이었다. 요컨대 개별 본산별로 운용되는 내용 위주로 되어 있었지, 불교 전체적인 입장의 표명이나 그러한 대응에는 속수무책이었던 것이다. 때문에 대처식육과 같은 새로운 문제에 대응, 불교계 전체의 입장 정리, 다른 본산에 대한 관여 등은 성립될 수도 없었다. 단지 재단법인 교무원에서 제한된 종단 역할을 하였을 뿐이다. 여기에서 일제가 불교계 내부의 사업 및 일상사에 개입하거나 주도할 수 있는 여건이 마련된 것이다. 본 고찰의 주제인 대처식육을 공인할 것인가를 놓고 불교 단체 및 승려가 총독부와 논의한 사실 자체가 없었다. 그래서 그 수용 및 행정적 추진을 총독부가 주관하였음은 바로 이런 사정에서 나온 것이다.

그래서 필자는 대처식육이 큰 반발, 이의 제기없이 수용될 수 있었던 요인의 하나를 종단 부재에서 찾으려고 한다. 종단이 부재하였기에, 종단 역할을 하고 있었던 일제 당국의 입장 표명은 종단의 결정과 같은 것이라 보인다. 이런 배경하에 대처식육을 이미 받아들인 승려들은 일제의 행정적인 조치, 공인으로 자연스럽게 대처식육 생활을 영위하였을 것이다. 그리고 당시까지는 대처식육을 수용치 않았던 승려들도 일제의 판단, 지침을 보고서는 대처식육의 대열로 급격하게 내달은[58] 것이 아닌가 한다. 일제하 승려들의 대처식육 수용

---

58) 유점사 주지인 김일운은 육식과 취처를 인정하지 않아, 사법개정을 신청치 않았다. 그러자 유점사 승려들은 김일운의 비행을 조사하여 총독부에 주지 교체에 대한 진정서를 제출하였다. 『매일신보』 1926.12.1, 「빈발하는 종교계의 불상

의 요인은 다각도로 해석될 수 있지만 필자는 본 고찰에서는 승려의 인권, 종단 부재의 측면을 내적인 요인으로 지적하는 것이다.[59]

4. 대처식육의 반대는 아직도 유효한가

백용성이 1926년에 일제 당국에 제출한 건백서에 담긴 주장은 아직도 유효한가? 달리 말하면 대처식육의 금지는 21세기인 현재 불교계에서도 실천에 옮겨야 하는 것인가? 이러한 문제는 매우 뜨거운 논란을 야기한다. 현재 불교계는 조계종을 비롯하여 80여 개 군소종단이 난립하고 있다. 이에 대한 문제는 각 종단의 종헌과 종법, 그리고 관행 등을 종합하여 말을 해야 하는 어려움이 있다.

대처, 식육은 구분하여 논의하는 것이 좋을 것이다. 우선 육식의 문제부터 실마리를 풀어 가려고 한다. 승려가 육식을 금하는 것은 한국을 비롯한 대승불교권의 전통적인 불교에서는 당연한 것으로 인식되어 왔다. 그래서 불교 외부에서는 승려들이 육식을 한다는 자체에 대해서 인정하지 않는 풍토가 지배적이었다. 일제하에서는 식육이 불교 세속화의 저변에 있었던 상징이라고 보인다.[60] 그리하여

사 유점사에 주지 배척운동」.

59) 필자는 1926년에 단행된 대처식육의 공인화를 당시 승려들이 수용한 것을 사찰령 체제의 수용이라는 관점에서 살핀 바 있다. 즉 사찰령체제의 안착과 더불어 신행(생활, 의식)도 동질적이었음은 불교 근대화의 흐름에서 볼 수 있다. 졸고, 「사찰령의 불교계 수용과 대응」, 『한국선학』 15, 2006, 646~646쪽.

60) 『동아일보』 1923.5.29, 「스님상좌의 난투」. 이 보도기사에는 보수파 승려들이 진보파(총무원) 승려들을 '食肉飮酒'하는 그룹이라고 하였는데, 이 표현에 분격한 진보파 승려들과 보수파 승려들의 일대 격돌이 있었다고 전한다. 즉 帶妻 이전의 세속화의 상징은 食肉이라 보여진다.

승려의 육식도 점차 보편화되어 갔다.

그런데 최근에는 승려들의 육식에 대해 관대한 입장으로 선회하고 있다. 다만 사찰 내부에서는 철저히 육식을 금하고, 채식만을 취하고 있다. 이제는 승려들도 사찰의 외부에서 육식을 비교적 자유스럽게 행하고 있으며, 신도들도 먹는 것을 가지고 큰 논란은 하지 않는 풍토이다. 이렇게 육식에 대해 관대한 것은 육식을 허용하고 있는 남방불교의 영향이 우선 지적될 수 있을 것이다. 최근 남방불교와 교류가 증대되면서 남방불교의 수행법이 유입되고, 남방불교권의 식생활 습관이 자연스럽게 한국불교계에서 수용되고 있는 것으로 보인다. 그리하여 부처의 가르침과 초기불교에서 고기를 먹는 것을 제한하지 않았다고 하면서, 음식은 신체를 유지하기 위한 수단에 불과하다는 주장도 제기되었다.[61]

현재 불교계에서 육식을 허용, 인정, 수용하는 것은 육식 자체의 문제를 불법, 계율적인 측면에서 검토하여 나온 것은 아니었다. 그러면 어떤 계기 및 연유에 의해 점진적으로 육식을 인정하는 풍토로 전환되었나? 이에 대해서는 세부적, 다양한 검토를 거친 후 그 상황을 정리하고 분석하는 것이 온당할 것이다.[62]

승려들이 생활을 하는 공간은 사찰과 사찰 외부의 공간으로 대별할 수 있다. 사찰 내부에서만 활동하는 경우도 있겠지만 대부분의 승려들은 사찰 외부에서의 활동을 제외할 수는 없다. 그런데 승려가 사찰 외부에서 육식의 완전 금지와 고기와 관련된 것이 일체 배제된 음식물을 섭취하는 것은 불가하다. 요컨대 실질적인 채식 생활을 유

---

61) 마성, 「불교는 육식을 금하는 종교인가」, 『불교평론』 19, 2004.
62) 그런데 여기에는 근현대 승려들의 대처식육의 흐름, 그리고 승단 내부에서 막행막식은 반야에 무관하다는 저간의 흐름이 있었음을 유의해야 한다.

지하기는 곤란하다. 승려들의 왕성한 사회활동이 지속되는 한 육식을 금지한다는 것은 불가능하다는 입장에 서는 경우가 상당하다.

다음으로는 승단의 모순, 갈등에서 나온 측면도 일부 있지 않을까 한다. 승려들의 생활, 승단의 갈등 및 모순 등이 정보화 사회로 접어들면서 그 대부분은 속세, 신도들에게 전달된다. 이에 자연적으로 사찰 내부, 승단 내부, 불교계 활동 등의 전모가 공개되는 사회가 되었다. 그리하여 승단, 승려에 대한 비리, 부정부패가 빠른 시기에 공개된다. 즉 승단, 승려에 대한 정보는 놀라울 정도로 신도, 세간에 전달된다. 그리하여 신도, 속세에서는 승려들의 문제점, 도덕성, 갈등에 대해 많은 비판을 하고, 실망을 하게 된다. 이런 결과 승려들이 참다운 승려 생활을 하고, 열심히 수행을 하여 진실한 승려로 살기를 원하면서, 육식과 같은 어찌보면 지엽적인 문제에 대해서는 관대해진 것이 아닌가 한다.

이런 여러 요인에 의해서 승려의 육식은 더욱 보편적인 추세로 전개될 것은 분명하다. 그렇다면 80년 전 백용성이 주장하였던 승려의 육식 금지를 어떻게 인식할 것인가? 불살생이라는 승가의 계율과 어떻게 조화시킬 것인가? 자못 궁금한 대목이 아닐 수 없다.

다음으로 검토할 것은 승려의 결혼문제이다. 현재 80여 개 종단을 조사, 분석하지 않은 상태에서 이 문제를 거론하는 것 자체가 곤란하다. 조계종은 승려의 결혼을 절대 불가한 것으로, 태고종은 그것을 인정하는 종단임은 보편화된 이해이다. 특히 조계종은 식민지 불교의 모순을 극복하려고 전개한 불교정화운동에 의해 재건된 종단이다. 그래서 조계종은 청정불교, 전통불교 종단임을 널리 표방한다. 그렇지만 불교의 세속화, 불교의 대중화, 계율의 무감각 등의 요인이 중첩되면서 조계종단 내부에도 이 문제가 착근되어 있다. 승려의 결혼문제는 이야기하기 난감한, 껄끄러운 문제임은 분명하다. 조계종의 종헌과 종법(승려법)에는 승려 결혼이 절대 불가한 것으로 규정되어 있다. 문제는 승려 결혼이 불가하니, 차선의 노선으로 실질적인 결혼생활, 가정생활을 유지하면서도 그것을 숨기는 행태가 적지 않다는 것이다. 처자식을 숨겨 놓은 이른바 은처승이 급증하고 있다는 것이다. 은처승들은 처자식을 호적상에 기재하는[63] 경우도 있고, 애인의 역할로서 은처를 두는 경우도 있다. 이러한 은처승 문제는 15년 전의 학술 토론회에서 공개적으로 제기된 바가 있다. 법주사의 지명은 1989년 1월 23일에 개최된 「한국불교 정화이념의 재조명」 토론회에서[64] 「조계종 제2정화(종단 자체정화)의 필연성」이라는 논고를 발표하였다. 그는 자신이 발표한 글에서 은처승과 권력, 돈과의 관련을 다음과 같이 분석하였다.

정화의 대상은 은처 그 자체이기도 하지만, 그보다 더 근원적인 것은 은처승이 돈과 권력의 종단 공작정치에 이바지함으로써 결과적으로 종단의 원칙과 기강을 무너뜨린다는 것이다. (중략)
우리가 말하는 은처승은 종단 재산을 개인 재산으로 만들고, 권력과 결탁해서 종단의 공작정치적인 타락의 길을 가는데 도움을 주고, 이중생활 이중인격을 가지고 종단 전체의 분위기를 흐려 놓는 파렴치한을 말한다. 제2정화의 기본 대상으로서 폭력과 은처 그리고 막

---

63) 본인의 호적과 친인척의 호적에 올려 놓는 경우가 있다.
64) 그 토론회는 1989년 1월 23일 조계사 회관에서 개최된, 석림동문회가 '한국불교 현실 극복을 위한 석림 두 번째 토론회'였다. 당시 그 토론회는 벽암의 「정화란 무엇인가」, 유월탄의 「정화의 실천방안」, 석능가의 「한국불교 정화운동의 제문제」, 청화의 「한국 현대사 속의 불교정화운동」, 송월주의 「불교정화운동의 재조명」 등의 논고가 발표되었다.

행막식 등이 있지만, 이것들의 근원은 무엇보다도 종단정재의 횡령적 사용화와 그 돈을 종권 쟁취에 이용한다는 데에 있다.

이 주장, 분석은 94년 종단개혁 이전에 나온 것이다. 그렇다면 이른바 종단개혁으로 여기에서 나온 은처승 문제는 개혁되었는가? 그에 대한 진단은 하기 어려울 것이다. 선방 수좌출신인 삼화사의 능혜〔명환〕는 은처승 문제에 대해 2003년경 다음과 같이 증언하였다.

제가 보기에는 지금 상당수의 승려들이 은처승입니다. 그러니 모든 일이 제대로 안돼요. 금전만능시대라는 말입니다. 달리 말하면 수행은 뒷전이고, 은처승으로 혼탁해지고 있습니다. 제가 볼 때에 은처승 문제를 해결하지 않으면 머지않은 장래에 불교는 존립 자체가 어려울 것이에요.65)

한편 불교교단사연구소를 책임지고 있는 덕산은 2004년 제2회 불교학결집대회에서 「90년대 조계종단 사태를 통해서 본 한국불교의 미래」라는 논고를 발표하였다. 그 논고의 요지는 조계종단이 재가종단으로 변하고 있다는 진단이었다. 즉 94년 종단개혁 이전에는 치탈 처분 사유에 "불계중(佛戒中) 중계를 범한 자"가 포함되었는데, 이것이 "불계 중 사바라이죄를 범하여 실형을 받은 자"로 전환되었다는 것에 근거한 것이다.66) 이런 비판은 조계종단이 비구승단이면서 비구계율을 무시하고, 계율을 자의적으로 해석한 것에서 기인한 것이 아니냐는 우려에서 나온 것이다.67)

---

65) 『아! 청담』(화남, 2004), 32쪽.
66) 『승가화합과 한국불교의 미래』(2005, 혜민기획), 466~467쪽.

그리고 종단 내부에 독살이 승려가 적지 않고, 미등록 사설사암이 상당하다는68) 것도 은처승의 행태와 연결되어 있다고 보인다. 최근 불교 인터넷 신문인『불교포커스』의 논설주간인 향산은 적지 않은 조계종 스님 가운데 숨겨놓은 아내와 자식이 있다는 글(2007. 2.12)을 기고하였다.69) 이 보도는 그만한 연유, 배경, 근거에서 나온 것으로 보인다. 그리고 불교계 내부의 갈등이 한참 진행될 때에 보면 반대파 승려들의 껄끄러운, 뜨거운 이슈를 조사한 결과가 인터넷의 댓글로 간혹 올라온다. 그럴 때에 보면 승려들의 처자식 문제가 이따금 제기된다. 그런데 기이한 것은 그런 지적을 받은 승려는 그에 대해서 일체의 대응을 하지 않는다. 이는 묵빈대처인지, 그 사실을 인정하는 것인지는 알 수 없고, 단언할 수도 없다.

그러면 이러한 보도, 분석, 정황에 대해 비구승단을 종단 정체성으로 내세우는 조계종단의 구성원들은 어떤 현실인식을 하고 있는지 궁금하다. 이러한 문제에 대한 고뇌 및 입장의 표명을 말하기 어렵다면 그것은 종단 차원의 자정 기능, 혹은 역사의식 등이 건강하지 못한 것에서 나온 것이 아닌가 한다.70)

그러나 백용성이 대처식육을 금지해야 한다고 일제 당국에 건백

---

67) 조계종단은 94년 개혁을 마무리 하는 종법 수정시, 기존 승려법에서 "이성관계로 인하여 승가의 위신을 손상케 한 자"를 삭제하였다.

68) 조계종단의 2005년 현재, 전체 사찰 2,368개 처 중에서 공찰이 883개 처이고, 사설사암은 1,485개 처에 달한다고 한다.『법보신문』2006.9.27 보도 참조. 그리고 종단의 관리, 등록을 받지 않는 사설사암이 2,000여 곳에 달한다는『법보신문』2004년 11월 17일의 보도 내용도 음미할 내용이다.

69) 관련 내용은 다음과 같다. 즉 조계종의 어느 중진스님이 "솔직히 이야기 하면, 중진 이상 조계종 스님의 60% 이상에게 숨겨 놓은 아내와 자식이 있을 것이다"라고 토로할 정도이고, 이미 중진을 넘어서 '누구누구'라고 하면 잘 알려진 분들의 가족 이야기가 심심치 않게 거론되는 실정이다.

70) 수경, 「조계종은 지금 어디로 가고 있는가」,『불교평론』30, 2007.

서를 제출할 때와 지금은 불교 환경, 불교인의 의식 등이 많이 변하였다. 1950년대 불교정화운동 기간에는 대처승 거부, 승려의 결혼 불가는 한국불교 전통, 정통적인 불교로 강조되었다. 그런데 현재 불교계(조계종을 포함한 80여 개 종단)에서는 상당수 종단이 대처식육을 허용하고 있다. 그렇다면 작금의 대처식육의 거부는 절대성, 정통성에서 벗어나 선택사항으로 변질되고 있는 것이 아닌가 한다. 따라서 지금 이 순간에도 백용성이 건백서에서 강조한 승려의 대처식육 금지의 정신, 사상, 승단 운영의 기조 등을 거론하고, 강조해야 하는 것인가의 문제가 남아있다.

5. 결어

맺는말은 위에서 살핀 대처식육과 관련된 분야를 추후에 연구할 경우, 고려할 대상 및 내용을 제시하는 것으로 대하고자 한다.

첫째, 용성과 함께 건백서에 서명하였다는 승려 127명에 대한 분석이다. 현재 그 대상자가 누구인지, 어떤 계열의 승려들인지, 용성은 그들을 어떻게 접촉하였는지에 대해서는 일체 밝혀진 것이 없다. 그들의 행보, 행장, 해방 이후에 정화운동에 참가 여부 등등 참으로 궁금한 것이 많다.

둘째, 일제하 승려들이 파계, 대처를 한 연유에 계율사상과의 관련은 없는지에 대한 의아심이다. 대승불교 계율, 유마경과의 연관 등 불교사상 자체에서 그 배경, 연결 고리를 찾아내야 할 것이다.

셋째, 대처의 논리는 한용운의 『조선불교유신론』의 영향도 상당하였을 것이다. 더욱이 한용운은 불교대중화 논리를 강력하게 주장하였는데, 한용운의 논리와 대처를 수용한 다수 승려들의 현실인식과의 상관성도 분석되어야 할 것이다.

넷째, 불교계에 대처생활이 시작되면서 나타난 변화, 문제점, 영향 등에 대한 탐구가 요망된다. 대처승의 등장으로 나타난 단순한 재산 손실, 자리싸움만 분석할 것이 아니라 총체적인 변동상을 거시적인 차원에서 분석, 해석해야 할 것이다.

다섯째, 현재 존립하고 있는 각 종단의 종헌, 종법을 분석해야 할 것이다. 각 종단은 대처식육에 대해 어떤 입장, 대응책을 갖고 있는가의 문제를 설정해야 한다.

한암의 종조관과 도의국사

1. 서언

근현대 한국불교(1920~1950년대)에서 한암은 교정 및 종정을 네 차례나 역임한 고승이다.[1] 이 같은 사실은 당시 불교계에서의 한암의 위상을 단적으로 드러낸다. 그럼에도 불구하고 한암에 대한 연구는 아직 초보단계에 머물고 있다. 최근 한암의 근거 사찰이었던 월정사에서 한암사상연구원을 설립하여 학술세미나를 개최하고, 세미나에서 발표된 연구 성과물을 모아 『한암사상』을 발간하였지만, 아직도 일부 연구자들만이 한암에 관심을 갖고 있는 정도이다. 그래서 한암에 대한 기초적인 연구가 절실한 실정이다.[2]

이에 본고는 이 같은 배경에서 집필되었거니와, 본 고찰에서는 한암이 『불교』70호(1930.4)에 기고한 글인 「海東初祖에 對하야」에

---

[1] 졸고, 「방한암과 조계종단」, 『한암사상연구』 제1집(2006), 참조.
[2] 이에 필자는 한암의 재인식 및 연구를 위한 기반 구축을 위하여 한암에 대한 구술사 자료수집, 출판을 시도하였다. 김광식, 『그리운 스승 한암스님』, 민족사, 2006.

나타난 종조관(宗祖觀)을 살피려고 한다. 필자가 한암의 이 기고문을 분석하려는 연유는 다음과 같은 사정에서 나온 것이다.

우선 첫째로 현재 대한불교조계종의 종조가 도의국사(道義國師)라는 관점에서 한암이 도의에 대해 쓴 글을 주목한 결과이다. 즉, 근현대 한국불교에서 도의국사를 종조로 내세워야 한다고 최초로 주장한 인물이 바로 한암이었다. 도의국사가 한국불교 교단차원에서 종조로 내세워진 것은 1954년이었으며, 그 이후 불교정화운동의 발발, 비구승단의 재정립이라는 불교사 전개에 즈음하여 도의는 확고부동한 종조의 위상을 점하여 현재에 이르고 있다. 필자는 이 같은 역사적 전개를 유의하면서 한암은 왜? 어떤 연유로 도의국사를 종조로 세워야 한다는 주장을 하였는가에 대한 의아심을 갖고 있었다. 그래서 본 고찰에서 그 전후사정을 밝혀보려고 한다.

다음 두 번째로는 한암이 도의국사를 내세워야 한다는 기고문을 작성한 것은 지금껏 선사, 선승, 도인, 선지식, 율사, 종정 등으로 불렸던 한암의 호칭 및 이미지와는 전연 이질적이었다는 사실이다. 즉 한암의 이미지는 은둔적인 고승이었다. 오대산에 입산, 수행한 27년간 산문을 나선 것은 단 세 차례였다는 저간의 풍문은 그것을 예증하는 것이었다. 그리고 그는 교정, 종정을 역임하면서도 종단 및 총무원이 있는 서울, 조계사에 한 번도 나오지 않았다. 이렇듯 은둔적 수행을 하면서 세속과 단절을 하였던 그가 종조문제에 대해서는 자신의 주장을 적극적으로 개진하였음은 기이한 사실로 받아들여질 수 있는 것이다. 또한 종정을 역임한 고승 중에서 종조문제에 대해 자신의 입장을 공개적으로, 논설로 기고한 경우가 희박한[3] 저간의

---

3) 성철은 보우국사가 종조가 되어야 한다는 내용이 포함된 『한국불교의 법맥』을 1976년에 간행하였다.

풍토를 고려할 경우에도 한암의 행적은 시선을 끌 수 있는 것이다.

　이렇게 필자는 두 가지 연유에 의거하여 한암의 종조관을 분석하려고 한다.4) 필자는 이에 대한 관심을 일찍부터 갖고 있었지만 연구의 기회를 얻지 못하였다. 그러나 최근 이 분야에 대한 연구성과도 가시화되고5) 있음을 고려하면서 더 이상 연구를 지체할 수 없다고 여기고, 본고를 집필하기에 이르렀다. 필자의 이 고찰로 근현대 종조문제에 대한 인식의 지평이 넓혀지고, 나아가서는 한암 연구의 지평이 확대되기를 기대하는 바이다. 미진한 측면은 후속연구를 통하여 보완할 예정이거니와 강호제현의 질정을 기다린다.

2. 1910~1920년대 종조 문제의 인식

　한암이 1930년 초반, 『불교』지 70호(1930.4)에 「海東初祖에 對하야」라는 글을 기고한 것에는 그럴 만한 연유가 있었을 것이다. 그 연유를 이해하려면, 1930년 이전의 불교계에서 종조문제에 대한 논란을 살펴볼 필요성이 제기된다. 이에 본장에서는 1910~1920년대의 종조문제에 유관된 내용을 정리하려고 한다.

---

4) 한암문도인 월정사 회주인 현해스님은 동국대 이사장을 역임하던 2006년 4월 7일, 월정사가 주최한 한암대종사 수행학림의 네 번째 강의에서 「한암대종사의 종단관」을 발표하였다. 『현대불교』 2006년 4월 19일, 18쪽, 「특강－한암대종사의 종단관」 참조. 필자는 당시 그 강의를 들으면서 언제인가 기회가 있으면 한암의 종단에 대한 인식을 논문으로 정리하겠다는 다짐을 하였다.
5) 김상영, 「일제 강점기 불교계의 宗名 변화와 宗祖法統 인식」, 『불교근대화의 전개와 성격』, 조계종출판사, 2007.
　김상영, 「정화운동시대의 宗祖 갈등 문제와 그 역사적 의의」, 『불교정화운동의 재조명』, 조계종출판사, 2008.

개항기와 1910~1920년대의 한국불교계에서는 종조에 대한 뚜렷한 입장이 나타나지 않았다. 그것은 무엇보다도 종단이 부재한 현실에서 찾을 수 있을 것이다. 조선 후기 이래 산중불교라는 지칭을 들었던 한국불교는 종단을 갖고 있지 않았으며, 그에 대한 분명한 자각도 희박하였다. 이런 현실로 인해 한국불교에서는 종조에 대한 필요성도 인식하지 못한 것이 아닌가 한다.

일제가 침략해 오고, 그에 발맞추어 일본불교가 침투하면서 점차 한국불교에서는 그에 대한 대응의식이 나오게 되었다. 그 대응의식은 자생적인 종단의 설립으로 표출되었다. 이에 1908년 3월 6일 서울에서 전국 각처의 사찰을 대표한 승려 52명이 원흥사에서 모임을 갖고 원종이라는 종단을 만들었다.[6] 원종은 일정한 조직체계를 갖고 당시 구한국 정부에 인가 신청을 하였지만 끝내 인가를 얻지 못하였다. 흥미로운 것은 근대기 최초의 종단인 원종을 만들면서도 종조를 내세우지 않았다는 것이다. 나아가서 1910년 친일적인 승려들이 시도한 원종과 일본불교인 조동종과의 맹약에 반발하면서 나온 임제종에서도 종조 부재라는 현실은 지속되었다.[7] 한편 일제는 원종과 임제종을 부정하고 조선불교선교양종이라는 조선시대의 종단 전통을 차용하면서도 종조를 역시 내세우지 않았다.[8] 이 같은 원종, 임제종, 조선불교선교양종에서 종조가 등장하지 않았음은 종단의식의 미약 및 종조에 대한 정체성이 투철하지 않은 것에서 비롯된 것

---

6) 졸고, 「1910년대 불교계의 조동종 맹약과 임제종운동」, 『한국근대불교사연구』 (민족사, 1996), 64~65쪽.

7) 위의 책, 73~77쪽.

8) 1912년 6월 17일, 30본사 주지회의에서 종명을 둘러싼 승려들 간의 문답에서는 종지에 대한 이견, 격론은 있었으나 의아스럽게도 종조에 대한 논란이 없었다. 『조선불교월보』 6호(1912.7), 「會議院顚末」.

으로 이해된다.

그렇지만 종조에 대한 표방은 없었지만, 그에 근사한 의식까지 없었던 것은 아니다. 요컨대 태고국사 계승의식은 엄연하였던 것이다. 이제 여기에서는 그에 연관된 관련 자료를 제시하면서 논지를 전개하고자 한다.

A : 1912
해인사 사법－太古國師忌日(음력 12월 24일)을 法式日로
법주사 사법－傳祖 太古禪師
법흥사 사법－住法興傳法第一祖, 傳法初祖 太古禪師
김용사 사법－傳法祖禪太古國師忌

B : 1913
「北漢山太古寺 重修案 趣旨」－圓證國師 太古和尚은 寔朝鮮佛宗之 鼻祖也시고[9]

C : 1917
금일 朝鮮佛敎 즉 선교양종의 사원에 幾千僧侶로부터 宗門開祖로 崇仰하는 바 고승인 태고보우국사가 일시 止住함으로써 일층 저명한 遺蹟이 되는 것이니[10]『조선불교통사』광고－현금 朝鮮七千 僧侶의 宗祖되는 태고국사[11]

D : 1918

9)『해동불보』1호, 58쪽.
10) 도전춘영, 「북한산의 유적」, 『조선불교총보』3호(1917.5), 27쪽.
11)『조선불교총보』6호(1917.6), 34쪽.

박한영,「양주 天寶山遊記」 – 朝鮮 禪宗의 中興元祖되는 太古圓證國師
가 楊根 龍門寺에서 誕生하신 後12)

이러한 1910년대의 자료를 보면 대략, 태고국사를 종조로 분명
하게 표방하지는 않았지만 종조로 인식하였음을 알 수 있다. 이는
태고국사 계승의식에서 나온 것이 분명하거니와 그럼에도 불구하고
원종, 임제종, 선교양종의 성립단계에서 종조를 설정하지 않은 것은
적지 않은 의아심이 가는 대목이다.13) 어찌 되었든 1910년대14) 혹
은 1920년대 전반기까지도 한국불교에서는 태고국사의 후예라는 계
승의식은 보편적인 정서였던 것으로 보인다.

조선 六千僧侶의 元祖되는 太古以下 諸師가 崇奉하던 종명임으로
(중략) 조선 六千僧侶의 元祖되는 太古和尙은 何方面으로 視察하던지15)
조선불교는 同一한 태고화상의 一派로써 故히 此를 十三區에 分하얏으
며16) 조선의 불교는 太古 보우화상 이래로 종파의 통일을 보게 되야
그 후로 지금까지 宗派의 別이 없고 승려는 다 태고화상의 法胤이 되
야 있다.17)

---

12) 『조선불교총보』 13호(1918.12), 5쪽.

13) 이에 대해서는 더욱 따져볼 내용이 많다.

14) 그것을 예증하는 것으로 1914년 음력 3월 16일, 태고사에서 불교계의 주요 인
사가 참여하여 태고국사 다례재를 거행한 사실이다. 그리고 1914년과 1915년
에는 30본사 주지회의에서 태고국사 비부도 중수, 태고사 유지 모연금 결정 등
도 있었다. 이에 대해서는 졸고,「근대불교와 중흥사」,『새불교운동의 전개』(도
피안사, 2002), 131~132쪽 참조.

15) 포광,「朝鮮佛教宗名에 대하야(三)」,『매일신보』 1922.4.3.

16) 『매일신보』 1922.4.29,「불교혁신건백」.

17) 한용운,「사법개정에 대하야」,『불교』 91호(1932.1). 이 자료의 기술은 1931년이
지만 1920년대의 정황을 단적으로 전하는 것으로 이해하여 자료로 제시하였다.

그러나 태고에 대해 종조에 근사한 인식을 하였지만 그에 대한 이론이 전혀 없었던 것은 아니었다. 즉 논란의 불씨는 있었던 것이다. 이 문제는 종명의 명칭과 맞물릴 수밖에 없는 것이었기에 종명의 미확정에 즈음하여 잠복되었던 것이다. 즉 종명, 종지, 종조문제는 동전의 양면과 같은 것이었다. 달리 말하면 종명, 종지문제에서 논란이 있다 함은 은연중 중조문제에도 이견이 있음을 대변하는 것으로 필자는 보고자 한다. 비록 태고국사 계승의식이 지배적이었다 하여도 완전 합일되지 못한 형편이었다.

再言하면 교세의 衰殘함을 隨하야 종파가 減小되고 종파의 감소됨을 因하야 상대자 되는 他宗派가 無하얏고 상대자 되는 타종파가 無함으로 自家의 宗名까지 忌失케 된 現今 狀態를 成하얏으니 엇지 불교계 羞恥가 아니라 하리요. 然홈으로 因하야 상대자는 되는 타종파가 無한 시대에 처하야는 自家 宗名을 標榜할 필요가 無하였지만은 今日 內地 各宗佛敎가 渡來하야는 敎化를 宣定하는 此時代에 至하야는 조선불교도 반다시 自家의 宗名을 標榜하며 自家의 宗旨를 宣布하야 他宗과 混同치 아니케 할 필요가 有한 줄로 주장하노라. 그럼으로 如何란 名稱으로써 조선불교의 宗名을 作하는 것이 相當할난지 아직 眞正한 斷案이 無함으로 或者는 말하되 조선불교는 禪敎를 兼崇함으로 禪敎兩宗이라든지 칭할 것이라 하며 혹자는 말하되 조선불교는 순일한 臨濟의 法孫임으로 臨濟宗이라든지 禪宗이라든지 稱할 것이라 하며 혹자는 말하되 太古의 改宗에 係한 것임으로 臨濟宗 太古派라 할 것이라 하여 異論이 紛紛함을 不能하얏도다.[18]

---

18) 포광, 「朝鮮佛敎宗名에 대하야(一)」, 『매일신보』 1922.4.1.

明治 四十四年 九월 一일부터 사찰령이 시행되고 31본사주지가 사법 인가를 신청할 때에 渡邊暢氏의 案으로 宗名을 세우되 조선불교는 羅麗時代에 十一宗 있었고 이조시대에 들어와서 七宗이 되고 최후에 禪敎兩宗이 남아 있었다는데 基하여 종래에 朝鮮佛敎禪敎兩宗으로써 稱名하여 왔었는데 이에 對하여 識者間에 非難이 많았던 것이다.[19]

위의 자료에 보이듯 1920년대 전반기 상황은 종명, 종지, 종조 문제가 수면아래 잠겨 있었다고 볼 수 있다. 그러나 언제든지 그 문제가 수면 위로 부상하면 그에 대한 논란은 뜨거운 감자와 같은 상태로 전환될 것으로 이해된다.

그런데 바로 그 같은 문제가 1929년 1월 3~5일, 서울 각황사 (조계사의 전신)에서 개최된 조선불교선교양종 승려대회에서 구체적으로 노정되었다. 그 대회는 일제하 불교사에서는 기념비적, 역사적 의의를 갖고 있었다. 필자는 그 대회에 대한 개요, 진행, 성격, 성과 등에 대해서 10여 년 전에 논고를 발표한 바가 있다.[20] 그 승려대회는 한국 근대불교사상에서 성사된 최초의 승려대회였다. 그러므로 이 대회에서 결의한 제반 내용은 상당한 의미, 파장을 갖는 것이었다. 대회는 불교 통일운동, 일제하 식민지불교에 저항 등의 의미를 갖고 있었다. 대회에서는 불교계 구성원들이 지킬 법규를 제정하는 것이 가장 중요한 문제였다. 그것은 곧 종헌의 제정으로 귀결되었다. 대회 후 불교계는 대회에서 제정할 종헌을 준수할 과제에 직면하였다. 대회는 당시 불교계 대표 2/3가 참가하였기에 일정한 대

---

19) 『불교시보』 66호(1941.8), 9쪽, 「朝鮮佛敎禪敎兩宗의 宗名改定」.

20) 졸고, 「조선불교선교양종 승려대회의 개최와 성격」, 『한국 근대불교사 연구』, 민족사, 1996.

표성을 갖고 있었고, 근대불교가 직면하였던 통일운동의 기반을 구축하였고, 통일운동의 근거를 종헌의 이름으로 만들어 냈기에 승려대회의 역사성은 심대한 것이었다. 그래서 불교계에 날카로운 비판을 가하였던 한용운도 이 대회에 대해서는 전조선불교도의 총의(總意)로 성립되었고, 종헌이 엄정하였으며, 종헌을 실행하겠다는 서원이 견고하였다고 평하였다.[21]

요컨대 이 대회에 대한 평가, 바람, 당위, 명분은 상당한 것이었다. 이는 곧 대회에서 제정된 제반 내용은 그에 비례하여 상당한 무게를 갖는 것이었고, 불교계는 대회에서 제정된 종헌을 실행해야 한다는 책무를 갖게 되었다.[22] 그런데 이 대회에서 종조문제에 대한 그간의 인식을 확정케 하는 결론이 도출되었다. 요컨대 종조로 태고 보우국사를 확정한 것이다. 당시 그 종헌의 제3조에 나온 종조문제를 제시하면 다음과 같다.

본 양종은 석가모니를 본존으로 하고 태고 보우국사를 종조로 함. 단 각 사원에 봉안하는 본존불은 종래의 관례에 의함[23]

즉 태고를 종조로 결정하였던 것이다. 이 내용은 대회에 참가한 승려들이 종헌을 통과시키고 불전(佛前)에서 선서식을 거행하였을 때에 읽은 선서문에서도 나온다. 그것은 다음과 같다.

---

21) 앞의 졸고, 354쪽.

22) 졸고, 「1930년대 불교계의 종헌실행 문제」, 『한국 근대불교사 연구』, 민족사, 1996.

23) 『불교』 56호(1929.2)에 수록된 종헌 참조.

仰惟我 本師 釋迦牟尼世尊과 宗祖 太古國師－爲首하사 十方三世一切 如
來와 西天東土歷代 祖師는 均廻 慈鑑하사 特垂 明證하옵소서[24]

1929년 1월 4일 낭독한 선서문에서도 종조는 분명하게 태고국사
로 나왔다. 이렇듯이 1929년 1월에 당시 불교계에서는 종조가 태고
임을 공론화하였다. 이로써 그간 종단의 명칭 논란으로 인해 논의에
서 제외되었던 종조문제를 결론내린 것이다. 논란이 분분한 종명문
제는 오히려 조선불교선교양종으로 그대로 존치되었던 것에 비하면
종조문제는 승려대회에서도 현재 전하는 기록상으로는 큰 이견 없
이 결정되었던 것으로 보인다. 당시 그 대회에 참석하여 종헌 제헌
을 담당한 대상자는[25] 김포광, 송종헌, 이고경, 도진호, 백성욱, 김태
흡, 김법린, 이응섭이었다. 이런 인적 구성으로 볼 때, 김포광의 주
도적인 진행이 있었던 것이 아닌가 한다.[26] 그런데 대회준비위원장
이었던 권상로는 대회 둘째날인 1월 4일에는 불참하였다.[27] 종헌은
1월 4일에 통과되었기에 권상로의 의견은 반영되지 않은 것으로 보
인다.[28]

이렇게 종조에 대한 김포광의 의견이 반영되었던 것으로 보이는
승려대회는 종료되었다. 그 결과 한국불교 선교양종의 종조는 태고

---

24) 「대회회록」.

25) 당시 대회에서는 이들을 制憲部라 하였다.

26) 그것은 대회 첫째날의 대회에 제출한 의안을 심사한 의안 심사위원(11인)의 일
원이었다. 즉 그는 자신이 만든 종헌안을 자신이 심사하였던 것이다.

27) 대회 회록에는 有故로 나온다. 유고의 이유는 알 수 없다. 그래서 사회였던 권
상로의 유고 사면으로 이혼성이 사회를 보았다.

28) 그러나 권상로는 대회준비위원장이었기에 1월 4일 이전에 그의 의견을 개진할
기회가 많았다. 그러나 권상로가 대회 준비단계에서 어떤 의견을 피력하였는지
도 알 수 없다.

국사로 결정되었다. 이는 근대불교계 구성원, 종단이 정한 최초의
종조로 태고국사로 선정되었음을 의미한다. 이 같은 결정은 추정하
건대 전국 불교계로 파급되었을 것이다. 그래서 월정사의 선방인 상
원사에서 수행에만 전념하였던 한암에게도 종조로 태고국사가 결정
되었다는 소식은 전달되었을 것이다.

3. 한암의 종조관 피력

한암은 오대산 상원사에서 수행에 전념하였지만, 승려대회가 종
료된 직후인 비교적 빠른 시기에 승려대회의 결과를 파악하였을 것
으로 이해된다. 왜냐하면 그는 대회에서 추대된 교정 7인의 일원이
었기 때문이다. 추정하건대 대회를 추진한 주체세력의 누군가가 상
원사를 내방하여 대회의 결과를 보고하였을 것이다.

그런데 여기에서 한암의 종조관을 살피기 이전에 한암이 종조에
대한 자신의 견해를 피력한 의미를 짚어볼 필요가 있다. 우선 1930
년 당시 한암은 속납으로는 54세였다. 그렇지만 그는 1929년 1월에
개최된 승려대회에서 한국불교를 대표한 고승, 즉 교정(敎正)으로
추대되었다. 필자는 여기에서 고승, 교정, 도인이라 칭하였던 선승이
교단문제에 대해서 이렇게 자신의 의견을 즉각적으로 피력한 경우
는 흔치 않는 일이었음을 우선 주목해야 한다고 본다. 이점에서 그
는 요즈음 횡행하는 선지식, 큰스님과는 전연 이질적인 선사였음이
엿보인다. 자신의 관점, 의견을 당당히, 소신껏 개진한 체질을 갖고
있었다. 다음으로 주목할 것은 선사, 선승은 일반적으로 깨달음, 구
경각 도달에만 유의하는 속성을 갖고 있다는 것이다. 이는 한국 근

현대불교사에 나오는 일반적인 정황이다. 달리 말하면 교단, 세속, 사회와는 담을 쌓고 생활, 수행하는 것이 일반적인 흐름이었다. 그렇지만 한암은 이 같은 정서와는 다르게 교단의 핵심문제라고 볼 수 있는 종조에 대해 자신의 의견을 정리하여 불교계의 유일한 잡지의 지면에 기고하였다. 또한 그는 선승이면서 교학, 불교사에 대한 상식이 깊었음도 주목할 내용이다. 이는 그가 평상시에 그런 주제, 내용에 대해 깊은 독서력을 갖고 있었음을 반영하는 결과로 보아야 한다는 것이다.

한편 그가 승려대회의 소식과 결과를 듣고 자신의 입장을 정리한 근 1년여 간 그는 많은 고뇌를 하였을 것은 쉽게 파악된다. 그는 그 기간에 다양한 검토, 신중한 분석을 거치면서 사색을 거듭하였을 것이다. 특히 그는 1930년 이전에는 불교계를 포함한 일반 사회의 지면에 자신의 입장을 개진한 적이 전혀 없었다.[29] 그렇던 그가『불교』지에 자신의 종조관을 기고한 것의 이면에는 종조문제를 심각하게 받아들였음도 느낄 수 있는 측면이다.

이제는 이 같은 전제와 배경에서 한암의 종조론 속으로 들어가보자. 그는 우선 불교에서는 심법(心法)의 전수(傳授)를 당연한 것으로 전제를 하였다.

法王 法王이 出世 出世에 心法을 傳授하시되 반드시 衣鉢로써 標準을 삼으사 兩處 傳授가 있으시니 一은 佛佛의 相授이니 前佛이 後佛에게 傳

---

29) 1922년 그가 건봉사결사에 초빙되어 조실로 근무하였을 때에 행한 법어, 게송, 가사 등의 어록을 모은『寒巖禪師 法語』가 편집되었다. 그리고 1928년부터는 경봉선사와 서신 문답이 시작되었다. 그러나 일반 사회에는 그 어떤 글도 기고하지 않았다. 이상의 한암 연대기는 김호성의『방한암선사』(민족사, 1995)의 연보를 참조함.

授하심이오. 二는 祖祖가 相傳이니 法王 滅道 後에 祖師 祖師가 서로 傳하야 道法 不斷케 하심이라.30)

이 전제는 조사선이 대대상전(代代相傳)됨으로써 불조혜명(佛祖慧命)이 영원히 전달되었음을 수긍한 것이다. 그러나 한암은 전수의 상징이었던 의발(衣鉢)이 부전(不傳)됨으로 인해 오히려 다양한 조도(祖道)가 광양(光陽)되고, 정법(正法)에 도움이 되었다고 보았다.

自爾로 法花大暢하야 見者 聞者가 다 觀感興起하는 心을 發하나니 無上大法이 海外 諸國에 流布하지 아니할 수 없는 時節因緣이 到來하얏다.31)

그 결과 한국불교의 승려들이 중국으로 건너가서 조도(祖道), 불법(佛法)을 전수받고 귀국할 수 있었던 역사적 사실을 당연한 것으로 이해하였다.

其時에 新羅 道義大師가 望風西泛하사 西堂智藏和尙을 首謁하시고 法印을 得하야 東歸하심이 傳記가 昭昭하니 그러면 達磨가 震旦에 初祖됨과 如히 道義가 海東에 初祖됨은 智者를 不待하고 可히 判定할 일 아닌가.32)

이렇게 한암은 도의가 중국에 건너가서 서당지장에게 최초로 법

---

30) 方寒巖, 「海東初祖에 對하야」, 『불교』 70호(1930.4), 7쪽.
31) 위의 자료, 8쪽.
32) 위와 같음.

을 받아 귀국한 사실로써, 도의는 한국불교의 초조(初祖)로 확신하였던 것이다.[33] 그리고 한암은 도의뿐만 아니라 범일, 무염, 철감, 현욱 등도 중국에서 법을 받아 귀국한 사실까지 함께 지적하면서 이들은 모두 마조도일의 문하에서 심인(心印)을 얻었음을 수긍하였다. 나아가 이들에게 중국에서 인가를 해 준 당사자는 선종 6조인 혜능의 5세손이었음을 인식하였다. 그리고 도의가 6조 혜능을 존경하여 조계종(曹溪宗)이라고 칭하였다고 보고 홍척, 혜철 등도 혜능에 '동심귀앙(同心歸仰)' 하였던 것을 당연한 이치로 보았다. 한암은 이 같은 자신의 입장을 정리한 후, 그의 입장과 유사한 권상로의 글을 읽고서는 더욱더 확신을 갖게 되었다고 고백하였다.

> 又 月報 第五十八號에 退耕和尙의 曹溪宗에 對한 辯論을 看讀한즉 「祖師禮懺文中에 迦智山 祖師 海外 傳燈 道義國師」라 稱한 거와 歌詠中에 「曹溪門扇是誰開」句와 三國遺事에 「曹溪宗迦智山下」라 稱한 等文이 有力하게 證明하야 曹溪宗을 道義國師로부터 創立한 것이 조곰도 疑問될 껏이 업다.[34]

이렇게 한암은 『불교』 58호(1929.4)에 기고된 퇴경 권상로의 글, 「曹溪宗」에서[35] 도의국사에 대한 위상, 역사 그리고 『삼국유

---

33) 김양정, 「도의국사의 선종사적 위상」, 『한국불교학』 51(2008), 221~225쪽.

34) 방한암, 위와 같음.

35) 권상로는 그의 글 후반부에서 "最後로 一言을 하는 것은 至今에 우리들은 新羅 때에 自立한 曹溪宗이 오늘까지 相續不斷하야 왓슴으로 李朝의 法令에 의하야 禪敎兩宗으로 看板을 부칫슬지언정 우리의 祖派上·法係上으로는 오로지 曹溪宗派인 것만을 힘잇게 부르지저 둔다"고 하였다. 퇴경은 이 같은 논리에서 조계종이라는 명사는 도의국사 때부터 있었던 것이나 문장으로는 자주 사용하지 않았고, 내용상으로는 相傳하다가 고려 중기부터 본격적으로 문장, 비석에 등장하였다

사』를 비롯한 다양한 글을 통하여 자신의 입장에 대한 자신감을 갖게 되었다. 그 자신감은 조계종이 도의국사로부터 시작되었다는 것이다.

그러므로 한암은 6조 혜능의 4세손인 마조에게서 득법한 도의국사가 혜능의 '성덕(聖德)'을 '모열경애(慕悅敬愛)' 하였을 것을 당연하게 받아들였다. 그래서 이러한 구도에서 자연스럽게 조계종이라는 명칭이 나온 것으로 주장하였다. 그런데 세월이 오래되고, 역사가 혼미하게 됨으로 인해 법통 계승을 파악하기 힘들게 되었다. 그렇지만 고려중기 보조국사 지눌대에 와서 선법(禪法)과 조도(祖道)가 재흥되면서 조계 조도(曹溪 祖道)가 계승하게 되었다고 보았다.

於時乎에 祖道大興하고 佛日重輝한지라 朝旨를 奉하야 山名을 曹溪로 變改하셧스니 이는 곳 멀리 六祖를 敬慕하고 다시 海東 諸 國師의 曹溪宗 創立한 淵源을 繼承함이 아닌가.36)

한암은 보조국사 이후로 선풍재흥(禪風再興), 조도대흥(祖道大興)은 곧 '조문(祖門)'의 '도통연원(道統淵源)'이 확립되어 가는 것으로 보았다.37) 이렇게 자신의 논리를 개진한 한암은 그 당시 승려대회에서 나온 종조론, 보우국사 종조론을 강력하게 비판하였다.

고 한다. 이런 퇴경의 논리는 한국불교의 종명은 조계종, 종조는 도의국사라는 것으로 귀결될 소지가 다분한 것이었다. 퇴경은 이 글을 기고한 이후에는 자신의 입장을 서서히 전개하였다. 그런데 그가 김포광이 논리, 주장에 즉각적으로 대응하지 않은, 혹은 못한 것에 대해서는 의아심이 적지 않다. 이점은 필자의 후일 연구로 남겨 두고자 한다.

36) 앞의 『불교』 70호, 9쪽.
37) 한암은 지눌 이후 16국사 배출 등을 국가의 왕위계승과 같은 형태로 보았다.

如此한 坦坦大路를 바리고 傍溪曲徑으로 차자가는 言說은 置之莫論할 껏이로다. 그런대 近來 文學上에 太古普愚국사로 海東初祖를 定함이 斑斑이 現露되니 이는 自違함이 넘어 甚한듯 하다.[38]

한암은 그것을 탄탄대로, 정도를 벗어나 샛길, 방계로 나가는 것으로 비유하면서 그런 논리를 논할 가치도 없다고 보았다. 즉 태고국사를 종조로[39] 정함은 스스로 어긋남으로 간주하였다. 그러면서 한암은 태고국사는 중흥조의 격은 인정할 수 있다고 보았거니와 그 주장을 들여다보자.

太古가 中興祖라 함은 或 그럴는지 모르나 어떠케 初祖가 되리요. 太古의 道德이 비록 廣大高明하나 初祖라는 初字에는 大端이 不適當하지 아니한가. 新羅 諸國師의 首入祖門하야 得法東歸하신 것이 今日 太古가 初祖라는 問題下에 歸於虛地가 되얏스니 어찌 可惜치 아니 하리오.[40]

한암은 결단코 태고는 한국불교의 초조가 될 수 없다고 강조하였다. 그런데 여기에서 유의할 대목은 한암은 태고는 해동초조가 될 수 없다는 관점에서 자신의 견해를 피력하였다는 점이다. 그러나 당시 승려대회에서는 종조라는 관점에서 태고를 종조로 내세웠던 것이다. 요컨대 해동초조와 종조는 어떤 차별성을 갖고 있는가. 아니면 동질적인 입장에 설 수 있는 것인가? 필자는 이에 대해서는 아직 별다른 의견을 갖고 있지는 않다. 어찌 되었든 한암은 김포광이 강

---

38) 앞의 『불교』 70호, 9쪽.
39) 그런데 한암의 초점은 해동초조였는데, 이 개념과 1929년 승려대회에서 정한 종조의 개념과는 어떤 차별성이 있는지는 분석할 여지가 있을 것이다.
40) 위의 『불교』 70호, 9쪽.

조한 태고의 계승의식을 부정하고, 자신을 포함한 승려들은 태고의 연원이 아니라고 강력히 주장하였다.

正直하게 辨明할것 가트면 今日 我等 兄弟가 太古 淵源이 아니라고 십다. 왜 그러냐 하면 龜谷覺雲禪師가 曹溪宗 第十三國師 覺儼尊者의 孫弟子됨은 分明이 李能和先生 著「佛教通史」에 記載되엿는대 太古國師의 孫弟子라는 文句는 古來 傳記與 碑銘에 都無하다 하여슨즉 何를 據하야 太古로써 龜谷의 法祖를 定할까 생각해 볼껏이다. 堂堂한 海東 曹溪宗 第十三 國師의 孫弟子로서 다시 臨濟宗 後孫 石屋의게 得法하야온 太古의 孫弟子가 될 必要가 無하다. 이에 대해 좀 憑據가 無한 比量을 하야 보자. 高麗가 己虛하고 李朝初期에 高麗時人을 宗仰한다면 某事를 莫論하고 必然的으로 沮毁할 껏이오. 또 僧侶의게 壓迫을 나리는 時代라 各宗을 禪敎 兩宗으로 合宗식킨 法令下에 다시 曹溪宗이라 稱할 수 업는 事實이다.[41]

한암은 고려후기 고승인 구곡각운은 조계종 13세 국사인 각엄의 손제자임에도 굳이 태고국사의 손제자라고 칭할 이유는 없다는 전제하에 위의 주장을 개진한 것이다. 다시 말하자면 한암은 조선시대 승려들이 태고에게서 법통을 연결하였던 것은 정치적, 생존적 차원에서 나온 것이라는 것이다. 태고는 중국에 건너가 임제종(석옥)의 법을 받아 왔기에 조계종 법통의식을 갖고 있는 당사자(구곡)가 굳이 태고의 법을 계승할 필요가 없었다는 것이다. 다만 척불, 억불의 조선시대, 즉 고려를 멸망시키고 탄생한 조선이라는 나라에서 고려기까지만 지속된 조계종의 법통을 칭할 수 없는 사정이었다는 것이

---

41) 앞의 내용과 같음.

다. 이에 조계종보다는 임제종의 법통을 갖고 있었던 태고의 후손이라는 의식, 법통의식이 생겨난 것으로 보았다. 나아가 한암은 조선시대 불교에서도 예전의 조계종을 '추모하는' 흐름은 있었기에 고승들에게 '판조계종종사(判曹溪宗宗事)'라는 수식어가 개재되었다고 해석하였다. 나아가서 한암은 조선 후기 승려들이 중국불교, 임제종 연원을 계사(繼嗣)하였던 것은 불교를 압박하였던 유교 측에서 정주(程朱)를 사모하는 것과 같다고 보았다. 이는 은연중 유교 측의 우호성 유발, 혹은 승려 행세에 유리한 것이 작용할 수 있었을 것이라는 점에서 찾았다. 즉 유교에 대한 피해의식, 유교적 영향이라는 것이다.[42]

> 이러케 여러 가지 推究해 보건대 後人이 時勢를 따라서 宗脈을 變更하는 同時에 海東의 赫赫한 曹溪宗이 업서지고 말앗다.[43]

그래서 한암은 자신이 판단한 조선시대 불교사, 태고 계승의식을 이와 같은 시세에 따른 종맥(宗脈) 변경으로 단정하였다. 그 결과 조계종이 사라지게 되었다는 이해를 하였던 것이다. 한암은 자신의 견해를 공개적으로 피력하는 것에 대해 상당한 고뇌를 하였다고 보인다. 예컨대, "이리 생각해보고 저리 생각해 보아도"라는[44] 표현은 그것을 단적으로 예증한다.

마침내 한암은 자신의 논지의 중심 소재 인물이었던 구곡선사와

---

42) 조선시대 불교가 유교(양반)의 종법질서 및 문중 형성에 일정한 영향을 받았음은 그간 일부 연구자들이 지적한 바가 있다. 이에 대해서는 본격적인 검토가 요망된다.

43) 앞의 『불교』 70호, 10쪽.

44) 위와 같음.

벽계선사의[45] 연원을 조계종으로 보았다.[46] 그래서 그 결과 '아등 형제(我等 兄弟)'의 법통은 조계종 법통이라고 단언하였다. 이런 논 리하에 한암은 자신의 주장을 다음과 같이 피력하였다.

그런즉 自今 爲始하야 道義國師로 初祖를 定하고 次에 梵日國師로 次에 普照國師로 第十三國師 覺儼尊者에 至하야 拙庵晶衍, 龜谷覺雲, 碧溪正心 이러케 淵源을 定하야 다시 海東曹溪宗을 復活하는 것이 正當합니다. 만일 그러치 아니하야 古人이 임의로 오랫동안 施行한 것을 猝然히 改正하기 難하다 하여 太古國師를 繼嗣하드래도 初祖는 반드시 道義國師로 定하고 次에 同時 得法而來하신 洪陟, 慧撤, 梵日 等 諸 國師로 次에 普照國師로 乃至 十六 國師로 爲首하고 次에 曹溪宗大禪師를 封한 次序로 太古普愚國師를 계속하야 太古, 幻庵, 龜谷, 碧溪, 碧松 이러케 繼統을 定하야 海東曹溪宗 淵源을 正當하게 드러내여서 첫째는 道義國師의 曹溪宗 首創하신 功德을 讚仰하고 둘째는 普照國師의 上乘을 開演하야 祖道를 光輝하고 後來에 利益을 주신 恩義를 敬慕하고 셋째는 海東曹溪宗이 繼承流通케 하신 諸 大宗師의 盛德을 襃揚하고 넷째는 碧溪禪師가 龜谷을 遠師하야 曹溪宗을 復活시킨 本意를 發現하야 億百世無窮토록 正法이 流通되기를 바라고 바라는 바이다.[47]

즉 한암은 도의국사를 초조로 정해야 한다는 것을 가장 중요한 결론으로 내세웠다. 그 연후에 범일, 보조, 16국사, 태고, 구곡, 벽계 등으로 이어지는 법통 연원을 정비할 것을 주장했다. 그럼으로써 해동 조계종이 부활될 수 있다고 강조하였다. 그러나 현실적인 난관으

---

45) 한암은 벽계선사를 조계종을 부활시킨 인물로, 높이 평가하였다.
46) 기존 해석은 이들을 임제종 후손, 임제종 법맥의 계승자로 보았다.
47) 앞의 『불교』 70호, 10~11쪽.

로 개정하기 어려우면 초조는 도의국사로 정하고, 태고국사로 계사(繼嗣)할 수 있다는 탄력적 대안까지 제시하였다. 한암이 이러한 대안을 내놓은 것은 도의국사의 조계종을 수창한 공덕을 찬양하는 것에 있었다. 그밖에도 보조국사의 조도를 선양하고, 조계종을 부활시킨 벽계의 참뜻을 밝혀서 불법, 정법이 영원히 유통되기를 바라는 것도 있었다.

지금까지 한암이 『불교』 70호에 기고한 「해동초조에 대하야」의 분석을 통해 한암의 종조관을 살펴보았다. 이 분석에서 나오듯 한암은 해동초조로 도의국사를 내세워야 함을 주장하였다. 그러면서도 현실적인 개정의 어려움이 있을 경우, 그 대안까지 제시하였다. 그것은 초조는 도의국사로 하면서도 새로운 법맥을 정비해야 한다고[48] 주장하였다. 선승, 선사였던 한암의 이러한 주장은 그의 치열한 종단관, 법맥의식을 새롭게 바라볼 수 있는 단서라 하겠다.

4. 결어

이제 맺는말은 앞서 살핀 내용을 유의하면서, 한암의 종조관 분석에서 나온 주요 관점, 추후 연구할 측면 등을 대별하여 제시하는 것으로 대신하고자 한다. 이는 한암의 종조관에 나온 성격 및 그 영향이라고 볼 수도 있다.

첫째, 선사, 율사, 고승, 종정의 이미지가 강하였던 한암의 종단 정체성 혹은 불교 법맥의 계승문제에 대한 강렬한 관심을 파악할 수

---

48) 그렇지만 법맥 정비 후에도 태고를 종조로 설정할 것인가의 문제는 구체적으로 언급하지 않았다.

있었다. 이는 한암에 대한 지금까지의 고정적인 성격을 수정시킬 수 있는 요소라 하겠다. 본문의 내용 분석에서도 나왔지만 한암은 이 기고문을 작성하기 위하여 다양한 자료를 섭렵하였고, 그간의 법맥의 오류를 지적하면서 자신의 주장을 납득시키기 위한 고민을 심각하게 하였다. 더욱이 자신의 주장만을 강력하게 내세운 것이 아니라 종단(교단) 차원의 대안까지 설정하였음에서 그의 현실인식의 균형성, 탄력성을 엿볼 수 있다 하겠다.

한편 그간 불교계에서는 한암을 선사, 도인, 종정 등 선적인 측면에서의 수행, 사상만을 유의하였는데 한암의 종조관 사례에서 선교(禪敎) 균형적인 승려상, 현실과 밀접한 도인상을 재발견할 수 있었던 것도 새로운 성과였다. 그렇지만 한암이 1935년 출범한 조선불교선종과 1941년에 출범한 조선불교조계종의 종정으로 추대되어, 어느 정도는 종정으로의 역할을 한 것을 그의 종조관에 비추어 보면 납득하기 어려운 점이 있다. 즉 선종, 조계종의 종규와 종헌에서는 모두 태고국사를 종조로 내세웠던 것이다.[49] 요컨대 자신이 종정으로 있는 종단에서 종조로 도의국사가 추대되지 않았고, 그 자신도 그에 대해서는 적극적으로 수정하려는 의사는 찾아볼 수 없다.[50]

---

49) 졸고, 「조선불교선종과 수좌대회」, 『불교 근대화의 전개와 성격』(조계종출판사, 2007), 180쪽.
    졸고, 「조선불교조계종의 성립과 역사적 의의」, 『새불교운동의 전개』(도피안사, 2002), 86~88쪽.
50) 이에 대해서는 다양한 해석, 접근이 가능하지만 이런 측면이 있다는 것을 필자는 지적할 뿐이다. 그런데 이철교는 한암이 종조문제에 적극적인 연구를 하였던 이불화를 격려하고, 지지하였다고 하였다. 이철교, 「불화 이재열」, 『세속에 핀 연꽃』(대한불교진흥원, 2003), 328쪽.
    그러나 이철교가 비정한 한암의 자료, 즉 서간문(한암이 이재열에게 1942년 음력 8월 3일에 보낸 편지)을 유의해서 살피면 이철교의 주장과는 차이가 나는 내용이 나온다. 보조국사를 종조로 해야 한다는 것을 강력하게 주장한 이재열

둘째, 한암의 종조관과 다른 승려, 학자들의 종조관의 동질성과 차별성을 고민할 과제에 직면하였다. 한암은 위의 글에서 지속적으로 해동초조(海東初祖)라는 관점, 표현을 활용하였다. 이 같은 해동초조라는 개념을 한암이 쓴 연유, 배경, 논리가 있을 것이다. 필자는 이번 글에서 그에 대한 분명한 입장을 설명하지 못하였다. 다만 한암은 한국불교사 전체의 맥락을 고려한 것이 아닌가 한다. 당시 종조에 대한 대표적인 학자인 김포광은 태고 계승의식에 의거하여 태고국사 종조론을 관철시킨 것에 차별성을 두기 위한 것은 아니었는지도 따져볼 문제이다. 한암과 포광은 조선시대 불교사 및 법통 인식에 있어서 조계종, 임제종 계승이라는 전연 이질적인 해석을 하였다. 한암이 조선시대 법통론의 저변, 이면에는 유교에 대한 일정한 영향을 지적한 것은 주목할 메시지가 아닐 수 없다.

셋째, 한암의 도의국사 종조론은 그 이후 적지 않은 영향을 미친 것으로 볼 수 있다. 한암의 그 기고문 이후 퇴경 권상로는 일제 말

(이재병)은 당시 종단이 정한 종조(태고국사)에 대해 강한 반발을 하면서 그 것을 성명서로 발표하여(1942년 9월경), 당시 불교계에 파장을 야기하여 자신은 종단으로부터 해종행위를 하였다는 빌미로 승적을 박탈당하였다. 그러나 그는 자신의 소신을 굽히지 않고, 『曹溪宗原流 及 傳燈史之根本的研究』라는 책을 발간 준비하였다. 이때에 그는 종정인 방한암에게 편지를 보내 그 책자의 題字를 한암의 글씨로 받아 출간하려고 하였다. 한암은 그 편지를 받고 이재열에게 서신을 보냈던 것이다. 그 요지는 이재열의 작업이 학문적 정열에 나온 것으로 경의를 표하면서도, 자신은 세간사에 어두워 그 문제에 굳이 개입할 여건이 아님을 개진하였던 것이다. 즉 이 내용에서 한암이 이재열의 종조관을 지지하였음은 찾을 수 없고, 승단은 화합이 위주이니 이종욱 종무총장과 상의하여 처리할 것을 당부하였다. 이 서간문에 대한 분석은 윤창화의 「한암선사의 서간문 고찰」, 『한암사상』 2집, 2007, 228~235쪽 참조. 이런 측면에서 이철교의 주장도 오류가 있는 것이고, 윤창화가 이 글에서 한암이 보조국사 종조론에 서 있었다고 개진한 것도 본 고찰의 내용을 유의하면 오류라고 하겠다. 그리고 한암의 그 편지는 본래 이재열의 『朝鮮佛教史之研究(第一)』(東溪文化研楊社, 1946)의 307쪽에 「前 曹溪宗正 漢巖老師 書翰」이라는 제목으로 수록되었다.

기에는 도의국사 종조론을 주장하고, 그것을 지면에 기고하였다. 그런데 의문이 드는 것은 1937년부터 전개된 총본산 건설운동을 통해 1941년의 조계종이라는 새로운 종명을 제정할 때에 권상로는 어떤 입장, 주장을 하였는가이다. 1941년 조선불교조계종으로 새 출발을 할 때에 종조는 태고국사였다. 권상로는 그런 결정이 총독부 차원에서 확정된(1941.4) 이후인 1941년 후반에 가서야『불교』신31집 (1941.12)의「古祖派의 新發見」이라는 글을 통하여 도의국사가 종조가 되어야 한다고 주장했다.51) 그리고 그는『불교』신49집(1943.6)에 기고한「曹溪宗旨」라는 글에서도 자신의 주장, 즉 조계종의 종조는 도의국사라는 것을 강력하게 주장하였다.52) 박봉석도 종조는 신라시대의 인물에서도 찾을 수 있다고 하여 은연중 도의종조론에 동참하는 글을 남겼다.53)

그리하여 일제 말기에는 종조론을 둘러싼 논쟁이 치열하게 일기도 하였다. 그로 인해 태고국사 종조론, 도의국사 종조론, 보조국사 종조론이 등장하였다.54) 이런 논쟁을 거치면서 점차 태고국사 종조

---

51) 『불교』신31집, 16쪽. 요컨대 관련 자료가 없었다는 것에서 변명을 하였다. 그는 총본산 문제를 3~4년간 검토할 때에는 古祖派라는 자료를 등사하여 둔 것을 망각하였다고 고백하였다. 그러나 필자는 그가 이미 1929년도에 도의국사 시절부터 조계종이 있었다는 내용을 강조하는 글을 쓴 당사자가 그에 대한 고민을 하지 않았다는 것에 의아심이 든다. 그는 만약 그 고조파(석가모니부터 56대인 태고국사까지의 법계를 정리한 문건)가 도의국사로부터 태고국사까지의 법맥을 기록한 문건임을 당시에 알았다면 조계종을 부활하는 동시에 도의국사를 종조로 追尊하였을 것이라고 아쉬움을 표하였다. 그는 그 문건의 존재를 재인식한 것은 태고사 사법이 인가된 후라고 회고하였다.

52) 권상로는 그 이유를 다음과 같이 주장하였다. 즉 도의국사의 得法이 가장 먼저이다. 도의국사 당시부터 종조로 도의가 추대되었으며, 태고국사가 도의의 19세손이며, 일제하 승려들은 태고의 문손이라는 것이다. 그는 이 글에서 조계종은 신라의 9산문에서 성립된 것으로 보았다.

53) 『불교』신58집(1944.3),「조계종의 근본이념」.

론은 퇴색하게 되면서 은연중 도의국사의 종조론이 힘을 받게 되는 현상으로 전개되었다.[55] 하여간 한암의 도의국사 종조론의 재인식을 통하여 필자는 현재 조계종단의 종조로 추대, 추앙하는 인식도 다시 고찰할 여지가 있다고 본다.[56] 지금껏 조계종이 도의국사를 내세우고 있는 것은 기형적, 수좌중심적, 선종 중심적이라는 시각이 강하게[57] 깔려 있다. 그런데 근현대불교사에서의 종조관을 재검토하면서 한암의 종조관을 유의하면 지금까지의 부정성은 재고의 여지가 많다고 본다. 이점은 필자의 후일의 연구로 남긴다.

넷째, 한암의 종조관에는 선 중심주의, 조사선의 성격이 강하게 나타나고, 아울러 한국불교를 선 중심적으로 보려는 의식이 깔려 있다고 이해된다. 이는 현 조계종단 내부의 수좌들의 인식과 유사하다.

---

54) 그밖에 나옹법통론은 보조국사 종조론과 연계되어 있었다.

55) 김상영, 「일제 강점기 불교계의 종명 변화와 종조·법통의식」, 258~264쪽.

56) 조계종단은 2004년부터 본격적으로 도의국사에 대한 추모, 계승작업을 하고 있다. 이 구도에서 도의국사 주석 사찰인 진전사도 복원되었다. 그리고 2008년에는 중국에 도의국사 수법 기념비도 설립하였으며, 『불교신문』 2004.5.28, 「종단 정체성 강화 위해 종조 도의국사 다례재」 ; 2004.12.14, 「도의국사 수행처 양양 진전사지 복원 첫삽」, 「도의국사 표준영정 제작키로」 ; 2008.5.9, 「도의국사 수법비 한중교류 새전형」 참조.

57) 그 대표적인 것이 성철의 인식이다. 이에 대한 단서는 성철을 시봉하였던 상좌인 원택의 글이 참고된다. 즉 그는 "성철 큰스님께서는 '이 조문(조계종 종헌)이 요령부득이라고 하시며 도의국사는 가지산문이고 보조국사는 사굴산문이니 법맥이 相傳한 것이 아닌데 어떻게 다른 법맥을 같은 법맥으로 할 수 있느냐'고 말씀하십니다. 단지 비구·대처승단 간의 분규로 비구승단의 색다른 종조를 세우기 위해 억지로 보조국사를 끌어들이는 바람에 대한불교조계종의 법계가 뒤죽박죽이 되어 버렸다는 것입니다. 그러므로 그 조문에서 '고려 보조국사의 중천을 거쳐'라는 구절을 빼버리거나 아예 '본종은 태고보우국사를 종조로 한다'라고 고쳐야 조계종의 종통이 분명해진다는 말씀입니다. 그리고 이러한 주장의 이론적 뒷받침을 위해 집필하신 것이 1976년에 간행된 『한국불교의 법맥』입니다."이다. 원택, 『한국불교의 법맥』(장경각, 1993), 「후기」 참조.

이는 그가 선사였던 측면이 작용한 결과로 볼 수 있다. 그러나 그는 한국불교의 다양성, 회통성을 고려하면서도 법맥, 법통, 계승의식을 논함에 있어서는 선맥을 표방, 강조할 수밖에 없는 관점(고뇌)을 갖고 있었던 것으로[58] 이해된다. 한암은 신라, 고려, 조선시대 불교사의 중심은 선이었고, 이를 조계종으로 지칭하였다. 한암의 이 같은 인식, 즉 한국불교는 곧 조계종이라는 등식의 이해를 하면서도 그간 조계종을 1962년, 1941년, 보조국사가 송광사가 위치한 산명을 조계산으로 표방한 1200년(고려 신종 3년)[59] 등에서 그 연원을 찾으려고 하였던 기존 인식과는 사뭇 다른 것이다. 이로써 우리는 조계종에 대한 새로운 관점도 여기에서 찾을 수 있다.

지금까지 추후 이 분야 연구에 있어서 유의할 점, 그리고 한암의 종조관에서 새롭게 등장한 내용 등을 제시하였다. 필자는 여기에서 문제점을 던져 놓은 결과에 불과하였으나, 추후 이에 대한 답변의 해소에도 지속적인 관심을 기울이겠다는 다짐을 하면서 글을 마친다.

---

58) 이에 대해서는 추후, 연구가 요망된다.

59) 희종 3년(1207), 최선에 의해 찬술된 「大乘禪宗曹溪山修禪社重創記」를 기점으로 볼 수도 있지만 지눌이 그를 표방한 것을 우선하여 설정하였다.

백용성 계율사상의 계승의식

－ 동산·고암·자운을 중심으로

1. 서언

백용성은 한국 근대불교사에서 거대한 산맥으로 칭할 정도의 '큰스님'이다. 백용성이 근대불교에 남긴 행적은 수행, 사상, 민족운동, 불교개혁, 역경불교, 불교출판, 불교음악, 선농불교, 불교정화 등 다양한 분야에 걸쳐 있다. 이러한 백용성의 행적, 사상, 의의 등에 대한 개요 및 성격에 대한 기본적인 측면은 어느 정도는 밝혀지고 있는데, 이는 무엇보다도 대각사상연구원의 발족 및 학술사업에 힘입은 바가 크다.[1] 그러나 백용성이 갖고 있는 다양성, 역사성, 성격 등에 대해서는 정리, 해석할 여지가 적지 않다. 이를 극복하기 위해서는 무엇보다도 철저한 자료수집과 분석, 다양한 접근 시각에 의한

---

1) 백용성 연구의 회고와 전망에 대해서는 이덕진이 『선문화연구』 창간호(한국선리연구원, 2006)에 기고한 「일제시대 불교계 인물들에 대한 연구성과와 동향 그리고 앞으로의 과제」가 참고된다. 이덕진은 그 고찰의 53~55쪽에서 백용성 연구가 2006년 10월 현재 기준으로 84건에 달한다고 제시하면서, 대각사상연구원과 『대각사상』이 그 중심역할을 하였다고 진단하였다.

연구 심화가 요청된다.

본 고찰에서 대상화한 백용성의 계율수호, 계율사상은 바로 그 대표적인 경우이다. 그러나 지금까지는 백용성이 1926년 일본불교의 침투, 승려들의 파계 및 계율정신 문란으로 인해 야기된 이른바 '대처식육(帶妻食肉)'을 차단하기 위한 목적에서 일제 당국에 제출한 건백서를 주로 연구 대상화하였다. 그러나 근현대불교사를 거시적인 안목에서 살피면 백용성의 계율수호, 계맥, 전계 등에 대해서도 정리, 탐구할 내용이 적지 않다. 그럼에도 불구하고 지금껏 이 분야에 대한 한국불교학계, 조계종, 용성문도회 혹은 개별적인 계율학자 등 관련 단체와 개인 차원에서 어떠한 접근, 해석, 정리를 시도한 경우는 찾을 수 없었다.[2]

그렇다면 왜? 그러한 문제가 나오게 되었는가. 필자는 그것을 두 가지 관점에서 찾고자 한다. 우선 근현대불교사의 질곡의 과정을 지나면서 서서히 계율 이완 및 원융살림에 대한 피폐가 불교 현장에서 두드러지게 나온 것과 무관하지 않다고 본다. 즉 승가의 세속화, 불교 대중화를 추구하면서 부수적으로 나온 승려의 계율 무감각, 계정혜 삼학 균수라는 전통에서 교학과 참선 중심으로 수행 전통의 전환 등이 이를 촉진하게 하였다. 다음으로는 전자의 요인과 맞물려 나온 것이지만 현실적, 제도권 계단 체제의 정체성 미정립의 원인을 지적할 수 있다. 조계종단의 경우 승가 성립의 기본인 승려의 자격 부여 (傳戒, 受戒)를 관장하고 율장 및 계율에 대한 해석을 주관하는 계단 위원회(戒壇委員會)가[3] 있으며, 단일계단(單一戒壇)이 설립된 지 20

---

2) 최근 이지관의 『한국불교계율전통』(가산불교문화연구원, 2005)은 이 분야의 연구의 집대성, 자료 제공이라는 측면에서 주목할 성과물이다.

3) 계단법에서 정한 역할은 계단의 설치 및 통제, 계단의 운영과 관리, 수계식 거행,

여 년이 넘었다.4) 그러나 단일계단이5) 설립되기 이전에는 개별 사찰 단위[寺壇]로,6) 율사 중심으로 수계산림을 하여 승려를 배출하였다. 이렇게 과거의 개별적인 수계산림 체제에서 단일계단 체제로 전환되기까지 제도적인 토착화가 미흡하였다고 볼 수 있다.7) 과거에는 율사들이 개별 사찰의 계단을 주도하고, 그 율사들이 자신의 후

계단에 관련된 중요사항의 심의 의결, 율장 및 계율에 관한 자문 및 유권해석, 계단 및 계율에 관하여 계단위원회에 부의한 사항의 심의 의결 등이다.

4) 조계종은 1962년 8월 26일 戒壇法을 제정, 선포하였다. 그러나 단일계단은 1981년에 성립되었는데, 이에 대해서는 無觀이 『單一戒壇 二十年』(대한불교조계종 계단위원회, 2001)에 기고한 「단일계단 20년 약사」가 그에 대한 정보 및 내용을 전한다. 1962년에 제정된 계단법의 내용은 『제1대 중앙종회회의록』(대한불교조계종 중앙종회, 1999), 75~78쪽에 나온다.

5) 삼국, 고려시대에는 국가가 이를 관장하여 官壇으로 칭하였다.

6) 조계종, 통합종단이 등장한 1962년 당시 계단법에는 구족계의 해당 사찰로 통도사, 송광사, 법주사, 월정사를 정하고 보살계단 및 사미계단은 각 본사에 둔다고 규정하였다. 그런데 당시 종회의원인 김자운은 구족계 지정 사찰로 지정된 4대 사찰 중, 통도사만 계단 시설이 되어 있지만 여타 3사는 시설이 없다고 주장하면서 설비가 마련될 때까지 보류할 것을 제안하였는데, 이 제안이 통과되었다. 여기에서 의아스러운 것은 역사와 관행이 있는 범어사는 제외되고, 시설도 없는 사찰이 지정된 연유이다. 당시 종회 회의록에는 이에 대한 내용이 없다. 그리고 필자는 당시 그 기초작업을 한 전문위원이 누구인가를 파악치 못하였다. 1965년 1월 5일, 당시 범어사 조실이자 주지인 하동산은 이에 대한 이의를 담은 공문, 「계단법 개정에 관한 건의서 제출」을 종회의장에게 발송하였다.

7) 이에 대해서 무관은 "정화 초기 이후 80년대까지 해인사, 범어사, 통도사를 중심한 구족계 수계의식은 연 1회 내지 수년에 한 번씩 부정기적으로, 또는 각 본사에서도 몇 시간 안에 이루어지면서 미래의 한국불교를 짊어질 새로운 도제의 탄생을 성립시켰다. 그러나 이러한 수계의식도 그나마 일반신도를 중심으로 한 보살계에 더 큰 의미를 부여하고 비구계는 형식적으로 이루어졌다. 이는 율장에 근거한 수계의식이기는 했으나 결과적으로 율장에서도 밝힌 바와 같이 수계 후 5년간의 율장의 섭렵은 등한시되고 혹 강당에서 경전을 먼저 배우거나 선원에서 선수행에 치우치게 되었다. 이렇게 되다보니 비구와 비구니가 몸에 익혀야 할 내용이 무엇인지를 소홀히 여겨, 오직 깨달음만 목적이 되어 왔던 것이다. 이는 불법의 정신에도 맞지 않으며 선원의 청규에도 합당한 일은 아니었다."라 지적하였다. 위의 「단일계단 이십년약사」, 187쪽.

계 및 계승자를 지정, 선언하였지만[8] 이제는 종단 중심으로 전환되었다. 지금은 전통에서 새로운 질서로 안착이 되어 가는 과정에 있다. 그리고 계단위원회에서는 사미계, 사미니계, 비구계, 비구니계, 보살계 등을 주관하여 승려의 자격을 인정해주고 있다. 그러나 승단 및 승단구성원의 계율, 승풍, 승가의 화합 및 갈등에 관해서는 뚜렷한 업무 범위가 없는 형편이다. 선원, 강원(지방 승가대학)에 대해서는 지원, 논의 등이 상당하지만 율원에 대해서는 논란 자체가 미약한 것도 이러한 사정과 무관치 않다.

또한 과거의 개별 수계산림 체제에서는 일반 신도, 재가불자들의 보살계 산림도 병행하여 실시되었다. 그러나 지금의 종단의 운용의 틀에서는 재가자의 계산림, 재가자 보살계의 수수(授受)에 대해서는 거의 관심을 기울이지 않고 있다. 그리하여 현재는 율사, 혹은 율에 관심이 있는 승려들에 의해서 자의적으로 시행되고 있다. 이러한 관행, 현실에 대해서는 어떠한 대상에서도 이의를 제기하는 경우가 없다. 그러다 보니 율사의 자격, 계율의 내용 및 범위, 계맥의 정통성, 계단위원회의 정체성[9] 등에 대해 의아심을 제기하는 경우도 있다. 이러한 요인들이 중첩되면서 계율, 계율사상, 계단, 율원, 삼학균수 등에 관한 자체 정비가 미흡하였고, 그에 연관된 문화적 역량의 나약성이 노정되었다. 암울한 조선 후기 불교 상황, 일제 식민지하의

---

8) 현재에는 과거 전통을 계승하는 면도 있지만 조계종단의 경우에는 종단에서 계사 자격을 승납 20년 이상 된 청정지계인 승려, 법계가 대덕 이상, 법과 율에 정통한 대상자로 제시하였다.

9) 필자가 생각하는 것의 하나는 계단위원회의 자주성이다. 예컨대 종단 내의 계율에 대해서 문제를 제기할 경우를 제외하면 계단위원회가 계와 율에 대한 유권해석을 할 경우는 거의 없다. 달리 말하면 자주, 자생적으로 계단위원회가 교단 내부의 계율, 율장, 승풍에 관련된 것을 주도적으로 문제시할 경우가 거의 없다는 것이다.

계율 파괴, 불교정화의 와중에서 나온 반계율 정서, 불교 근현대화에 수반된 세속화 등을 고려하면 계율에 관한 문화적 파탄은 짐작하고도 남음이 있다 하겠다. 이러한 여러 측면이 백용성 계율 탐구에 부정성을 잉태하게 하였다.

필자는 이와 같은 문제의식을 갖고 있지만 백용성 계율사상과 그 계승에 대한 전모를 정리할 여건에 처해 있지는 않다.[10] 이에 본 고찰에서는 근현대 한국불교의 계맥 전수를 도해하여 제시하고, 그 중에서 백용성의 계맥과 계율사상의 전수자 및 계승자의 대상으로 칭할 수 있는 승려를 소개하는 선에서 머무르고자 한다. 그러면서도 그 해당 승려가 백용성의 계맥을 전수받았거나, 계승하였던 것을 계승의식으로 표현하여 역사적인 전후과정을 정리하려는 것이다.

우선 조선 후기, 개항기, 근현대기에 면면히 내려온 한국불교의 계맥(계법)을 제시한다. 지금껏 이에 대한 계통은 간혹 제시된 바가 있지만,[11] 객관적인 검증과 보편화는 미진하였다. 필자는 현재 율사로 활동하고 있는 쌍계사 회주인 오고산의 제안을[12] 근간으로 하고,

---

10) 본 고찰의 한계 및 문제점은 백용성의 계율사상에 대한 정리와 백용성의 계율과 관련된 성격과 의의 등을 우선하여 분석한 연후에 집필하는 것이 마땅하지만 그렇지 않은 것이다. 대각사상연구원이 주관하는 학술세미나에 참가하여 개별주제를 분담하여 발표하는 현실에서 나온 것이기에 양해하기 바란다. 즉 백용성 계율의 주제 발표는 동국대 한보광 교수가 담당하였다.

11) 퇴경, 「朝鮮의 律宗(朝鮮에서 自立한 宗派의 其三)」, 『불교』 56호(1929.2).
법홍 편역, 『戒律綱要』(우리출판사, 1994).
수진, 「묵담스님의 해동율맥을 중심으로」, 『수다라』 16, 2005.
퇴경은 이 글에서 조선의 율종을 9개의 계열로 구분하였다. 그리고 일본학자 水谷幸正은 『계율강요』에 기고한 「한국불교와 계율사상」에서 대은 낭오계, 백파 긍선계, 중국 전래계 등 3계파가 있었으나 그것이 후에는 서로 흡수 융합된다고 보았다. 그 융합의 대표적인 사례를 범어사 금강계단 동산(대은계와 중국 전래계의 통합)의 사례를 거론하였고, 해인사도 대은계와 중국 계열의 회광화상이 융화되어 참회법으로 행하여진다고 주장한다.

강백과 율사로 활동하고 있는 이지관의 해석을[13] 추가하여 이를 제
시한다.[14]

印廣

鐵牛 ── 眞目

性愚 ── 智雲, 慧能, 京性, 道觀

日陀

明星　　　　慧滿

仁弘　無觀 ─ 鏡岩

智冠 ─ 法慧

妙嚴　慧聰

淨行

慈雲 ─ 宗壽 ─ 宗眞 ─ 智曉, 圓昌, 暎都

古岩 ─ 光德 ─ 德明 ─ 興教

大隱 ─ 錦潭 ─ 草衣 ─ 梵海 ─ 禪谷 ─ 龍城 ─ 東山 ─ 錫岩 ─ 杲山 ─ 普光

霽山 ─ 南泉　東軒　　　　　竹菴

景霞 ─ 道圓　　　　一海

虎隱 ─ 錦海 ─ 曼庵 ─ 默潭 ─ 法弘 ─ 守眞

漢巖　　　　　　玄山

海曇 ─ 晦堂 ─ 月下 ─ 清霞 ─ 海南

晦應　　　　九山 ─ 普成

---

12) 필자는 2007년 1월 25일 부천 석왕사 방문시에 그 도해를 제공받았다.

13) 이지관, 『한국불교계율전통 ─ 韓國佛教戒法의 自主的傳承』(2005, 가산불교문화연
　　구원).

14) 그러나 이에 대한 문제점은 인정하고, 추후 보완하고자 한다. 그 대표적인 문제
　　는 조계종단의 외부에서 행해지는 것은 일체 다루지 못하였다.

<pre>
              南波   慧淨
昌濤漢波(淸)－萬下勝林－性月－一鳳－雲峰－永明－東山－錫庵－杲山－普光
              晦光   正樂
          震虛－大蓮   一陀   德旻
                              宗壽   無比
                          慈雲－智冠   智霞
                              性愚   禪庵
</pre>

　　이상과 같은 만하파(萬下派), 대은파(大隱派) 양파가 병존하는[15] 계맥의 도해에서 필자의 관심을 끄는 것은 백용성의 계맥이다. 백용성은 조선 후기인 순조 24년(1824)에 칠불암에서 서상수계(瑞祥受戒)한 대은율사의 맥을 이어 받았다. 그리고 그의 계맥은 동산, 고암, 자운, 동헌, 경하에게 전해졌다는 것이다. 이에 필자는 용성의 계맥을 전수, 계승한 동산, 고암, 자운의 행장 및 계율 계승의식을 정리하고자 한다.[16] 그런데 동산과 자운은 1892년(광서 18), 청으로 건너간 용연사(대구)의 만하 승림율사가 법원사 계단의 창도 한파 율사로부터 전수해 온 계맥도 함께 전승하였다. 만하는 귀국 후 1897년(광무 1), 통도사에서 수계법회를 개최하였는데 이로부터 각

---

15) 이지관은 만하파, 대은파의 양대 계맥 이외에도 禪雲寺 白坡亘璇파의 계맥이 있다고 하였다. 백파긍선은 서상수계를 한 대은보다 약 30년 전에 활동한 선교율에 정통한 승려라고 서술하였으며, 여기에서 박한영의 율맥이 나온 것으로 보았다. 위의 『한국불교계율전통』, 261~262쪽.

16) 동헌, 경하에 대한 최소한의 자료도 입수하지 못하여 이에 대해서는 후일을 기다릴 수밖에 없다. 해인사 용탑선원에 있는 용성대선사사리탑비명에 경하는 傳戒의 대상자로 나온다. 백경하는 해방직후 등장한 조선불교 혁신 준비위원회(조선불교혁신회) 및 교단의 고문으로 나온다. 졸고, 「8·15해방과 불교계의 동향」, 『한국근대불교의 현실인식』(민족사, 1998), 257쪽.

처로 계맥이 파급되었다. 이러한 대은파(大隱派)와 만하파(萬下派)가 근현대 한국불교의 계맥의 근간인 것이다.

이에 본 고찰에서는 백용성의 계맥을 계승, 인식한 백용성의 제자들의 행적과 계율인식을 요약하여 제시하고자 한다. 그러나 이 분야의 연구가 황무지와 같은 현실, 그리고 관련 자료가 절대 부족한 여건으로 인하여 소기의 성과를 기대하기는 지난한 실정이다. 다만 근현대 계율 분야의 연구의 초석을 놓는다는 심정임을 고백한다. 선학제현의 질정을 바란다.

2. 동산의 계율수호와 교단정화

하동산(1890~1965)은 백용성의 상수제자로 널리 알려졌다. 그리고 그는 1936년 11월 18일 백용성에게 직접 전계증을 받았기에 백용성 계율의 전수자로 우선적으로 손꼽혀 왔다. 이후 그는 계율수호에 대한 투철한 의식으로 1950년대의 불교정화운동의 최일선에 나서기도 하였다. 그 결과 그는 정화 공간에서 대한불교조계종의 종정을 역임하였다. 한편으로는 범어사 금강계단의 전계대화상(단주)으로 승려들의 구족계와 보살계뿐만 아니라 각처에서 재가자들의 보살계 산림을 주관한 율사의 역할을 다하였다.

그러면 이러한 초점을 갖고 하동산의 행장을 요약하고자 한다. 하동산은 충북 단양 출신으로 유년시절에는 향리에서 한학을 공부하고, 15세 이후에는 신식학문을 익혀 서울의 중동중학교와 의학전문학교를 졸업하였다. 그러나 23세 때인 1912년 가을에 인연에 의거 범어사로 입산하여 출가 득도의 길을 갔다. 당시 그의 출가 은사는 백용성이었는데, 이는 하동산의 고모부인 오세창과 백용성 간의 친밀성에서 나온 것이다.

범어사에서 출가한 그는 승려의 기본을 익힌 후에는 바로 선지식으로 이름을 떨치던 평안남도 맹산 우두암의 방한암을 찾아가서 교학과 선 공부를 하였다. 이후에는 범어사로 귀사하여 경전공부를 더욱 하였다. 그런데 1919년 3·1운동 당시 은사인 백용성이 민족대표 33인으로 활동함으로 인하여 서대문형무소에 수감이 되자 그는 백용성 옥바라지를 수행하였다. 백용성이 출옥한 1921년 봄, 이후에는 각처의 선원에서 참선수행에 나선다. 지금까지 익힌 교학의 바탕에서 사교입선하는 과정이었다. 그가 처음으로 발길을 향한 곳은 오대산 상원사였다.[17] 상원사에서 참선수행을 한 그는 그해 가을에는 건봉사로 갔다. 당시 건봉사에는 새로운 선회결사(禪會結社)가[18] 시작되었는데 그 책임자는 방한암이었다. 방한암은 그가 우두암으로 찾아가 배운 스승이었다. 그는 결사회의 서기를[19] 보면서, 1922년 봄까지 참선수행을 하였다.

건봉사 선회 이후에는 오대산 상원사, 속리산 복천암, 태백산 각화사에서 수행을 하였다. 1923년 봄에는 범어사로 귀사하였다가, 여름에는 함양 백운암에서 수행을 하였다. 1923년 가을, 겨울에는 은사인 백용성이 주석하였던 백양사 운문선원에서 전등록, 염송, 범망경, 사분율을 배웠다고 전해진다.[20] 1924년 여름부터 3년간은 직지

---

17) 『자비보살의 길』(불교영상, 1994), 376쪽. 이는 윤고암의 「雲水生涯」라는 글이다.

18) 이 결사에 대한 전후사정은 김호성의 「바가바드기타와 관련해서 본 한암의 念佛參禪無二論」, 『한암사상연구』 창간호(2006), 61~76쪽 참조.

19) 그가 서기를 보았다는 기록, 건봉사 선회의 「제1회 동안거 禪衆芳啣 幷 任員」은 『한암일발록』(1996, 한암문도회)의 36쪽에 나온다.

사에서 3년 결사를 하였다.[21] 3년 결사를 마친 그는 1927년 범어사 금어선원에서 하안거에 들어가 수행을 하던 도중인 7월 5일에 대나무숲에서 바람에 부딪치는 댓잎 소리를 듣고 초견성의 오도(悟道)를 하였다. 당시 그는 그것을 서래밀지(西來密旨)가 안전(眼前)에 명백하였다고 회고하였다.[22]

이후에는 선원의 조실로 근무하며 후학을 양성하고, 자신의 구경각을 향한 수행을 계속하였다. 즉 1929년 동안거(범어사 금어선원), 1930년 동안거(범어사 금어서원)시에 조실 소임을 보았으며,[23] 그리고 1932년에는 범어사 원효암에서 주석하며 지눌의 간화결의론, 원돈성불론을 보며 간경 수행을 하였다. 이렇게 그는 초견성 이후, 범어사 선원 조실의 소임을 살면서도 철저한 보임을 하였다. 이후 그는 1933년 동안거를 해인사 퇴설선원에서 지내며 조실의 소임을 맡았다.[24] 이때부터 1935년 3월까지는 해인사 퇴설선원에 있었다.

---

20) 문집에서는 이 시점을 1913년이라고 하였으나, 출가 직후에 이러한 공부를 했다는 것은 수긍키 어렵다. 그리고 백용성은 1913년에는 서울 임제종중앙포교당(선종포교당)에 주석하며 도회 선포교에 주력하였다. 『자비보살의 길』, 376쪽에서는 윤고암, 錦圃, 石庵 등 수좌 40여 명과 함께 운문암 선방에서 수행을 하였다고 한다.

21) 당시 수좌들의 조직체인 선학원의 선우공제회가 재정난, 노선의 혼미 등의 연유로 1924년 4월경에는 그 본부를 직지사로 옮겼다. 당시 직지사에는 서대암, 허일권, 김남전 등의 수좌가 주석하였다. 이렇게 수좌들이 모여들면서 자연적으로 3년결사에 이르렀을 가능성을 추론한다. 졸고, 「일제하 선학원의 운영과 성격」, 『한국근대불교사연구』(민족사, 1996), 111~117쪽. 한편 『선원총람』(조계종 교육원), 666쪽에서는 하동산이 윤고암 등과 함께 직지사에서 3년결사를 하였다고 기술하였다.

22) 이상은 『동산대종사문집』(1998) 연보에서 제시한 것을 요약함. 그런데 당시 금어선원의 하안거 수행자 대중 명단에 하동산의 이름은 전하지 않는다. 『근대선원 방함록』(조계종교육원, 2006), 321~322쪽 참조.

23) 위의 『근대선원 방함록』, 326~327쪽.

24) 『근대선원 방함록』, 88쪽.

1935년 3월, 선학원에서 개최된 수좌대회에 참가하였다. 그는 수좌대회의 사전 준비, 실무 등 대회의 실질적인 주체였다. 이 대회는 한국불교의 전통의 수호, 선풍 진작을 위해 1921년 11월에 설립된 선학원, 1922년 3월에 결성된 선우공제회의 전통을 계승하였다. 즉, 선학원은 1920년대 중반 일시적으로 후퇴하였으나 1930년에 가서는 재기하였다. 재기한 선학원은 선원과 수좌의 기반하에 선의 대중화를 기하고, 나아가서는 한국불교 정체성을 회복하기 위한 목적에서 선학원 재정 기반의 강화에 주력하였다. 그러한 결실이 구체화된 것이 1934년 12월, 재단법인 조선불교 선리참구원으로의 전환이었다. 이렇듯이 선학원을 재단법인체로 전환시킨 수좌들은 한국불교의 근본이 선종에 있음을 자각하고 당시의 불교 모순을 극복하기 위한 노력을 기울였는데, 그로 인해 1935년 3월의 전국수좌대회가 개최되었다. 1935년 3월 7~8일, 수좌대회를 주도한 수좌들은 선학원의 기반을 공고히 한 여력을 몰아서 전국 선원 및 수좌들의 조직체를 만들었다.

그 결과 조선불교선종(朝鮮佛教禪宗)이 창립되고, 선종 종무원도 설립되었다.[25] 당시 수좌들의 그러한 현실인식은 대회에서 제정, 통과된 종규(宗規)에 나온다. 그 대회에서 하동산은 재단법인 설립을 주도한 임시 발기회의 주도세력에[26] 의해서 법인 정관 시행세칙 기초위원 겸 수좌대회 준비위원으로 위촉을 받았다.[27] 수좌대회 준비

---

[25] 이는 대회 종료 후 수좌들이 발간한 『조선불교수좌대회록』에 나온다. 필자는 이를 입수하였고, 그것을 분석하는 글, 「조선불교선종과 수좌대회」(『불교근대화의 전개와 성격』, 조계종출판사, 2006)를 집필하였다.

[26] 그들은 송만공, 김남전, 김현경, 기석호, 윤서호, 변유심, 이탄옹, 김적음 등이었다. 이들은 1933년 3월 20일에 임시발기회를 선학원에서 개최하였다.

[27] 그 위촉은 범어사 출신인 기석호의 추천이 작용한 것으로 보인다. 위촉받은 대

위원들은 1935년 3월 3~4일, 준비위원회를 개최하여 대회를 준비하였다. 하동산은 준비위원회와 수좌대회에서 대회순서 작성위원 그리고 종규, 종정회 규칙, 종무원칙, 선회규칙, 선의원회 규칙 등의 기초위원, 그리고 의안 심사위원, 종규 및 제 규약의 낭독위원을 역임하였다. 그리고 대회에서는 선의원(禪議員), 순회포교사(巡廻布教師)에 선출되었다.[28] 이렇듯이 하동산은 선리참구원으로의 전환에 주도적으로 참여하였고, 수좌대회의 발기를 하지는 않았지만 대회의 준비위원회, 수좌대회에서는 핵심적인 주도자로서 역할을 하였다.

선종을 주도한 수좌, 동산의 정신은 종규 선서문의 이념에서 찾을 수 있다. 그 선서문에 나온 정신의 요체는 불교정화의 이념이다. 여래의 정법이 실끝 같은 금일이라고 한 것, 천하의 정법이 금일의 위기에 처하였다는 현실인식은 곧 불교의 근본이 무너지고 있음을 직시한 것이다. 여기에서 지적한 불교의 현실은 불교계에 대처승이 등장하고, 그로 인하여 사찰 및 불교의 원융살림이 방치되어, 상구보리 하화중생하는 승가의 근본이 팽개쳐진 것을 의미한다. 하동산은 그런 현실을 직시하고, 그것을 근원적으로 개혁할 주체로서의 수좌들의 재발심을 독촉하고, 이를 추동할 조직체인 선종과 종무원을 결성하였다고 볼 수 있다.

그러면 하동산이 어떤 계기로 이런 인식을 하였고, 왜 최일선에 서게 되었는가? 지금껏 필자가 제시한 바와 같이 하동산은 수행에만 주력하고 불교계에서의 구체적인 활동에는 거의 나서지 않았다. 그

상은 기석호, 정운봉, 황용음, 박대야, 박고봉, 김적음, 하용봉, 김일옹, 이탄옹, 김익곤 등이다.

28) 선종의 주요 간부 소임에는 종정은 신혜월, 송만공, 방한암이며 종무원장에 오성월, 부원장에 설석우, 서무부 이사 이올연(청담), 재무부 이사 정운봉, 교화부 이사 김적음이 선출되었다.

럼에도 1935년 수좌대회에 나선 요인은 은사인 백용성이 식민지불교를 극복하고 불교의 근원을 회복하려 한 결단과 무관할 수 없을 것이다. 그리고 그가 40대 초반에 범어사 선원의 조실을 역임한 수좌계의 중견 지도자였음도 배제할 수는 없다.

백용성은 1926년 5월, 9월 불교의 근본을 파괴하는 주범을 승려의 대처식육으로 보고 이를 차단하기 위한 노력을 하였다. 그는 총독부에 대처식육을 금지해달라고 건백서를 제출했다.[29] 당시 백용성은 뜻을 같이 하는 수좌 127명의 동의를 받아 대처식육을 금지시키든가, 아니면 무처승려와 유처승려를 구분하여 무처승려만이 수행할 수 있는 전용 본산의 할애를 요청하였다. 그러나 일제는 백용성의 요청을 거부하고, 오히려 대처승도 본사 주지에 취임할 수 있는 사법의 개정을 장려, 권유하였다. 그리하여 1926년 후반부터 대처승의 합법화, 가속화가 단행되었다. 이후 백용성은 대처승의 합법화를 수용하는 교단, 사찰재산을 팔아 버리는 승단과는 동거할 수 없다고 보고 독자적인 길로 나갔다. 그것이 대각교 창립이었다. 이에 백용성은 1927년에 대각교를 선언하고, 대각교 중앙본부 및 지부를 설립하고, 선농불교 및 선율을 겸행하는 불교를 실천하였다.[30] 이러한 백용성의 노선과 지향은 상좌였던 하동산에게도 강력한 영향을 주었다고 볼 수 있다.[31]

수좌대회에 참가하여 조선불교선종, 종무원을 출범시킴에 일조

---

29) 졸고, 「1926년 불교계의 대처식육론과 백용성의 건백서」, 『한국 근대불교의 현실인식』, 민족사, 1998.

30) 졸고, 「백용성의 불교개혁과 대각교운동」, 『새불교운동의 전개』, 도피안사, 2002, 286~291쪽.

31) 백용성의 건백서에 서명한 127명의 대상자에 하동산도 포함되었을 가능성이 있지만 기록의 부재로 이를 단언할 수는 없다.

를 한 하동산은 1935년 하안거를 설악산 봉정암에서 났고,[32] 그해 동안거는 범어사 금어선원으로 복귀하여 조실의 소임을 맡았다.[33] 1936년 동안거 때부터[34] 그의 은사인 백용성이 범어사 금어선원의 조실로 와 있었다.[35] 당시 용성은 그의 대각교 운동이 일제의 탄압을 받자 이를 피하기 위해 대각교 간판을 내리고, 대각교 재산을 정리하는 은둔의 자세를 견지하였다. 이에 1936년 7월 16일에는 해인사 측과 교섭하여 이전 수속을 하였다.[36] 그러나 이 약정은 파기되어 범어사와 재교섭을 하였다. 그 결과 대각교당의 기지와 건물, 화과원의 기지와 건물, 간도 용정의 교당·부동산 등 10만 원 상당 재산이 범어사에 제공되었다.[37] 이로써 1936년 11월 대각교 간판은 내려지고 대각교당도 범어사 경성포교소로 전환되었다.[38] 용성이 이렇게 범어사에 머물면서 대각교를 정리하던 그 무렵, 1936년 11월

---

32) 『문집』 행장, 369쪽.

33) 『근대불교 방함록』, 335쪽. 이때의 법명은 龍峰으로 나온다.

34) 『근대불교 방함록』, 337~338쪽. 용성은 1937년 하안거에도 범어사 금어선원에 있었다.

35) 『불교시보』 17호(1936.12.1), 6쪽, 인사소식, 「백용성선사 대본산 범어사 내원암 종주로 취임」. 『근대불교 방함록』, 337~338쪽에는 1936년 동안거, 1937년 하안거의 조실로 백용성으로 전한다.

36) 그 조건은 대각교의 동산, 부동산 등 일체 재산을 명의 변경하고, 용성과 용성의 제자 6인이 중심이 되어 포교소 운영과 자선사업을 계속해 가는 것이었다. 졸저, 『용성』(민족사, 1999), 230쪽. 『불교시보』 13호(1936.8.1), 7쪽, 「대각교당을 해인사경성포교소로 변경」.

37) 그 대신 범어사에서는 매월 초하루의 100원씩을 경성포교소에 지불하여 경비로 충당케 하였다. 『불교시보』 17호(1936.12.1), 6쪽, 「대각교당이 다시 대본산 범어사 경성포교소로 이전 수속」.

38) 그러나 얼마 후 백용성은 '조선불교선종 총림'이라는 간판을 갖고 독자적인 행보를 했다. 『불교시보』 42호(1939.1.1) 근하신년란에 경성부 봉익정 2 조선불교선종 총림이라고 나온다. 그리고 1939년 4월 18일에 나온 『지장보살본원경』에도 발행처가 경성부 봉익동 1번지 조선불교선종 총림 삼장역회라고 나온다.

18일 하동산은 백용성에게 계율을 전수받았다.

하동산은 백용성에게 전계증을 받기 이전, 즉 1936년 하안거를 태백산 정암사에서 났다가, 그해 동안거 때에는 해인사에 내려와 퇴설선원의 조실로 근무하였다.[39] 바로 그때에 하동산은 은사 백용성의 부름을 받아, 백용성이 지니고 있었던 계맥을 범어사에서 전수받았다. 당시 하동산에게 전한 그 전계증은 다음과 같다.

吾今所傳戒脉 朝鮮智異山 七佛禪院 大隱和尙 依梵網經 誓受諸佛淨戒 七日祈禱一道祥光 注于 大隱頂上 親受佛戒後 傳于錦潭律師 傳于梵海律師 傳于草衣律師 傳于禪谷律師 傳至于吾代 將次海東初祖所傳 張大敎網漉人天之魚寶印 以爲戒脉與正法眼藏正傳之信 慇懃付與東山慧日 汝善自護持 令不斷絶 與如來正法住世無窮

世尊應化 二九六三年 丙子 十一月 十八日

龍成 震鍾 爲證

東山慧日 受持[40]

이 전계증에 나오듯이 백용성은 그가 수지하였던 조선 후기의 자생적인 서상수계(瑞祥受戒)의 계맥, 자주적인 계맥을 하동산에게 전수하였다. 그 계맥의 전수는 『불교시보』에도 다음과 같이 나온다.

白龍城 禪師는 朝鮮佛敎 固有의 戒脈을 東山 慧日師의게로 傳하엿는대 그 由來한 禪師의 系統을 보면 아래와 갓다고 한다.

---

39) 이는 『문집』의 행장, 370쪽 참조. 그런데 현전하는 해인사 퇴설선원의 방함록에는 그의 이름이 전하지 않는다. 해인사에 주석하였지만 안거 수행에는 참가하지 않을 수도 있다.

40) 『문집』 370쪽. 이 자료의 원본은 현재 범어사 성보박물관에 소장되어 있다.

大隱和尙 錦潭和尙 梵海和尙 禪谷和尙 龍城和尙 東山和尙[41]

　　그러면 백용성은 자신의 계맥을 어떤 연유로 하동산에게 전하였
는가? 이에 대해서는 다양한 접근이 가능하다. 지금껏 그는 하동산
의 수행, 선지가 뛰어난 것에서 찾았다. 필자는 이를 1936년 초반부
터는 일제 탄압에 직면하면서, 자신의 삶의 총체성을 총정리한 백용
성의 결단의 일환으로 본다.

　　그런데 백용성은 1940년 음력 2월 24일에 입적하였다. 이후 하
동산은 1941년 하안거부터 해방되는 그날까지 줄곧 범어사 금어선
원의 조실로 주석하였다.[42] 하동산의 문도인 송백운의 회고에 의하
면 백용성이 입적하자 선수행을 치열하게 하여 마침내 깨쳤다고 한
다.[43] 이렇게 백용성 입적 이후 하동산이 깨친 시점은 정확하지는
않지만, 이는 일반적으로 말하는 구경각의 깨침으로 볼 수 있다.

　　하동산이 불교정화의 기치를 두 번째로 구현한 것은 1941년 2월
26일부터 10일간 선학원에서 개최된 유교법회(遺敎法會)에서의 설
법이었다. 이 대회는 일본 불교의 침투로 인하여 청정 승풍이 쇠약
해지는 것을 차단하면서 청정법맥을 진작시키기 위한 목적에서 개
최되었다. 하동산은 당시 그 법회에 참가하였다.

---

41) 『불교시보』 18호(1937.1.1), 13쪽, 「朝鮮佛敎의 戒脈直傳과 白禪師의 傳戒」.

42) 이에 대한 근거는 『근대불교 방함록』의 범어사 해당 연도 편에 구체적으로 전
　　한다.

43) 송백운은 필자에게 "용성스님이 열반을 하시니 용성스님이 살아 계실 적에 깨
　　쳐야 하는데 그리 못한 것이 평생의 한이라고 생각하고는 용맹정진을 하였더니
　　금방 깨쳤다고 하였습니다. 그래서 이렇게 쉬운 것을 진작 철저하게 하지 못한
　　것을 아쉬워 하였답니다"고 증언하였다.

去 이월 이십육일부터 십일간 府內 안국정 禪學院에서는 雲水衲僧 古德諸師의 遺敎法會를 열고 박한영, 송만공, 채서응, 김상월, 하동산 제선사의 범망경, 유교경, 조계종지에 대한 설법이 잇섯다고 한다.44)

당시 그 법회에는 운수납자 40여 명이 참가하였는데 대표급 수좌들이 설법을 하고, 대회 종료 후에는 수좌대회를 열고, 기념사업으로 비구승 중심의 범행단(梵行團)을 조직하여 선학과 계율의 종지를 선양하기 위한 노력을 기울였다. 그리고 수좌들은 제2회 조선불교선종 정기선회를 개최함과 동시에 선리참구원의 이사회와 평의원회도 열었다.45) 당시 대회에 참가한 하동산이 설법한 주제는 전하지 않는다.

하동산은 1941년 9월에는 『용성선사어록』을 발간하였다. 이 어록의 동산 발문을 보면 동산이 백용성의 상수제자이면서 백용성의 법을 계승하려는 의식이 충만하였음을 알 수 있다. 이렇듯이 하동산은 백용성의 법과 정신을 계승, 구현을 불교정화로 하겠다는 의식을 갖고 있었다. 한편 그는 1943년에는 범어사 금강계단의 단주(壇主)로 취임하였다. 즉 그는 범어사 계단의 전계대화상(傳戒大和尙)이 되었다.

1892년(고종 29), 대구 용연사의 만하(萬下, 勝林)는 계법 중흥을 위해 중국 북경의 법원사(法源寺)의 황성계단(皇城戒壇)에 가서 대소승계를 받아왔다. 그리고 1897년에는 통도사 금강계단에서 통도사 서해담(徐海曇), 범어사의 오성월(吳惺月) 등에게 전수하였다. 이에 범어사에서는 1904년부터 금강계단을 만들어 사미계, 사미니

---

44) 『불교시보』 69호(1941.4.15), 「선학원의 유교법회」.
45) 『불교시보』 69호, 「재단법인 선리참구원의 이사회급평의원회」.

계, 비구계, 비구니계, 보살계 등을 승려 및 재가자에게 전수해 왔다. 그 계맥은 오성월, 경념, 정운봉, 영명으로 이어져 왔는데 이제는 그 맥이 하동산에게로 전해진 것이다. 이로써 하동산은 조선의 자생적인 계맥과 함께 중국에서 유입된 계맥까지[46] 겸수하여 그 위상이 더욱 올라갔다.

지금껏 살핀 바와 같이 하동산은 경학 공부, 참선수행을 한 후 범어사, 해인사에서 조실로 활동하였다. 그리고 그는 1935년 수좌대회와 1941년 유교법회에서 선종 창건, 종무원 설립, 선풍 진작, 계율 수호, 전통불교 수호의 견인차 역할을 하였다. 이는 당시 수좌계에서 지도자 반열에 서 있었음을 말한다. 그리고 1936년에는 백용성의 계맥을 계승하고, 1943년에는 범어사 금강계단의 단주로 취임하였다. 이러한 계맥의 계승은 그가 계율수호라는 더욱 구체적인 책임을 갖게 되었음을 말한다. 이는 자연스럽게 전통불교 수호, 식민지불교의 극복을 통한 불교정화라는 노선을 가게 되었다고 볼 수 있는 단서이다. 하동산은 일제하의 불교에서도 불교정화와는 불가분의 관계에 처하여 있었다.

1945년 8·15 해방 이후 하동산은 범어사 선방에 주석하면서 당시 불교의 문제점을 직시하고 있었다. 그 문제는 1950년 한국전쟁으로 전국의 수좌들이 범어사로 몰려들면서 대두된 수좌계 존립이었다. 요컨대 수좌들의 수행공간의 부족, 수좌의 생존 문제 등이 바로 그것이다. 이 문제는 마침 범어사를 방문한 이승만 박사에게도 전달되었다. 그러나 그 건의는 종단 집행부인 대처승들에게 전해져, 오히려 하동산과 범어사에서 수행중인 수좌들이 곤욕을 치르는 것으

---

46) 이지관, 『한국불교계율전통』(가산불교문화연구원, 2006), 253~262쪽.

로 비화되었다. 이에 하동산은 이런 수모를 겪으면서 자연 불교정화의 필요성을 절감케 되었다. 이에 하동산은 불교정화가 1954년 5월에 발발하자 자연 그 운동의 지도자로 부상하였다. 당시 그는 '빈주(賓主)'가 전도된 것[47]을 바로 잡아야 한다면서 정화의 필요성을 강력 주문하였다.

그 결과 그는 정화공간에서 종정으로 추대되고, 정화운동의 실질적인 지도자로 활동하였다. 이러한 그의 행보는 백용성에게서 전수한 계맥, 계승한 계율사상을 적극 실천하는 성격을 갖는 것이었다. 그의 시좌였던 송백운에 의하면, 그가 불교정화에 나선 것은 은사인 백용성이 대각교를 세워 불교의 근본을 수호하려고 한 것과 같은 것으로 발언하였다는 것에서 그의 계승의식이 투철하였음은 분명하다. 당시 그는 불교정화가 성공치 못하면 백용성과 같이 교단을 이탈하여 대각교를 다시 세우겠다는 다짐을 하였다고 한다. 다행히도 그가 의도한 불교정화는 외형적으로 성공하여 오늘날의 조계종단을 재건하였다.

그리고 그는 범어사 계단의 역사와 전통에 대한 강한 자부심을 갖고 있었다. 이는 그가 범어사 출신이라는 점, 범어사의 조실과 금강계단의 전계사를 장기간 역임한 것, 범어사에서 용성의 계맥을 전수받았던 측면에서 나온 것으로 보인다. 그는 조계종의 종정을 두 차례 역임하고, 통합종단이 1962년 4월에 출범한 직후에는 범어사로 내려와 있었다. 그런데 당시 계단법에는 구족계 사찰의 대상 사찰에서 범어사는 제외되고 통도사, 월정사, 송광사, 법주사는 포함되

---

47) 1954년 8월 24~25일, 선학원에서 개최된 전국비구승대표자대회에서 그는 이렇게 발언하였다. 이 대회에 대한 전모는 졸고, 「전국 비구승대표자대회의 시말」, 『근현대불교의 재조명』, 민족사, 2000 참조.

었다. 이 계단법이 통과될 때에도 통도사만 운용이 되고 여타 사찰은 실제 여건이 부재하였다. 이에 하동산은 범어사 금강계단을 구족계 전수 대상처로 공인되어야 함을 종단에 정식으로 문제 제기를 하였다. 그는 공문으로 종단에 문제 제기를 하였다. 그 공문에 첨부된 '건의서'의 주요 내용을 제시한다.[48)

1. 취지

新宗團 수립 후 종단 내외는 급속한 발전을 지향하여 커다란 전진을 이룩하였습니다. 특히 신종단이 새로운 이념을 구체화하는데 있어 어디까지나 佛陀의 垂訓과 전통을 토대로 하고 그 위에 현실적인 기술을 고려하는 것이 宗政의 기본 방침이었습니다. 그럼으로써 종단 질서는 급속히 현실적 안정을 이룩하였고 미래의 급속한 발전이 약속된 것입니다. 그러나 이러한 종정 기본방책을 구현함에 있어 종단 수립초기에 종단 조직의 시급성이라는 시간적 압력 사정이 불행히도 전통과 실정과 지방적 관행을 충분히 조사하지 못하고 이에 위배되는 종법을 제정함으로써

① 그러한 종법 조항은 실행되지 못하는 명분뿐인 死文이 되었고
② 현실은 현실대로 전통을 계승하여 실천되어 갔으며
③ 따라서 종법의 해당 조항은 사실상 휴지화되어 종법의 권위는

---

48) 이 공문(佛梵制1號, 1965.1.5)은 조계종단 종회 사무처에 보관되어 있다. 필자가 『사진으로 본 통합종단 40년사』(대한불교조계종, 2002)의 기획, 편집작업을 하면서 종회 자료를 열람하였던 수년전 이 자료를 발견하고, 이를 복사하여 보관하고 있다. 이 공문의 수신은 중앙종회 의장이고, 제목은 「戒壇法 改定에 關한 建議書 提供」이다. 공문에 첨부한 건의서는 1964년 12월 25일에 범어사 주지인 하동산이 작성한 것으로 '自添'이라고 되어 있다. 건의서는 미농지 3매인데 도입부, 중간, 후반부 등에 하동산의 인장이 찍혀 있다. 그런데 건의서는 '大韓佛敎曹溪宗 宗正 李曉峰 大和尙 猊下'에게 보내는 형식을 취하였다. 건의서의 일부 문장은 현대 어법으로 필자가 수정, 보완하였다.

低下하였으며

④ 이에 대한 종단적인 無規制 상태는 종단의 전체적인 발전에 不利를 제공하고 있는 것입니다.

그것은 다름이 아니고 현 戒壇法이 한국의 장구한 傳統과 確定되어 있는 관행을 위배하여 梵魚寺 戒壇의 기능을 無視(制限)하고 있는 것을 지적하고자 하는 바입니다. 누구나 다 아는 바와 같이 범어사 계단은 국운이 극도로 쇠잔하고 宗風이 여지없이 타락되었던 舊 韓國末 종풍의 重闡과 국운의 재흥을 목표로 禪院의 개설에 이어 1901년 金剛戒壇을 개설하였던 것입니다. 그 후 왕조의 몰락, 국가의 병합, 민족의 수난, 종풍의 혼란, 조국의 광복, 해방 후의 사회변동 이루 말할 수 없는 대혼란의 소용돌이 속에서도 단 一回도 欠함이 없이 계속 계단을 개설하고 比丘戒 菩薩戒를 設하여 현재까지 六四개 星霜의 전통을 쌓았으며 한국불교의 모체를 배양하는 결정적 역할을 수행하여 왔던 것입니다. 64개 성상의 전통과 한국불교의 모체를 담당하여 온 우리 불교의 가장 영예로운 역사적 사실을 무시하는 종법이 종단에 어떠한 이익을 주겠습니까.

이익은 고사하고 그 현실을 보겠습니다. 누구나 다 아시다시피 적어도 계단법의 同條항마저도 실시되지 못하였던 것은 너무나 당연합니다. 그러면 계단법 실시 前은 且置하고 실시 후에 있어 과연 비구계는 어느 곳에서 設하였습니까. 종법은 四개처에서 비구계를 설할 것을 규정하고 있으나 실지는 單 한곳도 설하지는 않았고 오직 범어사에서만이 계속 설하여 왔던 것입니다. 그것은 아무도 어쩔 수 없는 필연의 귀결이었습니다. 그런데도 종법은 공허한 조문만을 규정하여 놓고 한국불교의 영예로운 전통과 역사적인 현실을 계속 무시하고 그 단절을 기도하여야 하겠습니까. 이러한 모순과 비리와 불리와 비현실과 종풍에 대한 파괴적인 악조항은 단연 개정되어야 하겠습니다.

2. 건의 요지

현행 계단법이 비구계단의 설치를 한정하되 유사 이래 한국 유일의 영예로운 64회 개설 전통을 가진 범어사 계단을 여기에서 제외함으로써 결과적으로 한국불교가 가지는 영예로운 전통의 단절을 齎來하고 있으며 따라서 종단의 혼란은 조장되고 발전은 장애되고 있습니다. 그러므로 동법의 동 조항은 제정 후 지금껏 시행되지 않고 있으며 국내에서 범어사 계단만이 계속 비구계를 설하고 있습니다.

그러므로 이러한 전통과 현실을 참작하여 다음과 같이 계단법을 개정하심을 건의하는 바입니다.

戒壇法 第七條 一項을 다음과 같이 改定한다.

第七條(戒壇의 位置) 구족계 계단은 월정사, 법주사, 통도사, 범어사, 송광사에 두고 사미계단과 보살계단은 각 본사에 둔다.

이렇게 그는 범어사 계단의 역사와 전통에 대한 자부심을 제시하고, 62년 통합종단의 계단법에서 범어사가 제외된 것을 준열하게 비판하였다. 그래서 범어사가 마땅히 구족계 계단의 대상 사찰에 포함되는 종법인 계단법이 개정되어야 한다고 요청하였다.[49] 이렇게 범어사 계단을 한국불교의 중심으로 인식하고 그 역사를 계승하려는 의식은 백용성 계율사상 계승의식의 범주에 포함시켜도 무방할 것으로 본다.

지금껏 살펴본 바와 같이 그의 용성 계승의식은 주로 교단 차원에서 토착화되었다. 수좌대회, 유교법회, 정화운동, 범어사 계단 계승의 노력 등이 바로 그것이었다.

---

49) 그런데 이러한 건의에 대한 종단 차원의 후속 조처는 알 수 없다. 그리고 그는 그 건의를 하고 수개월 후인 음력으로 3월 23일(양력 4월 24일)에 입적하였다.

3. 윤고암의 지계정신과 승단정화

윤고암(1899~1988)은 조계종의 종정을 1960~70년대에 세 차례나 역임하였다. 그리고 그는 일평생 자비보살, 청정율사라는 호칭을 받았는데,[50] 여기에서 그의 계율정신의 성격을 단적으로 파악할 수 있다. 그가 이러한 호칭을 받은 것은 그 자신의 철저한 수행의 산물이기도 하지만 거기에는 은연중 자신의 법사인 백용성에게서 전수한 지계정신, 계맥의 전통이 구현되었다고 필자는 보고자 한다. 그는 범어사 금강계단의 전계사를 역임하였으며,[51] 조계종 제2회 단일계단(제1회 구족계, 제2회 사미 사미니계 수계산림)의 전계대화상도 역임하였다.[52] 그리고 전국 각처의 보살계 법회에 참석하여 재가신도의 올곧은 수행을 추동하였다. 이러한 배경에서 그의 행장, 수행이력, 그리고 계율과 연관된 불교정화정신의 요체를 추출하고자 한다.

윤고암은 경기도 파주군 적성면 식현리 출신이다. 그는 유년시절에는 서당에서 한문을 수학하고, 적성공립보통학교를 졸업하였다. 그런데 17세 되던 해의 여름, 우연히 걸승을 만나 도봉산 회룡사에 머물렀다. 회룡사에서 나온 그는 서울로 오다가 화계사에서 승려들이 염불하는 것에 매료되어 수개월 동안 체재하였다. 그러나 그는

---

50) 조오현, 「자비보살의 무소유 실천, 古庵스님」, 『현대 고승인물 평전』(불교영상, 1994), 106~107쪽.

51) 범어사의 금강계단 호계첩문에는 동산으로부터 전계를 받았고, 고암은 석암에게, 석암은 다시 고암에게, 고암은 자운에게, 자운은 광덕에게 전한 것으로 기재하고 있다. 『한국불교계율전통』, 165쪽, 255쪽. 그런데 이에 대한 근거는 파악하기 힘들다.

52) 『단일계단 20년』, 193쪽의 「임원명단」. 그 산림은 1981년 10월 30일~11월 6일에 해인사에서 개최되었다.

화계사, 삼성암에 있는 것이 답답하여 서울 근처로 내려와서 각 사찰을 순회하다가, 백용성을 만나게 된다. 당시 백용성은 깨침 이후 1911년부터는 서울로 올라와 포교활동을 하고 있었다. 처음에는 신도집에서[53] 선포교 활동을 하다가, 1912년부터는 3년간 임제종중앙포교당의 개교사장(開教師長)으로 있었다. 그러나 그 포교당이 일제의 외압으로 어려움을 겪게 되자 1914년부터는 종로의 장사동에서[54] 독자적인 포교활동을 하였는데, 당시 내건 간판은 선종임제파강구소(禪宗臨濟派講究所)였다.[55] 바로 이때 고암은 백용성을 만나게 된다. 고암이 회고한 정황은 다음과 같다.

그 後, 東大門 밖에 있는 말집에 있으면서 가끔 近處의 절 구경을 하던 中, 十八才되는 가을, 市內 寺洞을 지나가는데 사람들이 布教堂이라 일러주는 작은 절에 臨濟宗 간판이 나붙었고 사람들이 많이 모여 있었다. 들어가 보니 뚱뚱하고 厚德한 스님 한 분이 부처님 말씀을 하신다.(註, 이 스님이 師의 스승이신 白龍成大宗師) 속으로 나도 저리 공부를 해봤으면 하고 흠모했지만 그날은 돌아오고, 間或 生覺이 나면 몇 달만에 한번씩 찾아가서 말씀을 듣다가, 十九才되는 여름엔 每日 가서 듣는데, 禪師 말씀이, 金剛經 法門이라 한다.

---

53) 가회동 211번지인데, 이곳은 1913년 6월 백용성이 간행한 『귀원정종』의 저자 겸 발행자(백용성)의 주소로 나온다. 한보광은 이를 백용성이 상경 초기에 머물렀다는 강영균의 집으로 추정한다. 그러나 1911년에는 姜氏家에 있었는데 이 강씨가의 주소는 현재 단정키 어려우며, 가회동 211번지 康永均의 집은 임제종 중앙포교당에서 나온 직후에 머물던 곳이 아닌가 한다.

54) 이곳은 서울 종로 3가 종묘 앞, 세운상가가 시작되는 동네이다.

55) 『매일신보』 1915.5.14, 「선종임제파강구소」. 그런데 일본 학자(村山智順)가 정리한 『조선의 유사종교』(1936)의 대각교 편에서는 백용성이 건설한 선종포교당은 1914년이라고 소개하였다.

한번은 질문을 했다. "金剛經 말씀이 모두 비여 空했다. 모든 형상이 꿈과 같다 하니 이는 어찌 함입니까?" 禪師께서 잠깐 있다가(良久) "金剛般若다" 하고 靑天霹靂같은 한마디를 던진다. 큰소리에 깜짝 놀라 電氣를 만진 듯 퍼뜩 새 精神이 돌아왔다.

그 後부터는 극진히 禮拜하고 俗人으로 있어도 法師스님으로 모실 것이며, 僧이 되어도 法師스님으로 모실 것이라고 맘 속으로 깊이 다짐했다. 그 卽時 스님을 따라 望月寺에 가서 있다가 얼마 후 海印寺로 내려왔다.56)

이 회고는 윤고암과 백용성의 운명적인 만남을 전해준다. 해인사로 온 고암은 당시 해인사에 있던 선사인 김제산을 은사로 하여 정식 출가를 단행하였다.57) 출가한 그는 해인사강원에서 사미과정을 배우고, 김제산이 직지사로 가게 되자 그도 동행하여 운수의 길을 떠났다. 그는 개성 화장사에서 안거 수행을 하였으나, 1919년 3·1운동이 일어나자 1개월간 대중들과 함께 만세운동을 하였다.

그러나 일제의 탄압이 시작되자, 그는 걸망을 지고 강원도를 거쳐, 석왕사에 가서 수개월간 체류하였다. 그는 금강산의 신계사 보운암, 건봉사 보제암, 유점사, 마하연, 표훈사, 신흥사, 불영사, 고운사, 파계사, 동화사, 은해사, 통도사 보광전, 서울 정동 포교당,58) 보

---

56) 「雲水生涯」, 『자비보살의 길』(불교영상, 1990), 371쪽. 윤고암의 행장, 이력은 기본적으로 이 자료를 참고하였다. 특별한 경우가 아니면 이에 근거하였음을 밝힌다.

57) 당시 제산은 고암의 내력을 듣고서는 백용성을 은사로 하여 출가할 것을 권유하였다. 백용성을 법사로 정했다는 고암의 고백을 들은 제산은 자신이 은사되는 것을 허락하였다.

58) 이 포교당은 해인사 주지를 역임한 이회광이 세운 포교당으로 고암은 海門禪師를 조실로 초빙하여 禪室을 낸다기에 해문선사를 시봉하기 위해 따라갔다고 하

606

개산 등지에서 경학을 배우고 참선을 익히며 각처를 만행하였다.

이러한 만행을 하던 그 무렵 선학원이 창건되고, 전국 수좌들의 자생적인 조직체인 선우공제회가 결성되었으니 그때는 1922년 3월 30일~4월 1일이었다. 당시 윤고암은 선우공제회의 창립총회에 윤상언(尹祥彦)의 법명으로 참가하였음을 알 수 있다.[59] 당시 윤고암의 참여 내용을 보면 다음과 같다.

　覺皇寺에서는 全國僧侶大會를 數日間 하는데(우리 佛敎를 日本佛敎에 예속시키려는 大會) 한편 선학원에서는 全國 首座가 모여 禪友共濟會를 조직했다.(禪宗行客 衲子로는 이것이 첫모임이다. 수년 후 禪理參究院이라 改稱하고 財團法人이 되었으니 至今의 禪學院 財團法人이 그것이다)
　나는 당시 共濟會 五臺山 上院寺支部 設定員으로 策定되어 五臺山에 들어갔다. 上院寺에는 河東山스님이 계셔서, 禪師를 모시고 共濟會支部 禪院을 設定했다. 坐禪도 하고 寂滅寶宮에 들어가 기도도 하며, 四敎도 보다가, 八 九月頃에 五臺山을 내려와 葛來舍利塔을 參拜하고, 八公山 大乘寺로 갔다.[60]

이렇게 그는 선학원, 선우공제회의 핵심 수좌로 활동하였다. 선학원은 일제불교 침투에 의해 불교의 근본, 한국불교의 정체성이 상실되는 것을 차단하기 위해 등장하였기에 자연적으로 일제불교에

---

59) 졸고, 「일제하 선학원의 운영과 성격」, 『한국근대불교사연구』, 민족사, 1996, 106쪽. 당시 창립총회에 참석한 대상자는 송만공, 오성월, 백학명, 이해산을 비롯한 35명이었다.
60) 앞의 「운수생애」, 376쪽.

저항, 민족불교 지향의 뜻이 담겨 있다. 달리 말하면 철저한 수행, 계율수호에 대한 원력이 개재되었는바, 바로 윤고암이 그 중심에 있었음은 그의 지계정신이 수좌시절부터 견고하였음을 파악케 한다.

1922년 4월 8일, 해인사에서 백용성에게 구족계 및 보살계를 수지하였다.[61] 그 후 그는 상원사로 들어가 상원사를 선학원 지부 선원으로 책정을 하는 주역으로 활동하고, 상원사에서 수행하였다. 상원사에서 나온 그는 대승사로 갔는데, 그 이후에는 김용사, 용문사, 명봉사를 거쳐 직지사로 들어가 김제산을 시봉하며 수행하였다. 직지사에서 나와서는 해인사로 가서 다시 사교를 보다가, 정혜사로 가서는 만공의 회상에서 좌선수행을 하였다. 정혜사에서 나와 백용성이 창건한 사찰인 대각교당에서 사교를 보다가 백양사의 운문암을 백용성에게 제공한다고 하여 윤고암은 운문암에 가서 철저한 수행을 하였다. 그리고 1925년부터 백용성이 망월사에서 시도한 만일참선결사회(萬日參禪結社會)에도 참여하였다.[62] 이 정황도 아래의 윤고암의 회고가 참고된다.

白羊寺에서 黃一球氏의 紹介로 雲門庵을 龍成스님께 드린다기에 禪房을 차리기로 合議하고 나는 그 先發隊로 雲門庵에 내려가서 三冬에 四, 五十名 衲子가 勇猛精進했다. 龍成大宗師 主宰下에 河東山, 石庵 錦圃 等의 善知識과 같이 지냈다. 二十六才 되는 甲子年(필자주, 1924)에도 그곳에서 默言精進했다. 그해 여름을 나고는 운문암을 떠나 直指寺에 가서 坐禪했다. (중략)

때에(필자주, 1925) 龍成大宗師께서 年前 智異山 七佛에서 組織한

---

61) 이는 『자비보살의 길』의 「고암대종사 연보」에 의거한 것이다.
62) 고암은 결사 참가동기를 소문을 듣고 참석하였다고 하였다.

萬日禪會參禪結社를 望月寺에서 冬節부터 계속한다기에 서울로 올라가니 五, 六十名 衲子가 모여 있다. 薛石友和尙으로 首座를 定하고 鄭雲峰和尙으로 立繩을 定하여 純一하게 精進했다. 全大衆이 午後不食, 默言하고 아침 供養은 죽과 찬 두가지, 巳時에는 齋供을 올리고 찬 세 가지로 겨울을 났다. 丙寅年(필자주, 1926)에는 二八才라, 여름에 萬日禪會를 千聖山 內院寺로 옮기게 되어, 四, 五十名 大衆이 精進하는데 나는 默言 정진 하였다.[63]

위의 내용, 즉 운문암의 수행과 망월사 결사회 동참 등은 모두 백용성이 주관한 것이었는데, 이는 윤고암이 백용성의 수행정신을 철저하게 체득하였음을 말하는 단서이다. 그런데 만일참선결사회(萬日參禪結社會)는 활구참선을 견지하면서 견성성불, 광도중생을 결사의 목적으로 내세웠지만 그 수행의 방법은 오후불식(午後不食), 동구불출(洞口不出), 평시묵언(平時默言)이었다.[64] 그리고 결사회는 선율(禪律)을 병행하는 규칙을 근간으로 하였기에[65] 계율수호정신과[66] 무관할 수 없었다.[67] 이러한 원칙을 고암은 분명하게 지키며 참선수행을 하였다. 이러한 측면은 위에서 살핀 선학원 정신뿐만 아니라

---

63) 앞의 「운수생애」, 377쪽.

64) 『불교』 15호(1925.9), 「결사회 규칙, 입회자 주의사항」.

65) 『용성선사어록』의 「萬日參禪結社會 創立記」.

66) 범망경과 사분율을 준수하려고 결심한 자, 범행이 청정한 자로 입방 자격을 제시하고 半月마다 大小僧律을 설하는 것을 원칙으로 정하였다. 졸고, 「백용성의 불교개혁과 대각교운동」, 『새불교운동의 전개』(도피안사, 2000), 267~270쪽 참조.

67) 1925년 당시 백용성은 망월사에서 율풍 진작을 위해 옥석으로 호계판을 만들어 1925년 10월 15일, 해인사에서 금강계단 수계법회를 개최하였다. 이때 사용한 호계첩판이 해인사 성보박물관에 보존되어 있다. 이지관, 『한국불교계율전통』, 190쪽 및 졸저, 『용성』(민족사, 1999), 153쪽 참조.

윤고암 그의 불교수행 및 사상에는 백용성의 정신이 견고하게 각인되었다고 볼 수 있는 결정적인 단서가 아닌가 한다.

그러면 백용성의 정신은 무엇인가? 이는 다각적으로 접근해야 하겠지만 그중의 하나는 계율수호임은 분명하다. 백용성은 1926년 승려의 결혼이라는 파계를 차단하기 위한 고육지책으로 일제 당국에 두 차례의 건백서를 제출하였다. 당시 그는 각처의 수좌 127명의 동의, 연서를 받아 그것을 제출하였다. 필자는 추정하건대 그 수좌에는 윤고암도 포함되었을 것으로 추정한다. 1923년부터 1926년까지 백용성의 회상에서 수행을 철저히 견지한 윤고암이 그 건백서 서명에 누락되었을 가능성은 거의 없다고 보기 때문이다. 백용성이 건백서를 제출한 시점은 1926년 5월과 9월이었는데, 당시 윤고암은 백용성과 함께 통도사 내원암에서[68] 수행을 하였기에 당시 망월사 결사의 동참 대중, 그리고 내원암에 수행하였던 수좌 40여 명은 대부분 결사회의 회주인 백용성의 결단에 동참하였다고 보는 것이 순리일 것이다.

이렇게 백용성의 수행정신, 계율정신에 의거 각처에서 수행을 하던 그는 1938년(속납, 40세) 백용성이 머물던 천성선원(千聖禪院)으로 발길을 옮겼다. 1938년 5월 8일, 그는 그가 평생을 법사로 모시겠다고 다짐한 백용성에게 그가 공부한 법의 실체를 내놓았다. 이에 대해 용성은 고암을 '만고풍월(萬古風月)'이라고 표현하면서 "佛祖元不會, 掉頭吾不知, 雲門胡餠團, 鎭州羅蔔長"이라는[69] 전법게를 내렸다.

---

68) 망월사에서 결사가 시작되었지만 망월사 산림의 나무를 연료로 이용하였는데, 그 산판이 보안림으로 인해서 이전한 것이다.

69) 이 내용은 "부처와 조사도 원래 알지 못하고, 머리를 흔들며 나도 또한 알지 못하며, 운문의 떡은 둥글고, 진주의 무는 길기도 하네"이다.

이로써 그는 계정혜 삼학을 균수하면서 처절한 수행을 한 것을 백용성에게 인가받았다.

법 인가를 받은 이후에도 윤고암은 해인사, 백련사, 표훈사, 직지사 등에서 수행을 지속하였다. 그 후 그의 백용성 계율 계승 및 불교정화와 관련하여 주목할 것은 1941년 3월초 선학원에서 개최된 고승유교법회의 참가이다.[70] 그는 그 법회에 단순 참가하였지만, 예사롭게 넘어갈 측면은 아니다. 즉 그는 예전 선우공제회 창설의 주역이며, 선우공제회의 일선 활동, 만일참선결사회 등에서 일관되게 참선수행, 계율수지를 견지하였다. 이러한 일관성에서 볼 때 그가 유교법회에 청정한 수좌로 참가함은 당연한 행보라 하겠다. 이처럼 그는 일제하의 불교에서 올곧은 선수행을 하면서 백용성의 계율사상의 계승에 일정한 역할을 하였다.

8·15해방이 되고, 1954년부터 불교정화운동이 수좌 및 비구승단 차원에서 본격화되었지만 고암의 행보는 이 노선과는 일정한 차별성이 있었다. 그는 1945년 10월, 나주의 다보선원장[71]에 취임하였고, 각처에서 초청한 보살계법회에 참가한 것이 그의 행보였다. 고암, 그의 불교정화 기간의 행적은 1958년 직지사 주지 그리고 다보사 선원, 연화사, 성주사, 제주포교당, 용탑선원, 범어사 등의 조실을 역임하였을 뿐이다. 그 후 그의 공식적, 종단적인 소임은 1967년 종정으로의 취임에서 찾아진다. 그리고 1967년부터 1988년까지는 범어사 금강계단 전계사로 활동하였다.[72] 특히 범어사 계단의 전계사

---

70) 앞의 『선우도량』과 같음.

71) 이 회상에는 만암, 인곡 등 다수 수좌들이 수행하였다.

72) 이상은 『자비보살의 길』의 「고암대종사 연보」에서 찾은 것이다. 추후 범어사의 기록을 확인할 필요성이 있다.

는 백용성의 계맥을 공식적으로 전수받은 하동산이 소임을 본 계단
이기에 그에게는 더욱더 뜻 깊은 것이었다.

1967년부터 그는 종정을 세 차례나[73] 역임하면서 종단 재건, 불
교정화, 불교 현대화에 유의하였지만 그가 의도한 것에는 미치지 못
한 것을 늘상 아쉬워하였다. 1979년 10월, 그의 심정을 엿볼 수 있
는 아래의 글을 보자.

우리 불법이 쇠미해지고 宗風이 退墮하므로 사회의 지탄을 받는
것은 오로지 持戒精神이 해이해서 오는 현상이며, 佛日을 光揚하고 正
法을 興旺하며 人天의 존경을 받는 것은 전부가 淸淨律行을 받들어 행
하는 돈독한 신심에 기인한다고 볼 수밖에 없다.
열반경에 以戒爲師하라 하신 嚴切한 유훈을 우리들은 한시도 방심
해서는 안 될 것이다. 戒는 곧 불교의 생명이며 三學의 첫째이다.[74]

이처럼 그는 지계정신(持戒精神)을 강조하고 청정율행(淸淨律行)
의 실천을 주장하였다. 이것이 바로 백용성의 계율사상의 계승이면
서 동시에 불교정화를 통한 불교현대화였다. 윤고암, 그는 위에서
필자가 제시한 바와 같이 1954~1962년의 불교정화운동의 일선에는
거의 참여치 않았다. 그는 오직 청정수행, 율행을 견지하였을 뿐이
었다. 그러나 그도 불교정화운동의 긍정성, 역사성을 부인하지는 않
았다. 다만 그는 종정에 취임, 활동하면서 정화운동의 미진성을 보
완하고, 불교정화의 지속을 촉구하였다. 그러나 그는 후술할 김자운

---

73) 그것은 1967년 7월 27일 통합종단 제3대 종정, 1972년 7월 24일 제4대 종정,
1978년 5월 6일 6대 종정 취임이다.
74) 위의 『자비보살의 길』, 358쪽의 「범망경찬」. 이 글은 심재열 법사의 범망경의
번역본에 대한 머릿글이다.

과 같이 계율서의 번역 및 보급과 같은 것은 행하지 않고 다만 지계, 율행, 화합, 정화에 대한 소신과 원칙을 일관적으로 제시하였다. 이러한 그의 입장을 알 수 있는 자료를 제시한다.

승가정신으로 세계를 정화하자. (중략)

승가란 화합이란 말이요, 사회는 대중을 의미한 것이다. 그러기에 이 화합대중은 자리이타적인 청정한 마음과 평등한 생활 그리고 정화된 주의 속에서 청정한 범행으로 정진을 하라고 하신 것이다.… 우리는 이상의 육화합을 새해의 실천계율로 삼아 언행이 일치되는 용맹정진을 거듭 힘써 할 일이다.(1969년, 종정 신년법어)

대덕스님 여러분, 그리고 불자 여러분은 지난날에 한국불교의 청정 전통을 확립한 불교정화운동의 중심세력입니다. 이제 이 자리에 여러분이 재집결하였다는 것은 한국불교에 있어 또 하나의 성스러운 전진을 약속하는 것으로 기대하여 마지않습니다.… 바라건대 여러 스님께서는 본인의 충정을 깊이 이해하시고 종단 제반문제를 충분히 검토하시어 이번 중진회의가 정화이념의 실질적 구현과 불조 성칙을 현대에 발현하는데 전진을 거듭 부탁하는 바입니다.(1972년 12월 7일, 중진회의 교시)

오늘의 종단은 교리와 전통을 바로 잡는 교단 정화가 매듭지어짐과 동시에 승단 정화를 해야 할 시기에 처해 있습니다. 승단 정화는 곧 수도와 교화 화합과 질서가 정립되면 內實의 開花라고 볼 수 있습니다.(1974년 2월 1일, 종정 교시)[75]

---

75) 이러한 기조하에 그는 정화이념 재흥 발현, 승가정신 발양, 종단 제도의 개혁과 총화와 질서 유지를 통한 종단 확립을 강조하였다.

종단이 지향해야 할 제일 문제는 곧 화합입니다. 그런데 화합이
란 우연한 소산이 아니고 우리들 각자가 教祖이신 부처님의 가르침을
받들어 몸소 청정하게 정진할 때 비로소 가능한 것입니다. 거기에는
개인의 아집이나 이해관계가 없습니다. 다만 청정한 승가의 질서에
歸依하고 순응할 따름입니다.(1977년 4월 24일, 종정 교시)

통일종단 발족 이후 과거 10여 년이 종단 기초 확립 기간이었다
면 12년이 지나는 금년부터는 정화의 내실이 개화되는 시기임을 역
사 앞에 기록케 하겠다는 것입니다.(1978년 1월 27일 어록)

이처럼 그는 종정에 재임하면서 이전 불교정화운동을 계승하려
고 부단히 노력하였다. 그 계승의 기준은 승가정신, 청정한 범행, 정
화이념의 구현, 수행, 청정한 질서에 귀의 등이었다. 이를 다시 하나
로 묶는다면 그것은 청정한 수행과 계율의 실천인 지계정신이다.

그는 종정 소임 외에도 해인총림 방장, 신흥사 조실, 대각사 조
실, 용성문도회 문장, 대원사 조실, 대각회 이사장 등을 역임하였다.
그러면서도 그는 전국의 대소 사찰을 따지지 않고, 보살계 산림을
한다면 80세의 노구를 이끌고 초청에 응하지 않은 곳이 없었다. 이
는 그의 지계정신의 실천을 통한 교화중생에 얼마나 매진하였는가
를 말하는 것이다. 여기에서 자비보살과 청정율사의 절묘한 조화가
이루어졌다.

이상으로 윤고암의 일생을 백용성의 계율정신 계승 및 구현과
관련하여 요약하여 보았다. 고암, 그는 백용성의 계율사상의 바탕에
있는 지계와 수행이라는 불이적(不二的)인 흐름을 결합하여 실천한
당사자이며, 지계정신을 통해 종단 및 승가의 불교정화에 매진한 보

살이었다고 보고자 한다. 계정혜 삼학의 실천자로서, 그것을 종단과 한국 현대불교에 뿌리를 내리려 한 보살이었다. 그러나 그의 고뇌, 보살행은 현실에 착근되지 못한 아쉬움이 있다.[76]

4. 김자운의 율풍 진작과 교단 정비

김자운(1911~1992)은 한국 현대불교의 계율 중흥조로 널리 회자되어 왔다.[77] 이는 그가 평생을 율풍 진작을 위해 헌신하였던 그의 이력에서 나온 것이다. 그는 피폐해진 계율의 진작, 중흥을 위해 계율서의 발간 및 보급, 자생적인 천화율원 감로계단의 설치, 단일 계단 설립의 추동, 2부승제의 복원 등의 행적에서 확인된다. 이러한 측면은 백용성의 계율사상을 계승하였음을 분명히 보여주는 역사적인 내용이다. 이에 여기에서는 그의 행적을 요약하면서 그 주요 내용을 제시하고자 한다.

김자운은 강원도 평창군 노동리에서 출생하였다. 유년시절에는 한학을 수학하였으나, 16세에 모친을 따라 상원사에 갔다가 발심하여 출가 득도를 단행하였다. 당시 그는 상원사에 머문 해인사의 혜

---

76) 그가 종정에 재임할 때는 종단정치가 본격화되고, 역설적으로는 불교정화운동의 정신이 퇴진하였다는 세평을 듣던 시기였다. 요컨대 그의 보살행은 현실의 종단정치에 매몰되었다.

77) 김자운의 생애, 율풍 진작에 관한 전모는 2005년 10월 15일 경국사에서 개최된 〈자운대율사율풍선양 제1차 특별 심포지엄〉에서 발표된 고찰이 참고된다. 종진, 「한국불교의 계법수행과 자장율사」; 혜총, 「천화율원감로계단 설치와 대중교화」; 법혜, 「자장대율사의 화합승가와 역경불사의 원행」; 무관, 「한국불교 조계종단과 자장율사」; 태원, 「계정겸수와 대중교화」; 이자랑, 「한국불교 계단에 있어서 이부승제의 복원 의의」.

운으로부터 순치황제의 출가시를 듣고 발심하여, 출가할 결심을 하고 1927년 1월 18일 상원사로 찾아갔으나 혜운은 이미 해인사로 떠난 뒤였다.

이에 1927년 2월 8일, 그의 나이 17세에 해인사에서 혜운을 은사로, 김남전을 계사로 사미계를 득하였다. 그는 해인사 강원에서 사교과를 수료하였다. 이후 그는 범어사 선원에서 수선안거를 시작한 이래 선암사, 해인사, 표훈사, 김룡사, 불영사, 통도사 등의 선원에서 참선수행을 하였다.[78]

이렇게 교와 선을 두루 공부한 그는 1934년 3월 15일 범어사 금강계단에서 일봉율사로부터 비구계와 보살계를 수지하였다. 이는 그가 후일 율사로 활동할 수 있는 기본적인 단초와 계맥 계승의 역사적인 사실이 되었다.[79] 1938년 그는 도봉산 망월사로 백용성을 찾아가서, 불법의 서래밀지를 거양(擧揚)한 다음 "청산상운보(靑山常雲步)하고 백운영부동(白雲永不動)이로다, 인답수저과(人踏水底過)한데 수불착의상(水不着衣裳)"이라는 오도송을 읊었다. 이를 들은 백용성은 그 경지를 인정하여 입실건당(入室建幢)을 허락하고 "정전백수자(庭前栢樹子)가 엄연관산림(儼然冠山林)이로다. 신대감청색(身帶紺靑色)하고 엽복수미산(葉覆須彌山)"이라는 전법게와 함께 의발을 전해주었다고 한다.[80] 백용성의 건당 법제자가 된 그는 수행을 더욱 하는 가운데 1939년 4월 15일에는 일제강점기의 식민수탈로부터 조국의 해방과 민족정기를 되살려 민족종교인 불교의 전통을 중흥시키

---

78) 그의 행장은 『자운대율사』(자운문도회, 2000)의 「자운대율사스님 行狀」을 저본으로 하였음. 이 저작은 자운문도회의 율풍 진작사업 1차보고서이다.

79) 이에 대해서 이지관은 "그의 戒脈을 傳承하였다"고 표현한다.

80) 위의 「행장」.

겠다는 발원을 하였다. 이에 그는 오대산 중대 적멸보궁에서 백 일 간 문수기도를 하였는데 99일만에 문수보살이 나타나, "선재(善哉) 라, 성우(盛祐)여! 이 나라 불교의 승강(僧綱)을 회복하도록 정진하 라" 하며, 계척(戒尺)을 전해 주었다고 한다.

이후 그는 일제하 불교의 계율 및 승풍의 회복을 통한 불교정화 를 하기 위한 자신만의 고독한 길을 단행하였다. 이에 그는 우선 계 율 및 율장에 대한 공부를 보다 철저히 하기 위하여 백용성이 창건 하고 주석하였던 서울의 대각사에 1940년 1월 20일부터 머물면서 국립중앙도서관에 가서 기본자료를 열람하였다. 그 당시에는 율장에 대한 자료를 구하거나 볼 수 없었기에 국립도서관에 보관된 국내 유 일의 만속장경(卍續藏經)에 수록된 오부율장과 그 주소(註疏)를 모 두 필사하여 연구하였다. 대각사에서 율장을 연구하였던 그 무렵에 선학원에서 개최된 고승유교법회(高僧遺教法會)에 자운도 참가하였 다.[81] 1941년 2~3월에 개최된 그 법회에서 그는 강의를 하지는 않 았지만 각처에서 내로라하는 수좌, 율사들이 초청받은 것을 유의하 면 그도 신진 율사로[82] 인정받은 것이 아닌가 한다.

이러한 율장에 대한 연구를 하였던 그는 8·15 해방 직전에는 문경 대승사에서 청담, 성철 등과 함께 불교정화를 위한 고뇌를 하 였다. 이때부터 그들은 불교정화를 위한 불교총림을 기획하고, 그에 대한 역할 분담을 하였다. 이때 자운은 율장을 연구하였고, 성철과 청담은 후일 영산회상과 같은 총림을 세우면 율원은 자운이 담당해 야 한다고 강조하였다.[83] 해방 직후 그는 해인사로 가서[84] 1947년 3

---

81) 이에 대한 근거는 그 대회의 참가자의 기념촬영 사진을 판독한 강석주의 발언 이다. 『선우도량』 11호(1997), 250쪽.
82) 당시 그의 속납은 31세였다.

월에는 계율 홍포에 대한 기도를 갖기도 하였다.[85]

김자운, 이성철, 이청담의 불교정화를 위한 총림의 설립은 우선 1947년 가을 봉암사에서 그 출발을 보았다. 봉암사결사라고[86] 널리 회자되는 이 모임에 대해서는 성철의 회고가 참고된다.

봉암사에 들어간 것은 정해년(丁亥年), 내 나이 그때 36세 때입니다. 지금부터 36년 전입니다.

봉암사에 들어가게 된 근본 동기는, 죽은 청담스님하고 자운스님하고 또 죽은 우봉스님하고, 그리고 내하고 넷인데, 우리가 어떻게 근본 방침을 세웠느냐 하면, 전체적으로나 개인적으로나 임시적인 이익관계를 떠나서 오직 부처님 법대로만 한번 살아보자. 무엇이든지 잘못된 것은 고치고 해서 '부처님 법대로만 살아보자' 이것이 願이었습니다. 즉 근본 목표다 이 말입니다.

그렇다면 처소는 어디로 정하나? 물색한 결과 봉암사에 들어가게 되었습니다.

처음에 들어갈 때에는, 우봉스님이 살림 맡고, 보문스님하고 자운스님하고, 내하고 이렇게 넷이 들어갔습니다. 청담스님은 해인사에서 가야총림(伽倻叢林)한다고 처음 시작할 때에는 못 들어오고, 서로 약속은 했었지만…[87]

---

83) 『회색고무신』(시공사, 2002), 150쪽.

84) 해인사로 간 시점은 필자가 확인하지 못하였다.

85) 그는 1947년 3월 15일, 해인사 장경판전에서 계율 홍포에 대한 가호를 입기 위해 백일간 문수기도를 봉행하였다. 이때 그는 여러 차례 신장의 가호를 받았다고 한다.

86) 졸고, 「봉암사결사의 전개와 성격」, 『한국 현대불교사 연구』, 불교시대사, 2006.

87) 『수다라』 10집(1995), 115쪽, 「1947년 봉암사결사」. 이 회고는 성철이 1982년 해인사 상당법문의 육성 녹음을 정리한 글이다.

즉 봉암사결사의 주도자는 성철, 청담, 자운, 우봉임을 알 수 있다. 김자운이 봉암사결사에 참여한 것은 대승사 시절부터 불교정화, 총림수행을 협의하였던 연고에서 나온 것이다. 김자운은 봉암사에서도 예전부터의 율장 연구에 여념이 없었다.

자운스님은 율장 연구에 여념이 없었고, 신춘(新春)이 되어 월산스님 기타 몇몇 스님들이 더 입주하였다. 나는 하기(下記)의 공주규약 초안을 대중에게 제시하고 상세한 설명을 가하였다.

고불고조의 유칙(遺勅)을 완전하게 실행한다 함은 너무나 외람된 말이기는 하였지만 교단의 현황은 불조 교법이 전연 민멸(泯滅)되었으니 다소간이나마 복구시켜 보자는 것이 주안점이었다. 그리고 교법 복구의 원칙하에 나의 수시 제안이 있을 것인바, 그 제안에 오점이 발견되지 않는 한 대중은 무조건 추종할 것을 재삼 다짐하고 실천에 옮기게 되었다.[88]

이렇게 자운은 봉암사에서 율장연구를 하면서 그에 근거한 보살계 법회(1948.8.18)를 7일간 갖기도 하였다.[89] 그리고 보조장삼을 새롭게 만들어 입기 위하여 송광사까지 가서 그 치수를 재어 오기도 하였다.[90] 당시 봉암사결사 주제는 "부처님 법대로 살자"였는데, 부

---

88) 『고경』 9호(1998), 6쪽. 이 기록에 나오는 신춘은 1948년 봄일 가능성이 높다. 이 내용은 성철의 상좌인 천제가 「탄신 87주년을 기념하여, 밝은 빛으로 오소서」라는 글에서 소개한 성철의 자필 기록이다.

89) 이때 그는 보살계를 받으려는 재가불자에게 千百億化身의 千華佛을 상징하는 의미로 천배의 절을 하게 하였으며 계첩도 새로 만들었다. 천화불은 후일 그의 율풍의 상징인 천화율원을 내세움의 기초가 되었다고 볼 수 있다. 그런데 자운이 봉암사에서 보살계 법회를 몇 번 가졌는지는 확인하지 못하였다.

90) 『고경』(성철스님문도회, 1998), 「묘엄스님을 찾아서」, 35쪽.

처님의 법에는 부처님이 제시한 율장도 포함됨은 물론이다.

그는 봉암사결사가 완전 퇴진할 때까지[91] 잔류하지는 않았지만 간혹 서울에 올라와서 율장 연구를 위한 자료수집을 하기도 하였다. 예컨대 1949년 3월 다시 서울의 대각사로 올라왔다.[92] 그는 대각사에서 천화율원 감로계단을 설립하고. 대각사에서 한문본 범망경, 사미율의, 사미니율의, 비구계본, 비구니계본 등의 배포를 하기 위한 지형을 완성하였다. 그러나 1950년 한국전쟁이 발발하여 그 지형은 전부 소실될 지경에 처하였다. 다행히 그 지형은 부산의 전경준 거사의 도움으로 한강을 건너 부산으로 내려오게 되었다.[93] 그는 부산 감로사로 피난을 와서는 다시 그 지형을 이용하여 율문을 배포하기 시작하였다.[94] 이때부터 그는 율장의 한문본을 우선적으로 활용하여 계율 홍포의 대중화에 나섰던 것이다. 그의 원력은 1951년 통도사 〔上爐殿〕의 천화율원(千華律院)으로 이어졌다.[95] 이 율원은 출가 수행자를 대상으로 율학을 강의하기 위해 개설한 것이다. 그즈음에 그는 감로사에 출가와 재가를 막론한 감로계단 보살계 산림을 개설하

---

91) 1차 퇴진은 1949년 9월이고, 2차 퇴진은 1950년 3월경이다.

92) 그러나 성철은 자운의 봉암사 참가를 "참! 자운스님, 처음부터 시작해서 끝까지 참으로 고생 많이 했습니다"라고 회고하였다. 앞의 「1947년 봉암사결사」, 126쪽.

93) 앞의 『자운대율사』의 「행장」에서는 6·25로 그 지형이 모두 소실되었다고 하였다. 그런데 최법혜는 2005년 경국사 심포지엄에서 배포한 앞의 발제문(154쪽)에서 전경준 거사의 도움으로 무사히 한강을 건너 부산으로 왔다고 하였다. 그러나 그 지형을 옮긴 당사자가 자운인지, 전경준 거사인지를 분명하게 밝히지 않았으나 행간의 뜻을 보면 자운이 그 주체가 아닌가 한다.

94) 이때부터 유포한 수량이 2만 5천 권에 달한다.

95) 천화율원이라는 간판이 걸리지는 않았으나, 김자운이 후일 책을 발간거나, 수계를 하는 증서를 만들 때 늘상 천화율원이라는 이름으로 하였다. 이로써 천화율원은 김자운의 율풍 진작을 상징하는 개념이다. 이에 대해서는 별도의 고찰이 요망된다.

여 국난퇴치와 자성성불의 지름길로서의 보살계를 강조하였다. 통도
사 천화율원에서는 석암, 일타, 지관 등이 율학을 연구케 추동하였
다. 이러한 일련의 움직임하에 그는 1953년 5월 24일에는 통도사
금강계단에서 그가 주관하는 첫 번째 비구계 수계법회를 가졌다.[96]
그리고 그는 해인사, 상원사 등 각처에서 천화계단(千華戒壇)을 설치
하여 수계산림을 독자적으로 주관하였다.[97]

이와 같은 자운의 계율진작 활동의 내용에서 필자가 유의한 것
은 불교정화가 등장하기 이전이라는 시점이다. 요컨대 교단 차원의
불교정화운동이 발발하기 이전에 그는 자생적, 자주적으로 불교정화
를 실천에 옮기고 있었던 것이다. 1954년 5월, 불교정화운동이 발발
하였다. 이에 자운은 8월 24~25일 선학원에서 개최된 전국비구승
대표자대회에 참석하였다. 그는 대회에서 실무적인 정화를 추진하는
대책위원(15명)에 피선되었다.[98] 그러나 필자가 불교정화에 대한
10여 편의 논문을 집필하면서 관련 자료를 살핀 정황에 의하면 자
운은 불교정화의 최일선에 나서지는 않았다. 즉 그는 투쟁적, 대립
적인 불교정화의 현장에는 깊숙이 관여하지 않은 것으로 보인다.[99]

---

96) 그 대상자는 석암, 종수, 일타, 지관 등 4인이다.

97) 자운은 범어사에서 비구계를 전해준 一鳳 敬念律師의 遺法을 이어 받아 律文을
홍포하고, 戒法을 傳授하였다. 이지관, 앞의 책, 218쪽. 자운이 주관한 천화계단
에 대한 독자성, 개별성은 추후 더욱 검토될 내용이 적지 않다. 예컨대 그는 三
歸依에서 한발 더 나아가 '戒'에 귀의한다는 것을 추가하여 四歸依를 강조하고,
계정혜 삼학을 닦겠다는 서원도 포함시켰다.

98) 졸고, 「전국비구승대표자대회의 시말」, 『근현대불교의 재조명』(민족사, 2000),
446~453쪽.

99) 그를 40여 년간 시봉하였고, 정화 당시에도 선학원에서 시봉하였던 혜총은 필
자에게 청담스님과 자운스님이 정화의 방법을 놓고 언쟁을 하는 것을 지켜본
일이 있다고 회고하였다. 이는 청담의 급진적 정화에 대한 이견의 개진이라고
볼 수 있는 대목이다.

대신 그는 불교정화의 이념의 정비 및 그 기반 조성에 대해 관심을 기울인 것으로 보인다. 불교정화가 나온 결정적인 계기가 승려의 결혼, 원융살림의 파괴, 수행가풍의 혼미였는데 이는 곧 계율의 파탄 그 자체였다. 때문에 자운은 이 문제를 근원적으로 해소하는 것은 계율정신의 회복 및 강화라고 보고, 이를 위해 계율 보급, 율풍 진작을 묵묵히 하였다고 볼 수 있다.

한편 그는 1955년 9월 15일에 해인사 주지에 취임하였다.[100) 그리고 1956년에는 해인사 금강계단 전계화상에 추대되었다. 이에 그는 1956년 3월 15일, 해인사 금강계단에서 비구 및 비구니계 산림을 거행하였다. 이때부터 그는 1981년 단일계단이 등장하기 이전까지 전국 각처의 개별 사찰 단위의 계단에서 수많은 수계를 하였다. 비구가 1,650명, 비구니가 1,536명이었다. 그 밖에도 사미, 사미니, 보살계, 식차마나니, 재가자의 팔관재계 등 수계제자가 10만여 명에 달한다고 한다.[101) 또한 1957년에는 1951년부터 배포한 한글번역본인 사미율의, 사미니율의, 범망경의 비구계본과 비구니계본 등을 3회에 걸쳐 4만 8천 권을 유포시킨 것을 일단락시켰다. 이러한 율장의 배포는 그의 불교정화 추진의 방향을 가늠할 수 있는 단서이다.

그 후 그는 조계종단의 경남종무원장, 감찰원장, 표충사 주지, 해인사 주지의 재임, 범어사 주지, 규정원장, 조계종 원로, 총무원장, 대각회 이사장 등에 취임하였다. 그러나 그의 고뇌는 율풍의 진작에 있었다. 이를 통해 종단의 정상화 및 정화, 그리고 불교발전을 추구하려는 것이었다. 그가 이러한 소임을 맡는 동안 종단은 불교정화,

---

100) 이는 종단에서 주지 발령장을 이성철에게 내주었지만 성철이 취임하지 않았기에, 자운이 취임한 것이다.

101) 이상의 숫자는 앞의 「행장」에 나온 것이다.

통합종단 등장, 불교 현대화를 위한 3대 지표의 실천이 전개되었다. 그러나 그가 일제 말기부터 고민한 승풍, 율풍의 진작은 여의치 않았다. 당시 이에 관련된 자운의 1976년 규정원장 취임 소감을 제시한다.

지난날의 교단정화, 승단정화, 신도정화, 사회정화 등등 각 분야에서 노력했지만 이상의 모든 목표가 뜻과 같이 십분 성취하였다고는 할 수 없는 현 실정입니다.

종래의 감찰원이 그 명칭이 불교에 맞지 않다 하여 규정원으로 개칭되었지만 僧團의 紀綱은 어디까지나 誨諭, 矯導, 豫防에 노력하여야 하고 비위를 적발하여 처벌하는 것만 능사가 아니라고 생각합니다. 그러므로 감찰원이니 규정원이니 하는 것이 곧 과거의 律院을 말하는 것입니다. 율중에는 수행에 어긋나는 잘못을 저질렀을 경우 羯磨 즉 大衆決議에 의하여 항상 和合을 위주로 해결하였던 것입니다.

불교가 흥왕 발전하는 것은 여러 가지 길이 있지만 무엇보다도 우리 종도들이 자기의 할 일을 충실히 수행하는 데 있다고 하겠습니다. 다시 말하면 불교가 흥왕하려면 불자 본연의 임무인 修行에 철저하여야 하고, 실추된 僧團의 위신을 회복하려면 戒律을 엄수하는 것이 최선이라고 생각됩니다.[102]

이렇게 그는 불교정화 및 승단의 기강 해이가 미진한 것을 극복하기 위한 대책을 율풍의 진작, 대중결의에 의한 화합 위주의 살림, 철저한 수행, 계율 준수에서 찾았다. 더욱이 백용성의 유지를 계승하기 위해 1969년에 설립된 대각회의 이사장에 1976년에 취임한 것

---

102) 『대한불교』 1976년 1월 4일자, 「규정원장 신년사」.

도 예사로운 것은 아니다.[103] 그 즈음부터 그는 가일층 종단의 승풍, 율풍 진작을 통한 백용성 사상 계승을 한 것이 아닌가 한다. 때문에 그는 다시 노구를 이끌고 또 다시 종단의 율풍 진작에 나섰다. 그것을 짐작할 수 있는 단서를 보자.

필자가 1951년에 한문본 비구계본을 출간하였고 그 뒤 1957년에는 번역본 비구계본을 발행한 바 있으나 이들은 이미 切本된 지 오래이다.

오늘날 사부대중 사이에 戒律을 도외시하는 경향이 짙으니 앞날을 내다볼 때, 참으로 걱정하지 않을 수 없다. 부처님은 成道最初에 이미 보리수 밑에서 보살계를 설하시었으며, 마지막 열반에 드시는 순간에도 "佛子들이여! 마땅히 戒律을 존중하라. 계율을 잘 지니면 마치 어두운 데서 불빛을 만난 듯, 가난한 이가 보배를 얻은 듯, 환자가 쾌차해진 듯, 갇혔던 죄수가 풀려 나온 듯하리라"고 말씀하셨다.

이와 같이 末法佛子들에게 계율사상의 고취가 절실히 요청되므로 이번 필자가 초판본의 번역을 대폭 수정하고, 한문본에 토를 달아 合本하여 발간하게 되었기에 몇 字 적어 冊尾에 붙여두는 바이다.

불기 2524년 3월 3일

常懺愧 慈雲 盛祐[104]

이는 1980년에 발간한 『사분비구계본』의 발문이다. 여기에 나오듯 계율사상 고취를 통한 불교정화, 종단 정상화를 고뇌하였다. 그러나 종단은 자운의 이러한 고뇌에도 불구하고 10 · 27법난을 당하

---

103) 그는 대각회 3, 4, 7, 8대의 이사장을 역임하였다.
104) 『사분비구계본』(대각회출판부, 1980), 「跋文」.

는 등 일대 혼미상태에 접어들게 되었다. 그런데 당시 법난으로 종단이 혼란을 거듭할 때에 정화중흥회의 기획 분야에 참가한 최법혜는[105] 단일계단 제정, 출범에 깊숙이 관여하였다. 당시 최법혜는 그 작업을 할 때에 부산 감로사의 자운을 찾아가 그에 대한 지침을 받아 업무 수행을 하였다.[106] 단일계단법은 이전의 각 본사나 사찰별로 율사들 자의로 시행하였던 수계산림을 단일화하는 것이다. 이로써 종단은 승단의 기강을 직접 관장할 수 있는 계기로 작용하였다. 이는 곧 율장의 복원이라고 말할 수 있다. 이에 1981년 1월 7일, 정화중흥회의에서 관련 종법이 제정되고, 그해 2월 27일 통도사에서 자운을 초대 단일계단 전계사로 추대하여 제1회 수계산림법회가 거행되었다. 그는 1991년 10월 30일 범어사에서 개최된 제13회 수계산림을 마치고 전계사에서 내려왔다. 이때까지 그는 제2회 수계산림 때만 제외하고 12회나 전계대화상을 역임하였다.

이렇게 그는 종단의 단일계단 제정 및 운영에 주도적인 역할을 하였다.[107] 그리고 이부승제를 율장에 근거하여 시행토록 하였다. 이부승제는 비구니 계율의 여법화를 의미한다.[108] 1982년 10월, 범어사에서 구족계 제2회, 사미(니)계 제3회의 수계산림 단일계단이 열렸는데, 이때부터 비구니의 식차마나니계를 시행하여[109] 오늘에

---

105) 법혜는 자운의 계맥분야의 제자인 지관의 계맥을 전수받은 당사자이다. 청규 분야의 권위자로 동국대 경주캠퍼스 불교학과 교수로 재직하였다.

106) 앞의 「자장대율사의 화합승가와 역경불사의 원행」 참조.

107) 무관은 위의 「단일계단 20년약사」에서 10.27법난을 지켜본 자운과 일타는 승려의 사회적 위상을 상의하였으며, 그 과정에서 전국 단일계단의 창시를 염원했다고 기술하였다.

108) 이에 대한 율장에 대한 근거는 이자랑의 「초기불교의 계단 설치와 二部僧制」를 참고할 것.

109) 『불교신문』 1982.10.24, 「불교사상 최초로 식차마나니계 시행」.

이르렀다. 이렇게 율장에 근거하여 이부승제를110) 시행하고, 여법한 단일계단을 시행함은 자운의 교시, 주도에 의하여 힘입은 것이었다.

단일계단의 역사적인 의의는 종단 차원의 승가의 수계, 전계의식을 통합관리함으로써 조계종단의 정체성 확립의 기초를 마련하였다는 것에 있다.111) 이를 자주적이고 통일된 계단을 완성하였다고 보는 평가도 있다.112) 단일계단 및 이부승제의 확립을 통한 의의는 더욱 다양한 관점에서 접근되어야 할 것이다. 그리고 그에 대한 성과와 역사적 평가를 자운에게만 돌리는 것이 타당한 것인가의 문제는 재고할 여지도 있다.

그러나 40여 년간 계율 분야만 집중적으로 연찬하고, 그 관련 책을 사부대중에게 배포하고, 불교정화와 종단재건을 위해 율풍 진작을 추동한 것을 고려할 때 자운은 백용성의 계율사상 구현에 헌신한 것은 분명하다. 하동산의 경우는 종단의 틀을 만드는 구조적인 문제에 유의하였다면 김자운은 종단 내부의 문제, 정화이념, 종단 차원의 율풍 진작 등 종단의 내용 및 승가의 정체성 구현을 위해 노력하였다.

---

110) 이부승제는 식차마나니계를 받은 비구니가 비구니 자체에서 수계의식을 거친 후, 다시 비구의 처소로 가서 비구의 3사 7증 앞에서 이부승니가 함께 수계를 갖는 것을 말한다. 자운은 1980년대에 비구니 도량인 봉녕사, 진관사 등에 가서 10여 차례 비구니 계율특강을 하였는데, 이는 이부승 수계의식 및 비구니 계율에 대한 교육을 목적으로 한 것으로 이해된다.

111) 무관은 이를 의식의 통일화, 의제의 일원화, 사상의 단일화로 지목하였다.

112) 이는 이지관이 지은 「자장대율사율풍진작 戒珠圓明塔碑」의 내용임.

5. 결어

이상으로 근대 계율의 중흥자로 칭할 수 있는 백용성 계율사상의 계승 인식과 관련하여 동산, 고암, 자운의 사례를 살펴보았다. 맺는말은 본 고찰에서 분석하였던 내용 중에서 추후 더욱 분석할 대상, 그리고 연구의 시각을 확대할 측면을 제시하는 것으로 대하고자한다.

첫째, 우선적으로 백용성 계율사상의 성격 및 정체성을 정리해야한다. 이 점은 서언에서도 자인하였지만 본 고찰의 큰 한계이다. 백용성의 계율에 대한 제반 정리, 분석, 의미 부여 연후에 그에 대한계승의 문제를 다루는 것이 온당하지만 본 고찰에서는 그러지를 못하였다.

둘째, 근현대불교사 전반의 계율, 율사, 율맥, 율장과 관련된 문화적인 정비를 기해야 한다고 본다. 근현대불교사는 전반적으로 학문의 대상화, 혹은 학문의 연찬이라는 측면에서 많은 문제점을 야기하고 있다. 그런데 계율이라는 측면은 더욱더 황무지와 같은 상황임을 인정해야 할 것이다.

셋째, 율맥의 정리, 분석, 이해에 있어서는 자기중심적인 단정성이 강한 것이 일반적이지만 이에 대한 보편성을 유의해야 한다고 본다. 조계종단 내부에서도 그러하지만, 여타 종단의 계맥, 계의 수수등에 대한 광범위한 조사, 평가가 필히 수반되어야 한다고 본다.

넷째, 하동산은 율사인가에 대한 진정한 의문을 물어야 한다. 그는 수행, 종단정치, 정화운동에서도 적지 않은 업적을 남겼다. 그가율사라는 것이 선뜻 수긍되지 않는다면 그 연유에 대한 진지한 고뇌가 뒤따라야 할 것이다.

다섯째, 고암의 경우에는 지금껏 학문의 대상 혹은 불교사의 주역으로 크게 주목을 받지 못하였다. 왜 그는 주목을 받지 못하였는가. 단순히 문도 및 후손들의 무관심에서 말미암은 것인가. 아니면 다른 연고가 있는가에 대해 필자는 약간의 의아심을 가졌다. 추후 고암에 대한 진지한 접근이 요청된다. 그러한 전제 작업이 있은 연후에 그가 갖고 있는 계승의식, 율사로서의 내용이 보다 분명하게 정리될 수 있을 것이다.

여섯째, 자운의 경우에 있어서는 최근에 들어서서 그의 행적, 계율 진작에 대한 내용 및 성격에 대한 학문적인 접근이 시도되었다. 자운은 다양한 책자의 발간, 율사로서 광범위한 활동을 전개하였다. 자운에 대한 이러한 내용을 더욱 연구하기 위해서는 우선 각 분야에 산재한 그의 행적 정리, 그리고 자료집 발간이 선행되어야 한다고 본다.

지금까지 본 고찰의 미진한 점, 추후 연구할 내용, 계율분야 연구에 있어서 참고할 점을 제시해 보았다. 근현대불교사, 혹은 작금의 불교 현장에서 제기되는 수많은 계율의 문제에 대한 학문적인 정리, 분석이 절대 필요함을 인식한 학자들의 참여가 필요함을 역설하면서 맺는말을 마친다.

하동산의 불교정화

1. 서언

하동산(1890~1965)은 조계종단의 종정을 역임한 '큰스님'으로 널리 회자되어 왔다. 하동산, 그가 한국 현대불교사에서 큰스님으로 지칭됨은 그의 수행, 사상, 일상생활에서뿐만 아니라 조계종단을 재건한 거목이었다는 점에서도 쉽게 파악할 수 있다. 조계종단의 재건이라 함은 1950년대의 불교정화운동을 말한다. 요컨대 하동산(河東山)은 불교정화운동을 발의하고, 추동하고. 진두지휘하였던 최고의 지도자였다.[1] 그 결과로 불교정화 하면 하동산이라는 등식이 성립하였던 것이다.

그러나 하동산 그가 입적한 지 어언 40여 년이 지났음에도 불구하고 지금껏 그에 대한 탐구는 거의 진척되지 않았다. 그리하여 하동산이 어떠한 승려였으며, 조계종단 및 현대불교사상에서 어떠한

---

1) 정화운동시에 배포된 격문인 「대한불교의 위기를 구하자」는 문건에서 하동산을 "정화종단의 최고 영도자로서 종정이신 하동산대종사"라고 표현한 것에 단적으로 나온다. 『근현대불교 자료전집』 권68(불교정화분쟁자료), 641쪽.

위상을 갖고 있었는지는 전혀 그려낼 수 없었다. 이렇게 그의 수행, 사상, 행적, 위상에 대한 자료수집 및 분석, 연구가 부재하였음은 여러 요인이 중첩된 것에서 기인하였다. 여기에서 그 요인의 전체를 가늠할 여건은 없지만 두 가지 측면을 제시하고자 한다.

그 첫 번째는 하동산의 출가 사찰이면서 불교정화의 시발 사찰이었던 범어사에서 건전한 역사의식, 지성적인 승가의 흐름이 두드러지게 나타나지 않았다는 것이다. 회고하건대, 범어사는 근대불교기에는 한국불교를 이끌었다는 평가를 들을 정도로 근대불교의 활동을 대변하였던 사찰이었다. 그런데 어떤 연유인지는 단언할 수 없지만 하동산이 입적한 이후의 범어사는 한국 현대불교의 중심 사찰로 기능하지는 못하였다고 볼 수 있다. 이렇게 하동산의 사상, 행적의 근거 사찰인 범어사가 역사와 전통을 계승하지 못한 것이 결과적으로는 하동산을 돌아볼 수 없는 문화적 풍토를 만들었다. 물론 동산문도회는 10년 전인 1998년, 『동산대종사문집』을 펴내면서 하동산을 새롭게 조명해 보고, 하동산의 승행과 덕화를 본받겠다고 하였다. 문집을 발간하였을 때 자료수집 및 편집에 적지 않은 고생을 하였겠지만, 비판적으로 보면 그 문집은 하동산의 수행, 사상, 행적을 온전하게 담아내지는 못하였다는 것이 필자의 솔직한 평가이다. 그래서 필자는 그러한 문집을 만들 수밖에 없었던 범어사 및 동산문도회의 내적인 사정이 하동산을 지난 40여 년간 잊혀진 인물로 만들었다고 보고자 한다.

다음으로는 조계종단 차원에서 불교정화운동에 대한 역사 찾기를 방치한 결과를 지적하고자 한다. 불교정화운동은 한국 현대불교사에서 가장 중심적인 사건이면서, 조계종단사 차원에서도 간과할 수 없는 중요한 역사였다. 그럼에도 불구하고 종단 차원에서 불교정

화운동에 대한 공식적인 세미나, 자료수집, 정화운동사 발간은 거의
없었다고 보는 것이 타당할 것이다. 일부 승가 단체에서 관심을 보
였으나[2] 심도있는 학술적인 접근은 지속되지 못하였다. 그리하여
불교정화운동은 그 분야를 연구하는 일부 학자에 의해서만 정리, 분
석되었을 뿐이었다.[3] 그러다가 최근 정화운동의 주역이었던 이청담

---

2) 석림회에서 1989년 1월 23일, 〈한국불교 정화이념의 재조명〉이라는 대토론회를
   열었다. 그리고 선우도량은 2000년 9월 19일, 〈교단정화운동과 조계종의 정체
   성〉이라는 학술 세미나를 개최하였다. 선우도량 한국불교근현대사연구회에서 주
   관한 세미나의 발표 논문은 『교단정화운동과 조계종의 오늘』(2001, 선우도량)이
   라는 주제의 책으로 발간되었다.
   한편, 대각사상연구원에서는 2004년 5월 7일 범어사에서 〈백용성스님과 한국불
   교 정화사〉라는 학술세미나를 개최하였다. 이 세미나에서 「한국불교정화운동에
   있어서 동산스님과 범어사 역할」이라는 백운스님의 글이 발표되었다. 그런데 그
   글의 집필자인 백운스님이 세미나 당일에는 거동이 불편하여, 선래스님이 대신
   발표하였다. 이 글은 『대각사상』 제7집(2004)에 수록되어 있다. 그리고 2005년
   10월 1일, 범어사 '개산문예 대제전' 행사 일환으로 개최된 〈근현대불교와 범어
   사〉 학술회의에서 이덕진은 「東山慧日의 禪法에 대한 一考察」을 발표하였다. 이덕
   진은 이 고찰을 『한국불교학』 43집(2005)에 기고하였다.
3) 필자는 다음과 같은 불교정화운동에 대한 논고를 발표하였다.
   김광식, 「조지훈·이청담의 불교계 '분규' 논쟁」, 『한국민족운동사연구』 22, 1999.
   김광식, 「불교정화의 성찰과 재인식」, 『근현대불교의 재조명』, 민족사, 2000.
   김광식, 「전국 비구승대표자 대회의 시말」, 『근현대불교의 재조명』, 민족사, 2000.
   김광식, 「사찰정화대책위원회의 개요와 성격」, 『근현대불교의 재조명』, 민족사, 2000.
   김광식, 「불교재건위원회의 개요와 성격」, 『근현대불교의 재조명』, 민족사, 2000.
   김광식, 「정화운동의 전개과정과 성격」, 『새불교운동의 전개』, 도피안사, 2002.
   김광식, 「오대산 수도원과 김탄허」, 『새불교운동의 전개』, 도피안사, 2002.
   김광식, 「한국 현대불교와 정화운동」, 『한국 현대불교사 연구』, 불교시대사, 2006.
   김광식, 「이청담과 불교정화운동」, 『한국 현대불교사 연구』, 불교시대사, 2006.
   김광식, 「이청담의 불교정화 정신과 조선불교학인대회」, 『한국 현대불교사 연구』,
   불교시대사, 2006.
   김광식, 「김서운의 종단 정화와 그 특성」, 『한국 현대불교사 연구』, 불교시대사,
   2006.
   김광식, 「윤월하의 불교정화운동」, 『한국 현대불교사 연구』, 불교시대사, 2006.
   김광식, 「청담의 민족불교와 영산도」, 『마음사상』 4, 2006.

의 탄신 100주년을 기념하여 2002년에 그의 모교인 진주산업대에 청담사상연구소가 만들어지면서 이청담의 수행, 사상과 함께 정화운동도 조금은 정리되는 정도이다.[4] 이렇게 조계종단 차원에서 불교정화운동을 방치한 결과로 불교정화운동에 대한 이념, 사상, 주역의 고뇌 및 행적, 역사성 등에 대한 연구는 거의 부재하였다. 이는 온고이지신과는 전연 다른 극단적인 행보였으며, 종단의 정체성 및 역사를 저버린 반역사적, 반문화적인 행태의 다름이 아니다.

이렇게 범어사와 종단에서 불교정화운동을 뒤돌아보지 않음으로 인해 하동산은 그간 잊혀진, 연구되지 않은 큰스님으로 우리들의 곁에서 옆으로 밀려나 있었다. 그런데 2006년 1월 20일, 태고종에서 한국불교 정통종단의 역사라는 부제가 달린 『태고종사』를 발간하였다. 『태고종사』는 태고종의 정체성과 역사를 합리화하려는 목적에서 서술, 간행되었다. 그 결과 불교정화운동을 법난으로 자리매김하면서 정화운동의 주역들에 대한 명예를 훼손하는 다수의 내용이 나타났다. 즉 정화운동의 주역을 자칭 비구승, 어용 비구, 아집 비구, 사이비 비구 등으로 표기하고 정화운동 당시의 활동을 "종권 탈취에만 혈안이 되었다" 혹은 "종단 주도권을 장악하려는 집념은 거의 狂的이었다" 등으로 매도하였다. 나아가서는 정화운동에 참여한 승려들을 "참선하는 선승이 아니라, 종단 주도권에 눈이 멀어 버린 비수행 비구승"으로 표현하였다. 특히 하동산, 이청담에 대해서는 악의적인 자료 제시, 인간적인 폄하를 자행하면서 "정통 태고문손 종단을 파멸로 몰아넣은 장본인이며 세칭 비구승단의 최선봉이었고, 또한 과격한 중심인물이었다"로 서술하였다. 태고종의 이러한 역사

---

4) 청담사상연구소에서는 매년 1회의 세미나를 개최하였는데, 연구 논문집 『마음사상』이 제4집(2006)까지 발간되었다.

인식에 대해서 조계종 내외에서는 큰 파문이[5] 일어났고, 조계종단과 관련 문도회에서는[6] '종단사 왜곡과 종단 정통성 수호 대책위원회'를 발족시키면서 그 대응에 나서게 되었다.

이와 같은 『태고종사』 발간을 둘러싸고 나타난 사태는 결과적으로 조계종단과 관련 문도회 및 사찰에서 불교정화운동을 다시 돌아보고, 그에 대한 적절한 대응조치가 필요한 것으로 귀결되었다.[7] 사태 이후 태고종 역사의 이면 및 태고종 승려의 비행을 폭로하는 저술과[8] 태고종의 논리를 옹호하면서 태고종단의 정체성을 정비하려는 학술서가[9] 나왔다. 한편 조계종단은 『태고종사』를 분석한 연구보고서를 작성하였고,[10] 2007년도에 불교정화운동에 관한 학술논문

---

5) 그에 대한 내용은 아래의 보도기사를 참고할 수 있다.

『불교신문』 2006.1.28, 「조계종 비하한 '태고종사' 발간 파문」.

『불교신문』 2006.2.1, 「'태고종사' 무엇이 문제인가」.

『법보신문』 2006.2.1, 「태고종사 간행위원장 수열스님, 태고종 정통성에 초점 맞췄다」.

『불교신문』 2006.2.15, 「태고종사 분석 보고서 나와」.

『불교신문』 2006.2.22, 「종회 종책모임, 정화관련 문도회 대표 긴급 회동」.

『불교신문』 2006.3.1, 「교구본사 주지, 주요문도회, 종회의원 정통성 수호대책위 구성」.

『불교신문』 2006.4.19, 「'태고종사 파문' 점검과 과제」.

6) 청담문도회, 경산문도회, 숭산행원문도회, 중앙종회에서는 『태고종사』를 폐기 처분하고, 공개 사과를 요구하는 성명서를 지상에 발표하였다.

7) 태고종의 간행위원회 측 승려들은 조계종단 대책위원회의 소속 승려와의 간담회에서 일부 문장에서 부적절한 표현이 있었음을 시인하였다. 그리고 간행위원회 위원장(수열)은 봉녕사 묘엄스님이 제기한 태고종사 배포금지 가처분 사건(서울서부 지방법원, 2006카합521호)에서도 적절하지 못한 표현이 있음을 인정하고, 그에 대해 사과하고. 배포를 중지하고, 재판 발행시 부적절한 표현을 삭제한다는 문건에 합의하였다.

8) 대안, 『대한민국 불교역사 재인식』, 미래불교중흥회, 2006.

9) 하춘생, 『보살승단의 정체성과 실천이념』, 엔타임, 2006.

10) 이 보고서는 2006년 2월 8일, 김광식에 의해 분석되었다. 보고서 작성 후 종회

을 공모하여 그 결과를 논문집으로 엮겠다는 기획을 수립하였다. 그리고 해당 문도회에서는 자율적으로 정화운동 관련 큰스님에 대한 자료수집 및 정리, 학술적인 접근이 절대 필요함을 각성하였다.

본 고찰은 바로 이와 같은 배경에서 나온 하동산 다시 찾기의 구도에서 집필되었다. 필자는 평소 한국 근현대불교를 연구하면서 불교정화운동을 제외하고서는 한국 현대불교사를 이해할 수 없다고 보았다. 그리하여 불교정화운동에 대한 개요 및 성격을 분석하고 그 연구 성과를 지상에 발표하였다. 그리고 불교정화운동의 심층적인 이해를 위해서는 그 주역에 대한 개별적인 연구도 간과할 수 없음을 확인하였다. 이에 이청담, 윤월하, 김서운, 김탄허 등에 대한 연구를 시도하였던 것이다. 그런데 정작 정화운동 당시 종정이었으며, 정화운동을 지도하였던 범어사의 하동산에 대해서는 이렇다 할 연구성과를 내놓지 못하였다.

그 연유에는 필자의 게으름도 있었지만, 연구를 수행하기 위해 기본적으로 필요한 관련 자료의 부족을 극복하지 못한 것이 주된 요인이었다. 더욱이 하동산에 대한 증언을 청취함에 있어서 필요한 정보를 파악하기에도 어려움을 겪었다. 그리하여 필자는 하동산 연구를 수행하지 못한 것에 늘상 자괴감에 빠져 있었다. 필자가 그런 심정을 더욱 갖게 되었던 것은 필자가 근대기 불교의 거목으로 볼 수 있는 백용성을 연구하였던 이력에서 나온 것이다. 즉 백용성 계승의 문제를 탐구하면서[11] 백용성의 상좌, 제자 등에 대해 관심을 갖게

의원, 기자, 관련 스님 및 연구자들에게 배포되었다. 보고서는 조계종단 기획실과 불학연구소가 공동으로 추진한 성과물이다.

11) 필자는 백용성의 사상을 연구하기 위해 설립된 대각사상연구원의 연구부장의 소임을 맡고 있으며, 백용성의 일대기를 정리한 『용성』(민족사, 1999)을 펴냈다.

되었다. 그러면서 백용성의 법, 정신을 올곧게 계승하고 실천한 대상자는 누구였는가에 대한 궁금증도 품게 되었다.

그러나 엄혹한 역사, 즉 조계종단, 용성문도회의 내적인 시련으로 인해 용성의 계승에 대한 의문은 거의 풀 수 없었다. 그러던 차에 태고종사 사태가 터지고, 백용성을 연구하였던 학자로서 범어사와 약간의 인연이 있었던 필자가 하동산 다시 찾기에 나선 동산문도회 및 범어사 측과 결합되었다. 그리하여 하동산과 인연이 있는 상좌, 제자, 기타 승려들을 인터뷰하면서 하동산에 대한 다양한 정보를 접하게 되었다.[12] 당시 필자는 구술 증언 청위 과정에서 접한 하동산에 대한 정보와 문헌을 재인식하면서 하동산 불교정화에 대한 나름대로의 판단을 할 수 있었다.

이에 본 고찰은 하동산을 심화하여 연구하려는 필자의 첫발걸음으로서, 하동산이 불교정화에 나섰던 배경, 필연성, 이념 등을 살피려는 논고이다. 분석의 방법은 역사적인 입장을 취하겠다. 그러나 하동산의 수행, 사상이 불교정화에 미친 영향, 하동산의 위상 등에 대해서는 거의 접근하지도 못하였는데 이러한 측면은 필자의 연구 과제로 남겨 두고자 한다. 선학제현의 질정을 바란다.

2. 일제하 하동산의 불교정화

하동산은 1890년 2월 25일, 충북 단양군 단양읍 상방리에서 출생하였다.[13] 그는 고향의 서당에서 한학을 7년간 배우고, 15세에는

---

12) 그 책은 『동산대종사와 불교정화운동』(영광도서, 2007)이다.
13) 문집 연보에서는 상방리 244번지로 나오지만, 입적 당시의 종단장 안내문의 약

단양읍 익명보통학교를 입학하였다. 1908년, 19세에는 익명보통학교를 졸업하고, 경성으로 올라가 중동중학교에 입학하였다. 1910년에는 중동중학교를 졸업하고 의학전문학교에 입학하였다. 1912년 가을(23세), 의학전문학교를 졸업함과 동시에 범어사로 입산, 출가하였다.[14] 은사는 용성이었고, 당시 받은 법명은 혜일(慧日)이었다. 그런데 동산의 출가에는 그의 고모부인 오세창과 백용성과의 인간관계가 작용하였다. 즉 오세창과 백용성은 친근한 교류를 하였는데, 서울에서 수학하였던 하동산이 삶의 근원에 대한 문제로 고민하자, 오세창은 자신과 친근한 백용성에게 하동산을 보냈던 것이다. 여기에서 하동산은 의학을 공부하던 그가 육체의 병 이외에 마음의 병을 고치라는 화두를 받고 발심하는 계기를 만났다. 즉 하동산 출가에는 불교 신앙에 대한 발심과 함께 민족대표 33인이었던 오세창과 백용성의 민족의식이 일정하게 작용하였을 가능성을 감지할 수 있다. 이는 불교적인 관점에서는 정화불교로 전이될 개연성을 갖는 것이다.

이제부터는 하동산의 행적, 수행을 불교정화 배경의 탐구 차원에서 정리하겠다. 우선 교학, 참선을 통한 수행의 개요를 살피고, 그 연후에는 1차 깨달음을 한 1927년 이후 범어사, 해인사에서 조실로 활동한 내용, 그 다음에는 그가 일제하에서도 불교정화에 나선 1935년 이후의 행적으로 구분하여 제시하고자 한다.[15]

범어사로 출가한 하동산은 1913년 봄에는 범어사 강원에서 능엄경을 배웠다. 이처럼 그가 강원 수학 초기 단계에서 수준이 높은 능

력에서는 191번지로 나온다. 본관은 진주이고, 본명은 東奎이다.

14) 출가의 배경에 대해서는 더욱 치밀한 탐구가 요청된다.

15) 하동산의 행적, 수학은 『동산대종사문집』(이하 문집으로 약칭함)의 연보를 참고하였다.

엄경을 배울 수 있었던 것은 입산 이전의 한학 공부, 중동중학교와 의학전문학교라는 과정을 거치면서 이미 익힌 불교 교리의 바탕에서 가능한 것이라 보인다. 1914년 초기, 그는 당시 선지식으로 명망을 서서히 떨치던 방한암이 머물던 평안남도 맹산의 우두암(牛頭庵)을 찾아가 2년간 교학, 선을 배웠다. 당시 그가 배운 것은 능엄경, 기신론, 금강경, 원각경이었다.16) 1916년에는 출가 본사인 범어사로 귀사하여 대교과정을 2년간 수학하였다.17) 1919년부터 2년간은 은사인 백용성이 3·1운동의 민족대표로 활동한 것으로 인해 일제의 옥에 수감되자, 그의 옥바라지를 위해 공부를 중단하였다. 당시 그는 대각사, 망월사 등지에 머물면서 백용성의 옥바라지를 하였다.

백용성이 출옥한 1921년 봄, 이후에는 주로 각처의 선원에서 참선수행에 나선다. 지금까지 익힌 교학의 바탕에서 사교입선하는 과정이었다. 그가 처음으로 발길을 향한 곳은 오대산 상원사였다.18) 상원사 선원에서 하안거의 한철을 난 그는 그해 가을에는 건봉사로 갔다. 당시 건봉사에는 기존 만일염불원을 폐지하고 새로운 선회결사(禪會結社)가19) 시작되었다. 그 결사의 책임자는 방한암이었다. 방한암은 그가 이전 우두암으로 찾아가 배운 스승이었다. 그는 결사회에서 서기를20) 보면서, 1922년 봄까지 참선수행을 하였다.

---

16) 하동산 입적 당시의 종단장 안내 문건에서는 그것을 四敎科를 수료하였다고 적었다.
17) 그를 가르친 선생은 姜永明 禪師라 한다.
18) 『자비보살의 길』(불교영상, 1994), 376쪽. 이는 윤고암의 「雲水生涯」라는 글이다.
19) 이 결사에 대한 전후사정은 김호성의 「바가바드기타와 관련해서 본 한암의 念佛參禪無二論」, 『한암사상연구』 창간호(2006), 61~76쪽 참조.
20) 건봉사 선회 「제1회 동안거 禪衆方啣 幷 任員」은 『한암일발록』(1996, 한암문도회)의 36쪽에 나온다. 이 기록에는 '東山慧日'로 전한다. 여기에서 필자의 의문

건봉사 선회에 참가한 이후, 즉 1922년 하안거는 속리산 복천암에서, 그해 동안거는 태백산 각화사에서 수행을 하였다. 1923년 봄에는 범어사로 귀사하였다가, 여름에는 함양 백운암에서 하안거 수행을 하였다. 그는 1923년 가을, 겨울에는 은사인 백용성이 주석하였던 백양사 운문선원에서 전등록, 염송, 범망경, 사분율을 배웠다고 전해진다.[21] 1924년 여름부터 3년간은 직지사에서 3년 결사를 하였다고 전한다. 직지사에서 '3년 결사'를 하였다는 것은 하동산에게는 상당히 중요한 역사로 볼 수 있지만, 현재 그 결사에 대한 개요 및 내용의 정보는 파악할 수 없다.[22] 3년 결사를 마친 그는 1927년 범어사 금어선원에서 하안거에 들어가 수행을 하던 도중인 7월 5일에 대나무숲에서 바람에 부딪치는 댓잎 소리를 듣고 悟道하였다. 당시 그는 그를 서래밀지(西來密旨)가 안전(眼前)에 명백하였다고 회고하였다.[23] 이 오도가 초견성인지, 구경각인지는 알 수 없지만 필자가

은 혜일 그가 언제 東山이라는 호를 받았는가 하는 점이다. 문도들이 작성한 문집의 연보에서는 1913년 금강계단에서 대소계를 수계하였을 당시에 법호로 동산을 받았다고 한다. 그런데 입산 후 1년도 안 된 상황에서 수계를 하면서 법명과 법호를 동시에 받았다는 점에 대해서는 의아심이 든다.

21) 문집에서는 이 시점을 1913년이라고 하였으나, 출가 직후에 이러한 공부를 하였다는 것은 수긍키 어렵다. 『자비보살의 길』, 376쪽에서는 윤고암, 錦圃, 石庵 등 수좌 40여 명과 함께 운문암 선방에서 수행을 하였다고 한다.

22) 당시 수좌들의 조직체인 선학원의 선우공제회가 재정난, 노선의 혼미 등의 연유로 1924년 4월경에는 그 본부를 직지사로 옮겼다. 당시 직지사에는 서대암, 허일권, 김남전 등의 수좌가 주석하였다. 이렇게 수좌들이 모여들면서 자연적으로 3년 결사에 이르렀을 가능성은 추론된다. 졸고, 「일제하 선학원의 운영과 성격」, 『한국근대불교사연구』(민족사, 1996), 111~117쪽. 한편 『선원총람』(조계종 교육원), 666쪽에서는 하동산이 윤고암 등과 함께 직지사에서 3년 결사를 하였다고 기술하였다.
그러나 1925년 동안거 때에는 하동산이 수덕사 능인선원에서 입승 소임을 보았다는 기록을 유의하면 3년 결사는 재고될 여지가 있다. 『근대선원 방함록』(조계종 교육원), 170쪽 참조.

보건대 이는 초견성으로 보인다. 이로써 그는 교학, 참선의 이력 15년만에서야 깨달음의 세계로 들어가게 되었다.

이렇게 깨달음을 맛본 이후에는 선원의 조실로 근무하면서 후학을 양성하고, 또 다른 일면에서는 자신의 구경각을 향한 고삐를 계속하여 잡았던 것으로 보인다. 그 고삐를 잡음은 선문에서 보임(保任)이라고 한다. 하동산 그가 조실로 근무한 시점과 장소를 제시하면, 1929년 동안거(범어사 금어선원)와 1930년 동안거(범어사 금어서원)이다.24) 그리고 1932년에는 범어사 원효암에서 주석하면서 보조지눌의 간화결의론, 원돈성불론을 입수하여 암송할 정도로 일시적으로 교학에 전념하였다. 이렇게 그는 오도 이후, 범어사 선원 조실의 소임을 살면서도 철저한 보임을 하였다고 보인다. 이후 그의 발길은 해인사로 향한다. 1933년 동안거에는 해인사 퇴설선원에서 조실의 소임을 맡았다.25) 그런데 이때의 방함록에는 그의 법명이 용봉(龍峰)으로 나온다.26) 이때부터 1935년 3월까지는 해인사 퇴설선원에 있었던 것으로 추정된다.

그런데 그는 1935년 3월, 서울 선학원에서 개최된 전국수좌대회에 참가하였다.27) 그는 단순하게 참가한 것이 아니라 수좌대회의 사

---

23) 이상은 연보에서 제시한 것을 요약함. 그런데 당시 금어선원의 하안거 수행자 대중 명단에 하동산의 이름은 전하지 않는다. 『근대선원 방함록』(조계종교육원, 2006), 321~322쪽 참조. 이운허가 찬술한 「東山스님 行狀」에서는 1934년 8월에 범어사 금어선원에서 모든 대나무가 亂鳴하는 소리를 듣고 확연히 깨달았고, 그 경지를 용성에게 표현하였더니 용성은 흔연히 인가하였다고 서술했다. 『운허선사 어문집』(동국역경원, 1992), 323~324쪽.

24) 위의 『근대선원 방함록』, 326~327쪽.

25) 『근대선원 방함록』, 88쪽.

26) 용봉은 그가 일시적으로 당시 해인사 주지였던 임환경에게 받은 당호이다. 이에 대한 논란은 후술할 것이다. 그런데 그 당호를 받은 시점이 언제인지는 정확하지는 않다. 1931~1933년으로 추정할 수 있다.

전 준비, 실무 등 대회의 실질적인 주체로서의 역할을 다하였다. 이 대회는 한국불교 전통의 수호, 선풍 진작을 위해 1921년 11월에 설립된 선학원, 1922년 3월에 결성된 선우공제회의 전통을 계승한 대회였다. 즉, 선학원은 1920년대 중반에 가서는 일시적으로 후퇴하였으나 1930년에 가서는 김적음에[28) 의해 재기하였다. 재기한 선학원은 선원과 수좌의 기반하에 선의 대중화를 기하고, 나아가서는 한국불교 전통을 회복·구축하기 위한 목적에서 선학원의 재정 기반의 강화에 노력을 기울였다. 그러한 결실이 구체화된 것이 1934년 12월, 재단법인 조선불교 선리참구원으로의 전환이었다. 이렇듯이 선학원을 재단법인체로 전환시킨 수좌들은 그 기회를 활용하여 한국불교의 근본이 선종에 있음을 자각하고 당시의 불교풍토를 극복하기 위한 노력을 기울였는데, 바로 그 성과가 1935년 3월의 전국수좌대회 개최였다. 1935년 3월 7~8일, 수좌대회를 주도한 수좌들은 선종의 기반을 공고히 한 여력을 몰아서 전국 선원 및 수좌들의 조직체를 만들었던 것이다. 마침내 조선불교선종(朝鮮佛敎禪宗)이 창립되고, 선종(禪宗) 종무원도 설립되었다. 이러한 내용은 대회에서 제정, 통과된 선종 종규에 담겨 있다. 당시 그 대회에서 하동산은 재단법인 설립을 주도한 임시 발기회의 주도세력에[29) 의해서 법인 정관 시행세칙 기초위원 겸 수좌대회 준비위원으로 위촉을 받았다.[30) 수

---

27) 이때에도 그의 법명은 하용봉(해인사)으로 나온다. 졸고, 「조선불교선종과 수좌대회」, 『불교근대화의 전개와 성격』(조계종출판사, 2006), 172쪽 참조.

28) 『불교시보』 4호(1935.11), 3쪽, 「如來의 사명을 다하야 세상에 모범을 보이는 숨은 인물들, 立志傳中의 인물 김적음화상」.

29) 그들은 송만공, 김남전, 김현경, 기석호, 윤서호, 변유심, 이탄옹, 김적음 등이었다. 이들은 1933년 3월 20일에 임시발기회를 선학원에서 개최하였다.

30) 그 위촉은 범어사 출신인 기석호의 추천이 작용한 것으로 보인다. 위촉받은 대상은 기석호, 정운봉, 황용음, 박대야, 박고봉, 김적음, 하용봉, 김일옹, 이탄옹,

좌대회 준비위원들은 1935년 3월 3~4일 제1회, 제2회 준비위원회를 개최하면서 대회의 제반 준비에 들어갔다. 당시 하동산은 예비의 준비위원회와 본 수좌대회에서 대회순서 작성위원뿐 아니라 종규, 종정회 규칙, 종무원칙, 선회규칙, 선의원회 규칙 등의 기초위원, 그리고 의안 심사위원, 종규 및 제 규약의 낭독위원을 역임하였다. 그리고 대회에서 정한 종무원의 소임으로는 선의원(禪議員), 순회포교사(巡廻布教師)에 선출되었다.31) 이렇듯 하동산은 선리참구원으로의 전환에 주도적인 참여와 수좌대회의 발기를 하지는 않았지만 대회의 준비위원회, 수좌대회에서는 핵심적인 주도자로서 역할을 다하였다. 그러므로 수좌대회가 갖고 있는 성격, 의의는 저절로 하동산의 특성, 지향과 동질적이라고 볼 수 있다.32)

그러면 이러한 배경에서 수좌대회가 갖고 있는 성격을 조망해 보자. 그것을 단적으로 알 수 있는 것은 수좌대회의 선서문이다. 그 전문을 보면 다음과 같다.

宣誓文
「우러러 告하옵나이다.」
「本師 釋迦世尊 및 十方 三寶慈尊이시여」
世尊께옵서 靈山會上에서 拈花하시오니 迦葉존자－微笑하심으로 붙어 以心傳心하신 祖祖相承의 正法이 일로붙어 비롯하와 冊三祖師로 乃至

김익곤 등이다.

31) 선종의 주요 간부 소임에는 종정은 신혜월, 송만공, 방한암이며 종무원장에 오성월, 부원장에 설석우, 서무부 이사 이올연(청담), 재무부 이사 정운봉, 교화부 이사 김적음이 선출되었다.

32) 필자는 수좌대회의 전모를 전하고 있는 「조선불교선종 수좌대회록」을 발굴하여, 그것을 불교계에 공개하였다. 그리고 이를 분석한 글, 「조선불교 禪宗과 首座大會」를 『불교근대화의 전개와 성격』(2006, 조계종출판사)에 기고하였다.

歷代傳燈이 서로서로 繼承하와 今日의 法會를 일우웠나이다. 窃念하오니 世尊이 아니시면 拈花가 拈花 아니시며 迦葉이 아니시면 微笑가 微笑아니싶니다. 拈花와 微笑가 아니면 正法이 아니외다. 正法이 없는 世上은 末世라 일넛나이다. 世尊이시여 邪魔는 날이 熾盛하며 正法은 時時로 破壞하는 이ー末世를 當하와 弟子 等이 어찌 悲憤의 血淚를 뿌리지 아니 하오며 어찌 勇猛의 本志를 反省치 아니 하오리까 오직 願하옵나이다. 大慈大悲의 三寶께옵서는 慈鑑을 曲照하시와 弟子 等의 微微한 精誠을 살피시옵소서. 世尊의 弘願을 效則하와 稽首發願하오니 聖力의 加被를 나리시와 拈花와 微笑의 正法眼藏이 天下叢林에 다시 떨치게 하시오며 如來의 慧日이 四海禪天에 거듭 빗나게 하시옵소서. 世尊이시여 獅子는 뭇 짐생에 王이외다. 그를 當適할 者ー그 무엇이리까 그러나 제털 속에서 생긴 벌네가 비록 적으나 사자의 온몸을 다 먹어도 제 어찌 하지 못하나이다. 天下無適의 大力도 用處가 없나이다. 그와 같이 이제 如來 正法이 그 목숨이 실끝 같은 今日의 危機를 當한 것도 그 누에 허물이겟습니까. 업디려 비나이다. 正法을 獅子라면 弟子 等이 벌네가 아니리까. 이제 天下 正法이 今日의 危機에 陷한 것이 오로지 弟子 等이 如來의 軌則을 奉行치 아니한 不肖의 罪狀은 뼈를 뿌시고 골수를 내여 밧처 올니여도 오히려 다 하지 못할 줄 깊이 늣기와 이제 懺悔大會를 못삽고 弟子 等이 前愆을 懺悔하오며 後過를 다시 짓지 아니코저 깊이 맹세하오며 發願하오니 이로붙어 本誓願을 등지며 三寶를 欺瞞하야 上으로 四重大恩을 저바리며 下으로 三途極苦를 더하는 者 잇삽거든 金剛鐵 槌椎로 이 몸을 부시여 微塵을 作할지라도 敢히 엇지 怨望을 품싸오리까.

차라리 身命을 바리와도 맛침내 正法에 退轉치 아니하겠사오니 오직 원하옵나이다.

「大慈大悲의 本師 釋迦牟尼佛과 믿 十方 三寶慈尊께옵서는 慈鑑證明

하시옵소서」

　갓이 업는 衆生을 맹세코 濟度하기를 願하옵나이다. 다함이 업는
煩惱를 맹세코 除斷하기를 願하옵나이다. 한량이 업는 法門을 맹세코
배우기를 願하옵나이다. 우가 업는 佛道를 맹세코 成就하기를 원하옵
나이다. 이 因緣功德으로 널니 法界衆生과 더부러 한가지 아욕다라삼
약삼보리를 일우워지이다.

昭和 十年 三月 七日

朝鮮佛敎禪宗首座大會　告白

　이 선서문에서는 정법과 전등이 계승되어야 함에도 불구하고, 사
마(邪魔)가 극성하고 정법이 파괴되는 말세를 당하여 참회와 반성을
하겠다는 수좌들의 현실인식이 우선 개진되어 있다. 수좌들은 정법
이 위기에 처한 현실에 대해 정법과 여래의 궤칙을 받들지 못한 죄
상을 수긍하면서, 그 위기를 타개하겠다는 원력을 세웠다. 나아가서
는 참회하는 정신으로 다시는 잘못을 짓지 않고 삼보를 기만하는 삿
된 무리들을 제거하겠다는 굳은 서원을 다짐하였다. 이에 수좌들은
정법을 받들지 못하였던 자신들의 허물을 자인하면서 신명을 바쳐
정법에서 물러서지 않겠다는 맹서를 하였다. 추후에는 중생제도, 번
뇌 단절, 불법의 수행, 불도의 성취를 하겠다는 다짐을 하였다.

　바로 이러한 선종의 선서문 정신이 1935년 무렵의 하동산의 지
성, 사고였다고 볼 수 있다. 이 선서문에 담긴 정신을 더욱 확대 해
석하면 그것은 불교정화의 이념이라고 하겠다. 여래의 정법이 실끝
같은 금일이라고 한 것, 천하의 정법이 금일의 위기에 처하였다는
현실인식은 곧 불교의 근본이 무너지고 있음을 직시한 것이다. 여기
에서 지적한 불교의 현실은 불교계에 대처승이 등장하고, 그로 인하

여 사찰 및 불교의 원융살림이 방치되어, 상구보리 하화중생하는 승가의 근본이 팽개쳐진 것을 의미하는 것이다. 하동산은 바로 그와 같은 현실을 직시하고, 이를 근본적으로 개혁할 주체로서의 수좌들의 재발심을 독촉하고, 그것을 추동할 조직체인 선종과 종무원을 결성하였다고 본다.

그렇다면 하동산이 어떤 연유로 이러한 현실인식을 갖고, 그것을 추동하는 최일선에 서게 되었는가? 지금껏 우리가 살핀 바와 같이 하동산은 교학의 수학, 참선수행에만 주력하고 불교계에서의 구체적인 활동에는 나서지 않았다. 이에 대해서는 두 가지 측면에서 접근이 가능하다. 우선은 은사인 백용성의 식민지불교를 극복하고 불교의 근원을 회복하려는 행보에서 영향을 받았을 가능성이다. 백용성은 1926년 5월, 9월 불교의 근본을 파괴하는 주범을 승려의 대처식육으로 보고 그것을 부정, 극복하기 위한 행보에 나섰다. 이는 잘 알려진 바와 같이 총독부에 대처식육을 금지해 달라고 요청한 건백서이다.[33] 당시 백용성은 그와 뜻을 같이 하는 수좌 127명의 동의, 연서를 받아 대처식육을 완전 금지하든가, 아니면 무처승려와 유처승려를 구분하여 무처승려만이 전용적으로 수행할 수 있는 본산을 활급할 것을 요청하였다. 그러나 일제는 백용성의 요청을 거부하고, 오히려 대처승도 본사 주지에 취임할 수 있는 사법 개정을 장려, 권유하였다. 이로부터 불교계는 대처승이 합법화의 길로 나갔던 것이다. 그리하여 1926년 후반부터 대처승의 합법화가 시작되어 1920년대 후반에는 비구승 대부분의 대처승화가 가속화되었다. 이후 백용성은 대처승의 합법화를 수용하는 교단, 사찰재산을 팔아 버리는 승

---

33) 졸고, 「1926년 불교계의 대처식육론과 백용성의 건백서」, 『한국 근대불교의 현실인식』, 민족사, 1998.

단과는 함께 갈 수 없다고 판단하고 자신만의 독자적인 길로 나아갔거니와 그것은 대각교 창립, 선언이었다. 이에 백용성은 1927년에 대각교를 선언하고, 대각교 중앙본부 및 지부를 설립하고, 선농불교 및 선율을 겸행하는 불교를 실천하였다.[34] 이러한 백용성의 노선과 지향은 상좌였던 하동산에게도 일정한 영향을 주었다고 보고자 한다.[35]

다음으로 지적할 것은 하동산이 교학 수학, 참선수행을 거치면서 나타난 수행력이 일정한 수준에 올라가 범어사, 해인사 선원의 조실을 역임하였던 이력, 자부심이다. 선찰대본산의 범어사, 법보사찰로서의 해인사의 역사적 전통은 특별하게 인식할 수 있는 것인데, 그러한 사찰의 조실을 40대 초반에 역임하고 있음은 당시 불교계, 특히 수좌계에서는 일정한 반열에 올라간 것으로 보고자 한다. 더욱이 하동산은 입산 이전에 의학전문학교를 마쳤기에 사회의식, 현실의식에 대해서도 일정한 소양을 갖추었다고 볼 수 있다. 이러한 사회의식은 수좌대회에서 종규, 각종 규약을 제정함에 있어서 실력을 발휘할 수 있었던 대목이 아닌가 한다.

수좌대회에 참가하여 조선불교선종, 종무원을 출범시킴에 일조를 한 하동산은 그가 처해 있었던 원래의 자리로 돌아왔다. 그 자리는 수행처인 선원이었다. 그는 1935년 하안거를 설악산 봉정암에서 났고,[36] 그해 동안거는 범어사 금어선원으로 복귀하여 조실의 소임을 맡았다.[37]

---

34) 졸고, 「백용성의 불교개혁과 대각교운동」, 『새불교운동의 전개』, 도피안사, 2002, 286~291쪽.

35) 백용성의 건백서에 서명한 127명의 대상자에 하동산도 포함되었을 가능성이 있지만 기록의 부재로 그것을 단언할 수는 없다.

36) 『동산대종사 문집』(1998), 행장, 369쪽.

1936년, 그의 나이 속납으로 47세 때였다. 1936년 동안거 때부
터[38] 그의 은사인 백용성이 범어사 금어선원의 조실로 와 있었다.[39]
당시 용성은 그의 대각교운동을 일제가 탄압하는 것을 피하기 위해
대각교 간판을 내리고, 대각교 재산을 정리하여 은둔의 자세를 견지
하였다. 이에 1936년 7월 16일에는 해인사 측과 교섭하여 그에 관
련된 이전 수속을 하였다.[40] 그러나 이 약정은 사후관리의 문제로
인해 파기되고, 범어사와 재교섭을 하였다. 그 결과 대각교당의 기
지와 건물, 화과원의 기지와 건물, 간도 용정의 교당·부동산 등 당
시 시가 10만 원 상당 재산을 범어사에 제공하였다.[41] 이로써 1936
년 11월 대각교 간판은 내려지고 서울의 대각교당도 범어사 경성포
교소로 전환되었다.[42] 이렇게 범어사에 머물면서 자신의 대각교운동
을 정리하고 있었다. 바로 그 무렵, 1936년 11월 18일 하동산은 백
용성에게 계율을 전수받았다. 즉, 계율의 전계증을 받았다.

---

37) 『근대불교 방함록』, 335쪽. 이때의 법명은 龍峰으로 나온다.

38) 『근대불교 방함록』, 337~338쪽. 용성은 1937년 하안거에도 범어사 금어선원에
   있었다.

39) 『불교시보』 17호(1936.12.1), 6쪽, 「인사소식, 백용성선사 대본산 범어사 내원
   암 종주로 취임」. 『근대불교 방함록』, 337~338쪽에는 1936년 동안거, 1937년
   하안거의 조실로 백용성으로 전한다.

40) 그 조건은 대각교의 동산, 부동산 등 일체 재산을 명의 변경하고, 용성과 용성
   의 제자 6인이 중심이 되어 포교소 운영과 자선사업을 계속해 가는 것이었다.
   졸저, 『용성』(민족사, 1999), 230쪽. 『불교시보』 13호(1936.8.1), 7쪽, 「대각교
   당을 해인사경성포교소로 변경」.

41) 그 대신 범어사에서는 매월 초하루에 100원씩을 경성포교소에 지불하여 경비
   로 충당케 하였다. 『불교시보』 17호(1936.12.1), 6쪽, 「대각교당이 다시 대본산
   범어사 경성포교소로 이전 수속」.

42) 그러나 얼마 후 백용성은 '조선불교선종 총림'이라는 간판을 갖고 독자적인 행
   보를 갔다. 『불교시보』 42호(1939.1.1) 근하신년란에 경성부 봉익정 2 조선불
   교선종 총림이라고 나온다. 그리고 1939년 4월 18일에 나온 『지장보살본원경』
   에도 발행처가 경성부 봉익동 1번지 조선불교선종 총림 삼장역회라고 나온다.

하동산은 백용성에게 전계증을 받기 이전, 즉 1936년 하안거를 태백산 정암사에서 났다가, 그해 동안거 때에는 해인사에 내려와 조실로 근무하였다고 한다.[43] 바로 그때에 하동산은 은사 백용성의 부름을 받아, 범어사에서 백용성이 지니고 있었던 계맥을 전수받았다. 당시 하동산에게 전한 그 전계증의 기록을 살펴보겠다.

吾今所傳戒脉 朝鮮智異山 七佛禪院 大隱和尙 依梵網經 誓受諸佛淨戒 七日祈禱一道祥光 注于 大隱頂上 親受佛戒後 傳于錦潭律師 傳于梵海律師 傳于草衣律師 傳于禪谷律師 傳至于吾代 將次海東初祖所傳 張大敎網漉人天之魚寶印 以爲戒脉與正法眼藏正傳之信 慇懃付與東山慧日 汝善自護持 令不斷絶 與如來正法住世無窮

世尊應化 二九六三年 丙子 十一月 十八日

龍成 震鍾 爲證

東山慧日 受持[44]

이 전계증에 나오듯이 백용성은 그가 수지하였던 조선 후기의 자생적인 서상수계(瑞祥受戒)의 계맥, 자주적인 계맥을 하동산에게 전수하였다. 이러한 계맥의 전수는 당시 불교계 잡지인 『불교시보』에도 다음과 같이 나온다.

---

43) 이는 『문집』의 행장, 370쪽 참조. 그런데 현전하는 해인사 퇴설선원의 방함록에는 그의 이름이 전하지 않는다. 해인사에 주석하였지만 안거 수행에는 참가하지 않았을 수도 있다. 바로 그 무렵 동산은 그의 상좌인 이성철의 출가를 독려한다. 즉 산청 대원사에서 재가자로 수행하던 성철은 김법린, 최범술의 권유로 해인사로 갔다. 당시 백련암에서 성철을 만난 동산은 출가를 권유하였다. 성철이 출가한 때는 1937년 3월이었다.

44) 『문집』, 370쪽. 이 자료의 원본은 현재 범어사 성보박물관에 소장되어 있다.

白龍城 禪師는 朝鮮佛教 固有의 戒脈을 東山 慧日師의게로 傳하엿는
대 그 由來한 禪師의 系統을 보면 아래와 갓다고 한다.

　　大隱和尚 錦潭和尚 梵海和尚 禪谷和尚 龍城和尚 東山和尚[45]

　　이렇듯이 하동산에게로 전달된 계맥은 당시 불교계에도 널리 알
려졌던 것이다.

　　그러면 여기에서 백용성은 자신의 생명과 같은 계맥을 왜 하동
산에게 전하였는가? 이에 대해서는 다양한 접근이 가능하다. 지금껏
이에 대해서는 특별한 해석이 없었다. 다만 하동산의 수행, 선지가
뛰어난 것에서 찾았다고 이해된다. 백용성에 대한 연구는 이제 초보
단계인데, 그중에서도 그의 법 계승의 문제는 전혀 논의된 적이 없
다. 이는 자료 부족, 연구자의 관심 누락, 현실적인 문도 내부의 역
학관계 등이 어우러진 결과로 보인다. 필자가 추정하건대 백용성은
1936년 초반부터는 일제 탄압에 직면하면서, 자신의 삶의 총체성을
정리했던 것으로 보인다. 앞서 살핀 대각교 재산 일체를 범어사로
기부한 것은 그 단적인 예증이라 보인다. 그리고 1936년 2월 16일,
관음재일을 이용하여 대각사에서는 백용성 법맥 상속식을 거행하였
다. 법맥 상속 대상자 명단을 전한 보도기사에는 하동산의 이름을
찾을 수 없다.[46] 1936년 4월, 대각교중앙본부에서 간행한『수심론』
에도 본분진리를 말해달라는 제자들의 요청에 의하여 게송으로 그
의 뜻을 전한 내용이 있다. 여기에 나온 제자의 명단에도 하동산의
이름은 전하지 않는다.[47] 그리고 1936년 7월 16일 백용성과 해인사

---

45)『불교시보』18호(1937.1.1), 13쪽,「朝鮮佛教의 戒脈直傳과 白禪師의 傳戒」.

46)『불교시보』8호(1936.3.1), 6쪽,「대각교당의 법맥상속식」. 이 기록에는 嗣法을
　　받은 대상자로 東軒完圭, 禎薰道庵, 德綸雷默, 月舟鳳庵 등 4인의 법명이 전한다.

가 대각교 재산을 이전하였을 당시에 그 관리자로 나온 제자 6인에
도 하동산의 이름은 없었다.[48]

어떤 연고로 백용성의 상수제자로 널리 알려진 하동산이 누락되
었는가? 더욱이 하동산은 교학, 참선 등의 수행을 치열하게 하였으
며, 깨달음도 겪었고, 범어사와 해인사에서 조실도 역임하였다는 사
실을 고려하면 더욱더 의아심이 든다. 이는 그간 용성문도회에서 구
전으로 전해 왔던, 하동산이 해인사 주지인 임환경에게 중간에 건당
하여 받은 법명인 '용봉(龍鳳)'의 문제에서 비롯된 것으로 보인다.
그 전후사정은 하동산의 입산 이전의 가사문제를 해결하기 위한 문
제에서 발단되었으며, 그것을 해결하기 위해서 필요한 일정한 돈을
임환경이 제공하면서 하동산을 당신의 제자로 삼으려 하였고, 그 결
과로 용봉이라는 이름을 받았던 것이다. 지금까지 하동산의 상좌들
은 이런 문제가 공식적으로 언급되는 것을 꺼렸다. 그런데 2006년
초에 불거진『태고종사』사태를 극복하기 위한 목적에서 나온 하동
산 찾기의 인터뷰 과정에서[49] 필자는 그 실무를 담당하였기에 여러
상좌에게서 그에 대한 다양한 정보를 확인하였다. 그것이 위에서 필
자가 언급한 가사문제 해결 차원에서 나온 당호(용봉)인 것이다. 하
동산 문도들의 증언을 종합해 보면, 입산 이전의 가정문제를 해결하
기 위해 백용성을 찾아가서 그를 해결하기 위한 돈(논 세 마지기
값)을 요구하였고, 그 사정을 들은 백용성은 사적인 일에 절의 돈을
쓸 수 없다고 거절하였다. 하동산의 고민을 파악한 임환경이 그 자

---

47) 그 대상자는 단암, 덕운, 보광, 회암, 도암, 동헌, 뇌묵, 봉암 등 8인이다.

48) 그 대상자는 柳道庵, 崔昌雲, 金警惺, 表檜庵, 崔雷默, 邊月舟 등 6인이다. 이들은
'門徒'라고 전하였다.

49) 그 성과물이『동산대종사와 불교정화운동』(2007)과『범어사와 불교정화운동』
(2008)이다.

금을 대면서 자신의 제자라는 당호를 주었고, 하동산은 용봉이라는 당호를 3~4년간 사용하였으며, 얼마 후 하동산은 백용성을 찾아가 참회하고, 동산이라는 법호를 다시 썼으며, 임환경에게도 사용한 돈을 되돌려 주었다는 것이다.

필자가 보기에 이러한 전후사정이 맞물려 있었기에 1936년 초반, 중반의 전법자 명단, 제자의 명단에서는 하동산을 찾을 수 없었던 것이다. 그러나 1936년 동안거를 범어사에서 났던 백용성은 어떤 연유 및 계기에서 기인한 것인지는 모르지만 자신의 생명과 같은 계맥의 전수 대상자로 하동산을 선택하였다. 그것은 백용성이 하동산의 수행의 실력을 인정하고 상수제자로 다시 인정한 측면, 하동산의 참회를 수용한 것, 계율을 수호하면서 불교정화를 추진할 수 있는 대상자로 인정한 내용 등이 결합되어서 나온 산물이라고 보고자 한다.

백용성에게서 전계를 받은 이후의 하동산은 더욱더 철저한 수행을 한 것으로 보인다.[50] 1937년 하안거 때에는 도리사 조실,[51] 1938년 하안거는 범어사 내원암 선원에서 조실로,[52] 1939년의 하안거·동안거는 은해사 선원의 조실로 있었다.[53] 그런데 1940년 음력 2월 24일, 은사인 백용성이 대각사에서 세납 77세로 입적하였다. 백용성의 입적은 하동산에게는 충격, 당혹으로 다가왔을 것이다. 그는 백용성의 입적 이후에는 용성에게서 받은 동산이라는 법명을 다시 쓰

50) 『문집』, 374쪽에서는 하동산이 해인사 조실로 추대되었다고 하였지만 앞의 『근대불교 방함록』의 해인사 해당 연도에는 그런 내용이 없다.
51) 정광호, 『한국불교최근백년사편년』, 262쪽. 이 기록에는 조실이 하용봉으로 나온다.
52) 정광호, 『한국불교최근백년사편년』(인하대, 1999), 263쪽, 「선방」.
53) 정광호, 『한국불교최근백년사편년』(인하대, 1999), 264쪽, 「선방」.

고, 오로지 범어사 금어선원에 조실로 주석하면서 수행에 더욱 매진하였다. 즉 그는 1941년 하안거부터 해방되는 그날까지 줄곧 범어사 금어선원의 조실로 주석하였다.54) 하동산의 문도인 송백운의55) 회고에 의하면 백용성이 입적하자 더욱 선수행을 치열하게 하여 마침내 깨쳤다고 한다.56) 이렇게 백용성 입적 이후 하동산이 깨친 시점은 정확하지는 않지만, 이는 일반적으로 말하는 구경각의 깨침으로 볼 수 있지 않을까 한다.

백용성 입적 직후, 하동산이 불교정화의 기치를 구현한 것은 1941년 2월 26일부터 10일간 선학원에서 개최된 유교법회(遺教法會)에서의 설법이었다. 이 대회는 일제 불교정책, 일본 불교의 침투로 인하여 청정 승풍이 쇠약해지는 것을 차단하면서 동시에 청정법맥을 진작시키기 위한 목적에서 개최되었다. 하동산은 당시 그 법회에 참가하였다.

> 去 이월 이십육일부터 십일간 府內 안국정 禪學院에서는 雲水衲僧 古德諸師의 遺教法會를 열고 박한영, 송만공, 채서응, 김상월, 하동산 제선사의 범망경, 유교경, 조계종지에 대한 설법이 잇섯다고 한다.57)

---

54) 이에 대한 근거는 『근대불교 방함록』의 범어사 해당 연도 편에 구체적으로 전한다.

55) 송백운은 본래 백양사 계열의 승려였으나 1952년 9월부터, 범어사 하동산의 시자를 맡은 인연으로 하동산의 제자가 되었다. 그는 하동산에세 게문을 받은 은법상좌이다.

56) 송백운은 필자에게 "용성스님이 열반을 하시니 용성스님이 살아 계실 적에 깨쳐야 하는데 그리 못한 것이 평생의 한이라고 생각하고는 용맹정진을 하였더니 금방 깨쳤다고 하였습니다. 그래서 이렇게 쉬운 것을 진작 철저하게 하지 못한 것을 아쉬워 하였답니다"고 증언하였다.

57) 『불교시보』 69호(1941.4.15), 「선학원의 유교법회」.

당시 그 법회에는 운수납자 40여 명이 참가하였는데 대표급 수좌들이 설법을 하고, 대회 종료 후에는 수좌대회를 열고, 기념사업으로 비구승 중심의 범행단(梵行團)을 조직하여 선학과 계율의 종지를 선양하기 위한 노력을 기울였다. 그리고 수좌들은 제2회 조선불교선종 정기선회를 개최함과 동시에 선리참구원의 이사회와 평의원회도 열었다.58) 당시 대회에 참가한 하동산이 설법한 주제는 전하지 않는다. 그러나 그가 유교법회에 참가하였던 그 사실에서 그는 선리참구원, 수좌계의 확실한 중견 지도자였음이 분명하다고 보겠다.

하동산은 유교법회가 끝난 뒤, 즉 1941년 5월경, 백용성을 흠모하였던 이운허를 만나 백용성의 어록 편찬에 대해 대화를 하였다는 기록이 있다.

余 事의 此擧(필자주, 禪農佛敎)를 듯고 欽慕함을 마지 못하얏더니 前日에 梵行團일로 東山上人을 봉익동 敎堂에 訪한즉 때는 正히 師의 小祥을 지낸지 未幾요. 上人은 上足이라 小編인 師의 語錄을 示하고 右 事實을 諭하면서 記하라 囑하기에 이러히 責을 塞하다.

後學 龍夏 謹記59)

즉 1941년 4월경 하동산은 백용성의 어록을 편찬하려고 하였는데, 당시 대각사에서 만난 이운허에게 백용성의 선농불교에 대한 글을 써 줄 것을 요청하였다는 것이다. 이 글에서 주목되는 것은 하동산을 백용성의 상족(上足)으로 표현하였다는 점이다. 상족은 상수제자라는 말이다. 이는 하동산의 위상을 단적으로 말해주는 것이다.

---

58) 『불교시보』 69호, 「재단법인 선리참구원의 이사회급평의원회」.

59) 『용성선사어록』, 39쪽, 「선농관」.

『용성선사 어록』은 1941년 9월 20일에 발간되었는데, 그 발간을 주도한 인물이 바로 하동산이었다. 이 사실은 이운허의 회고에도 나오지만『용성선사어록』의 저작 겸 발행자인 김태흡의 '후서(後序)'에도 나온다.

爰有東山禪師하야 侍學老師之餘에 收拾老師語錄之散逸者하야 欲爲編纂 公刊할새 余亦老師法恩不少하야 誠心贊同하고 共力出版故로 錄其顚末하야 附于卷尾하노라.[60]

즉 김태흡에 의하면 하동산은 백용성을 시학(侍學)하는 여가에 백용성의 어록이 흩어져 있는 것을 모았는데, 그것을 편집하여 출간하려고 하였다는 것이다. 이에 김태흡도 백용성의 은혜를 입어서 정성을 다하여 출판하는 데에 힘을 보탰다는 내용이다. 이렇게 백용성의 수행, 사상, 행적을 알 수 있는 자료를 취합하여『용성선사어록』을 발간한 것은 하동산이다. 백용성의 제자가 다수였건만 그 작업에 참여한 것은 오직 하동산이었다. 더욱이 일제가 패망하기도 전이며, 백용성이 입적한 지 불과 1년밖에 안 된 시점에서 어록을 발간한다는 것은 예사로운 일이 아니다. 여기에서 필자는 하동산의 백용성 계승하기를 분명하게 찾을 수 있다. 이제 이러한 배경에서『용성선사 어록』의 하동산 발문[61]을 살펴보겠다.

만약 賞音의 子期를 알아들을 수 있는 사람이 없다면 어느 누가

---

60)『용성선사어록』, 40쪽.
61)『용성어록』, 40쪽. 이 발문은 원래 한문으로 되어 있으나 대중화를 위해 한글로 번역한 것을 제시하였다. 번역은 동봉,『용성 큰스님 어록』(불광출판부, 1993)의 610~612쪽의 것을 저본으로 활용하였음.

伯牙의 거문고 소리를 이해할 수 있겠는가. 소리를 알아듣는 자는 적고 뜻을 잃은 자는 많다.

그러므로 靈山會上에서 부처님이 꽃을 드시어 대중에게 보이셨을 때 대중의 수가 백만이었건만 오직 금색 두타인 마하가섭만이 파안미소하였다. 또한 黃梅山中에는 득도한 자가 자그만치 칠백여 명이었으나 오직 盧行者만이 밤을 틈타 入室한 것이다.

슬픈 일이다. 때는 바야흐로 성인께서 가신 지가 오래다. 魔는 강하고 法은 약하다. 如來의 正法이 波旬의 魔說로 변질되어 가고 臨濟의 宗風이 야간의 긴 울음소리에 떨어져 가고 있다. 만일 禪師와 같이 行이 높고 智慧가 원대한 자가 아니라면 아무리 說한들 누가 알아들을 수 있겠는가?

선사의 살아온 인연과 법을 얻은 인연, 세 번의 깨달음, 다섯 종파의 변명 문답의 기연, 근기를 따른 설법, 선문강화, 삼장역회의 노력, 불교총림의 시설, 치아사리의 방광과 서상, 방생의 십년, 기타 사람을 위한 노파심절 등이 낱낱이 선사의 어록 가운데 실려 있으니 구태여 번거롭게 얘기할 것도 없다. 각자가 한번 이 어록을 보기 바란다.

선사께서 오심이여,
끓는 煩惱에 시원한 甘露水요
선사께서 가심이여
人天의 眼目을 잃었도다.

아아! 슬프도다, 교화의 연이 이윽고 끝나시니 작은 병환을 보이셨다. 새와 짐승들도 슬피 울고 숲속의 나무도 흰옷으로 갈아입는구나. 하물며 우리 제자들이야 누가 슬피 울어 눈물 흘리며 옷깃을 적시지 않으리오. 선사께서 엄연히 꾸짖으시도다.

> 산과 산 물과 물은
> 나의 모습이요
> 꽃과 꽃 풀과 풀은
> 나의 뜻이다.
> 등한히 왔다 등한히 가니
> 밝은 달이 비추고
> 맑은 바람이 분다.

> 만약 이 뜻을 요달하면
> 어찌 오고 가는 相이 있고
> 사랑과 미움의 정이 있으리오
> 정은 남고 지혜는 隔했으니
> 간절히 모름지기 뜻을 가져라.

말씀을 마치고 엄연히 가셨다. 선사가 가신 지 1주기, 小祥을 맞이하여 궤 속에 간직된 선사의 유고를 내가 꺼내어 얻고 대중들에게 돌려가며 보였다. 그때 마침 신도 가운데 최창운 씨가 듣고는 매우 기뻐하며 유통하기를 간청하였다. 이에 신남신녀들에게 권선문을 내어 편집하고 간행하여 유포하니 영원히 무궁하기를 바란다.

특히 바라는 바는 성수는 하늘처럼 항상하고 이 땅은 오래도록 영원하여라. 종풍은 끊이지 않고 부처님의 태양은 길이 빛나라. 법계의 含靈들이여! 마음 깨쳐 성불하라.

時 세존응화 2968년 3월 3일

門人 東山慧日 跋

위의 발문에서 필자가 주목하는 것은 다음과 같다. 우선 용성의
어록, 즉 자료를 수집하여 발간하려는 백용성의 제자는 하동산을 제
외하고는 찾을 수 없다는 것이다.[62] 이로 미루어 보건대 하동산이
백용성의 상수제자이면서 백용성의 법을 계승하려는 의식이 충만하
였음을 알 수 있다. 다음으로는 하동산은 1941년 그 시절을 마(魔)
는 강하고 법은 약하며, 여래의 정법이 마설로 변질되고, 임제의 종
풍이 사라지고 있다는 현실인식을 하였다. 이는 하동산이 일제 말기
의 불교 풍토를 극력 비판하였음을 파악할 수 있는 단서이다. 셋째
로는 하동산은 임제종풍 및 불교 발전에 대한 원력이 지대하였음도
나타나고 있다. 이러한 단서에서의 공통점은 불교정화이다. 불교의
근본과 한국불교 전통으로서의 선을 회복하려는 강력한 의지를 엿
볼 수 있다. 이렇듯이 하동산은 백용성의 법과 정신을 계승, 구현을
통한 불교정화에 대한 일정한 소양을 갖고 있었다.

일제 말기, 하동산의 살림살이에서 간과할 수 없는 것은 1943년
에 범어사 금강계단의 단주(壇主)로 취임한 것이다. 이에 그는 역사
와 전통을 갖고 있었던 범어사 계단의 전계대화상(傳戒大和尙)이 된

---

62) 한편 현재 해인사 용탑선원에 있는 용성사리탑비명(1941.7)에는 하동산이 恩佐
로 나온다. 즉 그는 은법제자, 수법제자 명단에는 없고 恩佐 명단에 포함되었다.
이는 하동산이 용성의 상수제자이면서 법을 받았다는 동산문도회의 기존의 견
해와는 적지 않은 이질성을 노출한 내용이다. 필자가 보건대 하동산은 『용성선
사어록』을 발간하였지만, 여타 제자들은 비석 건립을 주도한 것으로 보인다.
그런데 그 비명에는 1936년 전반기에 법을 받았다는 제자들의 이름이 나온 경
우도 있고, 새로 추가된 것도 있다. 이를 종합해 보면 1941년 용성 비석을 건립
한 그즈음 용성 문도 내부에서 내적인 문제가 있었다고 보인다. 그러나 필자는
그 내적인 문제에 대한 내용, 성격 등을 정리할 정보, 여건이 부재한 상황이다.
이는 필자의 연구 과제로 남겨 두고자 한다.
그런데 마성은 「용성진종의 계보와 법맥–상속」(『용성진종조사의 사상과 한국
불교의 좌표』, 2007), 152쪽에서 恩佐는 恩上佐의 준말로, 은좌는 사승의 대를
이어갈 뛰어난 제자라는 의미로 해석하였다.

것이다. 1892년(고종 29), 대구 용연사의 만하(萬下, 勝林)는 계법 중흥을 위해 중국 북경 법원사(法源寺)의 황성계단(皇城戒壇)에 가서 받아온 대소승계를 1897년 통도사에서 통도사 서해담(徐海曇) 율사, 범어사의 오성월(吳惺月) 율사 등에게 전수하였다. 그 후 범어사에서는 1901년부터 금강계단을 만들어 사미계, 사미니계, 비구계, 비구니계, 보살계 등을 승려 및 재가자에게 전수해 왔다. 그 계맥은 오성월, 경념, 정운봉, 영명 등으로 이어져 왔는데 이제는 그 맥이 하동산에게로 전해진 것이다. 이로써 하동산은 조선의 자생적인 계맥과 함께 중국에서 유입된 계맥까지[63] 겸수하였다. 즉 하동산은 제도권 내에서의 계맥·계단의 주역으로 그 위상이 더욱 올라갔다.

지금까지 살핀 바와 같이 일제하 하동산은 경학 공부, 참선수행을 한 후 범어사, 해인사에서 조실로 활동하였다. 이는 정통수좌로서 올곧은 수행을 견지하였음을 의미한다. 그리고 그는 1935년 수좌대회와 1941년 유교법회에서 선종 창건, 종무원 설립, 선풍 진작, 계율수호, 전통불교 수호의 견인차 역할을 하였다. 이는 당시 수좌계에서 지도자 반열에 서 있었음을 말하는 것이다. 그리고 그는 1936년에는 백용성의 계맥을 계승하고, 1943년에는 범어사 금강계단의 단주로 취임하였다. 이러한 계맥의 계승은 그가 계율수호라는 더욱 구체적인 책임을 갖게 되었음을 말하는 것이다. 이런 측면이 종합되어, 구체적인 방향성을 띤다고 볼 경우, 그는 자연스럽게 전통불교 수호, 식민지불교의 극복을 통한 불교정화라는 노선을 가게 되었다고 볼 수 있다. 곧 하동산은 일제하의 불교에서도 불교정화와는 불가분의 관계에 처해 있었다고 보고자 한다.

---

63) 이지관, 『한국불교계율전통』(가산불교문화연구원, 2006), 253~262쪽.

3. 불교정화의 배경과 하동산

본 장에서는 불교정화가 일어날 수밖에 없었던 연유에 주목하면서, 그것과 관련된 하동산의 행적을 살피고자 한다. 이는 불교정화가 발발하였을 당시 왜 불교정화의 지도자로 하동산이 등장하였는가를 밝히려는 것에 있다. 이러한 분석은 불교정화가 이승만대통령의 유시, 공권력의 개입에 의해서만 나타난 것이 아니고 불교계 내부에서의 자생성을 분석하고자 함이다. 나아가서는 왜? 하동산은 불교정화의 최일선에 서야만 되었는가를 살펴보려고 한다.

1945년 8월 15일, 한국은 일제에서 해방되었다. 해방은 한국의 자주 독립국가의 건설로 나가야 하는 역사적인 과제를 부여하였다. 이러한 과제는 불교계에도 역시 나타났거니와 그것은 식민지불교의 극복과 함께 불교 본연의 길로 나감이었다. 이에 불교계에서는 교단 재정비를 기하기 위한 다양한 대책이 왕성하게 노정되는 가운데 불교혁신에 대한 활동이 구체화되었다. 그 활동의 주체는 대략 교단, 혁신단체로 대별되었다. 그러나 교단과 혁신단체의 불교혁신 활동은 상이한 현실인식, 추진방법의 이질화로 인해 적지 않은 갈등, 대립을 가져왔다.[64] 이렇게 대응적인 불교혁신으로 인해 중앙에서는 교단 내홍을 겪을 때 지방에서는 수좌들 중심의 독자적인 불교개혁을 위한 실험이 추진되기도 하였다. 가야총림, 봉암사결사, 고불총림이

---

64) 이에 대해서는 아래의 졸고가 참고된다.
　　김광식, 「8 · 15해방과 불교계의 동향」, 『한국근대불교의 현실인식』, 민족사, 1998.
　　김광식, 「불교혁신총연맹의 결성과 이념」, 『한국근대불교의 현실인식』, 민족사, 1998
　　김광식, 「전국불교도총연맹의 결성과 불교계 동향」, 『한국근대불교의 현실인식』, 민족사, 1988.
　　김광식, 「8 · 15해방과 전국승려대회」, 『한국 현대불교사 연구』, 불교시대사, 2006.

바로 그것이었다.65) 그러나 이러한 모든 움직임은 1950년 한국전쟁이라는 격변을 맞이하여 거의 다 중단되었다.

이렇게 불교계 내부에서 불교혁신을 위한 움직임이 전개되던 그 즈음의 하동산은 어디에 있었는가? 그리고 그는 그 같은 불교혁신에 대해 어떤 입장을 갖고 있었는가? 이러한 기초 조사는 불교정화가 일어난 1954년(65세) 이전의 하동산의 행적에 유의하여 불교정화의 발발과 하동산과의 상관성을 이해하고자 함이다.

하동산은 해방되던 그 무렵부터 정화가 발발될 때까지 줄곧 범어사 금어선원의 조실로 있었다. 1945년 하안거부터 1954년 하안거까지 금어선원의 조실로서 자신의 수행을 지속하면서 수좌들의 수행을 지도하였으나 1948년에는 대승사 쌍련선원 조실로 가 있기도 했다.66) 그 당시 범어사 금어선원은 안거 수행시에 15명 내의 수좌가 있을 뿐이었다.67) 그러나 그 무렵의 하동산에 대한 정보는 문헌으로 전하는 것이 거의 부재하였다. 다만 일제하 범어사의 주역이라고 칭할 정도였던 오성월이 입적하자, 그 후임으로 범어사 대처승들이 회의하여 하동산을 산중 조실로 추대하였기에, 산내 암자인 원효암에서 범어사 청풍당으로 내려와 범어사의 정신적인 어른으로 주

---

65) 김광식, 「봉암사결사의 전개와 성격」, 『한국 현대불교사 연구』, 불교시대사, 2006.
  김광식, 「고불총림과 불교정화」, 『한국 현대불교사 연구』, 불교시대사, 2006.

66) 다만, 1948년 동안거 때에는 조실 명단에서 누락된 것을 보면, 1948년 가을부터 1949년 여름까지는 다른 사찰에 가 있었다고 볼 수 있다. 봉녕사 묘엄스님의 회고에 의하면 하동산은 그 무렵 문경의 대승사 선원의 조실로 있었다고 한다. 『회색고무신』(시공사, 2002), 161쪽. 해방 무렵 쌍련선원에 있었던 성철, 청담 등은 떠나고 조실로 정금오가 주석하였다. 『회색고무신』, 155쪽. 『향성, 묘엄스님 출가유행록』(봉녕사승가대학, 2008), 99쪽에는 하동산이 해방 직전 6개월간 머물렀다고 나온다.

67) 앞의 『근대불교 방함록』 해당 연도 참조 바람.

석하였다고 한다.[68]

　그러한 위상을 갖고 있었음에도 사판중심 체제에서 하동산의 영향력은 미약하였다. 대처승들이 살림을 주관하였던 종무소에서는 선원에서 마지를 지어 올릴 것과 수좌 15명분의 식량만 대주었기에 그 외 재정은 하동산의 주관으로 해결하였다. 그런데 한국전쟁이 터지자 전국 각처에 있었던 수좌들이 대거 범어사로 몰려들었다. 그러자 범어사 하동산 회상에는 수좌가 근 백여 명 가깝게 수행하게 되었다. 그러나 하동산은 그 수좌들을 다 수용하면서 함께 공부하자는 대승심을 발휘하여, 수행풍토를 진작하였다. 이에 대해서는 1952년에 범어사 선원에 있었던 월운의 회고가 주목된다.

　글쎄 내가 보기에 노장 조실스님은 선방의 운영도 독립적으로 하였으며, 찾아오면 누구나 환영하시곤 하였지만 누구의 도움이나 보호를 받으려는 기질이 없었어. 이를테면 스님은 반골기질이야. 그래서 그렇게 대처승을 미워하시곤 그랬는데 이것은 혁명기질이 있었다는 것이지.[69]

　이렇게 하동산은 몰려든 수좌들과 우호적인 수행을 하였는데, 당시에도 불교정화를 하려는 혁명기질이 있었다고 한다. 그리고 당시 수좌들은 이런 하동산의 살림살이에 감격을 하였다. 다음은 당시 범어사에 있었던 문정영, 보성의 회고이다.

　동산스님은 결제, 해제 법문을 꼭 하시고, 조석으로 꼭 예불을 안

---

68) 2006년 7월 6일, 동근스님의 증언. 동근스님은 1948년 범어사에서 출가하였다.
69) 2006년 6월 10일 증언.

빠집니다. 그리고 아침에는 틀림없이 마당 청소를 합니다. 그러니 청소 때는 대중들 전체가 참석할 수밖에 없지요. 그거는 본받을 만하지요. 하여간 동산스님은 꼭 예불 안 빠지시고, 큰 축원은 꼭 직접 하시고 그랬어요. 그 시절 동산스님은 모든 사람, 공부하겠다는 사람을 거의 다 받았어요.[70]

6·25가 난 다음, 다음 해입니다. 그때 범어사에는 전국에서 몰려든 수좌스님들이 상당히 많았습니다. 동산스님은 수좌들이 오면 무조건 방부를 받아줘요. 그래 한번은 내가 가서 항의를 하였어요. 그랬더니 동산스님이 저보고, "야! 니 밥과 내 밥에다가 물 한 그릇을 더 붓자"고 하세요. 그러니 할 말이 없더라구요. 어떻게 내놓을 수가 없어요. 이렇게 스님은 찾아오는 사람이면 누구나 함께 수행을 같이 하자, 고락을 같이 나누자고 했어요. 그런 스님의 사상, 정신은 참으로 누구도 못따라 갑니다.[71]

이렇게 하동산은 조실이면서 수좌대중들과 함께 수행하면서, 모범적인 대중생활을 하였다. 그것은 곧 수좌들의 어른으로 각인되었음을 말하는 것이다.

이렇게 하동산이 범어사에서 수좌들의 수행을 외호하면서 불교정화에 대한 당위성을 키워가던 1952년 가을 무렵 범어사에서는 하나의 사건, 불교정화에 의미가 있는 일이 전개되었다. 그것은 불교정화를 해야 한다는 당위성을 표출한 태풍과 같은 것이었다. 그 발단은 범어사 전 건물을 국립 결핵환자 치료소로 쓴다고 하여 수행하

---

70) 2006년 9월 28일 증언(문정영).
71) 2006년 8월 19일 증언(보성).

고 있었던 수좌들에게 나가 주었으면 하는 은근한 압력이었다. 그러나 당시 범어사의 하동산과 수좌들은 그에 반발하면서, 그 의지를 격문으로 작성하여 각처의 선원에 보냈다. 당시 그 실무를 보고, 격문의 윤문을 하고, 각 선방에 보내기 위한 가리방을 긁었던 월운의 회고를 참고하자.

그때, 뭐가 있었느냐면 부산에 임시수도를 차리고 피난을 내려와 있을 때인데, 정부에서 범어사의 전 건물을 국립 결핵환자의 치료소로 쓴다고 조금은 압력을 내려 보냈습니다. 그러니 청풍당에서 수행하는 수좌들도 그 공간을 내주고 다른 곳에 가서 공부를 하라는 말이 있었습니다. 그러니 동산스님과 수좌들은 역정을 내면서 우리가 여기에서 공부를 하는데 어디를 가라는 말이냐면서 응하지 않았습니다. 그래 선방의 일부 수좌들이 지대방에 모여서 정화를 해야 한다는 식의 글을 짓고, 그를 가리방으로 긁어서 여러 곳에 우편발송을 하였습니다. 그때 그 글을 어줍잖게 내가 쓰고, 서툰 글씨로 가리방도 내가 긁었어요. 한 100장을 해서 큰절, 선방 같은 곳에 발송을 한 기억이 있지요.[72]

이렇게 하동산과 범어사에서 수행하였던 수좌들은 강력히 반발하였다. 그 반발의 뜻을 구현한 격문은 1952년 10월과 12월 두 차례에 있었다. 당시 하동산의 시자였던 송백운의 증언은 그 사정을 더욱 자세히 알려준다.

격문사건은 임진년(1952) 가을에 있었어요. 동산스님이 문장을

---

72) 2006년 6월 10일 증언.

쓰시고, 그것을 수좌들에게 읽어 보라고 해서 서기를 보던 해룡스님, 지금 봉선사 월운스님이 강력히 하자고 해서 사자신충이라는 경전의 글귀를 끝에다 그걸 넣었어. 그때 수좌 20명의 이름을 격문의 끝에다 써 넣었지. 맨 먼저 하동산이라고 크게 탁! 쓰고, 상선원에 있는 수좌들의 이름을 다 넣었지. 나이가 많은 범구스님, 민도광스님도 넣고 다음으로 정영스님, 계명암에 있던 법련, 일타스님 형인 법련, 또 달마 그리는 소공, 진상, 우화스님 시봉인 진웅 등이 생각나는구먼. 해룡스님과 지홍이 나는 저 밑에 쓰고. 그래서 우편 발송으로 각 선방에 보냈어요. 그래 회답도 받았지, 함께 우리가 공동보조를 취하는 내용으로. 그 회답을 모아 둔 사람이 서기를 보던 해룡이여. 그런데 격문은 두 번이나 보냈어요, 내용은 다르지만. 그 내용은 우리가 이렇게 앉아서 당할 수는 없다, 그러니 궐기하라고, 총궐기하라고 하였지. 우리 스님은 혁명가적인 기질이 있었어요.[73]

1952년 10월, 12월의 이 격문은[74] 하동산의 불교정화에 대한 의지가 구체화되기 시작하였다는, 즉 운동의 예비단계로 접어들었음을 의미한다. 그러나 당시는 한국전쟁 중이었기에 이렇다 할 반응, 동조는 미약하였다고 보인다.[75] 당시 그 두 번째 격문을 수정, 보완한[76] 월운은 자신이 사자신충(獅子身蟲) 운운의 범망경의 구절을 비유하면서 처자식을 둔 대처승은 절에서 나가라고 쓴 것은 하동산의

<hr>

73) 2006년 7월 23일 증언.

74) 그런데 현재 그 격문은 전하지 않는다.

75) 월운스님도 이에 대해 전쟁통이라 반응이 적었지만, 후일 어느 수좌에게는 그 격문을 읽어 보았다는 말을 들었다고 하였다.

76) 송백운에 따르면 첫 번째 격문은 하동산의 문장을 그대로 발송하였고, 두 번째 격문만 월운이 문장을 추가하였다고 한다.

영향을 받은 것이라고 하였다.[77]

그런데 이 격문사건이 찻잔 속의 태풍으로 끝났다면 1953년 1월 10일, 범어사에 내방한 이승만 대통령에게 불교정화를 건의한 것은 불교정화로 나가는 시발탄이 되었다. 이승만 박사가 범어사를 내방한 것은 미 8군의 밴플리트 장군에게 범어사를 안내시키려 한 것에서 나온 것이다. 이에 이박사의 내방은 내방하기 10일 전에 범어사에 알려졌다. 이에 범어사 대중들은 이승만, 밴플리트를 맞기 위한 여러 준비를 하였던 것이다. 그때 범어사 수좌들은 이전에 정화에 대한 격문을 발송한 경험을 상기하면서 이승만 대통령이 내방하면 수좌들의 건의를 제출하자고 사전 준비를 하였다.

마침내 이승만 일행은 1953년 1월 10일, 내방하여 약 1시간 가량 범어사를 둘러보았다. 바로 그날, 이승만에게는 두 건의 건의사항이 전달되었다. 그 첫 번째 건의는 이승만을 안내한 선원의 서기였던[78] 월운에 의해서 나왔다. 당시 월운은 범어사 경내의 관람을 마치고 수행, 안내한 월운에게 애로사항이 없느냐는 이승만의 질문에 다음과 같은 세 가지의 불교계 문제를 개진하였다.

그때 이대통령이 "무슨 애로사항이 없느냐?"고 물었어요. 그래 처음에는 무엇을 답변할 줄을 몰라 가만히 있었더니, 동산스님이 왜 이야기 하지 않느냐고 되려 꾸중을 하셨어요, 그래 내가 순간적으로 엉겁결에 세 가지 내용을 말씀드렸지.

첫째는 농지개혁으로 사찰토지가 모두 분배되고 보니 불량미가

---

77) 그는 하동산은 평소에 늘, 대처승이 절 밖에 살면서 출퇴근이나 하고, 절을 좌지우지하니 문제라고 하면서 대처승들을 내쫓아야 한다고 강조하였다고 한다.
78) 『근대 선원 방함록』, 369쪽. 그는 1952년 동안거 때의 서기, 海龍(20세, 본사 화방사)으로 나온다.

없어서 이렇게 큰절을 지킬 수 있는 사람이 없다. 사찰은 조상의 유물, 국가의 문화재인데 이럴 수는 없다. 둘째는 젊은 승려들을 무차별로 징집해 가니 불교의 교리, 의식 등의 전수가 이어지지 못하고, 조석으로 부처님 분향도 못하고, 노스님들이 죽을병이 걸려도 시봉할 사람이 없게 되었다. 셋째는 현재의 제도로는 처자식이 있는 대처승이 절의 주인노릇을 하면서 절을 좌지우지하기에 공부하는 수행승들은 살아갈 길이 없고, 또 머물 절도 주지 않기에 불교의 장래가 걱정된다.

이렇게 세 가지를 즉석에서 답변을 하였어요. 이런 말은 아마도 평소에 동산스님이 하신 말씀에서 우러나온 것이야. 동산스님이 늘상 대처승은 내쫓아야 한다고 그러셨거든.[79)]

그 세 가지 답변에서 불교정화와 가장 문제시된 것은 세 번째 대처승의 전횡, 수행승의 생존과 수행풍토의 문제였다.[80)]

그리고 또 다른 건의는 하동산이 이승만에게 불교정화에 대한 당위성의 개진이었다. 이 건의는 이승만 일행이 범어사 관람을 모두 마치고 떠나기 직전 일주문 앞에서 30분간 구두로 전한 것이라고 한다. 당시 하동산이 이승만에게 말하는 것을 지근거리에서 지켜본 당사자인 송백운은 다음과 같이 회고하였다.

구경을 마치고 돌아가는 일주문에서 우리 스님하고 이박사하고 한 30분간 대화를 했어요. 그 요지는 지금 수도승의 씨를 말리게 되

---

79) 위의 증언(2006년 6월 10일)과 같음.

80) 이에 대해 송백운은 월운의 건의는 수좌들이 사전에 건의하기로 한 내용을 문서로 정리한 것이고, 그 건의문을 봉투에 담아 이승만, 비서관에게 전달되었다고 하였다.

었다, 우리는 갈 곳이 없다, 식량 20명분만 주기에 배급을 타서 공부하고, 탁발을 해서 산다, 전 사찰이 왜색승이 차지해서 문제라는 말들을 했어요. 그러니 이박사는 왜색승이 뭐인가, 그러면 되는가, 해방이 된 지 언제인데 아직까지 그러냐 등등으로 답변을 했어요. 그렇게 이박사와 동산스님이 대화를 하니, 밴플리트 장군 내외와 프란체스카 여사도 차에 타지 못하더라구요. 그래 결론은 문교부 장관 김범린이 범어사 출신이니 내려 보낼 터이니, 자세하게 이야기를 해 달라, 수도승이 공부할 수 있도록 조치해주겠다고 하였지요. 그때 얼마나 추운지, 모든 사람들이 벌벌 떨고 그랬어요. 두 분이 손을 잡고, 이야기하는 것을 보았어요.[81]

즉 하동산은 수행승의 현실과 대처승의 전횡에서 나온 문제점을 개진하였다. 이에 이승만은 담당 부서의 책임자인 김범린 장관을 통하여 구체적인 건의를 하라고 하면서, 수도승이 수행할 수 있는 조치를 취하겠다고 발언하였던 것이다.

이렇게 1953년 1월 10일, 범어사에서는 다수의 수좌와 조실 하동산의 불교정화에 대한 뜻, 의지가 국가 공권력의 최고 책임자에게 전달되었다. 이러한 사후 조치는 조속히 이루어졌으며, 그 반응은 즉각적으로 불교계 종단으로 파급되었다. 월운의 건의에 대해 보름 후에 회신 공문이 왔는데 그것은 해당 부서에 이첩하여 처리토록 하였다는 것이다. 그 후에는 또 다른 공문이 왔는데 가장 문제시된 수행승의 수행풍토 조성은 문교부 및 불교종단에서 처리토록 하였다는 내용이었다.[82] 이로써 월운의 건의, 즉 대처승의 전횡에 대한 수

---

81) 앞의 증언(2006년 7월 23일)과 같음.
82) 첫 번째 내용은 사찰 불량답 건이었는데 이는 4킬로미터 이내에 위치한 원래

행승의 불만은 대처승이 주도하는 종단 상층부에서도 알게 되었다. 다음 하동산의 건의에 대해서는 이승만이 다녀간 후 김법린 문교부 장관이 범어사를 내방하는 것으로 전개되었다. 당시 하동산은 김법린에게 수도승이 갈 곳이 없다, 대안으로 범어사와 통도사를 수좌들에게 제공하면 도제양성을 시작하겠다는 의견을 개진하였다.

이러한 월운, 하동산의 불교정화에 대한 의사 표출은 즉각 대처승이 관리하는 종단에서 대응조치를 강구하는 것으로 전개되었다.[83] 당시 종단 사무실은 한국전쟁 피난으로 부산의 대각사에 위치하고 있었다. 당시 종단 내부의 대응회의를[84] 지켜본 손경산은 그 정황을 범어사에 와서 전하였다. 대처승 측의 종단과 범어사 종무소는 연합하여 하동산과 수좌들을 응징하였다. 그들은 트럭 한 대에 타고 범어사 선원으로 몰려와 갖은 행패를 하였다. 이에 대해서는 그 당사자인 월운과 이를 지켜본 백운의[85] 회고가 참고된다.

사찰답은 자경농지의 자진 포기 형식으로 선처할 것으로 되었다. 다음 두 번째 내용인 승려 병역문제는 국민의 의무로 별 다른 방법이 없으니 진실한 수도승임을 입증하는 증명서를 자체 발급하여 스스로의 권익을 지키라고 하였다고 한다.

83) 월운은 그의 저서『구름처럼 달처럼, 雲堂餘話』(대원정사, 1990), 33쪽,「옛일을 생각하며 오늘을 본다」에서 "'셋째, 수도승의 수도장 확보에 대해서는 문교부 장관(김법린)에게 일임할 것이다' 했는데 문제의 진정사항이 당시의 총무원으로 이첩되자 총무원은 감찰권을 발동하여 간접 탄압을 하니 그것이 불교정화의 분규로 연결되었던 것이다"라 하였다. 월운은『승가』(중앙승가대, 2006) 22호의「권두언」에서도 이 내용을 요약하면서 회고하였다.

84) 그 회의는 종단 감찰부장인 최원종이 주관하였으며, 당시 범어사와 통도사 종무소 측 대처승들이 하동산이 비구승 괴수가 되어서 절을 빼앗으려고 한다면서 강력히 성토하였다.

85) 당시 송백운의 법명은 知興(18세, 본사 백양사)이었다. 그의 소임은 시자, 간병, 지전이었다.『근대불교 방함록』, 368쪽.

    그해, 1953년 정월 초하룻날(양력 2월 27일)에 화폐개혁을 단행하였는데, 바로 그날 중앙의 총무원 쪽에서 트럭 한 대를 타고 온 사람들이 들이닥쳤어. 종단의 감찰부장을 책임자로 하고, 범어사 종무소에서도 몇 명이 합세하여서 몰려왔어. 와서는 그럴 수가 있냐고 강력히 항의를 하였어. 중앙 종단차원에서 일개 수좌가 감히 대통령에게 건의를 한 것을 돌출행동이라고 볼 수 있는 것이었겠지. 그러니 동산스님께서 나서서는 "내가 시킨 것이다"라 하시면서 그 문제로 인한 파장을 껴안으셨지. 그래 나는 난처하여 "내가 책임질 것은 책임지겠다"고 하였어.[86]

    경남 종무원에서 동산스님을 내쫓자고 회의하는 것을 그래서 경산스님이 본 것이 아닙니까? 그때 해룡스님이 서기이라 우리 스님이 격문의 뼈대를 세우고, 거기에다가 해룡스님이 살을 붙였어요. 그 격문에는 사자신충(獅子身蟲)이라는 말이 있어, 종무소 큰방에서는 누가 그것을 썼느냐, 누가 우리를 벌레라고 하였느냐면서 우리를 몰아붙이고 그랬어요. 그러니 월운스님이 내가 했다고 하니, "쌍놈의 새끼" 하면서 난리가 났어. 그때, 그 움직임에 강력히 반론을 편 사람이 태정이라고, 서울 공대 3학년을 다니다가 6·25가 나서 입산한 탄허스님의 상좌가 논리적으로 말을 하면서 그에 대응하였어요. 지금도 온천장에 살아요. 그이가 제일 논리적으로 말을 잘하였지. 그때 대처승들이 저, 금정중학교 선생들을 앞장세우고 와서는 욕을 하고, 난리를 피웠지요. 여기를 비우고 나가라면서.[87]

    그 사태는 결국은 격문, 건의의 당사자인 월운이 경찰에 끌려가

---

86) 앞의 증언과 같음(월운).
87) 앞의 증언과 같음(백운).

고, 마침내는 군대에 강제 입영시키려는 사태로 전개되었다.[88] 그러나 월운은 당시 선암사에서 행자로 입산한 김지견(우진)의 도움으로 다시 범어사로 돌아왔다.[89]

이렇게 범어사의 하동산, 범어사 수좌들은 자생적인 정화를 해야 하겠다는 의사를 표출하였지만 대처승 측의 저항, 완력 등으로 일체의 성과를 거두지 못하였다. 그러나 하동산의 불교정화에 대한 염원은 완전 소멸되지 않았다. 그 점화는 1954년 4월 9일, 통도사 고승회의로 전이되었다. 그 고승회의는 1952년 봄 무렵, 수좌 이대의가 당시 교정인 송만암에게 수좌승 전용의 수행공간 할애를 요청하는 건의서 제출에서 비롯된 것이다.[90] 이렇게 수좌승 전용의 수행공간 문제가 교단 내부에서 문제가 되자 교정 송만암은 1952년 11월 통도사에서 개최된 제11회 정기교무회의에서 이판, 사판의 역할 분담을 전제로 대처승의 기득권은 인정하되, 사찰 관리는 독신승이 해야 함을 강조하였다.[91] 그러나 송만암의 지시는 교단 내부에서 즉각 이행되지 않았다. 이에 1953년 4월, 불국사에서 교정의 지시를 검토하는 법규위원회에서는 수좌들에게 사찰 18개를 제공한다는 원칙만을 결정하였다.[92]

---

88) 당시 월운은 병역의무를 마치지 않아, 장정들을 현역으로 끌고 가기 위해 대기시킨 부산 범일동의 군부대에 1주일간 구속되어 있었다. 그때 청담, 경산은 그 부대를 찾아가 월운을 격려하였다.

89) 그러나 그는 범어사로 와서 하동산에게 인사만을 하고는 범어사를 나와 부산시내 법화사라는 사찰에 가 있었다. 월운의 후임 서기는 高眞眞(27세, 광덕)이 담당하였다. 『근대선원 방함록』, 371쪽.

90) 『대의대종사전집』(건양문화사, 1978), 「행장」, 88~91쪽.

91) 이는 송만암의 소신, 고불총림 운영의 경험에서 나온 것이다. 졸고, 「고불총림과 불교정화」, 『한국 현대불교사 연구』, 불교시대사, 2006.

92) 이상의 내용은 졸고, 「전국비구승대표자 대회의 시말」, 『근현대불교의 재조명』, 434~435쪽 참조. 그런데 일부 기록에는 그 할애 사찰을 48개로 전한다. 할애

이렇게 송만암 교정이 교시를 내리고, 교단 내부에서 그 이행 조치를 결정하였지만 실질적인 성과는 전혀 없었다. 그러는 가운데 범어사에서 하동산이 불교정화를 추진해야 한다는 격문 발송, 이승만에게 불교정화 건의사건 등이 일어났던 것이다. 이에 교정인 송만암은 1954년 4월 9일, 그의 입장을 재차 강조하면서 수행승에게 사찰 제공을 촉구하는 회의를 주재하였다.[93] 당시 그 모임에는 통도사 김구하의 연락으로 송만암, 이효봉, 김구하, 권상로, 이운허 등이 참가하였다.[94] 그러나 하동산은 초청을 받았으나 가지 않았다. 그 대신 자신의 시좌인 송백운을 통도사에 보내 그 현황을 지켜보게 하였다. 당시 사정은 그 모임에 갔던 송백운의 회고에서 찾을 수 있다.

그때에는 구하스님이 연락을 해서 다시 한 번 모이자고 해서 좋다고는 했는데 우리 스님이 갈 마음이 없으시다면서 안 갔습니다. 그 이전에 우리 스님이 본산 절 두 개만 주면 비구승 도제양성을 하겠다고 말하였다가, 욕을 먹고 난리를 피우니 거기에 감정이 생겨 안

사찰은 본산은 1개도 없고, 승려 2, 3인이 지키는 독살이 절이었다. 이에 수좌들은 큰 불만을 가졌다.

93) 이 회의에 대해 효봉스님을 도솔암에서 시봉한 보성스님은 "만암스님이 도솔암에 오신 적이 있어. 오시더니만 대처승들이 절밥 먹고 딴 짓거리들을 하니까 이제부터는 수좌들 대접을 받을 수 있게 해야 되겠다고 했어. 스님이 좀 움직여줘야 하겠다고 한 거야. 그래서 통도사에서 만나서 회의도 하고 그랬지"라고 회고하였다. 『22인의 증언을 통해본 근현대불교사』(선우도량, 2002), 342쪽.

94) 그간 이 모임에 대한 개요, 성격 등에 대해서는 구전으로 많이 알려져 왔으나, 구체적인 모임의 일자를 알지 못하였다. 그러나 그 모임이 종료된 후 찍은 기념사진의 공개로 인하여 일자, 참석자 등이 구체적으로 알려지게 되었다. 이 사진은 그 모임에 참석하였던 김종원 스님이 50여 년간을 보관해 오다 최근 하동산스님 증언 인터뷰 과정에서, 원두스님의 사진 공개 제안을 수락하여 이루어진 것이다. 사진을 공개하여 역사의 단서를 제공해 주신 종원, 원두스님에게 감사의 말씀을 드린다.

가신다고 해서 내가 갔지. 저는 만암스님이 노스님이니 가서 인사도 드리고, 정황이나 보라고 하시면서 가 봐라고 하였기에 갔지요. 그때에 우리 스님은 만암스님이 용성스님을 운문암 조실로 모시고 선방을 하였을 때 뵈어서 잘 안다고 하셨습니다. 우리 스님의 입장은 우선은 관망 좀 해보자는 것이었지요.

통도사에 가 보니 교정인 만암스님, 효봉스님, 경봉스님이 계셨고 운허스님은 강을 하고 계셨고, 신태영 장군이 왔어. 그때 만암스님이 그러시더라구, "중이 되어 갖고 처자식을 기르는 것은 도무지 맞지 않다, 지금껏 처자식을 기르면서 절을 지켜준 공로는 있으나 처자와 함께 살려는 사람은 나기 살기를 바란다"는 뜻을 말씀하였어. 본산급 절 두 개를 주면 수도승을 가르치겠다는 범어사 동산스님의 의견을 깔아뭉개고 묵살한 것은 용납될 수 없다고 하셨어요.95)

각처의 고승들이 모인 그 회의에서 교정인 송만암은 하동산의 제안, 즉 본산 절 2개를 주면 도제양성을 통한 불교정화를 추진하겠다는 내용을 묵살한 것을 개탄하였다. 당시 종단대표로 내려온 최원종에게 송만암은 본산급 사찰 두 개를 줄 것을 종정의 자격으로 지시하였다. 그러나 통도사, 해인사, 범어사는 수용할 의사가 부재하여 법주사, 용주사를 수좌승에게 제공할 것도 검토하였지만 그것도 결국은 이행되지 않았다.96)

지금껏 살핀 바와 같이 불교정화를 혁명의 불길처럼 본격화시켰던 1954년 5월 20일 이승만 대통령 유시 이전에 범어사의 하동산은 자생적인 불교정화를 기하려는 활동을 하였다. 그러나 그 결과는 기

---

95) 앞의 증언과 같음.
96) 이 증언도 송백운의 회고이다.

존 대처승 측의 아집, 비타협성, 반불교성에 의해 완전 거부로의 귀결이었다. 이러한 내용은 이승만 유시에 의한 불교정화의 외인적인 요인을 재검토할 수 있는 여지를 제공해 주는 것이다. 유시의 현실성, 파급성을 인정한다고 하여도 그 이전에 수좌승의 자체적인 정화 노력이 있었음을 간과할 수 없는 것이다. 더욱이 하동산이 일제 강점기 시절의 불교정화 활동을 지속하였다는 것을 재음미케 해준다. 일제하에서는 중견 수행승려로서 불교정화에 참여하였다면 1950년대 불교정화에서는 수좌승의 대표로서, 원로로서 불교정화를 추동, 견인하였던 것이다. 때문에 하동산은 불교정화는 마땅히 추진해야 할 당위로서 확인하고, 불교정화의 중심에 원로로서 참여하겠다는 강력한 결심을 하였을 것을 쉽게 추론할 수 있다. 이러한 내용에서 필자는 하동산이 불교정화 추진시 성불을 뒤로 미루더라도 기필코 정화를 완수하겠다는 발언을 한 역사적인 배경을 찾을 수 있었다.

드디어, 1954년 5월 20일의 이승만 유시, 즉 대처승은 절 밖으로 나가라는 발언에서 불교정화는 새로운 단계로 진입하였다. 하동산은 그해 7월경97) 범어사를 떠나 정화의 현장인 서울 선학원으로 올라갔다. 그는 당시 수좌계의 주역들과 상의하여 8월 17일에는 정화불사를 위한 수좌대회를 소집하였다.98) 그 결과 그해 8월 24~25일,

---

97) 선학원에서 동산, 효봉, 만암 등 각처의 수좌들에게 통지를 한 것은 6월이었다고 한다. 『대의대종사전집』, 100쪽. 그러나 7월 3일에 각 선원에 수좌 실태조사를 의뢰한 공문을 보내고, 8월 1일에 전국수좌(비구승)대표자대회를 개최한다는 공문을 각 선원에 발송하였다는 기록을 보면 하동산은 7월 말에 상경하였다고 보인다. 『근현대불교 자료전집』 권68, 422쪽.

98) 당시 그 수좌대회 소집문은 『대의대종사전집』, 318~319쪽에 전한다. 소집문에는 수좌대회의 개최 예정일이 8월 23일로 전한다. 그 소집문은 교단정화추진준비위원회 위원장 정금오, 전국수좌대회 준비위원회 소집 책임자 이대의, 그리고 대회 소집에 동의한 이효봉, 하동산, 김적음의 이름으로 각 지방 선원에 배

선학원에서는 전국비구승대표자회가 열렸다. 대회에서는 불교정화의 당위성, 이념, 노선을 정하였다. 이로써 불교정화는 실질적으로 전개되었다.[99] 당시 그 대회에서 하동산은 '빈주(賓主)'가 전도된 것을 바로 잡아야 한다는 강력한, 근본적인 입장을 개진하였다. 그 이후 하동산은 비구승 즉 부종정, 종정으로 추대되어[100] 불교정화운동을 최일선에서 추동하였다. 하동산의 불교정화에 대한 입장을 전하는 문헌이 부재하여 그 본질은 가늠하기 어렵다. 그런데 조계종 중앙기록관에 보관되어 있는[101] 「종정훈화(宗政訓話)」, 즉 1954년 12월 10일 전국비구비구니대회에 즈음한 하동산 종정의 글은 우리에게 많은 정보를 준다. 자료 소개 차원에서 그 전문을 우선 제시한다.

우리가 士農工商에 不參하고 離父母 棄親戚함은 出家學道하야 佛祖의 慧命을 이어 自己旣 充足하고 推己之餘하야 上報四重恩하고 下濟三途苦할 志願이 名利를 爲하거나 住持를 願하거나 寺刹財産을 救함이 않임은 여지금 발바오난 歷史가 證明하는 바입니다. 道在一箇則 一箇重하고 道在天下則 天下重이라 하난 純一한 精神하에 修行精進할 따름인데 우리나라 佛敎敎團이 倭賊의 蹂躪을 받아 四十餘年間 顚倒混亂 狀態에 빠져 徒弟養成도 못하고 徒弟養成을 못함에 따라 大衆佛敎를 示現치 못하야 佛種子가 거의 떠러지게 되여 恒常 念慮하든 中 맞음 時節 因緣이 到來함을 期會하야 爲法忘軀의 殉敎精神으로 萬難을 排擊하고 敎團淨化를 爲始

포되었다.

99) 이 대회에 대한 전모는 졸고, 「전국 비구승대표자의 시말」, 『근현대불교의 재조명』(민족사, 2000)을 참고할 것.

100) 부종정은 1954년 9월 29일의 비구승회의에서 선출되었고, 종정은 그해 11월 초 기존 종정이었던 만암이 비구승의 지눌의 종조 추대에 대한 비판 즉 환부역조를 빌미로 정화에 반대하자 하동산을 종정으로 추대하였다.

101) 『조계종보』 127호(불기 2550년), 50~51쪽 「기록으로 보는 조계종사」.

하야 或 十年 혹 二十年 或 三十年 或 四十餘年 純一 精進하던 全國 比丘
比丘尼大會가 蹶起하야 敎團의 질서를 整然히 淨化함은 奉行佛敎 則 國家
가 興하고 違背佛敎 則 國家가 亡한다 함은 明明한 佛訓일뿐더러 이번
이 淨化로 因하야 佛日이 再輝하고 法輪이 常轉하야 國民思想이 統一되
고 思想이 統一됨을 따라 南北統一과 祖國光復은 不其而然이리니 今番 比
丘大會가 어찌 睡眠不起하며 敎團淨化가 잇지 않이 하리요. 淨化됨에 따
라 비단 우리나라만 燦爛한 平和光明이 있을 뿐 않이라 世界平和가 우
리나라로부터 있음을 決定無疑라 하겠거든 하물며 우리나라 七千 僧侶
가 었지 오난 幸福이 없으리요. 바라건대 아무것도 겁내지 말고 다 -
七千比丘가 되기를 바라며 그렇지 않이하면 護法衆이 되여 秩序整然하
게 敎團淨化를 同心戮力하야 良心的으로 四部大衆이 完全回復하야 福國利
民하기를 四部大衆 前에 以上으로써 告白하난 바입니다.

佛紀 二九八一年 十二月 十日

韓國佛敎曹溪宗 宗正

河東山

  이 글에서 하동산은 불교정화가 일어난 원인을 일본의 국권강탈
로 인해 나타난 40여 년간의 '전도혼란(顚倒混亂)'에서 찾았다. 그
결과 도제양성을 못하고, 나아가서는 그로 인해 '대중불교'를 구현
하지 못하여 불교의 씨앗이 상실하였다고 보았다. 이에 그는 위법망
구의 순교정신으로 교단정화를 해야 함을 강조하였다. 그는 불교정
화, 교단정화가 되면 불교발전뿐 아니라, 국민사상의 통일, 남북통일
및 조국광복, 세계평화까지도 기할 수 있다고 보았다.
  그러나 하동산이 비구 측 종정으로 주도한 불교정화는 숱한 우
여곡절을 겪었다. 정화 추진의 타당성을 확립해야 할 뿐만 아니라,

그에 저항하는 대처 측을 설득하고, 국민들에게도 정화논리를 전해야만 되었다. 이러한 문제는 곧 불교정화의 이념적 정비를 의미하는 것이다. 이런 배경에서 불교정화운동이 극에 달하였던 1955년 8월 3일에 발표된 아래의 선언문은 하동산의 불교정화 이념의 탐구와 관련해서 다양한 정보를 제공한다.

淨化宣言文

佛教는 淸淨의 敎門이다. 淸淨으로써 迷妄을 除□하며 淸淨으로써 穢濁을 轉化하여서 常樂梵宇를 실현함이 이른바 불교요 佛願이다. 또 佛修行이다. 저 諸佛이 淨意로써 義理를 삼고 衆聖이 淨居로써 依支를 지음이 眞實로 우연함이 아니다. 佛化가 東流한지 이제 一千六百年에 淨日이 常照하고 淨燈이 相續하여 海東一區로 하여금 뚜렷이 淨法受記의 □土□이루었더니 시대의 濁流가 佛徒의 信根을 動搖하고 이틈을 타서 群魔의 跳浪과 萬障의 紛騰을 본 것은 아 何等의 法難이며 何等의 敎禍인가 吾佛의 大法이 이를 말미암아 晦藏하고 先德의 建樹가 이를 말미암아 崩壞하여 드디어 漫漫한 長夜가 斯土斯民을 頓鎖하기에 이르니 진실로 法流의 通塞에 深憂를 품는 釋子로써 俯仰感慨하며 破顚□衛에 □□精進치 아니함을 얻으랴. 이에 敎團 自淨의 烽火가 內部로부터 高擧되어서 彌天陰鬱의 迷雲을 快破하고 滿目蒿來의 福田을 範滔하여써 淨慧回光의 斯機運을 導開하기로 되었다. 이는 久遠한 和合을 위한 方便의 折伏으로서 실로 不得已한 일시의 自肅行인 것이다. 다행히 佛天의 加護를 힘입어 積陰이 頓消하고 新陽이 復生하여 □□의 弘通이 前頭에 約束됨은 이 또한 何等의 法慶이며 敎幸인가. 우리는 모름지기 往祖先師의 弘法精神으로 復歸하여 至心虔誠의 更始一新을 決心하여야 할 것이다. 이러함이 아니면 어찌 激□場淸의 實이 있다고 하며 어찌 遮惡止善의

效를 본다고 하며 어찌 一萬年 濁本□會에서 中流砥柱의 責을 擔荷한다고 하랴. 이제 祖國은 道義向下의 危機에 臨하여 이의 匡正이 吾佛의 八支에 기다리며 世界는 文化落空의 窮塗에 當하여 이의 疏通이 吾佛의 三學을 우르러 보나니 佛子의 責任이 今日보담 重大한 때가 未曾有라 하겠다. 이 一大事 因緣은 決코 賣子樣의 僧衆과 火宅化한 道場이 能히 辨得치 못할 것은 누구나 얼른 念到할배니 今日 吾徒의 淨化 實踐은 실로 深意遠慮에 나온 것이오. 尋常 一樣의 鬪爭 堅固를 위한 것 아니다. 또 邪積駆遣과 淸淨 恢復은 當面切求의 第一段事에 不過한 것이오. 吾徒 究竟의 所期는 실로 佛의 知見을 開演하고 佛의 念願을 闡揚하여 一切 衆生과 함께 圓朗常主의 世界를 實現함에 있나니 이것이 吾佛의 咐囑이 아니시랴. 海東의 佛敎는 今日로써 新紀元을 삼아서 人天化導의 途程에 再出發하게 된 것을 佛子여 銘記하여 忘却하지 말지어다.

佛紀 二九八二年 八月 三日

韓國佛敎曹溪宗 代表 河東山[102]

이렇게 하동산은 정화운동을 최일선에서 주도하면서 불교는 청정한 가르침임을 선언하였다. 그러나 일제하 불교를 법난(法難)이며, 교화(敎禍)라고 보면서 그 결과 법이 쇠퇴하고 선덕의 유지가 붕괴되었다고 보았다. 이에 교단 내부에서 자정의 정화가 일어났는데 그것은 청정불교와 승가화합을 위한 불가피한 자숙행(自肅行)이요, 방편의 절복(折伏)을 기하는 것이라고 주장하였다. 요컨대 정화 실천

---

102) 이 자료는 운달산 김용사에서 펴낸 『참고철』이라는 자료집의 첫 페이지에 나온 것이다. 이 『참고철』은 정화운동 종료 이후 사찰(김용사) 차원에서 정화운동 관련 자료를 모아서 영인한 것이다. 그런데 발간 간기, 편집자, 발간일, 머리말 등 기초적인 서지 정보가 전하지 않는다. 필자는 이 자료를 범어사 주지, 대성스님에게 빌려 볼 수 있었다.

의 목적은 부처의 뜻을 널리 알리고, 구현하여 중생들과 함께 세계의 불국토를 만드는 것에 있다는 것이다. 하동산은 이러한 뜻을 조계종을 대표하는 입장에서 선언하였던 것이다.

마침내 하동산이 주도한 정화운동은 1955년 8월 12~13일 전국 승려대회를 기점으로 비구승 측이 의도한 방향으로 일단락되었다. 이로써 하동산이 그토록 갈구하였던 불교정화, 교단정화는 성공하였다. 그러나 그 성공은 완결된 것이 아니었다. 그의 앞에는 또 다른 정화가 필요한 대상이 산적하였다.

이에, 1955년 8월부터 통합종단이 등장한 1962년 4월까지의 정화운동 시기의 하동산의 고뇌 및 구체적인 불교정화 활동은 필자의 후일의 연구주제로 남겨 두고자 한다.

4. 결어

지금껏 불교정화운동을 재구성하기 위한 기획의 일환으로 하동산 불교정화를 조명해 보았다. 하동산에 대한 기존의 연구가 전무한 실정에서 본 고찰은 추후 하동산 연구에 있어 하나의 디딤돌이 될 것이다. 그런 의미에서 본 고찰의 중요한 내용을 요약하고, 추후 하동산 연구에 유의할 측면을 제시하는 것으로 맺는말로 대신하고자 한다. 우선 본 고찰에서 밝혀진 것을 다음과 같이 대별하여 제시한다.

첫째, 하동산은 한국 현대불교사의 불교정화운동 때만 불교정화의 주역이 아니라, 이미 일제하의 불교에서도 불교정화의 중심 인물이었음을 알 수 있었다. 그것은 1935년 조선선종수좌대회 및 1941년 유교법회를 말한다. 이 모임에서 하동산은 단순 참가한 정도가 아니라 주역의 승려로서 적극 활약하였다. 이러한 적극성에서 그의 불교정화에 대한 강인한 자세를 엿볼 수 있다.

둘째, 하동산 그가 이렇게 불교정화에 대한 적극성을 띠게 된 것은 그의 은사인 백용성과의 특수한 관계가 작용한 것으로 보인다. 은사인 백용성은 당대를 대표하는 선지식, 3·1운동시의 민족대표(33인), 불교개혁의 선구자, 불교정화의 실행의 당사자였다. 더욱이 1926년에는 승려의 대처식육을 차단하고 한국불교, 근본불교의 이념과 전통을 회복하기 위해 일제 당국에 건백서를 두 차례나 제출하였다. 그러므로 하동산은 백용성의 민족운동, 불교정화를 실천한 사상, 정신에 영향을 받았던 것이다.

셋째, 이승만 유시가 일어나기 이전에 이미 범어사에서는 자생적인 불교정화의 움직임이 노정되었다. 그 움직임에는 하동산, 범어사 선원의 수좌들이 있었다. 이러한 저변에는 한국전쟁 이후 전국 각처에서 몰려들었던 수좌들과 하동산의 공동수행이라는 치열성이 있었다. 그 자생적인 움직임은 두 차례의 격문 발송, 이승만을 거쳐 공권력 및 종단 상층부에 전해진 대처승의 전횡과 수행승려 전용 사찰 할애의 요청이었다. 이렇게 이승만 유시 이전에 자생적인 불교정화의 구체화가 분명하게 자리 잡고 있었다. 지금껏 이러한 측면이 자료 부족, 관심 부족의 이유로 간과되었던 것이다. 이로써 우리는 불교정화의 자생성, 다양성을 확인할 수 있다.

넷째, 불교정화 추진 및 전개에 있어서 하동산이 가장 핵심적인 승려가 되었던 연유를 파악하게 되었다. 그간, 왜? 하동산이 불교정화운동 당시 종정으로 추대되었는지 연유와 배경이 불투명하였다. 나아가서는 하동산의 성격, 위상에 대한 조명도 할 수 없었다. 본 고찰을 통해 하동산은 정화운동의 선구자, 정화운동의 견인자라는 성격을 부여받게 되었다. 그리고 그러한 측면은 범어사 선원에서 전국 수좌들과 치열한 공동수행을 통해 더욱 재인식되었다. 즉 그는 대중들과의 원융적인 대중생활을 하였고, 처절한 신해행증을 보여준 일상생활을 통해 수좌계의 어른으로 자연스럽게 각인되었다.

지금부터는 추후의 하동산 연구에 있어 참고할 측면을, 필자가 고려한 내용을 제시한다. 첫째, 하동산의 불교정화는 하동산의 불교사상이라는 전체의 구도에서 어떻게 자리매김을 할 것인가의 문제이다. 그러므로 우리는 자연 하동산 그의 불교사상, 수행관, 선교관 등에 대한 분석, 정리가 필요함을 느낀다. 둘째, 하동산 수행관의 요체인 계·정·혜 삼학과 불교정화운동의 참가, 추동과의 상호성도 조명해야 한다. 셋째, 하동산은 그가 정열적으로 추진한 불교정화에 대해 후회, 아쉬움을 표출하지 않았는가 하는 점이다. 그와 함께 정화의 최일선에 섰던 금오, 청담, 대의 등은 한결같이 정화운동에 대한 미진성, 곤혹스러움을 인정하였다. 그리하여 그들은 재정화를 주장하였다. 그렇다면 동산은 어떤 입장에 서 있었는가. 넷째, 하동산의 불교정화를 조계종단사, 정화운동사 차원에서뿐만 아니라 범어사의 역사와 가풍이라는 구도에서는 어떻게 바라볼 것인가에 대한 고민이 요청된다.

이상으로 하동산 불교정화의 분석에 나타난 측면, 그리고 추후의 하동산 연구에 참고할 내용을 요약하여 제시하였다. 이러한 점은 필자의 하동산 연구에서 재음미되어야 하겠지만 후학 및 여타 연구자들에게도 하나의 시사가 되기를 기대한다.

김지효의 꿈, 범어사 총림 건설

1. 서언

1960년대는 총림의 시대라고 부를 수 있을 만큼 총림 사찰이 등장하고, 총림이라는 표현이 불교의 다방면에서 회자되었다.[1] 그런데 이는 당시 수좌들이 백장청규를 근거로 한 수행의 도량(총림)을 만들려고 고민하였고, 나아가 그 도량에서 도제양성을 할 수 있다는 구상에서 나온 것이다. 그런데 그런 구상을 하였던 수좌 중에 범어사 출신 선사인 김지효가 있었다. 이에 본 고찰에서는 김지효의 총림에 대한 꿈의 개요를 살피고, 그 과정에서 나온 범어사 총림 건설의 개요 및 성격을 조망하려고 한다. 그런데 김지효의 꿈과 1960년대 총림의 등장은 불가불 1950년대 불교계의 주된 흐름이이었던 불교정화운동에서 기인한 것이었다.

1950년대 한국불교계의 재정비와 조계종단 재건을 추동한 흐름은 불교정화운동이었다.[2] 이에 그 정화운동은 숱한 역경을 거친 후,

---

1) 이에 대해서는 필자가 후속연구를 준비중이다.

2) 김광식, 「한국 현대불교와 정화운동」, 『한국 현대불교사 연구』, 불교시대사,

1962년 4월 통합종단의 등장으로 외견상으로는 성사되었다. 그러나 정화운동은 종단 재정비, 비구승단의 정립을 가져왔지만 부정적인 측면도 적지 않았다. 더욱이 통합종단 출범 직후 대처 측의 퇴진, 별도의 총무원 설립 등은 불교정화의 이념을 근원적으로 부인하는 흐름을 야기케 하였다. 그리하여 그러한 움직임은 정화운동으로 인해 등장한 통합종단 자체를 근원에서부터 위협하였다.

이에 조계종단 내부에서는 대처 측과의 일정한 타협을 통해 종단의 안정을 기하려는 움직임이 있었다. 이러한 흐름에서 등장한 것이 화동위원회(和同委員會)의 가동이었다.[3] 그러나 또 다른 세력에서는 그러한 타협의 흐름을 배제하고 정화를 다시 해서라도 정화운동의 이념을 구현하려는 움직임이 있었다. 이 흐름에서 나온 것이 수좌들의 선림회(禪林會)와 영축회였다. 이 두 단체는 정화이념의 계승을 표방하면서 정화이념을 구현하는 실천방안을 모색하였다.[4]

본 고찰은 바로 이러한 이질적인 대응 노선이라는 배경에서 당시 수좌들은 어떠한 생각을 하였는가에 대한 의문을 풀려는 과정에서 나온 글이다. 필자가 당시 여러 정황, 기록을 살펴본 바에 의하면 당시 수좌들이 정화이념의 구현을 위해서 공통적으로 고민하고, 주장하고, 실천에 옮기려고 한 것은 총림의 건설, 재건이었다. 총림이라 함은 다양한 의미를 내포하고 있는 대상이지만, 당시 수좌들은 총림을 이상적인 수행도량으로 여겼다. 그래서 총림을 건설하고, 그 총림에서 수좌들이 치열하게 수행을 하면, 그것을 도제양성의 방안

2006.

3) 김광식, 「불교정화운동과 화동위원회」, 『불교정화운동의 재조명』, 조계종출판사, 2008.

4) 김광식, 「선림회의 선풍진작과 정화이념의 계승」, 『승가교육』 6, 2006.
김광식, 「제2정화운동과 영축회」, 『정토학연구』 10, 2007.

으로 여겼다. 이런 토양, 문화가 있었기에 1960년대에는 총림의 시대라고 불릴 만큼 정화운동 주역들은 총림 건설을 역사적 과제로 인식하였다.[5] 그러한 결과로서 나온 것이 1967년 해인사의 해인총림과[6] 뒤이어서 나온 송광사의 조계총림이었다. 그런 역사적 배경하에 조계종단에는 5개의 총림 사찰이 등장하였거니와 그것은 해인사, 통도사, 송광사, 수덕사, 백양사이다. 그런데 필자는 근현대불교를 연구하면서 범어사는 왜? 총림 사찰이 되지 않았을까 하는 의아심을 갖게 되었다. 범어사는 1910년대에 선찰대본산이라는 일정한 사격을 갖고 있었을[7] 정도로 근대불교사에서의 범어사의 위상은 뚜렷하였다. 그리고 1950년대에는 정화운동의 근거, 추동 사찰로서도 명성이 적지 않았다. 이 같은 범어사 사격과 명성은 오성월, 백용성, 하농산 능 선지식들의 수석, 수행에서 기인하였으며 나아가서는 범어사의 견실한 경제력과 부산불교의 열렬한 지원도 이를 보완하였다. 그럼에도 불구하고 범어사는 총림 사찰이 되지 못하였다. 이런 역사적인 사실을 유의한다면 본 고찰에서 다루려는 내용인 김지효가 범어사에 총림을 건설하려고 추진한 것은 매우 흥미로운 내용이 아닐 수 없다.

아무튼 1960년대 수좌들의 현실인식의 중심에 총림이 자리 잡고 있었다. 본 고찰에서 다루고 있는 선사인 김지효(1909~1989)는 범어사 출신으로 불교정화운동의 최일선에 참여하였다. 그는 당시 조계종의 종정을 역임하였던 하동산의 상좌로서, 선학원과 조계사 일

---

5) 필자는 이에 대한 내용을 청담의 사례에서 정리, 분석하였다.
　김광식, 「청담의 민족불교와 영산도」, 『민족불교의 이상과 현실』, 도피안사, 2007.
　김광식, 「청담의 불교 근대화와 교육 문제」, 『마음사상』 5, 2007.
6) 김광식, 「해인총림의 어제와 오늘」, 『한국현대불교사연구』, 불교시대사, 2006.
7) 졸고, 「범어사의 사격과 선찰대본산」, 『선문화연구』 2집, 2007.

대에서 전개된 정화불사에 열렬히 동참하였는데, 그 대표적인 사실이 대처 측의 조계사 난입에 강력 저항하였던 '할복'사태였다. 그리하여 그의 별칭이 김할복으로 불릴 만큼 그는 정화운동의 역사에서 결코 지울 수 없는 인물이다.[8] 지금까지 정화운동에 대한 연구는 종단사, 혹은 하동산, 이청담 등과 같은 고승 중심으로[9] 수행된 감이 적지 않다. 필자는 이러한 고승 중심의 연구에서 한발 나아가서 최근에는 정화운동에 참여한 중견승려들의 고민과 행적을 정리한 바가 있다.[10] 김지효는 정화불사 이후에 어떠한 고민을 하였으며, 그 고민이 어떻게 표출, 전개되었는가를 정리하려는 본 논문도 중견승려 연구의 일환에서 나온 것이다.

김지효는 수행자들이 수행을 할 수 있는 도량 건설이 정화운동의 완수라고 보고, 자신이 강구한 그 꿈을 실현하기 위한 노력을 거

---

8) 김지효에 대해서는 현재까지 연구된 바가 없다. 그의 문집, 법어집 등 기초적인 연구자료가 없어 그에 대한 연구를 심화시키기에는 어려움이 있다. 그는 34세가 되던 해인 1943년 범어사로 출가하여 하동산의 상좌가 되었다. 불교정화운동에 적극 참여한 이후에는 조계종단의 총무부장, 재무부장, 감찰원장 등의 소임을 맡았으며 범어사 주지도 몇 차례 역임하였다. 이후에는 석굴암, 천축사, 법흥사 등의 주지를 역임하였다.

김지효의 행적은 그의 상좌였던 김성오이 그의 산문집 『먼곳의 그림내에게』(좋은날, 1999)에 수록한 「영원한 납자 지효스님」이라는 행장기와 한암이 『월간 붓다』 2000년 3월호에 기고한 「절대자의 초상」이 참고된다.

9) 이청담에 대해서는 문도회와 그의 출신교인 진주산업대와 공동으로 청담사상연구소를 진주산업대에 설립하였다. 그 결과 청담연구소에서는 매년 『마음사상』을 발간하여 청담의 생애, 사상, 정화운동을 정리, 연구하고 있다. 하동산에 대해서는 최근까지 이렇다 할 연구가 없었으나, 필자가 「하동산의 불교정화」를 범어사에서 개최된 학술세미나(2007.5.8)에서 발표하였다. 이 논문은 『범어사와 불교정화운동』(영광도서, 2008)에 수록되었다.

10) 이에 대한 필자의 논문은 다음과 같다,

김광식, 「김서운의 종단정화와 그 특성」, 『한국 현대불교사 연구』, 불교시대사, 2006.
김광식, 「윤월하의 불교정화운동」, 『한국 현대불교사 연구』, 불교시대사, 2006.

듭하였다. 그는 자신의 꿈을 조령과 범어사에서 실천에 옮겼으나 좌절을 겪었다. 그러다가 1973년에는 사자산 법흥사에서 복원불사라는 구도에서 다시 한 번 실행에 옮겼다. 김지효가 법흥사 주지로 부임하여 법흥사 복원불사와 총림 실현을 동시에 달성하려고 기획하였던 것은 필자의 후일 연구로 남겨두고자 한다.11)

이 글에서는 바로 이와 같은 배경에서 김지효가 기획하여, 실천에 옮긴 조령과 범어사 총림 구상의 전모와 성격을 살펴보려고 한다. 나아가서는 불교정화운동의 심화 및 총림 연구, 그리고 김지효 연구에 초석을 놓으려고 한다. 그러나 관련 문헌자료가 희소하여 논지 전개에 어려움이 있어, 구술 증언을 과감하게 수용하였거니와 미진한 점은 지속적인 보완을 통해 해소하고자 한다. 선학제현의 질정을 바란다.

2. 김지효의 총림 구상과 조령, 범어사에서의 실천

김지효가 총림에 대한 꿈, 구상을 언제부터 구체적으로 갖게 되었는지는 알 수 없다. 이는 현재 그에 대한 기본적인 자료가 충분하지 않기 때문이다.12) 그런데 필자는 불교정화운동에 대한 다양한 자료를 뒤적이던 어느 날, 1963년도 3월 1일자의 『대한불교』에서 현대적인 총림을 만들어 추진하려는 일단의 승려들이 있었다는 보도

---

11) 본 자료는 김지효의 사제로서 김지효를 지근거리에서 보필하였던 범어사 승려였던 현욱이 소장하고 있었다. 최근 필자는 1970년대 중반에 환속한 현욱(윤현웅)을 만나 그 관련 자료(석명서, 사업개요 등)의 사본을 입수하였다. 자료를 제공해 주신 윤현웅님께 감사의 말씀을 드린다.

12) 현재 그의 문집, 자료집 등에 대한 문헌 기록이 부재하다.

를 접하였다. 그 기사를 읽어 나가면서 그 주역이 김지효라는 사실을 파악하게 되었다. 그 후부터 필자는 김지효가 왜? 그러한 총림 재건을 구상했을까에 대한 탐구를 시작하였다. 그러면 여기에서 그 보도기사 전문을 제시한다.

再建叢林會 設立
模範的인 現代叢林으로

불교재건을 목적으로 하는 叢林이 여러 스님들의 노력으로 설립된다고 한다.

百丈淸規를 현대에 살려서 위축된 禪風을 거양하고 불교중흥을 기하고저 하는 모임이 그동안 석굴암 주지 金智曉스님에 의해 추진되어 왔는데 지난 二月 七日 총무원에서는 大韓佛敎 再建 叢林會의 정관을 인정하였다.

사업계획의 내용을 보며는 년차 五個年 계획으로 1963년부터 시작하여 완성 단계인 1967년에는 황무지 이천여 町步와 藥草 표고 栽培 植樹 등으로 개간될 것이며 僧侶 五百餘 名을 收容할 수 있는 石造建物과 外國僧侶도 收容할 수 있는 現代式 建物과 圖書館도 건립될 것이라고 한다. 이 會에서는 계속하여 佛敎的 社會事業 奉事會도 설립하여 慈善事業도 竝行할 것이라고 하는데 叢林再建을 위한 예산은 政府當局의 後援과 全國 四部大衆의 喜捨金 및 在日僑胞佛敎徒의 獻金으로 充當할 것이라고 한다.

현재 叢林 雄立의 台地는 鳥嶺一帶의 未開墾 山野이며 이 會의 臨時 事務所는 市內 돈암동에 있고 임명된 理事는 다음과 같다.

이사장 金智曉
이사 및 회장 文圭熙
이사 및 부회장 겸임 총무부장 李圭松

감사 徐敎鎭
감사 및 재정부장 겸임 사업부장 金思義
감사 및 사회봉사 사업회장 李能嘉

이러한 내용에 의하면 불교 재건을 목적으로 하는 '대한불교 재건총림회'라는 법인체가 김지효의 주도에 의해서 출범하였음을 알 수 있다. 이 내용을 대별해서 이해하면 다음과 같다.

- 재건총림회는 백장청규를 현대적으로 계승하여 선풍 진작, 불교 재건을 목적으로 기획하였다.
- 재건총림회는 다수 승려들의 모임에서 추진되었는데, 그 주역은 김지효였다.
- 재건총림회는 대한불교조계종의 사전 승인하에서 추진되었다.
- 총림 대상처는 조령 일대이고, 대상부지는 2천여 정보의 황무지였다.
- 대상처는 약초와 표고버섯의 재배, 식수 등으로 개간될 것이다.
- 대상처에는 승려 500여 명과 외국 승려가 수행할 수 있는 현대식 건물 건립을 예정
- 수행과 동시에 사회봉사도 병행 실천
- 자금은 정부의 후원, 전국 사부대중의 희사금, 재일교포 불교도의 헌금 충당 예정

그런데 이 조직체가 정식으로 출범하여, 실질적인 사업을 전개하였는지는 단언하기 어렵다. 무엇보다도 그에 관한 기록, 증언이 부재하기 때문이다. 그리고 이 사업을 주도한 김지효와 사업에 동참한 대

상자에 대한 정보도 풍부하지 않다. 이런 정황을 파악하기 위해 필자는 총림회의 감사로 나오는 이능가를 만나[13] 그에 대한 배경, 내용 등을 질문하였다. 이에 대해서 이능가는 다음과 같이 회고하였다.

그에 대한 비화가 많아. 내가 청담스님을 모실 때에 나온 것이지. 내가 중이 되어 활동을 하다 보니, 청담스님이 이능가가 책 좀 보았다는 소리를 들었는지 하루는 나를 오라고 하였어. 그래 갔더니 하루 저녁 내내, 당신 사상을 나에게 설명하였어. 그것이 청담스님하고 친하게 된 단초이지. 그때에 청담스님의 원력이 뭐냐 하면 종합적인 총림을 만드는 것이었어. 청담스님은 처음에는 총림이라고 하지 않고, 영산회상이라는 표현을 하셨어. 청담스님은 영산회상을 해야 종단이, 우리가 산다고 하셨어. 그러시면서 그 이유를 심도있게 이야기 해주셨지. 몇일 후에 청담스님에게 갔더니 나에게 가리방으로 긁은 인쇄물을 주시면서 연구해 보라구 그러셔. 그러시면서 당신은 영산회상, 총림을 해인사에서 해야 하겠다고 말씀하셨어.

그런데 나는 청담스님이 영산회상이라고 하시지만, 현대적 감각으로 받아들여 생각하지. 그래서 나는 승려종합훈련소를 하자는 것이구나고 여겼지. 그렇지만 내 생각은 그런 교육원을 만들려면 장소도 문제이지만 만들 사람이 필요한데, 내가 보니 만들 사람이 없는 것이 문제이었어. 그래서 그것은 도저히 불가능한 일이라고 여겼지. 그래서 청담스님에게 이건 조금 늦춥시다고 했어. 그 후에 여러 검토를 해서 종단에서 총림회의 정관도 만들고 하였지만 그렇게 꿈만 컸지. 그 사업은 한 걸음도 내딛지 못했어. 그렇게 안 된 이유가 또 있어. 청담스님이 그것을 추진하자고 하는데, 나는 이해가 되고 그 생각,

---

13) 2008년 1월 12일, 퇴곡정사(경북 풍기).

사업은 평가를 하였는데 다른 중들은 다, 전부 반대야. 그 반대를 하는 주동자가 월하스님이었고, 서운스님도 반대했어.

그러나 나는 다른 중보다는 교육적인 사고방식, 감각을 갖고 있었고, 민감해서 그랬는지 모르지만 나는 적극 찬성했어요. 그래서 정관도 만들고 그랬지. 나중에는 중앙 차원에서는 안 되고 그래서 범어사에서 하려고 하였지.

그때에 나는 대처승하고 합동종단을 한 것은 군사정권이 개입해서 되었던 것이지, 실패한 것이라는 생각을 하였어. 그래 자연적으로 실패할 때를 대비해야 한다고 보았지. 막상 실패하게 되면 또 다시, 비구승과 대처승들이 쌈질이나 하는 방향과 제도로 나가게 되면 불교가 어떻게 해볼 방법이 없다고 본 것이지. 그래서 그 대책을 강구해 보니, 그것은 도제양성밖에 없어. 그런데 그것을 하기 위해서는 거점 사찰이 있어야 하는데 어디 안정된 사찰이 없어. 해인사도 그렇고, 통도사와 범어사도 전부 대처승들이 한가닥을 깔고 있었거든. 그러니 안정 사찰이 하나도 없어. 그렇다고 해서 포기할 수는 없다, 이것은 해야 한다, 그러면 어디에 할 것인가를 궁리하였지. 그러면 이것은 예전에 청담스님이 이야기 하던 영산회상도를 모델로 해서 어디 한곳에 잡아야 돼. 이렇게 이야기가 시작된 것이지. 총림은 이래서 출발이 되었지.

이런 이야기를 나하고 지효스님이 대각사에서 한 것이지. 나와 지효스님은 대각사 한방에서 10년 정도를 같이 지내서 친형제보다 더 친해. 그때에 나는 젊은 편이라 노장들을 설복하는 것은 나에게는 아무래도 한계가 있어. 그래 노장님들은 지효스님이 담당하고 그랬어.

위의 회고에는 총림회가 등장한 배경과 단적인 계기가 나온다.

그 배경은 정화운동을 일선에서 추진한 이청담의 영산회상이라는 부처님 당시와 같은 수행의 구도와 1962년 4월에 출범한 통합종단이 여러 요인으로 인해 대내외적인 모순, 대처 측의 퇴진과 함께 소송 등으로 위기에 처한 것을 타개하려는 계기에서 나온 것이라는 것이다. 이에 김지효와 이능가는 대각사에서 그 대책의 일환으로 도제양성을 구상하고, 이청담의 영산회상도를 모델로 하여서, 불교정화를 추진할 수 있는 총림을 준비하였다고 한다.

이 총림의 대상처로 조령 일대를 정하였는데, 구체적으로는 예천 지방이었다고 한다.[14] 그러나 그 자금을 대기로 한 재일교포, 일본 승려와 총무원 직원과의 감정적인 대립으로 전혀 진척되지 않았다는 것이다.[15]

이런 제반 정황을 고려할 때에 총림회의 사업은 정상적으로 이행되지는 않았다. 그러나 김지효와 이능가는 총림을 세우겠다는 꿈을 결코 버리지는 않았다. 이에 그들은 총림을 자신의 출가사찰이면서, 근거 사찰인 범어사에서 추진하려고 하였다. 그래서 김지효와 이능가는 총림계획을 그들의 은사이면서 범어사 조실 겸 주지인 하동산에게 보고하여[16] 동의를 받아냈던 것이다. 이에 대한 내용도 이능가의 회고가 주목된다.

---

14) 이능가 증언. 그곳을 정한 것은 불교와 경상도의 친연성, 예천지방 주민들의 기풍, 봉암사결사가 있었던 곳 등을 종합하였다고 한다. 김지효와 이능가는 그곳을 답사까지 하였다.

15) 이능가 증언.

16) 이능가는 자신이 동산스님에게 보고를 하였다고 하였으나, 현욱은 김지효에게 들은 것을 근거로 김지효도 동산스님에게 보고를 하였다가 혼이 났다고 필자에게 증언했다.

그때에 그 재일교포 승려를 노장님에게도 인사를 시키고, 총림이 출범하면 노장님을 총책임자로 하기로 하고 그랬지. 그런데 개인 감정 문제로 한 발도 나가지 못하고 주춤거리게 되었어. 그 무렵 중앙은 대처승하고 아주 가열이 되었어. 굉장했어 2, 3년간을, 되돌릴 수 없는 상황이 되었어. 이런 것은 내 생각하고 같은 결과였어. 그러니 종단 차원에서는 안 되게 되었으니, 범어사 중심으로 하자, 범어사에서라도 해야 되지 않느냐고 한 것이지. 그것을 지효스님이 동산스님에게 가서 보고하지는 않았고, 내가 보고를 하였지. 동산스님하고 지효스님하고는 잘 안 통했어. 그때는 우리 스님도 한국불교와 종단이 잘 될 줄 알았는데, 점점 못 되는 것을 보고서는 우리 스님은 열정적인 분이었기에 그냥 화가 머리끝까지 차 있었거든. 그래서 저 청담이가 전부 망쳐 놓았다고 하면서, 이런 과정에서 나는 대비를 해야 한다는 차원에서 "총림을 범어사에서라도 해야지 않겠습니까" 하고 동산스님께 말씀드렸어. 그랬더니, 동산스님은 "그거 좋다, 그 방법밖에 없다"고 하셨어.

이렇게 김지효와 이능가는 하동산의 승인을 받아 범어사에서의 총림 건설을 추진하였다. 그런데 당시 입안, 기획하였던 기획서는 현재 전하지 않고 있어 구체적인 내용을 파악하기는 어렵다. 이에 대해서도 이능가의 증언에 의지할 수밖에 없다.

그 구상은 기본적인 것은 내가 구상하였어. 그러나 나는 총무원에 있었기에 계획만 해 주고, 총림을 추진하는 범어사 현장을 주관하는 것은 지효스님이 맡아서 하였어. 지효스님의 옆에는 문현구가 있었고. 그래서 문현구가 실무를 하고 도지사, 구청장 등을 만나고 서류를 제출하는 것을 하였고 그이가 그런 일을 잘하고 다니고 그랬어.

그 구상에는 범어사 화장실에서부터 시작하여, 내원암 근처에 철조망을 칠 작정이었는데, 그 대상 부지가 당초에는 20만 평이나 되었지. 그리고 총림의 문에는 공부하기 위해 한번 들어가면 나오지 못한다는 것을 써 붙이고, 그 안에서는 농사를 짓고, 채소 등의 일체를 생산하여 자급자족하기로 정하였지. 그리고 내원암은 조실채로 하였는데, 그것은 본래 내원이 옛날부터 조실채였기에 그리 하였지. 청련암은 총림의 원주채로 하기로 했어.

이런 구도를 갖고 개간을 해서 3만 평은 개간을 하였어. 그리고 개간한 그 위의 2만 평에는 선방을 짓고, 그 밑으로 해서 양쪽에는 단계적으로 승려들이 사는 요사채를 군데군데 짓기로 하고, 그 전체에다가 철조망을 쳐서 담을 만들어 공부하는 분위기를 만들려고 하였지. 또한 청련암 근처에 큰 은행나무 있는 곳에 총림 출입문을 세워서 그곳에는 한번 들어가면 못 나온다고 붙이려고 시작한 것이지.

이 증언에 나오는 총림의 구도는 예전 조령에서 구상한 것과 거의 흡사하다고 보인다. 범어사 뒷산 20만 평을 무대로 선방, 자급자족 농지, 조실채, 요사채 등을 고려한 총림이었던 것이다. 그러나 이것이 실질적으로 어떻게 추진되었는가의 문제에 관심이 증폭된다. 이능가에 의하면 종단에서는 큰 지원, 후원을 받지는 못하고 오히려 비판적인 입장을 받았다고 한다.[17] 범어사 현지에서 총림 건설을 추동한 인물은 김지효였고, 그를 옆에서 보좌한 인물은 문현구였다. 종단에서 비판적인 입장을 갖고 있었지만 그것을 추진할 수 있었던 것은 하동산이라는 위상과 무관할 수는 없다고 본다. 하동산은 조계종단 종정을 세 차례나 역임하였으며, 정화운동을 추동하

---

17) 윤월하, 김서운, 문정영, 최월산 등이 반대를 하였다고 한다.

고, 종단재건의 견인차 역할을 하였던 큰스님이었기에 종단에서도 뚜렷하게 반대, 이의, 제동을 걸기에는 어려운 형편이었을 것으로 보고자 한다.

이런 배경에서 범어사는 총림 건설을 추진하였다. 그리고 동시에 범어사는 도량정비에 박차를 가하여 선찰대본산이었던 사격을 가진 사찰로서의 면목을 갖추어 가고 있었다. 그렇다면, 이러한 범어사의 재정비는 김지효의 꿈인 총림 재건과 밀접한 움직임이라 하겠다. 다시 말하자면 도량정비, 선풍 진작은 김지효가 추진한, 평소 그가 꿈꾸었던 현대적인 총림을 출범시킬 기반으로 작용할 수도 있는 것이다. 그러면 여기에서 당시 범어사의 도량정비 상황을 전하는 내용을 살펴보자.

이 나라 禪風의 발원지로 내외에 널리 알려진 이곳 梵魚寺는 숙원이던 총림(梵魚叢林)을 五백七십여 만을 투입하여 완성하고 명실공한 禪道場으로서 면목을 갖추었다.

梵魚寺는 역사적으로 우리 불교의 방향을 결정하는 중요한 위치를 담당하여 왔고 李朝末 국운이 극도로 쇠잔하고 종풍이 여지없이 기우러져 가는 때도 종풍의 작흥 진작과 국운의 회복을 위해 불교의 진수인 禪・卽 佛心宗의 제창을 결의하고 온갖 힘을 기우려 1899년 초에 金剛禪院을 개설하였다.

19세기 초에는 9개의 선원을 유지하여 종풍을 크게 발흥시키므로 해서 잠자던 당시의 교계에 일대 경종을 울렸고 圓宗總務院派의 賣宗(일본 조동종에 한국불교를 예속시키고자 한 사건)을 분쇄한 한국불교의 전통적 지위에 있는 사찰이다. 이 나라 선풍의 대본산이라는 역사와 전통에 범어사는 2개의 보통선원과 하나의 특별선원 比丘尼 선원 연구원 등 5개의 선원과 보수가 진행중인 또 하나의 선원을 합하면 6개의 말쑥하고 웅장한 선원을 가지게 된다. 1백5십여 명에 달하는 대중은 종립 중앙총림의 方丈화상이신 東山大宗師의 영도하에 선풍 진작을 위해 꾸준한 정진을 하고 있다.

1962년 이래 범어사는 각 법당 보수비 1백만 원, 말썽된 주차장 이전비 1백2십만 원, 戒壇補修에 2백만 원과 三門 등 기타 가람 보수비에 1백5십만 원을 들여 현재 계획한 각 부문의 보수를 완전히 끝내고 내년 건설 예산으로 3백5십만 원을 책정하고 있다.

전하는 바에 의하면 범어사는 불교의 현대를 위해 안으로는 자기 충실과 밖으로는 叢林 내에 있는 '現代禪學硏究所'를 통해 견밀한 국제 제휴 아래 한국불교를 내외에 크게 선양하리라 한다.[18]

이렇게 범어사는 1964년 12월 말에는 범어사의 역사와 문화를 계승할 수 있는 도량 재정비를 완료했다. 이로써 범어사는 근대기 선찰대본산이라는 전통을 계승하면서 선풍 진작을 통한 수행도량의 품격을 갖추었다고 하겠다. 그런데 여기에서 나온 총림이라는 개념은 지금과 같은 종합수도도량이라기[19]보다는 선수행의 중심처 혹은 다수 수좌들이 집중적으로 모여 참선수행을 할 수 있는 도량으로 인식한 것으로 보인다. 예컨대 동산대종사의 영도하에[20] 150여 명의

---

18) 『대한불교』 1964.12.27, 「범어사, 叢林開元코 禪風振作에 先鋒」.

19) 지금 조계종단은 선원, 강원, 율원, 염불원 등을 완비한 종합 수행도량을 총림 사찰이라고 한다.

20) 『대한불교』 기사에서 동산을 중앙총림의 방장으로 소개하였는데, 이는 1964년 조계종단에서 해인사에 승려 수련도량으로서의 성격을 갖는 최고 연수기구인 중앙총림의 설립과 연관이 된다. 당시 종단은 중앙총림을 해인사에 세우고, 중견승려 50여 명을 수용하되, 그 책임자인 방장에는 초대종정을 역임한 하동산을 내정한다는 기본 기획을 결정하였다. 그러나 해인사 총림은 1967년 가을에 출범하였고, 하동산은 1965년 봄에 입적하였기에 취임과는 무관하였다. 『대한

수좌가 선풍 진작을 위해 정진을 하고 있으며, 선방이 6개에 달하여 숙원이던 총림을 완성하였다는 저간의 내용에서 짐작할 수 있다. 그러나 이 기사에 나오는 범어총림은 당초 김지효와 이능가가 구상한 총림 건설과는 약간은 이질적인 것이었다. 이 기사는 기존 범어사를 보수, 보완하여 총림 사찰로 재정비한 개념이었다.

김지효의 출신 사찰이며 선찰대본산인 범어사가 이렇듯이 선풍 진작을 위해 대대적인 체제 정비를 단행할 때에 김지효는 당초 그가 구상한 총림 건설을 위해 어떤 역할을 하였는지는 전하지 않는다.[21] 하동산의 입적 이전, 범어사에서 새로운 개념의 총림 건설이 추진되었을 때에는 김지효보다는 이능가의 주장에 의해서 시도되었다고 보인다.[22] 요컨대 이능가와 문현구가 구상을 하고, 김지효가 집행하였던 총림 건설은 범어사 경내의 총림정비와는 별개로 일부는 추진되었다. 이를 지켜본 당사자인 선과의 회고를 보자.

지효스님이 총림을 한다고 해서 논 개간을 할 때에 우리가 시작했습니다. 처음에는 조실스님 계실 적인데 행자들하고 같이 했어요. 그것은 박대월이라고 수덕사 문중인데 후에는 진홍이라고 이름을 바

불교』 73호(1965.1.3), 「1965년 교계 동향, 3대 사업의 전망」 관련 내용 참조.
21) 이에 대한 기록이 부재하다. 이에 대한 문제에 대해 이능가에게 질문을 하였더니 능가스님이 동산스님에게 건의하여 동의를 받았다고 한다. 한편 김지효는 1964년 11월경에는 석굴암 주지를 하면서 석굴암 재정비를 기하는 사업 계획서를 총무원에 제출하였다. 그 내용에 의하면 토함산, 석굴암 일대를 성역화하고, 그 기획에 의거 경내지를 정화하며, 경내에 동국제일선원, 상선원(득력자 위주), 국민도량(일반상대)을 신축한다는 것이었다. 그리고 동국제일선원과 상선원은 도인양성을 목적으로 하며 그 건물도 현대식 개념으로 접근하여 건축하려고 하였다.『대한불교』 66호(1964.11.15), 「경주석굴암 각종 계획 세우고, 선원신축 경내지 정화 촉진」 참조.
22) 김지효는 그 당시 석굴암 주지였던 것을 고려한 것이다.

꾼 스님이 그것을 맡아서 했지요. 그 스님 소임이 원두, 요새 말로 농감이었는데 그런 것을 좋아했고요, 우리 스님도 그곳에 가보고 좋다고 해서 시작한 것으로 알고 있어요. 하여간 지효스님은 이상론자입니다. 그래서 따라 붙는 사람이 많았어요. 제가 그것을 추진한 계획은 잘 모르고, 노장님은 항상 승려를 교육시켜야 한다는 말씀을 자주 하시고, 교육을 현대적으로 해야 한다, 심지어는 영어를 공부해야 한다고 했어요.[23]

이렇게 하동산이 주지로 근무하였던 1964년 무렵에는 범어사 행자, 젊은 승려들의 운력으로 일부를 개간하였다. 그런데 범어사가 총림의 기반을 만들어 내고, 새로운 선풍을 진작하려던 그 즈음에 범어사의 조실이면서, 산중 어른으로 인식되던 하동산이 1965년 음력 3월 23일에 열반하였다. 하동산 열반 후, 김지효는 그 후임 주지로 부임하였다. 이제 그는 그 이전 자신이 구상한 총림 건설을 더욱 본격화시킬 수 있는 기회를 갖게 되었다. 이에 대한 정황을 간접적으로 파악할 수 있는 『대한불교』 1966년 6월 26일 보도기사에는 다음과 같은 내용이 전한다.

사찰의 경제문제 해결이 현 종단의 중요한 과제로 대두된 지는 오래이다. 아직 괄목할 결과를 보지 못하고 있는 이때에 지난해 통도사의 각종 특수경작용 개간지의 뒤를 이어 이번에는 범어사가 3만 평을 개간했다. 논 1만4천 평에 이미 벼의 이앙을 끝마쳐 사원경제 확립에 개가를 올리고 있으며 앞으로 1만6천 평에는 특수작물을 재배할 것이라고 한다.

23) 2008년 1월 11일, 영광도서에서.

범어사의 본래의 계획은 5만 평의 개간을 목표로 했었으나 우선 1차로 3만 평의 개간을 마치고 이 농원을 중심으로 한 수도원을 창설할 것을 아울러 추진 중이다. 추진되고 있는 선원은 농원의 경작을 중심으로 '一日不作 一日不食'의 百丈淸規를 '모토'로 완전한 자급자족의 수도원 생활을 구상하고 있다.

이 선원은 자급자족을 원칙으로 하며 외부와의 일체의 교류가 차단되고 범어사 뒷산 전역이 선원에 들어가 일반의 출입도 금지될 것이라고 한다.

이러한 사원 경제의 확립과 百丈淸規에 의한 선원은 한국불교 중흥에 한 모범이 될 것으로 기대되어지고 있다.[24]

하동산의 열반으로부터 1년이 지날 무렵의 상황을 보도한 위의 내용에는 범어사 뒷산에 농지 3만 평을 개간하였고, 이 농원을 중심으로 수도원을 세울 계획이 진행되고 있다고 나온다. 이는 상당한 진척이라고 볼 수 있다. 일일부작, 일일불식이라는 백장청규를 이념적 모토로 내세운 범어사의 이 실천은 외견상 볼 때에 김지효가 그 이전 조령에서 실천하려고 하였던 재건총림회의 지속인 것이다. 요컨대 1966년 6월에는 범어사 총림 건설, 개간사업의 1단계는 완료되었다.[25]

그렇지만 현재로서는 범어사에서 단행된 이 기획이 어떤 과정을 거쳐 추진되었는지에 대해서는 파악하기 어렵다. 하동산 입적 후 주

---

24) 『대한불교』 1966.6.26, 「寺刹 林野 3萬坪 개간 梵魚寺, 1만4천 평엔 移秧 끝내, 이 農地에 따른 修道院도 세울 計劃」. 이 보도기사 하단에는 범어사 뒷산에 개간된 새농지라는 설명하에 개간된 논에서 모를 심고 있는 스님들의 사진이 실렸다.

25) 『대한불교』 150호(1966.6.26)의 3쪽, 「10월에 준공」에서는 3만 평의 개간이 완료되었고, 2만 평은 1967년에 개간을 끝낼 예정이라고 나온다. 그래서 5만 평 개간이 끝나면 곧 선원을 건립하겠다는 기획이 보도되었다.

지로 취임한 김지효가 단독적으로 추진한 것인지, 범어사 내의 공식
기구를 통하여 인정받은 사업인지, 조계종단과는 어떤 보고나 승인
의 절차가 있었는지 등등에 대한 의아심이 많다.

이에 대해서는 이능가의 증언이 주목된다. 당시 범어사 주지인
김지효는 이용범이라는 사업자와 손을 잡고 그 개간을 추진하였다.
그는 팔송에 있는 범어사 땅을 팔아서, 그 자금을 개간비용으로 충
당해 주고, 팔송에는 위락시설 같은 것을 만들도록 하고, 그에 대한
이권을 이용범에게 제공한다는 것이었다.[26] 그런데 이런 이면 계약
은 김지효와 그 제안자인 문현구만 아는 극비의 사항이었다. 범어사
대중과 조계종단(총무원)에는 전혀 알리지 않고 단행한 것이었다.
이에 대해 이능가는 다음과 같이 회고하였다.

그 계약서를 봤지. 그 문제로, 범어사 땅을 판다는 것으로 인해
대중들의 반발이 거세어지니깐 범어사에 내려와서. 지효스님은 잘 모
르니, 내가 문현구에게 직접 물어 보았어. 내가 문현구를 추궁하였지.
그러니깐 그이가 빙그레 웃으면서 "저 이용범이가 돈도 많고, 권력도
많은 사람인데 부처님 사업에 돈 좀 쓰면 어떻냐"고 했어. 이용범이
가 돈을 쓰게 하려면, 저 사람에게 호기심이 나게 해야 한다면서, 그
사람을 호기심이 나게 하는 것은, 우리 범어사가 갖고 있는 것은 땅
밖에 없으니, 땅을 팔아 준다고 하면 된다는 것이었지. 그러면서 문
현구는 범어사 땅을 파는 것이, 우리 마음대로 되느냐 하면서 저 위
에 종단이나 나라에서 못 팔게 하면 우리는 어떻게 할 수 없는 것 아
니냐고 하면서 우리는 선심을 쓰고 팔려고 해도 안 된다고 하면 되

---

26) 김지효와 이용범과의 이면 계약서는 현전하지 않는다. 그 계약은 보통 팔송의
     땅을 팔아, 그것을 이용범에게 준다는 것만 많이 알려졌다.

는 것이라고 하더라구. 그리고 이용범이가 범어사 일을 하고 300만 원을 못 받아도 죽을 놈이냐는 말까지 했어.

그런 문현구의 말을 들어 보니, 그럴듯해. 그것이 아주 고차원의 생각이야. 그러니깐 그이가 그런 큰일을 마음 턱 놓고 한 것이지. 그때에는 불교재산관리법이 생겨서 사찰의 땅을 팔 수가 없었어. 그런데 이용범은 문현구 말만 듣고, 지효스님이 도장을 찍어 주니깐, 그걸 믿고, 꼼짝없이 일을 한 것이지. 문현구의 꾀가 보통이 아냐. 지략이 아주 뛰어나. 문현구가 보기에 이용범도 전략이 보통이 넘는 인물이라는 것이지. 그러니깐 그런 사람은 당장의 이익보다는 보다 큰 사업적인 이익이 있다는 것을 제시하면 굉장한 사업으로 보고 100% 가능성이 있다는 것을 보고, 대들어서 일을 한다고 보았어. 즉 범어사 땅을 팔면, 그곳에서 큰 영업을 할 수 있고, 실현 가능성도 있다고 봤고 그랬던 것이지. 그때에 이용범은 부산의 경무대라고 불렀고, 정치쪽에 영향력이 대단했어.

그런데 문현구는 그걸 내다보고 일을 추진한 것이지. 이용범은 그 문서 하나만 갖고 일을 한 답답한 친구이지. 그때에 범어사가 그런 일을 동의받고 하려면 범어사 대중들이 허가해 줄 리도 만무하고, 또 총무원에서도 승인할 리도 없고, 정부의 문교부장관이 땅을 팔라고 도장을 찍을 리도 없는 것이지. 한마디로 첩첩산중이지. 그러니깐 양쪽, 지효스님과 이용범이가 도장을 다 찍은겨.

이렇게 김지효와 이용범이라는 업자의 결합으로 3만 평에 대한 개간이 완료되었던 것이다. 그런데 이렇게 범어사 땅 3만 평이 개간이 성사되니깐 종단 내부에서 서서히 김지효를 비판하는 목소리가 등장하였다. 그 비판은 범어사 내부에서도 일어났다. 총림 건설 설명회를 갖기도 하였으나 대중들을 납득시키지 못하고 오히려 의혹,

비판, 원성은 급증하였던 것이다. 그런데 그 추이나, 당시 범어사 대중들의 입장, 소회, 반응은 어떠하였을까에 대해서는 알 수 없었다.

그러다가 필자는 최근 동산문도회와 결합하여 동산대종사 다시 살려내기 차원의 하동산에 대한 구술사 증언 사업을 추진하는 과정에서[27] 총림에 대한 구술 증언을 접할 수 있었다. 즉 그 대상자는 하동산의 상좌이면서 김지효의 사제였고 현재는 동산문도회 문장인 이능가, 범어사 총무였던 윤현욱,[28] 당시 범어사 선방 수좌였지만 범어사 주지를 역임한 대성, 당시는 범어사 교무였으며 김지효의 상좌인 오홍선 등으로부터 그 관련 내용을 들을 수 있었다. 이제 그 증언 내용을 제시하고, 그로부터 진실에 접근해 보려고 한다. 우선 이능가와 김대성의 회고를 보자.

나는 문현구에게 지효스님을 잘 도우라고 하였고, 뒤에서 정치적으로 조율하는 입장이었기에 그 일의 가운데 있었어. 팔송의 땅을 판다고 소문은 났지만 전략은 그게 아니었어.

그런데 3만 평이 거의 개간이 되니깐 종단에서도 조금씩 지효스님에 대한 나쁜 여론이 일기 시작했어. 지효스님이 범어사를 망친다고 하면서. 그래도 한 1년을 꿋꿋하게 나갔지. 그런데 대중들의 반대가 워낙 세니깐, 총림 설명회를 갖자고 해서 범어사 원응료, 강원을 하였던 큰방에서 범어사 중들 다 모여라고 해서 설명회를 하였지. 그때 나는 내려가려고 하였지만 사정이 생겨서 총무원에 있었고, 보고만 받고 이야기를 들었어. 그때에 격렬히 반대한 사람이 광덕스님이야. 그 반

---

27) 그 과정에서 『동산대종사와 불교정화운동』(영광도서, 2007)을 동산문도회와 공동으로 발간하였다.

28) 지금은 환속하여 재가불자운동을 하고 있다.

대를 할 때에 선두에 있었던 사람이 광덕스님 영향을 받아서 후에는 해인사 선방으로 갔던, 범어사 선방에서는 입승을 보던 사람이었어. 그런데 대중들의 반대가 걷잡을 수 없었던 모양이야. 연주암의 정관스님도 그때는 젊을 때였는데 지효스님에게 항의를 하였다는 것도 바로 그 날이여. 그런데 지효스님이 평안도 사람이라 성질이 왁해, 대중들이 그런 것을 물으면 차분하게 납득을 시켜야 하는데 급하니깐 행동이 먼저 앞서는 분이야. 그러니 얘기가 성립이 안 되지. 거기에다가 신도들이 반대를 하는데, 신도들은 자연 대중스님들의 편에 서게 되지. 그러다 보니, 지효스님을 아주 몹쓸 사람을 만들어 놨어.

나는 총무원에서 그런 이야기를 듣고 수습을 하려고 내려왔지. 와 보니, 대중이 너무 격렬해. 그래서 앞으로는 이용범에 대한 처리 문제가 남았어, 그 사람을 데려다 일을 시켰으니깐. 그래 그 이용범이를 몇 번 찾아서 만났는데, 사람은 호인이여. 문현구스님도 저놈, 나쁜놈이라는 소리를 들어 범어사에 있지를 못하고 나갔어.

제가 알기로는 광덕스님하고, 우리 스님(동산)하고, 지효스님 세 분이 범어사의 미래를 위한 불교대학 같은 것을 세워 보자는 이야기가 나온 것으로 알고 있어요. 그래서 그런 것을 해야 하는 것에 대해서 고민을 하였는데 광덕스님은 조금 추진력이 약하시고, 지효스님이 하신 것으로 알고 있습니다. 지효스님이 어느 날 범어사 뒷산 중턱의 천년터를 들러 보시다가, 천년터 이런 장소에서 만들면 되겠다 하고 여기에서 내가 해야지 하는 생각을 한 것입니다. 그래 그 터에 있는 10년, 15년 된 나무들을 쳐내기만 하면 땅을 고르는 것은 큰 문제없이 할 수 있다는 생각을 하신 것입니다.

저는 그래서 지효스님이 시작한 것으로 알고 있고요. 그래서 이용범 씨하고도 그것을 하기로 계약 같은 것을 한 것입니다. 지효스님은 그 당시 돈이나 이런 사정으로는 수도원 같은 것은 도저히 어려우니, 땅을 고르면서 농지를 만들자고 했어요. 범어사 대중들이 많은데 먹고 살 수 있는 것을 만들어 보자고 한 것이 아닌가 해요. 그래서 농사짓는 것을 우선으로 한 것으로 알고 있고, 농사짓는 실험도 많이 했어요.

이와 같은 이능가, 대성의 회고에서 범어사에서 추진된 총림에 대한 정보의 이질성을 찾을 수 있다. 이능가 회고에는 당시 사태 진전의 추이에 대한 것이 자세히 나온다. 그에 반해서 대성의 회고에서는 그 총림 추진에 대한 불투명한 정보가 개입되어 있다. 즉 하동산, 김지효, 고광덕의 논의 즉 범어사 미래를 위한 불교대학 같은 것을 세워 보자는 논의에서 나온 것으로 증언한 내용은 바로 그것이다. 고광덕은 총림 기획에 제일 반대한 당사자였는데, 그 조율자로 나오는 것이다. 그런데 어떤 계기에 의해서[29] 김지효의 단독적인 추진으로 전개되었다는 것이다. 다만 대성은 김지효가 농지개간을 할 즈음에는[30] 수도원까지는 기획하지 않았고 범어사 대중들의 먹고 사는 문제를 해결하려고 하였다고 회고하였다. 이런 대성의 회고는 김지효가 대중들을 설득할 때의 표현으로 보인다. 그러나 1966년 6월 『대한불교』 기사에 전하는 수도원의 건립에 대한 포부를 보면 대성의 증언은 김지효 기획의 일단만 알고 있었음이[31] 은연중 파악

---

29) 그것은 김지효의 주지 취임이다.

30) 『대한불교』 100호(1965.7.11)의 「공고」에는 대학생불교연합회 4차 수련대회 사전 예고 내용이 있다. 그에 의하면 대불련 학생들이 범어사에서 수련을 하는 과정에 5일간 개간사업을 할 예정이라고 나온다. 그러나 실제로 작업을 하였는지는 확인하지 못하였다.

31) 당시 그는 선방에 주로 있었기에 정보에는 민감하지 못하였을 것이다.

이 된다.

이러한 증언과 관련하여 필자는 김지효가 언제부터 총림에 대한 꿈을 갖고 있었는가에 대한 의문을 갖게 되었다. 그래서 필자는 김지효의 상좌로서 학승인 홍선을 만나 그에 대한 의아심을 풀려고 하였다. 이에 대해서 홍선은 다음과 같은 귀한 증언을 하였다.

제가 은사스님을 1957년에 지리산 피아골 연곡사의 토굴에서 모시고 있을 때에 총림에 대한 이야기를 처음 들었어요. 그때 스님은 연곡사에서 500미터 떨어진 토굴인 서굴암에서 무비스님 은사인 여환스님과 함께 생식을 하시면서 수행을 하였어요. 그때 제가 듣기로는 스님은 당신의 꿈이라고 하시면서 일본의 문화촌 같은 것을 만들어 수행자들이 집단으로 모여 공부를 하고, 자급자족을 할 수 있는 도량을 만들어야 한다고 했어요. 심지어는 스님들의 옷도 칡넝쿨에서 뽑은 섬유로 만들어 해 입자고 그랬고, 자가 발전기를 만들어 생활하자고도 그랬어요. 그렇지만 여환스님은 현실성이 없는 것이라고 반대를 하였지만 그 당시 저는 지효스님의 말씀이 그럴듯하게 들렸어요. 그래서 부산까지 와서 그런 것을 할 수 있는 방법을 물어보고, 궁리도 했어요.

그리고 스님께서 범어사에 총림을 만들려고 하신 것은 부산이 추후에 성장, 발전을 하게 되면 범어사는 관광사찰이 될 것을 우려한 것에서 나온 것입니다. 등산객과 관광객이 놀러 오는 범어사가 되는 것을 막기 위해서 팔송에다가 위락시설과 호텔 같은 것을 만들어서, 노는 것은 팔송에서 하고, 불자들이 순수하게 참배할 경우에만 절로 오게끔 해야 한다는 복안이 있었어요. 그래서 범어사 뒷산, 금정산 지장암 근처에 화장터를 만들고 범어사는 종교 중심지가 되도록 하고, 수행도량을 확보해야 한다는 것이었지요. 이런 구상에서 범어사에 총림을 만들려고 하신 것으로 저는 들었습니다. 그리고 그것을 추진할 때에 광덕스님은 반대를 하였지만 범어사 중턱에 개간을 한다고 신청하였는데 3년 안에 소출이 안 되면 문제가 생기기에 지효스님이 그것을 과감하게 추진하였어요. 그래서 이용범이가 군부대를 동원해서 1주일만에 농지를 정리했어요.

지효스님하고 이용범이 인연을 맺은 것은 이용범이 사형선고를 받고 감방에 가서 천자문을 떼었을 정도로 큰 인물이라고 인정을 한 것도 작용했어요. 그 이용범이 감방에서 나와 범어사에 놀러 왔다가 스님에게 인사를 드려서 알게 되고, 같이 등산을 갔다가 총림을 세우고, 농지를 만들겠다는 지효스님의 구상에 의기가 투합되어 일을 한 것으로 알고 있습니다. 그리고 당시 범어사 승려들은 팔송에 있는 농지에 나가서 농사짓기를 아주 싫어하였기에 범어사 구내에 농지를 만들면 자연스럽게 농사에 참여할 것이라는 것도 고려된 것으로 보여집니다.[32]

이와 같은 홍선의 증언은 필자에게 많은 정보를 제공한다. 불교정화운동이 일단락이 되었으나, 정화의 여진이 지속되었던 1957년에 김지효는 공동으로 수행하는 도량을 의미하는 문화촌 건설을 고민하였다는 것이다. 그리고 1964년 무렵 범어사 총림을 세우겠다는 원대한 기획은 범어사를 관광사찰의 성격을 차단하려고 하였다는 김지효의 생각과도 연결된다고 보았으며,[33] 또한 범어사가 기획하여

---

32) 2007년 12월 14일, 제주시 파라다이스 호텔에서 필자에게 증언.

33) 이에 대해서 능가스님에게 질문을 하였더니. 능가스님은 지효스님도 당신에게 그런 말을 하였지만, 능가스님은 단호하게 그건 절대로 해서는 안 된다고 단호하게 언급하였다고 회고하였다. 그러면서 지효스님이 살아 있을 적에는 가능하겠지만, 자신과 지효스님이 입적하면 그런 사업은 모두 망할 것이라고 보았다.

단행한 산중턱 개간을[34] 당초 정하였던 기간 내에서 하지 못하고 있었던 것을 이용범과 인연이 되어 과감하게 추진하였다는 내용은 새로운 정황이다.

그렇지만 김지효가 단행한 총림의 사업, 즉 팔송에 있는 범어사 농지를 팔고, 그 자금으로 범어사 산중턱에 농지를 만들어서 백장청규의 정신을 실행하고, 장차는 그곳에 수도원을 세우려는 사업은 중도에 포기되었다. 그것은 범어사 신도들의 반대, 범어사 대중들의 강력한 이의 제기에서 나온 것이다. 이에 대한 증언은 범어사 주지인 대성의 회고가 주목된다.

그때 저는 범어사 선방에 있었는데 범어사 땅이 팔린다는 말을 듣고서는 선방에서 부글부글 끓고 있다가 수좌 몇 명과 함께 지효스님에게 가서 항의를 하게 되었습니다. 범어사 땅을 팔기 위해서 문교부장관에게 처분 허가를 받았다는 것이었어요. 그런데 범어사 신도인 정명화보살의 아들인 이정환이라는 사람이 재무부장관이었어요. 그래 그 보살은 아들을 통해서 범어사 땅이 팔린다는 소리를 듣고, 그 땅이 팔리면 범어사는 망하고 범어사가 먹고 살 수가 없다, 동산스님이 얼마나 아끼던 땅이냐면서 큰 걱정을 했어요. 그래 자기 아들에게 그 땅이 팔리게 하면 안 된다면서 문교부장관에게 말을 하여 그것을 막으라고 하였던 모양입니다.

---

34) 이와 관련하여 일미스님이 귀중한 회고를 필자에게 하였다. 일미스님에 의하면 그가 1964년 일본으로 떠나기 이전에 그는 범어사 서기를 1961년경부터 보았는데, 그가 서기를 보면서 동래구청(산림과)에 20번을 왕래하여 범어사 산중턱의 4만 평 개간허가 서류를 접수시키고서 그 허가를 득하였다고 한다. 일미스님도 범어사가 그런 개간을 단행한 것은 백장청규 정신으로 수도원을 세우고, 농사를 짓고, 선종의 가풍을 일으키려고, 개간을 하여 벼농사를 지으려는 것으로 필자에게 증언하였다.

그래서 저는 그 소식을 듣고서 저하고 사제인 호연, 일원이 등과 함께 지효스님에게 가서 항의를 하였어요. 그 요지는 범어사 땅이 팔리면 안 된다, 그리되면 범어사는 망합니다, 우리 농지가 없으면 어떻게 먹고 살겠냐는 것이었지요. 범어사 재산이 없어지는 것은 말도 안 된다, 다른 대안도 없으시면서 그리 되면 어떻게 되겠느냐면서 지효스님은 범어사에서 나가야 되신다는 것을 말씀드렸어요. 더욱이 동산스님이 애지중지 하던 농지는 안 된다면서, 그것이 팔리면 선방수좌는 무엇을 먹고 살면서 공부를 하고, 수좌를 수용할 수 없으면 선찰대본산인 범어사의 체통은 어떻게 지킬 것이냐고 강력히 말씀드렸어요. 그랬더니 지효스님께서 네가 뭘 안다고 그러냐면서 화가 엄청 나시어서 바루를 집어 던졌는데 그것이 그만 깨져 버렸어요. 공양이 끝난 직후에 대중공사가 벌어졌기에 바루를 집어 던진 것이지요. 그러니깐 호연이가 벌떡 일어나면서 "스님은 이제 중노릇을 안 하시겠다는 소리가 아닙니까?" 하고 항의를 하니 지효스님께서 그만 답변이 궁색해지고, 곤란해진 것입니다. 그만 명분을 잃어버렸어요. 지효스님께서 바루를 깨트린 것이 수좌들에게 빌미가 되고, 그것이 결정적인 계기가 되어서 범어사를 나가시게 된 것입니다.

그렇게 지효스님이 범어사에서 나가시게 되자, 사형님이자 주지스님을 나가게 하였으니 주동한 저희들 세 사람도 범어사에 있을 수가 없어서 결제 중인데 그만 걸망을 지고 인천 용화사의 전강스님에게로 가게 되었습니다. 그리고 선방수좌들이 항의를 하기 몇일 전에도 관음전에서 기도하시던 정관스님이 지효스님에게 가서 항의를 한 것으로 알고 있어요. 그 훨씬 이전에는 원두스님이 이의제기를 하기도 하였구요.

이 회고에 나오듯이 범어사 신도들의 항의가[35] 있었고, 범어사 대중들의 이의 제기,36) 범어사 선방에서 수행중인 김지효의 사제들이 집단적으로 항의를 하였다. 그러면 여기에서 김지효의 사제인 정관으로부터 당시 회고를 들어보자.

나는 그때 범어사 관음전에서 천일기도 부전을 보았어. 그런데 산중 소문이 지효스님이 범어사 땅을 다 팔았다고 해. 지효스님이 총무원장인 경산스님과 콤비라고 불릴 정도로 친했는데, 경산스님 도장을 맡아서 처분하라는 인가를 맡았다고 그랬어. 그래 나는 기도를 하면서 상상을 하기를, 가만히 생각해 보니 지효스님이 땅을 다 팔았다, 그러면 후일 사람들로부터 "땅이 팔릴 때 너는 뭐했느냐"는 말을 들을 때에 제 자신이 떳떳하기 위해서, 그래도 할 말은 해야 안 되나는 마음으로 지효스님 방에 뛰어 들어가서 "이거는 아니다, 잘못되었다"고 이의를 제기하였지. 나는 그 이상은 잘 몰라.

그때는 내 혼자서 지효스님 방에 들어갔고, 그때는 무슨 용기로 들어갔는지 몰라. 그런데 지효스님은 정화 때에 배를 갈랐을 정도로 정화주역이시고, 정화이념을 계승해야 한다는 불교적인 원력을 갖고 있었어. 그래서 늘상 정화이념을 꽃피우려고 노력하였기에, 우리들은 지효스님을 공상가로 불렀어. 한마디로 지효스님은 이상주의자였고, 그런 꿈이 있었고, 꿈이 컸었어.37)

---

35) 구전으로는 범어사 신도들이 단체로 버스를 타고 와서 데모하였다고 한다.

36) 그 이의 제기를 한 당사자인 원두스님은 그가 이의를 제기한 원인은 지효스님이 동산스님의 유물을 나눠주었던 것, 범어사 땅을 파는 것, 사형사제들이 범어사를 나가도록 한 것 등이었다고 회고했다. 원두스님은 지효스님에게 '불손'한 항의를 하였다고 해서 범어사를 떠나 법제사(부산)에 가 있었다. 원두스님은 그 당시 자신이 항의를 할 때에는 범어사에 당신과 지유스님만 남아 있었다고 하였다. 2007년 12월 27일 서울 인사동 산골물 식당에서 필자에게 증언.

37) 2007년 11월 23일, 연주암에서 필자에게 증언.

이렇게 범어사 내부에서 강력한 저항이 나타나자, 김지효는 자신의 꿈인 총림을 완수할 수 없었다. 그래서 결과적으로 그 와중에서 김지효는 범어사 주지직을 내놓고, 범어사를 떠났다.[38] 김지효는 범어사를 떠나기 직전에 그가 신뢰하였던 사제인 현욱을 급히 불러 그 뒷일을 부탁하였다. 이에 대한 정황은 필자가 그 당사자인 현욱을 만나 전후사정을 질문하였고, 이에 대한 내용을 다음과 같이 자세하게 고백, 증언한 것에서 파악되었다.

저는 지효스님이 범어사에 총림을 구현한 기획안에 대해 마지막 실무 처리를 하였던 당사자였기에 이번에 그것을 아는 범위 내에서 밝히지요.

범어사 내원암 방향 뒷산 중턱에 자리한 4만 평 개간의 시작과 계획 당시, 저는 강원도 3교구 본사 건봉사를 문성준 스님을 모시고 설악산 신흥사로 본사를 이전시키는 계획을 수립하고 그것을 추진할 때로 기억합니다. 그 무렵에 지효스님의 부름을 받고 범어사에 갔는데 당시 주지였던 지효사형께서는 전 대중의 불신임과 신도들에게까지 규탄을 받는 곤경에 처해 계셨습니다. 저와 지효스님은 그날 밤을 새워 가며 새벽예불 시간 때까지 이야기를 하였습니다. 그 내용은 기존 범어사 농지는 거리가 멀고 농사짓는 당사자들이 이전 범어사 대처승 계열이어서 추곡 환수가 어렵고 직영 농토의 관리도 대중들이 일하기를 꺼리니 밖에 있는 2만 평 토지를 처분하고 그 돈으로 범어사 좌측 위쪽 4만 평을 개간하여 자급자족하는 백장청규와 같은 선농일치의 수도원 건립으로 총림을 세워 정화해온 것을 마무리하는 도제양성으로 회향하겠다는 상당히 구체적인 안을 가지고 실천하였

---

38) 그는 무문관이 있던 천축사로 갔다.

다는 것입니다. 그런데 그 안이 안으로는 전 대중의 반대와 밖으로는 신도들의 원성으로 더 이상 어찌할 방법이 없으니 저에게 그것을 수습, 종결하라는 내용이었지요.

그렇지만 그것을 구상하고 실행에 옮길 때에 지효스님이 은사이신 동산스님에게 상의를 하거나 동의를 구해서 한 것인지는 잘 모르겠습니다. 제가 듣기에는 지효스님이 그 안을 동산스님께 보고를 드리니 절대 불가하다고 하시었고, 두 번째로 다시 찾아가서 말씀을 드리니 일체 말이 없으셔서 지효스님은 그를 묵인하시는 것으로 이해하였다는 말은 지효스님에게 들었던 기억이 이제 나는군요. 하여간에 그것은 지효스님이 범어사의 뒷산에 있는 땅 2만 평에 스님들이 자급자족을 하고, 나아가서는 거기에 수도원을 세워, 선농일치를 통한 수행을 해야 한다는 구상, 이념에서 나온 것으로 알고 있어요. 그런데 범어사 4만 평이 평지가 아니니깐, 그 산중턱을 정지하는 작업을 위해서 지효스님이 외부 업자인 이용범이라는 사람과 손을 잡은 것입니다. 그때에 작성된 문건이 지효스님이 써준 문서도 있었어요, 거기에 보니 입회인이 나오고 그랬어요.

동산스님이 열반하시고 난 뒤에 그 문제가 불거졌어요. 신도들이 범어사 땅 2만 평이 날라간다고 문제를 제기하였고, 저는 범어사 총무로서 그것을 해결하기 위해 엄청 고생을 하였지요. 그 업자라는 사람이 이용범입니다. 그 사람에게 지효스님은 2만 평의 대지 정리 작업과 그 시설을 갖추어 주면 범어사 입구 팔송에 있는 범어사 땅을 포기한다는 각서를 공증까지 하였던 것입니다. 이용범이라는 사람은 자유당 시절 이기붕 선생 다음 가는 막강한 정치 실력자로 자유당 재정분과위원장 등의 요직을 거쳤어요. 그이는 5·16이 나자, 자유당 시절 정치인들의 부정 축재 등 정치법 위반으로 감방에 구속되었지만 자신의 고향인 밀양에서 옥중 출마까지 한 사람입니다. 그러니깐 당시 박정희 청와대비서실의 수석비서관이 이용범이 수감되어 있는 옥중까지 찾아와서 무릎을 꿇고 사죄를 하였다고 해요. 그래서 출마는 포기하고 대신, 자신은 바로 옥에서 풀려난 거물입니다. 석방된 후 범어사로 와서 지효스님의 수도원 총림 계획에 참여하게 된 것입니다. 그래 이용범이라는 분은 국방부로부터 대민지원사업의 일환으로 군 중장비 지원을 받아 내원암 위쪽 문제의 4만 평의 산중턱을 정지 작업하여 농토를 완성시키고, 범어사 기존 농지 2만 평을 지효스님으로부터 포기각서를 받아 공증을 하게 되었습니다. 바로 전에도 제가 이야기 하였지만 이것이 발단이 되어 범어사 내외가 들고 일어났고, 범어사 존망의 기로에 선 위기 상황을 저는 주지 직무대행의 직함으로 수습에 나섰지요. 참 그리고 4만 평을 이용범이 개간할 때에 소용된 기름값은 범어사가 부담했어요.

위의 현욱의 회고에는 당시 그 뒤처리 과정뿐만 아니라, 김지효가 총림을 강력하게 추진하였던 구상, 고뇌 등이 잘 묘사되어 있다. 현욱은 김지효의 부탁을 받고, 주지 직무대행의 권한을 갖고 그 마무리를 하였다. 그래서 결과적으로는 이용범과 계약한 것을 무효화시키고, 팔송에 있었던 범어사 땅을 원상복구시켰던 것이다. 그러나 현욱의 회고에 의하면 그 과정은 지난한 과정이었다. 원상복구에 반대하는 이용범 측의 완강한 반대가 있었다. 그리고 당시 사무장도[39] 현욱이 추진하는 일에 반대 입장에 서 있었다고[40] 한다. 그 과정에

---

[39] 현욱은 그를 이용범을 견제하기 위해 데려온 사람이라고 필자에게 증언하였다. 그는 선방 수좌로 범어사에 와 있었으며 김지효와 지근거리에 있었던 문현구가 추천한 사람으로, 부산 경찰이 인척이었기에 일정한 세력을 형성하였다고 한다.

[40] 그 이유는 범어사 운영권을 둘러싼 갈등으로 보인다. 구체적으로는 범어사 운영 자금을 위해 빌린 돈과 이자를 즉각적으로 갚으라는 강요였다.

서 현욱은 이용범, 사무장 측으로부터 협박, 강압을 받았다. 심지어는 납치, 린치의 위협도 있었다. 그러나 현욱의 원칙적인 일처리, 강력한 추진력 등으로 김지효와 이용범이 맺은 계약을 파기할 수 있었다.[41] 파기 직후 현욱은 즉각 범어사를 떠나,[42] 무문관에서 수행하고 있었던 김지효를 찾아가서 그 결과를 알려 주었다.

이렇게 김지효가 그의 출신 사찰인 범어사에 백장청규 정신에 근거한 수행도량을 만들어 보려는 야심찬 기획은 물거품이 되었다. 그러나 김지효는 1973년 사자산 법흥사 주지로 취임하여 법흥사 복원불사를 추진하면서 동시에 그곳에 범어사에서 이루지 못한 총림 재건의 꿈을 시도하였다. 그러나 법흥사에서도 그의 꿈은 실현되지 못하였다. 원대한 기획을 수립하고, 종단의 승인을 얻어 추진한 법흥사 복원불사도 중도하차되었다. 김지효는 이러한 그의 꿈을 그가 말년에 주석하였던 범어사에서 1983년경에 약간 변질된 형태로 재현시켰다. 그는 범어사 구내의 한적한 지역에 있었던 금강암에 "평생을 수도하자"는 원력을 세우고 평생선원을 세웠던 것이다.[43] 그곳은 휴휴정사 혹은 특별선원으로도 불렸다. 당시 김지효의 뜻에 동참

---

41) 현욱은 이용범과의 계약을 파기한 후, 그간 공사 과정에 들어간 인건비, 자재값 등의 비용(당시 시가)을 300만 원으로 보고, 그것을 범어사에서 갚아 줄 돈이 없는 연유로 이용범에게 범어사의 단독 매표권을 5년간 보장하는 권리를 주었다. 현욱은 이 구상을 당시 동래포교당에 주석하였던 고암스님에게 상의하여 승낙을 받았다고 하였다. 그런데 현욱이 범어사를 떠난 이후 범어사 대중들이 5년간 임대는 너무 길다는 여론이 있어 3년만에 종결시켰다고 한다.

42) 그는 이용범과의 계약 파기와 함께 동산스님 사리탑 사업도 성사시켰다. 그래서 그것을 추진하면서 거의 단독으로 그 일을 추진함에서 나온 지친 심신과 사형사제들에 대한 서운함 등으로 범어사를 하직한다는 심정으로 범어사를 떠났다고 필자에게 증언하였다.

43) 범어사 출신 승려인 일미의 증언. 일미에 의하면 정부(동래구청)의 교부세의 일정 금액(8천만 원)이 투입되었다고 한다.

하여 수행에 동참한 대상자는 대략 10여 명이 넘는 것으로 전한다.[44] 이에 평생수도원은 당시 부산일보에 대서특필되는[45] 등 부산 불교계에 일정한 반향을 일으켰던 것이다. 당시 김지효는 그 수도원에서 80노구를 이끌면서 밤 10시에 취침해서, 새벽 한시 반이면 어김없이 일어나 정진하는 등 하루 15시간을 정진하였다.[46]

3. 김지효의 총림 건설에 나타난 성격

이제부터는 전 장에서 살펴본 김지효의 총림 건설의 과정, 전개에 나타난 내용을 유의하면서 그 영향, 배경, 추진에 나타난 성격 등을 대별하여 살펴보고자 한다. 이로써 우리는 김지효, 범어사, 총림이라는 삼각 구도 속에 숨겨진 역사의 진실, 흐름, 이면사 등을 복원시킬 수 있는 무대로 한 발 더 나갈 수 있을 것이다.

우선, 김지효가 조령, 범어사에 총림을 건설하려고 결심한 것에 영향을 준 요소는 무엇이었을까에 대해 들어가 보자. 다시 말하자면 어떤 요인, 사상적 계기에 의해서 김지효는 그렇게 줄기차게 총림을 건설하려고 하였는가를 말하는 것이다. 이것에 대해서는 무엇보다도 위의 보도기사, 여러 증언에서 다수 제기된 바와 같이 중국 선종의 백장청규였다. 즉 백장청규의 '일일부작이면 일일불식'이라는 표제

---

44) 그 선원(75평)의 개소 당시에는 입주식을 하였으며, 신도들은 입방하는 수행자들이 선원에 입방하면 다시는 나오지 않을 것이라고 하여 눈물을 흘리기도 하였다.

45) 필자는 아직 내용을 확인하지는 못하였다.

46) 당시 그를 지켜 본 상좌(한암)는 김지효는 졸음이 오면 꽁꽁 언 계곡의 시냇물에 나가 세수를 하고, 코피가 나면 코를 막고 정진하였다고 한다.

가 상징하듯 중국 선종 총림의 청규의 대명사로 지칭하고 있는 승려들의 수행과 노동을 동일하게 해야 한다는 사상이다. 자급자족, 승려의 농사, 신도들에게 의뢰치 않는 생활 등이 바로 그것이었다.

다음으로 김지효에게 영향을 준 것은 김지효의 노스님인[47] 백용성의 선농불교 정신이다. 잘 알려진 바와 같이 백용성은 일제하 선농불교 구현자의 대명사로 지칭될 정도로 1926년부터 60대 노구를 이끌고 중국 연변과 경남 함양의 화과원에서 선농불교를 실천에 옮겼다.[48] 때문에 이러한 백용성의 선농불교의 정신은 김지효도 익히 알고 있는 내용이었을 것은 믿어 의심치 않는다. 그리고 김지효가 백용성의 선농불교, 화과원에서의 실천에서 영향을 받았고, 그것을 참고하였다고 발언하였음을 지근거리에서 들었던 승려(홍선, 일미)의 증언은 우리들에게 그에 대한 확신을 더해 준다.

김지효에게 영향을 준 대상자로 거론할 당사자는 김지효와 같이 정화운동 최일선에 서 있었던 이청담으로 보인다. 이청담은 일제하 당시에도 선방수좌로 수행을 하면서 불교의 미래를 고민할 때부터 시작하여, 그리고 정화운동을 추진하던 그 현장에서도 늘상 총림을 만들어야 한다고 강조하였다.[49] 정화의 1단계가 마감되었던 1955년 직후에는 더욱더 그런 구상을 가졌으며, 각 도(道)에 하나씩의 총림(叢林)을 세워야 한다고 주장하였는바[50] 이런 그의 생각이 김지효에

---

47) 김지효의 은사는 하동산이고, 하동산의 은사는 백용성이다. 때문에 이를 노스님이라고 표현했다.

48) 김광식, 「백용성의 선농불교」, 『근현대불교의 재조명』, 민족사, 2000.
　　김광식, 「용성선사의 선농불교」, 『노동의 가치, 불교에 묻는다』, 도피안사, 2007.

49) 졸고, 「청담의 민족불교와 靈山圖」, 『민족불교의 이상과 현실』, 도피안사, 2007.

50) 『청담필영』(봉녕사승가대학, 2004), 237쪽. 청담은 총림시설에서 비구승을 양성하려고 하였음이 분명하다. 『청담필영』, 185쪽 참조.

게 파급되었을 것으로 보는 것은 무리가 아니다. 예컨대 김지효가 이사장으로 있었던 조령 재건총림회의 등장은 이청담의 영산회상과 총림의 강조에서 잉태되었음을 증언한 이능가의 회고가 그것을 결정적으로 신뢰케 한다.

한편 김지효의 총림 꿈, 범어사 총림 건설은 이능가, 문현구라는 지근거리에 있었던 기획자, 조력자가 있었기에 가능한 것이었다고 보인다. 나아가서는 이런 면을 고려한다면 그 3인의 공동작품이라고도 볼 수 있는 것이다.

이렇게 김지효의 총림에 대한 꿈은 그 자신의 고뇌에서 나온 것이겠지만, 거기에는 백장청규, 백용성의 선농불교, 이청담의 영산회상 및 총림에 대한 의지, 이능가와 문현구의 기획력 등이 은연중 영향을 주었다고 보고자 한다. 그러면 김지효가 구상, 실천에 옮긴 총림은 지금의 조계종단 총림과는 어떤 차별성을 갖고 있는가를 살피겠다. 그리고 그런 총림이 왜, 어떤 시대적 배경으로 1960년대에 집중적으로 제기되었는가도 살펴보자. 그래서 그 구도에서 나온 김지효의 총림재건의 의미를 분석해 보겠다.

현재 조계종단의 총림은 종합수도도량의 성격을 갖는다. 그래서 조계종 종법(총림설치법)에는[51] 총림은 선원, 강원, 율원, 염불원 등을 두도록 하고 있다. 이런 규정에 의해 해당 사찰은 종합적인 수도도량의 위상과 성격을 갖기 위해 노력하고 있다. 그러나 1960년대, 김지효가 강구한 총림은 이런 종합적인 수도도량과는 약간의 이질성이 제기된다. 즉 김지효가 강구한 총림은 수행자들이 집단적으

---

51) 이 법은 1967년에 제정, 공포되었는데 총림은 해인사로 정하였지만 필요한 곳에 둘 수 있다고 하였다. 그러나 이 법은 현재, 1996년 10월 2일의 법규위원회의 위헌 결정을 받아 법적 효력을 상실하였다.

로 모여, 농사를 지으면서, 자급자족을 하고, 철저한 계율을 지키는 온전한 의미의 중국 선종총림의 지향을 꿈꾸었던 산물이다. 가장 큰 차별성은 선농일치, 계율수호이다. 그리고 선을 위주로 하는 참선도량의 성격도 나타난다. 그리하여 총림에서 수행하는 것 자체를 이상으로 내세웠다.

이런 의미의 총림을 지향한 시대적 배경은 아무래도 1950년대 불교정화운동을 거론할 수밖에 없다. 불교정화운동으로 식민지불교의 잔재, 계율파괴의 대명사로 불린 대처승은 상당부분 사찰에서 나가게 되었다. 그러나 그런 결과를 가져온 과정, 방법, 후유증 등은 각 사찰의 수행도량의 성격을 상당 부분 퇴색케 하였다. 그리고 정화운동의 과정에서 사찰에 유입된 대상자들은 정상적인 교육을 이수하지 않고 정화 일선에 투입되었다. 그래서 그들은 승려로서의 자질 및 소양이라는 면에서 큰 문제점을 야기하였다. 그래서 정화이념과 종단이 나갈 방향이라는 측면에서 도제양성은 가장 중요한 당면과제로 부각되었다. 이에 정화를 추동한 종단의 지도자격의 고승들은 도제양성의 성공을 정화운동의 성공으로까지 인식하였다.

한편 1962년 통합종단이 등장한 이후에는 더욱더 그 문제가 심화되었다. 요컨대 대처승이라는 외적인 요인이 차단되면서, 비구승단 내부에서는 정화운동의 성과물을 챙기려는 행태가 노골화되었다. 그리하여 그 즈음부터 명리추구의 팽배, 신도들의 배척, 수행풍토의 쇠락, 조계종단을 인정한 대처승(화동파)의 종단 유입[52] 등으로 다양한 문제가 잉태되고 있었다. 이에 정화운동을 견인한 고승, 중견 승려들은 정화를 다시 해야 한다, 재정화를 해야 한다, 제2정화운동

---

52) 졸고, 「불교정화운동과 화동위원회」, 『불교정화운동의 재조명』, 조계종출판사, 2008.

을 추진해야 한다는 목소리를 높여갔다. 그래서 일단의 수좌들은 그에 대한 우려, 대책을 강구하면서 영축회, 선림회라는 단체를 결성하면서[53] 정화이념 계승, 수행풍토 진작을 적극적으로 표방케 되었던 것이다.

김지효의 총림 구상, 실천은 바로 이 같은 1960년대 불교계의 시대적 고뇌에서 잉태된 것이라 하겠다. 정화이념의 계승, 도제양성의 실천, 재정화 및 제2정화운동의 실행[54] 등이 바로 그것이었다. 때문에 김지효의 고뇌, 실행은 비장한 각오에서 단행된 것이라고 볼 수 있다.

지금부터는 김지효가 범어사에서 추진한 총림 사업의 전개, 추진 과정에 나타난 여러 문제를 구체적으로 짚어 보면서 그 진실에 다가가도록 하겠다. 이런 문제에 대해서 가장 먼저 확인할 것은 범어사 총림이 검토, 입안되었을 초기에 나온 기획안에 대한 문제이다. 현재는 그 초기 기획안이 부재하여 그 전모, 성격 등을 전혀 알 수 없다. 1964년 12월에 보도된 『대한불교』 기사에 나온 '범어총림'의 개념도 곱씹어볼 대상이다. 범어사 주지인 대성이 회고한 것과 같이 범어사의 미래를 위한 불교대학과 여기에 나온 범어총림이 같은 개념인지도 의아스럽다. 필자가 보건대, 대성의 표현은 전달 과정에서 약간은 변질된 것이 아닌가 한다. 하여간에 범어사가 최초로 구상, 강구한 범어총림에 대한 전모, 개념은 추후 자료수집을 통하여 필히 밝힐 대목이다.

---

53) 졸고, 「선림회의 선풍진작과 정화이념의 계승」, 『승가교육』 6, 2006.
졸고, 「제2정화운동과 영축회」, 『정토학연구』 10, 2007.

54) 김지효의 상좌인 홍선이 1970년대 중반 일본으로 유학을 가기 전에 무문관으로 인사를 하러 가자, 지효스님은 홍선에게 재정화를 해야 한다고 강조하였다고 한다. 이는 홍선이 필자에게 한 증언이다.

그리고 이런 것과 연관해서 당시 범어사 주지이면서, 조실이었던 하동산은 어떤 구상, 가치판단을 하였는지도 의아스럽다. 이런 기획은 하동산의 승인이 없으면 입안, 추진될 수 없는 것이다. 즉 하동산의 입장은 무엇이었는가이다. 필자가 보건대 초기의 기획은 동의하였을 것이지만, 김지효가 단행한 기획 즉 팔송의 농지 처분과 그 자금으로 4만 평 농지개간은 동의하지 않았을 것으로 보인다. 현욱이 증언하는 것과 같이 김지효가 그 설명을 처음에 할 때에는 완전 반대였고, 두 번째로 설명할 때에는 묵묵무답이어서55) 김지효는 그것을 묵인으로 보고 사업을 추진하였다는 것이 그 예증이다. 그리고 이와 연관하여 김지효가 그것을 추진한 시점은 정확히 언제였으며, 그의 소임은 무엇이었나? 다시 말하면 하동산이 입적한 직후에 추진하였는가, 아니면 입적 이전에 추진하였는가이다. 이에 대해서는 추후 세밀한 검토, 확인이 요청된다.

아울러 우리가 유의할 또 하나의 문제는 그것을 김지효가 결정할 때에 김지효 단독의 고뇌, 결단인가 하는 점이다. 필자가 이에 대한 문제를 제기한 결과 그 결단을 촉진케 한 대상자가 있었으니 그는 당시 범어사 선방에 있었던 수좌인 문현구였을 것이라는 증언이 있다.56) 그는 김지효와 아주 친근하게 지냈고, 입산 이전 한독당 조직부장을 지냈을 정도로 속세에서도 일정한 기획력을 겸비한 당사자였다.57) 그래서 필자는 총림 건설 입안, 변화, 추진에 김지효와 함

---

55) 묵묵무답은 정상적으로는 이해되지 않는다. 범어사의 운영, 진로에 큰 문제를 야기하는 것에 대해 침묵을 지켰다는 것은 납득이 되지 않는다. 추정하건대 당시 하동산은 입적을 예감하고 모든 것을 방하착하는 자세를 견지하였는지도 모를 일이다.

56) 이에 대해서는 원두, 정관, 대성스님 등이 필자에게 증언하였다.

57) 그는 본래 이청담의 상좌로 조계종단으로 출가하였고, 정화운동 당시에도 종단

께 상의, 추동한 인물에 대해서도 관심을 가져야 한다고 본다.

다음으로는 김지효가 이런 일을 추진하면서 범어사 내부의 대중, 신도 등과 충분한 상의를 했느냐이다. 즉 범어사 소임자들과 상의를 하거나, 그 추진 일정, 이용범과 맺은 계약 내용 등을 통보하였느냐이다. 신도들에게는 일체의 상의가 없었을 것으로 보인다. 그리고 그것을 추진하면서 조계종단 총무원, 감독관청인 문교부에는 공문으로 보고하였고, 승인은 득하였느냐이다. 현재 이에 대해서는 관련 문건이 없다. 동래구청에 산림개간 신청을 하여 허가를 득하였다는 증언은 나와 있지만, 종단 및 문교부와의 연락, 통보, 승인 등에 대한 정보는 없기에 더 이상의 내용은 단언하기 어렵다. 개간은 허락을 득하였다고 보이지만 땅 매각, 이면 계약은 비밀로 추진되었을 것으로 보인다.

이제 최종적으로는 김지효가 구상, 실천한 총림 재건은 범어사 사격 및 역사에 어떠한 영향을 주었는가의 문제를 조망해 보겠다. 1965년, 하동산이 입적 이전에 강구한 기획은 범어사의 사격과 문화를 고려한 역사 계승의식에서 나온 것으로 보인다. 그러나 김지효가 단행한 수도원의 결단은 그보다는 수행도량의 정비, 관광사찰의 성격 배제 등이 개입된다. 달리 말하면 김지효의 구상은 1960년대 총림 건설, 도제양성이라는 관점에서 접근한 것이 아닌가 한다.

그러나 이러한 판단도 신중하게 접근하고, 재고할 여지가 많다. 달리 보면 김지효의 판단, 실천도 하동산 생전에 구상한 기획구도에서 파생되었을 것이다. 다만 범어사 내외의 정상적, 원만한 합의, 동의가 부족한 상태에서 추진하였기에 그에 대한 이의, 반발을 극복치

에 영향력을 행사해 다수 승려들의 비판을 받았다.

못하고 중도하차하였다. 그래서 이는 실패한 역사로 우리에게 전해지고 있는 것이다.

지금까지 살펴본 김지효의 꿈과 실패는 그간 역사의 뒤안길로 방치되어 있었다. 그러나 범어사 대중, 그리고 조계종단의 후학들은 범어사 총림 건설의 역사에서 교훈을 찾아야 할 것이다. 그럴 때에 범어사는 선찰대본산이라는 과거 역사에 나타난 사격과 위상을 재창조할 수 있을 것이다.

4. 결어

맺는말은 추후 총림, 김지효, 범어사 연구에 유의할 대상 및 내용을 제시하는 것으로 대하고자 한다. 이 점은 필자의 주안점이면서, 이 분야 연구자들도 고려해야 할 내용으로 제안할 수 있는 것이다.

첫째, 필자가 본론에서 서술한 여러 내용에 대한 자료수집, 분석을 더욱 철저하게 해야 한다. 김지효가 조령에 개설하려 한 재건총림회, 1960년대 초반 범어사에서 강구한 총림의 기획, 부산 금정구청에 제출한 개간의 계획, 휴휴정사의 평생수도원 등등이 바로 그것이다. 이러한 관련자료를 세밀하게 살필 때에 그 전모와 성격이 확연하게 드러날 것이다.

둘째, 김지효가 강구한 조령 및 범어사의 사례와 1960년대 등장한 여타의 총림과의 비교 연구가 요망된다. 범어사는 왜 실패하였고, 해인사와 송광사는 성공하였는가? 이를 단순한, 우연적인 성과로만 보아야만 하는가? 이렇듯이 범어사의 사례를 당시 시대적 상황과 연결지우고, 여타 수좌들이 총림 건설을 어떻게 이해하였는가를 아울러 살피면 의외의 진실에 다가설 수 있을 것이다.

셋째, 정화운동에 참여한 대상자 연구의 폭을 확대해야 한다. 지금 정화운동은 전체적인 개요와 흐름을 분석하고, 그리고 동시에 그 주역이었던 고승의 연구에 연구자들의 시선이 갔음을 부인할 수는 없다. 이제부터는 정화운동에 참여한 중견승려, 단순 참가한 승려 등등 그 대상의 폭을 넓히고 정화운동이 1970, 1980년대에 이르기까지 전개되었던 불교계 여러 현상과 연결지어 그 역사적 맥락을 추출해야 할 것이다.

넷째, 범어사에서는 1980년대 후반 총림을 세우려고 범어사 내부, 동산문도회 내에서 다양한 추진을 하였다. 그래서 그에 관련된 수차례의 산중총회, 실무자 회의 등을 거치고 총림법, 규약 등을 다양하게 생산하였다. 그러나 결과적으로는 합일된 의견을 도출하지 못하고, 종단으로부터 총림 지정을 받지 못하였으며, 총림 운영을 시도하지도 못하였다. 왜 이런 현상이 일어난 것일까? 김지효가 그 이전부터 범어사 총림 건설을 추진한 역사적 경험이 있는 데에도 불구하고 범어사가 사격 재창조에 실패한 것은 납득하기 어려운 것이다. 요컨대 범어사 대중, 범어사 본말사 대중, 동산문도회 구성원들의 역사 계승의식도 좋은 연구 주제인 것이다.

지금껏 필자는 추후 이 분야 연구 주안점, 대상을 제시하고 그에 연관된 부대 내용을 제시하였다. 필자의 이러한 개진이 범어사 및 총림 연구에 하나의 징검다리가 되길 기대한다.

도광의 구도와 보살행

1. 서언

본 고찰은 조계종단사, 한국 현대불교사에서 그간 거의 주목하지도, 받지도 못한 인물인 도광선사(1922~1984)를 불교사적인 관점에서 조명하려는 글이다. 지금껏 그에 대해서는 어떠한 조명, 접근이 일체 없었다. 이에 대해서는 몇 가지 관점에서 설명할 수가 있을 것이다. 이 관점은 현재 한국 근현대불교사 연구의 문제점이자, 그간의 연구 경향을 대변하는 것이라 하겠다.[1] 요컨대 지금껏 편향, 경도된 연구 경향이 도광이라는 인물을 주목할 수 없는 여건과 환경을 만들었던 것이다. 이 같은 관점에서 한국 현대사 연구 경향의 흐름을 조망한다.

우선 첫째는 지금까지 조계종단사, 근현대불교사는 중앙적, 종단적인 관점에서 서술, 이해되어 왔다는 것이다. 이는 곧 총무원, 종회, 혹은 종정과 총무원장 등의 정치적인 개념이 깊숙이 자리 잡고 있음

---

1) 졸고, 「근대 불교사 연구의 성찰 : 회고와 전망」, 『민족불교의 이상과 현실』, 도피안사, 2007.

을 말한다.[2] 그리하여 이 관점은 개혁, 유신, 정화운동, 종단개혁, 종권, 갈등, 사태, 사건 등의 표현으로 구체화되었다. 둘째는 불교사상, 교리 중심의 연구 경향이 있었음을 부인할 수 없다. 편향된 종단사, 불교사의 연구도 문제였지만 사상, 교리, 신앙, 수행 등을 우선시하였던 것이다. 이러한 흐름에서 대선사, 대강백 중심의 명망가, 사상가 중심의 연구가 주된 대상이었다. 이는 불교의 이(理)와 사(事) 분야에서, 주로 이(理) 분야에 경도되었음을 의미하는 것이다. 물론 불교의 종교성, 사상성, 신앙성 등을 고려할 때에 이(理) 분야의 중요성은 간과할 수 없는 것이다. 그렇지만 이(理), 사상, 수행 등이 존립하기 위해서는 사(事)가 없이는 그것은 존립할 수 없는 것이다. 다시 말하자면 사판적인 승려, 종단 외호, 가람 수호, 보살행 실천 등 불교계 구석에서 불법을 실천한 수많은 인물들에 대한 무관심이 지배적이었던 것이다. 즉 문화사, 생활사 연구의 부진을 말하는 것이다.

이 같은 두 측면의 요인으로 인하여 도광이라는 인물은 그간 연구의 대상으로 인식되지 못하였다. 무릇 불교사, 교단사라고 할진대 당대의 전체적인 흐름을 유의해야 함은 물론이거니와 그 시대를 살아간 구성원들에 대한 움직임, 고뇌, 수행, 실천 등도 간과해서는 안 될 것이다. 그렇지 않고, 앞서 언급한 바와 같이 중앙적, 정치적, 명망가 중심의 역사로 갈 경우에는 해당 공동체 구성원들에게서 거센 저항, 반발을 피할 수는 없는 것이다.

이에 본 고찰에서는 도광의 삶을 전체적으로 소묘하고자 한다. 이는 도광 연구의 첫 번째 징검다리를 놓는 의미를 띠게 된다. 추후

---

[2] 여기에서 파생된 것이 종정 중심제, 총무원장 중심제라는 개념이다.

도광 연구의 도움을 주기 위해 가급적이면 객관성, 자료 근거에 의지하여 역사적인 차원의 글이 되고자 유의하였다. 나아가서 이 글은 다음과 같은 측면에서 연구의 의의를 갖게 될 것으로 기대된다.

첫째, 조계종단 내부의 큰 흐름을 갖고 있는 용성문중 연구에도 일익을 줄 것이라 예상된다. 용성 연구는 대각사상연구원이 출범한 지 10년이 넘으면서 그에 대한 기초적인 정리, 자료수집 등의 기초는 정비되었다. 그러나 용성문중 및 용성사상의 계승 및 구현에 대해서는 황무지와 같은 상황이라 하겠다. 용성의 은법, 전법제자가 적지 않지만 이에 대해서는 아직 뚜렷한 연구가 없는 실정이다. 최근 이 분야에 대해서 관련 글이 나오고는 있지만 아직은 초보 단계라 하겠다.[3] 요컨대 도광 연구는 용성－동헌－도광으로 이어지는 용성문중의 연구에 기초를 제공할 것이다.

둘째, 화엄사 및 화엄문도회의 연구에 새로운 자극을 줄 것이다. 현재 조계종단을 비롯한 다수의 종단을 움직여 나가는 가장 중요한 관건은 문중과 문도이다. 이에 대한 이해는 그가 부정적, 배타적인 관점에서 접근하였지만 필자는 그에 대해서는 이해가 다르다. 문중, 문도는 한국불교라는 공동체에서는 피할 수 없는, 역사이자 전통이다. 한국불교사에서 1천 년간 넘게 관행, 전통으로 내려온 것을 부인할 수는 없다. 그렇다면 문중, 문도의 문제를 적극적으로 끌어안기 위해서는 그에 대한 분석, 정리, 비판, 성찰을 가해야 한다. 도광

---

3) 김광식, 「백용성 계율사상의 계승의식－동산·고암·자운을 중심으로」, 『대각사상』 10, 2007.
　　김광식, 「하동산의 불교정화」, 『범어사와 불교정화운동』, 영광도서, 2008.
　　마성, 「용성진종의 계보와 법맥상속」, 『용성진종 조사의 사상과 한국불교의 좌표』, 2007.
　　이경순, 「1970년대의 고암대종사」, 『정토학연구』 10, 2007.

은 용성문중에서도 화엄문도의 중심적, 시원적인 인물이다. 즉 오늘날 화엄문도회는 도광, 도천의 결의, 공동수행이라는 가풍에서 비롯되었는데,[4] 도광 연구는 화엄문도회를 정리, 분석하는 계기를 마련해 줄 것이다. 그리고 이는 자연적으로 현대기(1969년 이후)[5] 화엄사 역사, 문화를 탐구하는 실마리와 토대를 제공한다.

셋째, 도광 연구는 이사(理事)를 겸비한, 이(理)를 수행하고 사(事) 분야에서 불법을 실천하는, 종단과 가람을 수호하고, 불법을 외호하면서 보살행을 하였던 승려 연구에 지평을 열 수 있을 것이다. 도광과 같이 자기가 처한 위치에서 불법의 발현을 위해 묵묵히 자신의 길을 갔던 수많은 승려들이 있었다. 이들의 희생, 실천, 인욕, 보살행은 지금과 같이 승가의 전통과 명예가 추락하고, 승가정신과 원융 공동체가 퇴보하는 현실에 즈음하여, 승가 공동체 복원을 위한 귀중한 사례 연구가 될 것이다.

이런 관점에서 도광 연구의 첫 번째 발걸음을 내디디려고 한다. 그러나 필자 앞에는 자료부족, 당시 교단사 및 지방 사찰 역사의 부족한 이해, 관련 인사들의 취재 부족 등등 다양한 암초가 자리 잡고 있다. 그렇지만 새로운 분야를 개척, 탐구한다는 마음을 갖고 도광 연구를 시작하려고 하거니와 선학제현의 비판과 질정을 기다린다.

---

4) 『불교신문』 2007.6.23, 「대중화합으로 승화된 '도반'의 우정, 도광─도천스님 제자들 문중 초월해 화엄문도회로 뭉쳐」.

5) 도광이 1969년에 화엄사 주지로 들어간 이후 그의 문도들이 현재까지 화엄사와 화엄사 말사에 머물고 있다. 69년 이전에는 금오, 전강, 지암(이종욱) 등이 주지로 있었다.

2. 도광의 출가, 구도

도광은 1922년 음력 3월 7일,[6] 전라남도 담양군 금성면 외추리 470번지에서 출생하였다. 그는 부친인 김기춘(와우거사)과 모친인 장오현 사이에서 2남 2녀 중 막내아들로 태어났다. 그는 김해 김씨, 속명은 오남(午南)이었다.[7]

그의 유년시절에 대해서는 전하는 기록이 부재하여 알 수 없다.[8] 그러나 선친으로부터 한학을 수학하다가, 16세 되던 해인 1937년 10월 5일, 서울 대각사로 출가하기 위한 입산을 하였다. 당시 그의 출가 은사는 이동헌이었다.[9] 그런데 도광이 출가에 이르렀던 구체적인 계기는 독실한 불교신자였던 부모님의 영향,[10] 혹은 백양사에서 탁발 나온 승려의 초탈한 모습에 감동되었다는 설[11] 등이 있다.

이런 계기를 참고하고 현전하는 자필 이력서에[12] 의하면 그는 대각사에서 동헌을 은사로 하여 득도하였다고 한다. 그런데 전남 담양이 고향인데, 왜? 서울까지 가서 출가를 하였는지를 말해주는 문헌 자료는 없다.[13] 그가 출가한 대각사는 당시 선지식으로 이름을

---

6) 양력은 4월 3일이다.

7) 『죽림』 261호(2007.10), 332쪽 참조. 여기에서는 그의 부친이 풍수지리에 능한 인물이었는데 자신의 아들의 사주를 보니, 불기운[火]이 부족해서 낮 午, 남녘 南으로 하여서, 불기운을 북돋우워 주기 위한 작명이었다는 것이다,

8) 화엄사에 건립되어(2008년 9월 22일) 있는 비명에는 그에 관한 문장이 있지만 신뢰하기에는 고려할 점이 적지 않다. 이 비명은 이지관의 문장이다.

9) 동헌에 대해서는 지범, 「다시 뵙고 싶은 큰스님, 동헌스님의 최후법문」, 『불광』 108호(1983.10) 참조.

10) 『불교신문』 2003.10.27, 「우리 곁으로 다시 온 스님 이야기」(도광스님 1).

11) 위의 비명.

12) 필자가 이용한 이력서는 도광의 속납 53세 당시인 해인사 주지 취임 이후에 작성된 것이다.

떨치던 고승 백용성의 창건, 주석 사찰이었다.14) 용성은 그곳에서 불교개혁, 불교출판, 역경 등 다양한 불교활동을 하였다. 여기에서 백용성과 도광과의 인연이 있을 가능성을 추측할 수 있다. 이에 대해서 도광의 사제인 죽림정사 조실인 임도문은 도광의 속가 부친인 김기춘과 백용성과의 친근성에 의해서 도광이 대각사로 간 것으로 증언하였다.15)

그런데 그곳에는 용성을 시봉하던 용성의 제자인 이동헌이 있었다.16) 그래서 도광은 대각사에서 용성, 동헌의 체취를 직접 대하면서 승려로서의 기본적인 소양을 익혀 나가게 되었다. 행자생활을 큰

---

13) 이점은 후일을 기다려야 한다.

14) 김광식, 『용성』, 민족사, 1999.
   한보광, 「대각사 창건 시점에 관한 제문제」, 『대각사상』 10, 2007.

15) 도문은 필자에게, 도광의 부친인 김기춘은 풍수지리설에 능한 地官으로 증언하였다. 전국 각처 10여 곳에 절을 지었다는 구전(지관으로 절터를 정한 것으로 보임)이 있었다고 필자에게 회고하였다. 2008년 7월 31일, 죽림정사에서. 그리고 백용성과의 인연으로 백용성의 두 명의 모친과 조부모를 화장해 주었다고 한다.
   『죽림』 261호, 264쪽에서는 용성이 동헌에게 다음과 같이 말한 것을 소개하였다, 즉 "알다시피 담양 거주 김처사는 풍수지리에 밝은 처사로서 삼천리 강산 발길이 닿지 않는 곳이 없는 주류천하의 처사일세. 그런데 그 김처사가 천문지리를 보니 한 8년 후인 을유년(1945년) 쯤 가면 조선에 평난이 될 듯하다는 천문을 보았다네. 그리하여 그 아들 김오남을 행자로 범어사에 데리고 와서 나 용성문하 제자의 상좌로 삼아 달라고 요청을 하여 이 범어사에서 행자생활을 하고 있네. 그러니 그 김처사의 아들 김오남 행자를 맏상좌로 삼도록 하는 것이 좋겠노라고 권하시었다. 그리하여 정축년(1937) 음력 10월 15일에 선찰 대본산 금정산 범어사에서 김오남 행자는 용성진종조사를 계사로 하여 사미십계를 수지하고 동헌태현조사를 은사로 하여 득도하여서 동헌태현조사의 맏상좌가 되었다. 법명은 도광 사미이다. 바로 이 분이 이산 동산대선사이다."는 것이다. 그러나 이 기록은 도광 자필 이력서에 나오는 수계시점, 수계사에서 약간 차이가 있다.

16) 이동헌의 생애에 대해서는 『불교신문』 1983.7.18, 「처염상정으로 살다간 88년, 9일 입적한 동헌큰스님의 생애」 참조.

도인의 회상에서 하였음은 저절로 도광이라는 인간의 재목을 단련시킬 수 있는 토양이 되었을 것으로 보인다. 그러다가 도광은 1938년 3월 15일(음력), 부산 범어사에서 하동산을 계사로 사미계를 수지하였다. 이제 정식 승려가 되었던 것이다.

이때부터 도광은 범어사의 강원에서 전통적인 이력공부를 통하여 불교의 사상을 배워나갔다. 그래서 그는 1939년 4월 5일에는 범어사 강원, 사집과 과정을 수료하였다. 범어사 강원에서 공부를 할 때에는 용성에게 지도를 받기도 하였는데,17) 하루는 용성이 도광을 앉혀 놓고서는 "마조가 백장의 코를 잡아 비트니 기러기가 어디로 날아 갔느냐?"고 물었다. 이때 도광은 "육자대명왕진언(六字大明王眞言) 옴마니반메훔 천고대비만고월(千古大悲萬古月)이여 조명무한이인천(照明無限利人天)입니다"고 답을 하였다.18) 이런 용성과의 문답을 계기로 도광은 범어사를 벗어나서 불교의 진리를 더욱 공부하겠다는 다짐을 하였다. 그리하여 도광은 금강산으로 발길을 옮겼다. 그의 자필 이력서에 1945년 3월 15일에 금강산 장안사에서 사교과를 수료하였다는 것도 이 같은 맥락에서 이해할 수 있다. 추측하건대 1942년 3월 15일, 범어사에서 비구계를 받고는 금강산으로 향한 것이 아닌가 한다.19) 금강산 장안사에서 공부를 하면서는 인근의 유

---

17) 그 무렵 용성은 범어사 선원의 조실로 있었다.

18) 위의 『불교신문』과 『일타화상비명』(일연학연구원, 2000), 74~75쪽에 있는 「离山堂 導光大禪師碑銘」 참조. 그러나 지관이 찬한 비명에는 은사인 동헌에게서 업장소멸을 한 연후에야 화두 참구를 할 수 있다면서 옴마니반메훔을 칭념하는 수행을 할 것을 지도받았다고 한다. 그래서 도광은 관음성지인 낙산사 홍련암을 찾아가 1942년부터 3년간 육자주 수행을 하다가 천지가 홀연한 기상을 느끼고 읊은 것, 즉 기도성취의 경지에서 나온 것이라고 하였다. 이 같은 도광의 수행은 1960년대에서도 진언으로 한 소식을 한 승려로 소문이 났었다.

19) 그런데 그가 언제 금강산으로 갔는지는 알 수 없다.

명한 선방인 마하연, 표훈사 등지를 왕래하면서 점차 수행의 깊이를 더한 것으로 추정된다.

그런데 그가 1945년 8·15해방을 맞이할 때에는 어디에 있었는지 가늠하기 어렵다. 그의 자필 이력서에는 "1946년 10월 15일부터 해인사, 범어사, 내원사, 대각사 등지에서 20안거를 성취하였다"는 것을 보면 아마, 그는 1945년 후반이나, 1946년 초반에는 이남으로 내려오지 않았는가 여겨진다.

그런데 이에 대해서 임도문은 1944년경 도광의 은사인 이동헌이 평안도 순안의 동금강암 주지로 칩거하였을 때에 도광이 함께 있다가, 해방이 되자 남한으로 내려왔다고 주장한다.[20] 남한으로 내려온 그는 제방의 선원을 다니면서 참선수행에 전념한다. 현전하는 방함록과 그의 유품(안거증)에 나와 있는 여러 기록을 종합하면 도광의 참선수행은 다음과 같다.

· 1947년 하안거 : 다보사
· 1947년 동안거 : 범어사
· 1948년 하안거 : 고불총림 백양사
· 1948년 동안거 : 가야총림 해인사
· 1949년 하안거 : 범어사
· 1949년 동안거 : 범어사
· 1950년 하안거 : 범어사
· 1950년 동안거 : 범어사

---

20) 2007년 7월 31일, 장수 죽림정사에서. 도문은 동헌과 도광이 이북에서 내려왔기에 일시 정착하였던 전라도 지방에서 이북에 온 것을 밝히면 사회주의자로 몰릴 가능성이 있어 그것을 숨겼다고 한다.

- 1951년 하안거 : 범어사
- 1951년 동안거 : 범어사
- 1952년 1월경 : 담양 보광선원, 토굴수행
- 1952년 하안거 : 남은사(보길도)[21]

이렇게 도광은 1947년부터 1952년까지 6년간을 지속적으로 참선수행을 하였다. 그런데 도광은 선원에서 단순히 수행하는 것에 머무르지 않고, 자신에게 주어진 용상방 소임을 기꺼이 해나가면서도 그것을 수행의 일환으로 여겼다.[22] 이는 특히 범어사 선원에서 원주 소임을 보면서 대중외호를 정성껏 하였음을 말한다. 도광이 원주를 보던 그 시절 범어사 선원은 한국전쟁으로 피난 온 수좌 대중들이 근 100여 명에 달하였다. 기존 수좌 20여 명도 양식이 부족하였지만 조실인 하동산의 인연대로 오는 수좌는 다 받고, 양식을 나누어 먹으면서, 함께 수행하자는 방침에[23] 의거 범어사에는 수좌들이 넘쳐나고 있었다. 그러나 하동산의 운영 방침이 그러하지만 부족한 양식은 탁발을 통하여 해결하지 않으면 안 되었다. 이에 자연적으로 도광은 그 해결의 일선에 자진하여 나가게 되었다. 이 같은 도광의 행적은 문헌상에 전하지는 않지만 선방에서, 수좌들 사이에서 퍼져 나가 하나의 신화처럼 전해졌다. 이러한 일화에 대해 『불교신문』의 이

---

21) 당시 그 절(토굴)은 보길도에 있었는데, 선객이 자주 들르고 수행을 하던 곳이 었다. 현재는 남은사라는 이름으로 바뀌었다. 금오, 서암 등이 1940년대 후반 무렵에 이곳에서 수행하였다.

22) 이 시기 그는 범어사에 설치된 육군 중앙유골안치소 집례사도 하였다. 이는 1951년 7월 19일에 받은 그 증명서가 있기 때문에 신뢰된다.

23) 『동산대종사와 불교정화운동』(영광도서, 2007), 79쪽, 「보성스님, 방생심으로 감명을 주신 스님」.

성수 기자는 다음과 같이 묘사하였다.

선방에서 입승스님이 정진을 알리는 죽비를 치면, 자리 끝에 앉아 있던 도광스님은 살며시 일어나 밖으로 나왔다. 범어사 아랫마을로 내려온 도광스님은 집집마다 돌아다니며 신도들에게 화주했다. 전쟁통의 어려운 시절이었지만, 스님이 화주를 나서면 많은 신도들이 곡식과 반찬을 내주었다고 한다. 두 손 모아 감사의 인사를 대신한 도광스님은 몇 집을 돌아 큰 절로 발걸음을 옮겼다.

걸망 가득 공양물을 채워 범어사로 돌아가는 도광스님의 발걸음이 유난히 가벼웠다. 어찌 음식에 탐을 냈겠는가. 배를 주리며 화두를 들고 있는 수좌들의 법체(法體)를 강건하게 해 줄 약을 구했다는 기쁨이 더했기 때문이다. 환한 미소로 범어사 공양간에 들어선 도광스님은 걸망을 내려놓고는 행자들과 함께 적지만 맛있는 공양을 지어 대중들을 기쁘게 했다.

물론 범어사 대중들에게 신도들이 공양을 올린 것은 동산스님을 비롯한 많은 스님들의 정진에 감화를 받았기 때문이다. 이와 함께 젊은 수좌 도광스님이 직접 마을에 내려가 신도들이 선근 공덕을 맺을 수 있도록 노력했음도 소홀히 여길 수 없다. 당시 범어사에 주석하고 있던 동산스님은 도광스님의 행을 보고 칭찬을 아끼지 않았다. 비록 한 명의 수행자가 공부할 수 있도록 돕는 것도 큰 공덕인데, 선원을 비롯한 큰절 대중들의 공양을 소홀히 않는 것은 칭찬받아 마땅하다는 것이 동산스님의 마음이었던 것이다.[24]

도광스님의 그런 대중외호, 보살행은 그 이후에도 지속되었음이

---

24) 『불교신문』 2003.11.4, 「우리 곁으로 다시 온 스님 이야기, 도광스님 2」.

화엄문도회 승려들의 증언에게서도 확인이 된다.

도광스님의 그런 행동은 남모르게, 숨어서 누구에게 보이지 않게 하시는 밀행의 보살이었습니다. 그러시면서 대중 시봉을, 선방 외호를 지극정성으로 한 것이지요. 스님은 잠도 거의 주무시지 않고 그러셨는데, 그런 보살행을 범어사, 해인사, 용주사, 화엄사에 계시는 동안 일관하여 그렇게 하신 것입니다. 그런 스님의 보살행은 우리 절집에서는 다 소문이 났어요. 한마디로 도광스님은 보살스님입니다.(명선스님)

도광스님은 인욕보살입니다. 남에게 표현하지 않으시고, 외부에 모르게, 숨어서 일하신 분입니다. 이런 것을 보살행이라고 말하는 것입니다. 이것은 금강경에서 상을 내지 마라, 무주상 보시를 해라는 것과 같은 것이지요. 그리고 남는 시간은 오로지 참선정진을 하셨어요. 도광스님은 그때부터 이사(理事)를 겸비한 스님이라고 볼 수 있어요.(현산스님)

우리 스님이 범어사 계실 때에, 그때 수좌스님들이 범어사로 피난을 엄청 오셨습니다. 그래 동산스님이 우리 스님에게, 우리 스님이 동산스님의 조카 상좌이니까, 니가 먹여 살려라고 하셨대요. 그래 우리 스님이 부산 대신동, 서면, 자갈치 시장 등 부산바닥을 다 돌아다니시면서 탁발을 해서 그것을 바랑에 가득 지고 와서 대중을 먹여 살렸다는 것은 너무 많이 알려진 내용입니다. 그러시면서도 우리 스님은 당신이 절대 성질을 내지 않고, 얼굴을 붉히지 않으셨고 그래서 우리 스님은 인욕보살이었습니다. 그래서 종단에서는 우리 스님을 도광보살이라고 허가 났어요.(종일스님)

도광의 보살행, 인욕행은 이렇듯이 범어사 시절인 1950년 무렵부터 이미 시작되었다. 그런데 도광은 1952년 초에는 전라도 지역으로 가게 되었다. 범어사에서 나온 연유는 정확히 알 수 없다.25) 표훈사, 장안사, 범어사 시절부터 지근거리에서 함께 수행을 하고 특히 범어사 선원에서의 보살행에 감명을 받은 도천에 의하면 흑산도 근처에 절을 지어준다는 신도의26) 약속을 믿고 나왔지만 그것이 성사되지 않았다고 필자에게 증언하였다. 그래서 도광과 도천은 우선 완도 남은사라는 곳에서 1952년 하안거 수행을 하게 되었다.

한편 그 무렵 도광은 그의 고향인 담양의 황매산 매곡 골짜기에 자리한 토굴에 거처를 마련하였다. 도광 그가 왜 하필이면 고향에 있는 토굴터에 선원을 창건하였는가. 도광의 평생 도반이었던 도천은 이에 대해서 당초에는 도광은 자신의 고향에 주석하는 것 자체를 달가워하지 않았다고 한다.27) 그러나 도천의 권유가 작용하고, 자신의 속가 부친인 우와거사가 토굴을 마련한 장소를 보고서는 이내 결심을 하였다. 그러면 여기에서 보광사 창건 연유를 전하는 「本 法堂 建築 遺內」28)를 보자.

---

25) 혹시 동산과 대처승(종무소)과의 갈등으로 동산이 잠시 은해사로 피신했다는 구전이 있다. 이것과 연관이 있는지 더 파악할 필요가 있다.

26) 도천은 그 신도를 도광스님의 조카인 경찰이라고 하면서, 절을 지을 자리만 찾아 놓으면 절을 지어 준다고 하였다고 한다. 그러나 한 달 동안 돌아다녀보니, 절 터가 없어 자리를 찾지 못하고 흑산도에서 나왔다고 한다.

27) 일반적으로 승려들은 자신의 고향을 떠나 출가를 하고, 세속과 연관이 있는 곳에서 머무는 것을 체질적으로 거부한다.

28) 이 자료는 보광사의 종일이 최근 그 법당을 재건축하면서 나온 상량문으로, 지금의 보광사에서는 그것을 복사하고 그 원본은 원래 있던 건물의 대들보에 수장하였다. 원 상량문인 이 자료는 1959년 9월 16일에 작성된 것이다. 복사 자료를 제공해 준 종일과 보광사 주지에게 지면을 통하여 감사를 드린다.

檀紀 四二八三年 七月傾에（佛紀 二九七七年） 最初 潭陽郡 金城面 鶴洞 里 居住 김기춘 居士게서 本 基地을 定礎하여 土幕 一間을 建立하여 修道 中 檀紀 四二八六年 甲午 七月中 慶南 東萊 梵魚寺로부터 金導光 金道川 兩 修道僧이 來到하여 觀覽後 湖南의 名勝地라 稱하며 必是 道人이 出現할거 시라 豫言하고 修道場으로 定한 후 居住中이나 無一糧穀하여 草根木皮로 僅僅 保命中 本 邑內 潭州里 居住 鞠氏女史 佛名 能仁覺 信徒게서 그 慘景 을 보고 修道人을 養成하게은 發心으로 其後

이 자료에서는 도광은 도천과 함께 1954년 7월경에 우와거사가 1950년에 마련한 그 토굴이 있던 장소를 보고, 도인이 나올 것이라 는 예언을 하고, 그곳을 주된 거주처로 정하였다는 것이다. 그러나 도광이 보광사 토굴로 실제로 온 시점은 1951년 겨울 혹은 1952년 초반 무렵으로 이해된다. 그것은 1952년 1월 15일에 보광사로 출가 하였다는 명선의 회고 증언이 더욱 신뢰가 가기 때문이다.

스님이 출가한 건 열일곱 살 때인 52년 1월 15일이었다. 담양 외 추리 매곡에 있는 보광사 導光스님(속가로 외삼촌)이 집에 오셔 "내 가 금강산에 있을 적에 용식이를 데려가려고 했었는데 이제야 왔소. 누님은 아들이 많으니 용식이를 내가 데리고 가서 중을 만들겠으니 허락해 주시오"라고 했다. 어머니는 반기며 태몽 이야기를 한 다음 "데리고 가서 큰스님이 되도록 잘 지도해 주소"라며 "시국도 어수선 한 걸로 봐선 남은 자식들도 모두 출가시키고 싶지만 시절 인연이 도래치 않은 것 같소"라는 말을 덧붙이기까지 했다. (중략)

그날로 스님은 조촐한 옷 보따리 하나를 들고 도광스님을 따라 나섰다. 집에서 산길로 5km 거리에 있는 보광사는 말이 절이지 초막에 불과했다. 방 한 칸에 부엌 한 칸뿐이었다. 사실 이 절은 불심이 깊은 외할아버지가 지으셨던 것이고 이절 이외에도 여러 곳에 절을 짓기도 했다. 그래도 거기엔 도광스님의 도반 道川스님도 계셨다. 그 날부터 공양주와 부목일, 채공일 무엇이든 스님들이 공부하는 데 필요한 일들을 도맡아 했다.29)

이 같은 명선의 회고를 유의해서 보면, 도광은 1952년 1월 초에 보광사 토굴에 입주한 것으로 보아야 한다. 입주를 하여 절 생활을 시작하게 되니깐, 자연 일손이 필요하여 인근에 사는 누이의 아들 (명선)을 출가시킨 것으로 볼 수 있는 것이다.

그러나 그때부터 그곳을 주된 주석처로 하였지만 토막 두 칸에 불과하였기에 정상적인 수행처 역할을 할 형편은 아니었다. 이에 도광은 도천, 그리고 행자 2명과 함께 생존적인 차원에서 초근목피의 생활을 하면서 수행을 할 수밖에 없었다. 지금까지는 주어진 여건, 제도권 사찰, 선원 등에서 대중을 외호하며 수행을 하였지만 보광사 라는 척박한 곳에서부터는 험난한 생활이 시작되었다.30)

그런데 왜? 도광은 그 험한 골짜기, 토굴에서 생활과 수행을 하려고 하였는가? 이는 우선 당시 전라도 지방은 나주 다보사 이외에는 정상적인 선원이 거의 없었던 사정을 거론할 수밖에 없다. 여러 선원에서 수행한 도광은 수좌였거니와, 자신을 받아줄 선원이 희박한 전라도 지방의 현실에서 기인한 것으로 보인다. 그래서 그는 자신이 수좌들이 수행할 수 있는 터전 마련에 나선 것이다. 그리고 다

29) 『韓國 現代人物 列傳 33選』(한국인물연구원, 2006), 「박용식」, 312~313쪽,
30) 도천은 자신과 도광이 보광사에 입주하던 초기에는 2칸 반에 불과한 오막살이였다고 회고한다.

른 요인은 당시는 불교정화운동이 발발하기 직전이기에 수좌들이 사찰에서 머물거나, 수행을 할 수 있는 여건을 제공받을 형편은 없었다. 즉 당시는 수좌들이 갈 곳이 마땅치 않았다. 이런 요인들이 도광으로 하여금 보광선원을 창건해야겠다는 마음을 낸 것으로 보고자 한다.

3. 종단 및 가람 수호, 그리고 보살행

도광은 보광사라는 토굴에서 생존, 수행, 사찰 불사 등을 동시에 하였다. 그러나 그것은 상상을 초월하는 난관이었다. 정상적인 절이 아닌, 토굴이었기에 신도는 애당초 존재하지 않았다. 그래서 신도들에게 의지하여 삶을 꾸리는 것은 생각할 수도 없었다. 보광사 인근의 밭을 부쳐서 농사를 지어 생계를 해결해야 했다. 그러면서도 틈틈이 참선수행은 쉬지 않았다. 당시 도광과 함께 고생하였던 도천은 그 당시를 다음과 같이 증언하였다.

그 시절에는 도광스님과 나는 일을 많이 하였어. 그때 밭 네 마지기를 농사져서 나락 한섬을 하였어. 도광스님의 형님에게 땅을 빌려서 별의별 농사를 다 지었지. 새벽부터 밤까지 일을 하였지. 그래서 보광사에 선원을 만든 것이지. 처음에는 탁발을 하였어. 그런데 신도들이 오게 된 것은 우리가 미역을 사다 사람들에게 판 것이 인연의 시초이었지. 그때 신도들이 환희심을 갖고 그랬어.

이렇게 보광사 입주 초창기는 이루 말할 수 없는 살림살이였다.

이런 사정은 명선의 증언에서도 찾을 수 있다.

그때에는 먹을 것이 없었어요. 쌀이 부족해 고구마, 감자를 절반 정도 먹었지요. 심지어는 도광스님과 우리들은 고구마 순을 밭에다가 펼쳐 놓아 가공해서, 그것을 담양읍내에 팔고, 양식하고 바꾸고 그랬어요.

그리고 도광스님은 완도, 보길도에 가서 미역을 사 가지고 와서 장사까지 했다니까요. 그 미역을 담양읍내 신도들에게 시주도 하고, 양식하고 바꾸어서 먹고 그렇게 생계를 해결했어요. 저는 보길도에 가지는 않고 주로 도광스님이 하시고, 가끔은 도천스님도 함께 가시곤 했지요. 그때, 완도각이라고 해서 그 지역의 미역이 유명했어. 도광스님이 완도를 자주 간 것은 보길도에 선방스님이 자주 가는 절이 있어, 그 절에도 들릴 겸 해서 미역을 가지러 갔어요.

미역 장사, 고구마 순 장사를 해서 양식을 구하여 생존을 하는 눈물겨운 삶이었다. 그러면서도 수행은 멈추지 않았다. 그렇게 갖은 고생을 다하자 신도들이 조금씩 모이기 시작했다. 이제 보광사 토굴은 안정을 겨우 찾고, 선원으로의 역할을 그 좁고, 남루한 곳이었지만 시작하였다. 이런 여건하에 1952년 9월경에는[31] 당대의 도인인 전강을[32] 조실로 초빙하였다. 대도인 전강이었지만 보광사에서는 그냥 좁디좁은 방 하나를 만들어 조실방으로 주는 정도로 대우하였다.

---

31) 도광은 자필 이력서에서 9월 5일에 보광사 선원 창설이라고 기재하였다. 그는 이때를 기점으로 인식한 것이 분명하거니와 그 무렵에 전강을 조실로 초빙한 것으로 이해할 수 있다.

32) 전강은 6·25 무렵, 광주에서 구멍가게를 하면서 상좌에게 묵언공부를 시킨 것은 유명한 일화이다.

전강이 오자,[33] 그의 상좌인 송담도 오게 되었다. 그리고 도광과 친근한 수좌인 수혜도 와서 함께 수행을 하였다. 이렇게 수좌들이 모이면서 신도들도 서서히 모였고, 신도들도 참선수행을 하도록 배려하였다. 도광이 보광사는 도인이 배출될 도량으로 여겼던 것이 이제 현실로 나타났다. 전강의 상좌로 10년 묵언을 하면서 깨침의 정점으로 가던 송담이 보광사에서 오도를 하게 되었거니와 그 오도송은 다음과 같다.[34]

황매산 뜰에는 봄눈이 내렸는데
차운 기러기는 저 장천을 울며 북을 향해 날아가는구나.
무슨 일로 십년간 헛되이 힘을 낭비하였는고.
달 아래 섬진대강이 흐르는구나.

黃梅山庭春雪下
寒雁　天向北飛
何事十年枉費力
月下蟾進大江流

이렇듯 도광의 예언은 적중하였다. 송담이 묵언한 지 10년이 되는 날이었다. 당시 송담은 10년 벙어리로 오도하지 못하면 다시 10년간 눈까지 감아버리려고 했다고 말한 것을 보면[35] 그가 황매산 보광사에서[36] 얼마나 치열하게 수행정진 하였는가를 알 수 있다.[37]

---

33) 전강이 보광사에 온 시점은 1953년 중반으로 추정된다. 왜냐하면 명선이 1953년 1월 15일 광주 동광사에서 전강에게 사미계를 받았기 때문이다.

34) 『다시 태어나도 이 길을, 천은사 금종스님 수행일기』(광문각, 2005), 144쪽.

35) 정휴, 『깨친 사람을 찾아서, 전강평전』(우리출판사, 2000), 73쪽.

한편 도광이 보광사 토굴을 지은 지 3년이 되던 봄, 서울에서는 이승만 대통령의 불교정화를 지지하는 담화(유시)가 나타났다. 1954년 5월이었다. 이때부터 수좌, 비구승들은 그간의 불교의 모순, 부패를 개혁하기 위한 길인 불교정화운동에 나섰다. 그러나 당시 기존 집행부, 대처승들은 이승만의 불교정책, 수좌 중심의 정화운동에 극력 반대하였다. 그래서 불교정화는 매우 지난한 길이었다.[38]

불교정화운동은 1954년 8월 24~25일의 전국 비구승대표자대회로부터 본격화되었다. 그런데 도광이 1954년 서울에서의 불교정화운동의 일선에 참여하였다는 문헌 기록은 아직 찾지 못하였다. 보광사에서 도광과 함께 수행하였던 수혜는 비구승대표자대회 참가 명부에 이름이 전하고 있다.[39] 수혜의 참가는 도광과의 상의하에 이루어졌음을 쉽게 판단할 수 있다.

---

36) 그런데 정휴는 송담이 오도한 그곳을 "황매산은 오조 홍인이 계시던 산이다. 이곳에서 육조혜능이 안심입명을 얻었고 돈오사상을 정립했던 개산지다"고 하면서 담양 보광사와의 연관을 배제하는 몰역사성을 드러냈다. 앞의 책, 73~74쪽 참조.

37) 송담의 개안 후 전강은 그를 인정하고 다음과 같은 전법게송을 지었다.
   非法非非法
   非法應無心
   落陽秋色多
   江松自雲飛
   그런데 현재 보광사 회주인 종일은 그것을 황매산 정상에서 전법하였다고 증언하였다. 그러나 정휴는 앞의 책, 74쪽에서 개안 후 그해 동안거를 난 망월사에서 혜암, 춘성, 향봉, 황의돈 등의 입회하에 전법한 게송이라고 주장한다.

38) 불교정화에 대해서는 졸고가 참고된다.
   김광식, 「불교정화의 성찰과 재인식」, 『근현대불교의 재조명』, 민족사, 2000.
   김광식, 「정화운동의 전개과정과 성격」, 『새불교운동의 전개』, 도피안사, 2002.
   김광식, 「한국 현대불교와 정화운동」, 『한국 현대불교사 연구』, 불교시대사, 2006.

39) 졸고, 「전국 비구승대표자대회의 시말」, 『근현대불교의 재조명』, 민족사, 2000, 446쪽. 회의록에는 수혜의 소속이 담양 보광사로 나온다.

그렇지만 도광의 유품에는 당시 선학원에서 보내 온 여러 건의 공문이 있는 것을 보면 도광은 그 소식을 숙지하고 있었음은 분명하다. 그 공문을 소개하면 다음과 같다.

- 도총섭인 청담이 도광에게 보낸 공문(1954.10.29 : 공문 2호)
  (1954년 동안거는 선학원에서 하기로 하였기에 상경 요청)
- 도총섭인 청담이 비구승이 조계사에 입주하였음을 알린 공문
  (1954.11.7 : 공문 제3호)
  (상경요망, 선학원에서 동안거 수행 고지)
- 사찰정화대책위원회에서 전국승려대회의 개최를 고지하는 공문
  (1955.7.16)
  (비구승 중심의 승려대회 개최 고지, 대회 참가 요망)

이런 공문이 선학원에서 담양의 보광사로[40] 왔음은 도광이 서울의 정화운동에 어느 정도는 관여하고 있음을 말해주는 단서이다. 당시 도천의 상좌이면서, 도광과 함께 보광사에 있었던 명선의 회고에 의하면 도광은 서울에서의 정화운동에 참여하기 위해 자주 출타를 하였다고 한다. 그리고 도천도 자신은 내정, 도광은 외교를 담당하였기에 도광은 서울에 자주 올라갔다고 필자에게 증언하였다. 그리고 도광은 불교정화운동을 최일선에 추동하고 있는 하동산을 범어사 선방에서 보필한 인연에 의해 당연히 참여하였다고 이해하고자 한다. 또한 은사인 이동헌도 그 당시 정화 일선에 있었기에 그로서는 정화운동에 적극적으로 동참하였다고 보는 것이 순리일 것이다.

---

40) 유의할 것은 편지는 보광사로 되어 있지 않고 담양 읍내의 신도집으로 나온다. 이는 당시 보광사가 산속에 있었던 관계로 담양 읍내의 신도집으로 보낸 것이다.

요컨대 도광은 불교정화에 적극 참여했다. 1955년 8월 1일부터 열린 전국승려대회의 참가자 명부에 의하면 도천, 도광은 전체 900여 명 중 1955년 7월 29일 163번째, 164번째로 대회장에 도착하였음을 전한다.[41]

불교정화운동은, 1955년 8월 12~13일 조계사에서 개최된 전국승려대회를 기점으로 비구승 측으로 종권이 넘어오게 되었다. 그 결과 새로운 종헌의 제정, 종회의원 선출, 종정을 비롯한 집행부의 교체, 전국 사찰의 주지 교체 등이 단행되었다. 이 같은 운동의 일단락, 종단 집행부 교체로 인한 변화는 전국의 불교계로 파급되었다.

그 결과 각 지방의 사찰도 비구승이 주지로 입주하게 되었다. 도광은 이런 변화 속에서 강진 백련사(만덕사)의 주지로 1955년 10월 15일에 취임하였다.[42] 도광은 백련사 주지로 나갔지만, 보광사를 왕래하면서 양측을 다 신경쓰는 생활을 해야만 되었다. 그런데 백련사에는 도광이 존경하였던 도인, 종정을 역임하였던 하동산이 자주 와서 머물고 있었다. 하동산은 백련사의 절경을 좋아하고, 그곳을 당신의 열반처로 여길 만큼 각별하게 인식하였다. 그래서 백련사에서는 수좌, 수행자 등등이 적지 않게 모여드는 회상처가 되었다. 이에 대해서는 그 당시 백련사에 있었던 종산의 회고가 참고된다.

제가 하동산스님과 같이 있던 곳이 처음에는 전라남도 강진의 만덕사입니다. (중략) 그것이 1954년인가 55년인가 그 무렵인데 거기

---

41) 『동산대종사와 불교정화운동』(영광도서, 2007), 53쪽의 사진. 그리고 도광의 유품에 8월 1일 조계사에서 개최된 대회에서 발표된 동산 종정의 「불교정화 선언문」이 포함되어 있음은 대회에 참가한 증거이다.

42) 도광의 자필이력서에 근거하였다.

를 가보니 동산스님이 계셨습니다. 그때에 그곳에는 도광스님, 선월 스님이 계셨고 동산스님 상좌로는 덕광이가 시봉을 하고 선과는 행 자로 16살인가 이북에서 왔다고 그랬어요. 거기에 선방스님이 한 20 명인가 많이 모여 있었어요. 그곳에서 한 4년 정도 모시고 같이 살았 어요.

그곳은 제가 보기에도 참 좋은 곳이었어요. 동산스님도 그곳이 마음에 들었던지 "이곳은 내 열반지로 하겠다"면서 아주 좋아 하셨 습니다. 그때 전강스님도 대흥사 주지를 하시다가 그만 두시고 와 계 셨어요.[43]

그렇지만 현재로서는 도광이 언제까지 백련사 주지의 소임을 보 았는지는 기록에 의한 것으로는 단정할 수 없다. 추정하건대 1962년 초반까지는 소임을 본 것으로 보인다.[44] 이렇게 도광이 백련사 주지 를 할 때에는 전국 각처의 사찰에서 대처승들의 반발, 비구승들의 강압적인 인수, 양측의 폭력, 소송 전개 등이 지속적으로 나오고 있 었다. 그러나 도광은 그가 속한 전라남도 지역에서의 정화에는 절대 적으로 폭력을 쓰지 못하게 하였다. 당시 전라도 지방의 정화를 주 도한 승려들이 지원을 요청하였지만 그에 응하지 않았다. 당시 그를 지켜본 명선의 회고를 참고하자.

---

43) 『동산대종사와 불교정화운동』, 33쪽.

44) 1959년, 1960년까지 종단, 총무원, 화엄사, 도종무원에서 도광에게 연락, 공문 이 백련사로 왔던 것이 그 예증이고, 도광의 유품에 그 흔적이 나온다. 도광의 후임으로 문성준이 백련사 주지를 1962년 3월 15일 취임하여 6개월 하였고, 그 이후는 정도(동산스님 상좌)가 이어서 주지를 한 것이 아닌가 한다. 『성준 화상 목우록』, 416쪽의 연보.

은사스님인 도천스님은 물론 도광스님도 정화한다고 해서 절을 빼앗고, 대처했다고 해서 절에서 스님들을 추방하는 일을 달갑게 여기지 않았습니다. 때문에 나대홍, 임원광 스님 등 호남 승려들이 보광사에 수없이 찾아와서 승려들을 보내 달라고 해도 도천, 도광 두 분 스님께서 듣지를 않았어요. 전남에서 오직 싸움이 많았습니까? 강진 백련사는 도광스님이 당시 주지와 협상을 해서 쌀 열 가마 정도의 돈을 만들어 주고 인수했어요. (중략)

도광스님이 만덕사를 인수한 것은 그 절에서 3개 국사와 같은 고승이 많이 나왔기에 공부하는 절로 만들겠다는 마음이 있었던 것으로 알고 있어요.[45)]

이렇게 도광은 자생적, 수행적인 정화를 실천에 옮기고 있었다. 도광은 보광사와 백련사 두 곳을 모두 그렇게 하려고 부단히 노력했다. 종단, 총무원, 서울에서는 제2의 승려대회, 대법원 난입, 승려 할복 시도, 다수 승려들의 구속, 4.19와 5.16 발발, 통합종단의 등장, 대처승의 반발, 소송 지속 등이 전개되었지만 도광은 그가 위치한 전라도 그 오지의 사찰에서 묵묵히 그의 소신을 펼치고 있었다.

담양 보광사는 점차 안정이 되어 신도들도 도광의 정성, 신심에 감복하여 증가하는 추세가 되었다. 그 당시 도광은 자신이 직접 모범을 보이고, 근검절약에 앞장을 서게 되자, 그의 상좌들도 그를 본받게 되었다. 그 당시 시봉하던 상좌 종일의 이야기를 들어보자.

우리 스님은 부엌에 콩나물 대가리가 떨어져 있으면 당신이 직접 그것을 주워 씻어서 당신의 밥에 넣어서 자셔요. 저희들에게 그것을

---

45) 『범어사와 불교정화운동』(영광도서, 2008), 249~250쪽, 「명선스님」.

주우라, 시주물을 아껴라는 말을 하지 않고, 솔선수범으로 직접 하셨어요. 그러니 저희들이 그리 안 할 수 있습니까? 그리고 아주 검소했어요. 그 시절 담양에서 광주가 비포장 50리 길인데, 버스로 가실 때에는 버스비가 80원이었는데 우리 스님은 검정 고무신을 신고 가타부타 말을 않고, 그냥 손에 50원만 들고 여자 차장이 오면 50원만 주는 것입니다. 하두 그렇게 우리 스님이 50원만 내니 차장이 사장에게 이야기를 하였더니 광주여객의 사장이 우리 스님에게만 공짜로 버스를 탈 수 있는 패스, 증명을 만들어 주셨습니다. 우리 스님은 그런 양반입니다. 삼보정재를 기가 막히게 절약했어요. 그렇게 해서 이곳 보광사에서 보살들하고 칠성계를 조직하고, 그 회비로 여기 농지와 산을 장만하신 것이 3만 평이 넘어요.

지독스럽게 행한 이런 살림살이에 신도들이 환희심을 갖고 따르게 되었음은 납득할 내용이다. 1960년에 보살계 법회, 생전예수재 법회 등도 자연스럽게 행해졌다. 이런 원융살림, 대중들과 함께 하는 사찰 운영은 자연적으로 보광사 토굴불사로 이어졌다. 1957년에 송광사에서 기도 스님으로 선월이 오고, 1959년 7월에는 보광사 법당 건축이 시작되었다. 그리하여 그 해의 9월 16일에는 상량을 올릴 수 있었다. 마침내 1961년 5월 11일에는 법당 불사를 회향하는 법회를 거행하였다.[46] 건축불사를 회향한 직후인 1963년 무렵 보광사에서 사미계를 받은 금종(종권)의 회고록에는 당시 보광사 정황이 상세히 전한다.

보광사는 매곡이라는 골짝 부락 이름을 따서 일명 매곡절이라고

---

46) 이때 내왕한 대상자는 고암, 동헌, 지월이었다.

도 불리웠다. 선방에서 수도하는 스님들과 같이 정진하는 도량이라 보광선원이라고도 하였다. 보광선원은 도광스님이 직접 창건하셨으며, 사부대중이 함께 모여 사는 사찰이다. (중략)

보광사에는 도광스님 외에도 두 분의 비구 스님이 계셨다. 한 분은 선월스님이신데, 이 스님은 기도만 하여 기도 스님이라고 불리웠다. 다른 한 분은 도천스님이셨다. 선원에서 입승을 보는 스님이라 입승 스님이라고도 한다. 도광스님을 포함한 세 분 스님들은 서로 아끼고 존경하는 절친한 도반(구도행의 동반자)이셨다. 그 밑의 상좌들도 똑같이 사형, 사제처럼 지냈다. (중략)

보광사는 대중도 많이 살지만 일도 많았다. 봄에는 벼농사로부터 시작하여 밭농사도 하였다. 여름에는 보리타작, 가을에는 참새 쫓기, 벼 베기, 벼를 탈곡하여 지게에 지고 방앗간에 찧어 오는 등 해야 할 일이 한두 가지가 아니었다. 산에는 대나무 밭과 임야도 있어 산에 가서 산도 지켜야 했다. (중략) 이런저런 일로 새벽 3시에 일어나 밤 9시까지는 눈코 뜰 사이 없이 바빴다. 이 스님이 시키고 저 스님이 시키고, 불알에 요령소리가 난다는 속어처럼 많은 일과 잔심부름을 해야 했다.[47]

보광사는 위의 회고록에 나오는 바와 같이 사부대중이 함께 사는 원융살림의 사찰이었다. 그러다 보니, 담양을 비롯한 각처에서 오는 신도들이 적지 않았다. 이는 상당 부분 도광이라는 큰 가슴, 인격, 진실한 가르침에서 기인한 것이 분명하다. 그리고 도광은 계정혜 삼학을 철저히 실행에 옮겼다. 요컨대 청정한 행을 지독스럽게 지킨 것이었다.

---

47) 앞의 『다시 태어나도 이 길을』, 53~54쪽.

나는 스승님의 시자로 늘 그림자처럼 따라 다녔다. 스승님께서는 광목 두루마기에다 행건을 치고 검정 고무신을 신으셨고, 바랑 속에는 항상 참기름과 표고버섯을 넣고 다니셨다. 볼일이 있어 시내에 갈 때면 늘 국수나 우동을 즐기셨는데, 식당에 들어가면 먼저 주방장한테 직접 버섯을 내놓으시면서 멸치로 국물을 내지 말고 그냥 맹물을 끓여 달라고 하신다. 그런 후 그 끓는 물에 버섯을 넣고 우동을 사리에다 참기름을 넣어서 드시는 것이다. 스승님과 동행하다 우동을 먹어보면 참으로 맛이 있었다. 이처럼 스승님은 멸치는 물론이고 오신채도 안 드시는 그야말로 청정비구 율사이셨다.[48]

금종의 회고록에 나온 내용과 같이 도광은 일체의 오신채를 먹지 않는 지독스런 수행자였다. 외부 출타시의 버섯 공양은 도광 상좌들 사이에는 전설과 같이 널리 알려진 이야기이다. 하여간 도광은 그가 창건한 보광사에서 그가 생각하는 불교를 실천에 옮기고 있었다. 그리하여 보광사는 큰스님들이 자주 왕래하는 유명 사찰이 되었고, 보광선원은 전라도 지역의 선방에서 제외할 수 없는 일정한 위상을 갖기에 이르렀다.

한편, 1962년 중앙 종단에서는 통합종단이 등장하였다.[49] 그러나 그해 가을에는 대처 측이 종단 운영권에 대한 불만으로 종단을 이탈하고, 별도의 총무원을 세우고, 사법부에 정화를 근본적으로 부인하는 소송을 제기하였다. 그리고 이런 사태와 짝을 하여서 종단 내부에서는 정화운동의 부산물에 안주하는 현상이 등장하였다.[50] 이런

---

48) 앞의 자료, 92~93쪽.

49) 도광의 자필 이력서에는 통합종단 출범 초대 중앙종회와 1966년에 출범한 2대 중앙종회의 감찰위원으로 나온다. 그런데 중앙종회회의록에는 나오지 않아 그 사정을 단언하기 어렵다.

제반 현상은 불교정화운동의 정신을 근원적으로 배척하는 기현상이었다. 종단은 도제양성, 역경, 포교 등의 3대 지표를 내세우고 있었지만 대처 측과의 갈등이 지속되는 한에서는 종단 안정, 정화정신 구현은 불가능하였다. 그래서 종단 일부에서는 대처 측과의 화해로써 그 난국을 타개하려고 하였으며, 실제로도 추진되었으니 화동파의 유입이 바로 그것이었다.[51] 이 같은 정황에 대해 불교정화를 추진하였던 주체들은 불교정화를 다시 해서라도 종단의 정체성을 정비해야 한다는 목소리를 높여 가고 있었다.[52]

이런 배경에서 도광은 중앙종회의원으로 활동하면서[53] 정화동지이며, 참선수행을 진지하게 견지하였던 도반들과 하나의 결사체를 만들었거니와 그것은 청맥회(靑脈會)였다. 청맥회는 도광과 그의 도반들이 종단을 걱정하고, 수행을 철저히 하면서 부수적으로는 친목을 도모하는 모임체로 보인다. 필자는 최근까지 이에 대한 문헌적인 기록을 확인하지 못하였다. 그렇지만 도광의 상좌들 대부분은 청맥회를 기억하는 것을 보면 이 모임은 도광의 종단관, 불교정화관을

---

50) 김광식, 「전국신도회의 조계종단 혁신재건안 연구」, 『새불교운동의 전개』, 도피안사, 2002.

51) 김광식, 「불교정화운동과 화동위원회」, 『불교정화운동의 재조명』, 조계종출판사, 2007.

52) 김광식, 「선림회의 선풍진작과 정화이념의 계승」, 『승가교육』 6, 2006.
김광식, 「제2정화운동과 영축회」, 『정토학연구』 10, 2007.

53) 그는 1963년 2월 28일에는 보선으로 종회의원이 되었고, 1966년 12월 26일부터 2대 종회의원으로 활동하였다. 그리고 1970년 9월 23일에는 제3대 중앙종회 의원이었다. 제1대 중앙종회회의록 12쪽과 제2대 중앙종회회의록 11쪽, 제3대 중앙종회회의록 11쪽 참조.
그리고 조계종 중앙기록관, 자료실에 보관되어 있는 이성철의 「해인총림 운영에 대한 건의」 문건의 말미에는 성철의 해인총림 건의에 동의한 종회의원 7인 (임창섭, 박서각, 문정영, 이지관, 진흥법, 김도광)이 나온다. 도광도 그중의 1인으로 나온다.

알 수 있게 해 주는 매개체로 볼 수 있다. 도광과 청맥회 연관은 그 개요를 조사한 바가 있는 도광의 상좌인 종열의 증언이 참고된다.[54]

제가 이번에 청맥회 관련을 조사하고, 찾아보았습니다. 통도사에서 홍법스님의 자료를 찾으면서 홍법스님과 인연이 있는 스님들의 인연담을 써 달라는 부탁을 받고 우리 스님에 대한 것을 정리한 것이지요. 제가 볼 때에 청맥회는 1963년경 진주 연화사에서 출범을 하였고, 회원은 도광스님을 비롯해 광덕, 일타, 석정, 성수, 홍법, 정영, 도견, 도우, 보성, 송월, 혜원 등이었고 간사는 범어사의 진상스님이 맡아서 심부름을 하였어요. 회원이 된 스님은 각 선원의 대표 격인 선승이면서 수행하는 스님들로 구성된 것 같아요. 그렇지만 뚜렷한 활동은 나오지 않고 친목을 도모하다가, 5년 정도만 유지되었던 것으로 보입니다.

도광, 일타, 보성, 광덕, 석정을 비롯한 20명 정도의[55] 중견 수좌 출신의 수행자들이 1963년 진주 연화사에서 출범시킨 모임이 청맥회라는 것이다.[56] 필자는 이 같은 종열의 증언에 의지하여 다양한 자료수집을 검토하였다. 그러던 중에 발간된 『홍법선사추모문집』에[57] 수록된 청맥회 회원이었던 임석정과 김성수의 청맥회를 회고

---

54) 종열과 청맥회에 대한 인연과 회고는 『홍법선사추모문집』, 2008, 167쪽 참조.

55) 필자가 여러 자료를 종합한 결과 처음에는 13명이었고, 회원을 추가로 영입하여 20명이 되었다. 그러다가 초대간사인 진상이 입적하고, 자진 탈퇴한 회원도 있어 1970년 초에는 18명이었다.

56) 간사였던 진상이 입적하자, 회원들은 나주 다보사에서 개최된(1967년?) 49재 법회에 대부분 참석하였다. 당시 추모재에서는 홍법과 도우의 조사가 있었고, 법문은 우화와 광덕이 하였다. 그런데 도우가 오지를 않아 참석한 원두가 대독하였다. 임원두의 증언.

하는 내용을 접하게 되었다.

내가 1963년 봄 진주포교당 蓮花寺에 잠시 머물 무렵, 승가사상이
투철한 중견스님들끼리 이해관계를 떠나 순수한 道伴으로 서로 만나
는 모임이 있었으면 하는 생각이 들었다. 그래서 먼저 日陀, 光德 등
몇 분 스님과 상의했더니 참으로 좋은 발상이라고 했다. (중략)
그날 모여서 상의한 내용은 중노릇하는 데 도움이 되는 좋은 의
견들을 서로 교환해서 승가생활을 향상시키고, 서로 안부를 물어 친
분을 두텁게 하자는 것 등이었다. 모임 명칭은 처음에는 '靑葉'이라
정했으나 후일 '靑脈'이라고 고쳤다.[58]

청맥회란 1965년 제방에서 정진하던 수좌스님들이 모여서 정진
을 발원하기 위해 만든 모임이다.[59]

청맥회 회원이었던 당사자들의 회고에서 우리는 청맥회가 중견
수좌들의 탁마와 친목을 위한 모임임을 알 수 있다. 1963년 봄, 진
주 연화사에서 태동을 하였는데, 첫 번째 모임은 남해 보리암에서 3
박 4일간의 수련대회를 갖고[60] 정식 출범했다.
이 같은 청맥회의 개요를 파악한 후, 청맥회원이었던 불광사의
고광덕 유품을 검색하던 중 의외의 자료를 볼 수 있었다. 그것은 광

---

57) 2008년 7월 29일 출판기념을 하고 배포하였다. 발행처는 홍법선사 추모문집 간
행위원회, 영축총림 통도사이다. 출판처는 도서출판 부다가야인데, 법보시로 배
포하였다.
58) 『홍법선사추모문집』, 167쪽.
59) 위의 책, 154쪽.
60) 위의 책, 242~243쪽, 「내가 본 홍법스님」.

덕이 청맥회 간사를[61] 하면서 작성한 '정기회기(定期會記)'이다. 청맥회에 대해서는 추후 종합 검토가 요망되거니와 여기에서는 청맥회의 성격만 추출하여 제시한다. 1969년 회의록에,

우리 靑脈은 淸白家風이라 卽事卽理하였으니 禪을 바탕으로 하면서도 敎도 律도 그리고 온갖 事判을 網羅하고 있다. 그래서 우리는 어데서 무엇을 하던지 本分은 언제나 푸르게 살아 있는 生命의 황금나무인 것이다.

旃檀林 無雜樹요 獅子窟 無異獸다. 이러한 純粹性을 살려 서로가 琢磨하기 爲해서 一年에 한번 除百事하고 會同하는 것이다.

극명하게 나오는 바와 같이, 각자가 처한 곳에서 수행자로서의 본분을 지키고, 1년에 한 번 정기 회동을 통해서는 상호간 탁마를 하는 수행자 단체이다. 1969년 당시 회원 19명은[62] 이 같은 취지를 갖고 모임을 1971년까지는 존속시켰으나 그 이후에 대해서는 추후 조사가 요청된다. 그런데 청맥회가 단순한 친목단체인지, 아니면 공개적인 승가단체인지가 문제된다. 현재로서는 친목의 탁마를 위주로 하는 단체라 보인다. 그러나 공개를 지향한다는 검토도 1968년 8월 총

---

61) 1대 간사인 진상이 1967년경 입적하자, 그 후임으로 광덕이 취임한 것으로 보인다.

62) 1969년 회의록에 출석회원 8명, 결석회원 11명이라는 표현이 그 단서이다. 이에 그 회원 전부를 제시하면 다음과 같다. 혜원, 도광, 도견, 송월, 청하, 석정(석승), 홍법, 일타, 도우, 진용(설산), 정영, 벽암, 행원, 일각, 성수, 광덕, 보성, 운문, 지관 등이다. 그런데 회원인 진상이 1967년 입적하였기에 19명이었지만, 당초 출발할 때에는 회원이 13명이었을 것으로 보인다. 왜냐하면 1965년 보리암(진상, 주지)에서 제1회 모임을 갖고 찍은 사진(『홍법선사추모문집』, 150쪽)에 나오는 회원수가 13명이었기 때문이다.

회에서 있었기에 이 점은 세밀한 분석이 요청된다.

今後 總會 運營方針에 對하여, 앞으로 會의 運營을 보다 效率的으로 하고, 우리들 自身의 탁마와 우리들이 지니는 韓國衲子의 中核이라는 立場을 考慮하고 宗團 內에 미치는 影響을 勘案하여 앞으로는 다음과 같이 總會를 運營하기로 決議하였다.

(1) 간사는 당해 회원과 협의하여 총회에 출석하여 발표할 주제를 결정하고 반드시 총회에서 미리 준비한 연구 결과를 발표케 한다.

(2) 이 발표는 전 회원은 반드시 의무적으로 한 개 제목 이상을 준비하여야 한다.

(3) 전 회원은 발표된 의견에 대해 충분한 토론을 하고 회로서의 일단의 결론을 내리기로 한다.

(4) 간사는 토론된 내용을 정리하여 불교신문에 발표한다.

(5) 발표할 주제는 적어도 총회 개최 2개월 전에 각 회원에게 간사가 통고한다.[63]

이 자료에는 회원들이 납자의 중핵이라는 자부심, 중견승려(40대)로서의 종단 내에서 차지하는 영향력을 고려하여 총회에서 불교 및 종단의 문제를 논의하는 토론회를 하기로 결정하였다. 그런데 이 토론회에서 전 회원은 의무적으로 참석하여 토론하고, 그 내용을 종단 기관지인 『불교신문』에 발표한다는 것은 청맥회의 성격과 진로에 중요한 의미를 지니는 것이다. 그러나 실제 그렇게 이행되었는지는 추후 세밀한 분석이 요청된다. 청맥회는 현전하는 회의록에 한라산, 갑사, 온양 등지에서 회의를 하였고 1970년 8월 23일에는 화엄

---

63) 1968년 8월의 「청맥 제주총회기」, 6쪽.

사에서 하였음이 나온다.[64]

그런데 흥미로운 것은 도광이 이와 같은 청맥회 회원으로 활동할 무렵에 재정화, 제2정화운동의 구현으로 등장한 영축회(靈鷲會)의 지도위원으로 나온다는 것이다.[65] 영축회는 1967년 1월에 창립준비위원회의 개최, 동년 3월 20일 출범한 승가단체로 불교정화, 교단 혁신을 추구하였다. 도광이 이 단체의 지도위원이었는데, 그 추진의 주체는 이행원, 문성준이었다. 그리고 그 간부에는 도광과 같은 청맥회 회원들을 찾을 수 있다. 예컨대, 문정영, 김일타, 황도견, 김송월, 진홍법, 고광덕 등이 바로 그들이다. 도광의 영축회 참여가 그의 자발적 의사였는지, 아니면 다른 연고에서 나온 것인지는 판단하기 어렵다. 그러나 영축회는 큰 활동은 하지 못하고 1967년 가을경에는 거의 퇴장하고, 1967년 4월에 출범한 수좌들의 단체인 선림회(禪林會)로 이어졌다고 본다. 또 다른 측면에서 흥미로운 것은 도광이 동화사에서 개최된 선림회의 창립총회에 참여하여 지도위원에 피선되었다는 점이다.[66] 도광이 선림회에 어떤 입장을 갖고 참여하였는지는 알 수 없다.[67] 그리고 선림회 출범 이후, 도광의 활동은 전하는 기록이 없어 단정하기 어렵다.

청맥회의 실례에서 보듯 도광의 중앙적 차원에서의 행적은 찾을 수 없다. 그러나 지방의 본사 주지를 여러 차례 역임하였다. 문중,

---

64) 그 회에는 도광, 송월, 홍법, 광덕 등 4인만이 참석하였다. 당시 범룡, 창현, 보안 등이 화엄사 구층선방에서 있다가 이들과 대화를 하였다. 이들은 화엄사에서 송광사로 가서 정진중인 도견, 구산 취봉, 인암 등을 만났다.

65) 앞의 「제2정화운동과 영축회」, 221쪽.

66) 앞의 「선림회의 선풍진작과 정화이념의 계승」, 209쪽.

67) 혹시 선림회의 부회장인 정영, 성수, 일타 그리고 간사장인 도견이 청맥회 회원이기에 그런 친목성이 작용하였을 가능성도 고려해야 한다.

문도 개념이 움직이는 현실에서 도광이 몇 개의 본사 주지를 역임하였음은 매우 이례적인 것이다. 그 당시에는 본사 주지를 중앙, 총무원장이 임명하였지만 그 이면에는 해당 문중, 문도의 동의, 수용이 없이는 불가능한 것이었다. 이 점은 도광의 남다른 교류를 고려할 수도 있지만, 도광은 문중, 문도 관념을 뛰어 넘는 체질의 소유자였기에 가능한 것이 아니었는가 한다. 여기에서 우선 그가 본사급 주지를 역임한 내용을 살펴보자.

- 1967년 7월 : 범어사 주지 취임
- 1968년 8월 : 파계사 주지 취임[68]
- 1969년 1월 : 용주사 주지 취임
- 1969년 11월 : 화엄사 주지 취임
- 1975년 8월 : 해인사 주지 취임[69]
- 1980년 1월 : 화엄사 주지 취임

이렇게 그는 여러 곳의 본사 주지를 역임하였다. 그렇다면 그는 왜? 여러 사찰의 주지를 할 수 있었는가? 이에 대해서는 다양한 접근과 해석이 가능하다. 그러나 그를 연고가 없는 사찰에 주지로 임

---

68) 그가 파계사 주지로 들어가자 해인사에 있었던 그의 상좌인 종영은 해인사 강원에서 수학하던 정현을 데리고 파계사로 입주하였다. 파계사의 조실은 전강으로 되어 있었고, 학산, 고송, 종수(평전), 종경, 종열 등이 거주하였다. 그런데 1967년 하안거 해제 법문은 일타가 와서 하였다. 이상의 증언은 당시 파계사 종무소에 있었던 정현의 회고이다. 정현은 대흥사 주지를 역임한 양청우의 손주 상좌인데 그 후 환속하여 국제 포교활동을 하고 있는 이치란 박사이다.

69) 도광이 해인사 주지로 간 것은 해인사 주지를 역임하던 지월이 입적하자, 그 후임을 찾는 과정에서 광덕의 천거로 이루어졌다. 당시 방장인 성철은 고광덕을 염두에 두었으나, 그가 사양하면서 대신 도광을 추천한 것이다, 천제, 「문수보살과 보현보살」, 『광덕스님 시봉일기 2』, 도피안사, 2001, 70쪽.

명할 수 있었음에는 종권 지향, 재산 축적, 영향력 행사와 같은 것을 지양하였기에 반발, 이의가 없었음에서 나온 것이라 본다. 이에 대해서 도광의 상좌인 종일은 다음과 같이 해석한다.

우리 은사스님은 행정이 밝으신 분은 아닙니다. 행정은 잘 모르세요. 그렇지만 수좌 및 대중을 외호하고, 가람불사를 하시고, 제자들을 길러 내시고 그랬어요. 당신이 행정을 모르시니, 스님 곁에 행정가를 모셔 놓고 일하십니다. 그러나 은사스님은 늘상 보살행을 하셨기에, 보살행으로 큰절 주지를 하신 거예요. 하여간에 이사를 겸비한 보살행의 모델이십니다. 우리 스님이 얼굴을 찌푸리는 것을 본 적이 없어요. 상좌가 근 100명이나 되었는데, 그 100여 명이 얼굴이 다르듯이 성격과 행동이 전부 다르니 얼마나 고생이 많고, 풍파를 겪었겠습니까? 그래도 인욕으로 길러내신 자비보살이셨습니다. 자비로는 종단을 대표할 만합니다.

도광은 그러나 해당 주지에 임명되면 선 위주로 수행을 하면서,[70] 소신을 갖고, 자신의 양심을 갖고 맡은바 소임을 다하였다. 그 대표적인 것이 범어사 주지 소임 시절 불거진 범어사 경내의 돌 매각을 단호히 반대한 사실이다.

도광스님이 범어사 주지를 하실 때에 저도 잠시 가서 소임을 보고, 가끔씩 가서 인사도 드리고 도움을 드렸지요. 그때 스님이 고민하신 것이 절의 구내에 있는 돌을 팔라는 세력들에게 갖은 압력을

---

70) 범어사와 해인사 시절의 선원 방함록을 보면 도광은 정진 대중으로 나온다. 범어사 시절 시봉인 종열은 도광은 종무회의를 마치면 선실에 가서 참선을 늘 하였다고 필자에게 증언하였다.

받은 것입니다. 스님은 그 돌들은 동산스님이 늘 천거북, 만자라와 같다고 하시면서 범어사의 생명이라고 자랑하신 것을 기억하시고는 그 돌을 보존하려는 마음을 갖고 있었습니다. 그래서 스님은 도량을 파괴하는 세력의 압력에 단호히 맞섰습니다. 그래서 스님이 범어사 주지를 오래 하지 못한 것도 이런 것과 연결된 것이라고 봅니다. 이런 말 하기는 애매하지만 그때 도광스님의 방에 연탄가스가 들어와서 스님이 큰일 날 뻔한 적이 있습니다. 멀쩡하던 연탄가스가 하필이면 왜? 그때에 들어옵니까? 저는 이런 연탄가스도 돌 매각을 반대한 것과 연관이 있지 않나 하는 의심도 가진 적이 있어요. 그때 스님은 저에게 이 문제를 어떻게 하면 좋겠느냐고 곤혹스런 표정을 지으면서 답답한 심정을 토로하신 적이 있었어요.

명선의 이와 같은 회고는 객관성을 담보하는 증언이다. 도광이 주지에서 퇴임하자, 후임 주지는 바로 돌 매각에 나섰던 것이다. 이렇듯이 그는 소신을 갖고 주지 소임을 보았다. 그렇지만 화엄사의 주지 소임시에는 화엄사가 척박한 경제실정으로 갖은 고생을 다하였다.

도광스님은 화엄사의 재정이 너무 어려우니깐, 염주와 고추를 팔고 그리고 나무를 해다 팔아서 종단 분담금을 납부하기도 했어요. 그러다가 절에서 사고가 나면 스님은 당장 주지 사표를 내기를 세 번이나 그랬어요. 그러면 저는 총무원으로 연락을 해서 그 사표가 접수되지 않도록 하였지요.

이 같은 명선의 회고에서 선공후사(先公後私)하였던 그의 철저한 종단관을 분명하게 알 수 있다.[71] 그리고 그의 유품에는 화엄사, 보광사의 금전출납부와 다양한 영수증이 보관되어 있다. 그것을 유의하여 살펴보면 도광은 매일 매일의 수입, 지출을 정확하게 기록하였다. 그리고 자신과 사중에서 사용한 돈의 근거인 영수증은 모든 것을 챙겨서 봉투에 넣어 보관하였다. 그렇지만 그는 그렇게 지독스러울 정도로 근검절약을 하면서도 상좌들의 교육에는 큰 관심과 함께 학자금을 많이 주려고 적지 않은 신경을 썼다. 이에 대해서는 종열의 증언이 흥미롭다.

저는 스님이 범어사 주지를 하실 때에 시봉하면서 함께 범어사에 있었는데 스님의 배려로 금정중학교에 다닐 수 있었어요. 그리고 보광사에 있을 때에 보니깐 제 사형인 종일, 종권스님이 해인사 강원에 다니다가 방학이 되면 보광사로 오지 않습니까? 그러면 도광스님은 당신의 제자들에게 좋은 음식을 해 주려고 무척 신경을 썼어요. 그 시절은 순 보리밥을 먹었지만 방학 때에 온 제자에게 찹쌀을 구해서 기름진 밥을 해 주시곤 했어요.

종열의 증언은 종석의 증언에서도 동일하게 나온다. 종석은 특히 동국대 대학원에 다닐 때에는 다른 상좌보다도 약간 많은 객비, 학자금을 준 것으로 금전출납부에 적출되는 당사자이다.

저는 도광스님의 사랑을 무척 많이 받았어요. 저의 사형 사제들

---

71) 도광은 그의 자필 이력서에 1971년 3월 15일에 호남불교 중흥의 공으로 조계종 종정으로부터 표창장을 수상하였다고 기재하였다. 즉 그의 선공후사 하는 자세에서 나온 행적으로 표창장을 받은 것으로 보인다.

은 선방에 다니는 수좌들이 많았지만 저와 같이 대학원에 가서 공부한 경우는 별로 없었어요. 그래서 어떤 사형들은 저를 공부시키면 안 된다, 공부시키면 언젠가는 환속할 것이라는 말도 하였어요. 그렇지만 스님께서 저를 믿으셨고, 저는 환속할 사람이 아니라고 옹호를 해 주셨어요. 제가 방학 때에 화엄사에 내려가면 스님께서 아침에 저에게 "종석아 나하고 도량 산보가자"고 그러셔요. 도량을 거닐다가 스님이 주머니에서 봉투를 꺼내시고는 저에게 주는 것이에요. 그 돈으로 용돈도 하고, 책도 사 보라고 하시면서요. 그러시고는 원주에게는 나에게 돈을 받았다는 소리를 하지 말고, 다시 돈을 타가라고 하셨어요. 이렇게 저를 각별하게 이뻐해주셨습니다.

언제인가 고산스님에게 인사를 드리러 갔더니. 고산스님이 비밀 이야기를 하나 털어놓겠다고 하셔요. 그래 저는 무슨 소리인가 하였지요. 우리 스님이 일타, 도견, 고산스님들에게 "내가 해인사 주지를 하면서 얻은 게 하나 있는데, 그것은 종석이를 얻은 것이다"라고 말씀을 하셨다는 것입니다. 저는 그것을 스님이 입적하신 훨씬 뒤에 들었지만, 지금도 우리 스님 생각만 하면 가슴이 메아리칩니다. 저의 마음에는 결코 제 은사라서 아니라 잊지 못할 은인이지요.

종석에게 다른 상좌보다 더 많은 돈을 준 것은 다름 아닌, 교육에 대한 후원과 열정을 의미한다. 요컨대 인재불사였던 것이다.

지금까지 도광의 보살행을 다양한 관점에서 그 내용과 성격을 살펴보았다. 이러한 분석을 통하여 우리는 그의 보살행의 특성을 짐작할 수 있을 것이다. 이제 그 내용을 도광의 목소리를 통하여 재확인해 보자. 이는 그가 입적하기 직전, 그를 찾아 온 『불교신문』 기자에게 털어 놓은 말이다.

(불사계획) 수도승의 불사하는 마음이야 어디 끝이 있는가? 마치 중생계가 다할 때까지 보살의 원력도 다함이 없듯이 불사도 마찬가지지. 말할 것이 못돼.

(수행 강조) 불사도 중요하지. 그러나 불교중흥을 성취하는 길은 무엇보다도 수행자가 더 나와야 돼. 사바 중생은 부처님과 같은 수행자를 원하고 있다는 것을 알아야 돼.

이 몸 버리면 이 세상 누구든 생전의 지은 바대로 곧 '과'가 따른다는 것을 잊어서는 안 되지. 중생들은 물론이요. 수도승이 생사에 끄달려서야 무명으로 받게 되는 생사의 고통에서 해탈하는 길은 자기 수행 외는 없어. 알겠는가?[72]

이런 소신을 개진하였던 그의 일과를 『불교신문』 기자는 새벽에 일어나 4시 예불, 5시 30분부터 때 묻은 목장갑을 끼고 싸리 빗자루를 들고 대중과 함께 도량 청소로 시작하는 것으로 기록하였다.[73] 그리고 그 기자에게 당시 화엄사 교무를 보았던 종열은 화엄사의 3대 사업을 청소년포교, 승려교육,[74] 가람수호라고 설명하였다. 도광이 강조한 이런 사업은 평범하고, 당연하면서도, 가장 어려운 것이었다.

도광의 삶, 구도와 보살행은 그의 입적을 통하여 더욱 명쾌하게

72) 『불교신문』 1983.6.26, 「얘기 좀 들어봅시다, 본사 주지 탐방 화엄사 도광스님」.
73) 이런 묘사는 도광 그가 존경하였던 하동산의 일상, 수행정신과 유사하였음을 느낄 수 있다. 도광은 범어사, 백련사 등지에서 하동산에게 배우고, 영향 받았음은 쉽게 이해할 수 있는 대목이다.
74) 구체적으로는 자체 강원 교육, 승가대 및 동국대 재학 승려의 후원, 외국 유학 승려 지원, 천은사 선원 보조 등을 거론했다.

드러났다. 그는 1984년 9월 19일 불의의 교통사고로 입적하여, 동년 9월 23일 영결식을 거행하였다. 당시 입적을 보도한 『불교신문』은 도광을 다음과 같이 평하였다.

특히 스님은 최근의 禪門이 持戒를 소홀히 하는 듯한 경향을 반대하고 항상 수행인으로서 몸가짐을 깨끗이 함으로써 後學들에게 실천적으로 모범을 보여왔다. 근검절약과 安貧樂道는 스님이 오랫동안 지켜온 家風이었으며 門人들을 가르칠 때도 언제나 이를 강조했다.

성품은 온화했으나 公私를 가림에 있어서는 대쪽과 같았고 法堂 앞에서는 큰 기침 한 번 하지 않는 경건한 歸依心으로 평생을 살았다.

이런 스님의 行狀은 많은 사람들의 존경을 받게 되어 (중략) 전국의 유수한 본사 주지만 6차례를 역임하여 최근의 스님들 가운데는 가장 오랜 기간 가장 많은 사찰의 본사 주지직에 在任하는 珍記錄을 남기기도 했다.

풍파 많은 현대불교사에서 도광스님처럼 파당에 치우치지 않은 사람도 없다. 지방불교의 중심이 되는 본사 주지를 오랫동안 역임했으면서도 재임기간 중 한번도 중앙기구와 마찰을 빚은 적이 없으며 종단이 어려운 지경에는 오히려 수습과 화합에 앞장 서는 수행인의 금도를 보였다.

스님은 또 孝上座로 소문이 높았다. 자신이 6순이 넘었음에도 지난해 입적한 은사 동헌스님에게는 극진한 禮를 다해 주위 사람들을 놀라게 했던 일은 諸方에 널리 알려진 일화다.[75]

이 같은 보도내용이 도광의 삶, 보살행을 요약, 대변하고 있다.[76]

---

75) 『불교신문』 1984.9.26, 「도광대선사 19일 입적」.

도광의 행적은 그의 도반이었으며 장례위원장으로 영결 조사를 하였던 광덕의 추모사에서도 나온다.

　　도광스님은 서릿발 같은 戒行과 지칠 줄 모르는 정진력으로 교단과 法界를 장엄하신 분, 이제 우리들은 보살행도를 실천해 스님이 못다한 일을 다할 것입니다.[77]

　　광덕의 추모사에서 도광의 성격, 보살행의 특성을 찾을 수 있다. 추모사에 나온 그 성격은 그의 도반이었던 일타가 지은 비명에서도 나온다.

　　雪霜같은 戒行과 溫恭謙讓하고 儉約脫俗하신 淸白家風은 僧團淸淨의 規範이었고, 慈悲와 忍辱苦行 그리고 至重한 菩薩心은 가는 곳마다 和合과 成熟을 꽃피웠으며 盤石같은 願力과 精進力은 後來의 龜鑑이었다.[78]

　　지금까지 도광의 입적, 영결에 즈음하여 나타난 보도기사, 비명 등을 중심으로 도광의 보살행을 살펴보았다.

---

76) 도광의 입적을 보도한『불교시보』1984.9.30,「金導光스님 입적」에서는 "도광스님은 성품이 온화했고 공사를 가림에 있어 분명했다. 법당 앞에서는 기침 한 번 없었고 늘 경건한 마음을 지녔다. 스님은 젊은 구도자들에게 자상해 많은 상좌들이 따랐다. 스님은 또 효상좌로 이름나 은사 동헌스님을 극진히 모셔 주위의 귀감이 되었다."고 표현했다.

77)『불교신문』1984.10.3,「導光스님 永訣式, 23일 화엄사 敎區葬」.

78) 앞의 일타가 지은 비명.

4. 결어

이제 맺는말은 이제까지 살피고, 분석한 도광의 삶과 보살행을 유의하면서 추후 도광 연구에서 강조할 측면을 제시하는 것으로 대하고자 한다.

첫째, 도광 연구를 지속적으로 추동케 하는 관련 문헌자료의 수집을 다각적으로 강구해야 한다고 본다. 현재 도광 연구에 필요한 문헌자료, 기록 등이 절대로 부족하다.

둘째, 문헌자료가 부족하면, 그를 타개할 보완책으로 구술사 방법을 채택할 것을 제안한다. 구술사는 기존 역사를 보완할 수 있는 새로운 장르이다. 구미에서 시작된 이 구술사는 국내에도 보급, 수용되어 현재에는 국가기관, 지방 자치단체, 예술기관, 독립운동 기관 등 다양한 연구기관, 단체 등에서 수용하여 그 성과물도 다양하다. 또 발제자는 불교와 구술사를 접목하여 그에 연관된 성과물을 저서로[79] 발간하였다. 현재 불교계에서 필자의 구술사 개척에 영향받은 몇 권의 책자가 나왔음을[80] 참고하기 바란다.

셋째, 도광 연구를 화엄사 근현대사 차원으로 확대, 연계시켜야 할 것이다. 도광은 한 개인이 아니었고, 그는 공인이었으며 화엄사 주지를 오랜 기간에 하였다. 이는 그의 활동이 화엄사의 현대사, 조계종단사 등에 포함될 수 있음을 의미하는 것이다.

---

79) 졸저는 다음과 같다, 『아! 청담』(화남, 2003) ; 『그리운 스승 한암스님』(민족사, 2006) ; 『동산대종사와 불교정화운동』(영광도서, 2007) ; 『범어사와 불교정화운동』(영광도서, 2008).

80) 『香聲, 妙嚴스님 出家遊行錄』, 묘엄구술, 김용환 엮음(봉녕사 승가대학, 2008) 『부처님 법대로 살아라, 광우스님과의 대담, 인터뷰 최정희』(조계종출판사, 2008) 등이다.

넷째, 도광 연구를 통해 화엄문도회의 가풍, 사상 진작 등의 문화적 차원에서 계승, 변용시키는 문화적 실험을 고민해야 한다고 본다. 이제 도광은 화엄사의 중창주, 화엄문도회의 중심적인 시원의 고승으로 자리매김을 하고 있다. 그렇다면 그에 걸맞은 문화, 정신, 근거에 대한 정비작업이 요청되는 것이다.

다섯째, 도광의 사상 점검에 즈음하여 도광사상의 근본이 보살행이라 한다면 보살사상에 대한 폭넓은 조명이 이루어져야 할 것이다.[81]

여섯째, 도광이 회원으로 나온 청맥회에 대한 보다 폭넓은 학문적 검토가 요망된다. 이 단체는 순수한 수행자들의 탁마를 지향하는 친목단이었다. 그래서 그 무렵의 여석회(餘石會 : 남은 돌 모임)와, 60~70년대의 선림회, 90년대의 선우도량과도 비교된다. 그러나 그 회원들이 당시 종단 내에서의 위상, 활동, 참여단체 등을 종합해 볼 때에 단순한 친목단체로 보기는 어렵다. 그런데도 불구하고 그 단체가 지상으로 공개되지 않은 연유도 궁금하다. 요컨대 청맥회의 종합적인 정리, 해석이 요청된다.

이상을 추후 도광, 화엄사, 화엄문도회의 역사 및 문화 재정비에 필요하다고 판단되는 몇 가지 내용을 제시하였다. 이런 제안이 후학들에게 참고가 되어, 길잡이 역할을 할 수 있다면 다행이라 하겠다.

---

81) 이에 대해서는 다음의 저서가 참고된다.
   이봉순, 『보살사상 성립사 연구』, 불광출판부, 1998.
   안성두 편, 『우리의 가장 위대한 유산, 대승불교의 보살』, 도서출판 씨아이알, 2008.

송서암의 불교개혁론

1. 서언

역사는 인간 및 집단의 정체성 구현과 정통성 정비에 있어서 간과할 수 없는 대상이다. 이에 집단, 단체, 국가, 종단은 역사를 통하여 구성원들의 일체감, 소속감을 부여한다. 이러한 전제하에 개별 집단은 해당 집단의 정체성을 점검하고 나아갈 방향을 정비한다. 그런데 이러한 작업에는 세부적인 역사적 사실, 사건, 인물, 흐름, 문화 등의 선택, 가치 부여라는 과정이 수반되고, 그 결과로 그 집단의 정통성이 수립되는 것이다.

그러므로 역사라는 학문과 작업에는 자연적으로 옳고〔正〕 그름〔邪〕, 선과 악, 찬성과 반대, 주류와 비주류, 선택과 배제, 강조와 홀대라는 극단적인 가치 판단을 피할 수 없는 것이다. 역사의 이러한 성격은 역사학의 범주에서 쉽게 찾을 수 있다. 최근 한국 사회에서 전개되었던 역사 찾기, 역사 바르게 세우기, 친일 청산, 과거사 청산 등은 그 단적인 예증이다.[1] 그렇지만 역사에는 이런 주관성, 자의성이 개재될 수밖에 없지만 끊임없이 객관성, 보편성, 합리성을 추구할 때에 그 역사는 생명력을 얻게 되고, 구성원들로부터 동의를 이끌어 낼 수 있는 것이다. 이렇게 보편성, 객관성을 상실하게 되면 그것은 정상적인 역사로 볼 수 없을 뿐더러 구성원들로부터 처절한 비판, 혹은 저항에 부딪히게 됨은 자명한 역사의 교훈이라 하겠다.

본 고찰에서 살펴볼 서암이라는 인물도 위에서 살핀 역사의 명암이라는 구도에 포함되는 대상이다. 주지하는 바와 같이 서암은 한국 현대불교사에서 일정한 위상을 점하였던 수행자였다. 그는 올곧은 수좌로 널리 알려졌고, 조계종단의 종정을 역임한 인물이다. 그러나 그는 이른바 94년 '종단개혁'이라는 소용돌이 속에서 종정자리에서 스스로 물러났고, 조계종단도 스스로 이탈하는 기이한 행적을 갖게 되었다. 그가 종단을 떠난 이후, 조계종단 내부에서는 그에 대한 아쉬움, 혹은 지나친 처사였다는 말, 예컨대 법계가 무너지고 종단에 어른이 없다는 지적이 대두하였지만 그에 대한 공식적인 발언, 문제제기는 부재하였다.[2] 다만 그가 입적한(2003.3.29) 전후에는 그에 대한 추모의 정으로 몇 권의 법어집이 출간되기는 하였다.[3] 그러

---

1) 이에 대해서는 아래의 고찰이 주목된다.

문부식, 『잃어버린 기억을 찾아서 – 광기의 시대를 생각함』, 삼인, 2002.

김동춘, 「한국 과거청산의 성격과 방향」, 『민주사회와 정책연구』 8, 2005.

김민철, 「'과거청산' 문제와 특별법 제정의 의미」, 『기억을 둘러싼 투쟁』, 아세아문화사, 2006.

윤해동, 「친일, 협력자 조사의 윤리학」, 『한국민족운동사연구』 52, 2007.

2) 이진두는 『불교신문』 2003년 4월 9일자, 「천수천안 : 종단장과 전국수좌회의장」이라는 칼럼에서 종단장으로 행할 서암의 장례식을 전국수좌회장으로 거행한 것을 소재로 그 문제점을 지적했다. 즉 종정, 원로회의장을 역임한 서암은 마땅히 종단장으로 거행해야 하는 것이 종단법에 해당되지만, 서암이 94년 종단개혁에 반대하였다는 종단 현실(종단밖의 인물)이 작용한 것으로 주장했다.

3) 이에 대한 출판의 내용은 다음과 같다.

이청 엮음, 『서암스님 회고록, 도가 본시 없는데 내가 무엇을 깨쳤겠나』, 둥지, 1995.

나 이러한 출간은 감성적인 접근, 인간적인 소묘, 수행 및 가풍의 이
해라고 불릴 수 있는 것이었다. 요컨대 역사라는 공간에서의 그에
대한 공식적, 객관적인 접근, 평가, 이해, 재인식 등은 아니었다.[4]

이러한 배경에서 본 고찰은 서암이라는 수행자를 다시 보기 위
한 필자의 첫 번째 발걸음이다. 필자는 서암과의 인연이 전무한 연
구자이지만 그에 대한 접근, 이해가 한국 현대불교사, 조계종단사
탐구에 도움이 되리라고 믿는다. 다만 이번 글에서는 그가 조계종단
원로회의 의장을 역임하면서 추진한 종단개혁안의 실체, 성격을 정
리하는 것에서 머무르려고 한다. 서암의 주관하에 1993년 11월에
성안된 「종단재건의 기본방향」은 1980년대 후반과 90년대 전반기
불교사를 살핌에 있어 매우 긴요한 대상이다. 그럼에도 불구하고 지
금껏 이에 대한 연구자들의 관심은 전무하였다. 그리하여 본 고찰은
서암이라는 앵글을 통하여 그 당시 매몰되고, 방치된 불교사의 단면
을 살피려는 고뇌의 산물이다.

이에 필자는 본 고찰에서 서암의 불교개혁론의 요체라 이해되는
「종단재건안의 기본방향」이 나오게 된 배경 및 과정을 살피고, 그
연후에는 「종단재건안의 기본방향」을 분석하려고 한다. 그리하여
필자는 이 같은 분석을 추후에 시도할 서암 연구의 단서로 삼고자
한다.[5] 나아가 이 연구는 서암은 종단개혁에 반하는 인물로 인식,

서암스님 시자 엮음, 『서암스님 가르침, 소리없는 소리』, 시월, 2003.

정토회, 『서암큰스님 법어집 1, 2』, 정토출판, 2003.

4) 이를 단적으로 말하는 것이 2001년 12월, 조계종단에서 펴낸 『조계종사, 근현대
편』(조계종출판사)에 서암에 대한 서술, 평가가 전무한 것은 그 단적인 예증이
다.

5) 필자는 『생지장도량 원심원사 사지』(원심원사, 2006)를 집필하면서 원심원사의 「주
요 인물」 편에서 '서암사'라는 제목으로 서암의 일대기를 간략하게 정리하였다.

단정하였던 제도권 '종단개혁' 주체들의 기존 해석을 재고할 수 있는 여지와 실마리를 줄 것으로 기대된다. 이러한 분석이 한국 현대 불교사, 조계종단사의 이해에 도움이 되었으면 다행이라 하겠다. 선학제현의 질정을 바란다.

2. 송서암의 종단개혁의 배경, 그 과정

서암(1917~2003)은 예천 서악사에서 1932년에 출가한 이래 수행자의 길을 고독하게 걸어갔다. 그래서 그는 강원, 선원을 거치면서 치열한 수행을 하였다. 이러한 그가 종단의 무대에서 공적인 소임을 본 것으로는 1970년 봉암사 조실이 주목된다.[6] 그 직후 그는 1975년에 가서는 조계종 총무원장에 취임하였다. 그러나 그는 종단의 정서에 순응하지 못하고 취임 2개월 만에 돌연 그 자리를 떠났다. 총무원장 취임 이전에 머물던 봉암사로 내려온 그는 수행자의 자세를 유지하면서 승풍재건, 봉암사 가풍 진작에 매진할 뿐이었다.

그러나 1980년대 후반의 조계종단은 큰 내홍을 겪고 있었다. 그 것은 모든 성직자들이 공통적으로 겪었던 병폐인 명리탐착에서 나온 문제였다. 종권 차지하기, 자리 확보하기, 타협하지 않기 등이 그러한 병폐에서 나온 것은 두말할 나위가 없는 것이다. 그런데 그런 문제는 일면으로 종단의 구조, 틀이라는 제도화의 미비, 애매함과 맞물려 있었다. 총무원장 중심제, 종정 중심제라는 말의 이면에는 종단의 부실과 종단정치가 뒤엉켜 있었다.

---

6) 그러나 정화운동 직후 그는 경북 도종원장을 4개월간 소임을 보았다.

이럴 즈음, 당시 종정인 성철의 종정 퇴임(1991.1.9)을 유의하면서 퇴임 이후를 주도하려는 종권쟁탈이 격심했다. 그 표면적인 논란의 초점은 종정을 원로회의에서 선출하느냐, 아니면 여러 집단의 대표가 나와서 결합된 이른바 추대위원회에서 선출하느냐이다. 1988년 3월 29일, 당시 종회에서는 추대위원회에서의 종정의 선출, 종단의 대표는 총무원장으로 전환시키는 것을 골자로 하는 종헌개정이 단행되었다.7) 그러나 당시 원로회의에서는 동년 4월 28일 회의를 개최하여 종헌개정안을 부인하고, 그 이전으로 환원을 주장하면서 9대종회에서의 재론을 촉구했다. 여기에서 가장 논란이 되었던 것은 종정을 원로회의에서 추대하느냐의 여부였다. 그런데 문제는 당시 원로회의 의장인 월산이 원로회의의 이 같은 결정을 수용하지 않은 것이었다. 더욱이 월산과 같은 문도인 종회의장이었던 월탄은 1988년 5월 3일, 원로회의가 반대하였던 종헌을 공포하였다. 이렇듯이 전개된 종단정치는 곧 원로회의의 내분, 분열로 말할 수 있다.

이렇게 원로회의는 내적인 소용돌이 속으로 빠져들었다. 그 후에는 이 문제를 둘러싸고 뚜렷한 논란은 전개되지 않았으나 수면 아래에서는 종정 선출을 둘러싼 보이지 않는 각축이 문중, 문도 중심으로 전개되었다고 보인다. 그러다가 1990년 11월 28일, 원로회의의 정기 모임이 개최되었다. 회의는 종회에서 결정한 추대위원회에서 종정 선출을 확실히 하기 위한 목적에서 개최되었으나 원로의원들은 원로회의에서의 종정 선출을 철회하지 않았다.8) 오히려 추대위원회에서의 종정 선출을 인준하지 않았다고 결의하였다. 이에 추대

7) 당시 종회에서는 폭력사태가 벌어져 그에 대한 토의도 제대로 하지 못하고, 통과되었다. 그래서 그 통과에 대한 정통성이 미약했다.

8) 원로들은 그에 대한 표결을 하여 11:4로 원로회의에서의 선출을 결정했다.

위원회를 통해 종정 선출을 하려던 세력의 기획은 무산되었다. 9)

이런 사태에 즈음하여 서암은 1990년 12월 13일 정릉 보국사에서 종정 추대 문제를 놓고 10여 명의 원로들과 대책을 강구하였다. 그리하여 회동한 원로들은 원로대표인 석주의 이름으로 추대위에서의 종정 추대 종헌을 인준한 사실이 없으므로 추대조례 절충을 유보하고, 사실 확인에 따르는 조치를 취해 주기를 종회의장(서정대)과 총무원장(서의현)에게 전달하였다.10) 그렇지만 102회 임시종회 (1990. 12.18)에서는 오히려 종정 추대 조례가11) 통과되었다.12)

그래서 종회에서 통과시킨 추대위원회가 타당성이 없다는 것을 확인하려는 원로들의 의도는 무산되었다. 12명의 원로들은 1991년 1월 5일, 통도사에서 모임을 갖고 원로회의에서 종정을 추대한다는 내용과 연명으로 의장(월산)에게 회의(1월 17일) 소집 요청서를 제출하는 것을 결정하였다.13) 그러나 이러한 제안으로 인한 원로의원 중에서 월산과 응담만이 참석하였을 뿐 원로회의는 성사되지 않았

---

9) 당시 101회 중앙종회(1990.11.29)에서는 종정 추대 조례의 건을 두고 논란을 벌였으나, 확정하지 못하고 차기 종회로 이월하였다. 조례안은 총무원, 김지형, 김정휴 안 등 3건이 상정되었으나 격한 논란을 전개하였다.

10) 그러나 의장인 서정대는 종회의원의 도장이 없다는 이유 등으로 청원서보다 못한 내용으로 취급하였다고 한다. 그러나 종회의 기타사항으로 1990년 12월 18일, 종회의 의사 일정에 포함시켰다. 그렇지만 이날 종정 추대 조례법(18항)이 통과되었다. 그 핵심은 추대위원 2/3 참석과 재적원로 과반수 이상 참석을 전제로 한 것이다.

11) 『9대 중앙종회회의록』(조계종 중앙종회, 2006), 1485~1486쪽 참조.

12) 그 조례안 골격은 종정추대위원회 구성에 관한 안으로 종정 추대는 원로회의 전원과 종회의원 1/3, 총무원장 종회의장 호계원장을 당연직 위원으로 한다는 것이었다.

13) 『불교신문』 1991.1.16, 「17일 원로회의 열기로」. 참석한 대상은 월하, 석주, 대휘, 운경, 서암, 경월, 일현, 비룡, 지종, 도천, 벽암 혜암, 등이다. 회의에는 3명의 속기사와 변호사가 임석했다.

다. 거기에는 일부 원로의 제외와[14] 그에 대한 원로들의 분노 등으로 인해 감정이 개재된 측면도 작용했다. 그렇지만 1월 31일부터 2월 1일에 열린 종회에서 종정을 추대하기 위한 추대위원 31인과 원로의원 재추대, 신임 원로의원의 추대, 종정추대조례법 개정이[15] 극적으로 타결되었다. 한편 이 종회에서 집행부 중심의 제도개혁 특별위원회가 재구성되었던 것을 보면 제도권 종단에서도 종단개혁을 염두에 두었음을 알 수 있다.[16]

그러나 3월 21일에 소집된 추대위원회가 유회되면서[17] 문제는 더욱더 뒤엉켜 갔다. 이러한 뒤엉킴은 종정 추대 방법을 놓고 원로들이 "종정 추대는 원로회의 고유권한을 강조"하면서 원로회의가 분열되었고, 문중간의 이질적인 이해관계가 개입한 결과였다. 원로 중에서 월산, 벽암 등은 반서암노선을 서서히 가고 있었는데 이는 덕숭문중 계열의 문중적인 노선이라는 평을 들었던 터였다. 이에 종

---

14) 제외된 대상은 석주, 서암, 고송, 대휘, 자운, 월하 등 6인이었다. 처음에는 임기가 만료되어 재추대 논의를 거치지 않고 임기 만료 통지서를 보냈다. 그러나 얼마 후 이 6인을 재추대하고, 일각, 도견, 원담 등 3인을 원로로 추가 선임하였다.

15) 그것은 제18조를 개정한 것이다. 그는 종정 추대 조례법에 의하지 않고, 원로회의 단독으로 종정을 추대할 시는 그 회의 참석하는 원로의원은 종정 추대 전에 그 자격이 상실된다고 하였다.

16) 『9대 중앙종회회의록』, 1591쪽 참조. 기존 제도개혁특위(위원장 능혜) 30명을 해산시키고. 9인의 제도개혁위원회의 위원을 구성했다. 송월주, 최향운, 박명선, 김종상, 김지형, 강자우, 김각현, 총무부장, 기획부장 등이다.

17) 『불교신문』 1991.3.17, 「종정추대위의 유회」. 그것은 추대위원회의 성원을 추대위원 과반수와 원로 과반수가 참석하는 범어사 측의 의견이 수용된 것을 말한다. 원로의원 10명은 참석하였으나 원로의원 1명의 정족수가 부족하여 유회되었다. 그래서 1991년 4월 18일, 원로 12명은 진관사에서 간담회를 갖고 원로회의 소집 요청서를 의장에게 제출하기로 하였다. 그러나 월산 의장은 원로의원 사임 등을 이유로 그에 응하지 않았다.

단 집행부는 5월 3일 또 다시 종정추대위원회를 개최하였으나 원로의원 전원이 불참하면서 정족수 미달로 유회되었다.[18] 이는 서암의 구도에 반하는 움직임을 주도한 추대위 측의[19] 움직임으로 종정 추대를 강행하려는 방안을 모색하려는 것에서 나온 것이다. 그러나 중앙승가대 학인들의 강력 저지로 모임 자체도 열지 못하였다.

이렇게 문제가 풀릴 기미가 전혀 없자, 서암은 그 물꼬를 틀 수 있는 단안을 내렸다. 1991년 4월 26일, 서암은 1988년 5월 3일 종회에서 선포한 종헌개정(추대위원회에서의 종정 선출)이 부당함을 『해동불교』 신문에 성명서로 발표하였다. 그리고 그는 종단 원로, 각계 대표 등을 5월 1일 해인사에서 초청하여 모임을 주도하였다. 해인사에 모인 종단 원로 및 각계 대표자는 연석회의를 개최하였다.[20] 이 모임에서는 「종정추대 비상대책수습위원회」(28명)가 구성되고, 종단현안을 타개할 수 있는 대안을 논의했다. 모임에 참석한 승려들은 다음과 같은 사항을 결의하였다.

· 원로회의에서 종정 추대를 지지
· 이를 위한 승려대회를 불사한다

---

18) 『불교신문』 1991.5.8, 「종정추대위 또 유회」. 당시 동국대 석림회, 승가대 학인 80여 명은 회의가 열릴 불교회관에 모여 원로회의서 종정을 추대해야 한다면서 농성을 하였다.

19) 그 대응 세력을 필자는 '추대위 측'으로 약칭했다. 1991년 1월 18일, 추대위원회 조례가 통과되었다. 이로 미루어 보면 추대위원회를 통해 종정 선출을 하려는 세력의 움직임도 간단치 않았다.

20) 『불교신문』 1991.5.8, 「종정 추대 관련 비상대책수습위 구성」. 그들은 원로, 비구니, 선원, 강원대표 등이다. 대책위에 참석한 대상은 서암, 석주, 일타, 법등, 명선, 능엄, 종진, 혜춘, 묘엄, 성타, 범룡, 광우, 지환(선우도량), 범일(승가대) 등이다. 당시 5월 1일, 해인사 선방에서 모임을 가진 전국 선원 대중들도 원로회의에서 종정을 추대하는 것이 맞다는 주장을 피력했다.

• 동 목표 달성을 위해 수습대책위원회를 구성하고, 그 위원장은 송서암으로 한다.

이런 결정은 결과적으로 서암의 정치력을 극대화시켰다. 그리고 해인사에서는 즉시로 수습대책위원회를 개최하여 추대위원회에서의 종정 추대를 저지하기 위한 해인사, 범어사, 승가대 등에서 필요한 조치를 하도록 합의를 하였다.21) 그러나 이런 결정에서 이른바 범어 문중의 결집이라는 문중정치의 성격을 완전히 배제하기는 어렵게 되었다.22)

이런 가운데 월산 의장의 임기가 5월 18일자로23) 완료되었다. 이에 10여 명의 원로들은 1991년 5월 25일 모임을 갖고, 의장단 선출, 원로회의 운영 문제를 논의하기 위한 원로회의를 갖기로 합의하였다.24) 그 결과 6월 3일, 총무원 4층 회의실에 모인 원로 12명이 모여 원로회의 의장으로 서암을 추대하였다.25) 그리고 종정 추대는 원로회의 고유 권한이라는 것을 재확인하였다.26) 서암은 그해 6월 15일, 종정 추대 수습대책위원회 제1차 회의를 총무원 4층 회의실에서 열었다. 회의에서는 종정 추대는 원로회의에서 해야 함을 재확인

---

21) 이 결의에 의거 5월 3일, 종정추대위원회 불참이 결정되고, 학인들을 동원한 차 단책이 강구되었다고 보인다.

22) 여기에서 각계를 대표하는 28명의 수습위원회가 가동되었다. 그런데 당시 원로들은 덕숭문중에서 종정을 배출하려는 지나친 움직임이 월산을 반대하는 원로들을 홀대하였다는 인식이 있었다.

23) 어떤 기록에는 5월 19일이라고 나온다,

24) 그 소집은 최연장자 박비룡, 연락책임자 송서암의 명의로 소집 통보서가 발송되어 이루어졌다.

25) 『불교신문』 1991.6.12, 「원로회의 의장에 서암스님」.

26) 회의에서는 그날 즉시 종정을 추대하자는 의견과 시간을 두고 신중하게 하자는 의견이 맞섰으나, 후자의 의견을 8명이 지지하여 후일 하기로 하였다.

하고, 실무를 담당할 10인 실무소위원회를 가동시켰다. 회의에서는 사무연락관으로 원두를 선임하고, 종정 추대를 위한 어떠한 조치도 할 수 있는 것을 위원장단에 위임하였다.[27]

이렇게 원로회의의 움직임이 구체적으로 전개되던 그 즈음에 반 총무원 측 종단 중진들도 종단의 문제점을 해결한다는 명분을 내세우면서 종권 장악의 의도를 구체화하였다. 이는 당시 총무원장을 견제, 배척하려는 목적과 무관한 것은 아니었다. 그리하여 종단 집행부인 총무원에서 이를 계기로 원로회의 진용으로 기울게 되었다.

그 단서가 조계종 총무원이 일정 부분 개입된 전국 교구본사 주지연합회가 발족된(1991.6.17) 것이다.[28] 주지연합회에서는 종정 추대는 원로회의에서 함이 타당하다, 총무원장 체제를 안정시킨다, 불교의 지방방송망 확장에 진력한다 등을 결정하였다.[29] 이 연합회의 회장은 대흥사 주지인 영공이 피선되었다.[30]

이런 가운데 반서암 측 노선의 승려들은 서울 뉴월드호텔에서 모임을 갖고 조계종중흥회를 발족(1991.6.17)시켰다. 중흥회에는 진경, 초우 등 전 총무원장과 월탄, 혜법, 정대, 천장 등 본사 주지가 주축을 이루고 그리고 초선의원으로서 정풍을 주장하였던 일주회(회장 법장, 서광사 주지)가 가세하였다.[31] 중흥회의 회장은 능혜,

---

27)『불교신문』1991.6.26,「원로회의서 종정 추대돼야」.
28)『불교신문』1991.6.26,「전국교구본사 주지연합회 재창립, 종단 안정 위해 결속 다짐」. 이 연합회 발의는 서암노선에 있었던 원두였다.
29) 회장은 영공(도성)이었고, 부회장은 종원(화엄사), 종원(불국사), 간사는 법성(수덕사)이었다.
30) 부회장은 화엄사 주지인 종원과 불국사 주지 종원이었다. 간사장은 수덕사 주지 우송이다.
31)『불교신문』1991.7.3,「감정대립으로 번진 종정 추대문제」.

부회장은 진철, 법장이었다. 이들은 당시 종단의 난국을 정화이념을 바탕으로 타개한다는 취지를 내세우면서 총무원장 퇴진, 본산 및 도 종무원제 발족 등의 종단개혁을 다짐하였다.[32]

그리고 1991년 6월 18일, 직지사에서는 8개 본사 주지가[33] 모여 서 총무원장 퇴진이라는 목적을 저의에 깔고 정통성 추구, 종정 추 대는 종헌종법대로 해야 한다고 결의하면서 본사협의회를 발족시킨 것도[34] 예사로운 것은 아니었다. 이 협의회의 회장은 월탄(법주사), 부회장은 혜법(신흥사)이었다.[35]

이런 극단적인 대립은 종정 선출의 문제와 총무원장의 퇴진이 상호간에 맞물리는 것으로 종단정치의 전형을 보여준다. 이렇듯이 원로회의의 적극적인 활동으로 종정 선출에 대한 방법의 논란이 첨 예화되는 가운데 문중과 본사의 참여는 종단정치가 더욱 기승을 부 리는 형태라고 말할 수 있다. 당시 상황은 『불교신문』 해설에 극명 하게 나온다.

지난 1월 18일자로 임기만료된 종정 후임 추대를 싸고 일기 시작 한 덕숭, 범어 양대 문중간의 첨예한 대립이 종회와 원로회의 권한 문제로 비화되더니 급기야는 종권 다툼 양상으로 번지는 등 걷잡을 수 없는 국면으로 치닫고 있다.[36]

---

32) 위원장은 김능혜, 부위원장은 이진철이었고 간사는 법등, 종상이었다.
33) 6곳의 사찰은 주지가 참석했고, 2사찰은 대리인을 보냈다. 참석자는 서정대, 이
    보성, 종원(불국사), 근일, 월탄, 혜법 등이다.
34) 회장은 유월탄, 부회장은 김혜법, 간사는 법등이었다. 이 협의회에는 연합회에
    대리 참석한 송광사, 고운사 주지가 가세했다.
35) 간사는 법등(직지사)이었다.
36) 앞의 『불교신문』.

이러한 가운데 서암은 원로회의 의장으로 추대되었기에,[37] 그의 위상과 권한은 고양되었고 그를 바탕으로 본격적인 개혁의 활동을 추진하였다. 지금까지는 종정 추대 방법에 머물러 있었다면, 이제는 한발 더 나아가서 종단개혁을 시도한 것이다. 종단이 난마와 같은 상황에서 서암 그가 선택한 탈출구는 종단을 구성하고 있는 승려대표자들에게 종단의 진로를 결정케 하는 것이었다. 즉 승려대표자대회의 개최였다. 이에 서암은 1991년 7월 5일, 서울 대각사에서 그 취지를 기자들에게 설명하였다.[38] 서암은 종정문제 수습대책위원회 위원장, 원로회의 의장으로서 전후사정을 설명했다. 필자는 여기에서 대회의 취지문을 살펴서 그에 담긴 의미를 추출한다.[39]

僧侶代表者大會 趣旨文

淸淨行持를 자랑으로 하는 우리 曹溪宗團이 언제부터이던가, 僧伽의 修行紀綱이 紊亂이 되어, 宗團은 亂麻와 같이 어지럽고, 僧寶로 尊崇되어야 할 僧伽의 位相은 진흙땅에 떨어져, 하마 世人의 발에 밝힐 위기에 이르렀습니다.

살피건대 僧伽宗團의 이러한 樣相은 결코 많지 않은 小數 似而非僧 分子들에 의해 神聖僧寶가 유린되고 있기 때문으로, 近者에는 그 度가 極에 달하여 憂慮와 忍耐의 限界를 넘어서더니, 드디어는 부처님의 慧脈을 잇는 聖스런 宗正 추대에 非法을 강행하려 企圖했던 것입니다.

그러나, 우리 元老會議 元老들은 半年이 넘도록 忍耐를 거듭하며,

---

37) 그가 의장에 추대된 것은 1991년 6월 3일이었다.

38) 『불교신문』1991.7.10 「8일 해인사서 전국승려대회」. 배석한 대상자는 대회 발기 부위원장인 영공과 혜암이었다.

39) 당시 취지문은 배포되었고 전보와 전화로 본사 및 개별 사찰에 대회 참가를 유도하였다.

和合으로 바로잡고자 노력했으나, 宗會내에 多數勢力을 형성하고 있는 그들은, 끝내 反省하지 아니하고, 갖가지 수치스러운 行爲를 자행하며, 오늘에 이르고 있습니다.

身命을 바쳐 佛陀에 歸依한 이 땅의 淸淨僧伽들이여,

우리 元老들은, 이제 僧伽의 總意를 물어, 서둘러 宗團의 淸淨風土를 定着시키고, 佛陀의 유촉을 빛내어, 世間의 歸依處가 되는 宗團이 되게 하고자 합니다.

佛陀의 敎法인 慈悲와 平和, 人類共榮思想의 具顯을 切實히 要求하고 있는 이 時代이므로 더욱, 우리 僧伽는 부처님의 遺訓을 받들어 行하고 世上에 傳播하여, 國家社會의 安定과 發展에 기여하고, 나아가 世界平和의 秩序가 세워지도록 역할해야 합니다.

이것이 바로 오늘을 사는 우리 僧伽에게 부처님께서 내리신 責務요 주어진 義務며 召命이올시다.

扶宗樹敎의 修行僧伽들이여!

이 神聖한 宗團을 우리가 붙들어 세우지 않으면 누가 할 것이며, 저 莫重한 佛子의 使命들 또한 우리가 하지 않으면 누가 하리요.

일어 나오라 淸淨僧伽여!

宗風刷新. 紀綱確立 大作佛事에 無漏同參하시라.

이 歷史的 僧伽大會는 다음과 같은 일을 그 目的으로 하고 있습니다.

1) 우리 曹溪宗 宗正은 國民과 宗徒의 信賴와 德望을 지니시고, 崇仰과 尊敬을 받으시며, 오늘 이 시대의 精神思潮를 이끌어 가실 精神的 指導者이시므로, 우리 國民과 二千萬 佛子의 興望에 따라, 마땅히 우리 宗徒의 總意로 推戴한다.

2) 修行宗團의 淸淨法統을 바로 세우기 위해 宗風을 刷新하고 僧團의 紀綱을 確立할 改革委員會를 構成한다.

3) 佛敎中興을 위한 資金源을 確保하기 위해, 寺院經濟의 地域的 門派的 偏重을 排除한다.[40]

佛. 菩薩의 證明이 있으니, 圓滿成就가 바로 여기에 있습니다.
1991년 7월 4일

이 취지서에는 서암이 추구하는 방향의 대강이 드러나 있다. 그는 종정은 원로회의에서 선출하고, 종풍을 쇄신하기 위한 개혁위원회를 구성하고, 불교중흥을 위한 자금원 확보를 위해 사원경제의 편중을 배제하는 것이었다.

서암 노선에 이질적 행보를 가던 본사주지협의회는 해인사대회가 개최되기 직전인 7월 6일 화계사에서 기자회견을 갖고 집행부퇴진, 중앙종회 해산을 촉구하고 원로들을 중심으로 하는 수권위원회를 구성해 모든 문제를 논의하겠다는 방안을 내놓았다.[41] 출범 당시는 제도권 내부에서 논의하겠다고 하였으나 이제는 제도권 밖에서 문제 해결을 시도한 것이다. 즉 서암이 주도한 승려대표자대회의 개최문이 공개되자, 반서암 측의[42] 조계종 중흥회와 본사협의회는 공동 명의로 서의원 총무원장의 신변을 폭로하는 광고를 일간 신문지상(1991.7.5)에 게재하였다.[43] 중흥회 측과 해인사대회를 불법으

---

40) 그 초안에는 "중앙종단에서의 종단 재정을 통제하며 전 종단의 균형있는 발전을 도모한다"로 되어 있었다. 그런데 이것이 바뀐 연유는 아직 파악하지 못하였다.

41) 『불교신문』 1991.7.17, 「불교중흥회의 집행부 퇴진론」. 당시 기자회견에 나온 대상은 총재인 벽암, 능혜, 현광, 향봉, 일면, 정우, 제원 등이다. 이들은 7월 5일 모임을 갖고 일간지에 총무원장의 도덕성을 폭로하는 광고 게재를 결의하였다.

42) 집행부와 원로회의에 반하는 세력을 말한다.

로 주장한 반서암 진영은 대회의 중단, 9대 종회의 중단, 총무원장 퇴진, 수권위원회 구성, 제도개혁 추진을 피력하였다. 그러나 중흥회가 신문 지상에 총무원장의 신변을 광고한 것은 스스로 운동의 노선을 협소케 한 결과를 낳았다. 예컨대 소장파 개혁승려들의 모임인 일주회가 중흥회에서 이탈하는 것은 그 예증이다. 이에 중흥회는 반서암, 반총무원장 진용이라는 협소한 단체로 위축되었다.[44]

그러나 서암은 당초 기획대로 해인사에서의 승려대표자대회를 1991년 7월 8일 거행하였다.[45] 대회장은 서암, 부대회장은 이대휘, 김혜암, 영공이었으며, 집행위원장은 영공이었다.[46] 대회는 예정대로 진행되었으며, 약 3천여 명의 승려가 참여하였다. 대회에서는 다음과 같은 결의문이 채택되었다.

결의문

불조의 혜명과 대비원력을 받들어 요익유정과 세계평화에 기여해 온 불교의 전통을 이어온 우리 종단은 해방 이후만 하더라도 끝없는 종권분쟁, 문중파벌, 일부 승려의 불조유촉을 저버리는 비승가적 작

---

43) 『한국일보』 등을 포함한 5대 일간지에 게재되었다.

44) 『불교신문』 1991.12.25, 「일지로 본 해넘기는 종단분규」.

45) 『불교신문』 1991.7.17, 「9일 해인사 승려대표자대회, 원로회의서 종정추대 결의」.

46) 부위원장은 석주, 비룡, 월하, 운경, 경월, 도천, 기종, 도견, 일각, 법전, 화엄, 일타, 종원, 인홍, 혜춘, 상륜 등이었다. 그리고 발기위원은 근일, 성우, 상현, 인각, 지환, 무여, 현해, 무비, 효원, 보광, 종진, 범일, 통광, 현봉, 종산, 정묵, 혜안, 종두 대방, 명정, 무문, 천진, 처광, 일도, 적음, 정명, 기오, 정원, 각성, 활성 등이었다. 그런데 이 자료는 개혁추진위원회 측의 자료이다. 당사자들의 의사가 반영된 것인지는 확인할 수 없는 형편이다. 그런데 『불교신문』에는 부위원장으로 혜암, 대휘, 비룡, 영공, 종원(화엄사), 인홍, 혜춘으로 나온다. 위원은 성우, 상현, 인각, 지환, 무여, 현해, 무비, 효원, 보광, 종진, 범일, 정일, 통광 등이 나온다.

태 등으로 다중의 선량한 승가대중과 종도와 국민에게 실망을 안겨
준 현실에 대해 우리는 부처님 앞에 깊이 참회하며 종단이 안정된
바탕 위에 불일을 증휘하고 뭇 생명들에 淨福의 터전을 마련해 주기
위해 우리 승가대중 일동은 부처님의 교법에 따른 종단으로 재건되
어지도록 다음과 같이 결의하고 이를 종단 대내외에 천명하는 바이
오니 불교를 사랑하시는 전 종도와 국민 여러분의 배전의 성원을 바
라마지 않습니다.

　　1. 초기 교단부터 혼란과 비법이 있을 때마다 장로들에 의해 바
로 잡아온 교단의 전통에 따라 우리는 종단의 원로스님들을 존중하
고 원로스님들의 결정을 받들며 따라서 현재 궐위중인 종정 예하는
반드시 원로회의에서 조속이 추대되어야 한다.
　　2. 부처님의 교법에 따른 종단으로 재건되어 불교의 본래적 사명
을 다하기 위해 신명받은 대덕스님들로 개혁위원회를 구성하며, 개혁
위원회 위원 위촉은 본 대회 의장단과 실무진 대표에게 위임한다.
　　3. 종회와 총무원 집행부는 현 종단 현실에 공동의 책임을 통감하
고 본 대회에 의해 구성된 개혁위원회의 결의사항을 준수해야 한다.
　　4. 삼보정재는 부처님 율장정신에 따라 수도와 교화 불교발전에
사용되도록 개혁회의에 의한 제도적 장치를 해야 한다.
　　5. 부처님의 율법에 의하여 해결하지 않고 세간법으로 송사하여
교단의 위신을 실추시키는 자는 종단법으로 다스린다.
　　6. 위 제3항이 이행되지 않을 시는 전국승려대회도 불사한다.

　　위의 결의사항이 원만히 성취될 때까지 일심단결 정진한다.
　　　　　　　　　　2535년 7월 8일
　　　　　　　해인사 전국승려대표자대회 참석자 일동

이러한 6개항의 결의사항은 서암과 원로회의에서 추진한 그간의 종단개혁의 정서 및 노선을 반영하는 것이다. 여기에서 주목할 것은 3항, 6항이다. 즉 당시 집행부(총무원, 종회)는 원로회의가 추진하는 노선, 개혁에 동참하라는 주문이다. 대회에서는 원로회의에서 종정 추대를 하는 것을 기정사실로[47] 천명함과 동시에 종단개혁을 추진할 것도 결의했다. 이에 해인사대회에 의거하여 종단개혁을 추진할 정당성을 확보한 서암은 대회에서 결의한 바와 같이 개혁위원을 선출하고 본격적인 작업에 들어갔다. 한편 이런 개혁을 추진한 서암은 후일 이에 대해 다음과 같이 회고했다.

나는 종정으로 추대되기 3년 전인 1991년 6월 3일 조계종 원로회의 의장으로 선출되어, 환골탈태의 새 출발을 해야 할 조계종의 길잡이 역할을 담당할 사람이 되었다. 그로부터 한 달 뒤인 7월 8일 해인사에서 3천여 명이 참석한 가운데 열린 전국승려대표자대회는 나를 불교개혁위원회 의장으로 추대하였다. 나는 우리 불교를 부처님 법에 맞는 모습으로 다시 만들어 나갈 책임을 지게 된 것이다.

불교의 원리는 간단하다. '부처님 법에 맞는' 도리를 모르는 사람은 없다. 문제는 실천을 하고자 하는 의지에 있을 뿐이다.[48]

서암은 이렇듯이 부처님 법에 맞는 개혁을 추진하려고 했다. 그러나 해인사대회가 성사되자, 그간 반서암 노선을 경주한 조계종 중흥회 측은 7월 11일, 종단의 현안은 종단의 제도권 안에서 해결되어

---

47) 그런데 종정으로 재추대를 받을 것으로 예상된 이성철은 승려대회가 열리기 하루 전날인 7월 7일 「종도들에게 보내는 글」을 통해 자신을 종정에 거론하지 말라는 의사를 피력했다.

48) 『서암스님 회고록』(등지, 1995), 160쪽.

야 한다는 취지하에 해인사대회에서의 결정을 정면 부인하였다. 즉, 종회에서 수권위원회를 구성한[49] 뒤에, 당시 집행부는 퇴진하고, 9대 종회는 해산하며, 수권위원회는 제도개혁을 입안하여, 원로회의의 동의를 얻어 종단을 정상화해야 한다는 결의문을 유포하였다.[50] 그러나 서암과 원로회의 측은 해인사에서 결정된 내용을 철저히 이행하고자 하였다. 우선, 1991년 7월 13일, 조계종 개혁위원 18명을 선정하여 발표하였다.[51] 이제는 선정된 개혁위원들이 모임을 갖고 종단의 개혁방안을 만드는 일이 남게 되었다.

3. 종단개혁 방안의 수립

서암을 위원장으로 하는 종단개혁위원회는 종단개혁을 위한 행보를 즉시 단행하였다. 1991년 7월 24일 오후 2시, 총무원 청사 4층 회의실에서 제1차 개혁위원회 회의가 개최되었다. 참석자는 14명의 위원이[52] 참석했다. 회의에서 결정된 주요 내용은 다음과 같다.

---

49) 중흥회는 종도의 여론을 수렴하는 차원에서 원로 중진을 비롯 강원과 선원 대표로 구성한다는 원칙을 피력했다.

50) 중흥회 측은 7월 17일, 역대 총무원장, 종회의장 간담회를 열어 자신들의 주장을 설명하였다. 참석한 대상자들은 중흥회가 추구하는 수권위원회의 지도위원의 위촉을 수락했다. 당시 참석한 대상은 성수, 진경, 초우, 녹원, 벽암, 월주, 밀운, 월탄, 정대 등이었다. 『불교신문』 1991.7.24, 「제도권내 논의 진통예상」.

51) 개혁위원은 원장(3개 분야), 본사 주지, 종회의원은 제외한 상태에서 선정하였다. 즉 원로의원 전원을 증명으로 하고, 석암, 대휘, 혜암, 일타, 영공 등 18명을 위원으로 선출했다. 본사연합회 회장인 영공, 종회의원 원두는 개혁 추진의 효율성을 위해 개혁위원으로 위촉되었다. 필자는 아직 18명 전체의 명부를 확인하지 못하였다.

52) 서암, 대휘, 혜암, 지유, 대정, 영공, 혜원, 일타, 청하, 정일, 월서, 원두, 인홍,

- 종정 추대는 원로회의에서 하는 것이 정당, 조속히 종정을 추대
- 총무원은 개혁위원회에 협조
- 신심이 돈독하고 참신, 유능한 후학(주지, 종회의원 등)들로 해인사 결의를 바탕으로 한 종단개혁에 찬동하는 자를 개혁위원으로 증원 위촉한다.
- 승속을 불문하고 전문가를 전문위원으로 위촉
- 의장단(위원장 서암, 부위원장 혜암 청하, 재무간사 월서, 사무간사 원두)과 상임위원(영공, 도성, 일타, 정일, 혜춘 등) 9명을 둔다.

1차 회의에는 서의현 총무원장이 참석하여, "해인사 승려대회의 결정에 승복하겠습니다. 개혁위원 스님들의 어떤 결정도 따르겠습니다"는 의사를 표시하였다.[53] 서암은 원로회의 의장 자격으로 개회 인사를 하고, 개혁위원회 위원장으로 추대되었고 부위원장은 청하, 혜암이 선정되었다. 그리고 재정간사에 월서, 사무간사에 원두가 선출되었다. 이렇게 서암이 추진하는 종단개혁은 본격화되었다.[54] 이 날, 회의에서 서암은 다음과 같이 발언했다.

사실은 조계종단의 기강이 무너진 게 가장 큰 병입니다. 종정 추대는 빙산의 일각입니다.

혜춘 등이다.『불교신문』1991.7.31,「종정추대 관련 종헌종법 정비 종회에 촉구」. 그런데 이 보도에는 개혁위원이 19명이라고 전한다. 필자는 그 연유를 단정하지 못하는바 왜 18명이 19명이 되었는가이다.

53) 그러나『서암회고록』, 161쪽에서는 개혁백서를 총무원과 종회에 제시하였더니 들은 척도 안 했다고 전한다.

54) 실무위원들은 7월 25일 모임을 갖고 개혁위의 결의사항을 총무원과 종회에 공문발송을 하고, 그 결과에 따라 차기 모임을 갖기로 했다.

의장자리 떠나 한 말씀 드리겠습니다. 왜 이렇게 되었습니까? 고질병이 들었습니다. 이대로 방치할 수 없습니다. 그동안 무성의했다고 책임 추궁하면 할 말 없습니다. 늙은이 몇이서 얘기해 종단을 바로 세우고자 했습니다. 과거 잘못 추궁이나 어느 문중 배척이나 누굴 배척하기 위한 게 아니고 모두가 개혁불사에 동참해 잘못을 바로 잡읍시다.

땅에 넘어진 자 땅을 짚고 일어납니다. 정진하면 고쳐집니다.

이 발언에서 필자는 서암의 성향을 느낄 수 있다. 즉 그는 종단 기강의 상실을 개탄하면서 종단을 바로 세우겠다는 결심을 피력하였다. 그런데 그는 그것을 추진하기 위해서는 과거를 추궁하거나, 특정 문중을 배척하면 불가하고 종단 구성원 모두가 개혁불사에 동참하고, 정진을 해야 한다고 주장하였다. 그래서 서암은 종회의원, 본사 주지, 유능한 전문가를 받아들여 실무진을 구성하자고 제안하였다.[55]

한편 종단개혁위원회가 가동되는 가운데 1991년 7월 29~30일 중앙종회가 개최되었다. 종단 내외의 시선이 집중된 가운데 열린 105회 임시중앙종회는 원로회의서 종정을 추대하고, 종단제반 현안문제 수습대책위원회의 구성,[56] 당시 총무원장을 중심으로 종단 안정을 다짐할 것을 결의하고 마쳤다.[57] 당시 서암은 종회에 비룡과

---

55) 개혁위원을 증원, 위촉한 것은 서암의 제안이 수용된 것으로 보인다.

56) 7월 29일, '종단 현안문제 수습대책위원회'가 집행부와 중흥회에서 위원장 2인, 각파의 위원 17인 등 총 21명으로 구성되었으나 다음날인 7월 30일에 해체되었다. 집행부 측 종하와 중흥회 측의 능혜가 공동의장으로, 간사는 지형과 정휴가 피선되었다. 종회의원 38인을 중심으로 수습대책위원회가 구성되었다. 이들은 8월 14일 대책위원회 13인 소위원회(위원장 봉주)를 구성하기도 하였다.

57) 『불교신문』 1991.8.7, 「원로회의서 종정 추대키로」. 종회에서는 기존 의장인 서

같이 참석하여 "개정된 종헌 중 종정 추대 부분만은 절대 안 된다는 것이 원로회의의 입장이며 개정된 것이 아니다"는 소신을 피력했다.[58] 해서 종회에서는 서암의 발언, 소신을 근거로 하여 종정 추대는 원로회의에서 추대하도록 결의하였다.[59] 서암이 추진하는 개혁을 위한 흐름이 우세한 가운데 원로회의는 1991년 8월 22일, 총무원에서 원로회의를 갖고 이성철을 7대 종정으로 재추대하였다.[60]

한편, 이럴 즈음 반서암, 반종단 노선을 가던 중흥회 측은[61] 1991년 9월 16일, 통도사에서[62] '전국 승려 및 불교도대회'란 이름을 내건 승려대회를 강행하였다.[63] 400명이 모인 가운데 열린 모임에서 대회 주최 측은 반종단 노선과,[64] 별도의 총무원 개설을 분명히 밝히는 등 분종으로 치달았다.[65] 즉 중흥회 측은 10월 7일 이른바 강남 총무원의 간판을 걸었다.

정대가 사퇴하여 새 의장에 박종하가 추대, 취임했다. 부의장인 방지하도 사퇴하여 문인이 추대되었다. 그런데 당시 서정대는 의장직 사퇴를 주장하고, 퇴장하였는데 중흥회 측 승려도 함께 퇴장하였다.

58) 『9대 중앙종회회의록』, 1890, 1899쪽.

59) 위의 자료, 1820쪽.

60) 『불교신문』 1991.8.26, 「성철스님 7대 종정으로 재추대」. 14명의 원로의원이 참석했으며, 원담의 제안으로 만장일치로 결의되었다. 그러나 월하, 관웅, 서운, 벽암은 불참하였다. 그리고 월산과 경월은 사표가 수리되었다.

61) 여기에는 이전 종회의장이던 서정대를 주축으로 구성된 종단현안 수습대책위원회가 개입되어 있었다.

62) 그러나 정작 통도사는 통도사에서의 승려대회를 반대하고, 장소를 승인하지 않았다. 『불교신문』 1991.9.25, 「승려대회 통도사서 열 수 없다」.

63) 『불교신문』 1991.10.2, 「9.26 통도사 전국승려대회, 중흥회 모임에 불과」.

64) 주장은 현 집행부 퇴진, 종회 해산, 수권위 구성, 종단제도개혁 실시, 외부세력 배제 등이다. 『불교신문』 1991.10.2, 「참신성 없는 淨化 주장 공감 잃어」.

65) 이들은 대회장에서 벽암을 총무원장으로 선출하고, 20분만에 5개항의 결의사항을 발표했다.

반면 종단개혁위원회는 1차 회의를 마친 후, 예정된 노선을 지속했다. 1991년 9월 25일, 총무원에서 회의를 열고 10월 말까지 종단개혁안을 성안할 것을 결정했다.[66] 18인의 원로개혁위원의 결의에 따라 51명이[67] 참가한 가운데 열린 그 모임에서는 중흥회 측의 통도사대회를 부정하고 개혁위원을 추가 위촉할 것도 정했다.[68]

각계의 의견 수렴을 위한 학술발표회를 가졌다.[69] 1991년 10월 25일, 26일 타워호텔에서 이틀간 개최된 발표회는 「석존의 교법에 의한 종단재건, 종단개혁안 성안을 위한 발표회」라는 이름하에 진행되었다. 당시 그 발표회에서 발표된 발표문과 제안 등을 함께 수록하여 발표회 후에 발간한 자료집에는 그 내용이 순서대로 수록되어 있다. 이를 제시하면 다음과 같다.

· 인사 말씀 : 서암
· 총론 : 김지견
· 종단재건을 위한 계율 총설 : 인환
· 청규를 통해 본 종단의 기강 : 법혜

---

66) 『불교신문』 1991.10.2, 「종단개혁안 10월 말까지 성안」.

67) 비종회의원 26명, 종회의원 25명이었다.

68) 10월 말 학술발표회 이후 위촉하되 100명 이내로 하기로 하였고, 12조 항의 개혁위의 규정안을 수정했다. 그 결과 5개 분과위를 구성했다. 한편 개혁위원회 부위원장으로 봉주, 월서를 추대하였다.
   그런데 증가된 개혁위원의 인원은 명확치 않다. 당시 개혁회의 측 자료(1992년 1월)에는 서암, 대휘, 혜암, 영공(도성), 혜원, 청하, 일타, 청화, 송담, 지유, 대정, 지관, 인환, 법홍, 월서, 정일, 원담, 진경, 비룡, 도문, 도천, 봉주, 인홍, 혜춘, 원두 등 25명이다.

69) 개혁위원회는 위원장 서암의 이름으로 『불교신문』 지상에 2회(9.16, 10.13) 행사발표 안내를 하였다. 공고문에서는 논의 분야가 총론, 계율, 의식, 도제교육, 포교, 사원 경제, 기타 종단운영에 필요한 제분야라고 하였다.

- 불교 통과의례의 활성화 방안 : 한보광
- 불교의식의 개선 방안 : 홍윤식
- 종도의 교육과 그 과제 : 무관
- 승가 교육제도의 개선책 : 박선영
- 승려교육에 대한 교과과정의 개혁론 : 오형근
- 한국불교 발전을 위한 조계종 승려의 교육과 수행과 법계의 개혁
  에 관하여 : 현해
- 중앙승가대학의 활성화 방안 : 종석
- 포교의 활성화를 위한 과제 : 암도
- 숨을 쉬는 불교운동 : 이평래
- 불교예술의 전통과 전망 : 사재동
- 현대사회의 갈등과 불교적 치유 : 김상현
- 종단 경제 개혁의 방향 : 김갑주
- 사원경제 운영 등 제도개혁의 과제 : 곽인룡
- 교법과 종단의 진로 : 한상범
- 일제 식민지불교를 청산하자 : 법철
- 한국불교조계종 행정제도의 미래 : 홍무흠
- 대한불교조계종 개혁론 : 임학산
- 제도개혁 : 박진영
- 종단개혁 시안 : 대우
- 개혁에 대한 취지문 : 소진홍
- 승려의 사회적 기능 : 김구산
- 한 불자가 본 오늘의 한국불교 : 김용환
- 조계종 개혁위원회 : 법안

서암은 이날의 인사말에서 "허물 고쳐 부처 되는 것이니, 과거를

뼈저리게 참회하고, 우리 모두 정진 정진하여 청정승가의 교단상을 재현합시다"고 하였다. 한편 그날의 발표회에서는 제1차 전체 개혁회의를 개최하였다. 그런데 현재 전체 개혁회의에 대한 전모는 자료가 부재하여 구체적인 내용은[70] 알 수 없다. 다만 여기에서는 기존 개혁위원회를 개혁회의로 개칭시켰다. 한편 『불교신문』 1991년 10월 30일에는 향봉이 허위 광고로 종단(총무원장)의 명예를 훼손시킨 것을 참회한다는 내용이 보도되었다. 이는 그간 반서암 측의 행동이 반불교적인 것이었음을 폭로하는 것이었다.[71] 이는 역설적으로 서암 노선이 도덕적인 우위에 있음을 알린 것으로 요컨대 서암 측 개혁노선이 힘을 받는 계기로 작용할 수 있었다. 그러나 종단 집행부와 서암 노선의 조화는 간단하게 볼 것은 아니었다.

이런 가운데 해가 바뀌어 1992년 1월이 되었다. 서암은 신년을 맞이하여 『불교신문』 1월 1일자에 기고한 「신년법어」에서 그가 개혁을 대하는 심정의 일단을 피력하였다.

改革이란 飜天動地에 변혁을 말하는 것이 아니라 一步도 옮기지 아니하고 一毛도 뽑아버리지 아니하고 개혁을 이루는 것입니다.
피상적으로 인사를 교체하고 세력을 개혁하자는 것이 아니라 비속적으로 타락된 승가상을 개혁하자는 것입니다.

---

70) 추정하건대, 서암이 제안한 개혁위원이 증가하여 발표회를 기하여 회의를 가진 것으로 보인다. 그런데 현재로서는 추가된 위원이 누구인지, 몇 명인지를 알 수 없다.

71) 그것은 임향봉이 중흥회 측 승려들과 함께 서의현 총무원장 개인 비행을 수집하여 5대 일간지(중앙, 한국, 서울 등)에 광고를 내자, 서의현이 출판물에 의한 명예훼손 소송을 제기한 것을 말한다. 그러나 서의현 소 취하로 그는 풀려나 사과문을 불교중흥회와 본사주지협의회 이름으로 서울신문, 대구매일, 중앙일보에 게재하였다.

허물이 있는 사람을 떠밀어내고 허물이 없는 사람을 가라앉히자는 것이 아니라 허물을 고치고 생각을 고쳐서 世俗心에서 出家心으로 개혁하자는 것입니다.

玉에도 假疵가 있는 법이요, 사람도 과오가 있을 수 있는 법이다. 남의 단점만을 꼬집기보다 장점을 칭찬해 줄 수 있는 아량을 베풀 줄 알아야 할 것입니다.

어쩌다 진흙구덩이에 한발짝 빠지면 곧 빠져나와야 하고 곧 끌어올려 주어야 하고 그 광경을 보고 질타만 하고 그 사람의 사기만 떨어뜨려 결국 흙구덩이에 주저앉아 버리게 해서야 되겠습니까.

붙들어 주고 또, 붙들어 주고 警責해 주고 또, 경책해 주어 한 道伴도 버릴 수 없는 것이 우리 불자들의 本心이 아니겠는가. 우리는 이러한 僧伽 本然의 자세를 저버릴 비속적 방법으로 서로 밀어붙이고 끌어당기고 해서 제도를 개혁하고 인물을 교체하고 億萬번 개혁을 단행한들 무슨 소용이 있겠습니까.

우리들은 인내심으로써 자세를 가다듬고 출가본연의 精神世界로 돌아가서 지나간 잘못을 뼈저리게 뉘우치고 상호 참회하여 和合의 승가 본뜰(庭)로 돌아와서 과거의 잘못된 어둠을 쓸어내고 佛陀의 遺訓의 燈불을 밝혀야 하겠습니다. 그리고 우리 역사적인 曹溪宗風을 이 시대에 살려서 이 민족의 아픔을 덜어 주어야 할 것입니다.

이러하거늘 오늘의 우리 승가를 어느 外界 인사를 불러서 맡길 수 있겠습니까.

因地而倒者는 因地而起라, 오늘 이 지경으로 몰고 온 우리 승가가 다 같이 책임을 느끼고 새로 떨쳐 일어나야 한다는 말입니다. 獨善的으로 吾不關焉으로 아무 허물없이 외면하고 있는 인물보다는 일선에서 망신창이가 된 인물이 오히려 필요로 하는지도 모를 일입니다.

그 허물을 反省하고 한 생각을 돌이키면 새로 建設의 役軍으로 힘찬 改革을 이룰 수 있기 때문입니다.

우리 언제까지 我執에서 벗어나지 못하고 대결하려 할 것입니다. 생각을 비우고 和合의 장으로 돌아와 佛陀의 遺訓을 저버리지 말기를 간곡히 부탁하는 바입니다.

壬申年 새아침

曹溪宗 元老會議 議長 西庵 合掌[72]

이렇게 서암은 1992년 신년부터 승가본연의 자세로 종단개혁에 임할 것을 호소하였다. 이런 배경하에 1992년 1월 16일, 총무원 청사 4층에서 원로회의가 열렸다. 참석한 10명의 원로들은 1월 10일 문화부에서 주도한 합의문은 종단 원칙에 어긋난 것이므로 배제하기로 하였다. 그리고 조속한 시일 내에 성안된 종단개혁안을 전 종도가 참여할 수 있게 하기 위해 승납 10년 이상의 승려들이 찬반투표를 거쳐 시행하기로 정하였다.[73]

그리고 그날 오후 1층에서[74] 종단개혁위원회의 제2차 개혁회의가 열렸다. 이 회의에는 원로회의 측의 개혁위원 10명과[75] 중진급 위원 4명이[76] 참가하였다. 회의에서는 다음과 같은 주요 내용이 결

---

72) 『불교신문』 1992.1.1, 「신년법어」.

73) 『불교신문』에 전하는 결의 사항은 다음과 같다. 1. 1992년 1월 10일 문화부에서 주도한 합의문은 종단의 원칙에 어긋난 것이므로 이를 배제한다. 2. 종단의 제도개혁은 율장의 정신에 입각하여 원로회의에서 종단의 모든 개혁안을 수렴하고 종단적 합의를 도출하여 이를 성안한다. 3. 성안된 종단개혁안은 조속한 시일 내에 원로회의가 지정한(승납 10년이상) 승려들의 찬반투표를 거쳐 원로회의의 인준으로 이를 확정 시행한다.

74) 그 이전 모임에서 개혁위원회 사무실은 총무원에 두기로 결정하였다.

75) 응담, 대휘, 비룡, 서암, 회광, 운경, 도천, 원담, 지종, 도견 등이었다.

76) 도성, 명선, 봉주, 원두 등이다.

의되었다.

1. 오전에 개최된 원로회의의 결의사항을 봉대한다.
2. 1992.1.10자 합의문은 아래와 같은 이유로 이를 단호히 배척한다.
가) 종단의 불안을 조성해 온 불법단체의 현판 철거 등 선결처리
   가 제시되지 않았으며,
나) 범종단적인 제도개혁위원회를 구성하기 위해 기존 제도개혁위
   원회에 종단에서 이탈한 승려 및 신도를 흡수 참여케 하는 것이
   원칙임에도 위원 정수를 동일하게 정한 것은 사실상 불법단체의
   실체를 인정한 것이며,
다) 지난 1991.12.4 올림피아의 모임에서 서의현 총무원장이 정치
   일정을 밝힐 경우 종단에 반발하는 일체의 해종행위를 종식시키
   기로 한 협약에 따라 1992.1.4 이를 표명하였음에도 동 협약이
   이행되지 않았음.
3. 종단의 화합을 저해하고 불안을 조성한 해종행위자를 법통을
   지닌 합법종단과 대등시한 정부당국의 처사를 강력히 성토하며
   정부 당국은 즉시 사과할 것을 촉구한다.
4. 1992.1.25까지 불법단체를 자진 해산하고 법원에 계류중인 각종
   소송사건을 취하하지 않을 경우 종단의 안정을 위하여 단호한
   조치를 행사토록 집행부에 강력히 촉구한다.[77]

그런데 지금 전하는 개혁회의 측 자료에는 그 결정내용이 다음
과 같다고 전한다.

---

[77] 『불교신문』 1992.1.22, 「성안된 종단개혁안 10년 이상 찬반투표로 확정」.

결의문

1992년 1월 16일 개최된 원로회의에서 원로 일동은 종단의 현안인 제도 개혁에 관하여 다음과 같이 결의한다.

다음

1. 1992.1.10 문화부에서 주도한 합의문은 종단의 원칙에 어긋난 것이므로 이를 배제한다.

2. 종단의 제도개혁은 율장의 정신에 입각하여 원로회의에서 종단의 모든 개혁안을 수렴하고 종단적 합의를 도출하여 이를 성안한다.

3. 성안된 종단개혁안은 조속한 시일 내에 원로회의가 지정한(승납 10년 이상) 승려들의 찬반 투표를 거쳐 원로회의의 인준으로 이를 확정 시행한다.

1992. 1. 16

원로회의 의원 일동

이러한 결의를 한 것은 원로들의 개혁에 대한 공감대, 추진에 대한 자신감이 있음을 반영한다.[78] 그런데 이 결의문에 나오는 문화부에서 주도한 합의문이 생경스럽게 돌출된 내용이 있는데,[79] 이에 대한 주의가 요망된다. 이는 서암 및 원로회의가 주도하는 종단개혁에 대해 당시 원로의원인 벽암을 비롯한 일부 승려들은 강한 반대 의사를 피력한 것과 관련되었다. 반서암 측은 1991년 9월 16일, 통도사

---

78) 『불교신문』 1992.1.29, 「개혁안 승려투표 결정과 그 배경」.

79) 이에 대한 골격은 다음과 같다. 개혁위원회 10인, 수권위원회(강남) 10명, 중도파 대표 10명(절반은 일반으로 1월 24일까지 인선완료) 등 30명으로 '종단제도개혁위'를 구성한다고 했다. 각 대표로 구성된 실무위원 9인이 3월 10일까지 개혁안을 만들어 종회에 회부하여 결정한다. 이때 문화부는 재가자 5명을, 총무원장은 10명으로 주장하였으나 문화부안이 채택되었다.

에서 해인사승려대표자대회의 결과를 부정하는 승려대회를 개최하였다. 이어서 그 여세를 몰아 서울의 강남에 위치한 봉은사에 별도의 총무원을 내세웠다. 이른바 강남 총무원이 등장하였다. 세간의 언론에서는 이를 강북총무원과 강남총무원의 대립으로 표현하였다. 이렇게 한국불교를 대표하는 조계종단이 내홍을 겪고, 종단이 분열되자 공권력을 대변하는 문화부에서 그 중재에 나섰다. 위의 결의문에 나오는 문화부의 중재안은 바로 그런 배경에서 나온 것이다.

이런 배경에서 진행된 원로회의에서 서암은 그의 의견을 다음과 같이 피력했다. 이는 서암의 불교개혁관을 이해할 수 있는 사례이다.

> 승가는 부처님의 정신에 입각해야 한다.
> 외부세력의 관여가 있어서는 안 된다. 관례가 되어서는 안 된다.
> 얼마 시간이 걸리더라도 자체적으로 길이 열려야 한다.

이것을 보면 서암은 종단문제 해결, 종단개혁을 종단 내부에서, 종도들의 의견을 조율하여 추진하려는 의사가 강하였음을 알 수 있다. 그러나 여기에는 기존 종단의 중심인 종회는 인정할 수 없다는 강한 불신하에 원로회의에서 주도적으로 나설 수밖에 없음이 깔려 있었다.

한편 원로회의는 1992년 1월 30일 오전 10시, 총무원에서 회의를 다시 열었다.[80] 안건은 종단수습과 개혁의 추진, 범어사 금정총림 개설의 문제, 선암사 교구 환원의 문제 등이었다. 회의에서는 종단 수습안에 대해 다음과 같이 결의했다.

---

80) 참가자는 11명이었다. 『불교신문』 1992.2.5, 「10대 중앙종회 조기구성」.

· 종회가 파행이므로 간선위원(종회)을 선출하는 전형위원 중 종회에서 선출하는 위원 3인은 원로회의에서 대신 선출하도록 하고

· 선거관리위원의 위촉은 총무원장 스님의 고유 권한이나 종단 화합 차원에서 원장스님의 양해를 얻어 원로회의서 이를 위촉할 것을 고려한다.

그리고 범어사 총림은 10대종회 구성 후에 처리하기로 하였고, 선암사 교구 환원 결의도 통과되었으며, 원로회의 운영에 대한 다양한 문제 제기,81) 종정은 종신제로 하기로, 총무원장에 대한 개혁 당부, 강남 측과 대화를 하는 대표 선출82) 등을 결정하였다. 이 회의에서 서암은 다음과 같은 발언을 하였다.

원로가 하나가 안 되었다는 것 유감

여러 해 곪아 터진 것, 원로가 너무 무성의했다.

원로회의가 방치되었다.

종회 마비된 시점에서 우리가 책임을 다해 종단을 안정시켜야.

---

81) 이는 종단개혁을 원로회의에서 주도한 결과로 보인다. 그래서 원로회의 운영에 대한 9개 사항을 논의했다. 종정은 21인의 종사 원로의원 중에서 추대, 정당한 이유없이 3회 이상 불참한 대상자는 원로 자문위원으로 그 자격이 전좌됨, 원로의원 임기 10년은 종신제가 타당, 종회가 파행되거나 해교 및 해종행위를 하거나 그럴 가능성이 있을 경우에는 종정은 원로회의 동의를 얻어 종회 해산 가능, 원로회의 의장은 원로회의 동의를 얻어 종정의 재가로 종회를 해산할 수 있으며, 1988년 4월 28일 원로회의 확인 여부가 문제된 종정 추대에 관한 종헌 중 종정 임기는 10년 또는 종신제로, 종정 추대는 원로회의에서 하고, 총무원장의 종회의원 겸직은 반대하며, 종단 대표권은 종정으로 환원할 것인지 아니면 총무원장으로 할 것인지 등이었다.

82) 봉주(수습대책위원장), 영공(본사주지연합회 회장)이 추가되어 5인이 되었다.

문화부에서 무조건 화합해야 한다고 하지만, 정사를 구별해야 한다.
물과 기름은 화합이 안 된다.
왜 원로가 분열하느냐?
부처님의 근본에 따라 해야, 불법을 지켜야 한다.
원로가 하나 되어야.

이러한 서암의 발언은 그 이전 회의에서 개진된 의견의 방향과 유사하다. 즉 원로들의 역할을 강조하면서 종단과 원로의 분열을 안타깝게 여겼다. 그리고 이를 타개하기 위해서는 불법에 의거하여 나가야 함을 역설하였다. 그런데 이 회의 이후, 원로회의가 언제 또 다시 개최되었다는 것은 아직 확인하지 못하였다. 그런데 1992년 7월 27일, 대각사에서 개혁회의 전문위원과 관계 부서 담당자 중심으로[83] 회의를 하였다는 기록이 있다.[84] 당시 안건은 10대 종회 구성과 종단개혁, 종단개혁안 검토 등이었다. 그렇지만 자료 부족으로 회의 결과는 알 수 없다.

한편 7월 28일, 123명의 원로가 참가한 가운데 원로회의가 개최되었다. 원로회의는 10대 종회의 조속한 구성과 신흥사 문제의 해결을 총무원에 강력 촉구하였다.[85] 그리고 1992년 8월 14일 개최된, 종회의원 선거와 관련하여 종단개혁 차원에서 원로회의에서는 의견을 총무원에 요구하고,[86] 선거관리위원회에 제출하였으나 후유증이

---

83) 여기에 나온 전문위원, 관계부서의 성격에 대해서도 파악하지 못하였다.
84) 이 기록은 종단개혁위원회 측의 정리 문건이다. 이에 대한 제반 기록은 원두스님의 협조로 열람, 복사한 것이다.
85) 『불교신문』 1992.8.5, 「중앙종회 법정기일내 구성」.
86) 간선의원 선출위원에 대해서는, 첫째 중앙종회에서 선출, 둘째 수습대책위원회에서 선출, 셋째 기존 선출위원의 재임명 등의 세 가지 방안을 놓고 총무원장

적지 않았다.[87] 10대 중앙종회를 구성하기 위한 선거는 8월 14일 실시되었고 9월 9일에 정식 개원되었다.[88] 그러나 10대 중앙종회 출범 이후의[89] 종단개혁에 대한 진척은 파악하기 힘들다. 다만 이 무렵, 1992년 11월 20일 107회 중앙종회 차원의 제도개혁위원회를 구성한 것은 유의할 내용이다.[90]

이런 가운데 1992년 11월 16일에는 서암과 개혁회의가 주관하는 제2차 개혁안 발표회가 대각사에서 열렸다. 발표회에는 김희오의 권력구도, 오호선의 재정, 무관의 교육 등이 발표되었는데, 발표장에는 11명의 원로의원이 참석하였다. 그리고 원로, 중진 개혁의원, 대학교수 등 60여 명이 참석하였다. 그리고 그해 12월 13일에는 개혁회의가 주관한 교단수호회가 조계사 법당에서 열렸다. 1천여 명이 참가한 가운데 열린 수호회에서는 초토세와 경주캠퍼스 관통 고속전철 노선 철폐, 교단수호회 결성, 전 불교 교단수호에 매진할 것을 결의하였다. 그렇지만 1992년 1년 내내 종단개혁을 위해 진력하였지만 가시적인 성과는 전혀 없었다. 요컨대 서암이 추진하는 종단개혁은 간단치 않음을 말하는 것이다.[91]

이 원로의장과 협의 결정토록 위임한 부서장회의 결정을 인정했다.

87) 예컨대 중계를 범한 승려와 사찰 재산을 불법으로 처분한 승려 등은 통과되고, 개혁회의 사무처장인 임원두가 제동이 걸린 것이다. 이렇게 개혁회의 핵심 실무자가 제동이 걸렸음은 종단 내부에서의 개혁이 간단치 않음을 반영한다.

88) 의장에 종하, 부의장에 학능, 문인이었다. 서암은 개원식에 참여하여 법어를 하였다. 『10대 중앙종회회의록』, 30~32쪽.

89) 92년 그 상황은 종단 내홍에 시달렸다는 비판을 참고할 필요가 있다. 그 저변에는 문중과 교구본사 간의 갈등도 작용했다.

90) 『10대 중앙종회회의록』(중앙종회, 2006), 131쪽. 그 위원은 13인이었다.

91) 서암은 자신의 회고록, 161쪽에서 1차 개혁안, 2차 개혁안 모두가 종단 집행부와 종회로부터 외면당하고, 수용되지 않았다고 하였다.

서암이 주도한 종단개혁이 지지부진한 가운데 당시 소장파 승려를 중심으로 하는 승가단체들은 정체성 정비를 기하는 가운데 운동 노선을 정비하였다. 이러한 움직임은 후일 94년 종단개혁과 서암의 개혁안이 성사되지 못하는 것과 관련하여 주의를 요하는 측면이다. 예컨대 정토구현승가회가 승가개혁을 위한 묘안 찾기에 나선 것은[92] 그 예증이다. 92년 10월 1일에 출범한 실천불교승가회가[93] 불교운동에 관한 세미나를 추진하였던[94] 것, 나아가 금오문도회와 선우도량이 92년 11월에 승풍진작운동을 전개하였던 것도 간단하게 볼 것은 아니었다.[95] 그 태동은 1993년 3월 12일 실천불교전국승가회가 종회의원 직선제 및 겸직금지 등을 골자로 하는 종단개혁 요구를 공개 청원하는 서명운동에 나서면서 본격화되었다.[96] 실천승가회는 93년 5월에는 종단개혁 공청회를 열어서[97] 그것을 대중화하려고 하였다. 그리고 그것을 종단 제도권에 제출하였다. 실천승가회가 종회에 제출한 종헌, 종법개정안(종회의원 직선과 겸직제 금지)은[98]

---

92) 『불교신문』 1992.2.5, 「대중적 이슈에 한목소리」 참조.

93) 『불교신문』 1992.7.29, 「승가운동의 새 전기 기대돼」. 이 보도기사의 내용에서 정토구현전국승가회와 대승승가회가 통합되기 전의 상황을 알 수 있다.

94) 『불교신문』 1992.10.21, 「불교운동 세미나 갖기로」.

95) 『불교신문』 1992.11.11, 「승풍진작 운동 활발」. 금오문도회는 11월 2~3일, 법주사에서 승풍진작 수련법회를 개최했다. 금오문도회는 금오 수행사상 함양을 통한 수행가풍 진작, 금오의 정화사상, 구도정신을 계승하기 위한 자료집 발간, 승가본연의 수도자상 확립을 위한 승단내 폭력, 비리 배척 등을 다짐했다. 한편 선우도량은 개운사에서 11월 2일, 창립 2주년 기념법회를 개최했다.

96) 『불교신문』 1993.3.17, 「실천승가회, 종헌 종법 개정 청원」. 이 흐름에 선우도량, 전국불교운동연합이 지지하는 성명을 발표했다.

97) 『불교신문』 1993.5.5, 「실천승가회 종단개혁 공청회 개최」.

98) 실천승가회는 종회에 종법 개정안을 제출하면서 그 추진을 위한 운동을 3단계로 설정하였다. 1단계는 종단 내부에 있는 제도개혁위원회 위원장(지형)과 원로의장(서암)을 방문하여 협조 요청을 하고, 2단계로는 대중서명운동의 전개, 3단

제도개혁위원회에[99] 넘겨졌으며, 서암 측의 종단개혁위원회에서 제출한 종헌, 종법개정안은 종헌, 종법개정위원회에서 다룰 것을 의결하였다.[100] 이러한 종단 제도권에서 개혁의 물결을 수용할 수밖에 없는 것도 간과할 것은 아니다. 한편 승가, 재가, 불교 시민운동단체가 연합한 전국불교운동연합이 1993년 7월 31일에 출범한 것도[101] 결과적으로는 종단 외곽에서 종단개혁을 추진하였던 실천승가회 측에게는 우호적인 정황이 되기에 충분하였다.[102]

한편 서암이 주도하는 종단개혁이 주춤하는 사이에 소장파 승려들의 단체인 실천승가회의 종단개혁 노력이 본격화되는 가운데 종단 집행부(총무원, 종회)에서도 종단개혁을 추진하였음도 유의해야 한다. 종단은 10대 종회가 출범하면서 종단 내외의 개혁에 대한 여

계로는 종단개혁을 위한 공개토론회의 개최였다. 『불교신문』 1993.3.31, 「실천승가회 종단개혁 일정 확정」.

실천승가회는 7월 중순까지 1,264명의 서명을 받아, 그 중간보고를 하면서 범종단개혁위원회의 구성을 제안했다. 이에 대해 선우도량, 경제정의실천불교연합(경불연)은 종단개혁을 지지하는 성명서를 발표했다. 『불교신문』 1993.7.21, 「범개혁종 구성제안」과 「종단개혁운동 지지」 참조.

99) 여기에서 말한 제도개혁위원회는 서암이 주도한 위원회를 말한다.

100) 『10대 중앙종회회의록』, 512쪽, 740~744쪽. 서암 측의 종단개혁위원회 청원은 임원두가 대표하였다. 그것은 사찰재정 원융화, 공영화 등이 핵심이었다.

101) 『불교신문』 1993.7.14, 「전국불교운동연합의 출범 의의」; 『불교신문』 1993.8.4, 「전불연 창립대회」. 전불연의 종단개혁위원장은 실천승가회 효림이었다.

102) 실천승가회는 1993년 10월경에는 진보적 승려단체로 그 위상이 상승되었다고 보인다. 『불교신문』 1993.10.20, 「진보적 승려단체로 자리 잡아」. 실천승가회는 93년 5월 12일 석림회, 승가대 학생회와 공동으로 '일부 종권지향세력'이 주최하려는 승려대회에 불참하고, 그를 반대하는 기자회견을 함으로써 종단 내외에서 수권 대체세력으로 인식할 정도로 성장하였음을 고려해야 한다. 『불교신문』 1993.7.19, 「권력이용한 종권탈취 반대」.

실천승가회는 93년 11월 종회에서 구체적 개혁 조치가 없으면 '실천'에 나설 수밖에 없음을 피력하고, 50명 정도의 범종단개혁위원회라는 특별기구를 설치할 것을 제안하였다.

론을 흡수하려고 종단제도개혁위원회를 가동시켰다.[103] 이에 1993년 신년 초부터 개혁위원회 회의를 갖기도[104] 하였으며, 그해 3월에도[105] 그 행보는 지속되었다.

이렇게 종단 외곽 및 제도권에서 개별적으로 종단개혁을 추진하려는 움직임이 강력하게 태동하는 가운데 서암이 어떤 행보를 갈 것인가는 간단한 문제가 아니었다. 1993년 2월 24일에 원로회의를 대변하는 서암과 강남총무원을 대변하는 벽암이 만나 종단문제를 협의하였지만 합의안을 도출시키지는 못하였다.[106] 그리하여 그해 5월, 원로 중진이 모여서 제3차 개혁회의를 열었으나 뚜렷한 방략을 수립하지 못하였다. 그래서 종단개편과 그 대처방안의 실행은 원로회의 의장인 서암에게 일임하는 선에서 마무리 되었다. 그리고 1993년 10월 22일, 불갑사에서 개최된 원로 간담회가 열렸다. 이 간담회에서는 총무원장을 초치하여 종단문제를 확인하고, 개혁과 화합을 종용한 뒤에 단안을 내리기로 합의하였다.

마침내, 1993년 11월 15일, 원로 중진의 합동으로 제4차 개혁회의를 개최하였다. 여기에서 종단개혁의 기본 방향에 대한 원칙을 합의하고, 지상 공고로 최종의견을 수렴하기로 결의하였다. 그런데 이날 열린, 원로회의에서는 성철의 입적으로 공석이 된 종정의 후임자

---

103) 『불교신문』 1993.1.13, 「제도개혁위원회」. 위원은 13명이었다.

104) 『불교신문』 1993.1.20, 「다시금 불붙는 제도개혁 논의」. 이때 논의된 내용은 의식통일, 종무원 연수교육, 승려 보시금 지급제도, 신도관리 제도 등이었다. 그 위원장은 지형이었는데 그는 9대 종회시 「제도개혁연구 보고서」를 낸 주역이었다. 그 위원은 허현, 천제, 향운, 정휴 등이었다.

105) 『불교신문』 1993.4.7, 「제도개혁 가속화」. 3월 26일, 승니법, 중앙종회법, 총무원법, 종무원법 등의 개정 시안을 마련했다.

106) 모임에서 강남북 총무원 통합 방안이 논의되었다. 그러나 양측 5인 대표의 무성의로 실패하였다는 분석도 있었다.

로 송서암을 추대하였다. 한편 그 당시 열린 110회 중앙종회에 개혁위원회는 총림법 개정안을 제출하였으나, 차기 종회로 이월되었다.107)

그리고 곧 이어, 1993년 11월 30일에는 불교계 신문에 「종단개혁의 기본 방향」이 공고되었다. 서암이 종단개혁에 뜻을 둔 지 무려 3년이 지난 후였다. 그러나 당시는 서의현 총무원장의 3선 출마의 문제가 종단 변화에 변수로 작용할 가능성이 있었다. 그리고 그 이전부터 종회의원의 겸직 반대를 내세우면서 종단의 변화를 촉구하고 있었던 소장파 승려 단체인 실천불교승가회, 승가 내부의 자정과 수행회복을 내세우고 결사를 하였던 선우도량이 종단의 변동을 주시하고 있는 터였다. 그리고 1993년 11월경에 불거진 집행부 책임자의 부패상의 노출도 태풍의˙핵이었다.108)

요컨대 송서암의 종단개혁은 이 같은 급변할 가능성이 예고되는 가운데 불교계에 던져진 뜨거운 화두와 같은 것이었다. 그러면 이제 그 개혁안을109) 살펴보자. 자료 제공 차원에서 그 전 내용을 제시한다. 우선 개혁위원회의 내부 문건 자료에서 적출되는 「종단재건(개혁)의 기본방향 성안까지」와 그 연후에는 불교계 신문에 공고된 「종단재건 기본방향」을 차례로 살펴보자.

---

107) 『10대 중앙종회회의록』, 778쪽.

108) 그것은 총무원장의 동화사 대불 불사와 상무대 비리사건과의 연계이다.

109) 서암은 이 개혁안을 종단 집행부에서 수용하려고 하지 않자, 기존 종헌, 종법을 고치지 않고도 개혁이 가능한 부분부터 실천에 옮길 방법을 강구하였다. 이런 구도에서 나온 것이 구체적으로는 승려 교육제도와 법계 고시의 우선적 실시였다. 서암은 이를 궁여지책으로 나온 최종안으로 보았다. 앞의 서암 회고록, 161쪽.

"종단재건(개혁)의 기본방향" 성안까지

70년 초 봉은사 토지 부당매각 처분과 고암, 서옹 양 종정 임기 중 퇴임 사건을 전후해서 승려대회를 통한 종권찬탈과 이로 인한 법통 단절, 사찰 점유로 인한 분규, 종단의 세속화 등 종단 내 많은 갈등과 90년 말로 임기가 끝나는 전 이성철 종정의 후임 종정 추대를 둘러싼 각 문벌 대립 속에서, 1991.7.8 2천여 명이 참석한 해인사승려대표자대회가 개최되어 종단개혁을 위한 결의문이 채택되고 개혁위원회(위원장 송서암)가 구성되었다.

동 개혁위원회가 주최한 학술세미나 등을 통해서 성안한 종단재건(개혁)의 기본 방향과 이와 관련된 원로회의 결의 등에서 보는 바와 같이 종단의 병폐를 종단과 종도의 세속화, 도당화 그리고 이양탐착(利養貪着)으로 진단하고 이의 치유를 위해서

* 석존의 교법에 의한 종단재건이란 대전제하

1. 여법화합의 승가상 구현

ㄱ. 자각각타 각행원만(종지)의 생활화

ㄴ. 석존의 법과 율에 따른 종도의 합의로 종론 통일

ㄷ. 전 종도의 합의일 경우라도 비법, 비율일 경우 이를 야합으로 배제

ㄹ. 소수의 여법은 다수 대중의 합의인대(合議忍待)

2. 승가 갈마법의 시행

ㄱ. 율장상의 사제지 윤리 정립으로 도당화 해소와 방지

ㄴ. 율장상의 승가갈마법의 시행으로 승가의 전통을 계승하고 사찰의 모든 의결과 의식 등의 세속화를 방지

ㄷ. 비법과 비율과 비제 등을 차단하여 불법(佛法)을 지키고, 정법(正法)을 구주(久住)케 한다.

3. 재정의 공개, 공영화와 사유재산의 공인화

ㄱ. 이화동균(利和同均)의 제도적 장치

ㄴ. 본래 무소유자인 승려 본분에의 환원

ㄷ. 주지의 재산소유권 행사를 관리권으로 전환

ㄹ. 이양탐착심(利養貪着心)을 조복하고, 사찰 부동산의 불법 처분 방지

4. 승가고시 실시와 교육원 개설

ㄱ. 승려 자질향상과 위계질서 확립

ㄴ. 비구, 비구니 교육원 병설로, 병설교육의 폐해 해소

ㄷ. 교육의 무필자 법계 수여

ㄹ. 무자격자의 종무직 취임 배제와 수도 권유

5. 중계범과 사찰재산 불법 처분자의 종단 공직 사퇴 권유 등을
   요점으로 하는 '종단개혁의 기본방향'을 세웠다.
   그리고 1993.11.30. 최종의 의견 수렴을 위해 총무원 발행의 『불
   교신문』을 제외한 3대 불교지에 지상 공고를 하고 종단개혁을
   단행하려던 때에 이르러 있었고, 동 개혁의 의장으로서 원로회
   의 의장이고, 종정이신 송서암노사는 종단개혁 준비에 진력하
   고 있었다.

「석존의 교법에 의한 종단재건」[110]

1. 종단

1) 여법화합의 승가상 구현(승가 기본 질서회복과 정화이념 계승)

2) 승가 갈마법의 시행

3) 율장에 의한 사제지관계 재정립

---

110) 본 자료는 당시 『해동불교』에 광고된 것을 전재한 것이다.

4) 출가 이부중의 출세간성 강화

5) 종도의식 고취와 종단조직 강화화

6) 종책 자문회의 설치

7) 종학연구소 설치

2. 교육

1) 종도 기본교육 의무 강화

2) 승계 단위설정과 각급 승가고시 실시

3) 종도 상설 교육원 개설

4) 자자와 포살 등 제 승가 갈마법 실시

5) 범계, 범법자의 계율에 의한 계도(不意, 依持, 驅出 등)

6) 각급 교육과정 개편과 교재 편찬(전문, 기능 등)

7) 통일계단 복원과 환계법 再整 실시

8) 교육위원회 등 각급 교육관계 기구 예산 책정

3. 재정

1) 종단 재산의 통일관리 운영

2) 재정의 공개, 공영화

3) 私有財産의 공인, 공영화

4) 利和同均의 제도적 장치

5) 현행 제도상의 주지 사찰재산 소유권 행사를 관리권에의 복원

6) 토지 등 가용재산 활용과 불교문화산업 개발

7) 종단 소유 부동산 관리운영책 수립

8) 각 사찰 등급의 재조정

9) 종헌상 재무규정 개정 보완

4. 불교의례와 의제

1) 교의에 따른 의례 제정

2) 탄생고불식 등 통과의례 제정과 실시

   (성인식, 결혼식, 장례식, 제례식 등)

3) 계율과 청규의 생활화

4) 종단장의 조례 개정 보완

5) 법의 제도 정비

6) 의제 연구위원회 발족

5. 포교

1) 수도와 전법의 일원화

2) 포교와 종세 연계 강화

3) 관광객 대상 포교종책 수립

4) 불교언론 및 방송에 관한 법 제정

6. 총무원

1) 기획실 부활

2) 기획위원 등 임명

3) 인사규정 再整과 인사 공선제 실시

4) 종단 공직자 자격 규정 개정

5) 고문 변호사 위촉

7. 종회

1) 종회의원의 면책특권 삭제

2) 무자격 종단의원 해임 권고

3) 직능의원 27명 중 비구니 5인을 제외한 22인은 각계 각층 직

능대표로 선출하되, 현행 간선의원 선정제도는 대폭 개정, 보완
한다.

4) 본말 종무원이 참석하는 현행 직선의원 선출제도는 해당 산중
대중과 재적승 및 본말 종무원 등의 각 대표 등으로 구성한 선
거인단에 의해 선출토록 개선한다.

5) 호계위원과 법규위원 등은 율의 行學 겸비자, 불교학 선학 전
공자, 행정, 재정, 사회문화, 각 전문 승려 등 21인 이상으로 구
성하고 사미니, 비구니, 징계시는 비구니 측의 변호인 참석 등
배려가 있어야 한다.

8. 원로회의
1) 원로는 원로회의에서 선임하며, 종신으로 한다.
2) 종정은 원로의원과 각 명예 원로의원 중에서 추대한다.
3) 원로회의는 종단 최고, 최종 의결기구로서 종정과 불가분의
관계에 있어야 한다.

9. 세간법에 호소하지 않는다는 선서와 그 공증에 의해 종단 자
체 내에서 분쟁과 의견대립을 해결한다.
수계자는 수계시, 보직자는 보직 임명시, 종회의원은 선서시
전제조건으로 사전 이행토록 한다.(계약법에 의하여 가능함)

10. 종도대표자 회의 구성(출가중 : 350, 재가중 : 150)
가) 이양을 탐착한 무리와 그 추종 연관 세력 등이 파벌에 의해
서 개최되어 온 종권 탈취용의 승려대회 등을 방지하는 등 비
상시 호법, 애종의 조치로 이를 두어 공론에 의한 여법한 종단
화합을 도모하는데 그 의의가[111] 있다.

나) 비상시

① 원로회, 종회 등 종단대표 의결기구에서 重戒와 종헌에 위배된 결의를 하거나 그 기능을 수행할 수 없을 때

② 총무원이 불법 전도되거나 그 기능을 수행할 수 없을 때

③ 불교와 종단의 권익 보호와 홍법을 위한 대국가 사회 선언시

11. 모든 사찰은 禪·敎·律·祈 등 그 전통에 따라 분류하여 그 사격의 최상위급 사찰에 한해서는 본사 주지급 이상의 적격 승려로 주지를 임명하되 그 사찰들은 그 전통과 사격에 따른 전법과 수고에 전념토록 한다.

* 종단개혁회의에서는 종단재건안의 확정에 앞서, 종도들의 의견을 수렴코자, 종단재건의 기본방향을 발표하는 바입니다. 따라서 종도 여러분께서는 護敎·愛宗하는 마음으로 본 종단재건안을 살피시고 보완, 수정 등의 하교를 주시기 바랍니다.

1993. 11. 30

이상으로 3년간에 걸쳐서 진행된 결과물인 종단의 개혁을 위한 개혁방안이 공개되었다. 문제는 이 같이 제시된 방안에 대한 종도들의 반응, 수용이고, 구체적으로는 당시 집행부에서의 대응의식이었다. 이에 대해 개혁을 추동한 주관자인 서암은 다음과 같은 의견을 피력하였다.

나는 본의 아니게 종정에 추대되었을 때, 내게 주어진 사명이 종

---

111) 개혁추진 측 자료와 신문에 난 공고에는 '이의'라고 되어 있으나, 필자가 그 문맥을 고려해 의의로 수정했다.

단을 안정시켜 전체 승려들의 갈 길을 밝혀 줄 지도력을 회복하는 것이 최우선의 과제라고 생각하여 그것을 추진하기 위해 뜬 눈으로 밤을 새우며 계획들을 세웠다.112)

나는 원로회의 의장의 중책을 맡으면서, 오늘날 조계종단의 모든 병폐의 근원은 종권을 잡은 측이나 그 반대편에 서 있는 측(장차 종권을 잡기 위래 투쟁하는 사람들)이나 모두 부처님의 가르침과 종헌, 종법을 무시하고 행동하는 데서 비롯된다고 생각했다. 따라서 내가 해야 할 첫 번째 일은 종단의 대소사를 여법하게 이루어 나가는 절차의 확립이었다. 이러한 절차의 정당성이 없으면 사회도 부지되기 어렵다. 하물며 종교집단은 어떻겠는가. 절차의 정당성이 없는 종교집단은 존립의 기반조차 세우지 못한다.
종정에 추대된 이후 내게 부여된 임무란 오직 종단의 개혁이요, 파벌을 넘어선 화합을 이루는 일이었다.113)

서암은 이와 같이 밤을 새우며 그 추진에 대한 계획을 세웠지만, 과연 그것이 얼마나 주효하였는지는 보다 구체적으로 살펴보아야 한다. 개혁을 추진한 서암은 개혁안을 입안하였을 때에는 원로회의 의장이었지만, 개혁안이 공고되기 직전인 11월 4일에는 종정인 이성철이 입적했고, 서암은 1993년 12월 24일에는 조계종 제8대 종정으로 추대되었다. 그리고 1993년 12월 20일, 석림동문회가 종단제도 개혁 공청회를 개최하였다. 여기에서 총무원장의 퇴진이 공식 거론

---

112) 이청 엮음, 『서암스님 회고록, 도가 본시 없는데 내가 무엇을 깨쳤겠나』(둥지, 1995), 190쪽. 그런데 이 책자가 어떤 과정을 거쳐 나온 것인지가 의문시되어, 자료로 이용하기에는 일정한 고증, 자료 비판이 요청된다.
113) 앞의 자료, 168쪽.

되었다. 마침내 1994년 1월 14일, 한국일보사 송현클럽에 재야 7개 단체 대표자 21명이 모여 한국불교의 미래를 밝히기 위한 승가 제 단체 대표 신년 인사회를 거행하면서 종단 현안에 능동적으로 대처 하겠다는 의사를 피력했다.[114]

이렇게 종단정치가 요동을 칠 때 서암 그가 고뇌하는 종단 안정, 지도력의 회복, 절차적 정당성을 확보한 개혁추진 등은 간단한 것이 아니었다. 이러한 추진에는 사상적인 정당성뿐만 아니라 정치적인 힘이 뒷받침될 때에 가능한 것은 상식적인 판단이다.

지금부터는 개혁안에 나타난 개요, 성격 등을 대별하여 제시하겠다.

첫째, 개혁안은 1970년대 초반부터 20여 년간 대두된 종단의 모 순, 파행, 문제를 기본 배경으로 해서 출발했다. 이는 불교정화운동 의 부정적인 산물에서 온 것(세속화, 도당화, 이양탐착)이었는데, 이 런 성격은 결과적으로 서암, 원로회의의 개혁안은 불교정화운동의 계승, 지속의 성격을 갖는다.

둘째, 종단의 모순을 해소하기 위한 기본 방법을 율장에서 찾았 음이 주목된다. 여기에서는 기존 종단 모순이 명리추구에서 기인한 것도 있지만, 일면에서는 절차적 정당성의 훼손이 심각하다는 현실 인식이 있었다. 승려대회의 비판, 도당화 등도 여기에서 나온 것이 다.

셋째, 개혁방안에서는 원로, 원로회의가 중심적인 대안 조직체로 등장케 하였다. 이는 원로들이 불법, 율장, 전통이라는 면에 보다 적 합한 주도층으로 본 것이다.

---

114) 이들은 그해 3월 23일, 중앙승가대에서 범승가종단개혁추진위원회(범종추)를 출범시켰다. 그리고 3월 26일에는 조계사에서 종단개혁을 위한 단식 구종법 회를 열었다.

넷째, 개혁방안에는 교육을 통한 대안을 중점 강구하였음이 나온다. 여기에서 승려자질 개선을 통한 문제 해결, 미래지향을 고민하였던 흔적이 찾아진다. 그래서 교육원의 신설, 종학연구소 개설, 법계고시의 실시 등은 이런 고뇌에서 나온 것이다.

다섯째, 재정의 투명성을 매우 중요하게 인식하였다. 종단 및 사찰재정의 공개, 공영화는 바로 그 예증이다. 특히 서암은 재정 투명이 성사되지 않으면 개혁은 공염불로 보고, 이것이 실천되지 않으면 개혁은 권력투쟁에 지나지 않는 것으로 보았다.115)

여섯째, 이 방안에서 한국 현대불교사에서 보이는 여타 개혁방안과 차별성은 종도대표자회의를 구성하려고 입안한 점이다. 이는 승려대회와 같은 절차 및 관행을 근원적으로 배척하는 것이었다. 그리고 나아가서는 총무원, 종회 등 종단 의결기구가 비법, 파행으로 나갈 것을 대비한 포석이었다고 보인다. 그럼에도 불구하고 종도 대표를 출가중 350명, 재가중 150명으로 설정한 것은 의미 깊다고 하겠다. 당시 이를 만든 당사자들의 의식, 관점이 어떤 근거에서 비롯된 것인지는 단언키 어렵지만116) 이는 특별한 역사관인 것은 분명하다.

---

115) 앞의 서암 회고록, 162쪽.

116) 당시 그 실무를 보았던 원두에 의하면 율장정신에 근거하여 만든 것이라고 회고했다. 승가의 대상은 종단 간부, 종회의원, 본사 주지, 원로의원, 강사, 선사, 율사 등을 망라한 대표성을 부여한 것이라고 하였다. 그리고 재가중은 초기불교 이래 율장에 적시된 승려와 재가자의 공동체 운명과 승가도 재가에 의지하는 속성을 고려한 것으로 해석하였다. 여기에서는 기존 승려대회의 모순을 극복하려는 의식의 일단을 파악할 수 있다.

4. 결어

본 고찰의 맺는말은 추후 이 개혁방안의 재분석, 재검토, 94년 종단개혁과 연계하여 심화된 이해, 다각적인 탐구를 고려하여 더욱 생각할 측면을 제시하는 것에 그치려고 한다.

첫째, 서암이 주도한 개혁방안에 대해 비판적, 비우호적인 세력에 대한 흐름, 성격 등을 종합하여 파악해야 한다. 이는 당시 종단사를 구조적으로 살펴야 할 당위성이다.

둘째, 서암이 종단개혁방안을 만들 때에 중진, 소장파의 움직임과 연관하여서 종단 제도권 외곽의 실천승가회, 선우도량 등에 대한 현실인식, 종단개혁의 내용 등을 분석해야 한다.

셋째, 서암이 종정에 취임하기 전후의 종단 동향을 보다 객관적으로 정리해야 한다. 특히 총무원 진용, 종회 진용에서의 대응문제는 간단히 접근할 것이 아니다. 나아가서 집행부에서 추진한 제도개혁의 성격과 내용도 검증해야 한다.

넷째, 서암이 제안한 개혁방안과 결과적으로 성공한 94년 종단개혁의 노선의 상징인 개혁회의 노선과 같고, 다름을 분석해야 한다.

다섯째, 94년 종단개혁 추진세력이 서암을 반개혁으로 단정할 때의 초점이 개혁에 비협조였다면 그에 대한 정치한 분석이 요망된다. 그래서 서암이 고뇌한 종단개혁의 절차적 정당성이라는 문제, 불교적 가치와 방법이 구현되었는가 등에 대한 이해를 심화해야 할 것이다.

여섯째, 이런 선행 분석, 연구 후에는 서암의 불교개혁이 실패한 이유도 조명해야 할 것이다. 단순히 94년 종단개혁 세력의 지나침, 반율장적인 행동, 쿠데타적인 종단개혁에 의해서 좌절된 것인가 아니면 또 다른 이유는 없었는가를 살펴야 한다. 요컨대 서암 측의 내부에서도 문제가 있었을 가능성도 열어 놓아야 한다.

　이상으로 추후에 이 분야 연구에 참고할 점을 필자의 견해로 제시해 보았다. 본 고찰은 서암의 연구 및 종단개혁 탐구에 하나의 디딤돌에 불과하다. 이 분야에 대한 유관 연구자들의 연구 동참을 촉구한다.

찾아보기